NKING BUTCHERY MARKED ITS FALL

ontinued From Page One

ee centers and took money valuables, often the entire pos-ons of the unfortunates.

staff of the American Mission ersity Hospital was stripped of and watches. Other posses- were taken from the nurses' itory. The faculty houses of ican Ginling College were in- d by soldiers who took food valuables.

hospital and the Ginling Col- buildings were flying American

Chinese civilians broke into sca tering cheers, so great was their re lief that the siege was over and s high were their hopes that the Ja anese would restore peace and o der. There are no cheers in Nan king now for the Japanese.

By despoiling the city and popu lation the Japanese have drive deeper into the Chinese a represse hatred that will smolder throug s as forms of the anti-Japanis Tokyo professes to be fightin to eradicate from China.

Disaster in Nanking's Fall

The capture of Nanking was th overwhelming defeat suffere the Chinese and one of the mos tragic military debacles in the hi of modern warfare. In attemp ing to defend Nanking the Chines allowed themselves to be surroun ed and then systematically slaug tered.

浴火重生

CHINA IN THE NEW YORK TIMES

《纽约时报》中国抗战观察记

1937—1945

郑曦原 编

众志愿者 译/张援远 总译审

当代中国出版社
Contemporary China Publishing House
2019年·北京

图书在版编目(CIP)数据

浴火重生:《纽约时报》中国抗战观察记:1937-1945 / 郑曦原编;众志愿者译. -- 2版. -- 北京:当代中国出版社,2018.11(2019.1 重印)
(《纽约时报》中国观察记)
ISBN 978-7-5154-0870-5

Ⅰ. ①浴… Ⅱ. ①郑… ②众… Ⅲ. ①抗日战争—史料—中国 Ⅳ. ① K265.06

中国版本图书馆 CIP 数据核字(2018)第 211401 号

出 版 人 曹宏举
策划编辑 周五一
责任编辑 周五一
责任校对 康 莹
封面设计 古涧千溪
出版发行 当代中国出版社
地 址 北京市地安门西大街旌勇里 8 号
网 址 http://www.ddzg.net 邮箱:ddzgcbs@sina.com
邮政编码 100009
编 辑 部 (010)66572264 66572154 66572132 66572180
市 场 部 (010)66572281 66572161 66572157 83221785
印 刷 北京润田金辉印刷有限公司
开 本 787 毫米 × 1092 毫米 1/16
印 张 32.5 印张 1 插页 插图 165 幅 598 千字
版 次 2018 年 11 月第 2 版
印 次 2019 年 1 月第 2 次印刷
定 价 86.00 元

战士墙

（志愿译审人员名单）

主　　编：郑曦原　　**总 译 审**：张援远

历史顾问：荣维木　　**总 策 划**：周五一

译　　审：李方惠　郭冬梅　廖智英　魏腊梅

李巧兰　陈汝燕　刘知海　尹　灵

总召集人：郑珂雪　杨志奇　宋智恒

召 集 人：笪自然　倪恺晖　陈文佳　崔诚成

翻　　译：

伦敦帝国理工学院：

禹峥嵘　刘芳沁　周梓鹏　万　岱　吴　极　葛天扬

吕思淼　闫　肃　李　桃　边　浩　苏　坛　朱永妍

吕思颖　田文卿　王　岩　马　颖　王菲羽　董乃宇

武　盈　杨天书　崔冠森　陈文谦

伦敦大学学院：

刘真一　徐曼维　吴懿洛　曹玮楠

张溢华　芮　凡　钮佳琦　张菲菲

普利茅斯大学：李子赟　郭　瑞　杨　亮　宋坤杰

牛津大学：姜润茜

伦敦国王学院：呼泰迪

兰卡斯特大学：孟　薇

西英格兰大学：李霭如

爱丁堡大学：李启明

卡斯商学院：殷潇潇

伦敦大学金匠学院：袁旭君

法国艾克斯马赛大学：陈　燕

澳大利亚悉尼大学：杨奇霖

美国芝加哥大学：陈伟彦

美国德克萨斯 A&M：杨　朔

加拿大女皇大学：聂　嘉　周　婷

加拿大西安大略大学：胡　然

加拿大滑铁卢大学：张　恒　宾国澍

荷兰格罗宁根大学：罗　青

瑞士酒店管理大学：熊晓宵

香港城市大学：田云鹏

香港浸会大学：顾若琪

香港教育学院：贺星蓓

北京大学：景　威　姚佩佩　汪子冲　蔡静舒　贺一惠　黄　蓉
李嘉佳　刘国臻　罗旭巍　吴　筱　杨　飒

清华大学：封　雪　王殿铭　张文婷

中国社科院研究生院：曹小庆　马真真　杨巧玲　杨求凤

北京航空航天大学：王嫣然

北京邮电大学：许大星

同济大学：何逸群

上海对外经贸大学：葛　建

武汉大学：阎　瑾

兰州大学：张学彩

重庆工商大学：

王墨依　周　芮　何　恬　樊书君　孙思远　刘浩宇
高　琪　刘逸秀　李宛蓉　孙千茹　赵　洁　章　莹
张瑞欣　鲁昱汐　荆碧嵘　李卓霖　高瑞强　于海威
白　玉　李瑾悦　陈康灵　毛杨潇　吕　然

其他：邢晓明　陈泳思　徐凡子

注：译审、总召集人和召集人除进行组织工作外也参与了翻译。

目录

浴 火 重 生

前言

中国人民历经艰苦卓绝的八年全国抗战，迎着敌人的炮火前进。在血腥的牺牲中，彻底粉碎了日本军国主义殖民奴役中国的图谋，促进了民族的觉醒和团结，为争取中华民族独立和解放创造了历史机遇。战争与革命在狼烟四起的神州大地同步进行，开辟了中华民族伟大复兴的光明前景。

《纽约时报》对华抗战史诗般的报道令人心潮澎湃。《浴火重生——〈纽约时报〉中国抗战观察记》与《帝国的回忆——〈纽约时报〉晚清观察记》《共和十年——〈纽约时报〉民初观察记》一起构成“《纽约时报》中国观察记”三部曲。编辑本书的意图就是希望为国人回顾我们这个有着古老文明的国家如何从绝地奋起，走向复兴，提供一个观察与思考的视角。

刚编《帝国的回忆》时，我的女儿郑珂雪只有6岁；编译《浴火重生》时，她已从伦敦帝国理工学院毕业。郑珂雪说，抗战是民族近代史上最辉煌的篇章，燃烧的城市，流亡的大学，濒于崩溃的经济，屡败屡战的军事，一退再退的首都。但是，不管退到哪里，不管有多少国土沦丧，不管有多少人员牺牲，但中国军民决不言败、血战到底，这样一幅波澜壮阔的历史长卷，充分展现了我们不畏强暴、同仇敌忾的民族气节和奋不顾身的民族精神，这是中华民族在绝境中奋起重光最辉煌、最悲壮、最感人的篇章，是我们十分珍贵的民族记忆。她们这些漂泊在异国的“90后”留学生希望也能够参与编译工作，以自己的方式纪念中国人民抗日战争胜利70周年。这是个好主意！我随即向出版社提议，全体参与这部作品编译工作的人员都做义工，不要报酬，以体现我们对抗战先烈和殉难同胞的缅怀之情。

不久之后，一批中国留学生建立了中国抗战主题沙龙。他们经常于周末相聚在伦敦荷兰公园附近的一个寓所里，并选择西南联大的文学图腾《未央歌》为公众号，发布倡议书，使用微信、百度云、dropbox等新媒体平台来传递信息、组织翻译。他们用自己的手指亲手触摸了70多年前民族先辈气壮山河的抗战场景，身临其境地体会到全民抗战的悲壮与光荣，为当代青年重拾民族记忆、重振民族精神、在新时代构筑“中国梦”提供了范例。在他们的鼓动下，来自美国、加拿大、澳大利亚、瑞士、荷兰等国的中国留学生和国内的同学也参加进来。再后来，有英文系的教授，北京、上海和深圳的白领，海外侨报的总编等也纷纷响应。

抗战是民族的苦难，更是民族重光的诗篇。

抗战使国际社会重新认识了中国。抗战初期，国际社会对东方的这场战争比较冷漠，认为中国的抵抗必败无疑。谁也没想到，中国人为保卫自己的家园，战斗得如此顽强、如此悲壮。抗战成为世界战争史上的传奇，可爱的中国和可爱的中国人民获得国际社会的广泛同情，大批国际主义战士来到中国，援助中国人民。抗战成为国际反法西斯战争的重要组成部分，这为中国在战后取得四强地位奠定了基础。

抗战使国际社会对中国共产党刮目相看。本书在原始材料的选辑上既充分反映了正面战场的情况，也真实地反映了中共提出持久战方针、开辟敌后根据地、动员民众、建立最广泛的抗日民族统一战线，成为领导中国抗战的中流砥柱这个客观事实。中共这支重要的政治力量出现在世界舞台上，对于战后远东政治格局的变化影响巨大。

抗战极大地振奋了中国人民的民族精神。“起来！不愿做奴隶的人们！把我们的血肉，筑成我们新的长城。”不管在城市、在乡村、在战壕、在学校、在茶馆，地不分南北，人不分老幼，每个人都在昂首高唱抗战歌曲。战斗的中国变成歌的海洋，高亢的歌声如同炮声一样嘹亮。中国不再是“普天之下，莫非王土”，而成为人民自己的国家，四万万同胞热血沸腾，万众一心、共赴国难。旧世界被打碎了，一个古老落后的旧中国消失了，她凤凰涅槃、浴火重生。

当这些原始记录从孩子们震颤的手指尖流出来时，这些满嘴都是新兴网络语言的同学突然发现，其实在他们内心深处仍留有一个隐秘的角落，始终保持着一份肃穆。在民族的荣光映照下，他们重新凝望祖国的山河，冷漠的眼神变得柔和，清纯的眸子泛起秋波，变得温润而多情。

成书之际，我们首先要向《纽约时报》当年坚持在中国大地上的战地记者们致以崇高的敬意！他们勇敢地奔走在中国战场、缅甸战场，对处于悲惨境地的中国人民怀抱深厚同情。他们冒着巨大危险将记录有日军南京大屠杀暴行的珍贵照片偷运出来，公之于世，激起世界舆论对日本法西斯的公愤；他们报道了台儿庄会战、武汉会战、长沙保卫战和中国远征军在缅甸战场的激烈战况，特别是跟踪报道了衡阳保卫战中国将士拼死抵抗的英勇壮举；报道了延安和敌后抗日根据地烽火连天的战斗画面，以及中共推行民主改革、建立人民政权的成功尝试；报道了陈纳德将军的飞虎队与日军英勇搏斗以及中共游击队抢救美军飞行员的惊险故事。这些报道真实而客观地展示了中国人民的抗日战争是世界反法西斯战争的重要组成部分，中国人民为世界的正义与和平事业取得最后胜利付出了外人难以想象的巨大牺牲。还原这些历史记录，对于我们在21世纪的新形势下认真思考和平与发展的时代主题，认真思考中美新型大国关系的重要意义，无疑具有重要而深刻的启迪。

1943年新年来临之际，《纽约时报》记者爱金生写道："明天"在中文中也可理解为"光明的一天"。中国人民经过五年半令人窒息的战争，依然非常乐观。他们遭受着组织严密的敌国军队的不断攻击，几乎在战争中变得一无所有，但依然坚守着独立与胜利的信心。"明日"即是"光明日"！这已经不是普通意义上的新闻报道了，而是讴歌中国抗战、催人奋起的战斗号角。感谢《纽约时报》当年的记者们在中华民族最危急的时刻，以饱含深情的文字把中国军民奋勇抵抗的事迹传遍世界，他们是中国人民真诚的朋友。

借此机会，谨对参与本书编译的全体同志表示衷心感谢！我们将在书中以"战士墙"的形式为所有参与本书编译工作的志愿者列名。领衔的"总译审"是原外交部翻译室主任、前驻新西兰和比利时大使张援远同志。他曾陪同原《纽约时报》副总编辑哈里森·索尔兹伯里重走红军长征路，协助其写成了《长征：前所未闻的故事》，该书出版后在全美引起轰动。他和其他译审对孩子们参差不齐的译文给予了最大的宽容，张大使还多次传回红笔批改的译稿，供孩子们借鉴学习。本书历史顾问由中国社会科学院近代史研究所抗战史专家荣维木先生担任，他订正了原文和译稿中的史实错误。责任编辑由当代中国出版社前社长周五一同志担任。五一兄曾在北京三联书店副总编辑任上指导我出版《帝国的回忆》，他2015年退休时将本书作为自己的“收官之作”。我的夫人李方惠也为本书原始文献的收集、翻译和统稿做出了贡献。还要感谢杨志奇同志，她积极协调国内国外发来的译稿的初稿、译审稿、定稿。最后，特别感谢当代中国出版社为本书的出版做出的努力。

2015年初，我受命出任中国驻孟买总领事。来到印度，使我对中国人民的抗日战争有了新的理解。当我们在远东战场与日本法西斯浴血奋战时，世界上有很多友邦、友人在支持和帮助我们。当时的印度虽未独立，也向伟大的中国人民伸出了援手：从缅甸撤退的中国远征军进入印度，获得了整训和换装；从印度利多通往中国昆明的史迪威公路，在枪林弹雨中为中国战场运送了5万多吨急需物资；从阿萨姆邦出发的驼峰航线更为中国输送了65万吨重要战备物资，这两条生命通道为中国取得最终胜利做出了巨大的历史贡献。我们深刻地认识到，热爱和平与正义的世界是一个团结的大家庭，每一个国家都不可能孤立地存在；联合世界上一切以平等待我之民族，共同奋斗，共同发展，结成“命运共同体”，对于我们民族的生存与进步是多么重要！

孟买是伟大的国际主义战士柯棣华大夫援华的出发地。2015年6月，我在当年的中国总领事为印度援华医疗队送行的泰姬饭店举行《孟买：从这里出发，印度医疗队赴华支持抗战77周年纪念展》，现场播放了宝莱坞1946年拍摄的电影《柯棣华大夫》。当片中女主角以印地语高唱《义勇军进行曲》时，全体起立，许多人的眼里噙满泪花。那次还特别展出了毛泽东主席为悼念柯棣华大夫亲笔题写的挽联“全军失一臂助，民族失一友人”，几个苍劲有力的大字十分醒目。作为中国驻孟买总领事，我曾陪同中国党和国家领导人会见柯棣华大夫的家人，也为他的家乡做了一些力所能及的事情。中国人民永远不会忘记在艰难时刻无私帮助过我们的国际友人和友好邻邦。

搁笔之前，我还想吐露一个内心的隐秘，就是在我的领区内还有一个抗战时期的航校遗址没有找到。据记载，当时有数百名中国学生到孟买附近的浦那空军基地受训。他们中从昆明、成都和重庆过来的人不少，吃不惯印餐和西餐。当地华侨就在航校大门外办了几家川菜馆，非常受学生们欢迎。华侨说："都是娃娃脸，年轻得很。一茬一茬的，走了就再也没回来。"当时，年轻的中国空军极为缺乏飞行员，航校生们从这里一毕业就飞驼峰航线。上一期航校生牺牲了，下一期航校生再补上去，前赴后继，可歌可泣。他们中的绝大多数都长眠在祖国的雪域高原了。魂归来兮，我们一定要想办法找到这个遗址，为中国人民的优秀儿子们树碑立传。

由于编纂时间有限，全体志愿编译人员皆以业余时间参与，亦难形成鸿篇巨制。我们只是撷取其中的片断，拼成若干的素描，为纪念抗战搭建一个简易的祭台。点燃烛光，以我们真诚而朴素的情怀，来寄托我们对先烈的哀思，以及我们对民族复兴大业的向往。

谨以此书献给中国人民抗日战争胜利70周年！

郑曦原

2016年6月6日于印度孟买

第一篇

1937 年

1937年抗战大势

1931年“九一八事变”后，中国在东北、华北及上海等地区进行了六年的局部抗战。1937年7月7日，日本挑起“卢沟桥事变”，发动了全面侵华战争。中国在以国共合作为基础的抗日民族统一战线旗帜下，开始了决定中华民族前途命运的举国全面抗战。

1937年7月至1938年10月是全国抗战的战略防御阶段。正面战场是这一阶段抗击日军战略进攻的主战场。国民政府组织大批军队进行了淞沪会战（1937年8月13日—11月26日）、太原会战（9月11日—11月8日）和南京保卫战（12月1日—13日）等战役，在正面战场大规模阻击日军，付出了巨大牺牲，但也粉碎了日本“三月亡华”之战略。

8月22日，国民政府军事委员会正式宣布红军改编为国民革命军第八路军（简称八路军，9月11日改称第18集团军）。随后，八路军主力挺进华北抗日前线。八路军115师在太原会战中取得了平型关战役胜利，打破了日军不可战胜的神话。

9月22日，国民党中央通讯社发表《中国共产党为公布国共合作宣言》。次日，蒋介石发表《对中国共产党宣言的谈话》，承认中国共产党的合法地位，第二次国共合作正式形成。10月12日，国共两党达成协议，将南方8省14个地区的红军游击队，改编为国民革命军陆军新编第四军（简称新四军）。

淞沪会战后，日军开始进攻中华民国首府南京。12月13日，日本军队侵占南京后，发生了震惊中外的南京大屠杀，约30万无辜的中国人被日本军队残暴地杀害。

从1931年中国抗战爆发以来，英、法、美、德等西方大国以“中立”和“不干涉”为由，对日本侵华和中国抗战采取两面政策，对日本采取绥靖政策。中国基本是独立地抗击着日本法西斯。这一时期只有苏联出于被压迫民族的同情和自身安全的考虑，采取了较积极的对华方针。1937年8月21日，中国政府与苏联政府签订《中苏互不侵犯条约》，苏联向中国提供物资援助，11月派遣苏联空军志愿队来华作战。

中日激战卢沟桥

哈雷特·阿班[①]

1937 年 7 月 8 日

题记：在长达五小时的战斗中，双方使用了机枪和火炮，伤亡惨重。

上海 7 月 8 日（星期四）电：日军威胁说要歼灭中国军队，除非中方同意今早 10 时以前立即解除武装。此前，中日两军在北平郊区爆发了五小时的血腥战斗。中国人在遭受重大损失后，在机枪和步枪的密集火力掩护下，渡过永定河撤离。据报，阵亡者的遗体沿河漂到了下游。

除非北平到丰台一带的情况彻底改变，并在几小时之内满足日方的全部要求，否则日本将毫不迟疑地以军事手段占领北平。这个信息于今天中午 12 时 30 分从日本驻上海总领馆传出，他们刚收到日本天津驻屯军司令部的详细报告。

双方的战斗于今早 10 时暂停，休战一小时。除非中国军队于上午 11 时以前全部撤退到永定河西岸，否则日军将重新发起进攻。

战斗是昨晚爆发的，今早变得更加激烈。今早 8 时 30 分，日军占领了卢沟桥。他们冲上卢沟桥，并且解除了桥上中国士兵的武装。紧急调派的日军增援部队来自丰台和驻北平公使馆卫队。

威胁立即终止冲突的无理要求发自日军驻天津司令部。此电也发给了在上海的日本驻华武官喜多诚一将军。

最早的机关枪声从回龙庙村附近的一个碉堡中传出，首次开火击毙了一名日军军官、几名士官和列兵，打伤了一名日军军官和近一个班的士兵。正在附近战壕进行演习的日军急忙与驻北平的日本公使馆卫队联系。凌晨 1 时，牟田口廉也大佐会同冀察政务委员会外事委员李廷玉和宛平县长王冷斋，试图对事态进行调解。[②]

---

① 哈雷特·阿班（Hallett Abend，1884—1955），生于美国波特兰，斯坦福大学三年肄业，入新闻行业。1926 年来华，1929 年后任《纽约时报》驻华首席记者，1937 年日军占领上海后，留在上海坚持报道，遭日本人暗算。1941 年太平洋战争爆发前夕，被日本人驱逐出中国。1955 年逝世于美国加利福尼亚州。阿班是美国新闻界塑造和传播近代中国知识和形象的关键人物之一。他著述颇丰，作品包括《华尔传》《苦难中国》《一半人为奴，一半人自由：这割裂的世界》《民国采访战》《我的中国岁月》等。

② “七七事变”时，宛平城及卢沟桥周边有数十处庙宇。其中，回龙庙位于宛平城东门外南侧。1937 年 7 月 8 日凌晨 4 时，日军华北驻屯军步兵旅团第一联队联队长牟田口廉也大佐威胁中方谈判代表，要进宛平城搜查失踪士兵，要求中国军队让出宛平城东门，被时任河北省第三行政区督察专员兼宛平县长王冷斋严词拒绝。卢沟桥事变期间，王冷斋置身危城，力图“谈判息争、和平解决”，维护国家尊严。当日军用大炮轰击宛平县衙以至房顶陷落时，王冷斋将书桌搬到院中办公，体现了坚贞不屈的精神。1946 年远东国际军事法庭审判日本战犯，王冷斋赴东京出庭做证。新中国成立后，王冷斋任北京文史馆馆长，1960 年因病去世。

当他们来到中国军队的防线前，机枪、火炮声再起，日军开始还击。在凌晨5时以前，双方有好几千人卷入了战斗。宋哲元将军属下的第37师师长冯治安将军试图调解未果。后来，他的部队升起白旗并宣布中立。[①]

由于中日双方的紧张状态在过去三个月内不断加剧，两国在平津地区爆发冲突并不令人奇怪。诸多经验丰富的观察家认为，当前华北形势与1931年“九一八事变”爆发前的满洲形势相似。

在过去一周，中国北平的警察逮捕了将近300名中国和朝鲜的煽动者以及穿便衣的武装叛乱分子，他们被指控扰乱社会秩序。同时，忠于宋哲元将军的29军各部队逐步控制了北平郊区，以便在亲日势力图谋不轨时迅速予以镇压。

北平城内局势也慢慢趋于稳定。城内军警巡逻频率增加了一倍，天黑以后行人必须在刺刀下接受检查。各个方面的中国官员都公开指责，称有明显的事实证明日本特务机关向毫无操守的煽动分子贿赂，鼓动他们在城内制造混乱，为日军进城干涉提供口实。

宋哲元将军未在北平城内露面已经有好长时间了。他以各种借口拖延了两个月未出现，一会儿是身体不适，一会儿是要进庙祭祖。这惹得日本人相当不耐烦，因为他不在期间，所有经济合作计划也不得不束之高阁。在过去半年，南京政府在华北的行政权威日益提升，许多日本高官抱怨，许多已经公布的亲日政策被歪曲，即是日本影响力下降的标志。

中国军队集结河北

1937年7月28日

美联社上海7月28日（星期三）电：南京中央政府今日正将大量部队调往华北。

向北调动军队的集结地点为南京浦口车站。军队调动的目的地与数量系军事机密。浦口车站直通日军设在华北的指挥部所在地天津。而从天津出来的铁路将东西方向的北平与满洲连接起来。当局称，中央政府已将15个师调往河北省待命，先头部队已抵达北平以南的长辛店。

---

① 此文有谬误须予纠正。一是“卢沟桥事变”由日本方面挑起，历史已有公论。二是冯治安将军在“卢沟桥事变”中坚决抵抗，绝无打白旗、宣布中立之情节，文中叙述显系谬误。

位于河北省南面的山东济南是双方争夺的焦点。据日本同盟社报道，千余中国士兵从西边进入该城驻防，其余部队北上保卫山东与河北的边界。

部队从汉口经过

美联社汉口7月27日电：中国的中央军今日奉命经汉口向北行进。更多部队正从长江南岸秘密经过此地北上集结。自7月7日中日爆发战斗以来，究竟有多少部队调往平津地区，他们将如何部署尚不得而知。当局发布告示称，所有官方和非官方人员都必须保守军事机密，任何人泄露军事情报都将受到严惩。实际情况是，这里所见到的部队与旧时的中国官兵截然不同，他们组织有序、装备齐全、纪律严明。

共产党伸出援手

美联社西安7月27日电：如果华北事态继续发展，南京政府的宿敌共产党军队或将与国军联合抗日。据可靠消息称，中共领袖毛泽东呼吁南京改编他的部队作为中国抵抗日本侵略军的一部分。有消息称，南京已向毛的红军运去食品和军需物资。

中日两军在上海交火

1937年8月13日

题记：5000名日本海军进入战备状态，东京舰只整装待发。在沪外国人认为，租界将如1932年一样会被波及。

中国局势

上海：日军巡逻队与中国军队交火。由于中国大军云集，在沪外国军队开始备战，防止战火延伸到租界区。

东京：内阁紧急会议决定，就上海形势与中国方面展开谈判。

天津：日本华北驻屯军司令香月清司中将说，中国政府向冀南增派军队是战争挑衅行为，一旦增兵威胁到皇军安全，他可能会发起攻击。

华盛顿：官方相信目前留驻上海的1100名海军陆战队员足以保护此地美国人的安全，尚未计划增派兵力。

上海8月13日（星期五）电：据称，中国狙击兵今早在闸北边界向日本巡逻队开火。

记者来到交火地区，发现登陆的日本海军正在当地搜寻零星开火的狙击位置，现场气氛紧张。日本人说，子弹是从闸北的吴淞铁路对面一处建筑中射出。

记者驾车沿四川北路跑了一个来回，发现路上交通十分拥堵。警察解释道，这一带爆发的零星交火已被日本海军分队完全控制。

虹口挤满了惊恐的中国人，他们昨天从这里逃走，今天又返回来寻找他们丢失的物品。日本海军把他们赶拢到一起，让他们绕过日本租界区。

今天早些时间，中国人在黄浦江南市到浦东段凿沉了一溜儿船只，堵塞了航道以保护上游的海军物资和船坞码头。

日本驻上海总领事冈本季正要求中国方面澄清三位日本平民的行踪，并将他们交还日方。这三人其中一位是日本新闻摄影师，他昨天在闸北失踪，据说目前被中方扣押。

中方也对昨日在闸北地区发生的零星交火给予解释。上海市市长俞鸿钧发表声明称，日本军事力量违背休战协议，于今早9时15分对中国领土发起突然袭击。日军在闸北边界的三个地点与中方发生了冲突。他说，“中国人将坚决抵抗到底。”

昨日，防止中日之间在上海发生大规模冲突的外交努力失败。

当日本海军与中国正规军在国际租界的外滩以北面对面对峙时，俞鸿钧市长在1932年成立的监视中日休战国际委员会举行的会议上，拒绝了日本人要求中国军队撤退的要求。

中国空军在壮大

1937年8月15日

题记：现代化战机表现杰出，由3所航校负责培养飞行员。军纪严明，已培养数以百计的飞行员和机械师，每位毕业生飞行时长达200小时。

中国海军实力微不足道，但在过去五年里中国组建了一支现代和高效的包括有驱逐机、轰炸机以及其他型号战机的空军。尽管人们对紧急情况下能够调用的战机数量说法不一，但是这一数字应当介于 400 至 1000 架之间[①]。

蒋介石委员长一手创建并控制着空军，他是这个国家最重要的航空学院——中央航空学校的校长。这所学院已经培养出数以百计的飞行员和机械师。有趣的是，航空业被认为是中国这个“落后”国家最杰出的领域。

这些战机，大部分都是民众捐献给蒋委员长的，但蒋介石委员长拒绝以个人名义接收，尽管委员长和蒋介石夫人对空军拥有绝对的控制权。航空学校的入学考试非常严格，每 25 名申请者中就有 24 位被淘汰。但是每年仍然有数以千计的年轻人申请进入这三所由委员长亲自督导的航空学院学习航空课程。

那些经严格筛选出来的年轻人要接受三年的培训，学习每一项飞行技术。同时，他们还要接受严格的思想政治教育，树立抗击外来侵略者的坚定信念。

这三所航空学校分别位于洛阳、广州和杭州。在杭州的航校是最大的一所，占地 4000 亩，包括 4 条跑道和 2 个轰炸机练习场，并且均具有夜航能力。每年有 700 名学员在此培训，毕业考试每年举行两次。学成毕业时，每名学员至少有 200 小时的飞行时长。

培训期间，学员们必须严格遵守军纪。学院提供统一的制服，学员不得穿便装。其他装备虽然简易但也很充足。每一位学员的装备都是相同的，尽管一些家境富裕的学员完全可以承受得起更好的装备的费用。学员们热情高涨，他们将成为优秀的飞行员，至于他们能否在实战和轰炸中高效地完成任务，还有待观察。机械师的培养仍是中国的一大软肋，这与中国不能进口所有战机和飞机引擎的零配件之实情密不可分。

南口战事激烈

1937 年 8 月 16 日

题记：中方在南口战斗中阵亡 500 人，击毙日军 1000 人。暴雨阻止日军使用飞机，双方仍有上万士兵在继续战斗。

① 当时中国飞机总数为 600 余架，其中作战飞机 200—300 架。

美联社北平8月15日电：据今日来自中国方面消息，在北平西北方向30英里的南口关争夺战中，中日两军阵亡1500人。其中，中方损失500人，日军损失1000人。敌对双方仍在南口激战，战事陷入胶着。投入战斗的日军有6000人，中方守军为4000人。

中国军队蛰伏在崇山峻岭之中，阵地坚固，易于抵抗。日军则在炮火掩护下缓慢靠近南口。战斗于上周四打响，日军似乎也不急于夺取关隘。中国战报今日称，北平南部的战斗也已经打响，中方取得了一些胜利。但是，此间一些观察家对这一消息表示怀疑。

日本飞机被击落

天津8月14日电：支援南口攻击部队的日本飞机被击落，大大减缓了日本人的攻势。日军指挥部一名发言人以遗憾的口吻宣布："没有进一步消息要发布，我们的飞机未能起飞。"同时，中日双方和其他外国人都将目光聚焦在上海战场。战局信息未能及时收到，情况不明。此间观察家认为，那里的战事比1932年要激烈得多。

日本妇女儿童被疏散

青岛8月15日电：今日，根据日本海军当局的紧急命令，日本蒸汽轮"青岛丸"号满载日本妇女儿童离开这里前往大连，再经大连赴上海。

"青岛丸"号本来计划从大连驶往上海，因为躲避台风在青岛停泊。所有乘客全部下船，并受到日本当局的庇护。

之所以决定该轮驶往大连，主要是担心青岛可能成为下一轮冲突爆发的战场。据日本海军可靠但未经证实的消息称，日本飞机今晨从天津起飞轰炸了济南，造成重大损害。

青岛形势骤然紧张，据说是因为两名日本人遭到一名中国人枪击，袭击者骑车逃走。

强台风导致这一地区的所有航运都停了，满载货物、悬挂各式旗帜的船只被迫滞留此地。有一批南京大学的逃亡学生和从天津逃出来的抗日工作人员在船上，他们因为害怕日本人占领上海而不敢再去上海了，但又怕日本人占领青岛而被困在此地。

战争与中国人口

肯普佛特

1937年8月22日

中国男女结婚比较早，按照老规矩，他们通常在20岁之前就结婚了。中国的出生率比较高，大概是美国的两倍。考虑到中国的人口至少有3.5亿，多则达到5亿，并且在65年内将会再翻一番，我们就不难理解为什么诺特斯坦博士[①]近期在巴黎召开的国际人口会议上提到一场大量伤亡的战争也许反而会赐福中国。用他的原话来说，就是“中国无法承受这样的人口增长。假如战争和其他暴力事件无法阻止其增长，那么饥荒和疾病也会阻止它。如此，至少马尔萨斯人口论的考验将会是一个严酷的现实。”

在中国，死神正在勤奋地工作，但是，仍然不能达到诺特斯坦博士的期望。根据最新的数据，美国人口的平均预期寿命大约60岁，而中国一个普通人的平均寿命只有35岁。中国较高的人口出生率（38.3人/每千人）不仅足以弥补人口死亡的损失，更创造出数百万的新生人口。考虑到中国的婴儿死亡率在降低以及疾病可能得到预防，诺特斯坦博士对中国人口的增长前景十分担忧。他在巴黎谈道，“即便是最冷静的学者，在做出此番努力之前，也需要认真仔细地酌量。”

战火烧向教室和校园

1937年9月5日

题记：中国领导人担心中国高校被日军摧毁，84%的学校处于战区。

① 诺特斯坦，F.W.（Frank W Notestein，1902—1983）美国人口学家。1936年他建立了美国普林斯顿大学人口研究所，1946年帮助联合国创建人口处，1959年任联合国人口理事会主席。诺特斯坦把现代化、工业化和城市化作为人口转变的根本原因，认为现代化使生活水平提高，以及采用控制疾病的新手段等原因，促使死亡率下降。城市现代化的生活方式，子女培育费用增长，妇女就业率提高和社会地位上升，人们摒弃了传统的家庭观念，使人口生育率下降。早在1944年，他就预言第二次世界大战结束后，不发达地区人口的发展将会出现以往西欧曾经历过的人口转变过程：出生率升高、死亡率下降、人口加速增长，从而构成人口压力，阻碍这些地区经济的发展。他证明人口再生产类型的演变，不仅适用于欧洲、北美等国，也适用于亚、非、拉等发展中国家和地区，这是生产力由低级向高级发展所必然导致的客观规律。

华美协进社[①]的负责人孟治[②]昨日接受采访时说，这场不宣而战的战争使得中国各大专院校面临危险。

“在华109所高校有84%处于战区，这其中包括受美方资助的20所院校中的16所。”他说，“在上海、天津和南京，有7所高等学校已全部或部分被破坏；而在天津、唐山和北平的大部分院校已被日军占领。”

“中国的国立大学中，南京中央大学的部分教学楼已变成废墟，而南开大学从幼儿园到研究生院都基本上被日军摧毁。日军先是轰炸了学校，随后用煤油点燃部分教学楼。”

孟先生称，日军对一些中方大学的破坏是蓄谋已久的，因为中国学生在民国一直扮演着领导和先锋的角色，并且鼓动人民抵抗日寇。孟治认为，被日军占领的北方各高校将遭受与满洲院校同样的命运。

历史教科书被日本篡改

“所有院校必须教授由日本修订、印刷和‘正确’陈述中日关系的历史教科书；现已有上千本教科书从日本运到北平和天津。”孟先生说，“对于那些反日的院校负责人和教师来说，他们秋季返校将会非常危险。他们当中有很多人可能会锒铛入狱。”

同时，美方资助院校的命运也很不明朗。“我们尚不清楚位于战区内的上海圣约翰大学遭受日军破坏的程度。”来自美北浸礼会的戴克牧师[③]称，“大学已经遭受炮击，但是，20个弹孔并不能说明楼群已被摧毁。”

总而言之，在中国大学约5万名学生中，有8547名学生就读于美方资助的院校。此外，在绝大多数中方的国立院校中，校长和教师也大多接受过美方的培训，并且参照美国的教育制度。

---

① 华美协进社（The China Institute in America）设在纽约曼哈顿市，1926年由当时哥伦比亚大学著名教育学家约翰·杜威和中国知名学者胡适等共同创建，是非营利的民间文化机构。

② 孟治（Chih Meng，1900—1990），孟子第72代孙，出生于北京，毕业于清华大学。1919年因参加五四运动坐牢，同年赴美国哥伦比亚大学就读。1930年至1967年任华美协进社主席，为促进中美文化交流和互相理解做了大量工作。

③ 戴克（J.W.Decker）为美北浸礼会差会的外事秘书（Foreign Secretary）。他是一名医生，曾到上海大学、南京大学和华西协和大学（四川大学前身）传教。

日本面对新旧两个中国

艾略特·简韦

1937年9月12日

题记：旧邦相助新国，其虚弱与辽阔是其优势。

那些企图征服中国的人们需要以更长远的目光看待这个国家辽阔的版图，实质上这也是伟大的英国外交家索尔兹伯里勋爵为那些想要成为征服者的人们提供的建议。这条准则直到今日依然适用。

这个国家可以被大致地划分为四部分：华北地区、华中地区、华南地区和内陆地区。富饶的华北盛产煤矿、钢铁，历经军阀混战的洗礼，已有相当一段时间受日本势力的侵蚀和影响。北平是中国的文化中心和帝国旧都，无疑是中国重要的城市，而天津是华北的港口与商贸中心。

中国的第二大河——黄河奔流不息，但是，它实则比我们的密西西比河还要难以控制，有超过数百英里的河段易发洪水，而且流向多次改变。黄河通航非常困难，致使外人几乎难以深入华北腹地。

华中是国之要地

扬子江易于航行，其临海部分正是华中地区的关键所在。它的入海口是这个国家的主要商埠与金融中心——上海。扬子江蜿蜒而下，弯曲向南，经过新中国的政治首都，也就是蒋介石的中央政府所在地——南京。而距离出海口有数百英里之遥的内地，屹立着另一个连接西方世界的商业大埠——汉口，它位于扬子江的通航之处。

越过汉口，便是中国内陆的边界，要到达那里，除了未来修筑的铁路，就只能通过河流或大篷车。经过汉口以西的宜昌，将进入扬子江峡谷，多年以来那里都被航行者们视为恐怖地带。重达60至80吨的货船可以顺着夏日丰盈的洪水奔流而下。但是，如果逆流而上的话，传统方法是拉纤，就是通过成队汗流浃背的纤夫们拉拽着货船往上航行。

此种通行方法虽然艰难，但却可以在南京与中国鸦片种植地“蛮荒的西部”四川省之间保持联络。与此同时，从扬子江上游重镇——重庆到四川省首府成都的铁路已在规划中。但是，以此向西和向北的幅员辽阔的土地，虽然中国政府声称拥有领土主权，但实际上遥不可及，中央政府派出的使者也不容易到达。

地处华北地区的外蒙古深受苏联的影响。北至蒙古，南至四川，在这之间还有许多未命名、未开垦的荒地，那里不通铁路，通航更不可能。除非中国沿海地区的革命和工业化浪潮波及这些穷乡僻壤，否则，无论是中国本身抑或其他任何征服者，都不可能轻易将这些地区有效地组织和动员起来。这就是为什么那些未来的征服者们，无论他们多么渴望获得埋藏在这片土地之下的矿藏资源或者其他产物，其中的困难他们都必须仔细考量。

华南有反叛的传统

四川省以南及以东区域是以广东和英国殖民地香港为中心的华南地区。在这一带，“中国人视叛乱为寻常之事”，这是战前一位观察家对广东人的评价，或更为恰当的描述是指孙中山先生在那里组织了对大清帝国的革命。但是，当国民革命最后在南京获得成功之后，广东又重新回归“反政府”的传统，直到 1936 年，分裂状态才最后弥合。

在此之前，南京政府的权力行使只能达到以上海与汉口之间为中心的不确定范围，北有日本侵略者，在西部铁路的末端有苏联人活动，而南则有广东势力。但是，日本的扩张在不知不觉地推动着中国的统一。

铁路的扩张

铁路，尽管仍然不够，但却在反对地方主义的运动中发挥着重大作用。1898 年，全中国的铁路只有 317 英里。而今天，中国政府拥有并经营着超过 4500 英里的铁路；更多的铁路建设项目正在酝酿中。除了成渝铁路在建设规划以外，至少还有三条铁路线将从华北、华中和华南向西延伸，目前离到达西藏的边境还有近半路程，而经过封闭独立的西藏抵达印度边境，则还有三分之一的路程。

日本拥有的冶金与化学工业在中国虽然目前还是空白，但中国正在增加的铁路将在中国的发展中发挥重要作用，其作用堪媲美当年日本远洋航线的开辟在其发展中的作用。中国的工业革命和铁路建设，正是它可靠的防御手段，必然会增强国家的实力，扩大自然资源的开发，并促进各地区的政治统一。因此，中国在这些方面与日本相比有无可比拟的优越性。

资源的分布

地理上，中国大量的资源能够被分为两类。在华北，储藏了中国大部分的煤矿、铁矿和石油，这里也是棉花、谷类和羊毛的主产地。除了羊毛以外，这些日用品并没有很多地进入世界的日用品市场。华中地区与华南各省是大宗资源出口的主要来源地，尽管这些省份也生产煤矿、棉花和其他中国非外贸产品。

四川盛产用于制造刷子的猪鬃。这个省份的煤矿、铜矿以及其他矿产资源也很丰富。华中地区的扬子江流域则出产化学品以及植物油。华中与华南沿海诸省拥有钨矿与锑矿等著名稀有金属，在世界上占据垄断地位。那里还有极为罕见的钼矿资源，它是世界矿物市场的新贵。茶和丝绸作物的原产地也在这里。如果深入南部内陆地区，沿着印支与缅甸边境的云南省盛产锡，在那里还发现了大量的铜矿和铅矿。

正如其他所有的中国事务一样，至关重要的统计数据总是自相矛盾。这个国家拥有4.4亿人口（虽然许多人口统计结果都在3亿与5亿之间变动）。但是，有500多万人分散居住在像新疆、西藏和蒙古等边疆省份，那里幅员辽阔、土地空旷，甚至比汉人居住区的150万平方英里还要大30万平方英里。大多数中国人口拥挤在世界上最稠密拥堵的地区，上海和广东正是以此而闻名。

中国的气候也如同她的政治一样显出极端化。高气压使得冬天的天气寒冷干燥，而低气压则使得夏天的天气闷热潮湿。中国的北方是健康而有活力的地区，

“记住谈判不是战争”。一家巴黎报纸评论称，两个远东国家交战，而他们的外交官还在“正常履职”。（《纽约时报》原文插图）

而中国的南方与中部则受着高湿度的影响。

中国在自然资源的利用方面正取得进步。自国家实现了新的统一后，南京政府首次实现了货币的统一，这是最重要的改革，并且在未来将极大地有益于她的发展。稳定的货币，从政治上解释了为什么这个国家多年来能够有力地支持着那些虽然模糊不清但却进展顺利的建设项目。

公路与航线

广东省北邻的福建省与日本的殖民地台湾岛隔海相望，这是中国最为富有的省份，但是却没有铺就一英里的铁路；目前，一个综合配套的公路建设项目正在筹集建设资金。而在空中，中国现代化交通建设正在不断取得进步。现在，北平到汉口的航线将延续到重要的金融和贸易中心香港。还有四川省，现在已能通过空运与沿海的各中心城市相连接。

另外，在过去三年里，根据《远东调查》提供的数据，“4 万英里的电话线路已经铺设完成……将 1500 个城市和乡镇连接了起来。”中国政府正投资在扬子江沿线兴建一系列的电站，而从上海到汉口已经实现电气化。农业生产也在进步。在过去两年内，中国在境内成功种植小麦作物后，中国的基本粮食进口已下降到过去的很小部分。

这些正在变强的迹象为中国在上个月对日本侵略展现出来的抵抗力提供了解释，即新中国正在向一个日本不希望看到的方向发展，它正在转向抗日。同时，即使中国军队缺乏必不可少的现代军事装备，而且旧中国的虚弱和交通极为不便，反而也可能在抵抗日军侵略时发挥出重要的作用。

举国纪念“九一八事变”

哈雷特·阿班

1937 年 9 月 19 日

题记：日本侵占东三省的第六年。日军以铁路线被炸毁为借口，攻占了 50 万平方英里的东北三省及热河省。

上海 9 月 18 日电：六年前的今夜，南满铁路被炸成为日本入侵中国的借口。在 17 个月内，日本占领了面积超过 50 万平方英里、人口超过 3000 万的东北三省和热河省。

今年7月7日，一名日本士兵在北平附近的卢沟桥一带进行夜间军事演习期间失踪。由此，中日之间的战争全面爆发。驻扎在中国东北的日本陆军已经相继占领了河北省和察哈尔省，并已靠近山西省的北部边界。这些地区的面积加起来比波兰全境还要大，居住着大约1500万的中国人。

三周前，笔者从一名日军大将处获悉，日本正计划派遣一支规模空前的远征军到中国，这将超过世界大战爆发以来任何其他国家派往境外的任何一支军队的数量。现在该计划已经付诸实施。

驻扎在华北地区和上海地区的日本军队现今已在人数上超过了意大利派往埃塞俄比亚的远征军，目前在增援途中和试图登陆的日军将让驻扎在上海三角洲地带的日军人数再翻一番。这些地区的日军总数将超过15万人。

许多人认为，如果日本希望通过1937年卢沟桥事变实施对华北地区的扩张，那么它犯下了两个判断错误。

首先，日本错误地认为中国会再次对蚕食其领土不予顽强抵抗。其次，日本没有准确地估计到反日情绪的高涨，中国的领导阶层、各党派及各派系已经形成规模庞大的抗日统一战线。

中国政府和人民庄严地纪念“九一八事变”六周年。他们誓言要继续抵抗这场不宣而战的侵略，直到敌人耗尽所有的财力和人力。

日本对中国的全面抗战做出了迅速的应对，全面封锁了中国的全部海岸线，同时，日军轰炸和炮击了其海军和空军力量射程范围之内的中国军队的每一个要塞和据点。

这场未曾宣战并且没有目标的战争已经使交战双方卷入了超过100万人的军力。双方已经有至少6万人伤亡。此外，财产损失巨大，双方的财政消耗更是飞速地攀升。

日本将战争责任归咎中国

休·拜亚斯

1937年10月9日

题记：东京指责南京违背了反战公约的精神，日本“被误解”。声明认为南京应该“被视为对世界和平的威胁”。

东京10月9日（星期六）电：今天，日本外务省发表声明，就国际联盟和美国指控日本在中国的行动违反了《九国公约》[①]和《巴黎非战公约》[②]进行了答复。

在声明其观点之后，日本断定“违反《非战公约》的应该是中国政府——这是对世界和平的一种威胁”。日本外务省将国际联盟和美国的行为归咎为“令人遗憾的缺乏对于日本真正目的的理解”。

声明正文

日本于今日13时35分发表的声明正文如下：

国际联盟宣布日本正在中国采取的行动违反了《九国公约》和《巴黎非战公约》，并且美国国务院也发表了相同内容的声明。

这些举动必须归因于令人遗憾地缺乏对于真实情况的了解，以及对于日本真实意图的理解，对此日本政府认为非常遗憾。如今中日战争的起因，在于日本军队按照合约认可的权利，合理合法驻守在华北，而中国对日本守备部队进行无缘无故的攻击。

“在受到攻击时被调遣的军队只是一个小分队。当时，日本守备部队分散在不同地区履行和平时期内的职责。敌对行动爆发后，日本竭尽所能，尽量就这次小插曲在当地达成和解，即使是牺牲自己的战略优势。这些事实足以证明，日本军队采取的行动不是有预谋的，而是单纯的自卫行动。”

---

①《九国公约》，全称《九国关于中国事件应适用各原则及政策之条约》。1919年巴黎和会后，美日因争夺在华利益，矛盾日益尖锐。1921年美国急欲改变日本在华的优势局面，瓦解英日同盟，孤立日本，遂以解决中国问题为名，授意中国北洋政府提出召开此次会议。1921年11月12日至1922年2月6日，美国、英国、日本、法国、意大利、荷兰、比利时、葡萄牙、中国九国在美国华盛顿举行会议。中国政府派130多人组成的庞大代表团出席。会议上签订了《九国公约》。条约规定：“尊重中国之主权与独立及领土与行政之完整”；“施用各种之权势，以期切实设立并维持各国在中国全境之商务实业机会均等之原则”。实质上是要挟中国政府执行“门户开放”、“机会均等”原则，扼制了日本在大战时对中国的垄断权。会议期间，中国方面曾提出收回关税自主权，取消领事裁判权，撤退外国驻华军队和收回租界、租借地等，但均遭拒绝。此次会议还签订了《四国条约》《五国条约》等条约，形成了华盛顿体系，确立了在美国占优势的基础上，帝国主义列强对中国的联合统治。这加深了中国的半殖民地地位。

②《巴黎非战公约》全称《关于废弃战争作为国家政策工具的一般条约》，又称《白里安—凯洛格公约》。1927年由法国外长A. 白里安和美国国务卿弗兰克·B. 凯洛格倡议，1928年8月27日由比利时、捷克斯洛伐克、法国、德国、日本、意大利、波兰、英国、澳大利亚、加拿大、印度、爱尔兰、新西兰、美国、南非15个国家和地区的代表在巴黎签订，1929年7月25日生效。至1933年，共有63个国家批准或加入。主要内容是：缔约各国谴责用战争解决国际争端，并废弃以战争作为在其相互关系中实施国家政策的工具；缔约国之间的一切争端或冲突，不论性质和起因如何，只能用和平方法加以解决；任何签字国如用战争手段谋求利益，即不得享受公约给予的益处。《非战公约》在历史上第一次以普遍性国际公约的形式，正式宣布废弃以战争作为推行国家政策的工具。它是第二次世界大战后审判德日主要战犯（危害和平罪）的重要法律依据。它所反映的关于限制战争的基本原则，为其后的《联合国宪章》等国际文件所继承。《非战公约》在国际法和战争发展史上具有重要意义，但实际并没有起到制止侵略战争的作用。

归咎于中国军队集结

毋庸置疑，中国对于上海事件的蔓延，以及至华中各地的蔓延是负有责任的。中国公开违反 1932 年达成的休战协议，在非武装区域内集结了超过 4 万人的规模巨大的部队，并且企图歼灭我们区区 3000 人的海军登陆队，以及我们定居在当地的 3 万居民，这其中大多是妇女和儿童。

日本军队随后的行动只是中方敌对行动导致的不可避免的结果。中方无视我们的地方安置政策以及防止事件恶化的政策，调动集结其庞大的军队对抗我们。日本目前采取的行动是一种防御措施。面对中国有预谋的、挑衅性行为，日本被迫采取这种防御措施。

如今日本政府所谋求的仅仅是中国放弃抗日政策，通过中日之间真诚合作，在东亚建立持久和平。

在这种情况下，日本必须坚决地声明，其目前在中国所采取的行动不违反任何现有生效的条约。

中国政府与共产主义阴谋合流，已经采取持续且恶毒的抗日措施，以及企图用武装力量废除日本在中国的权利和切身利益，导致了如今的敌对行动。他们才应该被视为违反了《巴黎非战公约》，威胁了世界和平。

今天，美国的政策则继续吸引着官方和公众的注意。

日本外务省发言人对于罗斯福总统演讲的评论没能获得此间评论家的认同。主要是因为评论中提到了美国排华法案，因此不必要地使人认为美国的观点执有偏见。同时，也因为评论中影射富国和穷人，似乎是将日本和法西斯国家联系起来，并有可能离间英国的观点。

为了公平起见，我们还必须指出，日本发言人要在短时间内形成本国观点，供其他国家使用，通常都处在一个困难的境地，而且如果他表达出的情感太过直白，直接抵赖和不承认是很便利的做法。

如今，尚未明确取得胜利之时，无法想象日军会放弃战争。《每日新闻》宣称，昨日，外相广田弘毅向内阁汇报，如果受到合法正当的邀请，日本不会反对参加《九国公约》会议，但是先指责日本是侵略国，然后又邀请我们参加《九国公约》会议，显然有失公允。

至于具有现代化思想的日本人对外国干预的看法，在今早《朝日新闻》的一篇心平气和的社论中有所体现。该文准确体现了，实际上是低估了日本国内的自由主义观点。这篇社论的主旨是英美的压力只会助长中国人的抵抗，并且使日本赢得战争的决心更加强烈，而如果美国表现出理解日本的政策，日本民众心里就会有思考和平和宽恕思想的余地。

社论吸引了美国

同其他文章一样，这篇文章揭示了一种敏锐的意识，即除非美国支持干预，否则可以直接忽视英国的干预。所有的日本媒体都说，罗斯福总统的演讲可以被视为呼吁美国不要使自己卷入远东战争。

《朝日新闻》注意到，虽然一些美国人支持英美共同行动，尤其是前国务卿史汀生，但其他许多人仍旧犹豫不决。

文章说，美国主张还没有丧失公平性，这很宝贵，并且很有可能成为未来日美关系的安全阀。《朝日新闻》迫切希望美国人以理智和常识来对抗罗斯福总统的政策。文章补充说，如果不顾中日关系的现状，而试图将美国理想主义强加给日本，那么这种干预即使是受到高尚精神感召的，也将导致与期望适得其反的结果。

《朝日新闻》最后说：在中国看来，对日本施压，简直就像在战败前夕得到天助。任何一个心智健全的人都不会相信这会加快战争结束的到来。英美合作恰好是中国正在寻求的。但是它相信美国人会有足够智慧意识到这种政策会打破人们希望早日和平的愿望，也会打破人们对温和政策的期待。

日本空袭上海租界

1937 年 10 月 27 日

题记：据信高射炮在兆丰花园附近击中目标。其他的排炮向所有低空飞机射击。周日，东京为英国士兵牺牲正式道歉。

上海 10 月 27 日（星期三）电：今早，日本一架飞机袭击了位于公共租界的西部防御地区内的英国防区，英日局势骤然紧张。

一架日本飞机向位于白利南路（现长宁路）和愚园路交叉点、兆丰花园另一边的英国驻军五次加速俯冲并用机关枪扫射。英国方面则用高射炮和机关枪还击，并且官方还称确信他们在飞机的最后一次俯冲时将其击中。此次事件没有英国人员伤亡。

据了解，海军上将查尔斯·里特尔和总领事菲利普斯在上一次抗议对凯斯威克路（现凯旋路）驻军遭袭一事时使用极其不适合外交目的的语言，称这种袭击是“无耻的，野蛮的，残忍的”。日本非常愤慨。今早这次事件的结果很难推测。

位于凯斯维克路的英国部队防区中，至少四个前哨曾用高射炮和机关枪对在英国防区上空低飞的日本飞机开火。日本承认，其中一架飞机在陈咀镇附近起火坠落，“据推测是中国的炮台机关枪射击造成的”。

伦敦 10 月 26 日电：今天，对于上周日英国士兵在上海遭机枪射击身亡事件，日本外相广田弘毅向英国驻东京大使提交了正式的道歉书。英国被告知，日本将会合理处理责任人，并且对遭到破坏的被杀士兵所属的英国防区提供赔偿。日本称这次枪击为“偶然”。

华盛顿 10 月 26 日电：国务卿赫尔今天表示，美国派到现场的谈判代表将决定是否就“日本周日在上海空袭机枪袭击事件”一事进行抗议，该事件中一名英国士兵丧生，美国民众处境危险。国务卿在新闻发布会上说，在美国国务院处理中日冲突发出一般性指令后，相关美国官员已经关注这次事件。他说，相关官员包括美国驻东京大使约瑟夫·格鲁和驻中国公使尼尔森·约翰逊。

红军接受政府改编

——八路军和新四军整装待发

窦奠安①

1937 年 11 月 3 日

南京 11 月 2 日电：在这场对中国并未正式宣战的战争中，日本所声称的目标之一就是要扼制共产主义的蔓延。那么，日军很快就会面临一个严峻的问题，那就是他们将与中国政府重新装备的、由共产党人组成的八路军，以及由前红军部队整编的新四军交战。

后者有两个师的编制，各约 1.5 万人，包括一些零散的队伍，即那些三年前在江西围剿中没有参加长征（即向西途经湖南、贵州、四川进入陕北）的红军队伍。这些零星部队，每一支约几千人，一直孤立地坚持在外人难以进入的

① 窦奠安（Frank Tillman Durdin，1907—1998），出生于美国德克萨斯州埃尔克哈特。《纽约时报》资深驻外记者。窦奠安对中国的抗日战争、欧洲列强在华殖民地的衰败及中华人民共和国的诞生皆有报道。他对南京大屠杀的报道是最先出现在世人面前的相关报道之一。他也是第一位在 1971 年取得中国签证并得以重新进入中国的美国记者。

河南、安徽和福建的山区。这些部队在汉口重新集结，并将接受红军老领导叶挺将军的指挥。

八路军将坚持抗战

南京的八路军发言人秦邦宪（博古）告诉记者，即便日军攻陷太原，八路军也不打算放弃在山西的防区。当记者提醒到届时整个八路军都将被日军围困时，秦将军耸了耸肩说："那没关系，我们会有办法的。"

秦将军透露，八路军已经在晋东北、冀西北以及察哈尔省南部建立了稳固的根据地，并获得了当地民众广泛的支援。他宣布八路军目前已经控制了 13 个根据地，拥有数百万人口，土地面积接近美国的田纳西州。

因为八路军有严格的训练与严密的组织，并受到人民友善的支持，秦将军对八路军坚持抗战的能力持乐观态度。他相信，八路军可以运用游击战术持续地袭扰日军，并且阻滞日军在华北辽阔地域的整体军事行动。

八路军根据地的民众已经组织起来，开始接受军事训练，并准备抵抗将来可能的占领者。共产党曾在赣南和陕北地区运用同样的军事和政治策略，取得了相当大的成功。

侵略者公布新的战报

北平 11 月 3 日电：虽然深深的寂静笼罩着晋北战区，但是，日军今天发布的战报宣称，他们正从东部沿着石家庄至太原的铁路向山西省首府太原稳步前进。

一位日军发言人宣布，步兵支队已成功控制通向太原的道路，而骑兵支队已到达距离首府 40 英里处。他宣布，日本骑兵已越过河北与山西的省界，在辽阔的晋东平原展开，中国军队很难在那里找到自然的防御带。另据在上海的日本官员宣称，日军距离太原东部只有 32 英里，并且在晋北展开的日军正沿着铁路从大同向太原挺进。

日军飞机的轰炸还在继续，主要是沿着津浦铁路和陇海铁路进行。报道称，中国的军事集结地和通信线路已被炸毁。

日本当局对于中国军队袭击 10 艘医疗护卫船表示愤慨，这个船队承载了 300 名日本伤员，正从保定驶往天津。这次袭击发生在大清河上，距北平南部约 60 英里，中国人在战斗中使用了迫击炮和机关枪。据发言人称，随护的日本警卫与中国军队激战五小时，并击退了他们。

河北平原地区仍有中国军队

美联社北平 11 月 2 日电：日军设在这里的指挥部今天承认，虽然日军已穿行在北平以南地区，但河北广阔的平原地区仍然存在着相当数量的中国军队。

广九铁路遭到轰炸

香港 11 月 2 日电：显然是从澳门附近基地起飞的日军飞机每天都对广东省境内的铁路进行空袭，迫使维修队不得不夜以继日的工作。日本的轰炸机今天袭击了广州到九龙的铁路，早上投放了 7 颗炸弹，下午投放了 6 颗炸弹。每次轰炸都造成了轻微的破坏。

德国调停恐将流产

比彻尔[①]

1937 年 11 月 6 日

比利时布鲁塞尔 11 月 5 日电：从布鲁塞尔会议上的外交斡旋，到昨晚柏林为掩饰希特勒调停中日冲突所做的报道[②]，如今都清晰地表明，虽然美国人关于调停为“早产”的评论在某些方面是正确的，但是这篇报告本身还是有一些实质性基础的。

显然，正式的调停协议并未达成。无论是中国还是日本都未正式接受调停的建议。实际上，这个建议甚至没有一个具体的形式。但是，似乎已经发生的是，期盼调停建议能够由一方，或另一方在恰当的时间提出来，并能够被真诚地接受。

---

① 比彻尔（Frederick T. Birchall）是《纽约时报》记者，1934 年普利策新闻奖获得者。

② 根据德国外交部档案，1937 年 10 月下旬，希特勒密令德国驻日大使狄克逊向日本外相广田探询日本所希望的中日和平条件。当时上海尚未全部陷落，日军在上海作战伤亡重大，广田提出了四个条件：（1）中国承认“满洲国”；（2）华北特殊化；（3）中日共同防共；（4）中日经济提携。11 月 3 日，也就是日军在金山卫登陆的前两天，狄克逊再度会晤广田时，广田因日军在上海已占优势而增加了内蒙自治、华北建立非军事区、以亲日派为华北行政长官的三个条件。陶德曼奉命将这些条件面达蒋介石。蒋介石说：“如果接受日本的这些条件，中国政府必将无以立足，而共产党起而当政，对日本也是不利的。”稍停，蒋介石又作了补充说明：“目前《九国公约》国正在比利时开会，可望觅取和平途径，暂时难以正式承认日本的要求。”

对于此间熟悉中日代表立场的人来说，其中缘由是显而易见的。

一方面，中国军队对侵略者的顽强抵抗使日军大为震惊，而接下来漫长的冬季战役和由此导致的经济损失也让他们震惊。因此，如果能够为本国军队迄今所付出的努力获得充分的回报，日本是很愿意接受停战调停的。

另一方面，中国虽然决心抵抗日本侵略者到最后一刻，但还是惊骇地看到，国内局势已经陷入一片混乱，并且意识到全体国民将在漫长的战争中承受巨大痛苦。他们也倾向于在日本有所节制的情况下接受有权威的调停，期待日本对华显示友好并在商业上敏锐地意识到中国的市场优势。

无论是日本还是中国都不相信《九国公约》签署国会议会有什么结果，也不信任这些大国的仲裁，这些国家只会为自己的不作为而逃避或推脱责任。中国对国联在满洲事变上的无能仍记忆犹新。这些成分复杂的国际组织很容易受到各国国家利益的影响，最终导致妥协和毫无意义的结果，因此他们更倾向于相信单个的调停者。[①]

《九国公约》签署国会议进行到目前为止，大多数与会成员仍在相互推诿，而不是将他们对日本侵华的愤怒转化为工作成果。会议弥漫着沮丧和自暴自弃的气氛。大家都清醒地意识到会议被各小组委员会和各方不同利益肢解了。这里的许多代表都在想着尽快打包回家。

美国人的评论

一位美国人对此发表的评论十分典型。他被问到，如果希特勒企图通过干涉会议决议来提高德国的声望，你们对此是否怀有忌恨。

“听好了，”这位美国人说，“我们都希望有人来接管这件事。如果他真的为和平做出贡献，我们会给他献鲜花的。”

然而，迄今为止，会议始终公然漠视柏林对远东战局进行调停的报道。会议对于建立代表日本利益发言的意大利方面所倡议的撤军谈判框架和日本人自身希望获得的结果，都没有采取任何实质性的举动。与之相反，会议如常进行，仿佛在柏林什么事情也没发生。

① 日本发动全面侵华战争后，中国政府即向国联呼吁制止日本侵略。国联第18届常会通过《建议书》，建议召开《九国公约》签署国及其他与远东事务有直接利害关系的国家参加的会议，调解中日冲突。1937年11月3日至24日，会议在比利时首都布鲁塞尔举行。中、美、英、法、苏等19个国家参加了会议，日本和德国拒绝出席。会上，中国代表顾维钧要求与会国对日本进行经济制裁，停止提供贷款和军需物资，并向中国提供军事援助。但与会各国除发表泛泛的谴责之词外，谁都不愿率先制裁日本。苏联代表支持中国政府的上述建议，但不愿单独卷入冲突。会议仅仅通过了一项空洞无物的决议：谴责日本企图以武力改变中国现状的政策。日本对此视若无睹，在占领上海后，继续向南京进攻。

今天早上，比利时代表鲍尔·斯巴克在一个关门会议上提出了一份草案，其中引用了日本声明中一些带有建设性的观点，并请求讨论。他建议成立一个委员会来接收和处理日本就此提交的回复意见。

荷兰立即反对了这个建议。因为要选举出一个委员会是有困难的，并且这一举措也意味着《九国公约》签署国会议去功能化。因此，比利时的这个建议最后被修改为"让日本和与会成员国之间进行交流"。紧接着，其他各国的修正案便如倾盆大雨一般指向斯巴克先生。

其他修正案蜂拥而至

在英美两国的支持下，会议出现一个重要结果，决定大会决议将不对中日任何一方是否受到不公正待遇进行裁判，无论是日本谴责中国，还是中国所列举的日军暴行。

然而，由于出现了太多的修正案，因此不得不把它们都写下来，并全部提交给巴斯克先生。他将充分考虑这些修正案的内容，并在明天上午形成一个新的草案提交给大会。

会议中途发生了一件令人关注的事情，就是中国代表提出退出大会的请求。对此，意大利代表首先表示抗议，他们认为中国留在会议上至关重要。由此带来的结果将是中国可能会在列强的压迫下签署对日本有利的决议。

会后，美国代表戴维斯[①]与英国外交大臣艾登[②]返回宾馆共进午餐。然后，艾登搭乘一架专门为他准备的英国皇家空军飞机回伦敦。他不确定什么时候能返回布鲁塞尔，但他声明如果需要的话，会随时待命。

法国外长德尔博斯已经返回巴黎，苏联外长李维诺夫也正在回国。在这些大国代表中，只有戴维斯会留到本周以后。他会向日本正式发出通知，并等待接收日本认为适当的答复。戴维斯先生已经打算用打高尔夫球和冥想来打发时光了。

中国否认柏林调停的报道

布鲁塞尔11月5日电：中国代表今晚发表声明指出，关于德国总理希特勒正在调停远东军事冲突的报道严重"阻碍"了布鲁塞尔会议已经陷入僵持的讨论。

---

① 诺曼·戴维斯（Norman H. Davis）是美国外交官，曾任美国助理国务卿，美国驻国联首席代表和国际红十字联盟主席。

② 罗伯特·安东尼·艾登（Robert Anthony Eden，1897—1977），英国政治家、外交家。第二次世界大战时期曾任英国国防委员会委员、陆军大臣、外交大臣和副首相等职。1955年至1957年出任英国首相。

当日本驻比利时大使来栖三郎声称“日本对是否接受《九国公约》签署国会议的决议高度令人怀疑”时，大会的悲观气氛更加浓厚。

与会代表在讨论致日本的和平照会时，在措辞上也陷入僵持，这对原本悲观的形势而言更是雪上加霜。

中国驻德国大使程天放到达布鲁塞尔后也发表声明，称关于柏林正在调停的报道“没有一个字是真的”。

“很明显，”声明宣称，“这些报道的发布和传播是别有用心的，企图搅乱《九国公约》签署国大会各国代表的意见，并阻碍大会工作的进行。”

苏联派出战机支援中国

1937 年 11 月 22 日

上海 11 月 22 日（星期一）电：据今日可靠消息得知，在过去的两周里，超过 50 架苏联制造的战机已经从俄罗斯飞往中国。

这些战机据悉将驻扎在距离中俄边境大约 1000 英里的甘肃省省会兰州市。中国籍飞行员已经开始在兰州市和新疆省的乌鲁木齐市接受特殊训练，以熟悉怎样驾驶这些集驱逐机和轰炸机为一体的新式战机。

更为重要的是，这些战机的抵达与俄罗斯发布的关于终止对西班牙政府的更多实质性支持以及关于启用西伯利亚铁路专门运输军用物资的决定相巧合。

日军攻占湖州，南京遭轰炸

1937 年 11 月 25 日

上海 11 月 25 日（星期四）电：今天，日军宣布占领太湖以南中国军队重兵把守的防御重镇——湖州，控制了杭州至长兴的公路，并且为日军向太湖以西地区发展打开了大门。

入侵者用重炮轰击城墙，持续了至少三天。目前，日军离杭州只有不到 30 英里。杭州以美景闻名于世，马可波罗曾经到访过，现在这个城市里面集聚了 4

万多名伤兵和难民。

居住在杭州的外国人参加了中国商会的联名请愿，意在使这个城市和周边地区免受战火骚扰。美、英、法三国的代表齐聚杭州，向南京的中国政府和驻扎在上海的日军司令部发出请求，希望将杭州设为安全区。

由12艘战舰组成的日本舰队昨日在青岛港西南方向6英里以外停泊，青岛全城立即实行全面戒严。

上海的气温几乎降至摄氏零度以下，寒冷的天气使大量无家可归的难民苦不堪言。上海街头每天都可找到将近200具饥饿冻毙的尸体。每天清晨，这些遇难者会被搜索并清理。

苏俄战机被击落

南京11月25（星期四）电：一名外国飞行员驾驶刚刚编入中国空军的苏俄战机，在与日军空战时迫降在南京城外。这架飞机受到4架日本战斗机的追击，油箱被击穿后迫降在附近一个小农场。飞行员毫发未损，飞机轻微损伤。

记者观察到这架飞机与星期一坠落的那架飞机是同一个型号，在附近警戒的士兵声称，飞行员是俄罗斯人。由于大部分中国人都管这里的外国人叫“俄罗斯人”，所以这一说法并不足信。

中国官方对飞机和飞行员的下落保持沉默。官方公报的战报中并未提及这次迫降以及有两架中国战机失事的消息。俄方检查了飞机引擎，并且确认这架战机是苏联为中国空军提供的新式装备。

在经历了两次错误的空袭警报后，昨天有14架日本战机参与了袭击。由于昨日天空晴朗无云，飞行状况非常理想。为警告中国政府并暗示将有更多的空袭，2架日本战机在南京市中心区域投放了8颗炸弹。这是自10月中旬以来第一次对南京城内实施空袭。4颗炸弹击中了中山东路附近的街区，死伤超过40人，包括一些孩子，许多设施被炸坏。

其余炸弹落在附近的街区，国立美术馆遭受重创。一堵墙被炸毁，所有玻璃都被震碎了。另一颗炸弹落到了由美国和法国的天主教会主办的利玛窦中学。

一架中国战机起飞迎敌，但没有日本人伤亡。南京居民无视防空管制，匆匆忙忙的逃难者仍然留在大街上，他们中的大部分人都没有去寻找防空洞。

据报道，日本轰炸机覆盖的范围非常广，太湖以南、以北和以西三个方向的所有国防工事都遭到轰炸。有4架飞机在湖南省府长沙的火车站投放了9颗炸弹，造成很大破坏，铁路宾馆被摧毁，100多名中国人死伤。另一个轰炸机编队轰炸了江阴、常州和长兴，也同样造成巨大破坏。粤汉铁路沿线的很多车站被炸毁了。

据说飞越新疆省的航程十分困难，这成为将苏俄飞机运至甘肃省兰州市的最大阻碍。尽管如此，中外飞行员仍然继续在西安和兰州的训练中使用这些飞机。有 20 名南京大学的学生在这些基地接受培训，他们的大学受到美国资助。

苏俄提供的飞机大部分是歼击机和轰炸机，除此之外，另外还有 60 架飞机来自英国和其他国家，已开始在香港卸货。但是，中国空军这些新添置的战斗力量能否挑战日本空军的制空权仍然是个疑问。新机队的维护也是一个很大的问题。

来华支援的“外籍军团”的飞行员目前有 20 名，大多是美国人和俄国人，现在集结在汉口。蒋介石委员长昨天指示军令部，拨出几艘运送部队的军用舰船，协助南京市民撤往汉口。汉口位于首都西南 260 英里。昨天的空袭加剧了人们的恐慌，并且加速了逃亡。

在南京城内，可提供给普通民众使用的交通设施很少。几乎所有卡车、公共汽车和出租车都被军队征用了。马车和黄包车也很少见，而且收费极高。

由于蒋介石委员长颁布了严厉的惩戒令，伤兵在街上欺负市民的恶行已大大减少。这类骚扰减少后，南京市民的焦虑也有所缓解。

白天，军用卡车堵塞了南京城内的所有干道。很多军车由于过量超载而抛锚，被直接扔弃在路上。

据来自上海的旅行者说，距南京城东 40 英里的镇江居民由于日军逼近感到非常恐慌。镇江是江苏省的省会，数以千计的人们正试图从这个城市逃离。

另据消息，中国共产党的领导人毛泽东和朱德已开始在华北采取行动。

30 万军队守卫南京①

1937 年 12 月 5 日

题记：七道防线保护着首都。侵略者说他们距目的地只差 35 英里。日军飞行员报告南京城内烈火熊熊。日军战机轰炸芜湖码头以及停靠的英国船只，英国志愿医疗船也被袭。

南京 12 月 5 日（星期日）电：驻守扬子江前线的中国军队正顽强抵抗，阻

① 当时中国守军实为 15 万人左右。

止日军进入南京外围防御线。

在江阴要塞[①]和沪宁铁路丹阳站失守后，中国军队正在重新建立一条从扬子江南部的镇江到溧阳西部直至泗安的防御线。南京城的防御线以城墙为中心，形成了七个防御圈。最外围的防御圈在南京北边沿着扬子江从镇江开始一直延伸到芜湖的东边。

日军包围要塞后，江阴地区的司令长官刘兴将军和要塞司令长官许康将军率领部队渡过扬子江。据传指挥江阴要塞保卫战的欧阳格将军在要塞失守后自杀了，三天前他传来的消息就透露出了自杀的想法[②]。

据报道，尽管要塞失守，但繁华的江阴城却未受影响。一支驻扎在江北的中国炮兵小队阻止了日军渡江。

据前线传来的消息，日军自周五以来就未能在整个扬子江沿线取得任何进展，并已经停止了对丹阳西城右翼的进攻。中方认为，由于镇江的防御工事非常牢固，日军在丹阳近郊的兵力配置，意在从侧翼迂攻镇江、直逼句容。

日军似乎并没有向泗安推进的企图。中立观察家认为日本侵略者很有可能故意在扬子江上留了一个通道，这样南京城里就不会滞留大量的军队拼死守卫南京城。

昨日，蒋介石委员长乘车视察了首都的防御情况，重点视察了下关地区。

外国公民的住宿问题到昨天才得以缓解。各大使馆和公馆接到通知，法国“夏尔海军上将号”轻巡洋舰可用于接纳难民。

在南京美国公民接到警告

美联社南京12月5日（星期天）电：美国公民今天接到警告，由于中方有可能放弃其首都南京，日军纵队已兵临城下，美国公民应做好随时撤离南京的准备。撤离时间很有可能就在今天。

美国大使馆官员告诉美国公民为安全起见，要做好登上“班乃岛号”炮艇的准备。有30名美国公民坚持留在南京，“班乃岛号”将是他们最后的避难所。

---

① 江阴要塞的黄山炮台设置于江阴城外扬子江与太湖夹峙的狭长地带。20世纪30年代初，中国政府为阻止外敌沿扬子江航道侵入内地，在原明清江阴炮台基础上进行了大规模的现代化改造。工程兵在山体中修建坑道、活动炮位和地下工事，并在多层掩藏式仓库内储存了大量弹药、粮食和战备物资，增设夜间探照灯和防空火力网，还耗费巨资从德国购进了当时世界上最先进的数门大口径火炮。工程于1937年春初步完成，半年以后，战争爆发。

② 欧阳格（1895—1940），江西宜黄人，国民党海军将领，欧阳竟无之子。14岁时考入江南水师学堂。烟台海军学校毕业。1921年任广东海军“豫章”舰舰长，1922年陈炯明叛变时护卫孙中山有功，升为舰队司令。1926年受蒋介石指使命令海军的代理局长、共产党员李之龙调派中山舰到黄埔候用，挑起中山舰事件，亦称“三二〇事件”。后历任广东国民政府海军局代局长、电雷学校教育长、国民党第五届中央监察委员等。抗战爆发时，任江阴江防司令。1938年因马当失守而被扣押，1940年8月被枪决。本文叙及欧阳格在江阴要塞失守后自杀，不实。

日军轰炸机对城内外的军事目标进行了轰炸。中国军队司令官确认，日军纵队距离南京城不足 60 英里，中方已再次加固了防御工事。

一架日军轰炸机越过防空火力网，精确地空袭了南京城内的明故宫空军机场。一座存放燃料的建筑被炸毁，机场附近的 10 所民房被夷为平地。没有人员伤亡。

30 万人集结抗日

上海 12 月 5 日（星期天）电：南京城东部集结的至少 30 万中国军队竭力阻挡日军的进攻。日军总部扬言，他们的前锋距离首都东郊仅 35 英里。

星期五下午，沪宁铁路丹阳站失守，日军目前已推进至丹阳与句容之间。

沿溧阳公路进攻的日军纵队已经推进至溧阳和溧水的中间位置。在广德前线，尽管中国声称已夺回广德，但报道说日军仍在城西 17 英里处。

据昨天空袭南京的日军飞行员报告，他们抵达南京上空时，城内已是熊熊烈火，烟雾弥漫。这让他们相信，中方准备彻底撤离，正在有组织地摧毁南京城。

南京城附近并没有发现中国飞机，但日军袭击者说，在距离南京城西北部 25 英里处的滁县机场发现并摧毁了停在地面的 11 架飞机，同时还击落了准备作战的 2 架飞机。

今天的上海表面上看起来很平静，只是在法租界的外滩上发生了一点点小争执。但是，上海工部局担心，一旦出现任何反日行径，日军就会坚持他们有权从苏州河南部进入租界，对即便是享有治外法权的外国公民进行搜查拷问。

上海大街上的日本浪人越来越多，插着日本国旗的汽车横冲直撞，似乎要蓄意引起冲突和暴力事件。

工部局的焦虑显而易见。他们对日本突然改变政策感到迷惑不解。有些人认为，日本当局觉得发生在上星期五的游行让他们大失脸面，所以要展示实力、挽回面子，好向本土民众证明其政策的合理性。

日军轰炸多艘英国船只

美联社上海 12 月 5 日（星期日）电：今天在对南京南面扬子江港口城市芜湖的空袭中，日本飞机轰炸了两艘英国人的船只和英国人的码头。

两天内，日军在交战区共损毁三艘英国船只。一艘名为“秀山号”的英国志愿医疗船于昨日试图从上海附近已被日军占领的崇明岛救走九名加拿大法语区修女的行动未果，船体多处中弹。

日军对芜湖的空袭致使印度支那航运公司“大沽号”轮船起火，并损毁了另一艘中国轮船公司的轮船——“大通号”。每艘船只的船员中都有四名英国高级船员。

被袭的两艘船均悬挂红色舰旗，而且和英国其他内河船只一样，在甲板和两翼均涂有醒目的英国国旗米字旗纹样。

不明来源的炮击导致“秀山号”轮船的中国籍大副身亡，另有一名水手和数名乘客受伤。

袭击阻止了英国领事官员布思比和加拿大法语区传教士安德里安牧师组织的营救行动。九名修女迄今已在扬子江入海口的这个岛上被困了三个月。

上周五，日本在上海举行的“胜利游行”被一枚手榴弹爆炸所扰乱后，日本士兵闯入租界内美国防务区。今天，有三名日本军官为此向美国海军陆战队司令约翰·蒙博特准将致歉。

据可靠消息称，日本将于下周对南京发动最强攻势。

日本昨日向上海工部局提出无限制进入租界的要求。同时，一位日本军官要求巡捕房采取措施，预防类似上周五爆炸事件的再次发生。据了解，日方的要求将由上海工部局转给领事团，以知会华盛顿方面及各国政府。

华北组建抗日游击队

1937年12月7日

题记：前中国红军组织10万人的部队对侵华日军发起突袭。日军坦言困难重重。对交通线的攻击牵制日军南下。

北平12月6日电：据今晚可靠消息，由前中共军队组成的多达10万人的机动分队正在华北地区对日军展开大范围的破袭作战。根据来自中国多个地方的消息，他们沿平汉铁路、平绥铁路和正太铁路对日军交通补给线发动的多次进攻袭扰已对日军南下黄河一带的攻击行动形成牵制。

据说，活跃在晋察冀边区和绥远一带的中共军队正在招募当地农民，并收容因日军沿铁路线快速进军而打散的其他中国部队。由于仅配备轻型武器，预计他们不会对日军发动正面攻击，而会集中力量袭扰日军交通线，并对孤军深入的敌军部队施行突袭。日方承认，他们在山西省太原以南活动的部队已面临严重补给困难。中方报告已将整列日军后勤军需列车炸毁。

有确切的报告表明，前中共军队已进入北平周边40英里以内活动。据悉，这支军队和友军占据着除日军控制的铁路线以外的大片地区。中国方面宣称，日军在华北的交通线系统岌岌可危，因为他们进军速度过快，没有时间巩固成果。

山东省的一支中国军队报告说，在沿津浦铁路进行的军事行动中，他们已将日军阻至济南以北50英里的平原县。其他几支中国军队在河北和山东省界一带的战斗中收复了盐山和庆云。

日方则指出，日军放缓在山东的攻势是出于政治原因。有人认为日方的犹豫是担心在青岛有价值亿元的日本工厂和其他财产，中国军队已控制了这些工厂并威胁称，如果日军进攻就将炸毁它们。

早在发动华北战役初期，日军就试图与山东省省长韩复榘讲和，但迄今未成功。双方谈判似乎还在继续。

日方宣称，已在河南省彰德市（原名安阳）成立了“自治省政府”①，此地紧靠河北省的南部边界。另，平汉铁路沿线目前暂无军事行动的任何报道。

南京危在旦夕②

1937年12月11日

题记：城内间谍帮助日军攻城。机场警卫部队轮换时突然遭到日军袭击。城内多处燃起大火。城防司令阻止部队逃跑，声称将战斗到最后一人。

南京12月9日（星期四）电：狡猾的日军正施展伎俩，一步一步逼近南京各个城门。日军今晚开始猛烈轰击城墙，而陷入绝境的中国军队依托着古老的城

① 安阳城于1937年11月被侵华日军占领。日军为推行日伪政权，强行将安阳县改名为“彰德县”，指派汉奸萧瑞臣任“彰德县县长”。同年11月27日，日军在安阳扶植成立“河南省自治政府”，由萧瑞臣任“主席”。

② 1937年12月17日，蒋介石发表《国军退出南京告全国国民书》：“此次抗战，开始迄今，我前线将士伤亡总数已达30万以上，人民生命财产之损失，更不可以数计。……就中国本身论之，则所畏不在鲸吞，而在蚕食，诚以鲸吞之祸，显而易见，蚕食之祸，缓而难察。……且中国持久抗战，其最后决胜之中心，不但不在南京，抑不在各大都市，而实寄于全国之乡村与广大强固之民心；我全国同胞诚能晓然于敌人鲸吞无可幸免，父告其子，兄勉其弟，人人敌忾，步步设防，则四千万方里国土以内到处皆可造成有形无形之坚强壁垒，以制敌之死命。……”

垛，与进攻者进行着最后的战斗，阻止敌人攻进城内。

当一名间谍报告了光华门外大校场军用机场守卫部队准确的换防时间后，约2000名日军随即对此地发起强攻。在星期三的一次突然袭击中，经过几个小时的战斗，日军夺取了机场，并包围了中国军营。

黎明时分，侵略军开始从机场炮击城门和城墙。中日两军在城门内外反复争夺。日军还从大校场轰击通济门，但至昨日深夜，未能突破城防。

对首都大规模的轰炸

自从中日冲突爆发以来，日本空军与其地面部队配合，对南京实施了毁灭性的轰炸。轰炸机全天不停地轰炸。日军的空袭大多限制在南京郊区，多数时候是三个机组同时轰炸不同的地点。日军主要轰炸中国军队的集结地，并造成了中国军队重大伤亡。

当记者来到中山东路时，发现有40多位死伤者横七竖八地躺在路边一个大弹坑边。浦口和下关火车站受到了轰炸。日军试图炸毁附近的一处飞机空投场。大批炸弹落到了离美军炮艇“班乃岛号”150码的扬子江中。该艇上有美国使馆官员，另外还有数名美国人和3名意大利商人。

震耳欲聋的轰炸声、大炮声、高射机枪声，通宵达旦地震荡着南京城，在市民中造成了极大的恐慌。日军轰炸引发了漫天大火，还有中国人为防御点燃的火。大火四处延烧，浓烟密布，一天也未消散，仿佛为南京覆盖上了一层厚厚的棺布。

一支日军装甲部队切断了芜湖铁路，今天晚些时候抵达扬子江边的大胜关，距离南京只有八英里。如此一来，日军从南到东对南京形成了一个半圆形包围圈。据信至少还有两个中国师被困在南京城内，包括著名的第88师残部，他们没有办法渡江突围。

被困的中国军队

南京城防司令唐生智将军在下关部署了督战队，命令向任何企图渡江逃跑的中国军队射击，以此显示他为“保卫南京战至最后一人”的决心。

此外，在南京城外还有10个中国师仍在与日军战斗，他们也面临着全军覆灭的大劫。

据报有一艘小型日本汽艇冲过了江阴炮台，但日军舰队主力仍然被阻止在下游。南京下游16英里处的第二要塞司令徐将军在指挥部称他“准备为阻止敌人而血战到底”。

中国人今天开始烧毁下关附近的建筑，其他大型建筑物也燃起大火。

日本人今天攻城时动用了大量坦克，坦克车上机关枪急促不停地射击。枪炮声响彻云霄，主要集中在光华门和通济门附近，令城内的居民恐惧不已。中国军队用城墙上架设的机关枪和迫击炮反击。

半游击性质的战斗在南京城外方圆数英里的地方进行着，分布在城东、城东南和城南地区，两方都有重大伤亡。惊恐的人群纷纷涌进安全区。蜂拥而来的中国人密密麻麻的，把街道堵塞得水泄不通。相当困难的是安全区南界被中国军事当局占用，而原来的边界线还仍然保持。负责管理安全区的美国人和德国人承担了市政官员除税收以外的所有职能。

为南京而战

哈雷特·阿班

1937年12月11日

日本军队昨日强行破围，打开了南京的一扇重要大门。他们向南京城内不断深入，攻占了南京的大街小巷。但日军面对的是顽强的抵抗，中国守军奋起反击，指挥官禁止一切人员逃跑。日机肆意地对整座城市，尤其是军营进行有组织的轰炸。整座城市陷入大火之中，日军对他们是否能在南京城被摧毁之前及时地夺取这座城市表示怀疑。

在上海、汉口和广州的中国领导人迟疑不决，希望通过对日交涉控制事态，对这场军事灾难负有重责。张学良将军的旧部叛变为侵略者取得重大突破提供了机会。比起保卫这个国家，有一部分中国将军更关心如何保护他们自己的财产。

在军部的压力下，日本内阁决定继续对华作战，直到中国政府完全屈服、停止军事抵抗为止。任何调停提议都不会被接受。严厉的外汇管制对中国金融产生重压。

昨天下午5点钟前第一支进入南京的日本分队攻破光华门。他们遭遇守军的顽强阻击，但仍呈扇形队形继续前进。

战报被送到松井石根将军在上海的总部，他向前线指挥官和进城抵抗战斗分队发了表彰电。

夜幕下的南京，城中的守军一直顽强抵抗，战斗持续到今天黎明时分。旭日照耀着熊熊燃烧的城市，城内建筑物发出惨淡的光亮。

据南京城外日本司令部今天上午9时的广播，中国军队昨晚对在光华门和城墙附近的日军发起了两次猛烈反攻。据报，中国军队的两次进攻都被击退，但日军也遭受了严重损失，他们指责中国军队使用毒气弹攻击。

日军趁夜幕成功地测量了不同地段的城墙尺寸，架好机关枪并在城墙上安置了轻型火炮。整个白天，他们依据这些有利的据点向南京城内不断开炮射击。

在巩固阵地和赢得更多火力支援后，日军于上午10点再次空地配合对南京发起总攻。这场近五个月来规模最大的战役涉及诸多争议，最后是由松井石根将军个人命令发动的。

松井石根将军发出了要求南京投降的最后通牒，但唐生智将军未做回应。直至昨天中午，通牒时间已过，扑向南京的日军开始发起总攻。

如果投降得到确认，日军本可在蓝天映照下进入南京，并感受到冬季阳光的温暖。但是，突如其来的天气变化让他们美梦破灭。凛冽的寒风从西北方向袭来，整个扬子江河谷阴云密布，似雨似雪。对于日本轰炸机的投弹手们来说，这天气真是糟糕透顶。

南京保卫战空前激烈

哈雷特·阿班

1937年12月13日

题记：日本方面认为南京将很快沦陷，生死攸关的出入口已被日军夺得。预计日本海军将于今日到达南京城外，并与陆、空军协同攻城。

上海12月13日（星期一）电：在日军攻克中山门之时，坦克部队先于其他部队在凌晨4点前涌入南京。日军司令部认为，南京签订投降协定迫在眉睫。

在一弯半月的映照下，争夺南京的战斗仍在持续，其激烈程度直到昨晚未减丝毫。昨日，日军已攻至南京北城墙边上的玄武湖畔。著名社会活动家、飞行员查尔斯·林德伯格[①]上校曾偕夫人于1931年9月飞抵中国时，在该湖降落。

---

① 查尔斯·林德伯格（Charles Augustus Lindbergh，又译林白，1902—1974），美国飞行员与社会活动家，首次进行单人不着陆跨大西洋飞行。林德伯格的妻子是作家安妮·默洛·林德伯格（Anne Morrow Lindbergh），他们在1929年结婚，共有六名子女。

昨日夕阳西下时，日本国旗已挂满南京的南城墙。日军首次占领了光华门、中华门及附近区域。

星期天，日军的先头部队横渡扬子江，攻陷浦口。这里是津浦铁路南端的终点站，而浦口又位于南京城的河对岸，日军从而切断了中国军队从南京及周边地区逃离的最后退路。

中国人展现了勇气

在南京，普通的中国军人在极其绝望的环境中经受了严厉的考验，并且很快振作起来，再一次展现了他们非凡的能力。中国军队在无食、无救的困境下，迫使日军争夺城门的每一步都付出巨大的代价。

在 1900 年，义和团为守住天津城超过 7000 人丧命，尸体堆成一座小山。1928 年此景在山东济南重现。现在，中国人同样勇猛的战斗，使日军的每一次进攻都付出沉重代价。

日军在南京的光华门、紫金山及城内所有制高点都部署了各种火力，枪炮声昼夜不断。即便如此，中国人仍宁死不屈。城市的陆地边界被包围后，日军在南京与芜湖之间的太平场横渡扬子江，他们将顺流而下进军浦口。

在昨天地毯式轰炸南京的同时，日军于正午时分袭击了南昌。据日本飞行员透露，他们击落了中方 2 架歼击机，并炸毁了 12 架停在地面的飞机。日本空军在星期天后半夜继续空袭南京，他们为找到目标使用了大量的照明弹。

星期天的黄昏时分，日本海军舰载空军中队甚至对遥远的西安进行了突然袭击。日军透露，他们摧毁了一个飞机修理厂、两个飞机库、三个兵营和三架停在地面的中国飞机。

新年夜，日军将敲响苏州寒山寺的百年古铜钟，来彰显他们胜利的喜讯，并安排广播电台直播。

昨日，前外交部部长张群将军发表声明称，中国从不担心军力或资金的匮乏。他声称，中国在南京沦陷后已制定好应对策略，并将在南昌和浦口一带的战斗中取胜。他预计日本会在南京沦陷后组建一个伪政府，但是，中国人民会反抗这个伪政府。

张群将军表示，前中共红军领导人、现八路军总司令建议政府武装广大的老百姓对敌人发动游击战，政府对这个计划正在进行仔细的考量。他说，希望持中立立场的大国能够在中国人民的自卫战争中支持中国。

日军伤亡人数巨大

美联社上海12月13日（星期一）电：中国声称，日军在进攻南京东南门时仅打开了一个入口，并受到中国军人的拼死抵抗。日军在这个狭窄的区域伤亡超过6000人。日军承认，他们在此地的进攻只前进了100码。

日军发言人表示，他们的纵队已经跨过扬子江北岸，夺取了江浦，该地与南京对面的铁路枢纽浦口仅相隔几英里。

美国长老会传教士费佩德经过两周跋涉回到上海，他说他在江西医院见到了3万名中国伤兵，在浙江见到2万多名伤兵。

在上海的日本《联合新闻》声称，有140个日籍台湾人被指控为间谍，已在厦门和福建其他城市被执行枪决。

南京的沉默令人恐惧

1937年12月15日

题记：30万平民伤亡的数字令人战栗，18位美国人仍留在南京。

上海12月15日（星期三）电：日本陆军、海军和驻华使馆发言人躲躲闪闪地承认，日军攻陷南京已经整整两天了，但是不知道南京城内的具体情况。

唯一的信息来自飞行员昨天的报告，他们称城内大部分建筑仍在燃烧，但战斗已经停止。发言人说，他们对滞留在南京城内的外国人的命运、使馆馆舍、市民伤亡、俘虏和财产损失情况一概不知。当被追问到被占城市为何音讯皆无时，发言人说，由于日军驻京沪地区司令松井石根将军已离开上海，信息传送缓慢。当有人提醒到，有几艘日本军舰已于周一晚上抵达南京时，日本海军发言人坚称，仍留在上海的旗舰“出云号”未获得南京前线发回的任何报告。

日本取得大胜，却不可思议地封锁消息，这更增添了上海的恐惧感，担心留在城内的数十万南京市民凶多吉少。

日本海军发言人称，昨天日军空袭南昌的两个机场，发现在地面的40架中国飞机中有28架被击毁，其中多数为苏联制造的新式飞机。没有一架中国飞机来得及升空迎战。

18 位美国人毫无音讯

美联社上海 12 月 15 日（星期三）电：日本人占领南京两天了，但城内 18 位美国人却音讯杳无。从时断时续的零星通讯中了解到，南京城内的中国军民伤亡惨重。

蒋委员长在战线后方发表了致全国同胞书，称南京的失守没什么了不起。他坚信“南京的失守只是更增强了中国战斗到底的决心。因为首都迁移到别的地方，意味着南京在政治和军事上不再具有决定意义”。①

但是，日方认为南京的陷落意味着蒋介石的政权已被摧毁。

中国人认识到，日军占领津浦铁路的终点浦口车站堵死了他们从南京逃离的最后通道。他们说，撤出来的中国军队从南京渡江到浦口，然后朝北突围。

日本人说，他们未收到在南京城外有其他军事行动的消息。

新的战斗发生在南京上游的和县一带，撤退的中国军队与日军先头部队再次交火，并且威胁到了星期天被日军击沉的美国“班乃岛号”② 炮艇上的幸存者。

日军南京暴行将永刻心底

窦萸安

1937 年 12 月 17 日

题记：战俘尽遭杀害，南京平民亦遭屠杀。美国大使馆遭袭击。蒋介石战术拙劣，守将溃逃，首都沦陷。

发自美军“瓦胡号”炮舰：日军在南京城内大规模的打砸破坏等暴行被揭露后，已难获得中国人民及在华外国人士之尊重和信任。

国民政府之衰落，中国军队之溃败，致使大批中国人留在南京城内面对日军之进攻。日军占领并控制南京城后，恐怖炮击的停止，中国军队混乱场面的结束，让中国普通民众如释重负。但从日军占领南京两天的情况来看，至少在目前战时

① 蒋介石在当天的讲话中还说道，“中国持久抗战，其最后决胜之中心，不但不在南京，抑且不在各大都市，而实寄于全国之乡村与广大强固之民心。”

② 1937 年日军进攻南京时，向在南京上游长江段巡航的中立国美国的炮舰“班乃岛号”发动空袭，并将其炸沉，引发美日外交纠纷，也占据了当时美国各大媒体的主要版面，一定程度上冲销了对南京城内屠杀事件的关注。

状态下，日本人的统治会日益严厉。日军在南京展开大规模地暴行，掠夺抢劫，强奸妇女，屠杀平民；百姓流离失所，大量战俘以及有军人体征的健壮男性惨遭杀戮。

大量市民遭屠杀

对普通民众的杀害日益扩大。周三（15日），在南京城广泛巡查的外国人目睹到每一条街道都有市民的尸体，被害者包括老人、妇女和儿童。警察以及消防人员更是袭击的对象。死者多为刺刀所害，更有遇害者被野蛮下流之残酷手法杀害。由于恐慌害怕而逃窜，或是日落后在街巷被巡逻队员抓获的人，会被当场杀害。很多屠杀甚至在外国人士面前进行。

日军的掠夺可谓是对整个城市的掠夺。日军几乎挨家挨户地闯入城内房屋，并且往往是在长官在场的情况下进行。日军抢夺任何想要的物品，还往往强迫中国人搬运。最初，食物显然是日军首要需求；而后，其他有用或值钱的物品亦遭掠夺。尤其可耻的是，日本士兵竟抢夺难民，大规模地在难民集中区搜刮金钱和贵重物品，而这些往往是难民们的全部家当。

美国一所教会的大学医院职员，被抢走了现金和钟表。日本士兵又侵入美国人所办的金陵女子学院，在办公楼抢夺粮食和贵重物品。大学医院和金陵女子学院的建筑物均悬挂美国国旗，并且在门口张贴中文公告，表明建筑为美国人所有。

美大使私邸遭袭

甚至连美国外交官私人住所也难以幸免。在接到外交官愤怒的入侵报告后，记者和派拉蒙（Paramount）制片公司的摄影师亚瑟·梅肯前往现场，与5名日本兵对峙，要求其离开。士兵满脸不高兴，被迫离开。他们只拿走了一只手电。

许多中国平民在其妻子或女儿被拖走强暴时，向外国人寻求援助，但外国人的确也无能为力。对俘虏的集体屠杀更加剧了日军在南京制造的恐怖气氛。日军屠杀抛下武器投降的中国士兵后，又四处搜查那些混入民众之中原本是中国士兵的便衣男子。在难民区一建筑内，400个男子被抓走。他们50个人被绑作一排，由步兵手、机枪手押往屠杀现场。

在登船前往上海之前，记者还目睹了江边200个男子被屠杀，屠杀仅持续了10分钟。日本兵让中国人沿墙排列，进行枪击。然后，许多持手枪的日本士兵，在杂乱的尸体中随意用脚踢，如若还有知觉，便再对其射击。实施这些令人毛骨悚然行径的陆军士兵，还招来海军在停泊的军舰上观看这个场景。一大群海军士兵从中作乐。

当第一支日本军队从南面城门进入中山路，进而包围南京城时，一些中国人甚至感到异常振奋。日军停止炮击南京城着实让他们松了一口气，他们对日本人恢复和平，建立新秩序抱有幻想。此时南京城内的日本军队还未开始庆祝。

日军对南京城和民众的掠夺，遭到中国人的强烈憎恨。这种被压抑的情感，将会化作日后多年各种形式的反日行为。而东京方面称，他们正是为消灭中方的反日情结而战。

南京沦陷的惨祸

南京的失陷是中国军队受到的一次沉重打击，也是近代战争史上最悲惨的一次军事溃败。中国军队试图保卫南京，却反被包围，而后被有组织地屠杀。此次南京失守，造成了数万训练有素的中国军人和数百万美元的装备的损失，同时也造成长江流域的国军士气低落。在战事初期，凭借勇敢士气的中国军队，在上海面对日军的进攻坚守了近两个月之久。

不顾德国军事顾问团的一致意见和白崇禧将军的看法，批准此次徒劳的南京保卫战，蒋介石委员长有很大的责任。更直接的责任则要唐生智将军和其手下师团指挥官来担负。他们在日军先头部队攻入城内时，没有尽全力在最艰难无助的情况下指挥作战，而是抛下部队逃走了。

这场战役对于多数中国士兵来说，只有极少的撤退出路。指挥官本应率部下坚守，在少有战略据点的河岸拖住敌军，以掩护其他部队撤离。但许多部队的指挥官却逃跑了，引起了部队的极大混乱。那些通过下关门逃走，而没来得及渡过长江的士兵，被日军俘虏并杀害了。

南京失守，在日军进城两周前就能预料到。日军在广德及以北地区歼灭装备落后的中国军队。在攻入首都南京前，日军就已突破南京长江上游的芜湖等地。这样，日军就封锁了中国军队上游的退路。

起初防守牢固

南京周围中国军队几英里的表面防线，日军突破并非难事。12 月 9 日，日军抵达光华门城外。五万中国军人被赶入城内。一开始，中国军队进行了坚决的抵抗。他们依靠城墙，并在数英里外抵抗日军入侵，致日军伤亡惨重。

然而，日军立刻用大炮和飞机轰击城内外的中国军队。日军投掷的榴霰弹更是造成惨重的伤亡。此时，日军已逼近城墙，并第一次从西面威胁下关门。在星期天（12日）中午，日军在密集火力掩护下，从西面城门附近攀爬城墙，中国军队随即崩溃。第88师新兵先临阵脱逃，其他部队也见机逃走。到傍晚，大军涌向还由国军把守的下关门。国军将军们放弃了对局面的控制，部下抛下枪支，脱掉军装，换上便装。

星期天傍晚，记者驱车巡视市区，目击一整支部队全体脱掉军装，简直可笑。很多士兵在逃往下关的路上脱掉军装。有的士兵到小巷中换上便装；有些人脱光军装，换上从市民身上剥下的衣服。虽仍有一些部队在顽强抵抗日军，但大部分守军已陆续逃走。数百士兵向外国人寻求保护。惊魂未定的士兵将手中的十几支枪交给记者，他们只想逃避接近的日军。

一大群士兵围着安全区总部交枪。有人急于卸下武装，甚至从门外将枪支扔进来。安全区委员会的外国人接受了投降的士兵，并收容在安全区建筑里。

三分之一中国军队陷入困境

在日军占领下关门后，南京城出口就全部被切断了。此时，至少三分之一的中国军队仍在城内。由于联络中断，周二中午仍有中国军队坚持战斗。他们并没有意识到，日军已经将其包围，而继续抵抗已然希望渺茫。日军坦克有组织地将他们歼灭了。

星期二中午，记者想驱车前往下关，遇见了一组凄惨的中国士兵。他们大约有25人，据守在中山路宁波会馆，而后他们投降了。大量俘虏已经被日本兵杀害，在安全区的中国士兵大部分被集体枪杀了。日军挨家挨户地搜查肩上有背包痕迹或者其他士兵体征的人，然后将他们集中起来屠杀。许多人是在被发现的地方遇害的。包括一些与军人毫不相关的人，还有一些伤兵和普通市民也被屠杀。星期三，记者在数小时内目击到三次集体屠杀俘虏事件。有一次是在交通部附近的防空洞，日军用坦克炮对一百多人展开炮击。

日军最常用的一种屠杀方式恐怕是让十几个男性一起站在自己挖的坑边，然后对他们进行枪击，他们的尸体落入坑中后，日军再用铲子加以掩埋。自侵华日军攻打南京以来，南京城内便呈现可怕的场景。中国方面照顾伤残军人的设施，可谓缺少到极其悲惨的地步。一周前便常能在大街上看到一些伤员，有的步履蹒跚，有的在街头等待接受治疗。

平民伤亡严重

普通民众的伤亡也很严重，达几千人。唯一开门的是由美国人经营的大学医院，其设备仅能容纳一部分伤者。南京的街道上遍布尸体，有时候需要移开尸体才能让车辆通过。下关门被占领后，日军对中国守军展开大规模的屠杀。尸体堆积在沙袋间，高达六英尺。到星期三晚上，日军还未清理尸体。这两天，军车从人、狗、马的尸体上碾压通过。

日军想要把恐怖尽可能地延续下去，以此让中国人铭记，反抗日军会带来严重的后果。中山路街道遍布污物和被弃的军装、步枪、手枪、机关枪、野战炮、小刀和背包。在一些街道，日军不得不出动坦克清理残骸。几乎在所有城郊都能看到有中国人被焚烧，包括在一些完好的房屋和陵园内。下关便是一处大型焚尸场。少有的几次对战场的空袭表明，日军似乎在避免损毁完好的建筑物。日军甚至避免对中国军队集中的密集建筑区展开轰击，显然想要保留这些建筑。交通部大楼是城内唯一被毁坏的大型政府机关建筑，这是被中国人烧毁的。

今天，留在南京的人们，在外国人的恐怖统治下，担心着死亡、折磨和抢劫。上万中国士兵的泯灭，恐或浇熄全体中国民众坚持抗战的希望之火。

中国战机自毁严重

1937 年 12 月 19 日

题记：据称战机坠毁的数量是被日军击落的 4 倍，50 架美制飞机因飞行员操控错误而报废。

12 月 18 日上海电：中国战机因驾驶技术欠缺而坠毁的数量是被日军火炮击落的 4 倍。这是发生在中国空军内部的真实状况。大多数在中国的美制战机已经损毁。

在起飞和降落阶段的操作失误，以及驾驶战机去执行并不适合于该机型的指令，使中国损失了整整 100 架战机。仅仅在一个月内，6 架美国战前组装的昂贵的重型轰炸机中已有 5 架由于操控错误而损毁。

已有 30 架用于低空扫射和轻型轰炸的美国快速攻击机因为被误用为重型轰炸机和驱逐机而损毁。另有 50 多架美国驱逐机因为中国飞行员未能掌握飞机收放式起落架的操作方法而报废或送进修配车间。

没有一位美国飞行员参与对日本的空中作战。驾驶50架战机飞离苏联的俄罗斯飞行员是参与中国空军作战的唯一一群外国战斗人员。

11月下旬，有数架俄罗斯战机在南京附近被击落，2名受伤的俄罗斯飞行员在美国医院接受了治疗。

由于意大利和日本之间的政治合作关系，派到中国的意大利籍空军顾问在中日敌对行动开始时便停止了他们的顾问工作。此外，中国方面一直担心意大利会转而支援日本。

在中国政府撤出南京时，其空军力量也随之转移，致使留在首都的抵抗战士们在日军包围中丧失了一切空中支援。

尽管防空炮每天发射数以百计的炮弹，但在此期间只击落了一架敌机，这使得日军在南京上空完全掌握了制空权，进而可以在距离地面仅仅几百英尺的空域实行轰炸、俯冲和扫射。

美国顾问依旧在汉口履行职责，那里是中国政府临时首都。他们仍然竭尽全力试图教会中国飞行员避免那些致使中国空军丧失空中作战能力的技术性错误。

故宫文物紧急撤出南京

1937年12月28日

上海12月27日电：为应对日本侵略，闻名遐迩的中国皇家文物已紧急运出南京，中国及外国的艺术品爱好者们十分担心它们会因此而流散各地。

这些文物的价值从未被估算过。其中相当一部分是北平故宫的藏品，此外还有其他藏品。这些藏品包含古籍、画轴、瓷器、青铜器、翡翠和象牙制品，其中一些藏品已有3000年历史。

当南京开始疏散时，这些藏品被打包装成15000箱，紧急运出首都。其中一批用轮船从南京运往汉口，另外一批被装上卡车，驶上南京到南昌的公路。

担心文物损失惨重

中国国内的混乱状态很可能造成文物遗失，而且可能是惨重的损失。这些从中国最早朝代留传下来的珍贵文物，可能将再也无法收回，或者将会在旧金山、纽约、巴黎和伦敦的商店和古董店中被发现。此前一些中国文物的经历更加重了这种担心。1933 年 2 月 6 日，一批约 3000 箱、价值达到 2 亿美元的珍贵文物从北京运往上海，然后转至南京。在此期间，虽然使用专列运输，并且有重兵把守，仍有超过十分之一的文物神秘“失踪”。后据报道称，有些箱子打开后，发现里面除了垃圾以外别无他物。

然而，这次运输造成的损失可能更加惨重。早在中国的内战时期，每当北京城内发生权力更替，紫禁城内的文物就会有所损失。其中部分文物最终流出国门，部分进了外国博物馆。

1933 年北京转移

1933 年，因担心日本即将发动对华侵略战争，中国政府开始向上海和南京转移故宫最重要的部分藏品。日本人宣称，这些文物将被用作外国对中国提供担保的抵押品。同时又有谣言流传，说部分文物将被卖给洛克菲勒和福特。南京仅在北平发生的对文物转移的一次抗议活动中强烈地否认了这些报道。

文物运到上海后，被保存了起来。去年，有部分文物送往伦敦参展。欧洲及美国的艺术评论家们认为，这是在西方见到的中国最重要的一次文物展出。

从法律上讲，“满洲国康德皇帝”声称这批珍宝是他个人的私人财产，但他一直未能再往前推动。他在沈阳建立的私人博物馆内收藏了一部分满族珍宝，以及原来收藏在紫禁城内的古画卷。日本侵占沈阳后，接管了这批文物珍宝。人们担心如果北平陷落，日本人会做同样的事情。

直到 1932 年后半年，北平的故宫博物院才向公众展出部分藏品。其中有一件独特的展品，是一组富丽堂皇的自鸣钟，被认为是世界上最巧夺天工和最有价值的时钟。然而，此次展览最引人入胜之处是展览了翡翠藏品和精心雕刻的水晶。其中一些展品的商业价值难以估量。

这次展览的瓷杂部分包括中国历朝历代出产的瓷器和陶器，以及不同时代锻造的青铜器。它们与瓷砖、纺织品、器皿、乐器和雕塑并列展出。虽然在其他领域还有数百件装饰艺术作品的代表作，但是绘画展区却全部被中国帝王及家属的肖像画占据了。在善本部分，将展出一些珍稀的、中国书法最高成就的代表作品，还有世界上仅存的最古老的中文手稿。

第二篇

1938 年

1938年抗战大势

2月，中国军队在徐州地区与日军激战，史称徐州会战。4月，中国军队取得台儿庄战役的胜利，毙伤日军一万多人，成为中国抗战以来最大的胜利。但是日军源源不断增兵，这次胜利没能扭转徐州战场的局势。

5月19日，日军占领徐州，6月6日占领开封。为阻止日军西进，6月9日，蒋介石下令在花园口炸开黄河大坝。此举虽然暂时阻挡了日军南下，但也给豫、皖、苏3省44县人民造成了巨大的黄泛之灾。

5月，毛泽东发表《论持久战》，首次将游击战提高到战略地位，指出：日军高歌猛进之时，也是泥足深陷之日，注定必然败亡。

6月至10月的武汉会战是抗战中规模最大的会战，参战日军达30多万人，中国军队达110万人。10月9日，中国军队取得万家岭大捷，几乎全歼日军第106师团。10月21日，日军占领广州。10月25日，武汉三镇陷落。国民政府的作战中心迁往重庆。苏联空军志愿队参加了保卫武汉的空战。4个多月的武汉会战，中国军队伤亡40万人，但也使日军伤亡惨重，丧失了战略进攻的能力。

广州和武汉陷落，成为抗日战争进入战略相持阶段（1938年10月至1943年7月）的重要转折点。日本由于战线过长、兵力不足，被迫调整侵华政策，逐渐将其主要兵力用于打击在敌后战场的八路军和新四军，而对国民党政府则采取以政治诱降为主的方针。共产党领导的抗日军民不断战胜日军主力的残酷进攻，使敌后战场的地位、作用显著上升，逐渐成为全国抗战的主要战场。

12月29日，国民党副总裁汪精卫公开投降，在越南发表“艳电”，提出与日本“恢复和平”。汪精卫的叛国行径遭到国共两党和全国各界人士的猛烈讨伐。

书评：《红星照耀中国》

拉尔夫·汤姆森

1938 年 1 月 3 日

所有人都记得，1936 年年末，蒋介石委员长被一些中国军人抓捕并拘禁数周。时隔约六个月后，日本发动了一场至今仍在进行的战争。

这些事件之间的关系，即这次兵变以及最近日本对中国发动的侵略战争，对远东问题专家来说是一清二楚的。然而，对于外行的旁观者而言，却未必如此。因此，这两本关于中国问题新书的出版，意义并不简单。

就主题而言，这两本书有同一个中心指向。在伯特伦著作中所引用的许多资料，也都在埃德加·斯诺[①]的书里出现了；而斯诺著作引用的一部分资料也包含在伯特伦的书里。此外，这两本书的总体观点也是一致的，这不奇怪，因为两位作者曾共事过一段时间，来自美国的斯诺先生是伦敦《每日先驱报》驻远东地区的首席记者，而来自新西兰的伯特伦先生曾担任过同一份报纸的临时记者。

《中国序幕：西安事变》讲述的是蒋介石被捕及随后的释放。1936 年 12 月初，伯特伦作为一个学生和自由撰稿人待在北平。突然，消息传来，称在西安的政府军叛变并抓捕了正在当地视察的委员长。这意味着什么？伯特伦在书中写道，他与一位名叫唐的记者（应该就是埃德加·斯诺）立刻动身，想一探究竟。但是，北平通往西安的道路因为兵变而变得异常艰难，最终只有伯特伦一人抵达。他似乎是第一个这么做的记者。《中国序幕》对这段路途的描述以及披露的相关内情真是引人入胜。

中国的共产主义运动

另一本书《红星照耀中国》的视野则更加开阔，叙及事变以前发生的事，而仅把蒋的被捕作为高潮。还是在 1936 年初，曾经多年报道过中国新闻的作者决定对共产主义运动展开调查，共产主义尽管人人都在谈论，却连敬业的史沫特莱

---

① 埃德加·斯诺（Edgar Snow）（1905—1972），美国著名记者，1928 年来华，曾任欧美几家报社驻华记者、通讯员。1933 年 4 月到 1935 年 6 月，斯诺同时兼任北平燕京大学新闻系讲师。1936 年 6 月斯诺访问陕甘宁边区，写了大量通讯报道，成为第一个采访红区的西方记者。抗日战争爆发后，又任《每日先驱报》和美国《星期六晚邮报》驻华战地记者。他是第一个采访毛泽东的西方记者。1937 年的《西行漫记》是斯诺最著名的出版物，该书记录了从中共创建至 1930 年期间的中国共产主义运动。他于 1942 年离开中国，去中亚和苏联前线采访。新中国成立后，曾三次来华访问，并与毛泽东主席见面。1972 年 2 月 15 日因病在瑞士日内瓦逝世。遵照其遗愿，其一部分骨灰葬在北京大学未名湖畔。

女士也没有太多第一手的资料。所谓的中国共产党究竟是一些什么人呢？他们的政治纲领是什么？他们是否有受过训练的军队？为何蒋的南京政府历经多年内战仍不能将他们消灭呢？为什么派去镇压他们的部队往往倒戈？东北军司令张学良是委员长最信赖的朋友，怎么会对他进行兵谏？关于东北军背叛的谣言是否可信呢？最后，也是最令人费解的一点是，为什么从来就没有一个记者进入“苏区”，亲眼看看共产党是什么样的？

斯诺设法进入了共产党控制的区域，并在书中报道了他的发现——这里有一个能干而高效的社会，由精英分子领导，比较进步，坦诚客观。1934 年，红军以原来的根据地闽赣边区为起点，进行了一次史诗般的长征，向北进入中国西部省份陕西和甘肃，并在那里建立了一个自治政府——虽然仿效苏联，但几乎是完全独立的。

斯诺在陕甘宁边区停留了好几个月，和当地的老百姓自由交谈，并对红军部队进行观察，还前所未有地拍摄了的中共领导人的照片。他发现，由能干的毛泽东领导的边区政府，已经做好与南京方面合作的准备，但前提是蒋委员长必须坚决抗日。共产党人迫切想要加入一个全国性的民主战线，并宁愿放弃自己的一部分政治目标，与南京停战，以换取对日本帝国主义的有力反击。

西安事变

看起来，毛的主义是真诚的，而且能够依据现实情况灵活调整，因此争取到了蒋委员长许多追随者的同情和支持，甚至连蒋介石派来追剿他们的东北军，包括将司令部设在西安的张学良本人，都被毛争取了过去。正因如此，当斯诺回到北平不久后即闻悉西安发生兵谏，他一下子就猜到发生了什么事。

张学良司令扣押蒋委员长目的明确，并不是要杀他或是羞辱他，而是想说服他，希望他认识到中国将来的希望在于政府与“赤匪”合作，而非继续内战。蒋介石最后同意了这一点，在这种情况下，他毫发无损地返回南京，而陪伴他回去的正是囚禁他的人，这个结果震惊了世界。几周以后，国共双方签署停战协定。受国共重新结盟的刺激，日本在几个月后对华采取了新的军事行动。但这一次，日本面对的是一个团结而统一的中国，这个统一的中国至今仍在极力抵抗。

伯特伦和斯诺二人都认为，张学良司令虽然经常被指责为傻瓜和恶少，但他迫使蒋委员长与共产党合作的举动是值得高度赞扬的。蒋介石的让步或多或少有被迫为之的因素，他自然对共产党仍怀有疑心，然而就目前而言，面对着民族共同的敌人，他似乎仍能获得他从前对手的信任和尊重。蒋介石对于他的被捕和释放有自己的一套说辞（去年秋天刊于本报），自然不存在他本人是否诚信的问题。

尽管如此，伯特伦和斯诺两位先生仍对他有所怀疑，这也不是空穴来风。

至于将来的远东局势，日本是击败中国，抑或是偃旗息鼓，两位作者都没有说明。实际上，早在去年7月战争爆发之前，这两本书就已写成。斯诺先生坚信，无论如何，独立于苏联的中国共产主义运动会与时俱进，并在远东事务中发挥越来越重要的作用。如果真是这样的话，《红星照耀中国》将比现在人们所认识到的会更加珍贵，也更富有启发性。

日军在南京大肆屠杀平民

窦奠安

1938年1月9日

题记：南京陷落后，日本侵略军的残忍暴行被陆续揭露出来。侵略者丧心病狂，在南京枪杀了2万人，估计死亡人数达33000人。在日本军人心中一点一滴灌输的野蛮思想深入骨髓。“中国令日本失去了很多东西”的思想，深植在日本军人心中，伴着怒火燃烧。

上海12月22日电：毫无疑问，南京保卫战将以最残暴的面目载入现代军事史册中。

在这场城市保卫战中，中国军方背离了现代军事战略的基本准则，眼看着至少33000名中国军人被围困和屠杀，估计人数是中方守城兵力的2/3，其中2万人被枪决。

从很多方面来说，整个包围战是封建式和仿中世纪的。中方以城墙为防御依托。南京陷落后，日军对长达数英里的住宅区及商业街道和城郊周围的村庄，大肆烧杀抢掠，充斥着日本式的残忍和恐怖，那仿佛是一片被人类遗忘的黑暗蛮荒地带。

对中国而言，南京的陷落不仅代表着失去首都之痛，更重要的是，军队士气遭受重挫，成千上万的士兵失去了生命。中国军队在上海阻击日军失利后，整个战事在扬子江流域展开。南京的陷落，标志着在这一区域中国军力薄弱。人们纷纷怀疑，中国军队能否有效阻止日军的后续进攻。

对日本而言，攻占南京具有极为重大的政治及军事意义。然而，日军占领南京之后烧杀抢掠，无恶不作，这些残忍暴行也使日本在国际社会声名狼藉，这场胜利最终也蒙上了浓重的阴影。

南京成为多路合围的目标

南京之所以难以抵抗日军的攻击，与其特殊的地理位置密不可分。南京地处扬子江的一个弯道边，江水于此由北向东流去。可以看到，南京城防的主要力量集中在城墙处，而该城的三面都可被攻击方占领，并依势合力发起总攻。

自从知悉日军准备集中力量攻占南京的战略意图后，中国军队领导层意识到，日军侵略力量已经强大到足以实施这项战略。此前，芜湖已沦陷，芜湖与南京之间的多处重要战略据点也相继被日军攻占，这样，日军已从多个方向部署好军力，对南京形成了合围夹击的态势。

中国军队没有撤退计划

很显然，中方对渡江大规模撤退并无切实可行的军事部署，江面严重缺乏运输工具就是明证。

事实上，得出这一结论是毋庸置疑的。在围攻之前，没有任何中国人认为南京城防司令唐生智发表的诸多声明是真诚的，这实际上反映了中国人的真正想法。换句话说，城防司令部充分意识到，当日本陆、海、空三军协同合围南京时，中国军队在古城南京将会陷入重围。日军采取了尖刀直插中国心脏的战略。

整个事件中最不光彩的部分在于，中国军方缺乏勇气来实施抵抗。当日军成功突破西南城墙但下关门还开着时，受到迅速合围的日军陆军和舰队的逼迫，唐将军和几个同伙仓皇出逃了，丢下下属指挥官和部队在孤立无援的状态下绝望地战斗。

军官们不知情

12 月 12 日（星期日）晚 8 时，毫无疑问，唐生智当了逃兵。当他乘船逃到扬子江左岸时，他的下属军官却不知道他的意图，以至于记者认识的一名上尉试图在午夜时逃走时，却发现日军已经接管下关区。上尉利用中国士兵留下的制服做成的绳索，通过城墙缺口重新爬回城内寻求庇护。

中国在无望的状态下试图保卫南京，充分体现在南京被围攻以及其陷落后的各个细节中。日军占领江阴要塞和常州后，以此为据点重新布局整个扬子江流域的攻势。日军从江阴沿扬子江北上，以戏剧性的速度在几天之内就南进广德，北攻镇江。攻下丹阳后，即开始对南京附近句容所谓的“外围防线”发起进攻。

句容及其周边的 7 条防线，各防线之间相距数英里，从城墙处以同心圆形式展开防御。事实上，从南京到句容大约 25 英里的防御工事也是非常薄弱的，只有零星的碉堡。

其他防御工事以路障的形式被匆匆构筑起来，通常以瓦砾碎片堆积而成。此外，为给中国军队撤退预留足够时间，沿途布置了机枪阵地，并炸毁了几座桥梁。

粤军的毁灭

在南京城外阻击日军的是几支来自广东、广西、湖南的地方杂牌部队，加上南京卫戍部队——第 36 师、第 88 师，还有南京城内的一些部队。日本攻进上海后，粤军遭受了连续几周的炮击。

36 师、88 师是蒋介石的精锐部队，但其主力已在上海保卫战中损失殆尽，撤回到南京后，以新兵补充。一部分川军摆在苏州和句容之间的前线，担负阻击任务，另外大部分回撤到芜湖一带，他们没有直接参加南京保卫战。

很难说，在南京抵抗日军的部队是怎样的一股力量。一些观察家估计，有多达 16 个师参加了南京保卫战，这可能是真实的。即使在正常时期，一个中国师平均只有 5000 人，但在南京保卫战中，一个中国师可能只有 2000 至 3000 人。因此，估计参加南京防御的兵力大约 5 万人，比较合理。

12 月 6 日（星期一）晚上，句容沦陷。随后，日军兵分三路，对南京形成合击。北进兵团从句容出发，穿过孟塘，攻击汤水镇；南进兵团从溧水出发攻击秣陵关；中央兵团以天王寺为中心进攻淳化镇。

中国的焚烧计划

当日军兵锋划过句容的那一刻，中国军队即开始以焚烧城市为代价，准备依托南京城墙抵抗到最后一分钟。

从汤山开始，这里是中国的“西点军校”，即陆军炮校所在地，也是蒋委员长的夏宫，一直到南京城下，绵延 15 英里的建筑被烧毁，有的全村被毁。军营、中山陵公园里的别墅、现代防化学校、农业科研试验室、警察培训学校等数十家机构化为废墟。大火一直延烧到南门和下关一带，那是在火海中仅存的一隅。

据估计，中国价值 2 亿至 3 亿美元的财产在这场大火中被焚毁，而实际上，几个月以来，包括南京沦陷，被日本飞机轰炸和炮火摧毁的人身财产损失更是难以估计。

中国军队领导人通常用军事需要来解释全城范围的大规模焚烧行动，称有必要摧毁所有障碍物、庇护所及所有设施，城市周围的围墙、建筑、树木、竹林和灌木也都被一一清除。

中立的观察家认为，大规模焚毁是中国高傲姿态的另一种体现，是愤怒、沮丧、无能的反映。中方宁可烧毁他们不能带走的一切东西，也绝不把这些财物留给日本人。这种思想的极端表现就是“焦土抗战”的政策，即只能将焚烧过后的断壁残垣留给日本人。

中立的军事观察家认为，这一策略在任何情况下都没有太大的战略作用。在很多情况下，烧焦的墙壁仍然竖立着，未燃烧的建筑物仍可为日本机枪手提供隐蔽与避难的场所。

12 月 6 日和 7 日，分别是星期二和星期三，日军左翼巩固了在镇江的阵地，向汤水镇、淳化镇和秣陵关推进，当中国军队仍然沉浸在焦土抗战的狂热中尚未撤离时，日军右翼突破中国军队的阻击，在星期四占领了广德，星期五迅速逼近芜湖，并最终攻克该城。

星期三黎明时分，蒋委员长和夫人乘坐私人飞机离开南京，到达湖南长沙附近的衡山。总司令的离开从另一个角度标志着中方准备放弃南京，开始从该城撤退。有几位政府官员和与战役并无直接关系的军事领导人留下了，以便机动调用。唐生智留守南京，从星期三开始，他被赋予保卫该城的权力和责任。

星期三，日本飞机轰炸了位于淳化镇外的小村庄，当晚日军即占领了该地，这里距离南京城墙只有 6 英里。

毫无疑问，中国军队试图在句容和溧水一带奋力阻止日军。但是，国防部不充分的准备，以及防卫部队落后的武器装备，都注定了这场战役的失败。日本飞机能够发现和轰炸中国军队，并向日军野战炮兵报告中国军队的方位。坦克和装甲车为日军开道，而中国的机枪和毛瑟枪太过落后，完全无法阻止全副武装的日本军队。

中国炮兵作用很小

因为炮手无法确定敌人的方位，中国炮兵很少使用。在日本围攻南京的前几天，中国空军已停止参与保卫南京的战役。因此，中国军队失去了查明战情的“眼睛”，只能盲目地战斗，除非在战斗中实际遭遇，否则中方根本无法了解敌方的军力部署情况。

由于无法报告日军位置，中国军队把自己最昂贵的武器安置在下关附近的狮子山、紫金山、南门外和城内太古山附近的山坡上，但这些先进武器对墙内守军的作用很小，他们刚一开炮，就被敌人打哑了。

从星期四开始，日军从淳华镇出发朝南京城墙推进的那一时刻起，恐怖气氛就弥漫全城。战火纷飞，炮声震天，安全区内挤满了难民，大街上挤满了士兵，军队用铁的军纪来管理安全区。日本飞机在郊区进行了为期一天的轰炸。满身鲜血、拖着残肢的伤兵和难民纷纷涌入城市，南京城内呈现着一片血腥和可怕的场景。

鉴于情况已经恶化，中国当局建议外国使团的留守人员撤离，包括美国大使馆的临时代办、二等秘书小艾奇逊，他的助手帕克斯顿二秘及武官助理罗伯茨上尉于星期四晚上乘船驶离下关。避难的美国人登上了"班乃岛号"炮舰。

日军获得间谍协助

星期四晚上，位于淳华镇的日军突然离开城墙，反向异动。原来他们通过间谍了解到，守卫大教场军用机场的中国部队正在调防。日军展开突袭，在午夜前占领了机场和周围的营房。他们的行动甚至威胁到了下关一带，由于中国守军在第一时间展开激烈的还击，日军的企图才未得逞。

后来，中方便衣队突袭放火，烧了大教场的日本兵营，使其自顾不暇。但总体上，日军在军事上步步紧逼，使得中方无力回天，日军自此不仅可以威胁下关一带，更能进一步进攻南门，威胁到这一带的军民。

星期五，日军炮火开始猛烈轰击城墙大门，日本空军也乘势轰炸了城中主要建筑及守卫在城墙四周的中国军队。

星期五下午 3 时，当外国外交人员上岸避难后，中国政府又一次发出警告，要求他们迅速返回军舰。此后不久，日本飞机在扬子江左岸袭击了浦口，并在距离"班乃岛号"炮舰 200 码的位置空投炸弹，迫使休斯少校将炮舰驶到扬子江上游一英里外的三岔河地区。

在三岔河，船上的人从星期五到星期六下午，一直通过电话与城内的英国亚细亚燃油公司的人员联系。但是，从星期六下午开始，日本空军更加密集地轰炸此处，三岔河地区也变得不安全了。"班乃岛号"最终载着船上的外交人员和难民驶离南京。翌日，日军袭击"班乃岛号"的消息传开后，国际上对此一片嘘唏。

到星期五时，日本完成了对六朝古都南京的合围之势。

中国仍在坚守

在星期五及随后的一天，许多中国军人仍在城墙周围的东部和东南部几英里范围内坚持战斗。有些部队被包围在山上，当日军蜂拥进入山中扫荡时，中国军人不得不杀掉马匹以维持生存。在如今的中山陵公园区，我们仿佛仍能看到当年那一幕幕中国军人艰苦抗战的场景。然而，到星期五晚些时候，大多数中国军队已撤回城内。

围攻前一周，中国已完成了南京城的全封闭布局，只留有一条狭窄的通道以供通行。城门被 20 英尺厚的沙袋堵住，并增添了混凝土层进行加固。

南京被合围后，记者已没有机会再去观察所有遭到日军轰炸的大门，但事后可以看到，中山门和南门丝毫没有被日本炮火轰垮的迹象。由此可证，中国防御工事的有效性。

日本不能通过任何大门进入南京城，只能通过云梯偷袭的方式进城。

艰苦的枪战

星期六，战火最为激烈。敌人强大的战争机器从各个方向在城墙外围展开攻击，中方则想方设法从城垛上阻击。同时，日军对南门地区和城内高地等中国军队集结区域加强了火炮攻击。

日军还广泛使用榴霰弹，对中国军队驻地实行轮番射击，同时，日本飞机继续轰炸中国阵地。日军渐渐向城墙推进，准备在星期六晚上袭击西门或汉西门、和平门，即主要的北门。

同时，一种恐惧绝望的感觉在中国军队中渐渐凸显。很显然，他们明白队伍中绝大部分人将会被困，并走向死亡。记者注意到有一个战斗分队在完成了一个街头路障的架设后，庄严地聚集在一个半圆的防御阵地上，脸上都是视死如归的庄重神色。

中国军队自星期六开始洗劫城市的商店。商店店主几乎都已放弃店铺，转移到了相对安全的地区，留下了上锁的店面。因此，在这期间，中国军队并没有遭到民众抵抗。很显然，军人们抢劫的对象主要是食品和其他用品。

星期天上午，日本继续对西门和南大门之间的区域进行密集炮击，这一地区被打成了一片“火海”。此时，中国的防御态势开始恶化。与外国人接触较多的中国官员也坦承自己的顾虑，即中国军队的纪律性可能迅速下降。

日本人展开多波次的连续攻击后，终于在星期天中午打开了南京城墙的一个缺口。第 88 师试图阻止他们，但最终失败了。

下关门曾是一个井然有序的地带，但此处很快也深受敌人威胁。至星期一早上，某些中国军人仍坚守在阵地上，一次次成功地击退了日军。

下午晚些时候，数以千计的中国士兵试图通过下关门一个狭窄的开口时出现了可怕的拥挤场景。人们脱下衣服拧成绳子，试图借此爬上城墙出城。晚 8 时，唐将军偷偷逃离了城市，其他高级指挥官也同样离开了。

到黄昏时候，中国军队的撤退变成大溃败。在很多中国军队还一无所知的时候，崩溃之势已成，等到他们反应过来那一刻，他们只能想方设法拯救自己。

本来，城内的外国人担心在中国军队大规模崩溃时会伴有过激行为，战败的中国士兵可能会乘机胡作非为。然而，这一切并没有发生，中国军队总体来说还是始终坚守对平民的善意，并保持军纪。

丢盔卸甲的中国军人

星期天晚上，数千名军人开始在安全区出现，他们脱去了制服，开始借穿或偷拿平民的衣服。此时，很多人宁可只穿短裤也不愿穿军装。军人丢弃了武器和制服。被遗弃的枪支、手榴弹、刺刀、背包、军服、鞋子和头盔在南京的街道上随处可见，被遗弃在下关附近的军事装备数量更是惊人。

毫无疑问，本来有成千上万的中国军队能够进入下关，利用机帆船渡江离开，然而很多人争先恐后地拥挤在河堤处，在恐惧中被挤踏坠河淹死。

星期一，日本军队接管下关地区，完成对南京全城的合围。仍留在城里的中国军民被重重包围。下关地区的日军部队对陷入包围仍在抵抗的守军进行围剿。

大规模投降的中国军民

星期一整天，虽然仍有部分中国部队继续与日军在城内东部和西北部作战。但是，大部分被困的中国士兵放弃了抵抗。数千人向外交安全区委员会提出投降，并上缴了他们的武器。委员会不得不接受他们的投降。在当时，外交人员相信日军对待俘虏将会是慷慨的。许多中国军人见到外国人就放下武器，就像孩子一样乞求得到保护。

到星期一晚些时候，日军控制南城，只是城市的东南部和西部地区还有零星冲突。到星期二中午，所有仍在武装抵抗的中国战士都牺牲了，日军完全控制了这座城市。

日本接管南京后，沉溺于杀戮、抢劫和强奸，他们的暴行之野蛮，在迄今为止的中日武装冲突中达到了登峰造极的地步。日本人犯下的滔天暴行，只能与欧洲最黑暗时代或中世纪亚洲征服者的暴行相比。

大部分解除武装的中国军人无奈地聚集在一起准备投降。成千上万的中国士兵把自己交给安全区委员会，被安置在难民中心的士兵则被日本人逐个关押、带走。他们的双手被反绑在背后，然后排队走向城外刑场。

小批军民躲在防空洞避难，他们被枪杀在防空洞的入口处，尸体就被直接堆放进防空洞埋葬了。日军的坦克炮有时会射杀被束缚在一起的中国士兵们。最普遍的死刑是被步枪处决。

每个身强力壮的南京男性都会被日军怀疑是中国士兵假扮的。一个方法是，检查这些无辜男性的肩膀上有无背包的印迹或者扛枪的痕迹，在多数情况下，任何与军事行为有关的无辜男性都被赶进将被处决的队伍里。一些以前的士兵反而侥幸通过检测，并逃脱了。

日本人自己宣布，在清理南京的过程中，头三天有1.5万名中国士兵被围捕。有人争辩说，起码有2.5万名士兵躲在城市里。

这些数字表明了中国军队被困在南京城墙以内的人数。日本人说大概有2.5万名士兵这一数字可能是夸张的，但也有可能。总之，大约2万名中国士兵被日本刽子手处决了。

死于非命的并非只有士兵，男女平民和所有年龄段的人都有被日本人枪杀的。消防队员和警察经常是被日本人杀害的受害者。任何由于紧张或恐惧，或是处在危险中而在日军面前逃跑的人，都会被当场开枪射杀。这期间，很多外国人发现在这个被日本控制的城市里，每天都有新的平民死亡。在人行道上，经常看到年老的男人脸朝下趴着，他们显然是被一些冲动的日本士兵开枪打死的。

掠夺是日本占领军的主要罪行之一。一旦一个地区被完全控制，日本士兵就获得了控制和抢劫所有房屋的自由。食物似乎是第一需求，但所有贵重物品也都被掠去了，特别是容易携带的东西。留在家里的人也被抢劫了，任何人如果反抗都被枪杀。

外国财产也遭洗劫

大量难民涌入了安全区。在许多情况下，聚集在这里的是一些不幸的或贫穷的难民。很多房屋都被分割成了一小块一小块的。通常外国人的财产不受影响，但是日本士兵冲进了美国在金陵女子大学的代表团驻地，抢走了他们满意的东西。

美国教会大学医院被搜查了一遍，宿舍中护士的物品也被抢走。外国国旗从建筑物上被取下来撕碎，日本军人至少从外国人手中抢走了三辆汽车。有五个日本士兵还闯入美国大使尼尔森的家，除了抢走一个手电筒外，没有收获其他战利品就被迫离开了。

日本士兵随意地调戏中国女人。美国传教士亲眼看见许多从安全区中被强征来的女人遭受侵犯。

应该说，有一些日本部队保持了节制，也有部分日本军官试图表现慷慨和同情以缓和紧张的气氛。但是，日军在南京全城的所作所为，将为他们的国家尊严和声誉涂上污点。南京陷落几天后，到访的日本高层负责官员和外交官都承认，他们在这里遇到的外国人所报告的情况都是事实。对此，这些日本人解释称，在南京的暴行是由于一部分日军失去控制所导致的，而位于上海的中国派遣军最高指挥部对他们在南京实施的暴行毫不知情。

当最后的崩溃降临南京时，一些平民大众如释重负，但也有一些令人心酸的现象，居然有一些中国市政厅和卫戍司令部的人员在准备欢迎日军入城。事实上，在日军队伍举行入城式时，有些城内分散的平民从南门到西门在日军行进的路线上列队欢迎他们。

但是，这种慰藉和欢迎的感受在日军暴行开始后很快变成恐慌。日军占领南京在日本国内获得了大范围支持，也增加了日本的军事自信。然而，当他们进一步深入中国社会时，一种对日本的憎恨在中国人心中已经油然而生。展望亚洲遥远的未来，日本宣称将以打败中国来赢得中国的合作，这是多么的荒谬和无耻。

叙及日本对南京的围攻，不能不提到安全区，以及留在城内的外国人。虽然谈不上是很成功的，但是他们的确帮助挽救了成千上万名中国平民的性命。获得彻底的非军事化以及在整个过程中保持受尊重的中性立场，这正是那些国外发起人设立安全区的目的。实际上，完全的非军事化从来都没有实现过。在南京战役的最后几天，经过这个区域的中国士兵络绎不绝，而日本人攻陷南京后，日军也能很自由地出入南京安全区。

然而，日军未将安全区作为他们炮击或者空中轰炸的对象，因此在这里避难的平民相对比较安全。据估计，有 10 万人在安全区寻求避难。这个安全区在城市以西，面积大约 3 至 4 平方公里。

安全区负责人是一个满头白发的德国人拉贝[①]先生。在南京，任何一个知道他的人都非常尊敬他。而主管则是一位在中国出生的美国人费吴生[②]。他承担了一件有着极大危险和压力但足够令人惊叹的工作，这件工作类似于指导一个美国小城市在洪水来临或其他灾难期间所要求承担的全部责任。

安全区委员会秘书是有着极大力量与创造性的南京大学的社会学教授史迈士博士。而在建立安全区的谈判中表现尤为突出的是南京大学历史学教授贝德士博

① 约翰·拉贝（John Rabe，1882—1950）是生于汉堡的德国商人。其因在 1937—1938 年南京大屠杀期间的人道主义行为以及作为南京大屠杀翔实证据的《拉贝日记》而著名，被世人尊称为“中国的辛德勒”。第二次世界大战结束后，拉贝因曾是纳粹党员而先后被苏联和英国逮捕。鉴于在南京时的功绩，得到中国政府每月的金钱和粮食接济。他所写的《拉贝日记》于 1997 年出版，并被译为中、英、日、德 4 种文字，被公认是研究南京大屠杀事件数量最多、保存得最为完整的史料。

② 费吴生（George Ashmore Fitch，1883—1979）出生在中国苏州，是美北长老会传教士费启鸿（George Field Fitch，1845—1923）之子。1906 年毕业于美国俄亥俄州沃斯特学院，1909 年毕业于纽约协和神学院，并接受长老会按立为牧师，同年回到中国，任职于上海基督教青年会。1937 年 12 月南京大屠杀期间，任南京国际安全区副主任。他秘密将由美国圣公会传教士马骥拍摄的大屠杀纪录片送到上海冲洗放映。1979 年 1 月 20 日在美国洛杉矶逝世。

士。贝德士教授还奋战在致力于为南京取得停战的第一线，原本的计划是中国军队在此期间撤出并由日本和平占领南京。

围城期间，包括两位美国报纸的记者和一位美国新闻摄影师在内的 15 名美国人仍然留在南京。这期间留在南京的外国人还有 6 名德国人、1 名英国人和 2 名俄罗斯人。

从 12 月 11 日（星期六）由“班乃岛号”出发，一直到 12 月 14 日（星期二）接触到日本舰队，在此期间这个小的外国团体与外界断绝联系，就像中国军队被困在南京的高墙之内一样。那时这个城市无法供水，没有电，没有电话，许多主食也没办法弄到。

除了与媒体有关的人员之外，城内全部外国人都积极地把自己与安全区或战争救灾工作结合起来。管理安全区不仅仅包含试图保持它的非军事化地位。成千上万身无分文的难民必须吃、住；区内也必须有警察维持治安；医疗服务十分急迫；更甚者，一个简易而完备的银行服务系统也必须设立起来。

美国圣公会的马骥[①]牧师带领了一个由外国人组成的救济委员会，为给在围攻中受伤的成千上万的中国士兵提供一些照顾做出了巨大努力。中国军队战伤治疗设施非常简陋。这里虽有医院，但是医生和护士的数量严重不足，并且许多医院只接收特定的部队送来的军人。

在围攻期间，马骥牧师救济委员会的努力都集中在为现存的医院调配城市医疗资源，以及把伤员及时运送到这些机构。他们无法应对巨大的伤亡人数，并且在围城期间，南京的大街小巷随处可见中国伤员，其悲惨的景象令人震惊。受伤的男人蹒跚着，拖着自己的伤穿过大街小巷，最后成为倒毙在主干道上数百个尸体中的一个。

美国大学医院在整个战斗中保持运营，并努力把它留给平民伤员，同时也收治了一些士兵。威尔逊和特里默两位美国医生，以及鲍恩和海因兹两位美国护士在少数几个中国人的帮助下，日夜不停地照料辖区内将近 200 位伤病员[②]。

---

① 美国圣公会牧师马骥 1884 年出生在美国弗吉尼亚州，曾在华传教 30 余年。南京大屠杀期间，马骥在南京下关的德胜堂传教，并担任国际红十字组织南京委员会主席。马骥冒着生命危险，奔走于大街小巷，参与救援中国军民。马骥还用当时世界上最先进的贝尔牌 16 毫米摄影机，以每秒连拍 6 张的速度拍摄了数百分钟长度的胶片。这些胶片记录了被日军砍断脖子的男子、惨遭强奸的妇女、失去父母的婴儿、尸横遍野的乡村等许多悲惨的镜头，被认为是南京大屠杀最早、最完整的影像血证。

② 南京大学医院的威尔逊大夫于 1929 年获得哈佛医学院博士学位，1936 年来华工作。南京大屠杀期间，很多患者都是刀伤或枪伤，威尔逊作为当时医院唯一的外科医生，承担了巨大的工作量。特里默大夫是内科医生，在南京大屠杀时期兼管医院产科和 X 光科，同时担任“南京安全区国际委员会”委员。据《拉贝日记》记载：12 月 19 日下午 3 时，一名日本士兵闯入鼓楼医院，当特里默大夫要求他离开医院时，日本兵竟然朝他开枪，幸亏子弹打偏了。鲍恩女士 1919 年 10 月来南京，任医院检验室主任和医学院检验室讲师。南京大屠杀期间参与国际安全区救治伤员和难民，担任医院总监、图书保管员、会计和食堂主管。她后来获得中国政府嘉奖的采玉勋章。海因兹女士 1924 年开始到医院从事护理工作，1937 年时已 60 多岁。但是，她在那个非常的时期选择留在南京，尽心尽力做好自己的工作。南京大屠杀期间负责医院管理的麦卡伦牧师在 12 月 29 日给家人的信中这样写道：“人们很容易就能找到海因兹小姐，她经常在育儿室照顾所有的小宝贝。”

当日军占领了这座城市后，战争伤亡救济委员会在短时间内自我组织成为国际红十字会的一员，并且接管了在外交部大楼内的中国军队的主要医院。他们用能够找到的任何交通工具来运送城内的伤兵。同时，仍留在城内的中国医护人员也聚集在这个机构内工作。

起初，日本人允许这个医院的自由运行。但是到12月14号，星期三的早晨，他们阻止外国人进入医院，要求他们承诺不再对院内的500名中国伤兵的命运负责。

安全区委员会关于休战的努力没有取得任何结果。蒋介石委员长以极其敷衍的态度回应了委员会的休战提议，日方则连一点消息也没有。唐生智将军的代表明确指出渴望停战，他们的态度成为一个在中国恶化的前景面前近乎疯狂的调停的呼吁。然而，在中国军队明确撤退的计划向日军提交之前，这一场可能取得进展的谈判就已经崩溃了。

好在“班乃岛号”炮舰被袭后，它的无线电通信设备幸存了下来，此外，没有任何其他方法可以与日军取得联系，除非到日军战线上去，而这个行动极其危险。

南京方面事实上不知道日军向唐将军下达了最后通牒，显然中方指挥官对日方也没有做任何回应。

双方伤亡惨重

毫无疑问，自从这座城市开战以来，双方的伤亡都十分惨重，而中国方面的损失尤其惨重。日军在围攻中伤亡1000人左右，中方伤亡3000至5000人，也许更多。

在这座城市南部和西南部的许多中国老百姓没能成功逃离，他们都被杀掉了，死亡人数可能与军队死亡人数差不多。记者在日军占领全城后走访了南城，发现城市的一部分已毁于日军炮火，中国人尸横遍野。

这场保卫南京的遗憾的军事溃败归咎于何人，对于中国人而言是很难说的。这次防御在德国军事顾问的认真劝诫和反对中坚持进行。蒋委员长的总参谋长白崇禧将军也强烈反对防御。据说，蒋委员长最初对南京保卫战持支持立场，他表示会不惜代价来巩固这座城市，至少为中国首都的战斗赢得有利条件。

普遍的报道是蒋委员长的观点占了上风，但据许多消息灵通的南京观察家说，最终做出防御的决定是因为唐生智将军和其他许多坚持防御并始终与卫戍部队站在一起的军队领导人的态度。

当然，发生如此悲惨的错误是蒋委员长所不允许的。同时，唐总指挥也一样，这个由于一开始做出死守决定而最终却弃城逃跑并未能很好部署指挥的人，受到了舆论的强烈谴责。

也许在星期天的时候，唐总指挥为保存实力做出了一些努力，他希望在小部队拖住日军并提供掩护的情况下，部队主力能够实现总撤退。另外，事实证明，无论如何南京是保不住了，唐的离开甚至他的许多部下也不知道，军队失去指挥的状态无疑是全面溃败的信号。

对于中日双方而言，南京战役都毫无荣耀可言。

山东济宁失陷

窦奠安

1938 年 1 月 15 日

题记：中国空军战力提升，战争恐延长守军准备敌后袭扰。又有三名将军被解职。

1 月 15 日电：据在中国战时首都汉口进行的一项民意调查显示，尽管军事上连遭挫败，中国人无意屈服，希望继续战斗，并计划对日军控制的交通线展开激烈的游击战。此间观察家认为，中日战争将持续。

济宁是山东省南部的一座城市。有报道称，在中方援军一度占领济宁后，该城又被日军重新攻占。据中方媒体报道，这个城市损毁严重，市民也已被疏散，他们面对敌军进攻已向南方撤退。

据报，中国三位最重要的军阀——阎锡山、韩复榘和冯玉祥将军，已被解除军职。[①]

① 1938 年 1 月 11 日，山东省政府主席、第五战区副司令长官兼第三集团军总司令韩复榘因弃守济南被蒋介石以“违抗命令，擅自撤退”的罪名撤职逮捕，并于 1 月 24 日处决。1937 年 9 月，国民政府设立第六战区，任命冯玉祥为司令长官，因此任命遭一些将领反对，战区迟迟未能筹建，不久冯玉祥辞职，1938 年 2 月第六战区正式撤消。阎锡山于 1937 年 8 月任第二战区司令长官，其被解职之说不实。

中国人民坚持抗战

窦奠安

1938年1月15日

汉口1月14日电：从这个中国政府的战时首都可看到大量事实，如果日军侵略不止，中日战争将长期持续下去。没有证据显示，中国的政府和人民已经疲惫到愿意按日方条件投降的地步。

日方需要正视的现实是：如果想早日结束战争，日本或可命令它的军队向后转撤出中国，或可以迅雷不及掩耳之势一举击溃中国。目前所能看到的一切迹象都显示，前一种情况不可能发生，而后一种情况极难成功，这是中外军事专家一致的看法。

在中日交战中，日军确有打败中国军队的实力。但是观察家们认为，中国军队能够在正面战场上阻滞日军，同时针对日方交通线发动猛烈的游击战，从而减缓日军进攻，并加剧其消耗。在这种情况下，未来两个月内汉口遭受日军威胁的可能性不大；而六个月后的可能性较大。

对铁路的占领

此间外军观察家认为，日军当前采取的最合理战术就是尽可能地占领铁路线，包括攻占汉口以迫使中国政府远迁四川、云南和甘肃等边远地区。在那里，中国政府就只可能组织零星的、无效的抵抗。

然而，鉴于中方防守作战强调更加彻底地摧毁已遭放弃的交通线，日方占领铁路的计划恐难以实现。据称，中国空军针对日益延长的日军运输线、军需物资囤积处和军队集结点实施轰炸的能力日益引起日方担忧。与此形成对照的是，过去几周里，日本空军反倒没有发挥突出作用。以前，日本空军曾大肆轰炸铁路与机场，并与中国空军交战，并在实战中获得决定性优势，但一直未能瘫痪中国的铁路交通。

日军飞行员除了个别情况以外并没能成功袭扰军营、发电站、水利设施和军械库这类中方目标。如果此种战术依旧，空军将不会再对日军夺取特定目标起到决定性作用。现在中国老百姓已经习惯了日军空袭，尽管日军重新对重要城市军民进行的无差别轰炸导致了中心地区士气的快速跌落，但专家认为，这不会对中国坚持抗战整体民意有决定性的影响。

除了苏联飞机外，近期来自英国、法国与美国的帮助也加强了中国的物质力量，使其更加有效地对抗日军。

记者上周在与汉口各界市民的交谈中，感到对日持和平态度的人少之又少。的确，和南京陷落前的那段日子相比，现在民众的抗日热情更为高涨。由于绝大多数政府官员思想倾向保守，又因德国方面的斡旋努力，曾一度出现过广泛的求和浪潮。而现在这一切已不复存在。取而代之的民意是进行持久抗战，人们认为日本正在被慢慢地拖垮。德国方面也证实，所有调解努力已终止。

一位近日刚对南昌、长沙等内地省市进行考察的著名外国军事专家报告说，他看到了民众和官员的镇定与坚强，没有发现停止抵抗的任何迹象。他还注意到中国人民身上那种令人惊异的承受苦难的能力，那种在日军侵略带来的种种恐怖面前也不失自身士气的能力。

他说，现在中国人显然更加侧重游击战略，并对日本占领区的民众进行训练，以便能够组织起民众对日军进行被动的反抗。

一个招募和训练士兵的强化项目正在内地省份进行着，仅湖南一省就将练出100万名士兵，其中大部分已完成必要的战前训练，并将被编入正规军。他的结论是，中国能够训练出足够的兵力支持即将到来的长期抗战。

此间观察员还指出，中国的武器装备相对充足，加上稳定的外援，足够让军队支撑六个月。战争尚未严重影响由分散性主导的中国农业经济。战区以外农村的生活仍旧未改变。政府的财政状况尚能维持。

就整体而言，中国实力仍不可小觑，展望未来，亚洲大地上的战事仍将持续很长时间。

持久战令日本胆寒

斐斐[①]

1938年1月16日

题记：日本召开御前会议检讨中国战局。

① “斐斐”，纳撒尼尔·佩弗（Nathaniel Peffer，1890—1964）的中文名，出生于纽约，是美国研究远东问题的专家，汉学家。他毕业于芝加哥大学，作为《纽约论坛报》（*New York Tribune*）远东新闻记者，在中国居住了25年。1937年执教于哥伦比亚大学，至1958年退休。

日本上周举行闭门的御前会议，他们在搞什么名堂呢？如果要对此解读的话，那么最靠谱儿的一种解释就是：日本已经六神无主了。日本的统治者们已经逐渐意识到，他们一直在做着一个黄粱美梦，只是他们还无法说服自己从这个美梦中醒来罢了。

自对华战争爆发以来，日本的所有决策和行动都基于这样一种自信，即这场战争只不过是一场可控的小规模“军事演习”。日本在 7 月份发布的官方正式声明中，把出兵中国称为“华北事变”，而非“战争”，这其中的确有那么一点儿真诚。他们之前丝毫没有预料到，中国人能够组织起哪怕一丁点儿真正的抵抗。他们也不相信中国人真的打算抵抗。他们认为，至多花三个月时间“教训一下”中国人，此后，中国人就只有遵照日本军部定下的“原则”，老老实实进行“合作”了。

不料，迄今为止，六个多月过去了，日本军队在多条战线全面投入作战，虽然取得了战场上的胜利，但与他们初始制定的目标却相去甚远，甚至南辕北辙。中国人并未“反省”，他们不接受日本的侵略。中国人屡败屡战，却愈挫愈勇。

虽然表面上日本人取得了胜利，但那只是镜中花、水中月。之所以这么说，不只基于他们对自身国力的焦虑，也基于他们的整个社会心态，全日本都要求进行一场速战速决的战争。这对日本而言是生死攸关的问题，自从他们在日俄战争中把民族存亡当作赌注押上赌台以后，这一问题就无时无刻地摆在他们的面前。这是自 1914 年以后，日本第一次召集御前会议，看来兹事体大，非同小可。

中国的策略

红军领袖朱德敦促对东京展开游击战。(《纽约时报》原文插图)

日本为减少派到中国作战的精锐部队的损失，迟迟不肯正式对华宣战，可谓用心良苦。既然如此，中国对日本实行游击战的战略也就名正言顺了。事实上，中国对日本实行游击战是十分聪明的，而且也是有胜算的。这种战略对外利用了日本迟迟不正式宣战的迟疑，对内则制约着蒋介石在抗战中鲁莽使用力量。因此，在这种形势下，提高中共领袖在汉口政治协商会议中的参与度，就显得尤为重要了。

对于毛泽东、朱德和其他中国红军领袖来说，从一开始，对日作战的首要原则就是分散抗击敌人。正是基于这个原则，他们在战争爆发前很早就看到了抗战胜利的希望。也正是基于这个原则，他们在战争中恪尽职守。从理论上说，这也是南京政府大多数领导人战前打算采用的原则，只是这个原则在后来的实践中被束之高阁了。

当蒋介石决定在上海徒劳地拖延战事三个月之久时，这个原则就被他抛弃了；当他命令在南京对敌人进行有组织的抵抗时，这个原则就被抛弃了。从目前迹象看来，这个原则又将再次被抛弃，因为蒋介石下达了一系列命令，要求在陇海线上的徐州阻止日军前进。而每一次对这个原则的践踏，随之而来的就是一场灾难性的溃退，一些训练最为有素的中国军团覆灭，军需物资蒙受的损失难以估计。

共产党人的优势

倘若蒋介石更多地践踏这个原则，汉口政权就可能失去代表这个国家的权力，而将它拱手让给共产党人。将来，如果中国在与日本的殊死抵抗中取得了最终的胜利，这个国家就会处于共产党的统治之下。

对于这样的一种局面，共产党人从一开始就寄予厚望。日本仍然声称，从东亚铲除共产党是他们进行所谓“圣战”的目的之一。但是，可能将来有一天，历史会这样记录，正是因为日本军队的侵略使共产主义在中国开花结果，是日本军队，可能再加上蒋介石的固执，才造成了这个结果。

不管怎样，中国共产党宣布参加汉口的政治协商会议，可能导致中国在抗战的战略上发生彻底的转变，即重新回归到去年春季那些深思熟虑的主导性原则上去。如果那样的话，起初取得的一些小的胜利将会激发中国的潜力，中国会想方设法获得轻武器和相关军需物资。虽然这些装备和物资只够打游击，但是对于游击战来说却是不可或缺的。中国可以在日占区全境招募并训练“游击小分队”；他们持续对敌人采取军事行动，将使日军的防线永远无法稳固，而日本军队将作茧自缚，最终无力自拔。

将民众组织起来

这场战争最为关键的，或许在于胜利将会使中国当局具有宽阔的胸怀和雅量，从而采纳共产党人的方法，把全体民众组织起来，使其成为支撑抗战的基石。民众将为中国的游击战士们提供庇护所和后勤给养，并协助他们袭扰日军。共产党人从前就精于此道，目前举国群情激奋、同仇敌忾，他们更可以利用这种前所未有的优势，在更大的舞台上施展拳脚了。倘若国民政府也能这么办，那么，日本侵略者就不得不同时面对满腔仇恨的中国人民和一支规模庞大、撒豆成兵的游击大军。

在中国西北那些与世隔绝如同天外星球的边区，现在到底发生着什么事情，鲜有能够被证实的消息。但是，日本方面对于战局任何实际进展的报道都审慎低调，无论是军事占领区的扩张，还是占领以后是否加强巩固，似乎全都噤若寒蝉；据此，我们权且可以假定，日本人已经遇到麻烦了。他们在占领区成立了一些“临时政府”，在日本国内发行的出版物上发布照片，照片上中国民众喜气洋洋地欢迎日本人前来把他们从自己的统治者手中解放出来。然而，日军扶持的“和平维持委员会”似乎哪儿也去不了，也似乎没有维持多少和平。日本军队也不得不在占领区内继续鏖战。

日本人究竟要不要在这样一种战争中苦苦求胜已经变得无足轻重了。他们现在骑虎难下，厄运当头。日本人的确表现得忧心忡忡。他们官方发布的捷报充斥着心怀鬼胎的泛泛之辞，而私下发表的言论不是颠三倒四，就是自怨自艾。

“成功”的代价

伪“自治政府”以及“和平维持委员会”是些颇为费钱的玩意儿，成立起来费钱，维持起来更费钱。为了维持这些“玩意儿”需要打更多的仗，同时成立更多新的“自治政府”。可以想见，这些“自治政府”都不是省油的灯。如此坐吃山空，对于日本来说，这样的一种“成功”真的是生不如死啊。

作为日军扶持的政治工具，在“维持会”头目领导下的小“脱离区”似乎

日本成立“自治政府”（左边人物身上文字：傀儡政府。右边人物身上文字：日本）

漫画中的日本军人说：“我们身后是九个中国最高贵的耄耋老人——对面只有一亿其他闲杂人等。”（《纽约时报》原文插图）

漫画评论标题："你所翘首以待的政府。"从左至右三个指头分别是："满洲国""北平""南京"，下方袖口：日本。（《纽约时报》原文插图）

有些效果，然而这仅是与"脱离区"外其他广阔乡村听之任之的情形相比较而言。既然现在各地的抗战形势都如火如荼，那么这些"脱离区"就显得虚无缥缈了。承认由前朝遗老七拼八凑建立起来的北平政权，对于日本侵略军而言没有任何实际意义。这样一个傀儡政权可能会与侵略者签署"和平协议"，请求与日本达成合作，加入"反赤化圣战"，但是，这并不能迫使整个中国屈服。事实上，除非有侵略者的刺刀保护，这些签字人连自己都不敢在离北平150公里以外的地方抛头露面。假如他们胆敢带领伪军与始终浴血奋战的中国军队为敌，他们可要小心翼翼地自保，以免落得抛尸荒野的下场。

长话短说，战争进行六个月了，日本仍在原地踏步。他们用尽浑身解数也无法使中国屈服。为了掩盖其内心的惶恐和懊恼，侵略者宣布，中国或者现在、或者几年以后，必定会接受他们规定的"和平条款"。但是，这只不过是日本军国主义分子在向本国人民掩盖真相，即他们已经陷入了一场旷日持久、规模庞大的洲际战争，一场他们费尽心机却未能预知的，也没有任何指望能够如愿以偿地坚持下去的战争。

中国抢修战备公路

窦莫安

1938年1月21日

题记：战争也刺激着铁路和航线建设。

汉口1月20日电：中国政府正在加快实施一个旨在全面连通西南内陆地区的交通发展规划。为了应对紧迫的战争需要，中国需要开通新的公路、铁路和航线，即从某种程度上，与那些曾在陆地上与其保持大宗货物交换关系的国家恢复更紧密的交通联系，而这种久远的联系在 200 年前中国面向太平洋的贸易开放商埠之前就一直存在着。

在这些公路修筑规划中，穿越新疆连接中俄两国的公路在政治和经济上都占据着最重要的地位。这条公路的新疆和青海段正好是古代中国与欧洲通商的丝绸之路的一部分。

另一条重要公路是滇缅公路。它从云南穿过怒山山脉和高黎贡山脉到达缅北，与缅甸铁路相连。这条公路有一部分路段将穿过非常崎岖艰险的地带。但是，交通部次长彭学沛①昨天表示，通过招募学生、市民和劳工志愿者，用三四个月时间即可抢修完成这条公路。修通连接俄罗斯和缅甸的道路，皆为进口紧迫急需的军需物资。

十天以前，通过云南联通滇越铁路的川黔公路通车，意在抢运法国进口物资。另一条通过广西连接汉口与印度支那的公路也已开通，从汉口到宜昌的公路已延伸修建到重庆，近期也通车了。

在粤汉铁路上，正在抢修经过桂林联通印度支那边界龙州的铁路。根据彭次长的说法，这项工程将在四个月内完成。交通部长张嘉璈②目前正在广西视察这项工程。

在航空建设方面，一项耗资 100 万法币的扩建工程正在实施。中美合营的中国航空公司③将在 10 架飞机的基础上再添加 2 架 23 座飞剪式客机。中德欧亚公司也要增添两架容克型飞机，一架 14 座、一架 22 座。这些新飞机将主要用于增强重庆—汉口—香港的民航服务。虽然在这个因日军轰炸铁路经常中断的地方，每天只有 1 架飞机（有时 2 架）是不能满足人们通行需求的，但扩建连接内陆主要城市的航线仍然十分需要。

中国航空公司被禁驶的美国飞行员在战争爆发后返回了他们的服务岗位，其中四位已重新开始工作。而欧亚航空公司④的飞机自始至终都由德国人驾驶。但

① 彭学沛（1896—1949）江西省安福县人。日本京都帝国大学毕业，后留学法国和比利时，回国后任北京大学政治学教授、《中央日报》主笔。后任交通部常务次长 6 年，直至抗日战争中期。曾筹划全国铁路、公路、航空、航运、电讯等交通事业。后任国民党中央宣传部长、行政院政务委员等。1948 年 12 月，因飞机失事身亡。

② 张嘉璈（1889—1979）上海宝山人。清末秀才，后留学日本进修财政学。回国后，曾任中国银行总裁、铁道部长等。1938 年任交通部长。1937 年修筑湘桂路衡阳至桂林段，1938 年修筑滇缅铁路。在抗战十分困难的 1937 年至 1942 年，领导新筑铁路 1000 英里，对支持抗战做出贡献。1949 年 5 月移居澳大利亚。1953 年赴美。1979 年病逝。其妹张幼仪是徐志摩的第一任妻子，曾是中国第一家女子银行——中国女子商业储蓄银行的副总裁。

③ 1930 年 7 月，中美签订合同成立“中国航空公司”。这是根据中国法律组成的股份有限公司，民国政府交通部持有 55% 股份，美方持有 45% 股份。抗战期间，中航开辟“驼峰航线”，从 1942 年 4 月到 1945 年 9 月，飞越“驼峰”8 万次，运输人员 3.35 万人，载运 5 万吨货物到中国，运出货物 2.5 万吨，为抗战做出重要贡献。

④ 欧亚航空公司 1931 年 2 月由民国政府交通部与德国汉莎航空公司合作成立，中方持有 2/3 股份，德方持有 1/3 股份。原计划开辟柏林至上海航线，故名欧亚航空公司；实际开辟上海—兰州、北平—广州、西安—成都—昆明航线。公司在抗战期间迁往昆明。1941 年中德外交关系破裂，欧亚航空公司股权归中方所有，于 1943 年 3 月改组为“中央航空公司”。

在战争时期，中国航空的飞机由中国人担任机长。

交通部官员否认了早前流传的中俄开辟空中航线的可能性，虽然此间舆论很希望能够开通这条航线。与此情况相似的，是从兰州到新疆的铁路在目前看来还只能说是一个梦想。中国航空依旧正常运行着沿扬子江最远达到九江的客运航班服务。

彭德怀将军采访记

窦蕙安

1938 年 1 月 24 日

题记：彭德怀将军说“中国红军革命立场坚定”，而当前首要任务是推进土地改革。虽然八路军未能获得政府更多的资金支持，但有信心遏制敌人在山西省的进攻。

尽管中国共产党正与国民政府合作共同抗击日本，但八路军副总司令彭德怀将军在汉口接受采访时说，他们仍然试图推进土地改革。他声称，人民必须从各种压迫中解脱出来。据他透露，中央政府未能就给八路军增拨经费一事做出回应。

根据从北平传来的消息，受苏联影响的外蒙古处于日本人的威胁之下，日军正沿绥远省内的铁路推进，而面对侵略者的守卫力量显得较为薄弱。

美国正在制定一份针对日军炸沉“班乃岛号”炮艇的索赔协议书，包括造船成本、境外资产和死难者赔偿金，但没有包括惩罚性损害赔偿，总价值在 100 万至 150 万美元。

汉口 1 月 22 日电（通过航空邮件到达香港）：本报今天对原红军将领、现任八路军副总司令的彭德怀将军进行了采访，他全面概括了中日战争问题。彭将军对中国抗战必胜充满信心，但是他强调，首先需要唤起全国人民的抗战热情，推动民族意识的觉醒，努力把中国人民从各种压迫中解放出来。在对日寇的斗争中，只有人民的社会地位得到提升，国家才会有更好的前途。

彭将军是一位圆脸、身材略胖、面带笑容、不拘形式的汉子，身着朴素的蓝色棉布士兵制服，在日本租界一间寒冷的房间里接待了我们。采访开始前，他伸开双手搂着记者和翻译的肩膀，把我们愉快地带到一间温暖一点的房间。他在一架帆布床上坐下来，把客人召集到一个烧得炽热的日式煤炉的周围。

在第一阶段的采访中，他并没有说什么。后来，彭德怀将军放弃了在纸上记录问题的努力，把便笺簿推到一边，开始了关于中日战争和国际问题的讨论。采访持续了将近三小时。

彭德怀将军承认，他此次来汉口是代表八路军向蒋介石委员长寻求更多的经济支持。“我没有成功。”他沮丧地说，“委员长谈到，在财政紧缩的状况下，难以批准为八路军现有的每月 50 万法币再增拨经费。这笔军费对于拥有 10 万人的八路军来说是远远不够的。八路军现在急需更多武器装备、粮食补给和医疗药品。”

彭德怀将军声称，八路军尽管还没收到国民政府月前保证提供的机枪和几门防空炮，但是仍然有信心、有能力继续坚守在山西的战线。不过，他不能确定八路军是否可以阻止日军在晋南发动的新一轮攻击。但是，他肯定日军不会通过山西抵达陇海铁路。

在回答记者提问时，彭德怀将军承认，单一的游击战术是无法取胜的。他同时强调，前方对敌人的阻击也是必要的。他反对只从表面意义上理解八路军就是游击队的观点。“事实上，在我们的部队中，游击队只占小部分。”他接着说，“八路军主力是正规部队，只在小部队中使用游击战术。”

寻求土地改革

话题转到中国的社会问题。彭将军说，国家需要进行土地改革。“封建地主土地所有制和与之相伴随的陈旧的农耕方式和高利贷，必须停止。”他继续说，“人民必须拥有土地和他们自己的话语权。中国共产党关心的首要问题是农村改革。”

当问到是不是明确要消灭资本主义时，他没有正面回应，而是说，“中国有 80% 的人口在务农，资本主义生产方式还不是主流。”彭德怀将军表示，他总体上倾向于在中国建立与美国和法国相类似的民主政体，但是“也不要太过接近地模仿它们”。

他在强调了对美国在中日战争中所采取的消极态度很失望后，他说，“美国、英国和其他资本主义国家真的很需要重新清理他们的政治结构，以便得以在公正原则的基础上坚定地奉行他们的政策。”

在谈到国共关系时，他说，“我们之间不应该有冲突，因为两党都尊崇孙中山先生的思想。”他透露，中共即将召开代表大会，将讨论突出的内政问题以及对敌作战方略。

与蒋介石会面

彭德怀将军是从山西来到洛阳与蒋介石会面的，并于本周护送蒋介石委员长抵达汉口。这是彭德怀将军自 1926 年起义成为红军领导人后与蒋介石的首次会面。在围剿红军期间，蒋介石悬赏 10 万法币捉拿彭德怀。

脱离蒋介石以后，这位共产党领导人再没有留在大城市里。他觉得汉口并不适合他，他更喜欢山西。但是他承认，他喜欢在这里看的电影是《空战英豪》。彭将军今晚将离开汉口，返回前线司令部。

美国外交官在南京受辱

1938 年 1 月 29 日

华盛顿 1 月 28 日电：国务院周三公布了美国驻华使馆关于三等秘书爱利生[①]“被打耳光事件”电文的部分内容：

昨天，正当我与美国公民林查理（他在金陵大学任教，这是一家美国机构）一起调查一宗非法入侵美国房屋案时，我俩都遭到日本士兵“扇耳光”，林查理还受到进一步攻击，衣领也被撕破。

这一事件使近期一系列非法入侵美国人住宅引发的冲突白热化，最终也使此类事件逐渐平息。

1 月 25 日晚，我馆就此事向日本驻华使馆的福井先生提出交涉，对方称我不应该过分相信美国传教士的陈述。

我当晚得知，此事的起因是 1 月 24 日晚 11 时，一队全副武装的日本士兵迫令林查理等美国公民到金陵大学农产品小卖部集中，经过搜查后，当场带走了一名中国女士。两小时后，她返回来，说被日本人强奸了三次。

25 日下午，林查理和贝德士[②]教授询问了这位女士。她说她被强奸的地址是卫理公会早前的一个宿舍，现被日本军人强占。

---

① 爱利生（John Moore Allison，1905—1978）为美国外交官，南京陷落时为美国驻华使馆三等秘书。1953—1957 年任美国驻日本大使，后驻印度尼西亚、捷克大使，夏威夷大学教授。1938 年 1 月 26 日，爱利生在与林查理一同调查日军从金陵大学劫持、强奸一名中国女士案件时，在小粉桥 32 号院内被日本士兵抓住膀子用力猛推，并被日本人使劲打了耳光。此事引发美日外交冲突，称为“爱利生事件”。事后，日本驻南京总领事冈崎胜男向他道歉。时过 16 年后，爱利生在驻日本大使任上，与时任日本外相的冈崎胜男签署了《美日共同防卫协助协定》。

② 贝德士（Dr.M.S.Bates）时为南京金陵大学的历史学教授。林查理（Charles Rigges）则在金陵大学农学院执教。

向日本大使馆提出交涉

我们就此事向日本驻华使馆提出交涉。1 月 26 日下午，一名领事推事和一些身着便衣的日本宪兵前来调查。我和林查理陪同他们来到那位中国女士当时被带到的地方。日本宪兵将那位女士和两位中国人带到大楼边，请她指认强奸现场。

讨论的焦点在于林查理先生和我是否应该陪同那位女士进入日军营房，以指认强奸她的日本军人。因先前有日本人对中国人施暴的先例，林查理先生不希望让中国女士独自一人进入日本军营。

当时，日本宪兵说我们最好不要进入日本军营，但并未明确肯定地说不准我们进去。一位宪兵态度凶狠地拽着那位女士走进营房大门，林查理紧随其后，我也跟在后面。正要进门时，我们停住脚步想说说这件事。

这时，一名日本士兵气急败坏地猛冲过来，并用英语对着我们说："回去，回去！"同时，把我推向大门。我慢慢地后退，正要出门时，他扇了我一耳光，并转身向林查理先生也扇了一巴掌。

随我们一起来的日本宪兵想阻止这位士兵，其中一位用日语似乎在说"他们是美国人"之类的话，但我们已被粗暴地推出门外。

日军士兵被激怒

当这位士兵听到我们是美国人时更愤怒了，嘴上重复念着："美国人！"还想动手打他身边的林查理。宪兵们赶紧上前阻止他。他随后抓住林查理先生的衬衣，还扯掉了查理的衣服扣子。同时，营房里其他军官也跑出来，以挑衅的姿态对着我们咆哮。

当时，我和林查理先生没动过日本士兵一根指头，也没骂过他们。

爱利生随后报告说，他们后来去了日本大使馆并向福井先生提交了整个事件经过的报告。

福井先生的态度是我们不应该去日本军营，也不应该介入我们正在进行的美国人财产遭到非法入侵事件，那位士兵叫我们离开并且扇了我们耳光似乎还很有道理。我驳斥了福井先生，对他说打人耳光是没有任何道理可言的，希望日本军方就此予以解释。

爱利生先生的报告最后说：当天上午 11 时，日本军部的本乡少佐代表日军司令部对这个事件表示了遗憾和道歉，他说，将由军方负责对此事做进一步调查，预计这支部队将于今日撤出南京，但完成调查恐怕还需要几天时间。

我肯定了本乡少佐的来访，以个人名义接受了他的道歉，但是强调，这并不代表美国政府的立场。

否认侮辱日军当局

爱利生先生今天致电美国国务院告：

日本电台今日下午播报了日本官员的说辞，声称当日本士兵警告我时，我侮辱了日本军官并且拒绝离开现场，我对此深感震惊。

正如我在1月27日提交的报告中所说明的那样，袭击发生时我正退出院子，林查理先生就在我的身旁，也看得十分清楚。实际上我已退到门边了，不可能向前，就在这时发生了“打耳光事件”。

至于所谓侮辱日本军官之事，昨日上午本乡少佐来访并向我道歉时未曾提及。今天晚上，我打电话质问福井，要他解释我是如何侮辱日本军人的？他答道，因为我未经许可闯入日军营房。我向他声明，我无意侮辱日本军事当局，并要求他将此转告日本军方。

彭德怀坚信抗战必胜

哈罗德·邓尼

1938年1月31日

莫斯科1月30日电：据此间出版的红军机关报《红星报》报道，中国八路军副总司令彭德怀将军宣称，中国西北地区的军民已经动员起来投入对日作战，中国人民必将迎来抗击日本侵略的最后胜利。他是在山西前线接受采访时这样说的。

彭德怀将军表示，红军目前采取的基本战术是游击战，这样的敌后游击战是指通过持续增强抗日军力，结合当地人民支援，对孤军深入的日军小股部队进行打击，各个击破。而华北地区多达一亿人口，这是八路军的坚实后盾。

彭德怀将军说：“我们正在组织并武装华北广大男女民众，将其转变成抵抗日本帝国主义的亿万大军。目前，活跃在华北的抗日游击队伍正在不断壮大，并迅速成长为一支正规部队。因为这些战士都是自愿入伍的，他们与当地的人民群众紧密联系，这样的一支新军将胜过目前的队伍。”

针对日本媒体关于中国军队伤亡惨重、装备低劣而将无力继续战斗的报道，彭德怀将军强调："我们将通过行动来驳斥他们的论调。我们坚信，只要我们大力发扬民主，改善人民生活，并且不断调整我们的战略战术，最后胜利终将属于我们。目前我军的装备确实不及敌人，但我们能够通过缴获敌人的武器来克服这一困难。"彭将军说八路军已在不损一人一枪的情况下取得不小收获。

他说："我军已缴获敌人3000多支步枪、许多机枪，不计其数的弹药、近千匹战马，大量的防空和地面大炮以及其他军需物资。我们还炸毁了20多架敌人飞机、上千辆装甲车和汽车。尤其值得一提的是，我们痛击了日军臭名昭著的第5师团。"

"中国有250万正规军。在过去4个月的作战中，我军伤亡了10%的兵力，而日军伤亡则达15万。"

"我们的正规军至少还可以坚持作战一年多。毫无疑问，随着战争的持续，民众的斗争情绪不断高涨，并向我们源源不断地提供新的兵源。"

彭德怀将军谈道："我们在4个月的对日军作战中积累了很多经验，根据这些实战经验，我军已开始改变战术。更多利用灵活机动的游击战，而非阵地战对我们更加有利。因为中国是弱的一方，而战争是在中国的土地上打，这是我们熟悉的土地并有着支持我们的民众。"这种情况十分有利于八路军打败侵略者，为中国军队的大反攻铺平道路。

周恩来出任汉口要职

1938年2月10日

汉口2月9日电：著名中共领袖周恩来将军已被任命为军事委员会政治部副部长。这个与国民政府内阁部长平级的部门首长系前军政部政务次长陈诚将军。周恩来将军是一位资深共产党人，前红军领袖，目前是中共中央政治局委员。这个新职位是继国共统一战线达成以来，国府方面给予中共人士最高的政治职位。周恩来将军也是最高统帅部的成员。

中共领导人在汉口政务中的地位日益显要，影响力与日俱增，加之其颇有成效的宣传，这一切已在国民党内部引起对立。由国民党派系主办的《武汉日报》和《扫荡报》就频繁发表影射言论、攻击中共。但显而易见的是，蒋介石委员长和其他有影响力的国民党人都希望抗日统一战线能够持久保持下去，同样，中共领导人也决心避免争执。他们都不断努力确保国内的团结。

中共主办的《新华日报》今早发表了八路军总司令朱德将军撰写的长篇文章。文章回顾了八路军积极抗日的战况，并总结山西抗战经验以利未来作战。

罗曼博士访谈录

——中国家庭储蓄计划正在实施

伊丽莎白·拉·海恩斯

1938 年 2 月 13 日

题记：艾格尼丝·罗曼博士曾在上海住房改善计划中扮演重要角色，她流动播放电影劝导人民投入储蓄运动。

中国内陆荒野上的一声哭泣揭示了节俭的真理，这是一位匈牙利少妇创作的电影片断，她目前正在纽约访问。

日内瓦国际劳工局收到了她对上海租界区进行的第一次人口调查结果，这也是上海一个妇女联合委员会为国联的妇女贩运委员会所做的调查。同时，这也是对上海夜生活中的女人进行的部分考察记录，她们为经济景气预测增添了些许亮色。

艾格尼丝·罗曼早在她 30 岁出头时就对中国的社会经济福利计划做出过不可忽视的贡献。她领导了中国政府交通部下属的邮政储金汇业总局的经济研究和统计调查，现在名义上依然是这项工作的主管。

就学于美国西北大学

依据她曾在美国西北大学攻读经济学的基础，作为布鲁金斯学会的研究员，罗曼小姐设立了一个商业指数并首次运用于上海。她在布达佩斯大学获得博士学位。六年前，她跟随一家失意的美国金融公司来到中国。中国政府很快注意到她，并发挥了她的智慧和专业特长。去年 8 月，由于家人生病，罗曼博士离开了上海。

“有人告诉我，”罗曼博士非常怀念地说，“我赶在侵略者到来之前离开上海，是一件多么幸运的事情。但是，我来中国的第一个月就已经习惯了枪炮的轰鸣。我在这里最有趣的工作就是对公共租界区的人口进行调查和研究。正因如此，我于 1935 年被从银行‘借走’。租界区那里人口达到 130 万，其中只有 5 万外国人。而且，中国人与外国人的生活条件形成了鲜明对比。上海公共租界工部局已负责研究租界人口问题，希望可以拿出一个更好的住房改革方案。”

推动住房改革

“虽然中国的房子几乎都是一个模式，但租界中住多少人却很难确定，因为房东会把单间分割成多个小隔间出租，而租客也会再分割出小隔间来再出租以减少租金。在人口统计时，这些出租的小隔间都是非法的。

去年 2 月，国联妇女贩运委员会在爪哇岛举行会议，要求我们提出中国问题报告，妇女组织的联合委员会接受了这项任务。在经历了洪水、瘟疫及抢掠后，上海承担的压力更重了。这个国家遭受的掠夺严重地影响了购买力，因此，女人们更愿意到大都市来寻求更高的收入。职业舞女的诞生即缘于此。不过，我们发现，中国女人只在她们的家庭重新站稳脚跟前才会以此来维持生计。”

发起节俭运动

“邮政储蓄银行出台了一个简单的人寿保险方案。与中国发起的新生活运动一致，我们试图向民众解释储蓄的重要性。我们借用了美国广告商的办法，用一部厢式货车把一部名为《血汗钱》的电影带到乡下去露天播放。很多中国人从未看过电影。我们放映的是无声电影。因为他们很多人不识字，就没用字幕。因为中国的方言多种多样，通常要找一位当地人在旁边解说。诸多问题让我们放慢了电影放映的速度，这样才能让从未看过电影的人们理解它。电影的最后几分钟画面，是父亲正在低头擦拭自己的眼睛，眼泪从他的脸颊上慢慢流淌下来，他恨自己的儿子挥霍钱财。”

朱德出席教会弥撒

1938 年 2 月 20 日

题记：朱德将军告诉基督徒，共产党人在反法西斯问题上与他们完全一致。

汉口 2 月 19 日电：根据三位本周从山西省返回美国的传教士中的一位描述，八路军总司令朱德将军和许多著名的八路军将领一起参加了当地天主教会的弥撒。

这三位传教士是一个五人小组的成员，他们来到山西省是为了向八路军运送和移交从在汉口的中国人和外国人中募集到的物资与钱款，它们将用作游击队在山西与日军作战的军费。这些物资转交给了八路军进行分配。

这五位外国人应朱将军的邀请出席了在山西省临时首府临汾举行的弥撒。这次弥撒是为了称颂八路军并为在战斗中阵亡的八路军战士举办追悼会，由一位比利时神甫主持。

相似的信仰

根据五人小组的一名成员，来自美国康涅狄格州哈特福德的佛朗西丝·茹特女士的回忆，弥撒以后，朱德将军把大家召集在教堂大厅内，详细阐述了基督教与共产主义的相似之处。他说，两者都具有为人类和平与正义事业而奋斗的国际主义精神。据茹特女士说，朱德将军同意，基督教教义中间接地提到，恶魔就在我们身边，而今天的恶魔就是法西斯主义，只要大家共同努力，就可以消灭法西斯。小组另外两名成员是约翰·福斯特和朱莉娅·克拉克女士，还有沃尔夫小姐是一名波兰记者，赫金斯先生是美国教会学校的一名教授，他们离开队伍去了苏区的总部延安。茹特女士说，中国共产党调整了自己的政策，承认教会，并乐意联合一切可以团结的力量，共同反对日本帝国主义的侵略，反对法西斯。

重拾信心

茹特女士说，国共在山西的合作，再加上整编后的阎锡山的晋绥军，给了他们在晋南地区抗击日军极大的自信心。晋绥军司令长官阎锡山和中央军第二战区总指挥卫立煌上将都表示，他们可以确保在接下来的阻击中把日本军队赶出山西。

茹特女士和她的工作伙伴周二到达郑州，这是日军集中空袭过这座城市的第二天。据她说，沿途车站未被击中，但相邻建筑受到很大的损伤。在她离开时，人们开始掩埋从废墟中找到的尸体。据茹特女士估计，在她离开时，本次空袭造成损失仍在清理中。据悉，有 200 多名中国公民在空袭中遇难，并有 300 多人受伤。据她说，有 3 枚小炸弹落入了这个教会医院的院子里，这里距离车站 2 英里，距离最近的铁路只有半英里。被炸弹击中的院子里倒没有什么明显的损失，也没有人受伤。美国国旗在空旷的大院里迎风招展。

外汇管制触发金融恐慌

哈雷特·阿班

1938年3月14日

上海3月14日电（星期一）：中国政府强制实施外汇限制条款①，使得上海金融界陷入恐慌，也导致这座城市的对外进出口业务几近瘫痪。这些在汉口宣布的管制条款，被解读为试图削弱上海的那些在日本控制下重焕活力的金融业务。

根据新规则，今后，只有中央银行汉口总行和它在英属殖民地香港的分行才有权结汇，而且这两个办事处每周只有一次结算，所有其他银行必须在当天早上8点前申请交易配额。这意味着，当周的其余时间，上海的银行将不得不根据预测来出售外汇，这就有可能在星期四结算时，他们会突然发现，自己是损失惨重的失败者。

愤怒的上海外资银行和中资银行昨天晚上召开秘密会议，并向汉口发电报表示抗议。他们要求，中央银行应该在上海建立一个分行，或者香港分行能够每日都做一次结算。然而，汉口的财政部门在它的简短回复中宣称，授权令业已发出，现在做任何修正都为时已晚。如今上海没有一家中资银行有权出售外汇；整座城市都在谣传，法币即将暴跌。尽管法币确实有衰弱的迹象，但这种悲观的观点未见得正确。

显然，汉口的措施旨在迅速扼制日益加剧的外汇流失。在情况明朗之前，一些商店拒绝接受大笔现金交易；而大众则试图把手上的法币转换为不易腐烂的食品、珠宝和其他保值商品。

汉口3月13日电：今天，财政部在汉口出台新的规则，要求所有与中国中央银行进行的外汇交易都必须集中管制。中国中央银行隶属中国政府。

财政部宣称，伪华北政府在北平建立了“中国联合准备银行”，并且，该银

① 抗战时期，中日之间进行的激烈的货币战是中日经济战的重要组成部分。1937年上海沦为孤岛，市面逃汇之风愈演愈烈，中央银行、中国银行、交通银行售汇款激增。1938年伪华北临时政府的“中国联合准备银行”出笼，上海刮起了严重的购汇风潮，对国民政府在上海孤岛维持汇率构成严重威胁。撤退到武汉的中央政府财政部决定实施“外汇请核制”。据此，上海的所有商业性外汇审核及供应，均须由汉口的中央银行总行或在香港的通讯处办理，且每周只审批一次。对于上海金融业的焦虑，财政部决定在上海设立“外汇通讯处”，此后上海商业性购汇不必远求汉口或香港。抗战时期，中国政府得到世界反法西斯盟国的金融援助和中国人民的支持，对敌开展的“物资战”与“货币战”虽屡经挫折动荡，但是，日本未能从根本上摧毁中国的金融体系，这也是世界战争史上的一个奇迹。

行发行了不能自由兑换外汇的纸币，华北的金融形势因此发生变化，而颁布新的规则即为“促使国家经济适应华北的这种新形势”。财政部同时声明，此类纸币的发行，“是一种旨在暗中摧毁中国法币并企图套获中国外汇储备的非法举动”。

中国元首儿子牺牲

1938 年 3 月 24 日

3 月 23 日上海电：据汉口消息，国民政府主席林森[①]的嗣子林京已在对日作战中牺牲。林京曾在美留学，期间迎娶俄亥俄州哥伦布市一名女售货员。

林京曾为美国俄亥俄州立大学学生。1935 年 7 月 14 日，他与哥伦布市的维奥拉·布朗小姐结婚。布朗小姐是“5&10 美分店”的售货员。林森反对这桩婚姻。两年前，他的美国夫人获准与他离婚。

宋美龄在香港接受采访

1938 年 3 月 27 日

3 月 26 日香港电：“我想我不害怕，我也从没时间来想自己是不是害怕。”当我们采访蒋介石夫人时，问她面对日军的枪炮与轰炸是不是害怕，她微笑着解释道。

她坐在香港太平山顶一栋房子的壁炉旁，眺望着山下碧波万顷的海水，和我们谈话。经过数周治疗，蒋夫人的伤恢复得不错，但后背的伤痛仍未消除。去年 10 月在从南京到上海的公路上，她从疾驶的汽车里摔出而受伤。[②]

当问及她辞去中国航空委员会秘书长一职时，蒋夫人说：“我仅仅是中国抗战事业中的一名小兵。我想我已达到了自己的目标，所以决定辞去这个职务，毕竟我不是一名军事专家。我不会直接指挥军事行动。但我已呼吁军事委员会巩固

---

① 林森（1868—1943），福建闽侯县人。辛亥革命元老，曾领导九江起义，并促海军反正，派兵援鄂、皖，稳定革命大局，被举为民国参议院议长。1932 年起任国民政府主席。1943 年 8 月 1 日在重庆逝世，毛泽东代表中共中央致唁电予以高度评价。林京为林森嗣子，毕业于北京辅仁大学，后赴美国留学。1936 年听从父亲召唤回国参加抗战，任傅作义将军英文秘书。1937 年 11 月参加太原保卫战，在突围途中牺牲于吕梁山区。

② 1937 年 10 月 23 日淞沪会战期间，宋美龄由南京去上海前线探视伤兵，途中遭遇空袭，车子被掀翻，宋美龄摔断一根肋骨，后到香港养伤。

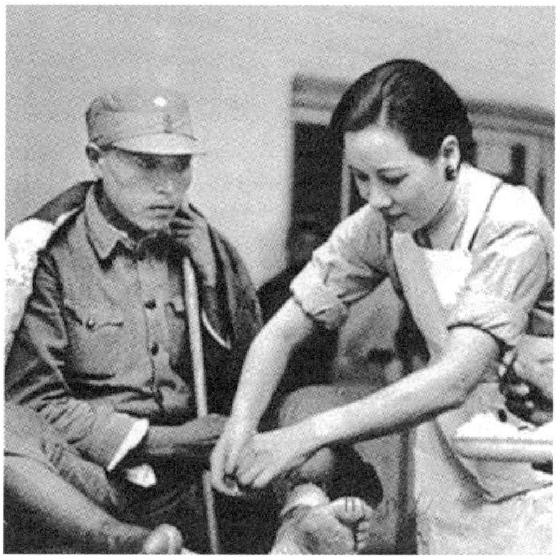
宋美龄到前线慰劳军人，并为伤员包扎伤口。

和强化我们所有的防御体，同仇敌忾，齐心协力。我相信，只要我们万众一心，我们的抵抗将更有成效。”

蒋夫人接着说：“当意识到我们需要重新组建空军时，我十分乐意尽力施以援手。尽管是由我来领导这项工作，但我获得了不少技术专家的帮助，他们非常杰出。现在，我认为自己已经完成了这个使命。”

“我相信我现今对国家最大的贡献，就是竭尽全力来辅佐蒋委员长。如果我能够从他的肩上哪怕只分担一点儿负担，都将大大地造福于中国。仅仅是一夜之间，中国就突然肩负起了创建一部战争机器的重任，而这部战争机器必须抵抗一个历经30年、耗费数十亿美元、专为侵略而精心打造的日本军队。”

蒋夫人说道：“因此，蒋委员长承受的压力是如此巨大，几乎超出了人所能承受的极限。我觉得我必须竭尽所能，帮助他挑起这个千斤重担，顶住任何压力。我坚信，此时此刻，他的领导对今天的中国至关重要。”

在她姐姐[①]位于香港的公寓客厅里，蒋夫人身着黑色旗袍，身材娇小而苗条，但不难看出她身上所具有的那种激励了千百万中国人的庄严气度。她冒着敌人的炮火，亲临前线战壕激励中国军队的士气，这段冒险的旅程为她在中国及国际上都赢得了广泛的尊敬。

中国大学纷纷内迁云南

1938年4月3日

题记：许多大学在艰苦环境里继续他们的追求，塞翁失马，焉知非福。一位教育家称，国难会促使中国涌现更多坚强领袖。

---

① 宋庆龄于1938年在香港创建“保卫中国同盟”，致力于战时的医疗救济和儿童保健工作。她通过各种方法和渠道向海外华侨和国际社会宣传抗战真实情况，并向爱国华侨和国际友人募集了大量资金、药品、医疗器械和其他物资，支援抗战。

昆明4月2日电：中国文化与高等教育的机构被迫暂时栖息在相对平静并且安全的云南省。相比之下，云南1200万人口中有三分之二是几乎没有文化的少数民族。

今时今日，由于沿海战事影响，许多中国文化与教育领域的领军人物纷纷迁移内地，汇聚在昆明及其周边，尝试重新展开他们被迫中断的研究和教学工作。

全国至少有70所大专院校迫于战争而停课。因此，大约有3万名学生，也就是中国70%的大学生被剥夺了接受教育的机会。仅仅在上海周边，就有14所大专院校被破坏或者被完全摧毁，财产损失超过650万美元。

迄今为止，已有数十所大学对它们的教职人员与教育资源进行了整合，并迁移到一些内陆城市，譬如长沙、重庆、贵阳、西安等。近日，国立北平大学、南开大学，以及由美国庚子赔款基金扶持的国立清华大学，也刚刚在昆明完成重建。

中国的4.5万名大学生早已习惯了沿海地区便利的现代化生活和先进的教学设施，而因为战事，其中有将近三成的学生追随学校被迫内迁，他们努力克服旅途中的各种艰难困苦到达内陆。现在，学生们在没有供暖设施的教室中学习，住在极其简陋的宿舍中。即使这样，他们的学业依旧不时被日本人的轰炸打断。

因为这场战争，南开大学校长张伯苓不仅失去了他的学校，而且失去了他当飞行员的儿子。在一次采访中，张伯苓说，他相信这场战争会让中国的教育事业因祸得福。他说："大学搬迁到了迫切需要高等教育的内陆。学生们离开了沿海地区的都市生活，但是，那样的一种生活方式并不是目前中国社会的典型状态。这一代年轻人，他们正在为接受教育而斗争。他们所经历的这些苦难，将会为我们的民族铸造出拥有坚强人格与品质的领袖人物。"

"简陋的学习条件使这些孩子们不会被宠坏。在这里接受教育的青年将会成为中国内陆地区所急需的优秀领导者。"

在昆明，因为住宿和生活资源的极端匮乏，中国的文化领袖们正在过着一种波西米亚式的生活。在城市的西北角，两位中国的哲学家坐在竹椅上，用德语讨论着康德，他们的身旁堆满了搬家用的纸箱。

在点着昏暗的煤油灯的宿舍里，欧美政治常常成为茶余饭后的话题。学生和教授们，与其他文化领袖抛弃了西式服饰，转而穿起了更为简朴实用的中式衣着。

红军在抗战中担当大任

约翰·巩特尔

1938 年 5 月 4 日

题记：八路军支持前宿敌蒋介石，他们是卓越的战斗力量；苏维埃色彩已经远去，他们只要求土改。中国领袖具有多元性。

汉口 3 月 3 日电：红军有多“红”？中国的未来在很大程度上有赖于这个问题的答案。共产党—八路军，或者更恰当的来说，是第八路军，是蒋介石委员长统帅的军队的一个装备完整、不可或缺的助手，它们目前正在山西省与日军奋战。他们擅长游击战，10 万名战士在阻滞日军南进和干扰敌人的后勤供给线等方面都发挥着重要的作用。

蒋介石和中国共产党人的友好合作将能够使他们的灵光闪现。几天前，蒋委员长告诉我，他与八路军总司令朱德将军的关系很好，并且，朱德是他最愿意给予祝福的人。这听起来似乎就像戈林在表扬托洛茨基、罗马教皇与斯大林握手言欢、汤姆·吉德勒在亲吻约翰·路易斯的脸颊[①]。

不要忘记，蒋介石在 1927 年与共产党撕破了脸皮。不要忘记，他在长达 10 年时间里，残酷无情、毫不迟疑地追捕和处死共产党人。不要忘记，中国共产党在江西省建立了自己的苏维埃政体，并向北长征 6000 英里，以逃避委员长军队的追捕，在长达 10 年的时间里，公然成功地反抗他。最后，共产党在西安帮助张学良发动了“西安事变”。

国共内战的目的有两个

蒋委员长的朋友告诉我，总司令在心理上有过或曾经有过一个盲点：他认为中国共产党的兴盛意味着中国的毁灭或者更糟糕的境况。但是，这位狡猾的中国独裁者知道，围剿共产党军队实际上可以达到两个现实目标：一是通过追剿共产党，能让中央军进入中国腹地，他可以借此控制像四川省这样对中央不忠的省份；二是通过自己亲自追剿共产党，他在日本借以侵入中国的托词——“把中国从共产主义中

① 汤姆·吉德勒是美国钢铁大王，约翰·路易斯是美国煤矿工人联合会主席。

解救出来”——方面抢先一步。

委员长与共产党之间建立友好关系发生在“西安事变”之后。当然，“西安事变”可算是现代东方政治史上最为诡异的事件。“西安事变”之后，总司令固执的头脑不得不思考三个问题：一、共产党和他自己的朋友们拘禁了他，他们能很容易地杀死他（而且，他们也有很强烈的复仇动机），但是，他们却放走了他；二、蒋亲眼看到自己的军队已不再对抗共产党；三、有人劝说他，共产党要的只不过是“停止内战，一致对外”。至此，委员长思路大开。“西安事件”对于他是身体上的一次打击，但更是精神上的一次深刻觉醒。

另一方面，共产党表现得很精明。委员长如果被处死，对他们没有丝毫的好处，反而会招致中国更多的内战，而他们对于内战已经厌倦。他们知道，尽管他们痛恨委员长，但委员长却是他们自身事业上不可或缺的一个人，因为他是唯一有机会领导统一的或相对统一的中国来抵抗日本的人。

统一战线的协议被认真执行

国共双方都认真执行了建立统一战线的协议。共产党人放弃了一些教条，并且同意改编红军，也就是把红军改编成由政府统一指挥的八路军。而当局则同意实行普遍的大赦，结束内战，一致对抗日本。

“统一战线协议”签署之前的协商并不透明，并且很复杂。很少有人知道整个事情的全过程，这个故事只是在历史中模糊地存在。即使是对整件事很清楚的人，也不敢轻易断言，到底是谁在最后的谈判中把握住了主动权。

在当时，如果被问到共产党是不是合法的党派，无论是当局的官员还是共产党人都会有礼貌地保持沉默或回避。理论上，国民党是唯一允许存在的政党。但是，共产党仍旧保持着他们的党组织不受侵害。

几乎每个人，不论其意识形态如何，都同意八路军是中国第一等的战斗力量。我曾听到一些既非中国人也非共产党人的军事专家们提到，中国共产党的领导人朱德将军兼具汉尼拔、拿破仑、格兰特和李的才能和特点。至于中国共产党的政治领袖毛泽东，他的朋友告诉我，他的伟大足以媲美列宁。

八路军的两位领导人到汉口担任与政府当局沟通的联络员。不久以前，政府还曾高价悬赏他们的人头。他们中的一位是出身于官宦世家的周恩来，他与蒋介石是黄埔军校的同事，现在担任军委会军政部副部长。他正是“西安事变”中共产党方面负责斡旋的关键人物。而另一位则是八路军参谋长叶剑英将军，他在委员长的统帅部内担任八路军的军事代表。

八路军自成体系进行战斗

八路军如同中国其他的地方军队一样，自成体系投入战斗。它与其他政府军的关系，类似于 A.E.F 与法国元帅福煦的指挥的法军的关系。

八路军保持着自己的作风、原则和传统。军官不叫军官，取而代之的是“干部”和“战士”。官兵吃同样的食物，没戴徽章，如果队伍里任何人有苦情时，都可以找干部诉说。

纪律严明，但这是遵循自愿的原则；唯一的处罚是“关禁闭”（监禁在自己的住处），或在公开场合自我检讨，或者最极端的情况，开除党籍。战争的策略不叫游击战或战斗，而是“血战到底”。最令外国观察者们敬佩的是，八路军顽强的战斗意志和旺盛的士气。

我的朋友告诉我，八路军是唯一在战争中吸纳俘虏的军队。士兵们学习了一些日本词语，叫喊着走向战场，要求敌人放下武器，加入中国同志们的队伍中。

八路军的将军每月工资大约 6 元中国法币，士兵的月工资为 1 元。而在政府军里，将军的月工资可能为 400 元，士兵则为 7 或 8 元。根据“统一战线协议”，蒋介石的部下现在将其中的差价支付给八路军。而收到的这些资金被指挥员们汇集起来，用于购买药品。

共产党人有自己的军工厂、自己的报纸和印刷品、自己的后勤补给途径。他们参与制定共同的策略，但尽可能保持自己的自主权。

一位八路军将领家中有 60 位亲属被国民党处决。在他所属省份里，每一个与他同姓名的男人、女人甚至是孩子都被杀死了。但他现在与国民党军队并肩作战。

毛泽东的妻子被中央政府处死。但是，为了战胜日本，在理性与爱国主义精神的共同促使下，他愿意与中央政府合作。

红军中很少有人到过莫斯科

红军的领导很少有去过莫斯科的。一个奇怪的事实是，朱德将军到过柏林，却没去过莫斯科；而蒋介石到过莫斯科，却没去过柏林。在红军的最高层中，毛泽东、朱德、林彪、聂荣臻、周恩来、贺龙和刘伯承都从未去过俄罗斯[①]。

共产主义运动在中国，似乎主要是中国本土的一种政治现象。有许多人说，

---

① 此处所叙显然有误。聂荣臻、刘伯承都曾在苏联学习过。

这一点也不像是共产主义。一些我见过的红军领袖确认他们自己是马克思主义者和列宁的忠实拥护者；他们敬佩苏俄，尽管他们很少从俄国得到帮助。中国共产党中央政治局的成员是或者曾经是共产国际的成员。

但是，我遇到的领导人却说，从国家的生活与生产资料国有化的意义上说，中国要想达到共产主义社会，还有很长的路要走；况且，眼下还有一场战争必须打赢。

在汉口的非共产主义者说，中国红军想要的只是土地。但是，他们没有想过要像苏联模式那样将土地国有化，或者成立集体农庄。他们想要的是将农民从地主控制的土地所有制与高地租、高利息中解放出来；他们想要拥有自己的土地，而不用为此支付高额的租金。

不必说，统一战线只是一种战时的现象。有许多国民党的顽固分子说，一旦战争结束，这条战线就会瓦解。但是，共产党人却很自信，相信自己能够在战后承担起反对党的任务。作为对他们合作的回报，他们很有可能会要求政府实行全面的土地改革。

蒋介石的心灵世界

几天以前，在汉口堆满沙袋的大街上的一个防空战壕里，我认识的一位睿智的女人说："有一种说法可以形容委员长，狂躁而不失条理。"

蒋介石委员长担任着以下职务：中国陆军、海军和空军总司令，最高军事委员会委员长，国家军委主席，国家航空委员会主席和国民党"总裁"或总干事。他也是一个在心理学上集困惑于一身的人物。

他是中国近几代人以来最强悍的铁腕人物，一个对自己近于苛刻的、严于律己的人；但他宽恕、甚至给予职务安排的对手却如过江之鲫。他生命中最主要的使命是统一中国，但是，他花了10年时间与他自己的人民进行了一系列枯燥而乏味的内战。他与墨索里尼、斯大林处于同等级别，都是令人敬畏的领导人。但是，甚至连他的朋友都说他算不上是一位好的政治家——一个最不可能作秀以示对人人都表现亲密的人。

他站在中国的政治之巅，但却没有人能够透视他的内心。他最显著的特点之一，就是性格坚毅而且富有说服力的清教徒信条——如果你喜欢的话，也可以说他是墨守成规。他是一名基督徒，而他明媒正娶的妻子的所有家庭成员都是卫理公会的教徒。他没有个人的爱好，也没有休闲娱乐。他不玩游戏，不苟言笑。对他而言，美好的时光——假设他有时间享受生活的话——那就是到山谷里独自漫步。

星期日早上的典礼

汉口每个星期天的早晨，都会举行一个隆重的典礼，透过它，我们可以洞察委员长的个性。

大约600名男子离开长江渡口，以轻快的脚步走向蒋介石官邸附近的一个会堂，列队进入那所大型的建筑，在里面等待。他们无须等待很长时间，因为委员长总是很守时。他到后，先敬军礼，再登上平台。此时，军乐队奏响进行曲。所有的听众都全神贯注。

音乐停止，会堂里的每个人都向孙中山先生——中华民国的建立者脱帽三鞠躬。在司仪的引领下，众人鞠躬的动作都整齐划一。接着，委员长宣读孙中山先生遗嘱，每读一句，停顿一次，听众则重复一次。这很像是在教堂的礼拜上宣读福音书。

在三分钟的默思后，委员长会发表演讲，演讲至短会持续一个小时，有时是两个小时，甚至更长。他纵论军事形势，劝谏军官们和文官的部长们努力进取，斥责懒惰者，指出弊端和发布道德禁令。

在委员长演讲的全过程中，听众——包括了汉口大多数重要人物，甚至是内阁部长——都必须肃立聆听。

委员长的另一个显著特点，就是天生的古怪精明，具有敏锐果断的直觉。近来，他希望慰问受苦的伤兵。他熟悉中国社会的人情世故，知道人们极度渴望金钱，对于简单的精神层面的慰问总是习惯性的漠视。所以，蒋委员长设立了只有在现代军队中才有的伤员奖励金。

不同等级的奖金率

每一位在中国的作战行动中受伤的士兵，每次受伤都将获得10元法币的慰问金，这可比制服上多一条条纹要实在得多。每位受伤的尉官将获得30元法币，每位校官是50元法币，每位将军是100元法币。同时，委员长精心设计了一个检查系统，以防止谎报受伤次数和其他欺骗行为的发生。伤员慰问金自今年1月1日实行以来，已经花费了170万法币。

蒋介石的再一个特点是固执。任何读过蒋委员长自己对于“西安事变”描述的人都会明白我的意思。

委员长1934年在牯岭的军官训练团发表过三次演讲。演讲的内容在当时是机密的，最近才对外公开。1934年，蒋实施了他的旧政策，即顺从于日本的计划。他是这样的屈从，以至于他最好的官员都起来反对他坚持内战而主张抗日。他因此被称为胆小者和懦弱者。

而在1934年的那些演讲中，蒋介石设想了抗日最终必须采取行动的全过程；他把日本称为不可容忍的、不可避免的敌人；他表现出了全力准备抗日的决心。但是，在那段期间，他一次也没有回应过中国社会对他具有失败主义倾向的种种言论的批评。所以，请注意他的另一个品质，那就是他与许多中国人共同具有的一种恪守秘密、决不猎奇的品质与耐心。鉴于此，最后的结局也就不难预料。

最近，所有人都能觉察到委员长的镇静、自信，还有心境的平静，很可能是由于他感觉到了一种精神的解放，因为现在及以后很长一段时间，他对抗的不再是自己的人民，而是民族的敌人。

蒋介石已经在很大的程度上统一了中国。此时此刻，中国的统一性甚至更甚于它真正实现统一的那个时候。相信几乎不会有人质疑这一点。这是他的历史功绩。实际上，他已经比他个人性格及所有优点相加之总和还要伟大。因为，他已成为中国一次惊人的历史进步的象征。抗战的过程或许艰苦卓绝，但是，历史终将证明，中国能够崛起，像一个统一的国家那样团结一致，共同抗战，即使它会挨打。

从去年的9月份到12月份，在上海至南京的一系列抵抗中，已有超过40万名中国人伤亡。即使是在世界大战中，也没有哪个军队遭受过这样惨重的损失。但是，蒋委员长不动声色地动员和征召了新的部队，替换下一些旧的部队，然后继续抗战。他把中国人民的巨大负担扛在了自己的肩上。

长城下面是故乡

罗百信

1938年5月6日

中国的长城曾见证过许多激烈的战斗。而今天，这座御敌屏障只是一个巨大的文物。

时光荏苒，一个好战而敌对的民族再一次兵临城下，向中国派来了成千上万的士兵。他们云集于此，志在跨越长城，获取征服这一伟大防御工事的荣耀。在中国的历史长河中，正是这一道巨大的人工屏障，保护着华北和中原地区密集的人口、富饶的城市和辽阔的平原，使之免受来自蒙古草原和满洲平原的外族入侵。

长城最早修筑于冷兵器时代，那时对阵的双方经常使用肉搏战。守城的一方占据优势，并使用弓箭，而攻城的一方使用剑和长矛。几百年来，对于那些觊觎南方富饶城市的掠夺者们来说，长城是他们的绊脚石。只有当中国的中央政权出现动摇时，北方的流牧民族才有机会突破障碍，向南进军。

在模糊的历史记载中，中国皇帝曾经在北方的边界上构筑了许多小的防御工事。而公元前200年，秦始皇将这些小的防御工事扩大、整合、重建，修筑了长城。许多政治犯、罪犯和征召的劳工被一同送往北方，参与建造这项巨大的工程。有传言说，在长城修好之前，就有成千上万的修筑者死去，他们被填埋进了长城的工事中。所以，长城也有“史上最长坟墓”之称。

东起直隶湾的山海关，西至甘肃省的嘉峪关，长城的直线长度为1700英里。然而，由于大量城墙依山起伏而建，险要处还修筑了多处悬臂和要塞，大大增加了长城的实际长度。特别是在临近长城的每一个重要关隘、商道和城市，都修筑了附属的城墙与长城连成一体。如果把这些都计算在内，长城的总长度大约为2500英里[①]，相当于纽约到盐湖城的距离。

实际上，长城由两道用砖石和灰浆混合修筑的墙体构成，两墙之间填充夯土，顶部铺有大花岗岩石块。长城底部的厚度为25英尺，平均高度为20英尺，但个别地方有30英尺。作为御敌工事，沿线设置了瞭望塔，两塔之间的距离为150至250码不等。

中国的长城是世界工程史上的壮举，也是人类最伟大的建筑工程之一。据说长城是地球上唯一可以从太空上肉眼看到的人工建筑。自秦始皇以后，长城的命运随着朝代更迭而变化。当长城年久失修、缺少驻兵，蒙古草原和满洲平原上的游牧民族会骑上快马发动一次又一次的袭击。

直到1280年，蒙古铁骑才攻克重重关隘进入北京，改朝换代。蒙古大汗、元世祖忽必烈击败南宋军队，建

在长城上。《纽约时报》原文插图）

① 2012年6月，中国国家文物局宣布，历经近五年的调查认定，中国历代长城总长度为21196.18千米。即约为13173英里。

上方文字：中国的长城再次被外来侵略者攻破。
下方文字：这里历经鏖战，如今只是壮观的历史遗迹。（《纽约时报》原文插图）

立了元朝，但53年后就被汉人统治的明朝取代了①。

明朝历时268年②，直到好战的游牧部落再次聚集长城脚下，威胁南进。满族头领努尔哈赤进攻山海关遭到阻挡。然而中国爆发内乱，镇守山海关的将军投降打开长城使清军长驱直入，建立了清朝。清朝从1644年延续至1911年被辛亥革命推翻。

清王朝被推翻，以及连年内战与纷争，使长城从保卫帝国的军事屏障转变成为单纯的地理标志。推翻清朝的革命力量实际上来自中国的南方，以广州为中心。然而对于来自南方的革命，朝廷并没有一堵长城可以用来抵御连战连捷的叛军的进攻。很多年以来，长城被用作省级行政区域的界线。在数不清的内战中，不同的军阀从长城穿进钻出，正如当年蒙古人和满族人对中原的进攻一样。自1911年革命以后，长城便再没有被地方军阀或中国政府修复过。

日本现代化的军事力量，特别是远程火炮、轰炸机和现代军事战术已将这座曾经坚不可摧的防御工事完全变成吸引游客、历史学家和工程师好奇心的景观。当“九一八事变”后日军进抵长城入海处的山海关时，日本提出的要求之一是由日军驻守这一历史重镇，这项要求获得了中国政府的同意。

---

① 1276年元朝攻灭南京。1368年朱元璋建立明朝，攻占元大都（北京），元朝灭亡。此处叙述不确。
② 明朝1368年建立，1644年灭亡，历时276年，此处叙述不确。

1933年，继攻占热河省首府承德后，日军进抵长城的喜峰口和古北口。装备精良的日军与手持大刀、仅有几挺机枪和几乎没有火炮的中国守军展开血战，并一直打到离北平城仅几英里的地方，随后日军退回长城一线，将这两个著名关隘占领至今。

由日军扶持的自治政府将驻守在长城许多重要关隘的中国政府军赶走。日军迅速夺取了这些关隘，并在长城以北的察哈尔省驻军，保持对长城一线的攻击距离。1937年7月7日，华北日军与中国军队在卢沟桥爆发冲突，点燃了华北战事的火药桶，并直接导致了当前的局面。很快大批日军从山海关乘火车涌入关内。

尽管中国军队沿平绥铁路的抵抗随着南口的失守而遭受挫折，但日军在长城沿线仍然遭遇到了中国军队的激烈抵抗。当侵略者力图沿大同至太原的公路进入山西省时，他们在雁门关遭遇到中国军队的阻挡。日军在正面强攻失利后发动了一次大胆的侧翼进攻。

今天，驻守长城各个关隘的日军装备精良，拥有新式步枪、新式钢盔和现代化的军事装备。古老的角楼，曾是铠甲明亮手持长矛的兵卒站立的地方，现在取而代之的是掩藏在沙袋后面的机关枪，它防止任何人靠近长城。山峦之上曾是哨兵警戒敌军侵犯动向的地方，这时一架巡逻的日本飞机正在察看是否有“土匪”或者游击队集结。

然而，对于熟悉长城的中国乡绅、农民和商人们，他们的生活几乎没什么变化，各行其是。现在交战双方已把活动重心南移，此间人们已恢复以往的生活。山海关近海的中国渔民开始撒网捕鱼，镇上的商贩也开始向日本士兵和宪兵们出售商品。在火车站站台上值勤的日本哨兵，头戴钢盔手持上了利刀的步枪，正毫无表情地注视着涌入车站的中国农民，就像在长城上一样。这里的长城将翻山越岭，一直延伸到很远的甘肃。

再往西看，景象依旧，不同的是冒着白汽的火车头取代了先前贩运货物的驼队。陡峭山崖背后，是为往返蒙古的商队提供食宿的村庄。当一队日军哨兵走过来与另一队哨兵换岗时，商队的驼夫们正从驼背上卸货，准备安顿好了就吃饭，谈谈当天发生的大事小情。在这个地方，人们从各种角度谈论着从蒙古草原到长城以内发生的种种新闻。

在山谷深处的村庄里，农夫正从田地里回家。他们没有受过教育，也不识字。他们对外部世界以及发生的各种问题不感兴趣，只想在平静之中顺利地种地、收获庄稼。只要不被卷入战争，政府更迭或由日军而不是中国军队驻守长城，对他们都没有什么意义。在他们看来，长城实际上仅是一个文物，一个灿烂的、象征昔日辉煌的文物罢了。

日军受困兰封

窦莫安

1938 年 5 月 28 日

题记：汉口最高长官计划在沦陷的苏州城以西围剿大股日军。侵略军否认失利。报告显示汽车、坦克燃料短缺阻碍了日军的行进。

汉口 5 月 28 日（星期六）电：据中方战报显示，在徐州城西 150 英里的兰封及周边地区，实施反击的中国军队对土肥原贤二将军率领的日军王牌第 14 师团给予迎头痛击[①]。

兰封是陇海铁路上的战略要地。据称，中国军队在星期四晚上和昨天对日方发起猛烈袭击，重新控制了兰封及城西的罗王寨、城西北的曲兴集和黄河南岸的陈留口。战报称，几乎在完全合围的情况下，日军于昨日凌晨 3 时仓皇撤出兰封，逃往东北方向。

由于战局陷于胶着状态，中国军方不愿宣布胜利。战斗仍在持续，但中方称局面正在转好，中国军队在很大程度上击溃了日军土肥原师团，并彻底打击了企图控制陇海铁路的日军。

由于成功使用了合围战术，兰封之战被称作“第二个台儿庄战役”。中国的胜利得益于包围了日军，并多路穿插攻击了土肥原师团的前锋、侧翼和后卫部队。当时，在兰封以东和陇海铁路西段的中国军队也同时对兰封发起了进攻。日本人在完全合围之前逃脱。

日军伤亡惨重

中国的先头部队当时遭受到强大机枪火力的压制，伤亡很大，但是中方称日军的损失也很惨重。日军慌乱撤退，中方乘胜追击。

尽管日军接下来可能会重新集结，并设法扭转战局，但侵略者在这场战役中

① 兰封即今兰考。1938 年 5 月，兰封会战爆发，这是徐州会战的一个作战支线。薛岳指挥中国军队的 12 个师在河南省兰封地区围攻土肥原贤二指挥的日军第 14 师团。此战中国军队获胜，但在此后的转移中，为阻滞日军，蒋介石下令掘开了花园口黄河大堤。

已遭受重挫是毋庸置疑的。黄河北岸的游击队也策应了兰封反击战，他们对陈留口对岸贯台的日军进行了连续不断地袭扰，并攻击了濮阳和其他日军据点。其他中国军队也配合攻击了附近的日军。

汽油短缺、弹药不足，使日军坦克和汽车未能发挥效力，亦被认为是中国取得这次胜利的因素之一。在台儿庄战役中，日军也出现过类似的情况。

蒋介石委员长对上万名新兵参加的兰封反击战取胜感到高兴，特别是他看到中国军队已成功撤离徐州地区的完整报告时，尤感振奋。据可靠消息，参与这场戏剧化撤离并已抵达汉口的平民证实，日军虽然占领了徐州，但他们击溃中国军队的意图未能实现。

随主力撤离的中国记者称，这支部队几乎有 10 万人，他们乘着夜色的掩护向南、向西行军，成功穿越侵略军设在蒙城与永城之间的防线。尽管携带火炮和其他装备，这支庞大的队伍依旧在夜间行进了 30 至 40 英里，并且有时候在白天额外行进了 10 英里。

两个师为大军开路

两个师一马当先，他们首先清理了守卫蒙城—永城之间的交通线上的日军，从而确保主力部队畅通无阻地通过。更令日本侦察骑兵羞愧的是，据称在撤退行动中，即使最激烈的战斗也只造成中方几百人的伤亡。石友三[①]将军手下的部队有 3000 至 4000 人，他们和其他一些零散部队被留在津浦铁路以东进行游击战。

从徐州撤出的中国大部队首先集结在皖西的涡阳，现在则进一步向西撤退。据悉，有十多位没能随大部队撤出的中国报业同行失踪了，同时失踪的有苏联塔斯社记者库尔宾斯基和他的中国女翻译张玉林小姐。还有一位自日军围困徐州起就失去联络的新西兰记者爱丽丝·威尔金森小姐，她最后一次被看到是在徐州与美国传教士们待在一起。

关于在华德国军事顾问离开的问题依旧悬而未决。蒋介石委员长昨天与德国军事顾问团长法肯豪森男爵进行了一次长谈，并重新讨论了最近柏林召回德国顾问的行动。据称委员长尚未决定是否解除与德国顾问的合约并放他们回国，预料他希望与中国外交官和德国驻华大使陶德曼就这一问题进行更深入的商讨。

---

① 石友三（1891—1940），吉林长春人，军阀。一生投机钻营，反复无常，曾先后投靠冯玉祥、阎锡山、蒋介石、汪精卫、张学良、日本人和中共，而后又先后背叛，被称为“倒戈将军”。1937 年抗战爆发后，在宋哲元部任第 181 师师长、第 69 军军长。1938 年山东被日本占领后，留在敌后进行游击战，并为保存实力，与中国共产党合作。同年底升任 39 集团军司令兼察哈尔省主席。1939 年转向反共。1940 年 2 月遭八路军打击后，遂投靠日军。12 月 1 日，其部下高树勋不愿做汉奸，发动兵变，将其处死。

同时，德国顾问们一如既往地坦诚表达了他们的愿望，即德中双方的商讨可以取得一定进展，从而使他们可被允许留任。中方亦支持他们留任。中国报纸赞扬了德国军事顾问团的忠诚和长期以来的服务，并批评了德国政府的亲日立场。一家报纸指出，既然德国公然撤回在华顾问以表示它严守中立，那么大量在日本的德国技术顾问也应被召回。

河南归德告急

罗百信

1938年5月28日

北平5月28日（星期六）电：日军发言人今天称，将在一两天内攻陷徐州以西的归德[①]，因为日军纵队已从东、东南两个方向迂回包抄这座城市。

而日本人前几天攻陷的兰封，正陷入中国人的包围之中，尽管日军发言人称这些中国军队士气低落、组织混乱。目前，陇海铁路沿线战局扑朔迷离，因为如果在地图上标出中日两军位置就会发现，双方都被对方包围着。

日军发言人今天就土肥原贤二中将率领日军进行兰封战役发出一个重要声明。他说："如果土肥原将军赢得这场战役，他将立刻晋升为上将。"土肥原将军统率的日军在先前的行动中，在山东南部的台儿庄地区遭受了一次不折不扣的重挫。

日军发言人还称，来自开封的中国部队在坦克和大炮的火力支援下，连续进攻了黄河以南的日军控制地区。但是，他称中方所有进攻均被击退，人员和物资损失惨重，四辆坦克被击毁。

中国飞机飞临兰封上空，并对日军集结区域进行了轰炸。目前没有伤亡数字的报告。据豫鄂信义会负责人报告，日本飞机在上周六轰炸了美国教会，致使几所学校、教堂和孤儿院严重损毁，有三位中国人身亡，但没有其他国家的人员伤亡。

日军在沪发言人语焉不详

上海5月28日（星期六）电：日军发言人今天现身，被问及有关陇海铁路沿线战事时语焉不详。他仿佛一直缩在自己的壳里，什么有价值的消息也不吐

① 归德即今河南省商丘市。

露，只是推脱说前方战事由北平和东京的日军发言人做出评论。

他说：“我们没有任何关于日军已放弃兰封的信息，我们也无法确认或否认有关那里确切情况的具体报告。”他说：“中国人已经占领兰封是最不可能的一种情况。”

在上海的外国军事观察家们相信，日军发言人不愿透露具体信息，要么意味着汉口方面关于兰封战况的报告在很大程度上是真实可靠的，要么意味着日本人正在部署一些重要的战略性军事行动，企图进一步摧毁全中国的抵抗战线，尤其是此刻豫北战场沿黄河南岸设立的防线，以及皖西北防线。

中国军队使用坦克反击

上海 5 月 28 日（星期六）电：今天，中方在陇海铁路沿线与日军进行了零星战斗，并使用了坦克，使得这场中方发动的反击战变成这场战争中的一次重要战役。

双方都称这场在开封以东 25 英里的兰封爆发的战斗与过去十个多月来的任何一场战斗一样激烈。日本人称中国 20 个装备精良的师约 10 万人，在兰封进行了顽强抵抗，其激烈程度堪比徐州守卫战。徐州在经历一个月激战后于一周前陷落。

日本人否认兰封已被中国人重新夺回。日方称，他们已赶走中国的第 35 师，该师早前在 5 辆坦克掩护下从西北方向攻击日军。日方还断言，他们已攻破中国在归德城外的第一道防线。

昨天，开封和归德之间的 20 个村庄遭到了日本战机的轰炸，伤亡惨重。在对河南全境进行空袭的同时，日本空军出乎意料地袭击了华南地区，轰炸了位于浙江省和福建省的 8 个中国机场。

有报告称，日本舰队正在福州和上海之间以及广东外海集结，人们猜测，日本人正计划攻击华南以策应他们在华中进攻汉口的行动。

中国军队的进攻示意图。（《纽约时报》原文插图）据报，中国军队已经夺回兰封、陈留口和其他城镇，并且正在黄河北岸展开攻势。图中黑色箭头显示了中国军队的进攻方向。白色箭头显示10 万中国军队已撤出徐州。

兰封战云密布

罗百信

1938年5月30日

题记：中日双方都预计将有决战。

北平5月30日（星期一）电：遵照土肥原贤二中将的命令，日军北自黄河、西至归德，沿陇海铁路一线增强军力。土肥原中将预计，这场会战将是一次决战。

这场战役将会在近一两天内在徐州以西135英里的兰封附近展开，这一带此前曾被土肥原将军放弃。日本官方发布的声明称，部队调防是“最重要的战略手段”。

当日军在兰封以北集结时，中国的攻击部队据说从位于兰封以西25英里的开封获得了大批大炮和坦克的补给。

日本军方在此间的发言人称，中国军队有15个师集中在兰封一带，另有15个师在开封附近待命。

日方称“欢迎”决战

美联社北平5月29日电：据日方今天报道，他们相信蒋介石委员长目前正在郑州指挥中国军队沿陇海铁路走廊发起反攻。

“显然，蒋介石打算在开封决战，我们对此表示欢迎。”日本军方发言人说。这是承认土肥原中将的士兵们正在兰封以北地区，背对黄河与中方战斗。

美联社上海5月30日（星期一）电：日本土肥原中将指挥的第14师团的三个联队今天在兰封西北部陷入中国反击部队的合围之中。

中国人希望阻止日本人向郑州推进，陇海铁路与平汉铁路在这里交会，或逼迫日方为攻占这个重要的交通枢纽而付出类似武汉会战那样沉重的代价。

在兰封西北的三个村庄，日本人正在抵抗中国部队的反攻。陷入困境的日本人突然转攻为守，固守待援。他们的援军从归德匆匆赶来，希望能解围土肥原师团。

日军击退了中国军队发动的好几次进攻，其中包括中国军队越过黄河从侧翼对日军发起的猛攻。有证据表明，如果日军企图再次启动向西进攻，他们将会面临巨大的阻力。

中国准备倾其所有投入战斗。据日本人报道，河南地方部队在开封与兰封之间建立了第一道防线，背后有15万中央军在开封和郑州之间构建了第二道防线，其中包括从黄埔军校挑选的学员，并由中国最能干的将军之一胡宗南指挥。

激烈的战斗发生在津浦铁路与陇海铁路相交的徐州附近[①]，日本人从海州向西推进，并攻陷了徐州。昨天，日本海军的飞机对江西、浙江和江苏的六个机场和其他军事设施进行了空袭。日方称中国空军没有起飞抵抗。

涡河阻挡入侵者

汉口5月30日（星期一）电：永城以东的日军试图渡过涡河继续追击当面的中国部队。中国军队从徐州突围朝西南方向撤退，跳出了日本的包围圈。[②]

在归德的中国媒体报道表明，他们在第一个声明中宣布中国军队在徐州损失轻微是不准确的。据军方报纸《扫荡报》报道，成千上万中国士兵为掩护主力部队撤退而牺牲，其后，敌后游击战对日军形成了牵制。

商震[③]将军的部队据说有一个整师在萧县附近受到重创。而在徐州附近的大运河上，一支番号不明的中国军队据说几乎被完全击溃。该部指挥官负伤，属下的大部分高级军官阵亡，余部遭受重创。这些报告显示，有1万至2万中国士兵在徐州会战中阵亡。

---

① 津浦铁路与陇海铁路相交于徐州。本文发表一个多月前，中日军队会战徐州，其中最著名的是台儿庄战役，从1938年3月16日开始至4月15日结束。在历时1个月激战中，中国军队约29万人参战，日军约5万人参战。中方伤亡5万余人，毙伤日军2万余人（日军自报伤亡11984人）。这次战役鼓舞了全民族的士气，改变了国际视听，灭了日本侵略者的威风。此次大捷是抗战爆发以来中国军队取得的最大胜利。

② 1938年5月中旬，日军企图在徐州地区围歼中国军队的计划十分明显，最高统帅部决定弃守徐州，避免与日军在平原地区决战。中国军队主力突然转向徐州西南方向，避开日军锋芒顺利突围。5月19日，日军占领徐州。日军大本营向天皇报告说："我军虽以主力自徐州以西切断了中国军队的退路，将徐州地区铁桶般包围起来。但总计约50个师的中国军队，于5月中旬突然从西南方向跳出我军重围，战果之微出乎意料。"徐州突围使日军未能实现围歼中国军队主力的战略目标，也为中国军队进行武汉会战保存了有生力量。

③ 商震（1888—1978），国民党陆军二级上将，晋绥军早期将领。祖籍浙江绍兴。生于河北保定，先后入保定陆军建成学堂、东北讲武堂、天津讲武堂。早年加入中国同盟会。民国成立后，任山东第二混成旅旅长，陆军部高等顾问。1914年在陕西陆建章部下任团长，同年投阎锡山。历任团长、旅长、师长、军长、晋军前敌总指挥、山西省政府主席。1927年加入国民革命军，任第3集团军右路总指挥、第32军军长、第2军团司令。1935年任河北省政府主席兼天津市市长、北平政治分会委员、国民党中央监察委员。日本人多次拉其合作，实行华北五省自治，均被拒绝。1936年任河南省政府主席。抗日战争爆发后，任第20集团军总司令兼32军军长、第9战区副司令长官、第6战区司令长官、军事委员会办公厅主任、外事局局长等职。抗日战争胜利后，任联合国军事参谋处中国首席代表、总统府参军长、盟国管制委员会中国代表兼驻日本军事代表团团长等职。后辞职留居日本。新中国成立后，两次回国参观访问。

日军空袭广州

香港 5 月 29 日电：广州今天再次遭到日本飞机袭击，约 100 人丧生，其中包括 3 所被炸毁学校的儿童，约 300 人受伤。轰炸一直持续到下午晚些时候，黄沙火车站是主要攻击目标。日机空袭时，天空没有中国飞机出现，但高射机枪的火力迫使敌机不敢飞得太低。

今天，英国领事向日本提出抗议，因为日本飞机昨天飞过了沙面，这是国际区域。

援军接近土肥原师团

罗百信

1938 年 6 月 3 日

北平 6 月 2 日电：日军增援部队继续朝西进攻，朝着被中国军队包围的土肥原贤二师团靠近。据日本军方发言人宣称，援军今天已到达距离兰封以西 25 英里处。该发言人进一步声明，中方所称有大批日军在那里战败是完全虚假的消息，实际上土肥原贤二师团正在向西攻击前进。

日军增援部队继续西进，据报他们正面临沿线各村庄中国防卫者的激烈抵抗，尽管有报道称日军已成功突围，并迫使中国军队向西撤退，同时缴获了大量的武器和给养。

中国继续在山东省和山西省对日军展开游击战。日军在飞机和装甲部队的掩护下向西推进，据说将与中国寻求决战。

日军强攻陈留口

上海 6 月 3 日（星期五）电：在炮兵掩护下，一支日军救助部队在兰封以北的陈留口强渡黄河，希望能够尽力营救陷入困境的土肥原贤二将军。

而兰封前线的中国军方宣称，承担合围任务的中国部队已把土肥原师团逼到黄河沿岸。兰封城内的部队顶着瓢泼大雨与日军持续战斗了一整天。

在陇海铁路南边的杞县，一支日军部队沿沁河向西北方向推进，提前到达了相距仅 15 英里左右的陈留，计划再向西北 15 英里的开封发起攻击。另一支日军据报已占领鹿邑，正沿平汉铁路方向攻进，它们的目标是距离鹿邑 100 英里的永城。

东南方向，从蒙城赶来的日军一路南下，在淮河附近遭遇抵抗。他们很明显是想先攻下凤台，再使合肥驻军陷于两路日军的合击之下，迫使驻军放弃合肥以西地区。两军在合肥僵持了两周时间。根据日方六天以前的消息，中国军队在合肥城北七英里的大蜀山发起了一次猛烈的反击。

教会报告湖州失陷情况

来自佐治亚州的教会医生孟杰[①]向美国总领馆报告，日军已经占领湖州，此处位于杭州以北 40 英里，上海以南 100 英里。孟杰刚与 6 名中国医护人员穿越战火从杭州抵达湖州。他从去年 11 月就一直在杭州，在日军抵达之前离开了教团。

据他报告，教堂已经被烧毁，之后被用作日本军人的火葬场。事实上，教团已被转变成中国居民躲避袭击的避难所。而他之前所在的湖州福音医院在日本侵略之前是中国最好的教会医院。

广州遭遇剧烈空袭

香港 6 月 2 日电：竹编的大型框架被加装到广州城内建筑的外面，用以缓冲日军空袭炸弹爆炸产生的震荡。这是在空袭过去 4 天以后实施的一项预防工程，从周六开始的空袭已夺取近 600 条生命。

另外，自从城内有 30 人在空袭中死亡后，山上也设立了巨大的防空警报装置。省政府大楼有钢架结构，在它的外墙用竹编的网架进行保护和支撑，使得这座大楼在周末的空袭中得以幸免。

政府将抢险队的规模从 600 增加到了 1000 人，但是力量还是太薄弱。有很多的市民被埋在废墟中，他们在被挖出来之前就已经死亡。

据福州消息，负责守卫厦门的中国军队指挥官已被处决。他被指控应为厦门岛的失陷承担罪责。

---

① 孟杰医生（Dr.Fred Manget）来自美国佐治亚州，于 1912 年创办湖州福音医院。1918 年，应美国红十字会邀请，率领志愿医疗队奔赴救治德国和捷克斯洛伐克战俘。1924 年在湖州南门地带建成福音医院新院。医院有近 100 名中国护士和 100 名职工，并拥有一间 X 射线透视室、一间实验室和一所闻名全国的护士学校。1937 年 11 月，湖州沦陷前夕，他指挥员工安全撤离了从抗日前线转来的伤病员。1979 年 1 月 21 日在亚特兰大去世，享年 100 岁。1954 年 9 月，湖州福音医院改为中国人民解放军第 98 医院。

黄河决堤，浊浪滔天

罗百信

1938 年 6 月 16 日

北平 6 月 16 日（星期四）电：据日方报道，4 至 5 英尺深的洪水冲破陇海铁路郑州至开封段以北的黄河堤坝，宽达 5 英里的洪水正以每小时 5 英里的速度推进。

洪峰已经到达几乎全段筑在路堤上的陇海铁路以南，但迄今为止还没有关于铁路损坏的报道。中牟县被视作是安全的，因为城墙能将洪水拦在城外，尽管人们料想中牟县城已经孤立。

决堤的黄河水从原来的东北流向变为西南流向，洪水从中牟以北的其他决口流入了贾鲁河，然后向南推进至淮河。这些上涨的河流将会淹没周边的农村。

日军增派兵力

日本军方高层声称，黄河决堤并非严重问题，因为洪水阻止了中日两军正面交锋，并为日方集中兵力向中牟以南发动攻击争取了时间。据称，中国军队按三个梯次从中牟以东朝淹没地区推进。

洪水对撤空的村庄和农场造成了严重的损毁，贫瘠的河沙沉积在原本丰饶的农田上。即便日本工程师最后能控制住洪水，被淹没的地区也会沦为不毛之地。

据日方报道，虽然中国方面在郑州以南修复了平汉铁路的一个缺口，但是一支日军分遣队却摧毁了修复铁路以南的一座铁桥，导致许多中国军列遭到阻塞。日军派发的传单中称，中国军队正从中牟县向西、南及西南方撤退，只留下了一支人数相对较少的殿后部队。

死亡预测人数下降

上海 6 月 16 日（星期四）电：黄河洪水从郑州附近的堤坝缺口正涌向以南 50 英里处。不过，正致力抗洪的日本工程师声称，他们之前报告中国将遇难 15 万的人数应大幅降低。

据中方报道，仅有郑州西北的一个堤坝发生决堤，流出的洪水从平汉铁路以东 35 英里处向南席卷而去。这与黄河九次改道之一的 1889 年那次的河道大致相同。

据称，有几百农户已经抵达郑州及郑州以东 43 英里的开封。数以千计的难民正沿陇海铁路寻找落脚处。还有数千人处于危险之中，因为洪水已经将村庄包围甚至全部淹没。

日本人在扬子江河谷继续通过陆路和水路进攻汉口。据称，有一支日军步兵纵队从位于汉口下游 215 英里、已沦陷的安徽省省会安庆向前推进了 25 英里。

中国宣告空战胜利

美联社广州 6 月 16 日（星期四）电：据中方报道，日本轰炸机大队在对广州进行空袭时遭到惨败。官方报道称，今天 5 架日本轰炸机在广州北边的韶关遭遇 13 架中国驱逐机时被击落。

大出意料的日方则推测中方的胜利是由于最高指挥部将 30 架法国制造的飞机派往广州地区，以抵抗从 5 月 28 日开始几乎每日都有的空袭。日军于今天黎明对广州发动空袭，给整座城市造成了重大灾难，城内伤亡惨重。

日方预计汉口将被淹没

东京 6 月 16 日（星期四）电：据日本同盟通讯社推测，中国为保卫汉口，可能有计划地破坏扬子江大堤，在日本侵占前将城市淹没。东京各报继续谴责中国决堤淹没乡村、破坏农场的战略，称中方极有可能向世界宣布洪水是日方所为。

澳大利亚发现赤色中国铸币

1938 年 6 月 26 日

中华苏维埃共和国川陕省铸造的一元银币近日在澳大利亚露面。这些硬币直到近日才为人所知，目前主要有“1932 年铸造”及“1934 年铸造”两版。图案正

中华苏维埃银币的背面写有“陕川省”。（《纽约时报》原文插图）

面的中央是地球，地球正中缀有苏维埃共和国的镰刀、锤头标志。年份字样位于下环，两侧分列有四瓣花星。背面图案中央珠圈内为面额字样，两侧分列的五角星将外围字样打破，图案同样采自苏联。

陕西省位于渭河流域，与内蒙古接壤。连接东方与中亚之间的贸易通道（丝绸之路）横贯渭河流域，因此陕西几百年来一直占据着重要的地位。四川省北连陕西，是中国最大的一个省。四川盆地内丘陵相连，扬子江及其支流穿省而过。

黄河在怒吼

塔德[①]

1938 年 6 月 26 日

题记：拍摄黄河照片。塔德先生在中国从事土木工程工作已逾 19 年。他是黄河水利委员会的顾问工程师。该委员会领导的黄河治理工作因战争爆发而中止。

黄河再次决口，洪水朝南方的扬子江方向涌去，沿途造成人员死亡和房屋毁坏，肆虐着整个中国。洪水从黄河大堤不断被撕大的决口中涌出，犹如一股巨浪在大地上蔓延。洪水移动的并不快，一天也就几英里，但却无法抗拒。洪水冲击房屋，推倒它们，无情地冲走倒塌房屋的木梁、门窗以及各种可怜的家庭私人日常用品。起伏平原的低洼处即刻被洪水淹没。人们纷纷逃向高处避难，却常常无

① 本文作者塔德（Oliver Julian Todd）1908 年毕业于密执安州立大学土木工程系，1919 年来华从事京杭大运河改善工程。1921 年任“美国红十字协会驻山东水灾救济委员会”理事长兼“美商亚洲建业公司”（Asia Development Co）总工程师。本文提及的利津宫家坝截流工程在《利津县续志》有详细记载，为黄河上第一次用平堵法堵口合龙。塔德后在“华洋义赈救灾总会”资助下主持建成“泾惠渠”。1933 年受聘为山西省水利工程委员会技师长兼工程处主任。1936 年受聘为黄河水利委员会顾问。抗战爆发后返回美国。塔德在华前后 20 多年，主要从事黄河流域的水利建设，主要著作有《在中国的 20 年》（*Two Decades in China*）和 50 余篇治黄及水利技术论文。

济于事。洪水漫上来，人被淹死。他们的尸体，连同被淹死的家畜漂浮在充满黄泥的水中。

即使洪水仅几英尺深，但足以吞噬未能及时逃走的人。在巨大的自然界力量面前，人类竟如此无助，眼睁睁地看着房屋遭摧毁，家园被肆虐。

但这次是人为的洪水。毋庸置疑，是中国人为阻止日本敌人而掘开黄河大堤，使日军陷入困境，不少日本士兵命丧黄泛区。长久以来，黄河一直被认为是“悲伤的河”。然而这次它改变了角色，以友善巨龙之身援助了它过往多次毁坏过的国度。这一次，许多中国人欢迎洪水的入侵，因为这是他们可运用的最大的自然防御力量。当然，如此之为只能在面临巨大的民族危难的时刻才可以使用。

发源于西藏边界的黄河长达2700英里。千百年来，它对中国而言，既是威胁，又是福音。黄河把遥远的甘肃、陕西、山西黄土高坡的泥土带来，在流域内堆积而形成了大平原。这片肥沃的土地因黄河而生。但黄河不止一次地成为灾难之源，中国人无力抵抗。黄河这个名字就来自这条河水里所带的黄土，其重量有时高达黄河水的百分之四十。人们简直无法在黄河里游泳，除非附近有清澈的小池塘。在黄河游泳后，再到小池塘把浑身的泥土洗去。

世界上没有其他的河堪比黄河有更为壮观的历史。黄河曾多次改变既有河道；从公元前2297年有记录的大水灾以来的4000多年里，千百万人投入到与黄河的斗争中，但是黄河从来没有被击败过。它在夏季高水位时反复无常的行为更是无从预测。在这片富庶、人口众多，有一亿人居住的地区，人们生活的福分或灾难是由黄河的行为所主宰的。

自公元前229年的吴国以来，黄河有14次大的改道。禹帝为治理黄河，曾试图将它分流到多条与之平行的水渠。黄河其中的一次改道，向北流入天津，从大沽流入渤海。它一直保持这一水道长达17个世纪。这也是黄河保持最长时间的水道。从公元1324年到1852年，黄河向南流经江苏省泄入黄海。也就是在这一时期，它在离海岸几英里处冲击形成了一个大的沙洲。在其他的时间里，黄河的水道在这两点之间变化，当然，黄河也曾在南京附近流入扬子江。现在，黄河河流下产

当河神高兴时，黄河呈现和平景象。（《纽约时报》原文插图）

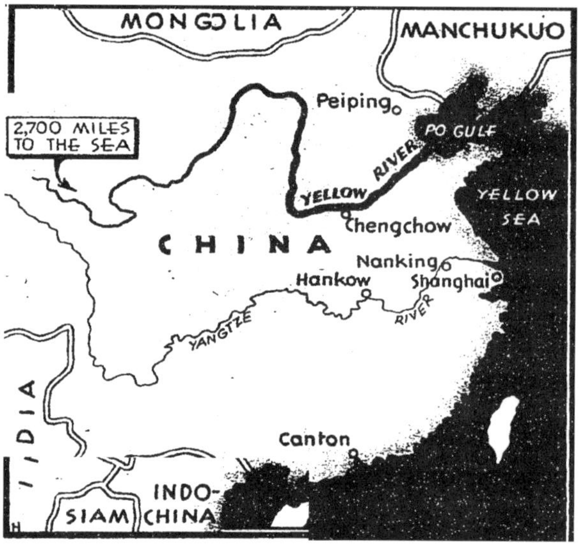

当河神愤怒时，筑堤拦住黄河的洪水。（《纽约时报》原文插图）

生漩涡，据说是由1852年黄河改道淹没的村庄所致。从河南北部挖掘出土的商朝文物显示，黄河泥土在3500前覆盖了一座城池。在河北南部的大名府与邯郸之间，公路会通过一个叫魏县的古城。被埋在泥土下的石碑遗迹可见。1887年黄河在开封以西改道，流向扬子江。引发的水灾夺去了100万人的生命。

但是黄河不仅仅夺去生命，它也养育了那些生活在流经地区的人民。沿河两岸都是肥沃的土地。人们用肥沃的、满带泥土的河水浇灌农田。生活在黄河两岸的人都是纯朴的农民，依靠农业维持生计，种小麦、黍子和其他谷物。除去旱灾和饥荒，他们都能自给自足。他们住的是中国农民那种简单的小泥土房。也有人以河上运输为生。尽管大船无法在黄河里航行，但是靠平板船和充气皮筏船也形成了一定规模的水路运输。

然而中国人总是生活在对灾难的恐惧之中。每当洪水袭来，他们烧纸祈祷，祈求上天帮助控制洪水。他们密切关注着自己筑起的用来挡住水流的河堤，用力所能及的简单办法堵住堤坝的裂口。黄河给予他们浇灌土地的水，也就是给予了他们生命。但一夜之间，他们及家人，连同他们拥有的一切可以被洪水冲走，他们的牧场被洪水带来的沙子厚厚的覆盖。

正是出于这种恐惧，中国人对待河流都很迷信。中国人迷信龙，很多人认为他们的命运是由祖先和各式各样的神主宰的。他们很自然地把河当作超自然力量的象征，人们需要通过某种途径安抚这些超自然的力量。普通农民大众认为大多数水灾都是水龙王所为。

通常情况下，水龙王都是友善的。生活在河堤两边的人们也不惧怕水龙王。大堤起始于已被日军包围的郑州西面，延伸到渤海湾。但是这些黄河的护卫者，即这些老水龙王，河流的护卫者，偶尔也要甩甩龙尾，击打河堤，导致河水从大堤裂口中流出，漫向平地。传说就是这样讲述的。头脑较为实际的人会说，这一次是中国军队炸毁大堤。无奈人们更愿意相信是慈悲的龙王在救助他们的国家。

再就是那些乌龟了。它们是众多麻烦产生的始作俑者。乌龟钻到堆筑大堤的土里爬来爬去，筑堤的泥土松动后不断地被河水冲走。只有祭司或年长的智者能够管得了河龟，因为他们知道如何与它们对话，把它们说得无地自容。我参加过一次修补大堤的工作。那是用当地人的方法，即用冻结的黄土块修补大堤的裂口。风将滑石粉一样大小的黄土从中国内陆刮过来。由于乌龟的原因，修补工作进展缓慢。更有甚者，用冻结的黄土块填补裂口形成很多空隙，导致大堤漏水。这些空隙就像看不见的乌龟，对河堤的破坏更大。后来当地人都走掉了，直到我们在附近村子找到一位姓吴的人。他能与那些当地人打交道。但刚开始他也不顺利。后来赶上好几个暖和天，冻土块化冻，使得填土堵漏洞的工作成为可能。

只要大堤修补工作由地方监管部门负责，就一定要求助河神。过去许多年前就是在河岸边搭台唱戏，安抚邪恶的神灵。有时候祭司会在河堤出现裂口的附近搭建一座小庙，里面放丝线缠绕的小盒子。盒子里放三条蛇。它们都是有智慧、老谋深算的蛇，具有前朝河流监管者的气概。现职监管者拜访这里，汲

正在构筑拦洪的“龙网”。（《纽约时报》原文插图）

取勇气和指导。尽管那些在美国受过教育的中国工程人员很自然地对这种安抚龙王的办法不以为然，但这样的仪式依然照办不误。

当河堤出现小的裂口，当地人就会在裂口铺上一张用麻绳编成，被称作“龙网”的草席，在上面垛放高粱秸秆，直到下陷的秸秆形成的“楔子”的大小能够堵住裂口，再把它放入有漩涡的水中。如果水龙王息怒，河水就停止外漏。但是往往还要进行检验。那是非常悲惨的过程。几个工人被扔入水里，如果多数人被淹死，则是不祥之兆。具有现代思想的工程技术人员强烈反对这种做法。现在似乎已经不这样做了。在中国，许多人一直以来都迷信，认为救助溺水的人会带来厄运。因为从此以后你要对此人的余生负有责任。正因为如此，西方人觉得在中国，落水的人很少被救起。

有一次我们用船装上石头，这些石头将沉入水下堵住河堤的裂口。类似霍布森当年试图凿沉“梅里马克号”运煤船以封锁舰只出入圣地亚哥港狭窄的通道那样。沉船之前，请来祭司。祭司口中念念有词，好似咒语，确保行动顺利。结果许多时间都浪费于此。船遇到湍急的水流被掀翻，石头没有下沉到预定的位置。水龙王不高兴了，水警也颜面尽失。

试图驯服黄河的努力持续了几千年。最早是将它分流到几个水渠。此举看起来算是成功，黄河水道保持了 1700 年不改道。由于河水所带的大量泥沙的沉积，河床逐渐高出地面。于是随之展开了关于到底是宽水渠还是窄水渠对增加水的冲洗作用最有效果的种种讨论。但是，黄河河道相当弯曲，两边的水渠宽窄不同，不做更多研究无法做出决定。

由于黄河的近处很难获取足够的石头，因此紧贴黄河两边的水渠用土堆筑了宽宽的土堤。一直以来都是用筑坝的办法控制黄河水流。生长在土堤上面的柳树和大堤与水渠之间的柳树林起着保护河堤的作用。大运河上面一百多英里处，维护大坝的工作大量使用高粱秸秆捆。秸秆的根朝一个方向被扎成捆，运到河堤，间隔地放在堤坝上。

大量的麻被搓成直径 2 英寸的麻绳，柳树被修整成木桩和横条。筑堤工作始于低水位或水位之下。一层高粱秸秆接一层土，每层都是 6 英寸厚。高粱秸秆的根朝向河水。层层都由人踩实，每隔数英尺都有麻绳连接。麻绳紧紧地拴在距大堤 50 英尺远的结实的木桩上以加强整体结构。随河水抬升，高粱秸秆与土层交替堆高。

这种中国式作业多数是有用的，但是只有使用现代西方技术才能制服黄河。中国人愿意使用我们的技术。但在过去，他们没有拨付相应的资金，没有着手制订长期方案，使本国那些受过西方训练的工程技术人员做必要的工作。在帮助堵塞堤坝的小漏洞上，高粱秸秆总是很有用的。但是他们还必须用石头，适应现代工程技术方法，才能完全解决问题。

1923 年，黄河在离入海口不远的利津附近漫堤，我采用打桩上架，铁笼抛石等手段拦截溃水，将它们堵回了河道。虽费工月余，但取得了成功。

毫无疑问，黄河是可以控制的，其代价远小于发生水灾所产生的损失。1933 年、1934 年和 1935 年黄河决口共造成的损失达到一亿美元。但是只需这个数字一半稍多一点的费用，分配到几年使用，做适当的河工维护，这条带有破坏性的大河即可维持在可控范围内。

如果黄河得以控制，那么黄河水就会像过去一样是人民的福祉，而不是祸水。黄河产生的另一个不幸是，一方面如此巨量的泥土和水资源被浪费，另一方面它蜿蜒漫长流经的广阔地区通常都是焦灼饥渴的土地。如果除了水灾控制之外还能增加水利灌溉系统和水土控制工程，黄河将证明自己是造福人民的龙王，而不是肆虐、毁害乡村、性格喜怒无常的恶魔。

蒋介石发表《告日本民众书》

窦奠安

1938 年 7 月 7 日

题记：一年前的今天，在北平西面的卢沟桥附近进行夜间演习的日军声称他们受到攻击并随即挑起战争。此后，日本军队侵占了中国三分之一以上的国土。日本首相近卫文麿辩称，是反日的中国年轻军官把战争强加给了他的国家。今天，东京在庆祝胜利，决心把战争继续下去。尽管它的经济资源已极度紧张，尽管它向中国派去了上百万军队，却无法避免陷入一场它原本预期半年即可结束的战争。

同样的，中国也决心把战争进行下去。尽管在战场上遭受重创，但中国变得前所未有的团结。中国领导人蒋介石说，他的国家在为生存而战，绝不会被征服。他呼吁日本人民“站出来制止军国主义者的疯狂”。在上海，今天上午的恐怖式杀戮和轰炸不啻是对中日开战周年的纪念。

汉口 7 月 7 日（星期四）电：在中日战争爆发一周年之际，中国领导人蒋介石

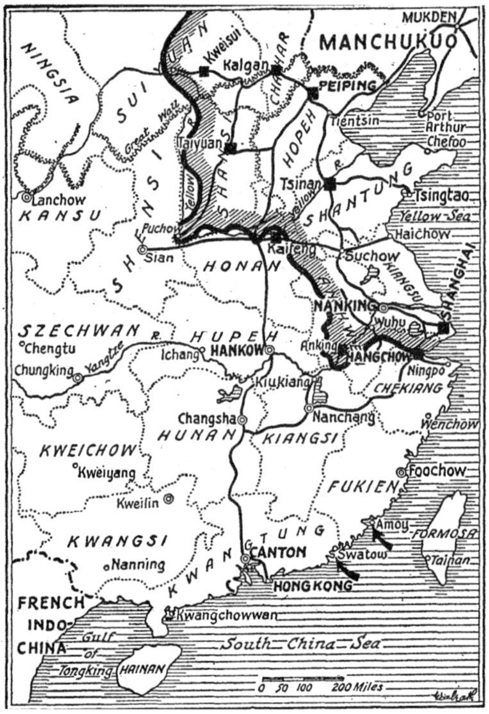

图中阴影线为日军推进的要点，但并不意味着他们占领了这条战线后的地区。日军夺取了九个省的省会，许多的港口和战略铁路。除上述已经陷落的九省外，还有三个省受到了日本的侵略。湖北省省会汉口，是中国政府临时首都；在福建省，日本已经夺取了厦门；在广东省，日本已经夺取了汕头。（《纽约时报》原文插图）

说明：为帮助读者理解抗战的发展局势，本书选用了若干幅《纽约时报》原文插图。原图中将我国台湾省称为“Formosa”，这是沿用殖民主义者对台湾的称呼。台湾自古就是中国的领土。但近代不断被殖民主义者霸占和腐败政府割让，这是近代中国历史屈辱的一页。请读者阅读时加以注意。

委员长昨天在这里向日本人民发表声明，号召他们“站起来制止军国主义者的疯狂”。[①]他说，否则“目前的流血就不会结束，中日之间的仇恨将日益加深，可能持续几十年，甚至几个世纪”。

蒋委员长历数了日军在中国犯下的暴行，反复说明这场战争在物质上和道义上给日本人民带来的巨大损失。他说，中国将把战争继续下去，直到日本军国主义者停止侵略。蒋委员长宣称：“制止这场流血战争的责任无可替代地落在了日本人民的肩上。”

蒋委员长也向帮助中国的友好国家表达了感激之情。他同时敦促同情中国的国家“以不减退的热情寻求有效的途径和方法，将国际秩序的共同敌人绳之以法，世界公平和正义因而得以彰显”。他促请《国联盟约》《凯洛格—白里安反战争条约》和《九国公约》的签署国尽其责任。

在回顾了中日斗争的背景和历史后，蒋委员长着重指出了日本军国主义的残暴，提到了日军毁坏学校校舍、轰炸未设防城市、杀戮平民和施暴妇女。他说，其他的国家不可对这些暴行视而不见，因为“保护人类福祉和文明之未来是所有人的共同责任”。蒋委员长誓言，他本人将“继续领导我的四万万五千万同胞坚持抗战”。

---

① 1938年7月7日，在纪念抗战爆发一周年之际，蒋介石发表《告日本民众书》，愤怒抨击日军暴行：“贵国之出征官兵已成为世界上最野蛮最残酷之破坏力量矣！诸君知之乎？贵国所常夸耀之‘大和魂’与‘武士道’实已扫地无存矣！且于每一地区被占之后，焚烧掳掠之余，对我不及远避之无辜人民及负伤兵士，辄施以大规模之屠杀，或缚千百人于广场，以机枪扫射；或聚数十人于一室，以油火焚烧；甚或以杀人多寡为竞赛，相资谑浪……尤有一事，中正实不忍言，但又不能不言者，厥为对我妇女同胞之暴行，自十龄左右之幼女，乃至五六十岁之老妇，一遭毒手，阖族难免。或数人轮流污辱，使受辱者不旋踵而呻吟毙命；或迫母女姑嫂数十妇女裸陈一堂，先施奸淫，继以残杀，割胸剖腹，尤为未足，更施以难形于楮墨之暴行。贵国向来尊重礼教，崇尚武德，故为世界所称道。讵至今日，贵国军人行为上之所表现者，不特礼教扫地，武德荡然，直欲灭绝人伦，违逆天理。如此军队，不仅日本之耻辱，亦留人类之污点。”

国民参政会开幕

昨天，国民参政会[①]在本市召开，被赞为是走向民主的令人瞩目的一步。近200位中国主要政治派别的代表，包括28个省、5个特别自治区和来自蒙古、西藏的代表聚集一堂，讨论国政，并向政府提交建议。驻汉口外交使团的使节们作为特邀嘉宾参加了这次历史性的会议。

汪精卫主席在致开幕辞时说，国民参政会的任务是“团结人民，加强国家的抵抗力量，奠定坚实的民主基础，使中国在战争结束后迅速转变为宪政体制”。他说参政会不仅仅要向政府提交意见和建议，也要不断地向人民传达政府政策之要义。

蒋委员长在发言中指出，他预见到国民参政会在动员民众更广泛地参与抗击日本侵略、增强抵抗力量的斗争中所起的作用。他把国民参政会的开幕形容为真正迈向民主的一步。

会议期间，行政院院长兼财政部部长孔祥熙和军政部部长何应钦做了报告。媒体记者参加了会议，在何应钦做报告之前，他们曾以报告涉及军事机密为由被排除在会议之外。大多数参政员为国民党人，中共代表有7名。许多参政员由各省、自治区政府或国民党各部门指定。其他代表则由蒙藏委员会、华侨委员会或国防参议会提名。

中共领袖缺席会议

国民党中央执委会批准了出席参政会的全部200名被提名人名单。未能与会的一些代表包括中共领袖毛泽东。国民参政会有权从政府获得工作报告，提出质询，并提交建议。参政会的所有动议都需得到国防参议会的批准或否决。

中日战争爆发一周年纪念日当天，在汉口中山公园举行的近5万民众参加的大会上，通过了致国民政府的“感谢信”。会后，数千人冒着蒙蒙细雨手举灯笼游行，他们一路高唱抗战歌曲，呼喊口号。同时，当地也将举行抨击日本空袭、追思死难者的活动。今天正午时分，汉口全市肃立默哀3分钟。

---

① 1938年3月1日，中国共产党正式提出“建立民意机关”的主张。鉴于军事形势危急和外交孤立，国民党决定接受共产党的主张，“组织国民参政机关，团结全国力量，集中全国之思虑与识见，以利国策之决定与推行”。随后制定了《国民参政会组织条例》，遴选了第一届国民参政员。毛泽东、陈绍禹、秦邦宪、林祖涵、吴玉章、董必武、邓颖超7名中共人士接受聘请，担任国民参政员。1938年7月，国民参政会在武汉正式成立。设立国民参政会是国民党在民主政治方面的一大进步，第一次为各主要抗日力量共同参与中国政治提供了一个稳定的场所。此前，1937年8月11日，国民党决定设立全国国防最高决策机关“国防最高会议”，并在其下设立“国防参议会”，作为战时政策的最高咨议机构。首批被聘任的参议员共16人，毛泽东等名列其中。

公开批评盟国援助不力

行政院孔院长发表声明，公开批评未能给予中国军援的国家。他指出“到目前为止，中国一直是独自抗击日本，因为其他国家，以及《国联盟约》《反战争条约》和《九国公约》签约国被日本蒙骗和威吓，成了战争的旁观者。他们将武器闲置，用对日本不切实际的幻想来安慰自己的良心，尽管他们自己至关重要的权力、利益和声誉都受到了侵略者的严重破坏。”

孔先生表示，虽然面临诸多障碍和困难，但是中国维持了自己的政体和财金结构，偿付了贷款债务，保持了汇率稳定，防止了物价攀升，降低了贸易逆差，并将工业向内地迁移，还加快修筑公路和铁路。他总结说：“世界上具有远见卓识的政治家们能否在日本燃起的这场猛烈战火烧到他们自己的家园之前将其扑灭，抑或这一代人将宣布国际道义的破产，中国将拭目以待。”

红军报纸发出呼吁更多言论自由

1938 年 8 月 2 日

汉口 8 月 2 日（星期二）电：中共机关报《新华日报》昨天强调，抗日统一战线已经稳固地建立了，但是与日军侵华进程相比，仍有不足之处，主要原因是：“一些军官、政府官员和国民党同志没有摒弃他们的偏见，仍然通过政府命令来限制新闻和言论自由，限制人民群众武装自己的自由，限制公众集会自由。”

1938 年 7 月 7 日，中国共产党献金团在武汉大街小巷穿梭，呼吁民众踊跃捐献报国。

该报还评论道，“如果不坚决地打击汉奸和托洛茨基分子[①]，则不能尽最大努力来

① 抗日战争爆发后，“中国托派”几乎成“过街老鼠”，受到国共两党的严厉打击与制裁。主要有两个原因：一是受斯大林“肃托”的影响，这是主要原因；二是在国共两党建立统一战线、一致抗日的时候，托派出于其一贯的极左思维，左右开弓，批评国共两党，否定统一战线。

保卫武汉。”

本文纪念了中共要求建立抗日统一战线的《八一宣言》发表 3 周年，同时庆祝建党 17 周年。最后，它要求把人民群众武装起来，在新闻、言论和公共集会方面给予人民充分的自由，呼吁把武汉建设成为“坚不可摧的马德里”。

探寻敌后抗日根据地

窦莫安

1938 年 8 月 9 日

题记：美国海军上尉卡尔逊[①]穿越日军封锁线，在敌后徒步旅行 2000 英里。他发现中国人有自己的军火库、工厂、发钞银行和学校。

汉口 8 月 8 日电：美国海军陆战队上尉卡尔逊报告说，中国人目前高效并有条不紊地控制着名义上属于日占区的中国北方各省。他刚刚在中国军人陪伴下完成了横跨陕西、绥远、山西、河北、山东五省为时三个半月的旅行，昨天返回这里。

卡尔逊上尉大部分时间都在日占区穿行。这里的铁路、公路和主要城市都在日本人控制下，但对绝大部分居民和地区行使管理权的仍是在汉口和重庆的中国政府。这是卡尔逊上尉在中日战争爆发后对华北日占区的第二次旅行。

进入辽阔的抗日敌后根据地

这位美国军官是从郑州开始他的 2000 英里徒步旅行的。先往西到达西安，再北上经过共产党的中心——延安进入绥远省南部，然后由晋北转东南进入河北

① 卡尔逊（Evans Fordyce Carlson），美国海军陆战队军官，曾任美国总统罗斯福的卫士，时任美国驻华使馆助理海军武官。抗战期间是第一位亲赴延安和敌后根据地考察的西方国家军官。1937 年年底至 1938 年 8 月考察了延安和北方所有抗日根据地，行程 4000 多公里，会见了国共两党领导人和几十位高级将领，经历了多场战斗。考察后，他竭力宣传八路军的英勇善战，呼吁禁止对日贸易。其言论遭到上司反对后，他毅然辞去军职，继续从事支持中国抗战的活动。1940 年在美出版反映国共两党合作抗战的著作《中国的双星》。1941 年他再次从军，多次率部参加美军在太平洋岛屿的战斗，并采用八路军的游击战术屡建战功。1946 年已升任准将的他退役。1947 年 5 月病逝。

和山东西部，最终向西进入河南北部。他在豫北地区遇到一只中国游击小分队。小分队护送他悄悄穿越日军封锁线，在开封和郑州之间渡过黄河。他了解到，在他4月离开河南后，中国军队坚守郑州长达14周。

在旅途中，卡尔逊上尉都在中国军队或游击队员的陪伴下，曾三次穿越被日军占据的主要交通线，包括津浦线和平汉线。在绥远南部，他拜访了著名的东北抗日将领马占山将军。去年日军攻占大同后，马将军被任命为骑兵旅总指挥，此时他已将该旅训练成一支令人生畏的部队，其成员多为蒙古族人以及从伪军反正过来的汉族人。

在晋北，卡尔逊上尉在晋察冀边区总部停留了几天。他发现这是一个功能齐全的政府，实施三大任务，即阻止日军在主要交通线和重要城市之外控制任何地区；建立自给自足的经济体系；阻止日本人掠夺华北任何资源。

他谈到晋察冀根据地一项经济计划的细节。这一计划宣称，已实现经济上的自给自足，之前发生的粮食短缺也因将棉田改为粮田而获得缓解。

银行自行发行货币

卡尔逊上尉称，政府已拥有自己的军火库和军工厂，不仅如此，还开设了自己的银行，印发的货币也被各地的农民所接受。卡尔逊上尉还笑着说，他成了这家银行受理的第一位外汇客户。当他开出美国运通的旅行支票要求兑付现金时，银行经理高兴地受理，并告诉他，运通的支票可以很容易地通过日军封锁线寄达北平。

卡尔逊上尉的华北之旅。（《纽约时报》原文插图）

根据卡尔逊上尉的描述，政府通过成立众多的合作社统一管理农产品销售，并通过设立供销社管理物产出口和必需品的进口，供销社不向日本采购商出售物品。卡尔逊上尉还发现，在他所到之处，学校都在正常上课。

晋察冀边区政府总部同时也是20万装备精良、身着绿色制服的游击队员们的指挥中心。这些游击队完全由当地区政府供给，他们与共产党领导的八路军和其他中国政府军相互配合，与日军不断地进行战斗。根据卡尔逊上尉的估计，活跃在华北日占区的游击队员超过60万人。

他说，所到之处，他都看到民众充满抗日热情，每一个健康的成年男子都在训练备战，每一个人都会唱爱国歌曲，每一个村镇的民众都支持国共合作的统一战线。与卡尔逊上尉同行的不仅有八路军部队，还有5支非共产党领导的不同部队，这些队伍里的每一名战士都展现出高昂的士气，并给予他热烈的欢迎。

延安见闻记

1938年8月14日

延安8月14日电：政治在中国经常会发生奇怪的转折，而且并不令所有人感到惊讶的是，在今天的陕北，在延安这个遍布窑洞的城市里，完备的政治工作培训体系将可能影响战争发展的态势。

在八路军总部延安，一群来自中国内地、马来亚、菲律宾、爪哇和美国等地的年轻男女正在接受军事和政治训练。目前，等候录取的候补名单上仍有好几百人。

延安距离西安300英里，有三天的车程，路况绝对算得上是全世界最差的。通过这些崎岖泥泞的山路步行至西安犹如登上九重云霄。正是这样的地理环境，吸引八路军在这一带建立了自己的总部基地。

建立统一战线

在长达十年的时间里，中央政府与这些红军战士们作战。红军里的革命同志主要来自中国十个正在遭受着贫困和饥饿折磨的省份。蒋介石政府针对共产党发动的五次围剿，在时间上正好与日本侵犯中国的进程相一致。

在中央军从南至北的追击下，红军完成了6000英里的长征，最后会师陕北。会师以后，它转变成为一支可以为中央政府提供协助的军事力量，并促成中央政府联合建立抗日统一战线。

统一阵线的形成，使得先前的红军部队控制了陕北大片山区，以及甘肃省

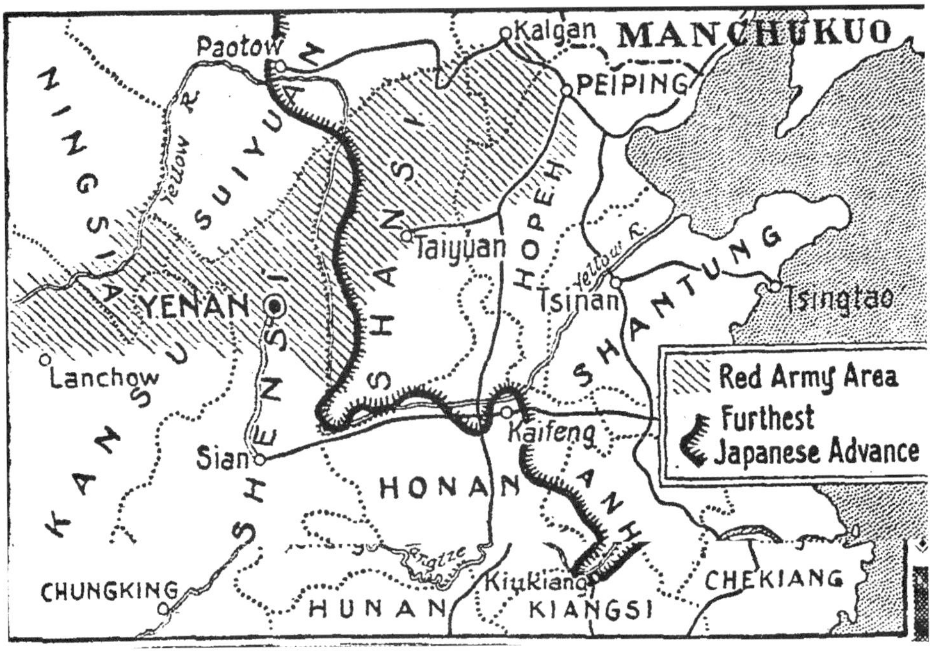

红军根据地与敌我战线示意图。（《纽约时报》原文插图）
红军根据地
日军到达的最远位置

和宁夏省的一部分，形成了陕甘宁边区根据地。中央政府的官员们证实，他们以默许的态度认可了这些特别行政区，潜台词是八路军需要为管理这些地区担负责任。

实现土改和减租减息

陕甘宁边区已经实行了土地改革，无论男或女都分到了田地，大地主被清算，那些“开明”的地主也分到一些条件较差的地。边区政府声称，由于实现了大丰收，对农村实行长达五年的“减租减息”。通过地主与佃农双方达成的协议，土改受到了边区政府的支持。

“减租减息”的方案既体现了民众的爱国主义精神，又能抵御外国势力。八路军在边区建立的民主政府由各阶层人士选举组成，参加选举的包括商人、年轻人，还有妇女和孩子。这几类人选择自己的行政长官，边区政府独立地开展活动，几乎不受总部的控制。

选举人民代表

他们选举代表的方式包括分区域召集选举大会，被提名的代表候选人在会上被投票，或者通过大众普选来决定。分区会议由整个边区的行政委员会主持召开，主持人由各区轮流提名。

劳动突击队会在农忙时节等特殊时期帮助农民进行生产劳动，他们的作用类似于苏俄劳动者建立的志愿突击队。如果建立了合作社，支持农业发展的小额贷款是可以申请得到的。

教育部门也是通过这些本地团队来运作，鼓励建立成人夜校和家庭课堂，而教师则是来自当地小学的孩子。单单延安就建立了500多个类似的家庭互助队。

妇女工作是边区民主实践的一个特别收获。此前，要丰富中国农村妇女的生活，最大的困难在于她们自己也不愿走出家门，还有就是中国老年妇女的极端保守（她们在女儿和儿媳妇面前拥有绝对权威）。大敌当前，需要尽快改变以女家长为核心的传统家族结构，这成为应对形势变化的迫切要求。

为孩子们设立了少年先锋队与儿童团，他们负责侦查与守卫乡村的道路，这给了这些乡村孩童许多的乐趣。

政治与军事训练

陕北的学校里保留了许多政治工作训练内容。学生们在山坡上的窑洞里上课，接受严格的军事和政治训练，包括训练学生们熟悉社会各阶层的工作，比如，许多学生接受训练后将返回自己的省份，在那儿寻找工作，并组织民众了解国家复兴计划、建立民兵团等。最好的毕业生会被选进延安的抗日军政大学进行

延安抗日军政大学的学生们正在户外上课。（《纽约时报》原文插图）

延安鲁迅艺术学院的女生。（《纽约时报》原文插图）

进一步的训练。

陕北的学校经常超额招收学生，这通常为形势紧急所需要，被当作权宜之计，因而是被政府允许的。抗日军政大学有很多的故事，并且确实是八路军训练自己军官的学校，80% 的毕业生都直接奔赴前线投入战斗。

抗日军政大学作为军事组织，对学员有很多的军规。在课程设置上，超过一半以上的时间是学习军事技术。而政治科目包括革命的斗争艺术、中国经济、马克思主义哲学、中国革命的理论与统一战线的实践。学生毕业时，最优秀的学员将会被拔擢，接受更高级别的军事战略培训，或者担负更多的政治指导工作，但这两项任务都不在延安完成。

延安正迅速变成了中国艺术与知识的中心。自从日本占领北平和上海以后，许多进步知识分子都想到延安来。在这里有 700 所学校和 20000 家庭读书会，学生们将他们的知识传播给广大民众。农村学校给农民们提供阅读与写作的指导。他们面对日本的侵略，坚决不当亡国奴，一边提防日军飞机的炸弹与毒气攻击，一边学习和传播科学与知识。

模糊的财政

边区财政状况有些模糊不清。重庆政府允诺每月给八路军拨付 50 万法币的军费。而国防税多从民间募集。有一定数额的资金由海外华侨集资捐助，也有中国国民的自愿捐赠，还有一些资金据说来自美国和俄罗斯，即使这些国家的领导人否认此种说法。

针对八路军的政治工作有两次自相矛盾的指控，一次是指责其领导人利用抗日盲目宣传共产主义，还有一次是指责他们没有国家救亡与发展的长远计划，对日本只是短期的仇恨与报复。

然而，八路军的政治观点和他们的抗日策略，都是建立在马克思主义哲学的基础之上 ，他们对于抗日战争的过程有辩证和客观的认识。他们看到中华民族的当务之急，是将侵略者驱逐出去。因此，他们正为抗日竭尽全力。而且，他们确信，当他们的使命完成那天，不仅将赢来这场战争的胜利，而且将赢得长久的和平。

台儿庄日记

伊文思[1]

1938年8月28日

4月1日：我们同行人中说着24种不同的语言。现在有我、J.费恩、卡帕、《美丽地球》原制片人杜先生，还有杨贾克，他现在的头衔是商务经理。还有邹先生，他是我的特别助理，来自军委会政治部。屠先生、杨贾克和杰克先生是军委会指派的官方助理。

4月3日：徐州，我们来到刚被空袭过的车站，在废墟里见到尸体。我们住在中国旅行服务中心提供的一个临建屋里。我们访问了称为津浦铁路北方前线指挥部的战区司令部，见到了李宗仁将军。他很和善友好，承诺给予我们帮助。也是从这里，我们带着一些必要物资奔赴前线。经过两个小时的行进，我们进入了一个高墙围绕并设有瞭望塔的小村庄，这是31师师部。在之后的8天里，我们都和他们保持着紧密联系。我们是这些军官的客人，不过这并不是一件太好的事，因为他们生怕我们会出什么事，一直让我们远离前线。

4月4日：早上，孙将军在师部与我们谈话[2]。他告诉我们，在10英里外的台儿庄正爆发一场激战，情况还比较乐观。我们给他开列了一个表格，大概是我们希望在前线拍摄的内容，有军事行动、战士日常生活、炮兵、步兵、军需供应和交通等。

4月5日：我们确实拍到了一些东西，包括很笨重的大炮、电话兵、躲在苹果树下的战士，还有隐蔽在山上的瞭望哨。我对今天的工作比较满意。大多数的大炮都被伪装了起来，中国人很擅长做这些事。晚上，听参谋长陈将军介绍战情，我们了解到了台儿庄战役的大致情况。我尝试让一些军人讲点儿故事，但这

① 尤里斯·伊文思（1898—1989）荷兰电影导演，世界纪录片大师。1930年摄制了表现荷兰人民填海造田的著名纪录片《须德海》。此后，在世界各地拍摄纪录片，如反映西班牙战争的《西班牙的土地》。这是伊文思拍摄的首部反法西斯的大型纪录片。他还拍摄了表现中国抗日战争的《四万万人民》，真实地记录了台儿庄战役中国军队与日军展开激烈战斗的画面，以及周恩来、叶剑英等领导人在汉口八路军军事会议上研究军事形势的情况，还有西安人民举行抗日游行的场面。影片在美国和法国上映后，引起轰动，起到了重要宣传作用。其后，伊文思为了表示对中国人民的敬意，通过周恩来等人的安排，将自己使用的摄影机和几千尺胶片秘密转交给八路军（这台摄影机机现存中国历史博物馆）。这个离台儿庄战役最近的外国纪录片导演后来回忆说，“我拍了战争，拍了一个在战争中瓦解，又在战火中形成的国家……”。1989年年底，伊文思在巴黎去世，享年91岁。

② 4月4日清晨，伊文思摄制组到达设在台儿庄南部杨家楼村的前敌指挥部，中国军队的前线指挥官孙连仲将军接待了他们。孙连仲对他们说，日军的装备和训练都强于中国军队，但进入巷战，大炮不如手榴弹有效，手榴弹没有大刀有效。伊文思记录了这位中国军人说的一句决绝之语：“我们必须在这里一战，不然连死的地方都没有了。”

1938 年 4 月，台儿庄的中国军队紧急调集。

实在是太难了，他们都是很刻板的军人。所以，我决定这周只拍一些关于台儿庄战役的平实简洁的纪录片，以后可以作为故事的背景镶嵌进去。比如说历史性的一天，中国人第一次打败日本人之类的。

4 月 6 日：我们拍到了中国军队用 75 毫米加农炮发动的一次炮战，这在村野战斗中十分常见。对面的敌人来了一些援军，中国军人开始射击，他们干得很漂亮。中国人的炮击引发大火，日本人占领的那个村子燃起大火。但是，距离很远几乎看不清楚。我不甘心，继续试图让士兵们讲他们的故事，但是失败了。战局是最重要的。

4 月 7 日：早上第一个新闻是，之前已攻占了三分之二的台儿庄终于被中国军队完全夺回来了。日本人现在已经撤退。大概中午 11 点时，我们驱车前往台儿庄，中途我们停了好几次，为了给路上那些死去的中国人的尸体寻找一些遮盖物。

进入台儿庄后，发现还有很多房子仍在燃烧，街上堆满了士兵和平民的尸体，军需品、步枪和机关枪等堆积在一起，还有日军司令部的一些官方文件散落在地。见到了很多年轻的士兵，我想这里已经变成了战争的地狱。这里失魂落魄的人群看起来比西班牙要多得多。面对被烧毁的整个村庄，那些曾经住着人和牲畜的地方，现在只剩下一些生活用品，房子倒塌了，尸横遍野，恐怖的景象给人的感觉真是非常难受。

4 月 8 日：我们清早的时候又去了一次台儿庄。我们这次带着摄影机。今天不会有日本人回来的危险了。如果你看到我们的影片就会明白，这不像西班牙战场那样较为固定的战争，而是游击式的、移动的战争。所以你必须更加当心。我们首先拍摄了台儿庄全景，然后第一批老百姓返了回来，他们在废墟中寻找残留下来的生活用品。他们发现了什么？一个小的石磨、一口铁锅、一把锤子和一个水杯。

下午，太阳没有出来。从日本人撤退的方向吹来了沙尘暴。在村子里，我们拍摄了一些被击毁的日本军用卡车，还有很多死掉的战马。在返回的路上，有一个藏在沟渠里的日本军士向我们开枪，但是我们一行有一个30人的护卫队，他们追过去把他杀了。毕竟，日本人也太大胆了。

4月10日：我们再次要求中国人把我们送到前线去，这样我们就可以拍摄到一些真实的战争画面，为台儿庄战役作一些补充，也确保有充足的原始材料用来剪辑。

4月11日：下午，我们骑在马上拍摄到一些东西，包括在麦田里运送伤兵和难民的车队，画面的质量很好。

4月14日：我们拍摄了将军在他的指挥部与下属们开会的场景，画面很好。后来，我们和他一起玩起了扑克。我竟然在这里玩扑克？我要求到前线去。晚上，我们坐火车回到徐州，我计划从那里直接去汉口。

4月19日：汉口。先说一些关于台儿庄战役的事情。这是中国军队在抗日战争中第一次真正地打败日本，是英勇的中国军队取得的第一次胜利，非常的重要。我至今还不知道如何把这一段画面安插在影片中。可以用作一个参战士兵的故事，或者一个当地农民的故事，或者可以作为背景的说明。任何一种都是有可能的。确定的一点，是我一定会把它融入我的电影中去，让它们浑然一体。

我与好莱坞的同行讨论了脚本，其中有塔希尔·哈

1938年4月，台儿庄的中国守军。

米特、达德利·尼柯尔斯和杰克·劳森。他们都觉得我必须贴近当今人们的生活。当一个拍摄团队来到战时的中国，每个人希望看到得不是那种斥巨资在好莱坞也能拍出来的东西，至少三分之一的人不希望是这样，他们希望看到与现实和战争联系起来的真实画面。

4 月 30 日：郑州。我给荷兰驻香港的领事带去了一个箱子，里面有 7 盒共 34 卷胶片，大概有 6340 英寸的未剪辑材料。这些都是我们实地拍摄台儿庄战役的原始拷贝。我们无法再回到那里去了，我们现在正处于一场战争当中。战争是一种很可怕的东西，人们很难再去重新体验一次。相信时间会给我们答案的。无论如何，我觉得这部电影会很棒的。这些都是一目了然的，而且充满着乐观的精神。

满洲“新京”印象[①]

罗百信

1938 年 9 月 11 日

长春 9 月 11 日电：自日本割据中国东北诸省扶植傀儡政权“满洲国”，并承诺将把铁路转运小镇长春建成一座宏伟的现代化都城以来，至今六年过去了。目前，建设计划的第一阶段已经完成，第二阶段还在进行之中。虽然这里的建设并不能反映“满洲国”其他地方的情况，而且目前日本正侵入华北，也可能还会再扶植新的傀儡政权，由此使这里的建设不像是心血来潮。

在“满洲国”建立之前，长春，这座被日本改名“新京”的城市，不过是寒风凛冽的满洲平原上一座典型的中国小镇。这里曾是南满铁路的终点，北上哈尔滨或者前往西伯利亚方向的旅客必须在此改乘中东铁路的俄制宽轨火车。长春到吉林省的省会吉林市之间还没有铁路。长春市的人口约 15 万，建筑大多只有两层高，最高不过三层，毫不抢眼。市内道路不平，照明不好，虽有电话，但自来水管路、污水处理系统几乎不存在。此距西南 150 英里处就是满族人所建的都城盛京（今沈阳）。

选择这样一个地方建立“新首都”，着实让日本工程师的想象力和建筑才能

---

① 1932 年，长春被定为伪满洲国首都并更名为“新京”。日本妄图永久侵占我国东北并争取国际承认，在日本关东军司令部主持、审定下，伪满洲国国都建设局、满铁经济调查会编制了《大新京都市计划》。日本把我国东北作为近代城市规划活动的实验场，为现代日本城市规划理论积累实践经验。城市建设一度得到很大发展，也凝结了东北人民的血泪。1941 年太平洋战争爆发后，城市建设脚步放慢。1945 年日本投降，《大新京都市计划》最终没能完成。

有了发挥的无限空间，他们奉令把成片的高粱地和农田变成一座现代化的城市。这一建设工程于1932年3月10日启动。今天的“新京”已成为一座可以轻易容纳35万人口的城市。如果当进行中的第二阶段顺利完成后，这座城市将能容纳50万人到100万人。届时，“新京”城市的面积将达到7至8平方英里，是1931年以前长春面积的10倍。

还在规划新都的时候，日本工程师和建筑师就力求体现一种现代理念，即将现代技术工艺与东方传统特色结合起来。电话线、电报线和照明电力线都用特殊的导管埋入地下，现代供水系统安装覆盖新城各地区并建立污水处理系统。

在规划城市布局时，工程师运用了环状、矩阵状以及辐射状来布局市内道路体系。今天，新京的干道一般宽80至180英尺，支道一般宽30至55英尺，辅道一般宽15英尺。干道和支道设有多条行车道，靠中间的车道只供机动车通行，旁边车道留给马车和自行车，其余车道则留给速度更慢的人车行驶。干道与一系列大型环路连接，周围是一些已经完工或仍在施工中的重要建筑物。绿化带和树木将车道分隔开来，有足够的路灯提供照明。

呈环状和矩阵状的市内花园里草木繁茂，花团锦簇。市内干道和环形街道用柏油铺就，支道为石子路。严格的交通管理确保所有人车按顺时针方向行进。窄小的铁轮车禁止在干道通行，为手推车专门设置了专用道。除此之外，各个花园之间正在修建将它们连接起来的马道和步行道。

在建筑设计方面，这座城市尝试着将古老的东方韵味和现代建筑风格加以融合。政府大楼在外观上突出了东方特色，采用翘起的屋顶和高耸的骑楼，除屋顶及装饰以外则几乎为现代风格主导。墙壁为明快的白色，柱子材料为混凝土或大理石，钢框玻璃窗有利采光。楼内部的装饰现代气息更加浓厚，安装了最新款的电梯，用枝形吊灯和壁灯照明，地板具有防火功能，电话无处不在。在“国务院”大楼的地下室，还建有一个小型电影放映厅。

商铺和办公楼的外部设计具有现代特色。商店挂有霓虹灯箱展柜和橱窗。身着制服的女子在柜台服务，穿着得体的领班则在店内各个

伪满洲国的卫兵。（《纽约时报》原文插图）

通道上巡视。在大型百货公司总部建有小型茶室，供应茶水、鸡尾酒和各式点心。

“新京”的夜生活也充满了现代气息。除了一些有艺伎相伴的传统日本酒家外，又开设有多家舞女伴舞的歌舞厅。装扮下流的管弦乐队的成员，演奏着最新潮的狐步舞曲；身着长裙的女郎对着麦克风唱着歌，歌词虽是日文，但曲调却是百老汇或好莱坞最新流行的；有时舞池的对面还会有伦巴乐队，他们在管弦乐队停下时，就接着演奏，使跳舞持续进行。舞池里的女人们大多身穿最新款的外国时装。

在建设工程动工初期，官员们面临的一个主要问题是为工人和政府官员寻找合适和足够的宿舍。在修建政府大楼的同时，民居工程也同时启动了。但后来，政府雇员的大量涌入一度使施工进度滞后。旅店爆满，提前数月预订也拿不到房。而如今，这个问题已基本解决。当然，有关住房的规划和施工仍在进行。

多数情况下，两户连拼的平房和双层住宅更受青睐。每栋住宅都有草坪和花园，与居民区相配套还建起学校、高等学校，以及一些医院。

城市的规划为公园和运动场所预留了充足的空间。有一些公园已开始植树造湖，而大部分还只是空地。花床、树篱、步行道和充满乡村气息的桥梁已修建完毕。高尔夫球场也已建好（高尔夫是日本人喜爱的运动之一），并规划了足球场和英式橄榄球场，以及跑马场。

“新京”的供水系统能够满足约 50 万人的需求，并计划继续扩大供水量。现主要有两处水源，包括净月潭水库和一系列的深井。

更加引人注目的进步发生在交通领域。随着各地机场的建成和航空客服投入运营，将新京与沈阳、大连、哈尔滨等城市连接起来。同时，铁路交通也得到了改进和扩大。

三年前，日本、“满洲国”与苏联签订了三方协议，将中东铁路移交给“满洲国”政府。在此之前，连接哈尔滨和“新京”的铁路还是宽轨，与其他铁路的轨距不同。协议的签订使本区域的轨距统一起来。在南满铁路运行的火车可从大连直达哈尔滨。

为修建“新京”的政府和办公大楼、商店、民居、公园以及各种公共设施，已投入数亿日元，而为完成仍在规划蓝图中的其他项目还需再投入数百万日元。但访问“新京”的客人也许会发现，“满洲国”的首都缺少了一个东西，那就是“康德皇帝”的皇宫，尽管地点已选定。“皇帝”就是先前人们知道的溥仪，但他只是名义上的统治者。1934 年 3 月 1 日，日本把他放在“满洲国皇帝”宝座上。

这一明显疏忽有何意义或征兆，人们尚难判断。据“皇帝”本人说，要等到都城建设全部完工后才开始修建他的“皇宫”。

日军攻陷码头城

1938年9月15日

题记：日军迅速抢占扬子江南岸村庄，夺取制空权。中国方面称，在四川省有超过350万的人民将准备投入战斗。

上海9月15日（星期四）电：日军发言人昨晚宣布，他们在击退最后一波在扬子江沿岸防守的中国军队后，已于昨天早晨9时40分占领了码头城。[①] 码头城位于扬子江南岸。它的失陷直接影响北岸武穴市的安危，中国军队在那里构筑了坚固的防御工事。日本海军和陆军从不同城门攻入镇内，发起攻击的间隔只有五分钟。

日本空军星期二对广西省的柳州机场发动了一波空袭，击落3架中国战机，击毁6架停在地面的战斗机，还有10架停在机场的其他飞机也遭到破坏。

汉口告急

上海9月15日电：日本官方报道，据日军今天从扬子江前线发回的战报，日军在夺取码头城后，集结了更多的部队向汉口挺进。日本海军和空军在距离汉口仅100英里的码头城和武穴市之间的峡谷地区展开了又一轮协同进攻。

根据中国记者发回的新闻报道说，蒋介石委员长正从兵员丰富的四川省调集军队。记者说，将有350万人员准备投入战斗。

一架日本飞机载着12名美国海军人员，从美国停靠在九江附近的“莫诺卡西号”炮艇飞往上海。这批海军官兵已完成他们的扬子江巡逻任务。

鉴于扬子江沿岸的战事激烈，日本当局拒绝“莫诺卡西号”炮艇沿水路顺流而下到上海进行人员轮换的计划。

---

① 码头城战斗是田家镇要塞保卫战的一部分。田家镇号称“楚江锁钥”和“武汉第一门户”。1938年，日军占领南京、安庆、九江后，沿江西犯，田家镇成为拱卫武汉的屏障。田家镇战役在中国抗战史上占有重要地位。首先，它延缓了日军对武汉的占领，沉重打击了日本帝国主义企图“速战速决”在1938年年底结束战局的战略。同时，掩护了武汉工业的内迁，保存和发展了中国的经济实力，粉碎了日本妄图从经济上扼杀中国抗战力量的阴谋。其次，中国军队在这次战役同武汉会战中的其他战役一起，共毙伤日军20多万人，击沉日舰100多艘，击毁日机100多架，大大削弱了日本的军事实力，使之再也无力在中国发动大规模的会战。自此，日本帝国主义在中国由战略进攻转为战略相持，陷入长期战争的深渊而不可自拔。

卡尔逊辞去美国军职

1938年9月24日

汉口9月23日电：美国海军陆战队上尉埃文森·F. 卡尔逊，因为海军部反对他在访问中国共产党在华北和西北的根据地后向媒体发表的言论，已选择从海军部退役。[①]

卡尔逊上尉将从汉口去旧金山。他将在那里例行公事地了断自1912年入伍以来与美国海军部的联系。他被此间视为最见多识广的中国军事问题观察员。他在中国待了七年时间。他说："我之所以选择退役，是因为我想有凭自己的意志说明和书写的更大自由"。

卡尔逊上尉今天说："我坚信我的选择是正确的，特别是关于远东事务的看法。美国海军部对海军官员言行的限制，让我觉得不可能去表达我认为是正确的意见。所以，我最终选择脱离这层关系。"并且，他自愿放弃了他的退休金及相关权利。

他刚刚经历了一次长途旅行返回汉口。期间，他访问了在陕西省的延安，还有当时受中国实际控制的地区，包括绥远、山西、河北、山东，还有河南。在这些省份，日本仅仅控制着主要交通线和一些主要城市。这是他今年第二次去华北旅行。

在这两次长达数周的旅行中，他都是跟着八路军一起行动。他在结束这些旅行后，向媒体发表的评论非常有利于中共在华北和西北的形象塑造和影响扩大。

---

① 1938年7月，卡尔逊到晋冀鲁豫根据地考察。徐向前和邓小平会见了他。1940年，卡尔逊在纽约出版《中国的双星》一书，其中详细介绍了这次谈话。他回国后，向美国舆论界发出紧急呼吁，反对美国向日本出售军用物资。卡尔逊作为军事观察员访问延安期间，毛泽东曾与他进行过两次长谈。卡尔逊在日记里写下了他对毛泽东的印象："这是一位谦虚的、和善的、寂寞的天才，在黑沉沉的夜里不懈地奋斗着，为他的人民寻求着和平与公正。"

卡尔逊还曾两次考察晋察冀抗日根据地。他第一次是在1937年12月底到1938年2月，由周立波陪同。他们步行和骑马走了2500里路，两次穿越敌人封锁线，走遍了冀北、冀中大部分地区，特别参观了冀中根据地的民兵和部队，还采访了日本俘虏。周立波据此写成《晋察冀边区印象记》。经周恩来推荐，卡尔逊考察过新四军部队，并认为新四军"是一支在与日军作战中颇具战斗力并值得信赖的军队"。"皖南事变"发生后，他非常愤慨，直接向罗斯福总统报告真相。美国政府在证实了卡尔逊的消息后，通知蒋介石政府："在内战的危险没有消除，国内的团结尚未恢复之前，暂停对中国的财政援助。"

1941年，卡尔逊再次从军。1942年8月16日，他运用八路军的奇袭战术，率部偷袭日军重兵守卫的马金岛并一举成功。这成为他军事生涯中的一块丰碑，此战也被载入美军战史。在太平洋战争中，卡尔逊率部先后参加了多个岛屿登陆战，立下赫赫战功，因此晋升准将军衔。1947年5月27日，卡尔逊逝世，享年51岁。作为卡尔逊的亲密朋友，朱德总司令给卡尔逊夫人发去唁电，沉痛悼念这位追求真理的战士。卡尔逊准将在临死前还得到一个莫大的安慰，那就是毛泽东、朱德、周恩来和彭德怀代表中国人民联名发出一封感谢信，感谢他为中国民主而进行的不屈不挠的努力。卡尔逊是最早理解、同情和支持中国人民革命事业的美国朋友之一。

在1935年和1937年间，卡尔逊上尉曾在罗斯福总统位于佐治亚州的热泉夏宫担任近卫队长，并作为匡提科基地司令雷曼少将的副官。一战期间，他曾在法国担任炮兵上尉。1919年离开陆军，加入海军部。

他也曾在西印度群岛和尼加拉瓜服过役。1923年到1925年，他在尼加拉瓜担任国民警卫队少尉。他受美国海军部调遣来到上海，并从1927年服役到1929年。从1933年起，在北平担任了两年美国使馆副武官。他在中国最近的使命始于淞沪会战爆发。卡尔逊今年43岁，他把家安在了康涅狄格州的普利茅斯。他说，他想开始从事文学写作事业，并且想过几个月就从美国返回中国。他还说，虽然他不是共产党，但是他非常支持共产党在中国政治上取得的进步和发展。他和中国各方面的许多领导人都保持着密切的联系，其中包括蒋介石委员长。

汉口失陷

1938年10月26日

题记：城内重要建筑物被中国人炸毁，一些守军被困。日本警告外国舰船勿入战区。

日本昨天宣布，他们已经进入中国的临时首都汉口。但是，中国高级官员已撤离，绝大多数居民也已疏散，大火和爆炸对城市造成了巨大的破坏。另据报道，日军已兵临武昌城下。

在上海，据信中国可能关闭港口，对日本正式宣战，促使美国执行中立协议停止向日本输送战备物资。华盛顿方面认为，采取此类行动的实际效果不大，原因在于美国近期对日本和中国输出的武器很少。不过，美国官方的看法是，中国仍将坚持战斗。

日军进入汉口

上海10月26日（星期三）电：日军宣称他们昨晚进入汉口，发现城内“一片火海”。他们说，那里的秩序完全崩溃（另据汉口传来的消息，日军预计今日将全面控制汉口。据说中国军队主力已平安撤出，有少数小部队被困在汉口城区）。街头仍有机枪和步枪的射击声，表明有少量的中国部队未能与西撤的大部队一起突围。

由于中国对汉口实行“焦土政策”，供水供电系统被切断了，大火蔓延，整整烧了一个晚上。陷入重围的中国士兵表示，如果日军紧紧逼迫，将誓死抵抗。

由“吕宋号”炮舰搭载的一支美军登陆小队正在汉口原来的俄租界内巡逻，那里大火弥漫。虽然中国军队曾威胁要放洪水进城，但他们还没有炸毁汉口的江堤。一支日军分队昨晚在离汉口北侧 15 英里的横店切断了平汉铁路。

守军困住了自己

中国军队炸毁了武昌、汉口附近所有的铁路和桥梁，因此也切断了自己逃生的退路。日军各路纵队已从六个地点快速突破了中国军队的防线，最少有 30 个中国师被困在汉口以北的平原和山丘中，可能正在遭受日本空军炸弹的屠杀。

被击溃的中国军队约有 12 万人，有的师只剩 1200 人，有些师剩 6500 人，但平均每个师只有 4000 人左右。所有中国军队都集结在汉口至葛店之间的扬子江两岸。

日本海军昨天中午到达葛店附近，但他们似乎不清楚日本陆军已攻占了汉口，因此在往下游撤退。日本散发的传单说，昨晚发现满载着 3000 名中国士兵的平底帆船正驶往扬子江上游。

此外，广州沦陷的消息对汉口前线中国军队的士气有着灾难性的影响。根据中立方和日本方面的消息，中国军队仓皇撤退的规模比去年 12 月南京沦陷时还要惊人。昨天一天，日本空军向急速撤退的中国军民倾泻了无数吨炸弹，火车、汽船、平底船和铁路都遭到疯狂地轰炸。日本海军控制了汉口下游 20 英里扬子江边的山炮阵地，缴获了中国军队的多门山炮和榴弹炮。

在汉口东北方向的日军，于星期一和昨天分别占领了麻城、黄陂、王店，正沿平汉铁路向南挺进。而在九江南边的德安，日军正向南攻往南昌。日本无任所大使谷正之已在四天之内第二次发出严重警告，他昨天对外交使节说，仍然停在汉口的中立国舰船和商船将可能面临严重危险。他声称，已有一大批满载中国军人和军需物资的中国舰船紧贴在汉口的外国舰艇周围，寻求中立国保护。他还警告道，鉴于汉口炮火连天，所有中立国的船只已经陷入危险。另据日本传单，中国人正用平底船通过汉口西南广阔的湖泊、运河、沟渠等水系进行撤离。因为日本空军已经炸毁了粤汉铁路。

武昌也被占领

上海10月26日（星期三）电：日本陆海军司令部昨晚宣布，日军先头部队已进入汉口，大批日军也已集结完毕，准备今天进入汉口。前方急电，日军先头部队在强攻武昌时与中国零散部队发生巷战。在另一支先遣队经水路到达汉口以北的郊区后，围攻武昌的战役打响。此时，日军主力部队仍距武昌10英里。日军这支先遣队是从保安门攻入城区的，随之战斗蔓延全城。在大批中国政府的官员和市民撤离汉口、武昌和汉阳三镇后，国军最高统帅蒋介石和夫人已于星期一晚上乘飞机离开汉口。据上海一位消息灵通人士说，蒋介石已撤到湖南省东南的山区，并开始重新整顿他的军队，准备抵御日军对湖南首府长沙的进攻，这里距离汉口180英里。中国军队撤离之前，炸毁了距离法租界仅有几百码的汉口火车站，爆炸声震撼了法租界。

汉口失火

窦奠安

1938年10月26日

汉口10月26日（星期三）电：昨天，经过日本人疯狂的轰炸和中国人的“焦土政策”以后，汉口、武昌和汉阳三镇的多处地方已沦为燃烧的废墟。爆炸声此起彼伏，在武汉三镇持续了一整天，昨天黄昏时更是响彻一片，预计财产损失超过1000万美元。

在汉口这个被包围的城市里，中外人士都忙着各种各样的事情，他们只有一小部分精力关注星期一午夜的爆炸和纵火。然而，可怕的爆炸在昨天下午刚过5点又开始了，市民们都躲在家中。大街上荒凉空荡，甚至连无家可归的人也与难民和成群闲逛的士兵一起，被引导离开废墟瓦砾，聚集到安全的地方避险。

黄昏时分，浓烟从地平线上升起，城市被冲天的火苗包围，许多美丽的建筑被摧毁了。下午，当爆炸开始的时候，有一辆卡车响着急促的警铃从英租界驶出，之后全城响起了防空警报。在日本租界附近，有计划地进行了引爆。有不少中国人在这次大爆炸中受伤。记者访问了部分被炸毁的废墟，发现了一些没能及时撤离的难民和战士的尸体。没有外国人员伤亡的报告。北风将火势从日本租界区吹向前德国租界区，很遗憾的是，在当晚大雨到来之前，整个汉口都笼罩在漫天的大火之中。城内大量消防设备已被撤退的中国军队转移走了。

大雨救了这座城市

第一场放火和爆炸是在星期一午夜时分发生的，从武昌北车站和城市商业区开始。昨天，爆炸持续了一整天，特别是在蛇山南边更为强烈。黄昏时分，汉口居民看到了长达一英里的浓烟，还有如波浪一般翻滚的火苗。

在汉口日本租界区内的老营房昨晚已被烧毁。之后，附近的火车站和车辆也腾起火焰。更多的建筑物是在白天被炸毁的。早上 5 时 15 分，日本豪华的海军俱乐部被两英里外的中方炮弹击中，在浓烟中变成废墟。紧接着被炸的是日本领事馆和日本领事官邸。夜幕降临时，城内主要的建筑物已全部被烧毁。

下午 2 时 30 分，法国租界区背后的火车站被炸毁。爆炸后不久，记者发现在车站废墟中有六位伤员，他们痛苦的呻吟声被路过的一群衣衫褴褛的士兵和难民们忽略了。车站周围的市场全被烧毁，一片狼藉。日本飞机从车站上空 500 英尺掠过，观察城内的损失。在意大利副领事陪同下，记者冒险进入日本租界，发现街道两侧大火弥漫，整个地区像被遗弃了一样，遍地都是碎砖残瓦。

难民区的爆炸

晚 8 时 40 分，难民区发生第一次爆炸，坐落于汉口外滩曾被蒋介石委员长使用过的中央银行地下防空工事被炸毁，这个工事的修筑费用是 25 万法币。当时，记者正在相隔一个街区的美国信义会大楼上写作，房间玻璃被巨大的爆炸冲击波震碎。相隔半条街的一名警察的脚也被炸飞。但是，中央银行几乎没有损坏，孔祥熙的私人办公室里仍然亮着灯，没有人对街上发生的爆炸发出抗议。

据外国领事官员说，中国军队曾经保证过不对难民区的建筑进行破坏。但是，若干条与日本设在外滩的银行相连的电线被剪断了，破坏是从日本邮船株式会社和海关大楼开始的。中国军委会的新闻发言人在昨天早上的采访中说道："根据最新制定的战略，我们已准备退出汉口、武昌、汉阳，我们将采取其他措施来与敌人对抗。"发言人说，这是一次必要的军事转移，而并无"撤退"这个词包含的原意。他拒绝透露新的国防措施。他解释说，"全面抗战"是中国采取的长期战争方略。

这位发言人还说，中国并不十分重视一城一地的得失，也不着眼于短期的胜负，而是准备与敌人打持久战，以坚持长期作战来消耗敌人的实力。武汉会战的真正意义并不是要守住这三个城镇，而是要保存实力，将战略物资从中国的东南和中部转移到中国的西北和西南，巩固国家的国防基础，为与敌人打持久战做好准备。

发言人说，我们已在扬子江两岸抗击敌人长达六月之久，使敌人付出了惨重的代价，我军已经不起敌人的围困了。现在，我们已将兵员与物资转移，所以没有必要再死守汉口和武昌。他强调说，如果我们仍坚持战斗，将陷入敌人设好的圈套。及时转移，将使战争对外国人、妇女孩子以及没有能力逃离的人群伤害的程度降到最小。

他反复重申，坚信中国将夺取最后的胜利。

外国海军保持警惕

汉口10月25日电：被守卫者们用烈火、爆炸破坏过的汉口，是日军很容易进入的一座空城。只有来自美国、英国、法国、意大利的海军陆战队员、船员和国际志愿者们还在这个城市活动着。

扬子江上，美国巡逻队旗舰“吕宋号”和“关岛号”炮艇上的30名美国水手与100名英国水手紧密合作，保护着美国公民的人身财产安全。“吕宋号”“关岛号”分别停靠在花旗银行和美国总领事馆附近，而两艘英国炮舰在它们旁边停泊。

长沙大火

窦奠安

1938年11月21日

题记：2000人死亡，50万人无家可归。蒋介石指挥救援，中国人承认谣言导致城市焚毁。日军进攻踌躇，中国军队企图夺回广州的努力在距城3英里处遭到敌军阻止。

上海11月21日电（星期一）：据来自陪都重庆的半官方消息，在持续了五天五夜的长沙大火中，已有2000名中国人丧生，并使这个有着50万人口的湖南文化和商业中心几乎全部焚毁。①

国民政府紧急拨款50万法币救助无家可归的长沙市民。据报，警察和宪兵已返回岗位维持治安，一个临时建立的集市开始向仍滞留市内的难民提供食物。另据报道，中共领袖周恩来差点未能从他在长沙的寓所中逃脱，当时火焰已窜进了他卧室的窗户。

重庆官方发表的声明承认，火烧长沙是中国迄今在主要城市实施“焦土抗战”战略最彻底的一次，但火放得太早了，并没有得到最高军事当局的授权。（另据美联社报道，有3名中国官员被控应为长沙大火负责，并根据蒋介石委员长命令被处决，他们是长沙警备司令酆悌、长沙市警察局长和当地警备团团长。）

谣言误导官员

该声明称，地方当局在前线态势依然稳固之时，误信了日军前锋已抵城垣的谣传。声明对长沙市民的苦难表示了歉意。

据称，蒋介石委员长在获知长沙大火后亲临现场指挥救援，包括对相关责任人实行逮捕和惩处，筹措救济金，为加强防御重新调整军事部署，并对当地军警力量进行重组。

重庆声明对向难民提供帮助的在长沙的外国人表示感谢。

来自重庆的其他新闻报道称，日军向长沙的推进已被阻挡在幕阜山以北的九岭和粤汉铁路的麻塘一带。据称，一支中国的机动部队绕到日军背后，收复了崇阳。在赣北的日军仍受阻在修水河。据报道，重庆政府已赋予指挥敌后作战的游击队领导更大的权力，他们可根据政府制定的机动战术独立采取迅速行动。

双方战报互相矛盾

上海11月20日电：因中日双方对战况描述相互矛盾，战局真相仍混沌不清。据信，双方都在广州附近投入增援部队，广州已于10月21日被日本攻占。

据中方宣称，其军队已反攻到广州城外三英里的地方，但日方否认了这一说法，强调中国在华南的反攻是虚有其事。

---

① 文夕大火于1938年11月13日凌晨发生在长沙。因应日寇的进犯，国民党当局采用焦土政策，制订了焚烧长沙的计划。由于一系列偶然因素使这场大火失控，最终导致长沙上万人丧生，全城90%以上的房屋被烧毁，经济损失超过10亿法币。这场大火让长沙与斯大林格勒、广岛和长崎一起成为第二次世界大战中毁坏最严重的城市。因12日所发电报的代码是“文”，大火又发生在夜里（即夕），所以此次大火也被称为“文夕大火”。

日本空军报告说，他们对中国军队在华南和华中的军用仓库、部队集结地和防空阵地进行了猛烈地空袭。

中方宣称，其在华中的部队已在长沙以北约 40 英里的汨罗阻止了日军的进攻，激烈战斗已持续了三天。

另据中方报道，一支向西南方向进攻粤汉铁路的日军在平江以北 8 英里的地方遭到击退。平江位于长沙东北 50 英里的湘鄂边界一带。

通过缅甸转运物资

窦莫安

1938 年 12 月 23 日

河内，印度支那，12 月 20 日电：法国禁止经由印支路线向中国转运战争物资，这使中国把法国殖民地作为主要运输路线的希望受到冲击。印支路线本来是用来代替先前经由香港到内陆的包括铁路、河运和公路的路线，香港路线因日军攻占广州而被阻断。

法方的禁令于 11 月初颁布，已对中国的军火供应造成极大限制。1.6 万支前方急需的步枪和配属弹药、机械以及飞机零部件被阻滞在滇越铁路的终点站海防。中国人现正忙于寻找一条新的通道来运送囤积物资，其过程注定十分昂贵并且缓慢。

法国殖民当局 11 月初宣布的边界限行，是日方强烈抗议逼迫的结果。日方对云南和物资积压地龙州口岸的空袭轰炸使压力进一步增

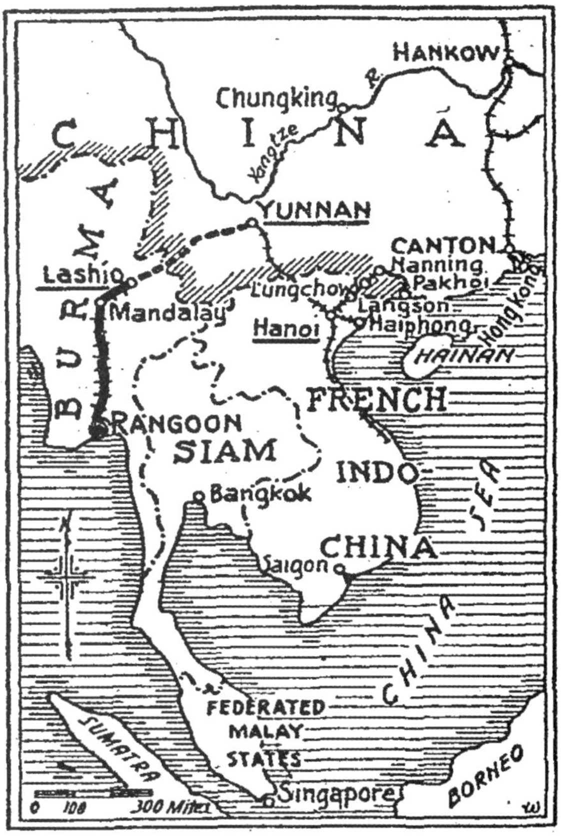

补给路线的转变。
因为法国殖民当局禁止中国战略物资通过河内一龙州路线输入中国，中国不得不把补给路线移至缅甸的腊戍线，从那里进入云南。
（《纽约时报》原文插图）

大，此外，日本海军也在对印支沿海具有战略意义的海南岛周围集结兵力，形成威胁。

卡车也受限

法方颁布的军火禁运令也适用于兵工器械和军用卡车。因日本侵略损失铁路线的中国，不得不更多地依赖汽车执行内陆运输，但法方的禁令增大了它的困难。

目前，在海防积压了1400辆中国卡车，它们大部分是美国制造的，有些已搁置六个月，因机件生锈而损坏，电瓶也已失效。上个月，法方对卡车禁令进行一些调整，允许中国每个月开回100辆卡车。但这些措施远远不够。另外，之前受禁令影响的属于中国红十字会的卡车和救护车，如今可以运回，不占每月放行100辆卡车的配额，并免缴4%的过境税。

尽管实行了军火禁运令，但滇越铁路的运量上月仍达到每月8000吨的峰值。据铁路部门的工作人员说，除受装运影响的货物外，把已签约承运的货物完全运完也需要几个月时间，期待更多的车皮投入使用，使运力提高到每月1.2万吨。作为滇越铁路和经凉山到龙州货运线的补充，中国人可开辟从广西入境的卡车公路，这样使综合运力超过每月1.2万吨。

培植友谊

此外，中国人及其代理商无疑在加大做法国殖民当局的工作。其实当局对中方已经很友善，在执行军火禁运令时向中方倾斜，有时全然不顾来自巴黎的禁令也是有可能的。不过这样做也很困难。活跃在海防的大批日本间谍会很快发现，没有严格按照禁令安排的货运立即通过东京提出抗议。

同时，中国人正将囤积在此的军火转移到缅甸仰光。他们希望利用缅北铁路和一条新建的从腊戍到云南的公路，将缅甸变成军火输华的主要通道。

经缅甸进入云南的运输成本将是滇越铁路的三倍。但是中国人说，如果他们确信这条路线能够稳定使用，至少能够承担军火运输任务，那么巨大的花费都是值得的。他们觉得，不管怎样这条路线比法属印支线要好。因为通行许可造成的不确定性与延误很大程度上削弱了印支路线的价值，而正常情况下，这条路线应该是比较便宜和快捷的。

第三篇

1939 年

1939 年抗战大势

1 月 1 日，国民党召开临时紧急会议，永远开除汪精卫党籍并撤销其一切职务。

日本的全面侵华并公开表明不再尊重列强在华权益，渐渐引起英美等国的不安。英美对华政策发生变化，陆续给了中国一些借款和资金援助。6 月，日本封锁天津的英国租界，英国虽愤怒，但仍采用牺牲中国为代价的对日绥靖政策。

这一年，日军在正面战场停止了全局性的战略进攻，致力于保守和巩固已占领区，企图消灭中国敌后游击部队。正面战场处于胶着状态，日军在南昌（3 月 17 日—5 月 9 日）、随枣（5 月 1 日—5 月 24 日）、长沙（9 月 14 日—10 月 13 日）进行了局部性进攻，企图占领一些战略要点以及寻机打击和消耗中国军队主力，挫伤中方士气，迫使国民政府尽速投降。但日军兵力短绌已无法遮掩，每次攻势持续时间较短暂，攻势结束后几乎都退至攻击前的防线。中国军队的顽强抵抗也出乎日军所料。

9 月，纳粹德国向波兰不宣而战，法国、英国向德国宣战，标志着绥靖政策的破产，第二次世界大战正式爆发。因法西斯国家进攻迅速，中国出现了广泛的悲观倾向。为此，国共两党展开了不同形式的宣传，鼓舞抗战士气。

10 月 25 日—12 月 8 日，2 万余日军对晋察冀抗日根据地进行“扫荡”。边区军民奋起反击，共作战 108 次，毙伤敌军 4000 余人，击毙日军“名将之花”阿部规秀中将，取得反“扫荡”的胜利。共产党武装迅速壮大。

11 月下旬至 12 月上旬，中国军队在北起绥远、南至广西的整个正面战场发起冬季攻势，虽有昆仑关大捷（1939 年 12 月 18 日—1940 年 1 月 11 日），但整体上未能取得显著战果。

这一年中国经济运行较好，一方面因为战争和日军封锁，长期在中国倾销的外国商品无法进入，这大大刺激了后方的工业生产；这一年的粮食也是丰收年，经济的平稳有力地支撑了战争。

数千民众逃离重庆

1939年1月24日

上海1月24日（星期二）电：每天约有3000名民众为躲避日本的轰炸逃离陪都重庆。日本方面表示，他们将持续轰炸直到蒋介石委员长的政府被赶出重庆。

（重庆的教会人士致电国联，力图动员国际舆论抗议日本的轰炸。他们对日军在1月15日的轰炸提出了严重抗议，这是短期内对重庆的第七次轰炸，并造成了100多名民众的死亡。）

在遥远的北疆，据报日本昨天已经集结重兵，使得中国军方人士确信，日军即将对蒙古展开攻势。

绥远省主席兼北路军总司令傅作义将军向重庆报告，他已准备抗击日军的猛烈进攻，保护从西伯利亚至蒙古边境库伦经戈壁沙漠到兰州和西安的补给线。

距离扬子江出海口1400英里的重庆，位于扬子江与嘉陵江之间，背靠高山。大多数难民都千方百计地想搭乘每天一班的飞机，越过嘉陵江向更深的内陆逃亡。

大约80万人聚集在长达5英里的古城墙之内。面对宽阔的战线，日本继续使用它们热衷的连续轰炸战术，企图彻底摧毁中国军民的斗志。据中国军方表示，约1200架日本飞机投入了这种无休止的轰炸之中。除重庆外，日本的轰炸目标还包括陕西省的延安市，这是中共首都，约1200人在轰炸中伤亡。

80英里长的陇海铁路将陕西省会西安市与陕西、山西、河南三省交界的潼关相连接。

而沿广州一带的铁路线分布着华南地区的多个军事基地，特别是广西的省会桂林和贵州的省会贵阳，以及湖南省的滁州，将粤汉铁路与刚开通的萍乡铁路连接了起来。

在广州方面，从化、三水已被日军的步兵团包围了六周。而对中国西南战略要地北海市，以及广东通往广西的必经之地——梧州市，日本威胁将投入重兵务必攻克。

在内陆地区，日军从汉口向西北方向挺进，占领了距离这个陷落省会只有75英里的京山县。

美国亚洲舰队司令亚内尔和驻上海总领事高思今天声称，他们认为扬子江下游没有理由不向所有国家开放贸易。

他们刚搭乘江防巡逻舰“伊萨贝尔号”结束了美国海军与外交部对扬子江上游日本占领区的联合考察，这次考察是从1月18号开始的。巡航发现，扬子江流域十分安静，即使在距南京55英里的芜湖也是这样，那里因对侵略者进行顽强抵抗而遭到密集轰炸。江阴要塞仍存，但已被日本军舰控制。日方要求所有驶过船只必须经过障碍并接受检查。但这显然不必要，因为这里有足够宽阔的空间躲避轰炸。

扬子江上满是日本货船和运输船，而曾经常看见的飘扬在江上的各国旗帜却再也看不到了。

据官方人口调查显示，目前在镇江有16名美国公民，在南京有60名，芜湖有30名，几乎都是传教士。因为日军严密地控制着这一带，只有很少几个美国商人返回扬子江沿岸的商埠。

黄蕙兰女士记

1939年2月5日

题记：她说，她的祖国捍卫了民主。

今日的中国有着少数极具天赋的女性，这对中国来说是极其幸运的，因为这些女性凭其个人成就为国家建设做出了杰出贡献。最为美国人熟知的是宋氏三姐妹，她们分别是最年长的姐姐宋霭龄女士、中国首任临时总统孙中山先生的遗孀宋庆龄女士，以及中国战区最高统帅蒋介石先生的夫人宋美龄女士，三姐妹中有两位曾在美国接受教育。加上她们任中央银行总裁的弟弟宋子文，宋家在战乱时期的中国政界和金融界形成了一个权力集团。然而，在中国当代历史上，还有一个不太受公众瞩目却同等重要的人物，即中国驻法国大使顾维钧的夫人，现在纽约访问的黄蕙兰女士。

黄蕙兰女士试图通过亲身经历来说服外国政治家，使其相信中国的统治阶级是警觉、明慧，值得信任的；相信中国值得从日本侵略中解救出来。黄蕙兰女士用以说明中国情况的最具说服力的手段之一，即其自身的风貌。她长得不高不矮，身形如纤细的嫩枝，一双淡淡的杏仁状的眼眸，上面的眉毛修理成水平的直线，蝴蝶结状小嘴，涂成深红。姣好的双手上蓄着令人惊叹的长指甲，上面的彩饰与其唇色搭配得恰如其分。

顾夫人力图以自己的衣着打扮来展示中国的形象。（《纽约时报》原文插图）

黄蕙兰女士总是身着旗袍，这些旗袍在中国制成并通过海运送往法国，自战争起，便须途经香港转运。那是一种经过现代改良的旧满族服饰，长及脚踝，广袖，高领，以饰扣系牢。她的绸夹衫两边都开衩及膝，夹衫下面搭配一种蛛网状蕾丝所制成的软绸裤子，白天她选择穿黑色或海军蓝色的，夜晚则会搭配更为明亮的颜色。在户外，她将自己包裹在长长的毛皮大衣中，头戴一顶时髦的巴黎式帽子。她的晚礼服上缀满了精致的刺绣，她总是戴着一条玉制的项链或是从其珍藏中选出的珠宝。

黄蕙兰女士最近一次与我谈话时，最先在我们脑海中跳出的话题，当然是其祖国目前陷入抗争之中的状况。她说："毫无疑问，我们最终会赢得这场战争。也许这会是一个漫长而痛苦的过程，但我们中国人的耐心是远近闻名的。我们已经准备好了要战斗到底，哪怕只剩下最后一寸土地。在此之前，中国也曾被外国侵略者占领过，但总是能通过一段时间的不屈抗争，将敌人驱逐出境，而我们民族的发展也总会变得更加欣欣向荣。中国是一个热爱和平的民族，在4000年的历史中我们从未发起过侵略战争。如今，我们再一次被迫拿起武器反抗外国侵略者，在这个过程中，我们在旧有的基础上建立起了新的国家。在与日本的军事冲突中，需要付出巨大的牺牲，我们是带着一种使命感来面对这些牺牲的，不仅仅是对中国的使命感，也是对所有民主国家的使命感。"

黄蕙兰女士深信中国的未来与美国的未来有着紧密的联系。"中国是美国的第一道防线"，她强调道，"我们不仅仅是在为了民族的生存和独立而战斗，更是为保护国际和平和秩序而战斗。你们在扩充陆军、海军和空军力量上花费了数百万美元，但是你们没有意识到一个和平的、获胜的中国，是比最为奢侈的防卫计划更加有效的保障吗？贵国的政府签订《九国公约》以保证中国的领土完整和自由发展，就是极具说服力的证据，说明你们的政治家已经意识到了中国的未来对于美国而言有多么重要"。"一旦战争结束，我们中方希冀并期待能够不被打扰，在短期内致力于发展中国的思想自由和行动自由从而建立一个强大的民主制政府，正如你们伟大的国家所拥有的那样。我们必须坚定地保留中国的门户开放政策，并与美国、英国和法国建立强有力的、持续性的商业联系。”

在回答关于中西方是否会相遇这一不可避免的问题时，黄蕙兰女士回答道，他们已经相遇了，今天的问题在于将其更为紧密地联合起来。

“相互尊重和理解”，她继续说道，“是国际和平的先行者。人们一直说，人类彼此之间的共性大于差异，打破了时空阻碍的现代自然科学也使得这一观点更为明了。中国女性所相信和渴求的安全保障正是美国妇女所享有的。中国女性已经经历了一段时间的觉醒和运动。过去，她们在各行各业中都仅仅是扮演配角，现在她们有了与男人平等的权利，可以与之肩并肩为共同事业而抗争。我们有女律师、女法官，甚至在执行委员会（行政会议）中都有了女性成员。大多数农村妇女都拼尽全力参加了战争工作，其中许多人甚至拿起武器，作为士兵为祖国战斗。”

“尽管我并不提倡真正意义上的种族共融，但我相信无论是你们的教育还是我们的教育，都不会是完整的，除非我们共同努力来检视、来欣赏对方的礼仪、志向及思维方式。只有我们经常相互拜访、相互接触，才有可能相互欣赏。当和平机制最终被建立起时，中美之间一定会出现前所未有的大量的交换生。我们将我们最为出色的年轻人送到美国已经不是新鲜事，但或许你们也会礼尚往来，开始向我们国家送去聪慧的年轻男女。但最好早些送他们来，因为两个世界越早地开始理解彼此的观念，两个半球之间的和谐氛围也就会越早地弥漫开来。”

黄蕙兰女士青年时即嫁给年长她 15 岁的、时任驻英外交官的顾维钧先生。她 30 岁出头的时候，就成为国际外交事务中一名杰出人物。他们在日内瓦度过了蜜月之旅，她的丈夫当时正在维也纳担任出席国际联盟开幕会议的中国代表团团长。黄蕙兰女士也许是嫁给广受认可的外交大臣的最年轻的中国女性，而且对欧洲的生活方式几乎完全不了解，她陷入了管理在伦敦的中国代表团这一艰难任务中。但运用其敏锐的智慧、大量的个人财富、年轻和美貌，她成为伦敦最为成功的女主人之一，也使得英国人意识到中国人不再扎辫子，也可以说流利的没有洋泾浜口音的英语。

而后，顾维钧被从伦敦派遣到华盛顿参加裁军会议。之后他在黎元洪总统在位的 1923 年返回中国，担任颜惠庆内阁外交总长，但这一内阁实质上被中国北方的独裁者——吴佩孚所控制。

顾氏安家于北京（今北平）一处雄伟的宫殿中，该宫殿最近被日军无情地改造成了陆军总部。19 世纪 20 年代的一段时期，富裕的中国上层阶层正处于疯狂迷恋欧式家装的痛苦之中，而他们尚未成熟的品位往往导致灾难性的后果。作为对这一风气的回应，黄蕙兰女士推动将品味转向中国的古老、传统风格。她的邸宅四壁都布置着无价的锦缎，她那些著名的玉器收藏也被精妙地陈列其间，来自热河的皇家灯笼散发着令人愉悦而又动容的光芒，照映着她那延绵的花园。

欧洲的主要代表们都对这金碧辉煌的陈设钦佩至极，而一旦他们品尝到黄蕙兰女士所烹调的中式晚餐，溢美之词更是不绝于口。诸如此类的愉快的交际在顾维钧的外交生涯中是至为宝贵的。13年间，顾维钧穿梭于中国与欧洲之间，交替履行其作为内阁和外交官的职务。1930年，他成为吴佩孚的内阁总理①。次年，他应蒋介石之邀前往南京担任国民政府外交部部长。而后，他担任国联李顿调查团（调查满洲问题）的中国顾问并随之回到欧洲。1936年，出任驻法国公使。

作为现代的、成熟的中国女性气质的象征，黄蕙兰女士的身世背景也十分显赫。其父黄仲涵曾是中国首富之一。他的财富来自制糖业、金融业及航运业，他在爪哇岛、新加坡、厦门和上海均有产业，并从一个城市移居到另一个城市。黄仲涵的家庭十分庞大，他有一名正室，又另有17名女性伴侣，出于礼貌我们也一并将这些女士视为妻子。他有23名子嗣，而黄蕙兰女士基本上无法辨识他们中的大多数。

黄仲涵的正室育有二女，黄蕙兰是其幼女。她的母亲一生都无法原谅自己的罪孽——在中国人眼中的——即没有生下一个儿子。故而她野心勃勃地致力于使其最喜欢的女儿——蕙兰——成为一位杰出的成功女性。蕙兰这个名字蕴含着一个故事。在蕙兰出生的那一天她父亲看见天空中有一颗星滑落，故而他选取“蕙”字以喻彗星，思忖再三后，又加上了他最喜欢的花卉的名字“兰”，故而蕙兰这一名字，直译即为彗星，天空的兰花。

两个女儿均由外国女家庭教师进行教育，习得了纯正的英语及法语。一段成功的姻缘也似乎是顺理成章的事情。顾维钧，彼时仍未满40岁，已被视为中国最有前途的青年才俊之一。他在哥伦比亚大学研习7年，获得了本科、硕士及博士学位。归国后，他立刻被任命为袁世凯大总统的秘书，从此开始为一段重要的政治生涯做好了铺垫。

他们相识于巴黎，在布鲁塞尔完婚，长子出生在华盛顿，次子出生在北京。两个男孩都在上海圣约翰大学附中接受了教育，这是一所教会学校，也是他们父亲的母校。这个冬天他们在美国攻读大学，顾裕昌在哥伦比亚大学就读，顾福昌则进入哈佛大学。顾福昌的英文名字Freeman，很凑巧的是根据英国外交官同时也是顾维钧的好友威灵顿勋爵（Freeman Freeman-Thomas）来取的。两个年轻人都掌握了大量的美国俚语并且都很迷恋样式花哨的羊毛袜。

伴随其同样引人注目的身世，黄蕙兰女士的出场总是夺人眼球的。巴黎大使馆便是以宏伟的中式风格建造的，没有加入任何不和谐的现代因素。如果黄蕙兰

① 有误。顾维钧出任过内阁代总理与摄政内阁总理，均不在1930年。

女士认为她的客人们会喜爱中式菜肴，晚宴就会是纯中式的。在其他情况下，她的中国厨师也会烹调一顿欧式晚餐，并以一两道中菜作为补充。在交际舞台上多年的经验让黄蕙兰意识到，外国人更喜爱炒面以及三道不同寻常的汤品：鸽蛋汤，鱼翅汤和燕窝汤。

黄蕙兰女士的玉器收藏是远近闻名的。她珍贵的藏品中包括一件清朝的玉制权杖，以及一条近乎无价的项链，由上好的玉珠子串联而成，这些玉珠均为旧时官员的朝珠（old mandarin chains）。

黄蕙兰女士最为贵重也是最具历史意义的藏品现在正在阿登美术馆（Arden Gallery）的玉器展中进行展出。这是一件由皇家用玉所制的长约 2.5 英寸的垂饰，是黄蕙兰女士从当时尚未成为“满洲帝国”傀儡的年轻皇帝宣统帝（溥仪）手中购得的。几个世纪以来，这一垂饰均为清朝皇室所有，它本身还自有一段传奇经历。这一玉饰的颜色如此炫目以至于将其置入一管水中，竟会将水映为绿色。

自中国战争打响以来，黄蕙兰女士便持续不断地进行着慈善工作。她已登上所有慈善演出的舞台，从茶叶到私人珍宝的拍卖，并设计出了一套原创的募捐体系。最为不同寻常的探索是其京巴狗的犬舍。在战争前，她拥有 50 多条贵族犬，均被置于由佣人房改建而成的犬舍中[①]，无论是京巴狗的住宿还是饮食，均打点得极其奢华。想到还有那么多农民在饱受饥饿之苦，顾维钧坚持这些被娇宠惯了的宠物都必须被送走或卖掉。黄蕙兰立刻决定放弃犬舍，将京巴狗以高价卖出，两年之内便集得 8000 余元美金。

目前，黄蕙兰女士最受关注的活动是为中国的伤患募集医药以及为中国战争孤儿救助协会募集资金。

在炮火中迎来新年

1939 年 2 月 21 日

在 4000 年前的黄帝时代，古老的中国就已经有历法了。尽管年轻的中华民国成立仅仅 28 年，但中国的历史长卷是这样绵绵不断，新的一年就这样在上个星期天又开始了。处处张灯结彩，五彩缤纷的烟花腾空而起，人们仰望夜空，享受着悠久传统的欢乐。然而今年的春节，不论中国人在哪里庆贺，形势都显得格外严峻。

传说中的龙能降祥云布喜雨、为人间消灾降福，因而备受中国人民尊崇。但

① 根据黄蕙兰女士回忆录《天下没有不散的筵席》（中国文史出版社，2012 年 2 月），其将佣人住房改为“我的哈巴狗圈”。

是，中国人今年在大街上要龙舞狮是不是能够为他们来年祈福呢？虽然爆竹声声，但是远处的战斗仍在激烈地进行着，鞭炮声与机关枪声相应和。象征着力量与喜庆的狮子，把自己缩成一团，在节日游行的队伍前翻腾跳跃，但它此刻是在向围观的人们募集资金购买新的救护车，这些救护车将开往遥远的前线。这里是重庆，但仍然处处是战场，中国人民在战火中庆贺新春就是要重新启动新的生活，这是他们长期抗战的精神支柱。在长达千里的战线上，中国军民仍在奋力地抵抗着敌人的侵略。

今年是中国历法的“兔年”，如果日本妄图征服中国的侵略进程继续下去的话，这会不会是最后一个中国年呢？然而，去年是凶猛的“虎年”，就已经有许多人怀疑中国的抵抗还能维持多久了。中国会向敌人屈服的话，她很久以前就屈服了。日军强大的军事部署逼迫中国屈服，世界上诸多军事专家也预期中国会向敌人屈服。然而，经过两年的战争，中国军民虽然付出了高昂的代价，他们的抵抗仍在继续。最终的结局隐藏在黎明前的黑暗中，而新年的曙光乍现。

35万民众撤离重庆

1939年2月25日

重庆2月24日电：警方发布通告，要求除军政机关和商业运输部门人员外，所有妇女、儿童和男人们要在3月15日前尽快撤离重庆。

在此之前撤离重庆是很有必要的，因为春风带来大量的扬尘，会形成雾霾，遮蔽重庆很长一段时间。但是，重庆作为重要的政治中心，日本必将进行更多的轰炸。当局计划在3月15日前将重庆市区70万人口减半。

防火工作依然在紧张地进行，因为日本极可能像对其他城市一样使用燃烧弹。在建筑集中区，有十分之一的房屋被推倒并修筑防火墙。住户需要保护好蓄水池，并储存沙子用来灭火。

防空洞现在只能容下几万人。因此，民众正在岩石下修筑通道，作为防空洞。但是，因为没有合适的工具，工程进展十分缓慢。据估计在今年年底以前，防空洞只能容下10万人。

重庆地形狭窄，因此将在3月底前修筑多条横跨扬子江和嘉陵江的浮桥，以确保民众在防空警报拉响后能够及时从市区逃到乡下去。政府耗资约500万法币修桥，用来撤离重庆郊区的民众。

在兰州的美国飞机

上海2月24日电：据日本官方称，在昨天对兰州发动的空袭中，有50架中国飞机被击落或摧毁，因此粉碎了中国重建空军的意图。据参加这次空袭的日本飞行员说，中国空军大队主要由美制飞机组成。日方引用飞行员的报告，同时P-35战斗机首次在兰州投入空战，P-40和道格拉斯轰炸机以及一些俄制飞机也投入了这次战斗。

日本空军取得大胜

北平2月24日电：在日本陆军继续扫荡华北五省游击队的同时，日本空军集中火力，在过去四天对兰州发动了两次空袭。

日方表示，日军在第一次空袭中摧毁了中国的军事基地和多架飞机，而日本仅损失两架轰炸机。在昨天发动的第二次空袭中，据日本飞行员称，迎战日本飞机的60架中国飞机有56架被击落。但是，日本发言人表示，这个数量可能包括了重复计算的数字。

日本在这次战斗中共损失3架轰炸机、18名机组人员，包括3名军官。成功返航的日本飞机着陆后发现机身上有许多弹孔，其中仅一架飞机上就发现了153个弹孔，并有9人受伤。

不屈的中国在歌唱

李抱忱[①]

1939年3月12日

题记：本文作者是俄亥俄州欧柏林音乐学院的毕业生，他在重庆遭受首次空袭后写下了这篇报道。此时他正在制定一份培训音乐教师的教程，给一些音乐指导老师授课，并同时担任三个合唱团的指挥。

① 李抱忱（1907—1979）原籍北京，出生于河北省保定市一个基督徒家庭。中国早期合唱事业的领军人物。1930年毕业于北平燕京大学，1935年赴美进入欧柏林大学音乐系深造，抗日战争爆发后回国供职于教育部音乐教育委员会。1939年在刘雪庵、贺绿汀、陈田鹤、杜庭修等音乐家的协助下，编辑了英文五线谱版的《中国抗战歌曲集》，选入了《义勇军进行曲》《游击队歌》《抗敌歌》等。1941年任国立音乐学院教务主任。1944年再度赴美，1948年获得哥伦比亚大学博士学位。后任教于耶鲁大学等。1972年回台湾定居，1979年在台北逝世。

今日中国音乐：音乐家研究乐谱。(《纽约时报》原文插图)

你一定想问，现在的中国，除了聒噪刺耳的炮弹爆炸声，如果还有音乐，会是什么样的音乐？你有理由这样想，因为实在难以想象空袭中响起贝多芬第五交响曲的旋律，或在挤满成千上万名难民的公园内上演一场周日午后音乐会。

但是我们要无比高兴地通知你，我们仍然有音乐。而且和战争爆发前相比，我们的音乐甚至更多了。

这场战争暴露出我们很多弱点，其中，我们发现音乐这个被忽视得令人可怜的孩子，依然在一隅啜泣。几千年前，音乐曾经在宗教、社会及政治领域中举足轻重、备受尊崇。我们相信“移风易俗，莫善于乐”①，在实施法律和处罚之前，曾以“礼乐”管理人民。然而，由于某些无法三言两语就解释清楚的原因，一千多年以来，我们忽视了音乐的价值。

八年前，中国失去东三省之后，音乐，尤其是歌唱，开始盛行，民众对音乐的感受非常强烈。在过去的18个月间，音乐发展得如此迅猛，展示出在战时的突出价值和影响力，以至于包括政府官员在内的许多人都认为音乐将重振辉煌。下面的消息将佐证这一看法。

教育部长陈立夫是一位真正的音乐迷，他就音乐在建设国家方面的重要作用发表了大量演讲。他说，“礼”，即礼仪，决定并维持着社会关系和社会秩序；“乐”，即音乐，赋予这一有机整体的生命和灵魂。“礼”约束人们，使他们成为优秀公民，而“乐”激励人们，使他们成为优秀公民。“礼”是国民之父，严厉而理性；“乐”是国民之母，仁慈而感性。当孩子失去母亲时，父亲往往束手无策。陈立夫认为，中国的问题就出在母亲“乐”辞世过早，而父亲的“礼”治国无方。现在我们应该做的，就是让母亲“乐”死而复生，重教她的子女如何表达自己、充满活力、团结协作、富有爱国心。陈立夫的演说确实极具感召力。

除了发表演说，陈立夫最近还组织了一个音乐教育委员会来研究音乐问题、调查音乐教育状况、制订改进和普及音乐教育的方案。他深信社区合唱的作用。

① 原文意思为“在教化民众改善民风方面，首属音乐”，基本与《孝经》所说“移风易俗，莫善于乐”吻合，故此。

演唱中的女子合唱队。（《纽约时报》原文插图）

教育部正在聘用一些合唱团的指挥到广场、剧院和工厂指挥群众合唱。此外，教育部机关人员的歌唱活动每周进行三次，每次 15 分钟。在音乐家和音乐爱好者的眼中，陈立夫无疑是一位“开明”的部长。

音乐教育委员会由 14 名成员组成，迄今已召开过两次会议并通过了许多重要决议。两次会议都由陈立夫部长主持，顾副部长和张副部长均有出席。一名委员受命调查战时首都重庆和其他地方的音乐教学情况。调查问卷发到了所有的中小学音乐老师手中，让他们就教材、乐器和课外活动等方面进行汇报、写出他们在改进教学上的需求、并为推进中国音乐教育建言献策。委员会还将负责为学校、家庭和社区汇编歌曲，包括抗战歌曲和其他用途的歌曲。

值得由衷称赞的是，教育部破天荒地对音乐教师的培训给予关注。在过去，学校的音乐教学被严重忽视。课程表中有音乐课可能只是照搬西方的课程设置。对小学音乐教师的培训极不正规且极度缺乏，对中学音乐教师的培训几乎为零。绝大多数音乐教师只得依靠自身天赋或自学来完成教课，因此完全可以想象出学校音乐教学的混乱状况。

幸好，为期六个月的音乐指导老师培训班就要开始了。许多省的教育委员会将选送“有经验的”音乐老师前来接受培训，其他符合条件的个人，只要通过入学考试，均可参加。我们知道六个月对于培训音乐指导老师来说是不够的，但是时值战争时期，我们必须速成；再说，这样至少比什么都不做要好。

在战争爆发前，中国全国只有一所国立师范大学。现在我们在西南就有六所师范本科院校，只是目前还没有一所设置培训音乐教师的课程。音乐教育委员会的两名成员被委派起草一个培养音乐老师的 3 年期和 5 年期的课程安排，这一方案有望能够尽快实施。

流淌在中华民族血液中对歌唱的渴望，在眼下的战争中倾泻而出。抗战歌曲已响彻全国。在街头、在学校、在家中，人们耳边回响着振奋人心的歌曲，“起来，不愿做奴隶的人们！”“回到我那可爱的故乡”“战斗到最后一人”……基本上每一个书店都在出售抗战歌曲集，每个歌集收录百余首歌，价格一毛钱或一毛五分钱。合唱团、合唱队和歌唱义工的发展如雨后春笋。他们不仅举办音乐会，还前往城市广场和乡村，为民众歌唱、教大家唱歌。常常在周末，当你漫步在乡间小道，会看到由学生、银行职员或电报局工作人员组成的小型合唱队，在小山头上、在大草垛旁，为村民歌唱、与村民合唱。这是所见所闻中最感人的事情。当然，多数时候，人们与其说是在唱歌不如说是扯着嗓子在呐喊。但不争的事实是，中国要歌唱，中国意识到了音乐在凝聚民众鼓舞士气方面的重要性和巨大威力。今天的中国具有了音乐意识！

可以说，我们已被暂时封闭在中国的西南地区。在这里，钢琴难得一见，交响乐队和音乐会乐队在绝大多数地方更是闻所未闻。所以目前我们还不能在学校和社区中发展乐队和乐团。然而，我们要成为这个艰苦环境的主人和征服者。我们正在尝试制做简易的乐器，以替代人们惯常听到和看到的那些乐器。我们已经成功地制造出简易的曼陀林，成本只有五毛钱，按当下的汇率，大约八美分。这种曼陀林的音量难免很小，尽管粗糙些，音色仍不失纯美。我们也在试制小提琴、木琴、奥卡利那笛和竹笛。当你听到或者看到一群神采奕奕的中国年轻人演奏着这样一些乐器时，你就会马上意识到，中国绝不会屈服。

学习中的少年合唱队。(《纽约时报》原文插图)

在过去的 18 个月里，作家、编剧、画家以及电影工作者都组成了自己的抗敌联合会。由于种种原因，音乐界的联合会直到去年圣诞节才成立。我们计划发行期刊、提供歌曲素材、制作唱片和有声电影、资助音乐会、培训合唱指挥、向我们的友邦和敌方介绍我们不可战胜的精神以及对战争的恐怖。现在我们已经拥有了500多名成员，其他几个地区分支也在组建当中。虽然并非因音乐自身的过错，音乐一千多年以来，一直被忽视，很多情况下可以说被藐视。今天音乐迎来了一个绝佳的机会，来重拾它昔日的辉煌和尊严。音乐能够以其不可抗拒的力量动员起整个民族，这也是我们联合会努力的目标。

贵国是一个蓬勃发展的、爱好音乐的国家。你们信仰自由实验并在音乐教育方面取得了辉煌成就。我们喜爱你们，我们赞美你们，我们需要你们的精神。贵国在过去对我们最为友善，所以我们想第一个告诉你们中国音乐高潮的到来。希望你们与我们共享欢乐、为我们喝彩。一切都在发展中。你们可以放心，正在为国家生存而战、同时正在建设自己国家的中国人，将永远感激你们的关心和鼓励。

美国探险家考察丽江

1939年4月23日

重庆4月22日电：昆廷·罗斯福[①]是西奥多·罗斯福总统的孙子。今天，他从成都和兰州回来后，得到中国政府批准可以去丽江考察。丽江位于滇西地区，与西藏相邻。他将在那里研究纳西族文化。几天后，他就要途经云南省省会昆明去丽江了。

“在成都，”他说，“我找到了两卷古老的藏文手稿，我相信这是真实的发现。”他从波士顿美术馆带来不少物件儿，其中有两张罕见的金丝猴猴皮、一张大熊猫皮和一张雪豹皮。

他否认了那些认为苏俄在兰州具有广泛影响的报道。他声称：“我只看到两个俄罗斯商店，而且其中一个里面全是中国员工。”

作为客人，他搭乘中国空军一架运输机从兰州飞到成都。这位哈佛大学的二

---

① 昆廷·罗斯福出生于1919年，是西奥多·罗斯福总统长子的第四子，就读哈佛大学艺术历史系时，曾到滇西考察纳西族社会生活形态并发表论文。他曾参加“二战”，在突尼斯的凯赛林隘口战役中受伤并获得紫心勋章。后来成为“中国航空公司”总裁，不幸死于飞机失事，享年29岁。2011年，纽约鲁宾博物馆（Rubin Museum of Art）为他举办《昆廷·罗斯福纳西文化展》，其中约100件展品即是本文叙及的这次考察所收集。

年级学生在这里受到了中国人的热情款待，一直被中国新首都视为最受欢迎的外国旅游者之一。

国民政府准备第四次迁都

1939年5月7日

香港5月7日（星期日）电：据报道，蒋介石委员长计划再次迁都，将国民政府的首都从已成废墟并仍不断遭受轰炸的重庆转至成都。据来自日本及欧洲的消息灵通人士告，蒋介石欲将其军政大本营的主体转移到在重庆西北方向175英里的四川省省会成都。

在日本空军持续轰炸后，重庆部分市区今日仍在燃烧。据称，持续不断的空袭已造成4000至5000人伤亡，也致使大量外交人员和市民撤离。

新首都将会成为自1937年7月7日中日“未宣之战”爆发以来国民政府的第四次迁都，距中日战争爆发刚好22个月。

日军侵华部队在中国境内不断取得进展，逼迫国民政府自1937年12月13日南京沦陷以来，不得不将首都转移至汉口。其汉口于1938年10月25日失陷后，国民政府再次移都至重庆。

蒋介石最信任的一位追随者陈诚将军说，已开始讨论定都成都的事宜，日军至今为此仅对成都进行过一次有规模的空袭。据悉，英国驻华大使卡尔爵士已飞至成都。

另据日本消息人士声称，在重庆空袭中，中方最大损失及受害者是重庆卫戍司令刘峙。他身负重伤并被认为难以存活。

日军将轰炸到底

东京5月6日电：日本海军一名发言人说，帝国大本营今日宣布，日本空军将继续对蒋介石的国民党军队打击，以求将其驱赶到中国最边远的区域。

他宣称，日军轰炸范围已覆盖整个中国，并且，不论中国政府将首都迁至何处，日军的空袭就将跟随至何处。他说，若将这个轰炸策略一直延续到夏季，也就是中国最适合飞行的季节，帝国空军飞行员将让蒋介石的部队在“废墟中断无藏身与撤退之处。”

日本修筑铁路完工

北平5月6日电：日本军方宣称，已修筑完成河南省境内一段50英里长的铁路。整个修筑过程仅40天，全程役使中国劳工，并使用附近废弃的铁轨材料。

这段铁路将平汉铁路北端与陇海铁路东段连接了起来，将平汉铁路从新乡引出，往东南方向延伸，直达陇海铁路线上的开封市。

新筑的铁路线提供了从北或东两个方向进入开封的双轨制方案，以预防再次发生中国军队4月份对平汉线与陇海线枢纽郑州车站的多波次攻击。新方案绕过了日军尚未攻下的郑州市。

中国军队收复失地

上海5月7日（星期天）电：据中国方面今日报道，中国军队在湖北省境内汉江前线发起的对日反击作战取得进展。日本侵华部队在西线的攻势遇挫，停止前进，并被中国军人的反击赶回汉江东岸的四个据点。

另据报道，中国军队在江西夺回了更多的失地。中国军队的指挥官宣称，他们的部队已反击至南昌附近。这个江西省的省会城市于3月27日沦陷。

胡适为中国鼓与呼

沃尔夫

1939年6月11日

题记：胡适，在勃朗宁诗歌中寻求慰藉，坚信乌云终会消散。

上周，哥伦比亚大学授予中国驻美大使该校的最高荣誉学位。下周芝加哥大学也将给予大使先生同样的殊荣。两所学府授予胡适先生荣誉法学博士学位，不仅仅因其外交官身份，更多是由于胡先生过去20年间在哲学和文学领域的卓越成就。

眼下，中国大地战火绵延，大好河山在炮火轰鸣中战栗，一座座珍藏千百年文物的古城遭到日本军队的大肆掠夺。就在这个当口，一位中国文人思虑着自己的祖国。

胡先生身上没有那种东方魅力，他的官邸坐落在山顶上，是一座维多利亚风格的老式房屋。房间里也没有东方神秘气息。锃亮精致的桃木家具和厚重考究的座椅，都在述说着逝去的平淡光阴。先生漂洋过海带过来的那些瓷瓶瓷碗，也在巨大的沉闷中失去了光彩。

他摆好姿势让我拍照。房间四壁书架上全是书。这些书籍原本装订得明艳多彩，但现在已经褪色，仿佛融进了幽暗的背景之中，剩下封底上的白色标签还依稀可辨。谈话时大使先生坐在壁炉旁。壁炉之上挂着一幅钢铁雕刻的拿破仑装饰像，他站在柏勒罗丰号战列舰甲板上，凝视着大海。[①]

“中国在 2100 年前进入封建社会。我们是王朝政治的建造者，追求和平阻止战争。”（《纽约时报》原文插图）

拿破仑像和大使先生呈现出一种奇怪的对比。一位是象征着西方的尚武精神，一位代表着古老东方的和平主义；一位见证了武力的最终徒劳，另一位充满了对心灵胜利的希望。一个被废黜皇帝的雕像和一个沉静地阐述自己观点的瘦削的中国文人，物质与精神的绝佳化身不过如此了。

大使先生腼腆内敛，讲起话来措辞精准。他虽然大部分时候极其严肃，但不像许多学者那样究气十足。他兴趣广泛，从孔夫子的《论语》到小仲马的《浪荡的父亲》，旁征博引，娓娓道来，引用起范缜哲学或者勃朗宁的诗歌来也得心应手。在旁征博引之间，不时萌出诙谐幽默的火花。

大使先生坐在那里侃侃而谈，让人忘记了东西方之间的障碍。短直的黑发、细小的眼睛、厚重的眼睑、典型的东方脸型，他笑起来时双眼在深度玳瑁边眼镜片后若隐若现，所有这些无不强调着他的东方血统，但在他那里又无关紧要。真正的对比是在中日之间。

他说：“中国在 2100 年前结束封建制度。之后，中国人一直生活在王权统治之下，有着统一的法律和统一的教育体系。中国人建造帝国，追求和平，阻止战争，倾力建造一个唾弃战争的和平主义的国度。

① 1815 年滑铁卢战败，拿破仑百日王朝覆灭后，由英国皇家海军 HMS Bellerophon 号战列舰放逐至英属圣赫勒纳岛，并于 1821 年在岛上郁郁而终。

“而日本，直到上世纪中叶，一直处在一种高度尚武的封建专制社会。1200年以来，武士阶层统治着日本社会，武士身份是男人能够达到的顶端。东西方交往数百年，日本是欧洲之外唯一吸取欧洲‘兵法’为己所用的国家。以日本的背景，出现目前这种情况是当然的。”

大使先生说：“民族意识始终存在于中国发展历程中，这种使人口众多的中国在民族、文化、历史上形成统一的民族意识，每当中国与外族或外来文化交往时，就会凸显出来。

“正是中华民族意识推翻了蒙古大帝国，把他们驱至大漠之外。”胡先生接着说：“也是同一种力量，在18、19世纪，引发了各种反满秘密结社和民众起义，并在28年前一举推翻了满清王朝。然而，民族主义在中国是个新词。几十年来，中国政府的软弱使得列强对中国垂涎三尺、跃跃欲试。只是最近十年，中国才认真地开始统一国家，促进机构现代化，建立高效稳定的政府。

“对此日本非常愤怒。它决不允许出现一个统一的、现代化的中国，所以下决心要摧毁她。日本对中国的大屠杀反映出的根本问题，就是中国的民族主义面对忍无可忍的日本侵略被迫决死抵抗。”

然而，大使先生认为，中日战争背后更大的问题，是日本的军国主义挑战了世界新秩序的对道德的约束。他解释说，1870年左右，意大利、德国和日本几乎同时实现了本国的政治统一。当时除了一些风暴中心，其他多数大国都已成功建立起自己的殖民地。

他继续说：“上个世纪后几十年，争夺殖民地的斗争白热化，丛林法则盛行。但新世纪以来，出现了一种崭新的、更具人道精神的国际关系，一种新的理想主义日益显现。伍德罗·威尔逊[①]就是这一理念的代表人物。甚至连第一次世界大战也未能摧毁这种国际关系，大战后的一段时期还签署了一些充满理想主义色彩的和平公约。有十年的时间，世界和平似乎近在眼前。法国感到前所未有的安全，英国实际上不再建设自己的海军，连日本的国际声望都达到了新高。”

“不幸的是，某些国家的军国主义势力认为世界新秩序妨碍了他们的侵略野心。7年前，日本占领了满洲，将被国际关系新思潮所遏制的暴虐发挥得淋漓尽致。”

---

① 伍德罗·威尔逊（Thomas Woodrow Wilson，1856—1924），美国第28任总统，也是唯一一名拥有哲学博士头衔的美国总统（法学博士衔除外）。16岁进入戴维森学院，29岁获博士学位，30岁开始在大学任教。1902年出任普林斯顿大学校长。1909年当选为新泽西州长。1912年总统大选中，以民主党人身份当选总统。1918年1月，阐述了被称作十四点原则（the Fourteen Points）的关于国际和平的一揽子建议，这是第一次世界大战各参战国家中唯一一个被明确提出的战争目标，并成为战后凡尔赛条约的基础。这篇演讲诠释了威尔逊的理想主义，把他关于民主、自决、公开协议和自由贸易的进步主义国内政策投射到国际领域。1919年被授予当年的诺贝尔和平奖。

“近两年来，中国人民竭尽全力抗击侵略，为民族存亡而战。然而，竭尽全力还远远不够，以血肉之躯与精良的机械设备对抗，能力毕竟有限。”

“为了尽快结束这场可怕的战争，恢复太平洋地区的国际秩序，解除几千万人民的苦难，极有必要采取一些积极的国际行动。”

“让我提醒一下贵国是如何诞生的。历史学家一致认为，美国独立战争的胜利取决于两个因素：第一，在几乎无法克服的困难面前美国军队没有放弃战斗；第二，是当时的国际环境。英军在约克镇投降的前一年，英国几乎在和全世界交战，它在各地的殖民地都受到了严重威胁。这种不利情况阻碍了英国向美国战场增兵。”

“我作这个历史类比的寓意很明确。中国的最终胜利，也同样取决这两种因素。中国别无选择必须战斗到底。国际局势也必将朝着有利于中国的方向发展。我们不指望任何国家拿起武器为中国而战，但我们确实希望，而且我觉得我们有权利希望，正义的良知和共通的人性终占上风，感动那些热爱和平的民主国家的男人和女人后，拒绝向一个违反条约、破坏世界和平的国家提供不人道的军火和战争原料。”

大使先生稍作停顿，再开口时换了一个声调：“在中华民国成立初年那些最黑暗的日子里，多亏在贵国学到的乐观精神，我才保持振作。我记得曾写给一位朋友，除非你我因绝望而放弃，否则世上就没有绝望二字。这些天，我经常引用勃朗宁的诗句，它给了我新的勇气和希望。

> 他从不退转而是挺胸向前，
> 从不怀疑乌云会消散，
> 从不胡思乱想，纵然对的受挫败，错的获胜利。
> 仍认为我们跌倒以便再起，挫败以便再战，
> 沉睡以便苏醒。

回到大使先生所说的日本从西方吸取“兵法”一事，我问这是不是西方对东方的唯一贡献。

“绝对不是。”他回答道，“我们长久沉浸在安逸的美梦中，认为中国古老的文明能够自给自足。除了武器和汽车，无须从那些好战的、物质至上的西方学习任何东西。但我年轻时，就从这样的梦中觉醒了。”

“阅读梁启超的文章让我觉醒。通过梁先生，我了解到霍布斯、笛卡尔、卢梭、康德和达尔文等西方作家；通过梁先生，我开始感受到欧洲人拥有的许多优

中国将战斗到底。(《纽约时报》原文插图)

秀品质，而这些品质正是中国人极度缺乏的。这些优秀品质中包括梁先生特别提到的公共道德、酷爱冒险、热爱自由、相信进步无止境、团队组织能力、个人权利以及面对侵犯挺身维护权利的勇气。”

47年前，胡适出生在缺乏这些品质的中国，出生地是江苏的上海。“胡”是家族姓氏，“适”是适宜之意，最初是笔名，后来才用作名字。他的父亲是位学者，因地理研究和勘探而闻名。父亲在这位未来的大使年仅3岁时就辞世了。母亲把他抚养成人，胡先生说他的一切都归功于母亲。

母亲目不识丁，但总是讲述父亲的故事，鞭策他学习。回忆起那些日子，他说：“天刚蒙蒙亮，母亲就帮我穿戴整齐，送我去学堂。我总是第一个到校，敲开老师的家门去取学校大门的钥匙。”

胡适10岁时，在叔叔家的纸篓里偶然发现一本破烂不堪的名著《水浒》(即赛珍珠的译作《四海之内皆兄弟》)。这一发现成为胡适人生的一个转折点，因为这本书唤醒了他对白话小说的喜爱。白话小说采用白话而不是基本不为大众所使用的文言文。

“白话小说教会我生活，给了我一种文学媒介。凭着这种媒介我在数年之后，才发起被称为中国的文艺复兴的新文化运动。”

胡适先生读到他人生中第一本小说时，他正和母亲生活在安徽南部。他13岁时，母亲决定送他去上海上学。六年之后，胡适通过了政府考试并获得了美国的奖学金。

他成为康奈尔大学农学院的一名学生。当时中国流行一种观点，即每位学生必须学习一些实用的技艺，这种观点促使他做此选择。但是他却志不在此，文学和哲学占据了他全部心思。第二学年结束前，他转到了文学院。

这位年轻的中国人获得了不少荣誉和奖学金，怀表链上也多了一把代表大学优秀生和毕业生联谊会会员的钥匙，那是从康奈尔大学毕业一年后，他进入了哥伦比亚大学学习哲学，师从杜威时得到的。在哥大的两年（他于1917年获博士学位），他逐步产生了要彻底改革中国文学的想法，并在一家上海期刊上刊文阐述了这些想法。

胡先生说："不要模仿古人。每一个句子都应该表达作者的个性。已经死亡的语言创作不出鲜活的文学作品。"

胡适指的是中国的传统文言文。文言文非常难学，而且几千年来不作口语使用。学者用文言文保留传统文化，但对绝大多数民众来说晦涩难懂。此外，所有课本语言都是文言文，报纸也使用文言文。

人们似乎无法推翻一种传统看法，即大众的口语不能成为严肃作品的媒介。而这恰恰是刚从西方回国的年轻胡适致力要完成的事业。正像但丁用托斯卡纳方言写作并最终使之在意大利成为继拉丁语之后的文学表达方式，胡适选择一种百分之九十的中国人都懂的口语，并着手使之成为一种文化媒介。

他的想法一时风靡全国。胡适和其他一些反传统的年轻人用白话文这种大众语言创作诗歌和编写严肃书籍。外文书籍和中文经典也被译成白话文。胡适博士于1917年回国。不到三年的时间，曾经让绝大多数人无法理解的文学就充满了活力和生机。这场文学革命开创了中国的大众教育制度，对人们的一生产生了深远影响。

胡适先生一回国就被国立北京大学聘为哲学教授，五年之后成为哲学系主任。接下来的生涯中，胡先生虽然在很大程度上都在治学，但一直没有停止在文学方面的追求。美国大学和中国大学纷纷授予他荣誉学位。去年10月，他被任命为驻美大使。

"我的祖国正在打仗，"他解释说，"我听从召唤为国效忠。就我个人偏好，我喜欢图书馆胜过大使馆。但此时身为公民必须尽责，当祖国需要我赴美就任，我便来了。"

"凡事不宜有硬性规定。很多人离开书斋，担负起国家责任，并获得巨大成功。很多大学教授在自己国家的政治生活中发挥重要作用，还有许多人在公共事务中建树颇丰。然而，我还是常常在想，促进社会发展和进步的伟大运动或许不是发端于国务大厅而是图书馆。"

"在我看来，那些宁愿不在公共生活中担任一官半职的哲学家，比起那些担任公职的哲学家具有更大的影响力。例如，约翰·斯图亚特·米勒，堪称'自由主义之父'和'劳工运动之祖'，他的著作相比于许多从政哲学家的活动，对世界发展的影响不是更深远一些吗？"

日发动对成都空袭意在离间民众

窦莫安

1939年6月15日

题记：日军在成都投放传单，警告民众不要继续支持蒋介石，以免遭受更多空袭。周日空袭使市民聚集区遭受重创，主要街道损毁严重，大学将关闭。

成都6月14日电：笔者抵达成都当日就获悉，日军在上周日发动的空袭中，向成都投放大量传单，明确要求四川民众反对蒋介石委员长和中国政府。[①]

传单宣称，日本对中国人民没有敌意，只是反对蒋委员长和他的国民党政府。当日方了解到成都市民不仅同情蒋介石，还有意邀请他将首都移至成都时，就此事给成都“一点”颜色瞧瞧，要那里的民众知道继续与蒋介石合作，或让成都成为首都会是什么样的结果。传单指出，重庆就是因为接纳国民政府而蒙受苦难。

中国人不为所动

没有证据表明，成都市民被日方传单攻势所吓倒。当然，所有可以寻找到的宣传物都已被警察没收销毁，日方宣传的传播范围非常有限。

然而四川民众对中国空军防守机群的不良表现和空袭预警不及时颇有微词，但不满情绪并不严重。这里的许多民众认为，日本妄想把四川的城市都炸烂，迫使中国政府迁都兰州或云南省会昆明，从而进一步制造混乱，并使中国的对外交通特别是同英国与苏联的关系复杂化。

由于日本对英美支持的华西协和大学[②]进行轰炸，在中国的基督教传教团不

① 1939年6月11日，日本海军第二联合航空队总共出动54架飞机，其中一半飞机轰炸成都，另一半轰炸重庆。在成都投弹111枚，轰炸了盐市口、东大街、东御街、提督街、顺城街一带，炸死无辜百姓226人，负伤600人，损坏房屋6075家。

② 华西协和大学由英、美、加拿大三国教会共同开办，校址在华西坝，共有文、法、理、医、农5个学院，是战时中国规模最大、学科设置最完整的大学，与声名日隆的西南联大相比并不逊色。协和大学包括金陵大学、金陵女子大学、齐鲁大学和燕京大学，师生总数约3000人。据岱峻统计，据学者研究，由国立北京大学、国立清华大学和私立南开大学合并组成的西南联大，同是5个学院，但只有26个系科、2个专修科，学生人数也在3000人左右。当时华西坝上人文学者有陈寅恪、吴宓、萧公权、李方桂（燕京四大名旦）、顾颉刚、钱穆、蒙文通、吕叔湘、常燕生等；理工科有生物学家刘承钊，地理学家刘恩兰，数学家赖朴吾、魏时珍，天文学家李晓舫，皮革学家张铨等。

得不紧急终止他们在上海以外地区的部分活动。

昨日，笔者从重庆飞抵成都，发现与四川省会其他受到空袭的居民一样，华西协和大学的英美教授正与中国学生和教授们一起，清理爆炸废墟。他们仍对开战以来日军首次针对成都普通市区进行空袭表示震惊。

幸运的是，两枚空袭炸弹是哑弹，但另外两枚彻底摧毁了校园内的三栋建筑，并对周围的建筑造成了破坏。包括美国公民李哲士女士在内的 15 人在爆炸中受伤，一名女生遇难。

目前，华西协和大学所有的教学活动已经停止，学生和教职员工都已被疏散。除了高年级学生外，其他学生都已回家；高年级学生下周完成期终考试后也将离校。正在华西校园举办的多种“流亡大学”，也不得不在未来 10 天内结业，将这个学期提前草草结束。

由于担心更多日本轰炸，学校当局希望尽快将近 3000 名教职人员和学生疏散到安全地方，难以肯定能否在秋天恢复正常教学。周日空袭时，由于警报声音不够尖厉，华西协和大学的师生并未意识到危险的到来。一枚落在中央大学宿舍旁的炸弹将整座建筑炸得粉碎，但正在楼中开会的教职员工得以逃离。

另一枚炸弹落在哥伦比亚大学博士、金陵大学校长陈裕光的寓所旁边，陈博士和家人被爆炸气流冲倒在地，除他妹妹陈玛丽被震晕外，其他人均未受重伤。受爆炸影响，陈博士仍有一些失聪，今天，他率人视察已被炸成废墟的家时，向记者谈到了自己的经历。

担心儿子着急

日军空袭时，来自纽约州约旦的李哲士[①]女士跑到临近房子的走廊中躲避，在那里她被一块弹飞的玻璃片划伤。此时她正在治疗仍未痊愈的一处脚伤，对于空袭时胳膊受的轻伤她看得很淡。李哲士女士有四个儿子，都住在美国，其中一个在波士顿附近。她担心自己受伤一事会让他们“急得要死”，“告诉他们，我一点事都没有。”李哲士女士是与华西协和大学有联系的卫理公会的一名社工。

一枚炸弹摧毁了来自纽约州伊萨卡的斯洛克姆夫妇的房子，从南京来成都访问的费吴生恰好也在那里，他们被爆炸的气浪掀翻在地，受到轻微的脑震荡。

校方说，如果再受到一次轰炸，就将被迫放弃这座占地 150 英亩的华西协和

---

① 李哲士（Sven Herman Liljestrand）女士是美国卫理公会教徒并以医师身份于 1920 年来到四川资中。1938 年齐鲁大学医学院及南京中央大学医学院因日本侵华战争而内迁成都，与华西医学院联合办学，在四圣祠成立三大学联合医院。同年，李哲士医师从美国引进膀胱镜，并于 1943 年担任这所联合医院的院长。

大学校园了。校园的边界十分清晰，大学的围墙在成都的城垣之外，这一切从空中完全能够辨别出来。而且在校园周围半英里的范围内没有任何军事目标。

日方声称，在周日的空袭中，它的炸弹击中了市内许多军事目标，这只能使人哑然失笑。日军的轰炸集中在成都南部，笔者今日遍访了被炸地区后发现，没有一座政府或军事建筑物受到轰炸。爆破弹和燃烧弹摧毁的是居民最稠密市区的商店、银行和商务楼，大街两边皆夷为平地，而坐落在城内其他位置的真正重要的军政中心则毫发无损。据估计，突袭造成了上千人伤亡。如果没有此前重庆遭受日机轰炸作为预警的话，伤亡可能会更加惨重。

远东观察的三个维度

豪泽

1939 年 6 月 25 日

题记：中国人、日本人和“外国人”对正在中国发生的事件各抒已见。

约两年前，中日在北平附近的卢沟桥发生的冲突，本来看起来几天就可以和平解决，却演变成了两国之间的战争。现在，这场已导致数百万中国人失去家园、死伤无数的战争，仍看不到尽头。不过有迹象表明，两年前挑起事端且一路获胜的日本现在希望结束战争。近期在天津和其他一些通商口岸的事态发展，反映出日本正失去耐心，想早日结束战争。

这些事件表明：战争的影响已超越交战双方。除侵略者和反侵略者之外，还存在一个第三方，就是那些在中国通商口岸生活的外国人，他们享受的近百年的特权正在遭受损害，一些观点已被“误杀”。因此，展示一下中国人、日本人和外国人（即欧美人）三方各自观点，应该还是有意义的。

中国人

中国人如何看待这场战争？回答好这个问题，我们必须考虑到中国有不同的群体和阶级，他们的看法当然不尽相同。但是不管是到哪里，所遇到的中国人都坚信他们最终打胜战争。在一些地方，调查者甚至觉得他们的爱国气概稍显过头。一个港口城市的重要官员最近和笔者讨论中国获胜概率时表示，长期抗战对

有英国媒体尖刻地评称，“日本侵华正推动着中国的进步”。（《纽约时报》原文插图）

中国人的要求基本到头了。因为远东冲突已变成国际形势的有机部分，而解决这一问题要靠下一场欧洲战争，中国将从中获利。

但是，指望农民占大多数的四亿中国人从世界政治的角度思考问题是不靠谱儿的。此外，受过良好教育的富有人口的分布也因战争发生骤变。以前组成省城上流社会的那些银行家、店老板、富商和大地主都撤逃到了沿海城市的外国租界。他们失去很多，但用财物损失换取在日本统治下苟延仍令其欣然。人数较少的中产阶级，即使还没被摧毁已陷入颠沛流离之境也早已不被看作中国民意的喉舌了。

不过，在中国政府看来，资本主义未被消灭，这是令人欣慰的。早在战争之前多年，巨富们就在外国人控制的港口城市建了豪宅，他们的财富也完好无损。没有富豪的合作，国民政府统一中国、重建中国是不可能取得巨大成功的。这种合作在战争的压力下依然继续着。虽然大块领土被占，中国的巨富仍然支持自己的政府，他们在国内外外资银行的资信支撑着国家的抗战，其坚定的爱国情怀源于对蒋介石近乎宗教般的信任。

中国抗战的感情基础是对蒋委员长无限信任。人们可能还记得，仅仅 20 年前，中国“政府”既遥远，又没有人情味，既无权威，也没有责任心。现在中国人民的心理已发生了巨大变化。

如今蒋委员长的画像随处可见——无论在内地几乎与世隔绝的破旧村舍，还是在沿海金融家们的豪华寓所内。举国弥漫着对蒋的宗教般敬畏，而且不可思议的是，随着一个个省的相继沦陷，这种尊敬有增无减。在日军尚未占领的中国区城镇，商店里陈列着一些拙劣的画作或彩色印刷品，一幅画画着多国代表正在打牌，代表中国的蒋委员长手握制胜王牌。

不过，宗教信念并不总能激励出实际行动。中国的农民首先关心的是下一季庄稼的收成，更倾向把国家大事交给远在重庆的神奇的蒋委员长。农民在日本兵的眼皮底下回到稻田插秧不在少数。用长远眼光来看，这种漠然理应被视作一种国家财富，它保持了中国人维持了 4000 年的道统。但从政府的观点来说，一个更有效的“不合作”运动也许更好些。

最后说说中国的苦力。除了人尽皆知的乐天开朗和随遇而安，他们一无所有，也就没什么可失去的。这一性格使他们在时局动荡中得以生存。在被日本占领的都市里，黄包车夫就像早前学会说“good morning”那样，已经学会说“ohayo”了。数以千计光着膀子的装卸工聚集在港口码头，就像早先为西方船只卸货那样，心甘情愿地为日本“长崎丸”卸货。

总的来说，中国人民在坚持。他们学会了保持耐心，没有任何理由令他们放弃。在国民政府统治下的内陆，新的长远发展项目已开始实施。新学校已投入使用，新工厂已经开工，现行的合作制使财富在更大范围内重新分配。中国人管理下的枪械厂甚至飞机厂正在为游击队提供武器。最重要的是，对未来永远充满希望的精神和对领袖无限的信任使得中国人在日本人无穷无尽的暴行面前“默默忍受”。

日本人

日本人以“征服者”的身份来到中国，他们狂妄自大，有时不惜残暴地扮演着这个角色。日本人作为个体，一旦穿上军装，就不能再被看作一个人，他已变成正在精密运转的战争机器上的齿轮。他可能被扔到长江流域的泥泞战壕里，或者西北山区，或者广州附近酷热的农田。不需要也不允许他去思考什么。“危险想法”尤其不被鼓励。

多数情况下，日本士兵是一个农民。他在日本产稻区或者产茶区有个不大的家。在一个农民的国家打仗，他也明白这对中国人意味着什么，他也能够想象如果自己家的庄稼被毁，水牛被抢，一家人会怎么样。

当然，不是所有农家子弟生下来就是英雄。他们大部分都带着“千针带”之类的护身符，用来阻挡敌人的子弹。如果你看到他们向“一个未知目的地”开拔前一两天是如何与家人在庙宇里祈祷的，你就会明白许多人其实更希望留在家乡。农民宁愿回去种自己的地；职员和白领也宁愿回到东京或大阪自己那间昏暗的办公室。

让日本人道出自己真实感受很难，但还是有人愿意做。有个中尉，整整一个下午都在向我表达他对和平的挚爱——两周之后他被中国军队的弹片击中身亡。

一个日本下士在前线写出一本震撼人心的书《麦子与士兵》，这是所有诞生于战争中的充满人性的动人作品之一。最后我想说一个日本兵的故事。他驻守在一个中国村庄。因为汉语和日语书写起来很相似，他借助钢笔和纸与村民们“交谈”。他草草写下“我希望我能回家，我有两个孩子，一个男孩一个女孩，和你的孩子一样大”。让村民们看完之后，他就把那张纸撕成了碎片。

日本士兵被灌输了太多的“神圣使命”。有大批这方面的宣传材料。所有材料都暗示其他民族或人种是劣等低下的。但在反复强调日本优越的同时，也宣传泛亚主义的信条。认为亚洲种族有着共同的纽带，并煽动人们对在中国重要城市享有特权的少量白人群体的仇恨。把他们当成替罪羊是很现成的，否则为什么日军连打两年胜仗还在和中国艰难交战？以为此负责。

日本人很清楚蒋介石委员长的个人力量，也不由得对他心生钦佩。他们意识到，蒋在丢掉三分之一国土之后声望不减反增，表明这位领袖具有异乎寻常的品质。但是，无论在日本还是在中国，凡和我讨论过这场战争的大多数日本人都认为，如果没有英国的支持，中国的抗战不可能持续这么久。他们指责外国人，尤其是英国人，通商口岸为发生的反日运动了提供温床。他们渴望有一天能和这些白种人摊牌。

日本人对任何与英国相关的东西的憎恨，远远超过对中国的仇恨。美国人和其他国家的侨民或因利害关系较少，受到的责难要比英国人少得多。例如，一个外国人受到从饭店出来的一伙日本人的攻击，其中一个日本人揪住这个白人的衣领和他“讨论”英日之间的紧张关系。白人解释说自己是美国人，日本人马上退下并结结巴巴地道歉。

其他国家的人

这是说的外国人——远东局势中的第三方——可能是来自英国、美国，或者十多个欧洲国家中某一个。他通常是个商人，最关心的是不受影响地做自己的生意。自从外国取得在中国港口城市的贸易权后，欧美公司就在各通商口岸开设分店，并给予经理很大的自主权。

每一个口岸都有一些“老手”。他们是中国通，有着自己的习惯和偏见，具有很大的影响力。老手最终得势的时候，中国正在发生内战，内地的混乱让做生意充满风险，而西方企业老板是需要一些真正敢闯的人。老手保留着旧时的想法，人们可能称他为保守派或者顽固派。尽管他也学会欣赏中国人，尤其是在做生意方面的独特之处，但仍不愿在他所在的俱乐部里见到任何“中国佬”。

大约一年前，当时双方讲和的希望尚存，一位日本名流来到上海对中国民意进行摸底。上海是中立区，确保访问私密商谈没有问题。但他选择在外滩3号英国人俱乐部订了房间，由于那里是中国人的禁区，日本人无法在那儿招待他的中国朋友。结果他只能换个地方。

包括日本人在内的“缔约国”人士可入内而中国人不可入内的政策是怪异的旧时代的遗迹。但就在不久之前，众多“大班”，那些主导对华贸易的“大人物”，还一个个踯躅在外滩3号那个世界上最大的酒吧里，扬言必须给中国一个教训，而作为所有缔约国既得利益代言人的日本，实施这个教训非他莫属。

1932年淞沪战争中，日本陆海军队把上海大片繁华市区弄得一片狼藉。即使在这种情况下，中国通们仍坚信日本是在为他们而战。两年前，就在这场战争爆发时，这种态度在一定程度上仍未绝迹。在华英国媒体就警告过中国政府不要抵抗。那种所有在华享有特权的外国要团结无间的情绪异常强烈。

而如今，即使是最保守、最顽固的“大班”们也清醒地认识到，危及他们在华地位的是日本人的野心，而不是中国人。特别是日本垄断企业的建立和日本发行新货币，改变了英国人的态度。现在，英国希望中国获胜以粉碎日本的企图。英、法、美、意、德、西、葡各国商人公开对中国的事业表示同情。德国和意大利商人和本国当局意见相左，不免有些滑稽。

远东乱局中三个群体的见解恐难调和，在被外国力控近百年的港口城市里，气氛也不免紧张。希望做生意的外国商人曾经获益于当时中国被迫同意建立的中立安全区，但一想到要臣服于直到不久前还是“圈内”的一个国家，他们就非常不爽。

即便在定居点和租界里，日益逼近的日本阴影也难以忽视。在外文书店，虽然橱窗仍高调展示着诸如“日本无法获胜”的书籍，店内书架上却摆放着最新版的《如何学好日语》。生意毕竟是生意，太阳旗下也有做生意的机会。不少中国通断言，这不过是又一桩“东方式的纠纷”，中日双方操着洋泾浜英语，品着绿茶就会达成一个保全颜面的妥协办法。但是更爱较真儿的中国通会反驳，靠喝茶是无法让人忘记两年来战争给人们带来的生命财产的巨大损失以及希望的破碎。

中国是我的牡蛎：美味诱人，但坚壳难开。（《纽约时报》原文插图）

工业合作社在中国兴起

窦莫安

1939年6月25日

重庆电：中国主要工业中心的经济基础在日本侵占和战争掠夺下遭受重创。工业合作社[①]在中国经济恢复重建中成为至关重要的因素。

去年8月起，面对一系列困难，包括经费有限，全国范围内的生产活动受到重创，以及危险的工作环境，层层设卡的政治壁垒，工合运动的发起人组织了2万劳动力投入到300个生产上百种产品的企业之中。

星星点点的合作社分布在从遥远的西北到华南的广东辽阔的地域内。这些合作社或扎根于分散的乡村，或扎根于山谷、窑洞、改造的庙宇之中。每个单位都具有完整的组织，自负盈亏。并且在还完贷款后，拥有自主权。

工业合作社已经开始广泛地影响到中国的经济、政治和社会生活，同时，巩固了中国抵御外敌的国防力量。这一运动正在中国的大地上广泛地展开。

起源于上海

工业合作社的发展计划是由一批中国进步人士和一些对华友好人士在上海商定的。中国银行家徐新六是中方发起人之一。日军击落了他所乘坐的飞机，他在事故中丧生。作家埃德加·斯诺以及后来成为工合的技术顾问和专家的路易·艾黎[②]是海外发起人。

---

① “工业合作社”简称“工合”，口号是“努力干，一起干”。1937年，新西兰友人路易·艾黎与美国友人埃德加·斯诺、海伦·斯诺等和国内部分爱国人士在上海发起工合运动，组织日本侵华战争阴影下的失业工人和难民开展生产自救，支援抗日前线，成为中国合作社运动史上最有影响的全国性群众运动。工合精神被当时美国驻华武官卡尔逊介绍回美国，并将“Gung Ho”（工合）一词作为美国海军陆战队卡尔逊突击队鼓舞士气的口号，广泛传播，后被列入英文词典，意为“团结、献身”。中国工合国际委员会（简称工合国际）1939年在香港成立。截至1945年年底，来自美国、英国、加拿大、新西兰、菲律宾、新加坡等国的捐款和物资总计价值上千万美元，许多外国技术人员来华无偿为工合工作。中国的工业合作事业为支援抗战做出了重要贡献。

② 路易·艾黎（1897—1987），出生于新西兰坎特伯里省斯普林菲尔市。第一次世界大战时在新西兰第2远征军服役并两次负伤。1927年4月来到中国。抗战爆发后，中国工业几近瘫痪，物资短缺，物价飞涨，工人纷纷失业，人民苦不堪言。艾黎与埃德加·斯诺夫妇等人倡议成立“工业合作社运动”（工合）组织，恢复和发展中国工业，帮助中国工人生产自救。对此，邓颖超在《艾黎自传·序言》写道：“艾黎同志从30年代在上海就是中国共产党地下组织的忠诚支持者。抗战期间，他组织的工合运动为我后方生产救亡做出了重大贡献。40年代他创办山丹培黎工艺学校，从农民子弟中培养了一批能吃苦耐劳的技术人才，他们至今仍在各生产战线上发挥骨干作用”。艾黎同志“把一腔热情和全部精力贡献给了中国人民的解放事业，不论是在顺境还是逆境中，始终坚定不移，真不愧为一位无私无畏、襟怀坦荡的伟大国际主义战士。中国人民由衷地尊重他、爱戴他”。

改造中国的时机已经成熟。70% 的中国工厂被轰炸、分割及被侵略者占领（如今这个数字已经上升到 90%），贸易格局陷入混乱。从中国内地传到沿海地区的手工艺品数量有限，也只有富人才会购买。中国的基础的工业生产正进入“饥荒”时代。

在中国的贫困地区，资源十分充足，但是，农民们不能把他生产的棉花、羊毛、大麻、油、小麦和动物毛皮运出来，也不能在他家附近寻找到一个合适的市场出售，同时也得不到他所需要的东西。上海成立的工合组织意识到，除非中国可以自力更生，生产出更多的手工产品，否则日本产品会涌进中国市场，并增强侵略者的实力。

劳动力与资源的结合

目前，中国的劳动力十分充足。大量技术工人和没有技术的劳动力逃亡到内地。他们颠沛流离，无以为生，对于中国政府来说是一种负担。问题的关键在于将劳动力和资源有效地整合起来，尽快开办新的产业。

这种产业必须占地面积很小，因为大型工厂容易遭到轰炸并被摧毁，而小型工厂在敌人来临以前易于转移。并且，在战争状态下，任何新型的经济力量都必须适应和配合如火如荼的游击战争。因此，这些产业必须是小型的、机动的。

工业合作社似乎可以适应这一现状。对于上海的发起人来说，它代表着一种经济、社会和技术的进步。这样的一种生产技术可以为民众提供一个持续抵抗侵略的机会，并且有效地调动起民众的生产积极性，提高小额存款的使用效率。

上海的工合小组首先在汉口开始活动，随后在陪都重庆也发展了起来。南京政府的行政院长兼财政部长孔祥熙十分支持这个运动，许诺将以分期付款的方式，提供 500 万元法币作为资本，并得到了蒋介石委员长的认可。

中国工业合作协会在行政院的领导下成立。刘广沛任工合总干事，路易·艾黎和其他一些同事，包括一些由中国工程师组成的活动小组，他们辞去了高薪的工作，转而投入到工合运动中来。

（左图）蒋委员长鼓励发展工合运动。（右图）中国财政部部长孔祥熙。（《纽约时报》原文插图）

工合的三种类型

工合运动有三种类型。第一种类型是规模较大的合作社，多使用大型机器，主要分布在中国的西部、西南部和西北部，在中国政府规划的大型产业项目中占据着基础性的重要地位。第二种类型为较小的合作社，主要位于战争的前线和后方。第三种类型为微型的游击队产业，在前线即可运作，所需用的仅仅是马灯和简易的手动工具。

协会设立后，汉口陷落，战况迫在眉睫。交通被军管，物资只能用木船、驴、苦力、卡车和所剩不多的铁路车皮运送。协会将手工匠人集中起来，送往新建的工厂，这些工厂配备有工程师和工合专家。在日军步步紧逼下，机器和零配件被抢运出来，缺乏的部件从日军占领的城市中悄悄地搜集，或者从垃圾堆里挑拣出来，或者从海外引进，或者在协会的厂房里自己组装，由此以来，机器和物资的数量不仅没有减少，反而在慢慢地增加。

工合协会在中国的四个地方发展良好。在西北部，以陕西为基地；在西部，以四川和重庆为基地；在东南部，以赣南为基地；在西南部，以湘南为基地。在遥远的西南地区，工合运动的项目主要集中在昆明。

生产中的“合作”

每个企业都根据通常的公司法则来组成。资金借贷给一群工人，他们须以自己的收入来偿还。合作社成员选举他们的经理并设定他们的工资。大会定期举行以制定相关的政策。整个合作社的运营完全以民主的方式来决定。目前，很多合作社的成员已经还清他们的贷款，并且，没有合作社经营失败。

机器作坊明显发挥着至关重要的作用。发展良好的四个地区已经拥有机器作坊，并且在西北部已多达四家。已经开采了煤、铁、黄金等，铜、铅、锑、铋、石棉等矿产资源的开发也将尽快提上日程。

市镇照明由一个以工合模式建立的工厂提供，电能由河流转变而来。工合有一个部门负责办报纸和杂志。在两个乡镇，已出现工合创办的旅馆。交通合作社也已成立，他们使用安装着旧汽车轮胎的驴车，以驴和骆驼组合而成的拖车作为自己的运输工具。

有四分之一的合作社从事纺织业。但同时他们也合作生产肥皂、纸张、蜡烛、鞋、陶瓷、面粉和木材，甚至可以铸造钢铁。另一些合作社还可打印、编织、染色、制糖。工合生产的医用纱布、消毒棉花，酒精和手术工具则提供给红十字会，以及提交给军队医护所使用。

迅速扩张的势头

工合运动发展迅速，以至于这个运动的发起人在各种项目中忙得不可开交。失业的工人们纷纷涌入工合组织的地区中心，要求合作社将他们组织起来，给他们提供资助和工作机会。

已经有 30 名年轻的工人和学生从宝鸡的一所职业培训学校毕业，他们将赴菲律宾工作。工合已开始向国联和美、英等国的救济机构寻求援助。一项在美国销售债券的计划也已提上日程。

工合很自信海外基金将会涌入。但是，不论是否有海外基金的支持，工合都已经在中国获得了前进的动力。他们确信工合运动将会在中国产生长远的影响——从合作者成为领导者。计划再建立两所以上的职业培训学校，一所在东南部，一所则建在中心地带，与成都的美国金陵大学相互联系。

工业合作社在国家进入战时状态后显示出了很强的适应能力。位于湖北和江西的合作社因为日军往前推进已经成功搬迁，这充分体现了工合成员良好的机动性和责任感。

工合运动从一开始起就面临着政治方面的障碍。保守的绅士、地方行政官员和国民党的官僚们都很不喜欢工人参与到工合组织中来，他们害怕工合运动最终将危及他们的统治，一些中央和省级官员企图破坏工合运动。

工合人物

工合运动的成功离不开那些卓越苦干的领导人。刘广沛总干事毕业于辛辛那提大学，曾任职于美国福特公司。吴去非和林福裕两位工程师就是辞去了在上海的高薪工作，以原工资的一半加入到工合组织中，他们两位之前也在福特公司工作过。

在工合运动中，也许最有活力、最能干、最热情的要数路易·艾黎，他是一个率直勇敢的前新西兰远征军军人，辞去了上海公共租界工部局的公职，将合作社的理念传到中国。他连续工作数月也不从组织中领取工资。他以步行、搭乘巴士和飞机，游历了中国的山山水水。他总是背着一个帆布包，在日军的炮火中穿行，为拯救中国人民和发展工合事业而奋斗。中国人将他称为“工合英雄”。

不断募集的资金也将为工合运动提供巨大动力。中国政府提供了 150 万元（之前承诺 500 万元）。香港银行家借了 20 万元。埃德加·斯诺在一次倡导社会进步和发展经济的反日活动中筹集了 14 万元。

日军晋南“扫荡”被粉碎

1939年7月2日

重庆7月1日电：据此间中国方面发表的战报，日军为巩固日占区在晋东南地区对中国军队发动的第八次“扫荡”已经被挫败。中国军队已重新控制这片区域，加强了当地的防御工事，并将日军从中条山东部山区赶了出去。可以确定，中国军队已完全收复以平陆、原库和横岭湾为界的三角区。

第二战区副司令长官卫立煌将军说，日军近期在中条山地区的进攻在山西引发激烈战斗。他宣称，中国军队通过敌进我退、坚壁清野的策略取得越来越多的胜利。这个策略是在日军初次进攻之前就将粮食、补给和民众全部撤离，然后再根据有利地形，通过游击战对敌人进行反击。

卫将军提到，日军已经疯狂，他们为防止士兵撤退，督战的军官使用机关枪对自己的士兵进行射击。

租界在中国还能保留多久？

厄内斯特·霍赛[①]

1939年8月6日

有欧洲风格天际线的著名的上海外滩，正处于西方与东方的交点。目前，中国难民正蜂拥而入这座城市的公共租界。作为世界痛点之一的天津，与所有外国在中国的租界一样，都面临着越来越严重的问题，其中一个就是生活在租界内的外国人是否享有治外法权？此外，就是在这片东方的土地上继续维持西方的生活方式，这种状况还能持续多久？中国人总是想要废除租界，并且，日本军队也想着如何消灭它们。然而，它们直到现在仍保留着。

---

① 厄内斯特·霍赛（Ernest O. Hauser），著有《出卖的上海滩》（商务印书馆1962年出版中文版）。该书以纪实为主，文风幽默，对于近代上海发生的重大历史事件有细节描述，其中一些是教科书上没有的，却有助于读者还原当时的社会和政治、经济背景。

上海著名的外滩。(《纽约时报》原文插图)

这些租界是在飞剪式快帆船[①]开通对华贸易之后，在1840到1860年间陆续建立起来的。通商口岸包括厦门、广州、天津和上海等城市，而上海注定成为它们之中最大、最著名的商埠，并成为“东方的巴黎”。

由于中英鸦片战争的结果，外国人获得在一些通商口岸的居住权，“以进行他们不受干扰和限制的商业追求”。他们所“追求”的一部分就是向中国人出售鸦片。迄今为止，外国商人也不允许到中国内地的租界之外居住。

一些租界还是很有吸引力的。天津租界的道路修得十分宽阔，公园看起来也很阔气。从黄浦江进入上海的游客，经过外滩看到城市的壮观景色时一定会大吃一惊。在这里会发现许多很有特色的建筑，鳞次栉比的办公楼、俱乐部、大酒店用青灰色的条石砌成，东西合璧，浑然一体。船行黄浦江，凭栏远望，巍峨的建筑群慢慢划过，让你感觉到仿佛行驶在伦敦的泰晤士河上，因为这个租界就像中国大多数的租界一样，呈现出明显的英伦风格。

虽然建筑风格是欧洲的，行驶在大街上的汽车是欧洲的，然而，那些在整洁的人行道上散步、在酒店大堂品味着茶或鸡尾酒，或者顺意走进商店闲逛的来自欧美各国的人们，如果他们试图将这一切都视为自己本土的话，就会发现他们实际上置身于异国。人力车夫拉着黄包车费力地穿过街道，口中发出“哈—哈”的喘息声；街上行走着中国的劳工和商绅，还有身材苗条的中国女士，她们穿着简洁而充满魅力的旗袍款款而行，乞讨者无处不在。

① 飞剪式帆船（Clipper ship）船型瘦长，长宽比一般大于6∶1，船首前端尖锐突出，并且是空心的，航速快而吨位不大。由于采用了空心船首，使船在风浪中便于抬首，提高了它在浪中的航向稳定性、减小了船首的阻力。船体后部逐渐变瘦的有倾度的水线平滑过渡到狭窄的圆状船尾。舰船多采用3—4高桅全装备帆，高桅一般为全船长度的四分之三左右，并且在船的两侧还有外伸帆桁，称为“翼帆杠”，可挂翼帆，使得帆的横向尺寸远远超过船宽，更加大了帆的横向外伸面积。此类舰船是19世纪30年代在美国发展出来的新型快速帆船，但在19世纪70年代后逐步被蒸汽机船所取代。

即使在战乱时期，在这边的外国人也没有占到中国总人口的百分之五。商店、工厂、办公室，甚至人行道上总是挤满了中国人。空间狭窄，拥挤喧嚷，一个中国城市的噪音，这是一种不同于世界上任何一个其他城市的噪音，已成为在这里的外国人日常生活的背景。居住在租界内的欧美人士享受了很大程度的自治权，他们不受中国司法管辖，只受到各自执政官的领导。在公共租界区，“领事团”享有最高的权力，这种管治权实际上由工部局来负责实施，这是一个由外国商人组成的委员会，他们把政治当作一种业余爱好。他们在租界内建立了自己的巡捕房，还有一个更大的武装商团可用于紧急防御。

一般而言，租界内建筑的这些房屋除了能够适应长江流域和华北冬冷夏热的气候外，并不具有东方的建筑形制和特点。第一个来中国居住并且从事贸易的外国人建立了一层到两层楼的正方形建筑，他们在那居住和工作。中国认为那个结构是愚蠢的，因为它有一个很大的窗户，任何人都可以通过这个窗户看到房间内发生的事情。而现在，办公区和生活区已经分开了。

矗立在上海外滩的办公楼是豪华而舒适的。上海的夏季几个月是潮湿闷热的，空调正被越来越多地用在最近几年新建的房子里并承受着沉重的负担，因为被大亨们用来举办越来越大而豪华的娱乐活动[①]。这种现象在上海尤其常见。而在老派的、令人陶醉的北平，一些外国人则喜欢住在中式房屋内，他们的窗户面对着树影婆娑的庭院。

不管这些房屋有多舒适，但欧美人士在上海的生活依然会有一些小问题，例如食物问题。现在，大多数欧洲食物可以进口，它们或者是新鲜的，或者是罐头封装的。中国国内的肉类供应，受到检疫部门的严格监督。同时，面向外国游客服务的旅馆和餐厅在他们的菜单上会注明“进口苹果”或“美国生菜”之类。中国本地生产的蔬菜和水果是不应该生吃的，尽管有时候新鲜草莓实在有太多的诱惑，令人很难抵制，但是食用的后果可能就是伤寒或者霍乱。饮用水必须煮沸后才能喝。

在这个世界上，仆人可能是最值得信赖、最有效率的人。在一个标准的欧美家庭里存在着五类仆人：“一等”管家、“二等”跟班、厨师、保姆和苦力。对孩子们来说，可能另外还有更多的保姆。仆人们管理着厨房、储藏室和仆人居住区。另外，“太太”，也就是房子的女主人，照理不会严密地监视他们，或尝试自己做家务。但她必须严格核查，剔除那些仆人购买杂货的账单里额外增加的费

---

① 1924年建成的坐落于上海延安西路164号的嘉道理大理石大厦（现中国福利会少年宫），使用了美国约克公司氨立式2缸和4缸活塞式冷水机组，是中国第一个安装中央空调的商用建筑。1937年建成的中国银行大楼是外滩上唯一由中国自己修建完成的建筑，采用了美国开利公司提供的主机，空调制冷量为15647kW。

中国难民涌入国际租界区。（《纽约时报》原文插图）

用。她支付给仆人们的钱加到一起，也不会超过一位美国佣人的工资，她在这里获得了完美的服务。

好仆人尤其紧缺。如何选择居屋，在很大程度上要考虑是不是方便娱乐、聚餐和盛大宴请，同时，茶饮、运动等快事也最好在家里就能完成。

一些领事馆已将自身确立为外国社区中心。在上海，英国、美国和法国领事馆一直在社交上扮演着很重要的角色。此外，近年来，苏联领事馆也因经常举行非常正式的社交和娱乐活动而闻名。法国俱乐部（那里女士们的优雅是公认的）是年轻人的娱乐中心。而位于公共租界中心的娱乐场则是一个方便的约会场所。有时，这里会举行英式橄榄球比赛。

所有这些活动都表现出欧美人士的傲慢和排外，而且他们之间也相互排斥。他们可能会遇到一些日本的高尔夫球友，日本人早已擅长打高尔夫球，有时会在比赛中击败他们。而对中国人，他们虽然在租界内形成了最主要的居民群体，但外国人很少接触他们。外国人有自己的教堂、会所、医院和学校。

传统的偏见由来已久，尤其在英国群团中，他们刻意限制中国人与西方人士交往，尽管英国人不介意在上海时尚的酒吧里与美丽轻佻的中国职业舞女自由交际。有一些西方女士试图举办中国人和外国人聚在一起的“沙龙”，方便双方的年轻人共同享受。然而，这类接触只是表面的，异族通婚在这里很少发生。

面对着日军企图破坏租界完整性的不懈努力，来自欧美的白人们显示出了令人惊叹的镇定和自制力。他们照常举行宴会，照常工作，小心谨慎地不在中国人或者日本人面前丢“面子”。但是，紧张局势是很严峻的。其中一个复杂问题是大批中国人从“大上海”的其他地方进入租界。他们成群结队地跨过桥梁，涌入铁门，进入外国人居住区，那情形真是令人同情。大多数人都带着他们全部的财产，带着夫人，背着孩子。他们不乞求食物或住所，只想要安全。

偶尔发生的政治谋杀加剧了这种情形的紧张状态，因为那些占领着租界以外地区的日本人越来越难以容忍这类事情，他们的反感与日俱增。白人们不得不随时提高警惕，并在即使最温和的和平主义者也难以忍受的情形下仍然保持着忍耐。面对着被剥夺、被搜查、被未知的恐怖所包围，毫无快乐可言。

商人们不喜欢战争。一场严重的军事冲突将毁灭他们已经衰退的贸易。然而，他们不愿意投降。因此，他们预计未来将面临更多外交和军事的紧张，以及食物短缺和诸多的不确定性。

或许能够找到一些解决方案，但老派绅士们对此表示怀疑。当日本开始垄断中国贸易时，西方与日本的在华利益是截然相反。如果日本凭借其军事行动和经济战而取得成功，可能迫使白人退出中国；或者，如果日本想避免与第三方势力发生直接的纠葛，她可能会试图通过封锁海关来冻结租界。

但是，即使这次事件的最终结局是日本未能征服中国，很多外国人也相信欧美财团在东方的荣耀和魅力已经一去不复返了。他们预计会出现一个拥有无敌的、活力的、可能反西方的新中华民族主义。看来，大亨的儿子将再回到曼彻斯特或底特律去找工作了。他们其中一位将几周前的闲谈写了发表出来："如果日本赢了，我们不得不在三年内离开。如果中国赢了，必须在五年内离开。有什么区别呢？"

首次亮相的达赖喇嘛

1939年8月7日

重庆8月6日电：近日，美国基督教青年会干事费吴生[①]成为第一位亲眼见到达赖喇嘛转世灵童的西方人。这名幼童上个月刚被选为西藏僧俗事务的最高统治者。

---

① 费吴生（George Ashmore Fitch，1883—1979）出生于中国苏州，是美国北长老会传教士费启鸿（George Field Fitch，1845—1923）之子。1906年，毕业于美国俄亥俄州沃斯特学院，1909年毕业于纽约协和神学院，同年回到中国，任职于上海基督教青年会。1937年12月南京大屠杀期间，任南京国际安全区总干事，为保护我同胞做出重大贡献。1938年1月23日，费吴生获准离开南京，他将一份胶片缝在驼毛大衣的衬里带往上海。这份长达400英尺、分为8卷的胶片，放映时间达105分钟，是有关南京大屠杀的唯一影像文献资料，由美国圣公会牧师约翰·马吉拍摄。费吴生和正在上海的英国《曼彻斯特卫报》记者田伯烈对影片进行剪辑，并给影片的各部分加了英文标题，然后送交上海柯达公司制作了4份拷贝带到英、德、美，成为证明日军暴行的铁证。1979年1月20日在美国洛杉矶逝世。著有《我在中国的八年》（*My Eighty Years in China*）。

星期六，费吴生结束为期一个月的中亚之旅后回到这里。他在青海省的塔尔寺见到了达赖喇嘛。“我很幸运，”费吴生先生说，“当我到达时，新的达赖喇嘛还有 30 分钟就要启程前往拉萨正式掌权。游行队伍非常壮观。更为奇妙的是，居然一支横跨亚洲前往麦加朝觐的穆斯林队伍也出现在游行之中。”费吴生先生称，他激动万分，以至于给相机装上了一卷已经曝过光的胶卷，所以未能拍摄下这一色彩斑斓的壮观景象。新的达赖喇嘛刚刚在上个月才被确定，他诞生在前任达赖喇嘛去世的同一时刻。

费吴生先生此行还到了陕西，访问了共产党的首都延安。在前往延安的路上，他在陕西省铜川遇到了由蒙古沙克都尔扎布亲王率领的一支队伍。这支队伍正将成吉思汗的灵柩从绥远省包头西南运往甘肃省兰州市西南 20 英里的兴隆山。[①]

据费吴生先生说，经由西北路线运往中国的俄国物资数量不大。他说，连接兰州和青海省西宁的公路最近即将修通，届时西北路线的路程将缩短两天。

通往世界的生命通道

窦莫安

1939 年 8 月 20 日

题记：海岸线遭日本封锁后，通往印支、缅甸及苏联的道路仍然畅通。

重庆 8 月 19 日电：中国抗日力量越来越依赖于她与外部世界保持联系的能力。当中国的海岸线被日本彻底封锁后，她还有三条主要的交通线通往境外：一是经云南通往印度支那的铁路、公路及河流；二是通往缅甸的公路与山路；三是经西北通往俄罗斯的公路和骆驼小路。

① 1939 年初，蒙古伊克昭盟盟长沙克都尔扎布亲王（成吉思汗第 30 代孙）赴重庆期间，向国民政府建议将成吉思汗灵柩迁至青海省西北部柯尔洛果贝子旗以避开战乱，蒋介石同意并且委任沙王和绥远省政府主席傅作义、晋陕绥边区总司令邓宝珊等为起灵致祭官，沙王为主祭官，奉移经费从国库拨发。在确定安陵地点时，考虑到成吉思汗攻打西夏时曾经过甘肃，因此决定将成吉思汗灵柩暂移至甘肃省榆中县兴隆山。1939 年 6 月，将成吉思汗与孛儿帖哈屯灵柩、忽兰哈屯灵柩和成吉思汗战神哈日苏勒德（黑纛）西迁至甘肃省榆中县兴隆山。途中，中共方面也举行了祭奠仪式。1949 年 8 月初，西北军政长官马步芳下令将成吉思汗灵柩移往青海省塔尔寺，塔尔寺是成陵西迁的最后一站。

在这三条通道中最重要的一条，也是在日本打击下最脆弱的一条，是印度支那线。目前，自由中国四分之三以上的外贸需要通过法国殖民地。连接海防与昆明的滇越铁路，以及连接印支和中国的公路和水路，总运输量达到每月 5.6 万吨。海防之于中国外贸的意义，已经相当于广州沦陷以前的香港，它的运输量已经翻倍至每月 1.6 万吨。

运力大大提升

滇越铁路承担着印度支那线三分之一的货物往来。物资到达终点昆明后，再由卡车运往中国各主要城市。广西的公路承担着印度支那线三分之一的运量，而那里的边境河流承担着其余的三分之一。

从目前情况看，经印度支那线的外贸物资将继续增长。已经调运了更多的卡车投入这项跨境运输，中国用去年 12 月美国 2500 万美元对华贷款购置的 1000 辆卡车，也包括其中。另外，除了现在这条途经南宁、河池、贵阳至重庆的公路，一条在其西侧 50 至 150 英里与之平行的公路已经竣工。新公路经中越边境的岳墟通往百色，再由河池并入现有的公路。通过这段在施工任务堪称“超级”的优等公路，可由百色经河池向西直通昆明。

通向缅甸及苏联

中缅公路始自昆明，蜿蜒 700 英里进入缅甸，与该地的铁路及水路相连。

中俄两国之间的交通靠着一条从西安出发、经新疆进入西伯利亚绵延将近 2000 英里的汽车路。在甘肃通往苏联边境的路上，由 1.6 万头驮着沉重货物的骆驼组成的驼队，成为西北公路运力的补充。在西北以及缅甸的方向，均可看到胶皮轮大车、双轮手推车和骡马从事大量货物的运输。

粗略估计，在缅甸和西北线上，目前的货运量已达每月 3000 吨。随着更多卡车加入到目前每边 500 至 700 辆卡车组成的运输队伍中，货运总量还将大幅提升。

与印度支那线相比，缅甸线与西北线耗费惊人，但至关重要。因为它们是目前中国采购武器唯一不受限制的通道。印支的法国当局严禁军火经印支输往中国。由于印支输出的一般战争和商业物资，运费只有中缅线和西北线的四分之一，看起来从后两条线输出的货品只能是军火。

西北线也是中国物资出口的主要通道（中缅线目前还是）。从中国输出的大量羊毛、皮革猪鬃、茶叶被中国用来交换苏联的武器装备。法国现在也想办法提供过境便利，如新近对输华物资免征 1% 的运输税。

3000 辆卡车穿梭不停

为了输运进出口物资，目前仍有 3000 辆卡车在中国西南的公路干线上川流不息，在西北方向的卡车数量要少很多。不久美英将提供更多的卡车，西南方向的运力还会成千吨地增长。据测算，卡车运输的成本目前大约为每吨公里五角（中国法币）。

中国认为，目前其交通线还不会遭到日军直接攻击，但印支线受到的威胁还是不小。不过，如果日军沿着海岸线从广东一路攻来，并试图在南宁附近突破桂军炮火封锁，还要面临极大困难。即便成功，中国在广西西部新修筑的公路仍然会畅通无阻，这条公路被特意建立在崇山峻岭之中。

再回到西北方向，如果日军为砍断“红色之路”强渡黄河，攻占西安和宝鸡，或经绥远西进宁夏，进攻兰州，就要准备打两场规模堪比 1938 年的武汉会战的

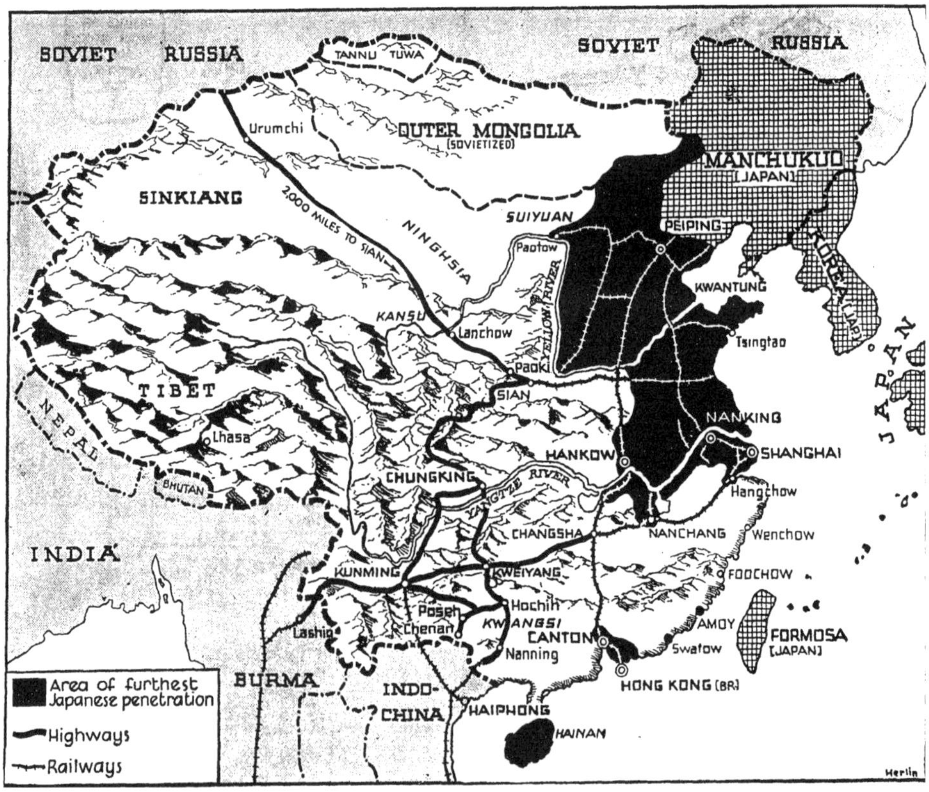

蒋介石军队与印度支那、缅甸与苏俄相连的三条国际通道。（《纽约时报》原文插图）
日本占领区
公路
铁路

大仗。如果打胜一场乃至两场战役，西北线固然会支离破碎，但俄方的物资仍会断断续续地输往中国的抗日军队。

轴心国因素

诚然，日军可以通过炸毁滇越铁路上的众多隧道来切断中国的印支线。但这是公然破坏法国国家财产的行为，日本不得不三思而后行。它是否决心这样干，取决于日本会不会紧密地同轴心国结盟，共同对抗英法。

总之，除非日本发动一场大规模的地面进攻，或者国际形势发生重大逆转，中国新构筑的对外通道不会遭到破坏。

长沙仍在抵抗

1939年10月8日

长沙10月8日电：在蒙古和满洲边界一带持续了四个月的战事于9月16日落下帷幕，苏蒙军队占据了这片有争议的土地。事态发展使日本大陆驻军得以重新启动一度中止的征服计划，此次试图从湖南省会长沙取得突破。

目前长沙仍在中国人手中的现实，表明日本的军事行动在过去的10个月内已经放缓。早在1938年11月，中方就已决定放弃这座盛产丝绸的城市。而在1938年10月，日本就趁捷克斯洛伐克危机，一度侵占了位于英国势力范围之内的广州港，并且紧接着攻占了汉口。

当粤汉铁路这条战略通道两端均落入敌手时，位于这条铁路线中间的长沙市也遭放弃。根据先前制订的“焦土抗战”计划，中国人烧毁了这座城市。当50万居民中的2000人倒在余烬未熄的废墟中时，大家才意识到这样的牺牲未免过于仓促。当时日军距长沙还相当远，直到上周，他们才接近那里。

然而，长沙仍在中国人手中。两国军队在城市以北展开了一场伤亡数千人的会战。如同往常一样，双方都声称给对方造成了巨大损失。但是，一个不争的事实就是，长沙依然掌握在中国人手中。日方声明它并不打算夺取这座城市，因为长沙“在军事上没有价值”。

真正的力量是思想不是炸弹

林语堂

1939年11月12日

在人类文明的进程中，生存的艺术与杀戮的艺术——飞机与军舰——总是相伴相随。不管哪个国家，和平而没有国内外战争的历史都不超过300年。这似乎源自这样一个事实，即人类就是一种同时兼具战争与和平两种天性的动物。在人类身上，杀戮争斗的本能与寻求和平生活的天性，我称之为肉食性和草食性，是如此奇妙地掺杂在一起。

这并不意味着人类的缺陷。人们或许会问，如果在某种文明中，人类被彻底地驯服而只满足于家庭生活，身上再也没有争斗的本能，那么这种文明还值不值得存在呢？生活本来就应当伴随着抗争，否则人类就会退化，而且退化的速度相当惊人，这从一些条件优越的家庭的后代中可以明确地看见。

我这样说并不是想为战争开脱，我仅仅是指出我们人类身上所具有的动物的本能。在自然界，争战的本能与生存的本能是同一件事的两个方面。那些原始的生物天性比只能短时间持续的意识形态或政治教条都更深刻地根植于人的内心。在生物界，那些最为久远的对孩子的爱，那些无比美好的爱情的展示，如花朵的美丽芬芳、百灵鸟的吟唱和蟋蟀的秋歌，总是与无情的争战相伴而生。

林语堂说，集权主义的军事力量不可怕，真正可怕的是集权主义的思想。（《纽约时报》原文插图）

如果我们告诉生物学专业的学生，在表面看上去平静祥和的树林里，正无时无刻、无处不在地上演着最为冷酷无情的争战，就比如晚霞夕照的枝头上安然休憩的那只翠鸟可能刚刚谋杀了一条无辜的小鱼，学生们对此可能会感到些许的惆怅和失落。然而，如果告诉他们，自然界生存的本能是这样的强大，以至于在灾害之后，大自然能够以令人惊讶的方式恢复原貌，或许他们会感到些许安慰。如果有人在秋天见识过长岛遭受飓风后的一片狼藉，再目睹春天那葱茏的绿树和宁静的风景，那么他一定会被自然界坚韧的生命力所折服。

今天，欧洲又一次遭受战争的蹂躏。在了解慕尼黑的情况后，对任何一个旁观者而言，战争已不可避免。对每一个普通的法国人或者英国人来说，和平和战争又有什么区别呢？一时的和平似乎意味着更大的毁灭。更令人困惑的是，挑起战争的人仍宣称爱好和平，侵略者却指责受害者是“战争贩子”。希特勒刚刚侵略了波兰，就迫不及待地将血淋淋的魔掌伸向欧洲，还要假装无辜地询问：“为什么要有战争？”日本在中国大陆大肆屠戮，却声称他们仅仅是想建立“东亚新秩序”。当下，和平与战争变得比以往任何时候都显得更为凌乱。

这一切又意味着什么呢？难道人类爱好和平的天性被他们战争的天性压制了、遮挡了，或者毁灭了？而像艺术、宗教、人类共同的信仰以及科学成果、生活艺术，现代文明的这一切都会被毁灭吗？我们不妨先从第二个话题谈起。

很多人都害怕巴黎或者伦敦会在空袭中毁灭，当代许多杰出的思想家也认为我们所熟知的现代文明将会毁灭。我的意见却与此大不相同。我知道战争的天性是生存天性的另一面，也相信上战场的人并不会放弃生之渴望，因此，我认为两者相比，人类生存的天性将更为强大，也不会被毁灭。既然天性不可毁灭，文明亦然，生存的艺术也同样无法被摧毁。当我们说现代文明会被这场战争所摧毁时，我们到底是什么意思呢？

从物质上讲，艺术与科学会有暂时的倒退，但我敢打赌，战后母鸡依旧会下蛋，人们也不会忘记怎样做蛋卷。绵羊会继续产出羊毛，英国的磨坊也依旧会产出花呢和织品。在无情炮火下，一座城市的物质属性会发生改变，可以想象，一些古老的书卷，甚至保存在大英博物馆里的《大宪章》也会丢失，甚至灰飞烟灭。一些英国诗人和法国科学家会在炮火中丧生，一些贵重的实验设备，甚至整个牛津大学都会被彻底摧毁。

然而，牛津大学的地下图书馆不会被摧毁，科研方法也会存留下来，我们无法想象所有科研领域的专著和课本都会在战争中消失。留声机唱片和肖邦的音乐不会消失，因为人类对音乐的热爱永远都存在。显然，由于对各国青壮年的无情杀戮，人类的生存状态将会变得糟糕。但是，只要一个国家没有完全灭亡，实际上也没有哪个国家会因为最猛烈的空袭而完全灭亡，那么，现代文明以及人类全部的科学与艺术遗产就会被幸存下来的人们继承。经历过战争与毁灭，人类和平生存的天性、人类伟大的创造性，将会使得欧洲在令人惊讶的短暂时间内重新恢复原貌。

这个道理再浅显不过了，那就是单纯武力得不到任何结果。中国就是一个很好的例子。在这场战争中，日本人对中国学校、大学和文化机构的毁坏是如此的系统、深入和彻底，然而，我们还远远不能说，现代中国的文化已经毁灭。浙江一所大学的教授和学生辗转上千公里，从中国东南地区来到西南地区的云南，他们开始重新上课。

只要人还在就没什么可失去的。中华文化的爱好者们可能会感到惋惜，因为世界上唯一保存的皇家“百科全书”——《永乐大典》于 1859 年在英法联军洗劫北京时被烧毁了。但是，这对于整个中国来说又算什么呢？秦始皇（他是建造长城的帝王）焚书坑儒，也没能毁灭中国的儒家文化。

德国在上一次世界大战中苦撑了 4 年，又经历了战后 20 年的萧条和破产，但也未被摧毁，反而看上去更加强大有力，英国和法国当然也不会在现在的这场战争中毁灭。

这启示我们把问题引向更加精细的、非物质的层面，也就是人类生活的积极面。如果构成现代文明的基本要素，也就是我们经常忽略的那些理念、自由与信仰，个人的权利和自由，以及民主和那些普通人正在动摇的信仰都被毁灭了的话，现代文明才真正会毁灭。在一个集权国家里，这些人类与生俱来的文明的要素被剥夺了，设立间谍来监视他们的同伴，那么即使没有战争，文明也被毁灭了。如果一个国家没有严格的管制，人民始终拥有自由的精神，那么文明就不会被战争所毁灭。

事实上，一个文明如果将其生存的本能转变为杀戮的本能，那么它很可能自我毁灭。只要这些人类生命中最朴素的价值获得精心的守护，最单纯的求生的自由与权利获得珍视，文明就不会被毁灭。有许多危险的迹象表明，在当下的思想和生活中，这些人类生存的基本权利正让位于执政者的诳语。欧洲一个集权国家的公民已失去了思考和生活的权利，这种权利哪怕非洲的野蛮民族也一直享有，而且正在享有。

事实上，我们离平常所理解的文明已经很远了。天地万物皆有道。文明萌生，提供给人类舒适的生活，作为代价，也限制了人们的自由，这通常被称作责任感。动物是没有责任感的。信鸽飞回家只是因为它喜欢回家。但是，人是被强制工作的。

首先，他被催促着工作来谋生活。其次，他被要求参加战争来保卫自己参加工作的权利。然后，现在我们被告知，战争比生活更重要，战死沙场比终老床榻要高贵得多。我们终归于自然，却失去了自然赋予的自由。士兵们拿着定量供应卡，心存神圣的责任感。他们像上百万自动化的机械，训练和管制要求他们思想一致，要么诅咒、要么赞颂苏联，绝对服从长官的命令。

林语堂说，法西斯的武力并不可怕，可怕的是法西斯分子盲目服从的野蛮和专横。（《纽约时报》原文插图）

所以现在，威胁文明的不是战争本身或者战争带来的破坏，而是特定的政治教条，它导致人们对生活价值观念的改变。这些政治教条直接侵犯了人们最普通、最自然的生存权利，并且使其服从于国家杀戮的需要。从极权者的立场来说，杀戮的重要性远胜于生存的重要性。

不可否认，国家就是为战争和侵略而组织的。从国家的立场来说，纵使集权主义有一万个理由，然而，从另外一个方面来说，文明所赐予的对象是个人，其目的是使人类能够享受生活最平凡的馈赠，那么极权主义就没有什么借口为自己辩驳。不是武器，也不是战争会毁灭现代文明，而是国家剥夺个人权利的倾向，这在当下的思想中是如此重要的一个方面。

罗马帝国毁灭于老鼠或蚊虫带来的瘟疫，但最终毁灭于人性的堕落。现代文明的毁灭，很可能由于类似的人性的堕落，正如胡顿教授所指出的那样，人类最基本的自由要么是从物质上，要么是从精神上丧失了。从物质上来讲，一个20世纪戴着防毒面具的人对一个穴居的原始人来说足够可怕；而从精神上来说，在某些国家，我恐怕他反而会更受人尊敬。

对普普通通的人的轻视已经足够严重了。在一个堕落的国家，惠特曼的《大陆之歌》听起来像是个遗忘的梦境。

我轻松愉快走上大路，
我健康自由，世界在我面前，
长长褐色的大路在我面前，指向我想去的任何地方。

从此我不再希求好运气，我自己就是好运气，
从此我不再抱怨，不再迟疑，什么也不需要，
消除了闷在屋里的晦气，放下了书本，摆脱了苛刻的责难，
我强壮满足，迈步走上大路。
啊，我行走的大路，你是不是对我说别离开我？
你是不是说别冒险——你离开我就会迷路？

只有夺回人类自由的梦想，恢复普通人生活的权利和自由，才能消除对现代文明的威胁。我此刻无比坚定地相信，只有骄傲地拒绝放弃任何自由的流浪汉才是这个世界的救世主。

在本文开头，我提到战争的天性和和平生活的天性是同一事物的不同方面。人们不会承认，那些奔赴战场的人在做好准备命丧枪口的高尚觉悟的同时，也是追随了自己探索那条大路的天性。

在战场上，士兵俘获一名敌人并不会比抓住一只足以饱餐一顿的野鸡更兴奋。事实往往是反过来的。在大路上，人们会幡然醒悟，原来生命的馈赠是如此的珍贵；面对死亡，生存又是如此的美好。在战壕里，战士并不关心他们的敌人在做什么，直到他们攒够了足够的憎恨起身杀敌。

一位战士业余诗人从田鼠或者村姑身上找到了灵感，朗读起他新创作的打油诗来；一位班长吸着烟斗，和连队的战友们一起默默听着同伴朗读一本旧小说，或许是英国小说家布沃尔·利顿的作品吧；一位 18 岁的细心的白人小伙儿走进来，手上拿着他在附近破败的村子里找到的紫罗兰；有人弹着吉他唱歌。在他们前面，天空中百灵鸟的吟唱和大地里蟋蟀的歌声是那样迷人，那样让人陶醉。

就在那一刹那，士兵们发现这样一个赤裸裸的事实，那就是生活的价值本就来自于生活本身。当他转过身，看到身后生活在平凡而普通生活中的人们，便会感受到一种格外令人珍视与陌生异样的魅力。在头一波战争浪潮中，志愿兵们会穿上军服，但经过两三年的战场生活以后，他们便会发现，唯一值得过的生活便是在星期天下午穿着礼服与爱人悠闲地散步。当你不能穿上礼服的时候，你便会格外地珍视它。对战士来说，回家去过最平凡的乡村生活或者城市生活——卖热狗的小摊，夜晚的霓虹灯，甚至闪烁的交通信号灯——都看起来是如此的美好和令人宽慰。甚至躺在床上做个懒虫，不用幻想起床号的生活，都可以称得上是人类文明所构建的最令人敬畏的功德和最伟大的成就。

事实上，一个人会突然意识到生命中所有事物的美好——清晨的咖啡，清新的空气，午后的小憩，甚至是赶地铁或者在早班火车上躲避朋友——构成了生

活，因此，它们也真正地构成了文明，因为它们才是生活真正的目的。战争让我们意识到我们忽视的美好。没有人比从前线回来的士兵更加珍视在理发店里刮一刮胡子的奢侈时光了。

生活的目的即是生活本身，这个道理真是再浅显不过了，我们却从来没有想到过，在和平的年代，我们甚至怀疑着它。例如，道德家们似乎鄙视躺在床上的行为，神学家也常常会想艰苦的生活才是高尚的。但是，前线的士兵们会越来越觉得，文明最崇高的馈赠之一就是躺在床上，而与穿着鞋子相比，脱鞋睡觉才是一种无比真实的生活。

格鲁：震撼日本的大使

休·拜亚斯

1939年11月12日

一位出使一个正在发动战争的国家的外国大使，他据实道出这场战争的丑恶，而又没有冒犯驻在国，则其外交技巧可谓精湛绝伦。美国驻日大使约瑟夫·克拉克·格鲁[①]刚刚结束休假返回东京，就向一群日本听众评述美国公民是如何看待日军在中国的行径。此时，现场的美国听众显得比他本人更为紧张。他从容流畅地陈述了自己的观点，但讲话的效果却似雷霆震撼。

派驻日本的各国大使当中，无人能像格鲁先生那样既道出事实真相，又未造成外交紧张。如此成就，需要专业训练及过人的才华。英美两国的外交人员常被拿来进行比较，在苏伊士运河以东地区常会听到这样的结论：美国政治任命的外交官为人直率且更能与人交流，而英国的职业外交官则在技巧和训练上更为突出。像格鲁先生这样的美国职业外交官则身兼两家之长。

如果要用形容词描述的话，本报道的主人公应是“伟岸、儒雅”，这些形容词都相当准确。每次参加外事活动时，格鲁夫人总会心满意足地注视着自己的夫君，他不仅有大使的堂堂仪表，还有大使的真才实学。但真正准确形容人们对格鲁先生第一印象的词应该是较少使用的“专注”。也许是很久前就有轻微听障，他必须更仔细地聆听，所以看起来总格外专注。无论是陪伴女士前去进餐，还是

① 格鲁（Joseph C. Grew，1880—1965），出生于马萨诸塞州的波士顿，1902年从哈佛大学毕业，1904年开始漫长的外交生涯。自1932年至1941年太平洋战争爆发，一直担任美国驻日本大使。珍珠港事变后被扣，次年春被遣送回国。“二战”期间担任美国国务院副国务卿，主张保留日本天皇制。

（左图）
美国驻日本大使——格鲁。
（右图）
格鲁大使认为美日和平意味着太平洋的和平。
（《纽约时报》原文插图）

在接听冗长啰唆的电话，他的表情都可用这个词来形容。

每个事业有成的人总能在其人生早期找到塑造其性格与事业的关键点。格鲁先生的关键点似乎是他完成格罗顿中学和哈佛大学学业后，其父为他安排的像旧时英国富家子弟那样现代版“大旅行”以拂掉其身上的书卷气。

格鲁出生于波士顿。这不禁令人联想起在某次纪念富兰克林的会议上，当洛杰参议员提到富兰克林出生于波士顿时的一则趣闻，韦尔·米切尔[①]打断了他，说：“不，先生，富兰克林17岁时诞生在费城。”按此思路，大使格鲁的诞生地应为印度——初到此地的他还只是个训练有素的哈佛毕业生。他深受英国作家吉卜林[②]的影响，格鲁决心沿着基姆的足迹生活。在巴尔蒂斯坦，格鲁身染疟疾使听力大损且险些让他丧命。

格鲁的第一个外交职位是驻开罗的领事随员，年薪600美元，负责审核账单和督察动物皮革的检疫。这位当年开罗的领事随员现已荣任大使12个年头了，而其中连续7年任职东京。在东京，格鲁找到了自己职业的关键：即希望隔着太平洋彼此相望的美日两国，在开始谱写新的历史时避免战争。

格鲁先生曾经说过，外交官最大的败绩莫过于战争。纵使多次受挫，他仍然坚信“美日之间没有不可谈判的问题”。他竭尽外交技巧来确保自己的外交生涯中没有战争的记录。

格鲁夫人的外公就是用战舰把日本推进到现代世界的佩里将军。格鲁先生在日本工作虽然部分得助于这一渊源，但更多的还是他对最高使命的认同。

---

① 米切尔（Silas Weir Mitchell，1829—1914），美国医生兼作家，擅长心理小说和历史传奇小说。宾夕法尼亚医学院院长、美国神经学学会首任会长、美国内外科医学会会长、美国艺术和科学研究院和国家科学院院士。他在文学界和医学界均成就不凡、享有盛誉。

② 吉卜林（Joseph Rudyard Kipling，1865—1936），英国小说家和诗人，1907年凭借作品《基姆》获诺贝尔文学奖。获奖理由：“这位世界著名作家的作品以观察入微、想象独特、气概雄浑、叙述卓越见长。”

格鲁先生不仅自己为美国国务院效力，还贡献了一支“格鲁王朝”。大使夫人们在支持外交工作方面发挥着重要作用，并毫无薪酬回报。格鲁夫妇的三个女儿也都嫁给了外交官，他们今后或将成为美国驻外使馆的“第一夫人”。

自从孩子们离开后，格鲁夫妇在东京大使馆的生活归于平淡。每天 8 点半左右格鲁先生沿着陡峭的小路从官邸步行到使馆办公处。接下来几个小时，他会处理各类电报和信件。之后，他再回到书房接听给他带来各方面消息的电话。

傍晚，当一天的工作结束而又奇迹般没有宴会应酬时，格鲁夫妇会暂时忘记外交身份，静静地坐在书房里。那台老旧打字机也会安静下来，敲字声换成了留声机演奏的音乐。格鲁先生准备在退休后，撰写的自传里单独用一个章节来讲述留声机的故事。对于这位受沙漠和大洋阻隔而无法观赏歌剧和音乐会的音乐迷来讲，留声机意义非同一般。最近，格鲁大使有时会玩一种新的字谜游戏，这个由波士顿人发明的小游戏非常有助于他在劳神费脑的公务之余放松一下。关于打高尔夫球，他秉承的态度是挥杆后令人满怀希望要好于真正入洞。尽管如此，他卸任离开日本时还是会带走在东京多个球场上夺取的银杯。

英军完全撤出华北

詹姆斯·麦克唐纳

1939 年 11 月 13 日

伦敦 11 月 12 日电：战争部今日宣布英军撤出华北，只保留少许必要的军力来保护财产、维持秩序。做出这个决定是“缘于欧洲冲突导致军事调整的需要”。

如英国同样根据《辛丑条约》在该地区派驻军队的各国政府都已经接到照会。英国这个举动有依靠其他协议签署国来保护自己利益的迹象。美国也是该协议的签署国之一。

现驻华北的英军约有一个营的军力，驻守在去年夏天英日角力的风暴中心——天津[①]。在英日双方一系列的谈判中，包括了日本索要中国政府存放在天津英租界内价值 5000 万法币的白银，这笔财产的归属仍未议定。换句话说，那些白银还在那里。

① 日本发动侵华战争后，与英国在租界的矛盾迅速发展。由于天津英租界地处华北，一直是中国爱国人士开展反日活动的理想基地，且流通中国官方法币，并存有相当数量中国政府的白银储备，因而这里成为英日两国角力的焦点。1939 年 4 月 9 日晚，亲日派人士、天津海关监督兼中国联合准备银行天津支行经理程锡庚在天津英租界内的大光明戏院被暗杀。6 月 14 日，日本封锁天津英租界，史称“天津英租界危机”。最终，英国不顾中国反对，于 1940 年 6 月 12 日与日本正式签订协定，在天津存银问题上向日本妥协。日军解除了对天津英租界长达 372 天的封锁，天津租界危机平息。

英国军力在租界集结

在亲日海关监督官员于4月9日被暗杀前，英军已经将警戒部队分散在华北各地。由于英国拒绝交出4位据称谋杀了海关监督官员的中国人，日本决定封锁天津英租界。所有英军奉命在天津集结，并一直驻扎至今。

据美联社报道，英国在天津的军力目前只有750人。由此推测，战争部的照会意味着其中只有部分军力会留下来维持租界治安。英军撤离后，华北将留下由1个步兵团、2个炮兵小队和1个轻型战车连共1500名官兵组成的法国海外军团，以及美国250名海军陆战队员。

虽然英军只有大约100人的精干力量会继续留在天津，负责保护英国财产和很少几位英国国民，但据此间非官方的消息指称，英军对租界的保护地位并无改变。但要想阻止数量上远胜于英军的日军随时进入租界，这几乎是不可能的。值得注意的是，日军尚无动作。

英日关系获得改善

此外，天津租界局势在英日两国已就主要问题大体达成协议的背景下，英日关系自7月以来已获得改善。其间，张伯伦首相在下院发表谈话表示，英国政府已意识到驻华日军对保护自己管辖区域的安全及公共秩序存在着特殊的利益要求。

英军伤兵被送回英国。（《纽约时报》原文插图）

同时，英国已经向日军交出4位中国嫌疑人，紧张的局势大大缓解。鉴于这种情况，伦敦方面认为，英军继续在天津驻防是没有必要的，将他们调回欧洲可能会更有用一些。

驻华外交界对英军宣告撤出华北的解读是，这一举动表明英国近几个星期在远东的地位有所提升。这些外交官说，《苏德协议》推动了英日两国缓和紧张关系。外交官们认为，英军撤退对“改善英日两国之间独有的政治气氛非常重要”。

他们推断，一些英国士兵会被从华北调回英国，而另一些则会被派遣到香港或新加坡，并表示相信“英军撤出后形成的力量真空可能被美军的有生力量所填补”。有消息透露，相关谈判已在伦敦和华盛顿展开，其目的在于，在英国专注于欧洲战争期间，让美国保护英国在华利益。

据接近英国外交部的消息灵通人士称，此次撤军将仅限于华北。如果英军在上海的驻军也被召回，美国海军陆战队将接管目前由英国军队负责警戒的租界区。

日本“建议”撤军

在欧陆战争爆发之际，日本“建议”各交战国安全地从中国撤回武装力量，将各自管辖区中的国民与财产交由日本保护。英国随后撤回了在扬子江上巡弋的海军舰只。英国目前宣布从华北撤军，由于天津租界危机争议各点尚未解决，在日方看来，是英方表现出的让步。日本强烈要求“原则上”撤军时间不超过18个月，并建议此行动应可视为对日本在华北建立“维新政府”事实上的承认，并承认日本在华北利益上的优先权。

由于日本正准备在中国建立一个由汪精卫领导的新“中央政府”，并暗示将采取措施争取获得列强的承认，在这个问题上所谓的“承认”此时变得敏感起来了。

然而，英国的撤军与“新政府”的建立同时发生，似乎可以被解读为英日友好的重要一步，这一观点在中国政界尤为盛行。中国方面曾几次指出，由于华北的僵局，他们担心英日关系获得改善。在目前情况下，这被认为是日本在为争取英国方面对“汪精卫政府”的支持铺平道路。

当英国在华北的利益受到严重威胁时，《辛丑条约》其他签署国为英国提供帮助的可能性受到了限制。法国在天津的法租界驻扎了一支小部队，而意大利则继续保留了一支“意大利蓝衣队”在港口驻扎。

美国已撤回在天津驻扎的步兵团，现在天津只保留了一支海军陆战队特遣分队，另有一支负责保护公使馆的特遣小分队在北平。上海也留有一些海军陆战队员。然而，美国派遣了第31步兵团去马尼拉，每年夏天都派遣美国亚洲舰队到华北外海巡弋。这支舰队近期加强了飞机和潜艇的力量。

美国国务院今晚声明，虽然“大部分”英军撤退，但驻华北的美国武装力量不会有任何改变。一名官员指出，国务院已经从英国战争部在伦敦的通告注意到英方的举动，但是，国务院对这一有计划的调动“已经知道了一段时间”。他补充道，他相信这次行动不会影响中国战区内任何一支美国军队的地位。

目前，据美国海军部透露，美军在华北部署有530名海军陆战队员，其中250名驻扎在天津，280名驻扎在北平。另外还有1000人在上海。

东京表示满意

合众社东京11月13日（星期一）电：英国驻日本大使克雷吉爵士今天致电外务省并通知外相、海军大将野村吉三郎，英国政府已决定撤回更大批驻华北的军队。

日本方面表明，他们对这一消息“相当满意并且很大程度上将此视为英国在华北利益上做出让步的第一步”。日本军队在夏天封锁了天津英国租界。

外务省表示，英国撤军的“官方原因”是欧洲方面需要华北的英国军力。英军最终从上海的撤退被一些日本人预料到了，他们指出，在日本在南京建立“前行政院长汪精卫领导的中国政府”前夕，英国的这一动作特别令日本满意。

据报道，紧张的外交活动今天已在中国穿梭进行，一份未经证实的声明指出，英国和日本正就远东问题达成协议。

据日本官方新闻机构同盟社报道，英国驻华大使卡尔爵士刚刚结束在重庆的访问并将来到上海。期间，他多次与蒋介石委员长和王宠惠外长会晤。

前日本驻华盛顿参赞和中国问题专家须磨弥吉郎本周将去中国。他今天离开东京，并计划返回东京前访问“满洲国”。星期六，他与前首相近卫文麿进行了长时间的会晤。对于所有涉及中国的重要行动，日本政府都希望得到近卫的认可。

另据报道，法国驻华大使高思默已经前往河内，他将从那里飞往重庆，与蒋介石会晤。

据同盟社报道，俄罗斯驻华大使潘友新不久后也将从重庆飞往上海，与即将赶赴中国的俄罗斯驻日本大使斯曼坦尼进行协商。

日本方面对来自重庆的报道，即美国驻华大使詹森本周将从重庆出发去香港、上海和北平的消息，非常关注。

此间对一系列异乎寻常的外交活动无法解释。与政府关系密切的日本人圈子里流传着一种说法，即日本政府正致力于寻求与英国最终达成一揽子协议①，他们觉得这远好于目前从表面上看到的文字表述。

然而，显而易见的是，密切关注远东形势发展的各方势力都在尽最大努力评估和权衡日本扶持建立汪精卫领导的“中国中央政府”后即将出现的新形势。

---

① 19世纪中叶以后，中国海关即处于英国为首的西方列强控制之下，成为它们侵夺中国利益的重要工具，关税也逐渐成为外债和赔款的担保品。对于英国长期把持中国海关大权，日本久怀觊觎之心，在发动全面对华侵略以后，就对海关税款展开劫夺。1937年11月12日，上海沦陷，日本企图控制江海关。上海是全国最大口岸，江海关税收在正常情况下占全国关税收入近一半。上海也是英国在华利益比较集中的地方，英国当然不肯将中国关税的金库钥匙拱手交给日本人。1937年11月20日，英国外交部致电英国驻华大使寇尔，其要旨是为保住对中国海关的控制权，保护外债，应同列强协商，迫使中国接受有利于列强与日本妥协的条件。因此，英日就中国海关问题展开谈判，并于1938年5月签订《关于中国海关问题的协定》。这是在完全把中国排除在外的情况下签订的。

到这个政权宣告成立之时，形势依然一片混沌。不过有人认为，一旦南京政府开始运转，形势就会开始变得明朗起来。

日本终将失败

重庆11月12日电：今天，蒋介石委员长在国民党中央执行委员会第六次全会上发表演讲，他指出，日本为与西方势力达成协议而做出的外交努力必将失败。

蒋介石断言，“只要日本专注于废除《九国公约》及对华门户开放原则，美国政府及人民就不会被日本的糖衣炮弹所欺骗”。

针对日本渴望与苏联交好，蒋介石指出，东京一方面要与汪精卫签订反共条约，同时吁求德国联合反共，而另一方面又讨好苏联，这本身就暴露出日本的无耻和伪善。

蒋介石说，“日本在中国如此不遗余力，但终究摆脱不了它崩溃的命运”。

中国决心打持久战

休·拜亚斯

1939年11月19日

重庆将在1940年致力于持久战，怎样阻断敌人的国际援助是东京的难题。当日本在考虑如何以最佳方式结束战争，而重庆政府正计划进行持久战。以下的电文描述了这个情况。

日本面临一个决策

东京11月18日电：曾一度臭名昭著的作品《两手准备》描绘了一个少女走在她的两个愁眉不展的爱慕者之间，他们只对着少女说话却并没和对方交流。那个少女没有爱上其中任何一个，但正在决定选择哪一个做她的情人。

这幅画简洁也许轻率地描述了日本对于战争中的欧洲的态度。日本拥有世界第三大海军，但它的使用率不到一半，日本没有帮助欧洲战场上任何一方的义务，因此，日本清楚它的吸引力，欧洲同样清楚。英国和法国不需要日本海军的帮助，但是日本的中立对英法来说是尤其重要的。如果日本舰队与德国站一边，太平洋地区会变成同盟国的马蜂窝。将来没有英国舰队能在新加坡东部出没，澳大利亚和新西兰可能会听见日本人的枪声。

《希特勒－斯大林条约》（即《苏德互不侵犯条约》）

今年8月，当阿道夫·希特勒与约瑟夫·斯大林签署和平条约，日本立即宣布它不涉入欧战，而是专心于与中国达成和解。这个声明就像画里的少女所做的决定，她不会立即嫁给任何一个人。德国人不会接受这个结果，他们一直敦促日本和他们一起与苏联政府做交易。

日本的某一政党，包括一些最激进最狂热的反共产党主义者，现在同意支持德国的策略。而另外一个政党，包括一些相当优秀、曾经成功击败了德国联盟但以老年人为主的群体，现在反对与苏联建立友谊，因为它和纳粹主义相关。

那么现在问题依然是：是向左转支持德国和苏联，还是向右转加入美国和英国，哪一个选择最能帮助日本达成它在中国的目的呢？

苏联依然在帮助中国

英法决定撤出他们在中国的几乎所有的驻军，这显示了他们的态度，英法对蒋介石的支持已经成为过去。德国无法给蒋介石任何支持，但是苏联可以给蒋一些切实的东西，前提是苏联愿意。如今蒋介石所渴求的国际援助大概只有苏联可以给予；国际援助的中断对于日本来说是有价值的，因为这会对中国造成精神与物质影响。如果蒋介石得不到任何国际援助，日本认为，他可能会精神崩溃，他疲惫的追随者们也会放弃一个失败的事业。

现在决定权在莫斯科手上。假设斯大林的长期政策在于削弱日本、德国和英国的实力，此时的欧洲像失火的房屋，如果抛弃中国共产主义者会助长欧洲的火焰，那么没有理由假设斯大林会退缩，比如与日本休战两年。

苏联中断对中国的援助对日本有什么价值呢？日本现行中立政策的改变对苏联有什么好处呢？同盟国能做什么来排除日本改变立场所带来危机的任何可能性？日本中立态度的改变会怎样影响美国的政策？是否如德国联盟的敌人在去年春天所说，这是美国舰队卷入冲突的最快方式？而这些问题的最终答案仍似隐藏在大理石块中的雕塑。

然而，这至少清楚表明：日本在被两个方向拉扯着。它会使自己成为纳粹主义和共产主义的力量，还是转移到英法美的轨道上？

中国掌握着胜利筹码

窦奠安

1939年11月19日

重庆11月18日电：中国打赢抗日独立之战的胜算仍然很大。从中国的人力和物力资源的情况看，加上针对一些相对无形因素的考量，这样说是有道理的。

中国较之日本最主要的优势是她的人力。自从战争爆发，尤其是汉口沦陷后，中国以更快的速度和更高效的手段征召大批男子组建起一支能够打败日本人的军队。迄今为止，大规模征兵和强化训练使中国拥有正规兵员350万人，有250万人应征入伍并接受了部分训练。此外有300万或400万人已完成选拔和入役检查，可随时开始军训。

这是“自由中国”地区的情况。在敌后广大地区，另有170万人以小型地方武装或较大游击队的方式，对日本占领军进行持续不断的骚扰和攻击。

目前，10所陆军军官学校每年培养出2万名军官出任正规部队的指挥官。一所在湖南设立特殊军校，刚对2.5万名军官完成指挥游击作战的培训。

前线作战部队100万人

中国350万正规军中，包括在前线的超过100万人的部队。其余在后方继续训练随时准备投入战斗。重庆政府依然有效地管控着中国4亿人口中的3亿人。军方领导人估计，按照军队目前运用情况，中国在20年内无须担心人力资源枯竭的问题。

中国能为如此庞大的军队提供物资给养吗？答案是“能，但是需要一些条件”。军方领导人信心满满地表示，按中国军队以往的装备规模，下年度的军械和弹药应是充足的。350万正规军已配有步枪、机枪、少量重武器和充足弹药。中国的兵工厂可基本满足部队对轻武器和弹药的全部需求。进口的重炮、坦克和反坦克火炮数量不多，但自汉口沦陷后，中国一直精心地保存着这些装备和炮弹，并主要从苏联持续采购，使中国在这一方面保持着不可小视的力量。

与它的陆军相似，中国的空军也在成长壮大。成百上千名新飞行员将完成训练。美国和苏联为中国制造的新飞机已被采购。

中国现有 500 架战机

据可靠消息，如今中国空军保有 500 多架驱逐机和轰炸机，1940 年的战机总数还会增加。

不可否认，作为抵抗基地的中国西部省份受较低经济发展水平的影响，使中国军力有所减弱。即便如此，在自由中国的多地新建工厂、交通设施创造财富的努力都取得了显著的进展。

虽然中国一些最有价值的矿区，尤其是铁矿和煤矿区被日本占领，但在自由中国领土上的矿山资源依然能够保证未来十年内工厂的供应，并能满足锡、锑、钨、金等矿石大量出口的需要。今年，仅四川和云南两省的工厂就用中国矿石生产 3.3 万吨钢和 8 万吨生铁，明年的产量还将增加数倍。虽然与日本相比，中国钢铁产量不大，但已占到 1939 年使用量的近一半。

今年，中国将生产出占需求量七分之三的铜，几乎全部的小型电气必需设备以及大部分所需化工产品、酒精、铅锌和布匹。不久之后，甘肃省新近开采的油田就能实质性地解决液体燃料短缺的问题。

就短期而言，自由中国的金融无疑是安全的。虽然能搜集到的反映财务实际状况数据很少，但权威人士保证，中国已获足够多的国外贷款来应付明年战争物资的采购。对进口的限制，加之近期美元疲软，促进了出口的增长，法币将保持稳定。当然，日军空袭，民众颠沛流离，以及局部发生饥荒，都加重民众的苦难，但是，农业丰收在望也会减轻这些负面因素的影响。

在衡量中国胜算方面，其国内是否团结是持续考量的指标。国民党与共产党之间存在诸多分歧，但两党合作仍是主流，预计不会出现公开破裂。

从国际形势看，中国的地位稳固但也存在危险。大国的博弈可能会在数周内发生英国或者苏联令中国失望的事态，特别是如果是苏联造成的，那将是灾难性的。不过目前中国仍享有苏联和英法方面的支持，而且不久以后，美国将对日本采取强硬政策，这将及时起到鼓舞人心的作用。

中国人的希望

中方所有的计划都是为在明年某一时刻发动对日大反击而准备的。中国领导人认为，他们有能力给日本军队沉重一击，并夺回若干重要城市。

中国人并不期待未来单凭武力把日本人赶出国门，他们的政策是基于日本发生经济崩溃，或出现令军国主义政权下台的政治突发事件。除此之外，中国也期待国际形势突发对日不利的大变化。面对未来，蒋介石的想法是，现在可不能停下来，因为拥有如此之大的中国有条件也有意志这样战斗下去。

日军兵逼南宁

窦奠安

1939 年 11 月 23 日

重庆 11 月 23 日（星期四）电：新调遣的中国援军已切断日军前进路线，到达广东省南部战区，扼制了日军对北海地区的攻势。据说日本准备向桂南边界的钦县发起攻击，而且有少量部队已占领大塘，攻入广西。[①]

中国军队不顾一切保卫南宁，防止日军切断至关重要的桂越公路。据昨日报道，日军对南宁和周边城镇进行了长达一整天的空袭和轰炸。

日军竭尽全力要切断中国的国际交通线。因为日军先头部队已经威胁南宁，它是中国通往印支半岛的重要交通枢纽，从南宁到法属印支边界的所有交通都已停止。

敌人可能切断战略运输通道

上周日军的攻击形成新的威胁后，中国交通当局较为冷静，相比之下官员对此表示担忧。目前在老公路以西 100 英里新修的广西—印支的新公路，由于印支境内路段仍未完成，竣工两个月仍不能使用。

如果日本攻陷南宁，他们将不仅切断目前主要的贸易通道，还会阻断广西至印支半岛重要的水运通道。维持中国内地公路和航运运输所需的汽油库存，是通过公路和水上交通从印支运进广西的。如果日军在北海或南宁附近建立空军基地，恐会严重影响云南的交通，甚至可能直接炸毁公路。

① 1939 年 11 月，日军对钦州湾进行闪电战，疾速登陆，攻陷防城港，桂南会战开始。日军此役的作战意图是截断广西与越南的国际交通线，开辟海军航空兵对滇越铁路、滇缅公路作战基地。11 月 24 日，日军占领南宁，中方急调部队增援广西。在第 5 军军长杜聿明指挥下，中国军队取得昆仑关大捷，击毙日军第 21 旅团长中村正雄少将。1940 年 1 月，日军增派援军进行反扑，至 2 月 3 日，再次占领昆仑关。中国军队苦战多日，伤亡很大，需要休整，遂结束会战。

在《致广西人民书》中，白崇禧将军呼吁群众团结起来，有组织地抵抗敌人。他要求破坏敌占区的公路，从可能沦陷的地区疏散群众和物资，把群众和民事官员充分动员起来。

日军每天轰炸南宁，星期二的 8 次空袭造成了大规模损坏。

日军兵临城下

合众社上海 11 月 23 日（星期四）电：日本今天宣称，他们在华南新编组的远征军已到达广西战略重镇南宁市郊，但中国称日军的进攻已被阻止。

日军的轰炸机粉碎了南宁外部的防御，日本同盟通讯社报道，经过一次激烈的战斗，日军装甲部队已进入城市郊区。从法属印支输入国民党军队重要战备物资经过南宁运进中国。

汪精卫推迟成立新政权

前行政院长汪精卫已被指定为亲日的新中央政府领导人，他的机关报《中华日报》公开披露了新政权延迟设立的原因，并质疑日本是否可以保持自己在东亚的领导地位。

“不能由日本人来组织新一届政府，也不能抛弃蒋介石委员长，只有中国自己才有决心和能力来解决这个问题。”《中华日报》评论道，“新一届政府与日本的关系必须是独立的和自决的……”，“日本是否可能在东亚建立和维护其领导地位，取决于它是否可以联合中国与英国、法国实现合作。”

《中华日报》指出，新政权之所以推迟成立，缘于汪先生提出的四点主张目前陷入了谈判僵局。

一、中日签订和平条约应置于新政权成立之前。汪先生认为日本前首相近卫文麿的声明对和平尚不具有足够的保证。

二、中日经济合作的基础需要修订。“中日合作目前确实并不存在，但它必须在和平谈判中获得保证”。《中华日报》报道，这表明汪先生想要收回中国铁路、海关以及中国工厂的控制权。

三、撤出部分日军，建立中国政权。

四、保证除华北和内蒙古以外的日本军队最终完全撤出。

大江东流不息

——扬子江战时见闻记

毕林翰

1939年12月9日

扬子江犹如一条黄色的巨龙，蜿蜒3000公里，横贯整个中国。它的源头在巍峨高耸的唐古拉山脉，自西向东奔流到海，几乎将整个中国大陆切成两半。扬子江和世界上其他大河一样享誉海内外，然而中国人民将它视为唯一的“大江”；对他们来说，没有什么能超过扬子江在他们心中的地位。如今，扬子江已成为举世瞩目和争论的焦点，因为日本以武力封锁了扬子江。

扬子江对中国三分之一人民的生计有着至高无上的重要性，以至于这里的人们将扬子江视为一种超自然的现象。对当地人民来说，扬子江是半人半神的。它时而残暴，时而善良。这似乎也体现了中国及其国民性格中的优点与不足。人们沿着河岸为善良的河神建造了庙宇，无视它的神秘莫测。

在华的外国人能够很容易地理解当地人民的这种态度，因为河水似乎有它自己的想法。它可在白天平静地流过和煦平静的村庄，由于山洪暴发，它又可在一夜之间突变成狂怒的恶魔，在低洼处冲毁堤坝，淹没田野，毁坏村庄。它引起的山体滑坡和泥石流将冲击形成新的岸堤，并创造出新的江心岛。

然而，撇去扬子江残暴的一面不说，对于数以百万计生活在辽阔的扬子江流域及其浅滩上的人民来说，它意味着生命本身。它还有众多的支流，流域覆盖了超过大半的中国领土，滋养和灌溉着世界上最肥沃的扬子江中下游平原。

几个世纪以来，扬子江一直是中国主要的交通运输通道，在这里大多数的出行都要走水路。扬子江还是15个中国较大城市通向大海的唯一通道，同时，对于其他数以百计的城镇来说，它也是一条最可靠的航线。它无数条支流展开以后就像是一棵“中国树”，舒展的分支四通八达，一直延伸到那些将落后的独轮车作为主要交通工具的偏远山区。

甚至没有人可以估计，扬子江带来的巨额贸易到底有多大。华中地区所有的商品最终都会汇集到这条河流，形成巨大的贸易。来自西方所有的商品也都经过这条河流入广袤的中国西部地区。如今，作为世界第三长的河流，穿过现代中国的扬子江在西方已广为人知。

从宽达40英里的入海口上溯至1000英里以外的内陆城市宜昌，扬子江形成了完美的商业水运体系。一路上行，小岛星星点点，浅丘此起彼伏，密密麻麻的村落夹杂其间，稻田和庄稼一望无际。

水牛在湿漉漉的田间拖着老旧的铧犁，后面紧跟着步履蹒跚的农民，他们的双膝踩进了松软的湿泥。这种耕作方式虽然古老，但很有效率。也许最聪明的，要算用竹筒拼装而成的水车，扇叶上覆盖着薄薄的布条。这样的发明可使布条在水中蘸满水后，通过水车的转动最终将水灌溉入田，最终循环使得竹筒中有无尽的水可以流出来。而且，这种可拆卸的水车可随着农民的需要，移动到别的地方。

扬子江两岸居住着世界上最勤劳的农民。这些农民携家带口，在田地上昼夜耕作。大一点的孩子和母亲一起，随着父亲在田间耕作，剩下的小孩则负责照顾水牛。因为这些水牛不会分泌汗液，所以在白天耕作的时候需要保持水牛的身体不断被水浸湿。小孩子们骑着水牛去最近的池塘，浸湿水以后再骑回耕地。

扬子江流域分布着落后的村庄，农民们保留着原始的耕作方式，与下游的现代化大都市形成了鲜明的对比。这些现代都市里矗立着西洋风格的建筑，街道铺设得十分宽敞，货车、小轿车、黄包车、自行车、手推车和马车同行一道，使城里的交通状况变得极为复杂。喊声高亢的苦力也穿行其中，他们肩上的扁担两端，挑着沉重的担子。

在扬子江沿岸诸多城市中，上海艳压群芳。这个被誉为“东方之珠”的名城主要由西方国家建成，坐落于黄浦江边，离扬子江的入海口还有一定距离。成千上万吨来自世界各地的货物，都是从这里进入中国的。

扬子江下游这些多才多艺的城市，几乎可以生产和制造出所有人们能够想到的东方的货物，还有通常的农产品。镇江和南京天下闻名，再往上游一点是芜湖，中式帆船在那里装载大米、生铁、鸡蛋、木材和棉布。安庆出产著名的徽墨，它的制作方式是把燃油灯放在一个封闭的房间里，油灯散发的油烟黏在墙和天花板上，再将这些油灰收集起来，挤压成砖，制成徽墨。

日本士兵黝黑的身影在长江浊浪之上若隐若现。（《纽约时报》原文插图）

逆流而上可到九江。这座城市盛产丝绸、织锦，还有精雕细刻的银器和美丽绝伦的瓷器。继续溯水上行到达汉口，这里距离入海口大约600英里。它也是一个有着众多西洋建筑的城市，是中国重要的贸易枢纽。再深入内陆，就是岳阳和宜昌了，这也是两座不容忽视的城市。

在那些繁华的商埠，扬子江沿岸很整齐地停满了各式各样的小船，好多船舱都装修得相当精美。但也有一些很长很低的船，上面只有一个供人避雨的乌篷，这种设计有利于遇到漩涡时船夫好控制船身。每条船根据其装载货物的种类，在桅杆顶上会插上不同颜色的小三角旗，便于区分。

这种中式帆船在中国是最便宜的货运方式，用它来运送货物花费很少，但是它的速度慢得可怕，从沿海到内陆往返一个来回，几乎要花两年时间。然而，这种蜗牛般行进的速度并不能影响船夫的心情，他们和妻儿幸福地生活在一起，几乎每天都在船上。他从孩童时期就熟悉了扬子江沿岸的每一个港口，对他而言，船停靠的每个码头都是他的家。

在天气多变的中国，小帆船和小汽轮在各种船只中是最出色的。每一位来中国“航行”的人，就算天气状况再好，也很难驶过比宜昌更远的地方了。这座城市位于三峡的入口。一般来说，最远就是将货物运至汉口，在那里把货卸到安装有更大马力引擎的小汽轮上，这种汽轮能够在湍急的水流上平缓地行驶。这种小汽轮船身很短，底部扁平，通常装备了3至4个舵，遇到激流时能够相对地保持平稳。

对于来自美国和英国的航海家来说，能够在扬子江上游航行堪称勇士和先驱。在过去很多年里，只有插着英、美两国旗帜的船到达过扬子江上游的险要之处。后来，其他国家的商人对扬子江也十分好奇，纷至沓来，例如法国、意大利和日本人，他们的国旗也逐渐在三峡出现。每个国家的商船都有自己的炮艇护航，防御歹徒的袭击。

虽然船越建越好，盗匪威胁也逐渐减小，但想要穿过三峡依旧不易。有一段时间，外国船长都不愿尝试。有的时候，在水位很低处，江水的流量会突然减少，导致船只搁浅。又有的时候，水量急剧上升，达到令人难以置信的高度。在重庆，水位忽高忽低，竟会相差100英尺。一个搁浅的汽船被冲到一个很高的沙洲，就是一个铁例，足以证明扬子江那难以捉摸的脾性。

当汽艇穿过急流时很容易发生危险，有时候只能什么也不做，等待船体自身经过15分钟的猛烈地旋转后，重新行驶到水流相对平稳的地方。在此过程中，根本没办法掉头。当汽艇的烟囱烧得发红，蒸气可怕地冒出来时，也就是船只遇险时，岸边的船夫们会想办法营救。他们抛出绳子把船绞住，然后用力把船拉出危险地带。这时，船员会把江水浇到灼烧的烟囱上。

江上航行的中式帆船。（《纽约时报》原文插图）

当地那些满面笑容的救援者们有一个公认的喜好，就是敲诈那些不幸的外国船长们。本来支付给救援者是有一个官价的，但是狡猾的船夫们总能想方设法地要到更多。待把绳子抛到遇险船上后，他们经常多敲诈获救船只更多的钱，不然就威胁要扔掉援救的绳子。有时他们还会改变救援的步骤，在确保船只安全渡过险滩后，他们就会讨价还价，最终保证两方都对结果满意。

大概在三年以前，有一艘船被岸边的船夫们救援后，因救援用的绳子断裂，船体倾侧，不幸翻覆，几乎所有船员和乘客都掉进江里。但当地那些救援的船夫们并不在意那些被江水冲走的船员和乘客们的呼救声，竟忙着打捞那些掉进水里的货物，怕货物被水冲走。

对于那些受惯了穷困的人来说，这种做法是可以理解的。他们认为，从江里打捞起来的东西是属于他们自己的，而如果任何船员被他们救起，他们就要负责照料船员下半辈子的生活，负责为他们提供吃穿用度。这些想法使他们没有去营救那些受难的船员，这样一来，在扬子江上发现漂浮的死尸，就是一件很正常的事情了。

但是，大自然的鬼斧神工，为人类造就了意外的惊喜。扬子江峡谷风光旖旎，穿越峡谷的途中，美景应接不暇，令人无比快乐。只是这些秀丽风景的背后隐藏着随时可能出现的危险。牛肝峡江面宽阔，两岸是陡峭垂直的山壁，最高的山峰高达 3000 英尺。巫峡则是一段约 25 英里长的多姿多彩的河谷，江面升起薄雾，时常可以看见彩虹。

当地的纤夫用绳子拖着船行进。他们赤裸上身，勾着腰，身子匍匐埋向地面，拖着沉重的步伐，走在高耸的悬崖上，或是江边的浅滩里。

顺流而下的船只由6—12名桨手划驶，他们在看不见外国汽艇时随性而行，一旦看见了外国船只，就开始疯狂地划桨，直接赶超过去。此景足以证明，中国人是十分好面子的。

在峡谷沿途，远山白色的斑点多是中国退休将领的宅邸。他们想在这里找到一个可以写诗或研究古代经典的地方，隐居起来，可能是希望以前的敌人能把他们遗忘。沿着铺满鹅卵石的岸线，三三两两地散布着渔民们的卓屋。他们占据着一小块薄地，偶尔打打鱼，偶尔淘淘金。

在风箱峡，最后一个也是最短一个峡谷的岩壁上，铭刻着这样的题记，大意是“这里是曾经进入四川的唯一通道；如今飞机和汽艇使入川变得更轻松了”。[①] 这位会发现自己已经身处中国的偏远地区，而山里人以归隐为荣。居住在这里的人们将所有外来人，包括来自其他地区的中国人一起，都视为外人。这一带大部分沿江小镇上的居民都对外来者的入侵表示不满，他们决不允许外人进入他们的地盘。

这些市镇街道狭窄，街边是敞开的阳沟，里面流淌着臭水。镇边的小溪也是臭烘烘的。除了重庆，这里没有现代化的建筑，也没有铺设整齐的街道，没有灯光照明，没有自来水厂。古老的城墙依山而立，显得冷漠空虚，正如这里的居民面对蜂拥而至的外人一样。

但是，战争迫使这里发生改变。重庆是扬子江的起点，无奈成为了蒋介石政府的临时首都。所有通向上游的扬子江水运交通都被中国军队所控制，而日本军队则垄断了九江以下的江段。在日占区，除了日本船只以外，所有外国船只全都被收缴，或被拆毁、被沉没，或被遗弃。

也许中国军队可以维持其内河航线，并最终赢得战争。如果这样的话，那么其他外国的船只将会重新航行在黄色的扬子江上。但是，未来是什么样子，正如变幻莫测的扬子江一样，是难以预知的。

日军攻占镇南关

1939年12月24日

上海12月24日（星期日）电：日本否认中国声称的已在南宁反击战中获胜，这获得了可信的外国证人的确认。

---

① 文中提到的风箱峡题记，原文为“夔门天下雄，舰机轻轻过。孙元良”，孙时任国民革命军第88师师长。

据法属印度支那的法国官员确认，日本并非如中方所称在南宁附近陷入重围并处境危险，而是已经攻占了镇南关和广西与法属印度支那边境的另外 4 座重要城镇。镇南关距离南宁西南约 100 公里。

中国声称成功进攻南昌的消息昨天也被推翻。两位外国记者从汉口南下到达南昌，他们巡回了整个城市并在城外半径 18 公里区域内驾车查看，并未发现任何军队活动的迹象。

在返回途中，他们经过了武昌西南的一个地区，中国宣称在此获胜，但发现这个区域十分安静，农民正在耕种农田。

日军冲向边境

美联社上海 12 月 23 日电：日本军方宣布，为切断中国的补给线，侵入中国西南省份广西的日军今天破坏了通往法属印度支那边境的公路。

边境已升起日本国旗。而且，日本支队的指挥官与法国谅山驻军的指挥官握手，谅山是印度支那边境的一个小镇。

一份由日军发布的公报说，部队已经完成了“摧毁中国在印度支那边境供应基地”的任务，并且之后离开了已占领 48 小时的镇南关和龙州城。

这两座城市都在法属印支边境附近，并且有从南宁向西南方向延伸战略公路经过。南宁曾经是广西省的省会，11 月底被从海上登陆的日本军队占领。

日本方面宣称，他们在这两座城镇夺取了大量的中国军备物资。公报警告称，“如果它们重新恢复为军事供应基地”，日军将予重新占领。日本方面说，他们的部队已经占据大片地区，实际控制了中国与法属印度支那的边境。

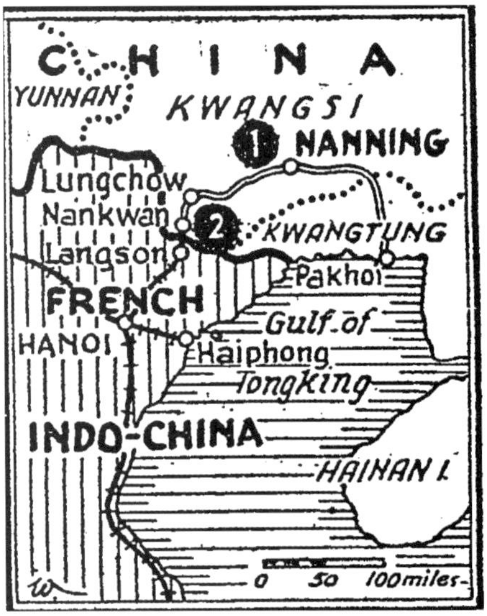

尽管中国方面称已孤立南宁❶日军，但侵略者声称，他们已攻占镇南关❷和中国与印支边境的四个重要城镇。（《纽约时报》原文插图）

南宁战事放缓

重庆 12 月 24 日（星期日）电：日军在极其重要的昆仑关通道按兵不动，南宁及周边的战事已经放缓。

中国在一周的猛烈攻击后未能从侵略者手中收复南宁。据信，中国军队已经重新开始集结。

来自军方的其他消息指出，日本在扬子江河谷的几个重要据点上成功地抗击了中国发动的攻击。然而，在晋西南地区，中国军队收复了隰县附近的几个村庄。

日本否认在包头失败

北平 12 月 23 日电：最近，中国声称已重新收复包头的消息在今天获得回应，一则新闻称，日本军队在绥远省对试图向包头移动的傅作义将军的部队进行了毁灭性打击，将近一万人的部队差点全军覆灭[①]。

包头是平绥铁路向西的终点。傅将军已在五原驻扎了很久。12 月 15 日，据日本飞行员报告，傅将军正率领全军朝西北移动抵近包头。星期三，日本方面称，他们利用坦克、飞机和火炮发动了一次包围战，并切断了傅将军的撤退路线，使他们遭受重创，并且大部分幸存者都被打散了。

抗战歌曲传唱大江南北

李抱忱

1939 年 12 月 24 日于重庆

情动于中而形于言，言之不足，故嗟叹之，嗟叹之不足，故咏歌之，咏歌之不足，不知手之舞之足之蹈之也。

——子夏《毛诗序》，即为《诗经》的序。

在中国的古代，音乐是被尊崇的，但是近几百年，鲜有中国人能意识到歌唱能带来多大的乐趣，能凝聚和召唤起多大的力量。按中国人的传统，不论是官方场合或民间交往，有身份的人士聚在一起合唱通俗歌曲是一件很荒谬的事情，这种文化心理今天依然或多或少地存在着。为人父母者习惯于将操习音乐看成是社

① 武汉、广州失守后，最高统帅部决定发动一次“冬季反攻”。据此，1939 年 11 月下旬，傅作义发动包头战役。先头部队于 12 月 19 日凌晨突入包头城内，与敌人展开巷战，残敌被压缩至日军司令部所在地——“绥西屯垦督办公署”大院内坚守待援。21 日晚，傅作义侦知敌增援部队自归绥、大同和张家口等地陆续开来，增兵已达到 2 万多人，遂令各部队停止进攻向河套转移。战斗中毙敌联队长小林一男大佐和小原一明大佐以下军官 20 余人，日伪军 3000 名，击毁汽车 100 多辆、坦克 3 辆。这次战役牵制住晋北、察南及华北大部日军不能南下。

会上最卑微低贱的行当之一，孩子想要学音乐不啻祸从天降。学校老师也从不教学生练习声乐，与歌唱最为相近的事应该是那些单调乏味的朗诵了。

然而，中国引进现代教育以来，传统教育的理念与方法已在不长的时间里发生了改变。30 年前的学校课程中就已经包含声乐，特别是近十年来，歌唱教学的高速发展，学校之间经常举办歌咏比赛，为孩子们创作的小歌剧登台表演，笛声和唱片与电影的音乐也越来越流行，学生们已开始哼唱最新影片的主题曲。

1931 年，日军侵占中国的东北三省。突然之间，在中国大地的每个地方，爱国歌曲传唱开来，仿佛是一夜之间被批量谱写出来的。在电影放映幕间休息时，突然会有歌声响彻天际："起来！不愿做奴隶的人们！"然后很多人的声音自发地加入进来："把我们的血肉，筑成我们新的长城……"直至曲终。

1937 年 7 月，大战爆发了。从那时起，抗战的歌声在战场上如同炮声一样响亮。不管在哪里，不管是城市、乡村、住家、战壕，还是学校、茶馆，甚至教堂，到处是抗战歌声；不管是谁，不管是男人、女人、老人、孩子，还是学生、目不识丁的劳工、士兵和市民，每个人都在唱抗战歌曲。在中国广为流传的歌曲集，比如《中国大合唱》就收录了很多抗战歌曲。最近，教育部音乐教育委员会的一项调查显示，在中国大多数学校中，超过 80% 的歌曲教材都是抗战爱国歌曲。

这些抗战歌曲的曲调主要有三个来源：一些是来自西方，很大的一部分是中国人新创作的，还有一些是原有民谣改编的，是旧曲调和新的抗战歌词的结合。在西洋曲调方面，美国"一战"时的军歌 *Over There* 被中国人广泛传唱，当然是用中文。又如奥地利国歌，虽然具有纳粹色彩，但是仍作为爱国合唱曲目流行于学生中间。此间很多的音乐家认为，借用西洋曲调有些过分随意。比如，中国儿童和成年人用法国儿歌《你睡了吗》（即《两只老虎》）的曲调唱出了这样的歌词（歌曲为《打倒列强》）：

> 打倒汉奸，打倒汉奸。
> 除日寇！除日寇！
> 人人拿起枪杆，人人拿起枪杆。
> 保中华！保家园！

而英国童谣《划船曲》在中国也变成了爱国歌曲。尽管音乐家们提出反对意见，但很多人坚持这么做，理由是西洋儿歌好学，好记，很适合在大众中普及。他们说，既然这些简单的曲调经改造取得良好的效果，何必在意西方人听起来是不是幼稚呢?

很多中国人认为，音乐是宣扬爱国主义的最好武器，因此很多人都忙着为抗战写歌谱曲。在这些积极分子中，有些是经过专业训练的音乐家，有些则没有经过专业训练但拥有创作好听歌曲的天赋，还有一些人既无专业背景也无音乐天赋。

这些曲子很容易划分为两类：一类与西洋曲调几乎无差别；另一类则具有中国民歌的特色。将家喻户晓的中国民谣填上抗战歌词是最容易为广大民众学习和接受的。

如今，中国歌曲的创作仍处在一个过渡时期，出现一些混乱是自然的，也是不可避免的。现在流传着一个笑话，说一个人只要会写数字，就会成为一个作曲家（此间出版的大众歌曲集几乎都使用简谱）。

关于抗战歌曲我们就谈到这里。如果能够印一份抗战歌曲的曲谱给你看，如果你喜欢的话在钢琴上弹奏出来，听听它是怎样的，一定很有意思。为此，我们就选择一首最为流行的抗战歌曲吧。但是，应该选择哪一首呢？如果你站在昆仑之巅，向4.5亿中国人问这个问题的话，那么答案只有一个。人们将整齐划一，如雷贯耳，淹没一切杂音地响亮回答:《义勇军进行曲》!

《义勇军进行曲》原为1935年推出的有声电影《风云儿女》的主题歌。词作者是著名剧作家田汉，曲作者则是业余音乐家聂耳。聂耳的作曲以悦耳动人而名声遐迩。不幸的是，几年前他在日本溺水身亡。

《义勇军进行曲》的一个显著特征是不规则小节分组。可以说这首歌是散文式音乐创作的一次成功尝试。然而，这并非中国抗战歌曲的普遍特征。传统歌曲形式仍然被大量使用，因为抗战歌曲是为了激发爱国主义热情，其本身并非目的。因此最便捷的自然就是最好的，延续旧俗就成了民众的常用方法。

不过，切分音是中国抗战歌曲的总体特征。虽然在这首歌中切分音只使用了一次，但在16小节的曲调中发现两个或三个切分音是常有的事。有人说这是个时髦玩意儿，作曲者用它首先是因为它让音乐更有力度，其次是因为人们喜欢这种“小节至小节的不规则变动”，因为“切分音”（syncopation）与“陶醉”（intoxication）在定义上是相近的。对于笔者来说还有一层原因就是中文的单音节特征似乎比欧洲语言更需要切分音。

那么，你对这一段旋律有什么评价呢？笔者真想知道这首歌曲是怎么让你震撼的。对于笔者和大多数中国人而言，这首歌已经不是单纯的中式或西式音乐的产物，而是中西合璧的结晶。例如，起首句明显来自西方，但是，随着音乐往下走，它变得越来越中国化，对你来说可能也就越来越陌生。而尾句无疑是源于平

《义勇军进行曲》乐谱。（《纽约时报》原文插图）

常的号声，这又是来自西方，因为号引入中国还不到一百年时间。这首歌的曲调表明，音乐家们正努力借鉴西方音乐的优点，同时又尽量不削弱或丢失中国的民族特色。

《义勇军进行曲》的作曲者没有标注任何伴奏。他的大胆尝试，如果不是为听众提供特殊享受，那么也算得上是绝对的西式音乐。中国音乐在完全没有和声或者极少和声的情况下发展了几千年。和声与复调的声乐艺术在中国的作曲学派中尚待发展，这将需要很多作曲家同心协力才能完成。鉴于作曲家这方面的实践现在还很少，我们或许 50 年以后才有能力创办一个这样的中国作曲学派。当成千上万的民众激昂高歌《义勇军进行曲》时，有人甚至想为逝世的作曲者聂耳铸造铜像，但是也有少部分人，特别是一些音乐家们，一点也不喜欢这首歌。

尽管如此，音乐家和音乐爱好者喜欢吹毛求疵也是有道理的。因为今天的中国音乐界就像稻秧中混有稗草的田野。而饥不择食的民众对这样的作品一直十分宽容，包括音乐家在内的人们，明知民众良莠不分却鼓励稻秧和稗草共同生长。笔者认为有必要重申，中国音乐必须经历这样一个过渡期，而音乐教育工作者的使命就是在全国传播音乐的真谛，并希望有一天中国音乐的“消费者”们会拒绝稗草，而只接受“稻谷”。

第四篇

1940 年

1940 年抗战大势

日军对中国采取窒息战略，企图切断中国与国际的补给线。1 月，日军占领南宁，切断桂越铁路。六七月间，日本又迫使英法两国封闭了滇越铁路和滇缅公路。中国的工业原料和军火补充几乎断绝。

3 月 30 日，汪精卫在日本的保护下在南京成立“中华民国国民政府”。日本试图用“以华制华”策略瓦解抗战的中国。

5 月，纳粹德国在欧洲大陆击败英法联军，法国投降。这使对英法两国抱有很高期待的中国政府与民众深感失望，更深切地体认抗战前景的艰难。

5—6 月，日军发起枣宜会战，并占领通往重庆的门户宜昌。这对大后方民众产生强大的心理压力。

日本空军对重庆的轰炸从 1938 年开始，1939 年加剧，到 1940 年更是大规模展开。轰炸造成巨大的破坏和人员伤亡。

这一年，日军对华北各抗日根据地发起春、夏季大规模“扫荡”。八路军、新四军利用灵活的游击战，粉碎了日伪军的进攻。共产党武装迅速成长，至 1940 年 7 月，八路军、新四军已发展至 50 万人，并拥有约 1 亿人口的抗日根据地、大量的地方武装和民兵。

8 月 20 日，八路军在华北发起百团大战。三个半月中，八路军共进行大小战斗 1824 次，共计毙、伤、俘和投诚日伪军 46380 人。百团大战粉碎了日军的治安肃正计划和以铁路为主、公路为链、碉堡为锁的“囚笼政策”，极大地消耗了日军的有生力量，增强了全国军民取得抗战胜利的信心。

9 月 27 日，《德意日三国同盟条约》在柏林签订，法西斯轴心国形成。

11 月 29 日，汪精卫在南京就任伪国民政府主席。次日，日本与汪伪签订《日华基本关系条约》。同日，国民政府外交部发表声明，宣布日汪所订非法条约完全无效。

正面战线稳定后，国共关系却出现了危险的龟裂，国民党限制中共及其武装的发展。自 1939 年冬始，国共双方在山西、河北与苏北的摩擦日益加剧。

周恩来返回重庆

1940年1月2日

重庆6月1日电：共产党领袖周恩来，在经历了六个月的缺席后，今天返回重庆。据悉，他在这期间的大部分时间里都待在莫斯科。

近日，周恩来出现在延安，这是位于陕北的共产党首都。作为军政部副部长，周先生是重庆职务最高的共产党人。他也因而被委以缓和国共两党摩擦的重任。

用油罐铁皮和黄铜制币

1940年1月16日

华盛顿1月15日电：中国贸易部最近提出了一个有趣的权宜之计，以期应对中国政府目前面临的战时紧急状态。

煤油罐的镀锡铁皮现在中国西南的广西省被用来制作2分硬币。其他数额的硬币也在制作材料中包含这种原料。而黄铜则被用来制作5分硬币。

中国的工厂已从长江流域转移到华西地区，尤其是四川省。与战争爆发前只有25家机械与金属加工厂相比，现在重庆一地就有85家这样的工厂。缺乏熟练工人的难题，政府已由大量引进长江流域工人的方法初步获得解决。

中国强化西藏主权

1940年1月27日

题记：国民政府将委任特派员参加达赖喇嘛坐床大典。

重庆1月26日电（星期五）：今日，国民政府主席林森从西藏摄政热振呼图克图活佛[①]处收到一封重要信件。重庆政府认为，这对于西藏认可中国的主权具有重大意义。

西藏摄政表示接受重庆的委任成为特使，以监督新转世的达赖喇嘛即位成为神权西藏的统治者。这次委任的消息由重庆政府的特派员吴忠信将军传达到拉萨。他将代表国民政府出席在下个月举行的达赖喇嘛坐床大典。[②]吴将军在数日前抵达拉萨，并受到了贵族喇嘛的热烈欢迎。

据悉，即将成为第十四世达赖喇嘛的6岁“灵童”近期在青海被发现，并被宣布拥有前任达赖喇嘛转世的所有特征。然而，另外两个被发现的儿童据称也具有前任达赖喇嘛的特征。但是，据称这位“灵童”拥有更强的灵性。热振摄政在信中表示，他正和吴忠信将军商讨坐床大典的有关安排。

第十四世达赖喇嘛获得中央册封

1940年1月31日

上海1月31日电（星期三）：根据重庆方面的建议，蒋介石委员长正在加快施行强化中央对西藏管理的措施，并期待年内将这个半独立的地区变为中华民国不可分的组成部分。

据近期见过蒋委员长的人士叙述，蒋坚信他领导的“自由中国”可以发展成为自给自足、独立运行的经济体，而无须与日本占领的东部诸省，包括即将由前行政院院长汪精卫宣布成立的南京“中华民国政府”的地盘发生任何联系。

消息来源称，蒋委员长对日本扶持的汪精卫政权嗤之以鼻，坚信他的大多数追随者都会拒绝汪伪政权与日本达成的“新和平协议”。

与此同时，蒋委员长命令要不遗余力地保持中国与英国、法国及俄国的友好关系，因为重庆需要它们维持对外交往，巩固政府在中国西部其他地区的统治。据称，蒋已向英国保证，中国逐渐增强在西藏的管治无意损害英方在该地区的利

① 热振呼图克图活佛（Thubden Jampal Yeshe Tenpai Gyaltsen），1912年（藏历水鼠年）出生在西藏加察县一户农奴之家。年满3岁后送往寺院学法，赐法名“绛白益西·丹巴坚赞”（藏语意为文殊智圣佛幢），1931年（藏历金羊年）在拉萨传昭法会上考取“拉然巴格西”学位（藏传佛教格鲁派一等佛学博士）。1934年出任西藏摄政，南京国民政府授予其“辅国普化禅师”称号。在任期间削弱亲英国的贵族势力，准许蒙藏委员会在拉萨设立办事处。1941年，热振活佛被迫让位于达札活佛。1947年，热振活佛遇害，时年37岁。

② 1940年，虽然国运艰难，但在热振活佛与国民政府的共同努力下，蒙藏委员会委员长吴忠信莅临拉萨，主持十四世达赖喇嘛的坐床大典，其后更设立蒙藏委员会驻藏办事处驻留拉萨，这标志着西藏与中央政府的关系基本恢复正常。

益。西藏是中国通向印度的北大门。

重庆1月31日电（星期三）：行政院昨天决定正式册封最近在青海省发现并被带到拉萨的6岁幼童为第十四世达赖喇嘛。这次任命是根据蒙藏委员会的报告而做出的。报告称，据拉萨方面传来的信息，西藏的宗教上层已确信青海幼童具有的灵性显示他就是第十三世达赖喇嘛的转世灵童。

报告指出，拉萨的上层喇嘛们已确信这次寻访的神谕结果。册封文件显示，这个孩子的名字为“拉木登珠”。显然，这次册封已排除西藏神权大位的其他候选人，并且免除以金瓶掣签方式决定第十三世达赖喇嘛的继承人。①

中国古籍来美国避难

1940年2月4日

题记：中国的藏书阁在美国寻求避难。

美联社华盛顿2月3日电：美国现已成为地球上现存最古老文明逃避毁灭的避难所。据国会图书馆东方馆负责人恒安石博士（Doctor Arthur W. Hummel）介绍，每个月都有数以千计的中文图书及文献流入美国，其中不乏极其罕见的古籍孤本，它们都是世界上最伟大的文学作品，经过几个世纪的努力却依旧未能为人们完全解译。收藏者曾视它们为传家之宝，如今却只能将它们以极低的价格抛卖，以防止落入日本人之手。

虽然已藏有20万册中文图书，国会图书馆依然在通过它在中国的代理人获取更多的书籍。另有数千本图书即将被收藏于美国的大学图书馆。因此，恒安石博士表示，无论中国的政治前途怎样，古老中国的伟大灵魂与精神都将被完好的保藏。他说，如果这些书籍没有流入美国，遥远的东方就有可能如欧洲一样，经历罗马灭亡之后400年的黑暗时期。

恒安石博士说，大多数中国官府出资建立的大型藏书阁已经移交给美国机构。如今，又有大量的私人藏书与典籍流入美国。这些藏书与典籍中包含了无与伦比的艺术、科学和文学价值。从今以后，钻研中国历史或哲学的学者将向往华盛顿而非北京。

① 据《十四世达赖喇嘛言行评析》一书的记载，第十四世达赖生于青海省湟中县祁家川一个农户家庭，俗名拉木登珠，1939年10月由国民政府拨款10万银圆并派兵护送到拉萨，作为第十三世达赖土登嘉措的转世候选灵童。1940年1月26日，经重庆中央政府批准，负责转世灵童寻访的热振活佛向蒙藏委员会委员长吴忠信呈递了请中央政府免于掣签的报告。

据他介绍，这些藏书阁建立在满族人位于中国西北的乡间别墅中。当时的权贵建立这些私有房舍用于藏书，并细细嘱托后人要永世收藏。有些遗训甚至禁止任何人进入藏书阁，以杜绝一切对于这些珍贵藏书的损坏。恒安石博士自己曾有过一次经历，因为需要查阅一册经典图书，他需要征得所有在世的家族成员的同意才行。

恒安石博士说，中国人还是希望最终能以翻印的形式迎回这些国宝，并在全国重建这些藏书阁。但他们知道现今唯一的选择，是要么让这些书籍落入同情他们的外国人之手，要么就永远地失去它们。

同时，恒安石博士认为，这些收藏以及它们在美国将产生的对于中国文化的兴趣，有可能在独裁统治泛滥的今天，对西方的物质主义产生潜移默化的影响。他强调，人们往往忽视的是，中华文明代表了人类在社会民主方面取得的最大进步，并且发展出了让人与人和谐相处的一整套社会伦理准则。与此相反的是，中国本身在政治民主上几乎没有取得多大的进步，一直处于人治而非法治之下。

恒安石博士注意到，中华思想已经在美国产生了深远的影响。在最近两代人里，有将近 8000 位欧美的传教士在中国从事传教活动。他们的子女在中国成长并接受教育，接触到了中国人的处世哲学。因此，他们对于社会问题的看法，肯定与一般的西方人有所不同。恒安石博士称，这些人中有许多正在逐渐成为美国社会的领袖。他们的一举一动都浸润着深厚的中国哲学气息。

国会图书馆关于中国历史的图书和典籍的收藏越来越丰富。其中包含超过 3000 本记载了几乎中国每个角落乡土故事的“县志”。恒安石博士补充说，很有意思的是，这些县志每本都花费了很长的篇幅记载当地妇女的成就，而人们通常认为她们总是被压制的。最近的收藏包括一些律法书籍和审判案例。此前，即使在中国，也不曾有人知道这些书籍的存在。

书评：《越过中国的城墙》

——一位友人眼中的中国

1940 年 2 月 11 日

题记：格拉汉姆·派克出版了他的中国新著，记述他战前和战争爆发后的中国经历，令人关注。

这是一本关于中国的书，它有两个令读者感到难以捕捉的特点：风格和气

《越过中国的城墙》插图。（《纽约时报》原文插图）

质。作者既不是那种在中国待了三个星期即匆匆出版专著的过客，也不是那种久居其间而丧失新鲜感的老住户。

当他第一次访问北平时，本打算只作短暂的停留。中国只是他环球旅途上走马观花的一站而已，他只想作画而不是出书。结果，派克的旅行计划改变了，他在中国逗留的时间不是几个星期，而是几个月。

他在四川省度过了整整一个冬天，这是他在自由中国的避难之所；他还曾经深入戈壁 300 多英里，和一个蒙古家庭一起共同生活了 6 周；他租用小木船沿岷江和扬子江顺流而下，在江上漂泊多日。他还去过印度支那，走到了藏区的边界，给当地少数民族画过素描；他于“卢沟桥事变”这场“不宣而战”爆发之前回到北京，并在那里一直待到日军进城。

他的故事娓娓道来，丰富多彩的经历平铺直叙，是如此的简单、惬意，具有生动的画面感，使读者身临其境。捧读此书，仿佛坐在一个摆放着朱漆茶几、没有窗户的蒙古包中，人们按照蒙古的习俗或盘腿而坐，或把腿伸向特定的方向；又仿佛坐进了中国山区公路上行驶的长途大巴，开车时就挤满了乘客，车上晃动着各种钟表、鸡鸭禽兽、烟花爆竹、婴儿和各种手提的物件，始终洋溢着一种难闻但平和随意的北平气息。

因为预算有限，派克搭乘火车的三等车厢，在各地小客栈下榻，沿途饱览了中国忙碌、愉快和喧闹的生活。他没有动辄就引用统计数字，也没有装模作样地介绍诸如原料、市场和汇率这类枯燥的信息，而是把自己所感知、所热爱的中国清晰生动地呈现给读者。他认为，中国作为一个国家，最大的弱点和最大的优势就是：四亿中国人都已学会了以现实可行的方式来谋求生存，他们信服个人主义的原则。

1936 年，当日军兵临北平城下时[①]，人们都屈从现实，认为个人在这种情况

① 1936 年日本加速了发动全面侵华战争的步伐。当年 4 月 17 日，日本内阁悍然决定向华北增兵，将日本华北驻屯军由 1700 余人增至 1.4 万人。当年 6 月 26 日和 9 月 18 日日军两次寻衅滋事，与中国 29 军丰台守军发生械斗，甚至枪战。日军以此为借口要求 29 军让防。宋哲元为避免战事，一再让步。9 月 19 日 29 军丰台驻军移防赵王庄，丰台陷于日军之手。

只能无所作为，结果他们什么都没做。个人主义也可以从城市的清洁问题上表现出来。在中国的城镇里，各家各院的垃圾都直接扔到大街上，因此到处弥漫着难闻的臭味。与此相对的是，他们自家的院子或屋子里面，都跟西方的住户一样意识到细菌的存在，而被清扫得一尘不染。一位中国绅士的个人卫生是无可挑剔的，与此相反，蒙古人一生从不洗澡。

古塔——《越过中国的城墙》插图。（《纽约时报》原文插图）

派克在重庆创作的一幅素描特别有趣。重庆是四川省的商业“首都”，和中国其他内陆城市一样远离海岸，处在派克称为“小手工业带”的地方。战前，中国从西方学到了不少基本无用的新奇之物，重庆的商铺很像我们教堂外的“旧货集市”。除了香烟外，对中国人来说，最流行的物件莫过于玳瑁镶边的眼镜。他们戴着就为了好看，有没有镜片都无所谓。许多商铺有英语招牌，一家女装裁缝店告诉顾客：“顾客可以上二楼试衣”。此外，还有各种各样廉价劣质的西方舶来品。这些五花八门的洋货充斥在四川市面，创造出了一种派克称之为“离奇古怪的超现实主义”。

派克的钱快花完了，画素描的材料也基本耗尽，迫使他返回北平。他在皇家内湖和紫禁城之间的胡同内找到了自己的落脚处，那里曾经是一位朝廷高官的宅院。他有那里安顿下来，还雇了两位中国佣人，直到战争爆发前两天。他是在一个午后举行的鸡尾酒会上听到第一声枪响，双方的交火被视为见惯不惊的诸多“事变”之一，只不过是中日之间那种半真半假的闹剧中一个新的片断罢了。北平当地人对战事的考虑与世界上其他人相比，真谈得上是淡漠了。在派克高墙紧围的四合院里，花朵正艳，井水从大理石做成的喷嘴流出，浇灌到花蕾上。派克已经多日没有听到枪声。坊间流传的说法是危险期已经过去了。长架上成串的波斯葡萄已经成熟，天空中有日本的飞机飞过，但它们只投下传单。

终于在一天夜里，空中传来了炮声，中日军队在城外12英里的地方交火了。大街上设立了路障，食品开始涨价，但是，市民们对时局知之甚少。除了“必要时战斗”（人们希望这种情况永远不要出现）外，既没有总体计划也没有任何的对策。各种战时禁令开始实行，并且越来越多。随着流言的传播，人们在希望与失望之间不停地转换。人们难以想象，北平以往那种熟悉而恬静的生活会被打乱，甚至会被终结。但是，最终的消息传来了，人们必须离开封闭的四合院，搬到西交民巷等外国人居住区去避难。还有不到 24 小时，北平就要遭难了。

战争发生时，一个人如果只是作为旁观者，对其道德和良知都是很难经受的考验。派克先生惟妙惟肖地记述了，北平市民因为缺乏可靠的信息，他们神经紧绷，被迫等待，显得十分的烦躁。城市沦陷后，派克加入了红十字会，志愿开车把仍躺在北京郊外的伤患者送医救治，以此在精神上谋求解脱。在他的笔下，这些经历充满了怪异、滑稽和恐惧。这期间，他见证了市民在这座失陷的中国城市里如何继续他们的生活；日军如何闯入民宅，搜查是不是有人藏有孙中山和蒋介石的画像，虽然画像可能仅仅是印在邮票上；北平的学校如何被勒令停课，直到课本中不再有“亲华偏见”。最让中国人难以承受的是，这些日本征服者装扮成中国朋友的样子，宣称自己是来帮助中国建立一个更诚实的政府。

扬子江边一瞥——《越过中国的城墙》插图。（《纽约时报》原文插图）

派克先生认为，日本不可能征服全中国，交通不便的西部地区就是不可能被攻入的，那里物产富饶，但是仍然难以想象的落后。然而，终有一天，那里也会出现比美国西部还要壮观的大发展。不过，随之而来的社会变迁可能意味着诸多少数民族部落将会被同化，许多充满民族特色的文化可能会消失。他希望给那些文化提供一个图片的记录，计划在一切还没有太大变化之前重返中国，以便创作出更多的素描，与当下我们手中捧读的这本广博精彩的书一样，也收录出版。

布达拉宫举行达赖喇嘛坐床大典

1940 年 2 月 25 日

一位小男孩身着红丝袈裟，头戴黄色缎帽，坐在光亮的轿舆里，正被载往一座宏伟壮丽的西藏宫殿。隔着一层薄薄的金色帷幕，他那双乌黑安宁的眼睛，正向外凝望着这场庄严的盛典。

成群身着红色与金色长袍的佛教僧侣，列队行进在长达一英里的队伍中。有一些穿着蓝色布裤的人举着巨大的旗帜来驱散恶魔。其他人手持香烛，让拉萨全城都飘散着香气。锣鼓喧嚣，号角齐鸣。这位六年前出生在中国一个窑洞中的达赖喇嘛，正在前往加冕的路上。

在这个不允许白人观看的仪式之后，这位男孩将被认定为西藏这块土地上宗教与世俗事务的统治者。正如他的前任第十三世达赖喇嘛一样，他将成为西藏的最高权威，掌管这块以喜马拉雅山脉与昆仑山脉为边界、仅以雪山隘口与外部世界相通的地区。

将这个小孩从山洞带向拉萨布达拉宫的不是巧合，而是神秘的宗教仪式。西藏人相信，他就是第十三世达赖喇嘛的转世，因为他出生于他的前任圆寂的瞬间，死去的前世的灵魂在那一刻转移到他的身上。根据传统的宗教仪轨，僧侣们找到了这个孩子。只是，他神化的过程并未完全符合传统。他本应该根据抽签从其他许多同时出生的婴儿中挑选而出。而这次免于抽签举行的典礼具有重大政治意义[①]。

蒋介石政府希望推选一位在中国内地出生的新生儿作为达赖喇嘛，而负责辅佐未成年统治者的西藏摄政王热振呼图克图同意了这个要求。据称，曾经对中

① 据《十四世达赖喇嘛言行评析》一书记载，1940 年 2 月 5 日，中央政府颁发命令“免于抽签”，“特准继任为第十四世达赖喇嘛”。坐床大典后，热振活佛呈中央政府电报：“第十四世达赖喇嘛坐床典礼，地址在布达拉大殿。是日，蒙藏委员会吴委员长忠信率属亲临主持，堪称吉庆。”

央政府有所不满而若即若离的西藏地方政权，通过这个姿态表示将会在对日本的战争中支持蒋介石。而就在上周，中国人声称，战争正朝着对中国有利的方向转变。因此，成了达赖喇嘛的这位灵童不仅象征着神圣的佛陀，还象征着远东战略格局的新变化。

跟随马可·波罗的脚步

——滇缅公路见闻录

1940年3月3日

与尼克尔·史密斯亲历滇缅公路的见闻相比，一般的旅游手册的介绍未免冗长乏味。他的叙述却充满新奇和色彩，易于理解，引人入胜且震撼人心，没有一页令人感到枯燥。为这样一本好书写书评不难，难的是如何从其丰富的内容中加以取舍。

史密斯先生此行的目的是滇缅公路。它曾是马可波罗商队几个世纪以前走过的古道，如今已成为中国连接缅甸的生命通道，中国急需的物资就是从这里被装上卡车的。最初史密斯被告知他不能去看公路，因为它属于军事机密，任何年轻人都不许靠近那里，尤其是带着相机的年轻人，即便是美国人也不行。但史密斯还是设法弄到了许可证，在来的路上还绕道访问了个旧。

以前在上海的一场花园派对上，他听"远东无冕金融之王"维克多·沙逊爵士[①]提到过个旧。这是一个有着5万居民的城市，日本人迫切想占领它，并对那里的小铁路轰炸个不停。因为700平方英里的方圆蕴藏着全世界十二分之一的锡矿。几乎没有白人来过个旧，也没有人愿意前往。个旧不是拉萨，它现在是一座"紫禁城"：没有女人，也没有孩子。因为矿工多因砒霜中毒而皮肤呈绿色，锡矿里一半矿工都小于15岁，尽管事实年龄很小，但很少被认为是孩子。

---

① 沙逊家族（Sassoon family）是具有伊拉克犹太人血统的国际知名家族，原本以巴格达为根据地，后来迁移至印度孟买，再扩散至中国、英国及世界各地。自18世纪开始，沙逊家族便成为全世界最富有家族之一，经营的事业领域扩及亚洲大陆各地。维克多·沙逊爵士是沙逊家族的第四代传人，世袭准男爵。第一次世界大战期间曾参加英国皇家空军，作战中左脚负伤致残，人称"跷脚沙逊"。1918年在印度继承家产，取得新沙逊洋行的经营权。20世纪20年代，他将新沙逊洋行的经营重点转移至上海。1923年，来上海主持业务，除贩卖鸦片、军火外，还扩大房地产投资，建造了上海的著名地标沙逊大厦（今和平饭店）和河滨大楼、华懋公寓、格林文纳公寓、都城大楼、汉弥尔顿大楼等当时上海最高的建筑，又建造了凡尔登公寓、仙乐斯产业等房产，还有罗别根花园、伊扶司乡村别墅等产业。又相继开设了华懋洋行、业广地产公司、祥泰木行、安利洋行等企业。1932年开始，因日本侵华局势严重，开始抛售在上海的产业。抗战胜利后陆续出售产业，并将新沙逊洋行总部迁至巴哈马的拿骚。1961年维克多·沙逊去世。

矿工的死亡率估计每年为 30%，矿工的平均工资为每天 2 美分，童工则为每天 1 便士。塔福威将军是几个大矿主中的一个。当尼克尔·史密斯和他的主人——安南医生一起来到将军的一个矿口处时，他们看到一群激动的人集聚在那里。原因是一块落石使 8 名童工受困井下，要救出他们需要花费 50 美元。将军不可能支付这笔钱，史密斯提出由他来出钱，但领班表示将军不喜欢他这样做。事故就这样解决了。

个旧位于云南省内，而日军对中国沿海的侵占又使大多数中国的大学都迁到了这里。其省会云南府的人口在几个月里就增长了一倍。在他的好朋友、美国领事保罗梅尔的家里，尼克尔·史密斯遇到了一些成就极高的中国知识分子，逃难于中国的西伯利亚的他们正致力于保存中国的文化。21 所大学离开它们原来所在的城市，历尽艰辛将他们的图书馆和设备搬到这里，他们的学生也千里迢迢，有时骑马，更多的时间是步行来到这里。

这一切像云南府另外两所著名学校一样深深吸引着尼克尔·史密斯，即盲女学校和女奴学校。云南盛行奴隶制。父母常常因为贫穷，在他们的女儿不到两岁时就卖掉。被卖的女孩最好的出路是成为男人买主的姨太太。她们会挨饿、挨打、受虐待致残。与女奴学校相比，盲女学校是个令人快乐的地方。

当尼克尔·史密斯和保罗·梅尔最终踏上滇缅公路之旅时，雨季也来临了。滇缅公路是中国在没有任何外援的情况下完全由苦力建成的，就像公路上方一处悬崖上的刻字所宣称的那样。有段公路要经过冒着瘴气的沼泽地，那里流行一种非常致命的疟疾。修路的苦力发起高烧，看着弟兄们一个个死去，吓得四处逃散。但是另一群工人来到工地，全是女工，为首的是一个名叫六姐的年轻健硕的农家女。在她们艰难顽强的劳作中，公路一天天迅速延伸，终于可以运送能救中国于危亡的军火物资。

两人驾着保罗·梅尔的福特车沿着这条路前行，时常遭受暴雨袭击。一路上他们遇到的人形形色色，包括熟谙缅北掸邦事务的高大英国人，巴琅女人和克钦

修筑滇缅公路的中国民工们。（《纽约时报》原文插图）

舞剑手。还有不时给他们带来快乐的“川娃子”，他搞怪的本事堪称一绝。

这本书里的人不胜枚举。尼克尔搜藏的是故事而不是古玩。他不但充满智慧，而且风度可人，他把听到的大量有关鸦片走私、海盗毒药、魔术、浪漫谋杀和令人生畏的“白点”故事收集成书，用直白且富有同情心和戏剧色彩的手法写出来。尼克尔·史密斯的这第一部作品确是一部不同寻常的震撼之作。

德国继续援助重庆

哈雷特·阿班

1940年3月5日

题记：德国试图在东方削弱英国势力，导致德日秘密谈判破裂。德国物资在其他商标掩护下运抵中国。[①]

上海3月4日电：尽管在东京和柏林举行的秘密谈判使得德日关系更为紧密，但是，据悉这次秘密谈判已经破裂，因为德国拒绝停止对重庆政府提供技术和其他方面的援助，且这些援助往往是通过苏联机构来实施的。

德国对蒋介石委员长和中国政府的援助表面上是出于对华友谊，但更多的是试图削弱英国在亚洲地区的影响力。而日本方面不仅对蒋介石发动了公开战争，并且意图取代英国的在华地位，这加剧了东京与柏林的隔阂。

设在中国内地的德资企业全然不顾德国在欧洲发动的军事行动，继续进口大宗货物，包括折叠望远镜、双筒望远镜、汽车发动机、机床和测距仪。作为回报，德国公司大量收购中国原材料，其大部分产品途经缅甸和法属印第支那出口到德国，或以名义上的意大利公司进行采购。

新开通运营的中苏航线，从重庆出发，途经乌鲁木齐到达莫斯科，完全被在中国境内的德国人掌握。

---

① 此文背景是，德国在第一次世界大战中战败后失去在华租界和殖民地。1921年5月，双方签订《中德协约》，中德关系恢复。因为《凡尔赛条约》严重限制德国工业产出，并将其陆军锁定为10万人，德国工业急需寻找出路。中国的工业化和内战为“德国制造”提供了良机。1930年，中国成为德国在远东最大的贸易伙伴。当年德国对华贸易额为3.475亿马克，而对日本贸易额为2.34亿马克。1933年元月，希特勒上台后，德国扩军备战，急需中国南方出产的钨和锑等战略物资。1934年8月，双方签订《中德原材料及农产品与工业及其他产品互换条约》，中国开始用钨砂、锰砂和农产品换取德国工业品，尤其是军需品。中国解决了因内战和巨大预算赤字导致的无法向国际贷款的困境，德国则节约了巨额外汇。1936年开始的中德工业合作计划是中国工业建设的重要步骤，湖北、湖南和四川等地建设了包括钢铁、燃料、机械、电气、化工、发电等工厂，为抗战提供了十分宝贵的工业基础。不幸的是，大部分工程因抗战爆发而停顿。

日本需要进口上述输入中国的许多德国物资，但是，德国意图维持和巩固对华贸易和友谊，并以本国军事需要为由拒绝售予日本。这显然是一个托词，加深了对日本的刺激。

数量可观的德国货物通过苏联进入新疆，再运抵重庆。然而，大部分货物仍然从缅甸和印度支那进入中国，它们通常借用斯堪的纳维亚国家的商标。目前，在保加利亚注册的德国公司也参与了以上贸易，帮助德国回避盟军对德国外贸的封锁。

德孚洋行以比利时公司的名义向华运送了大批铁路建设材料与机械设备。德资公司在中国内地成长迅速。例如，著名的蔡司光学公司在距离昆明 60 英里处建立了一个大工厂，生产眼镜、手表、电话和测距仪。

另一个德国项目是研制开发一种新的汽车发动机，它将会对美国在重庆的汽油销售造成打击。这项新发明可仅使用 12% 的汽油，另外 88% 可用大豆油替代。这种发动机目前应用在 700 辆在滇川地区运营的卡车上。而另一个在昆明的德资工厂生产大量的无线设备和卡车。

周恩来离开莫斯科回国

1940 年 3 月 26 日

重庆 3 月 25 日电：今日得知，周恩来将军在莫斯科短暂停留了几个月，住院治疗受伤的手臂。他近日治愈乘飞机返回中国。

担任国民政府军政部副部长的周恩来将军现在西安，他将从这里转赴共产党根据地延安。据左翼人士称，他将在延安停留约一个月，然后返回重庆。

重庆政府发布战报

1940 年 5 月 27 日

美联社重庆 5 月 26 日电：今晚，中国统帅部发布了如下战报。

浙江前线：至 5 月 25 日夜，日军被阻止于金华外围防线和兰溪东北地区。一股日军窜犯至兰溪东北方向的石渠乡，一支中国特种纵队从其背后发起攻击。

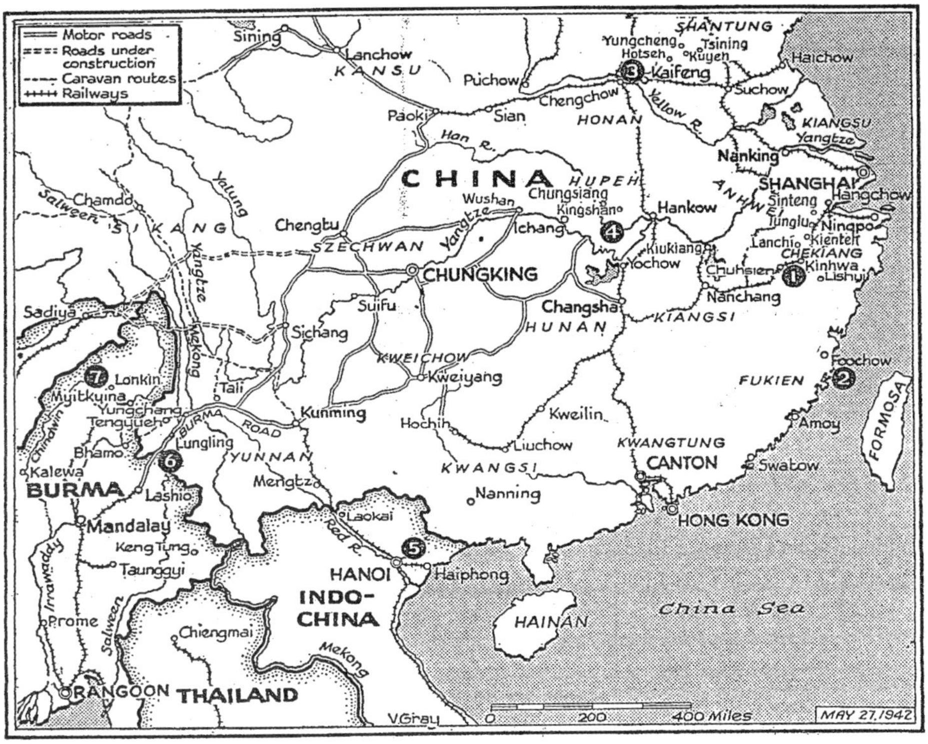

❶浙江金华的日军被击退。❷福州是侵略者企图建立的进攻据点。该城遭到多艘日本军舰两昼夜的狂轰滥炸，敌人另有一支远征军部队在台湾附近集结。❸华北，5000名日寇袭击菏泽数地。❹华中，3000名日寇进犯京山和钟祥。❺敌人正在印度支那增兵的报告引起警觉，敌军可能试图从海防进犯昆明。然而，敌军沿滇缅公路从西面逼近这座云南城市的企图看来被中国军队在龙陵周围的反击所阻断。❻密支那，入侵缅甸的侵略者被驱向西北方向的隆肯。（《纽约时报》原文插图）

战斗一直持续至5月25日下午2时，敌军伤亡超过1000人。

同日，在潮水般的飞机助阵下，多股日军从东、东南和东北方向多个地点向金华发起猛攻。但是，中国守军坚如磐石，进犯被击退。中国野战炮兵部队在此役中表现神勇，完全压制了日军炮兵。

占据金华以南三公里处五里坡的日军已被打垮，只有少数残敌得以逃脱。在进犯金华的战斗中，日军伤亡近3000人。留在敌后的中国官兵和游击队战士，正继续对多个敌军驻地发动袭击，苏浙边区的战果尤为显著。

华中前线：5月24日，3000名日军沿京山—钟祥公路多个地点向长寿店和周家集进犯。在随即爆发的遭遇战中，日军伤亡众多，难以为继，第二天清晨遂被击退。

华北前线：鲁西地区，5000名日伪军从菏泽、巨野、郓城、济宁出发，进犯分别位于菏泽县东北的胡集和西南的刘庄。在当地自卫队的协助下，我军在当日即将敌军击退。

滇缅前线：5月23日，中国军队沿滇缅公路发动反击，夺回了分别位于龙陵以东和以南的黄草坡和放马桥，大量杀敌。

在怒江（萨尔温江）以西地区，惠通桥以西的日军已陷入中国军队合围，并随时面临灭顶之灾。随着中国军队采取的扫荡行动，过半日军已被歼灭。预计残敌将很快肃清。

缅甸密支那区域，5 月 22 日，敌军向隆肯推进。与此同时，中国军队不断在敌军后方发动袭击，给侵略者造成极大损失。敌军向北溃退，获得来自增援后，对我军阵地发动了一次反击，被击退。

5 月 25 日，敌军在对放马桥的进犯中，超过 300 名敌军士兵被击毙。50 多辆运送补给的卡车和 500 桶汽油被中国军队击毁、焚烧。

此外，中国空军轰炸了龙陵和腾冲，使敌军仓库蒙受巨大损失。

空袭重庆将成常态

1940 年 5 月 30 日

题记：日方称将对重庆实施连续轰炸，直到击垮中国的抵抗意志。50 枚炸弹击中重庆大学，城市西区燃起大火。

汉口 5 月 29 日电：一位日本海军发言人今天宣布，日本海军航空兵将对中国陪都重庆实施每日轰炸，直到击垮中国的抵抗意志。他的发言解释了重庆连遭空袭的原因。本轮空袭始于上周日，有 99 架日军飞机组成多个波次持续轰炸了 4 个小时。据中方估计，有 300 人在昨日的空袭中丧生。

尽管承认重庆并非日军地面作战的目标，但发言人称该市确有些“军事目标”，并布置了不少高射炮。他说重庆乃“必攻之地”，不管它有什么地位。但日本当局“保证”第三国财产的安全，“前提是附近没有军事目标”。

重庆 5 月 29 日电：今日，日军轰炸机继续在重庆上空施威，造成大规模破坏恐慌情绪。各有 27 架飞机的两个中队沿成渝公路轰炸了重庆西区。持续了 3 个小时的空袭摧毁了城内多处重要建筑，在本周每日空袭造成大量伤亡之外又增加了数百人死伤。

集中有三所大学的居民区遇袭，重庆大学科学楼和其他一些建筑受到重创。据美联社报道，日军向重庆大学投下了 50 枚炸弹。该区有许多建筑被摧毁。多处地方燃起大火，大火持续燃烧了好几个小时。

复旦大学、国立中央大学以及重庆大学校长今天联名向美国人民发出呼吁，要求美国停止向日本销售用来炸毁大学和医院的原料的物资。当地的美国人士也起草了同样内容的声明，并电传罗斯福总统。

此间人士普遍认为，日本通过广播宣布的为期 10 天的空袭重庆计划旨在尽可能地摧毁陪都的市政、工业、政府和教育设施。如果这是日本的目标，重庆连续遭受日机的狂轰滥炸将不足为奇。

重庆5月30日电（星期四）：毕业于美国华盛顿大学和哈佛大学的著名作家和教育家、复旦大学教务长孙寒冰，昨日在日军空袭重庆时被投向校园的炸弹击中不幸遇难。

香港战事迫在眉睫

哈雷特·阿班

1940年7月1日

上海7月1日（星期一）电：不仅香港决定抵抗日本进一步的侵犯，而且法国在印支半岛的总督和法军司令以及法国远东舰队司令，也决定在以新加坡为中心的统一防御体系下联合抵抗日本的侵略。

有关情况今早从来自英国和法国的消息所知悉，并从香港撤离的妇孺获得印证。据报道，当局已积攒足够一年的粮食储备。

法国表示，日本对印支半岛的侵略迫在眉睫。据悉，日本叫嚣英国不久就将在欧战中被碾碎。这场战争，根据获得的消息说，日本认为在冬天以前就会以德国胜利而告终。因此，东京担心，德国和意大利会试图瓜分法国在远东殖民地的统治权，并为日本自由进入中国市场制造障碍。日本希望通过抢占印支半岛来无条件地预先阻止德、意染指远东事务。

同时，英国也受到了同等的威胁。日军已经占据镇南关，这是印支与云南边界一个重要的关卡要塞，滇越铁路经过这里进入中国[①]。日军由此可以轻松地对缅甸进行打击，而缅甸被认为是进入印度的重要通道。

莫斯科的重要角色

显而易见，莫斯科较早地预见了目前的形势。中共领导人毛泽东曾建议蒋介石委员长允许八路军进驻云南，帮助击退印支半岛北部边界即将来临的攻击。据

---

① 此文说日军切断滇越铁路在时间上有误。日本于1940年9月在越南海防登陆并占领越南；中国政府于9月12日出于战略需要，炸毁了河口至越南老街的中越国际大桥，自此滇越铁路完全中断。本文发表时间为1940年7月，滇越铁路仍在运行。实际上，日军于1939年12月攻占镇南关，切断的是桂越公路，不是连接云南河口和越南老街的滇越铁路。

悉，这个建议被英国坚决地拒绝，因为它不希望任何亲共军队进入缅甸战场。

今日早间的一则新闻令上海的美国人和英国人深受鼓舞，一支美国舰队在神秘失踪后，已经返回檀香山而不是再次出现在巴拿马附近地区。美国亚洲联合舰队稳定地南移马尼拉特别令人关注，这不合先例，因为这支舰队里的大多数舰只总是在青岛、烟台、秦皇岛等华北港口度过夏天。

上海陷入惶恐

英国人预计与日本的战争将非常激烈，因此命令英国侨民从香港撤退，这个情况让成千上万留在上海的英美人士陷入了可怕的困境。

如果英国与日本在香港的矛盾激化，英军驻上海的两个营，即“奥尔巴尼公爵营”和“东萨里马车营”必定不能击退日军而被迫缴械投降。法军在法国本土的妥协也迫使它除了缴械投降或撤退到印支半岛以外，没有其他选择。除了少数驻在上海的意大利武装力量已确定与日本合作，只剩下 1200 名美国海军陆战队第 4 团的士兵去维护国际协议。

在上海和中国其他地区的美国人都在密切关注宋子文目前在华盛顿的游说活动，宋期待美方给蒋介石和中国政府进一步提供直接援助。如果对华给予援助，将会直接挑战日本。日本外相有田八郎星期六发表声明，要求列强重新考虑他们援助重庆的政策。

“柯立芝总统号”准备撤侨

合众社香港 7 月 1 日（星期一）电：因为英日矛盾日益激化引起的混乱，在这个英国直辖殖民地的成千上万美国居民期待能够乘坐美国总统航运公司的“柯立芝总统号”撤退到马尼拉。

根据美方的指令，“柯立芝总统号”昨天早上 6 时离开香港前往马尼拉，根据美国驻香港总领事馆的指令于今晚 6 时返回。总领事馆警告美国人应尽可能早地离开这个殖民地，但在措辞上未定为紧急状态，只是说期待他们在“很短的几天内”离开。

今天开始将英国军人家属疏散到马尼拉，撤退行动有条不紊。660 名来自香港、327 名来自九龙的军人妻子和孩子于下午 5 点左右登船。英军家属由香港俱乐部单独安排撤退，这个疏散中心租用了出租车队将他们接来，并预先收集了他们的行李。

撤离的孩子被贴上标签

每个家庭平均需要20分钟完成登记，孩子们被贴上了专门的标签并接受体检，住宿和舱位都提前安排妥当。孩子们在俱乐部早前的保龄球馆分到了茶点，他们在此等候上船。愿意撤离的美国人可以搭乘“柯立芝总统号”。

与此同时，根据权威报道，英国驻华皇家海军司令珀西·诺布尔爵士已与他的参谋们一起于星期四离开香港，前往位于新加坡的英国海军基地。

据报英国人已将他们所有的舰队集中到新加坡，从表面上看他们是要尽可能长时间地守卫他们的这个战略基地，同时也基于以下事实，即日军企图用武力切断从英属缅甸和香港向中国政府运送救援物资的路线。

英日关系也因为中国爱国者在香港和粤港边界发动“示威游行”而趋于复杂化。倘若英日战争爆发，部署在两广地区不同位置的中国军队将奉命立即出击，进攻日军。

东京咄咄逼人

东京7月1日（星期一）电：日军驻广州指挥部向来有在即将发动军事行动前24小时通报英国方面的传统，它今天宣布这类通报以后将不再保持，其理由是英方将有关信息披露给了中国人。

据分析，这种行为不仅使英国方面处境更加危险，而且使日方的态度更加咄咄逼人。

然而，此间媒体预测事态暂时不会发生戏剧性的变化。从香港撤离英军家属的新闻今早被放到不太重要的版面。所有新闻编辑都明确指出，这次军事行动将是日本为切断中国与香港联系的重要政策的一个环节，而不仅仅是战争爆发的前奏。

闻悉战事一触即发，在日本的英国社区虽然深感震惊，但仍未改变日常的活动，大多数英国公司依然井然有序地打理他们的事务，没有迹象表明他们准备立即撤退。

东京表示惊诧

东京7月1日（星期一）电：日本外务省发言人须磨弥吉郎今天就英国计划尽早从香港转移妇孺一事发表评论：“我们不能理解来自香港的这篇关于撤退的报道。我们没有要求将疏散人员与抗议缅甸物资供应（军事物资正通过滇缅公路运入中国）相联系。关于缅甸物资运输路线，我们已经制订明确的计划，正等待着英国的回复。”

须磨先生说，日本要求英法武装力量从上海撤离，迄今仍未收到答复。

等待涌入马尼拉

合众社马尼拉 6 月 30 日电：马尼拉正在等待自香港撤离的侨民今晚到达，而美国亚洲舰队不同寻常的动作引发了一种预测，即美国可能反对日本要求英国、法国、荷兰放弃对东亚的控制而施加的压力。

准备容纳 5000 名从香港和中国其他沿海城市撤离难民的工作已经完成，军队在麦金利堡和靠近碧瑶山主峰的海约翰兵营做好了准备。预计本周约 1600 名英国难民将搭乘加拿大太平洋航运公司的“日本女皇号”过来，其他难民会搭乘“柯立芝总统号”到达这里。

美国海军当局拒绝指出亚洲舰队的准确位置。但是，很明显，该舰队的大多数舰只在中国海域。“塔尔萨号”炮舰和“阿什维尔号”炮舰在香港待命。6 艘大型潜艇今天离开马尼拉驶往中国海域，但这一行动被报道为“例行巡逻”。

陆军控制了日本政局

休·拜亚斯

1940 年 7 月 28 日

正如一个健康人、病人或是正常人所兼而有之的，日本当前所面临的危机，实际上正是它政治生态进化的一个阶段性标志。日本政府虽已现代化，但本质上仍是传统的半军事化体制。曾被海军准将佩里用响亮的敲门声惊醒的日本慌忙套用了西方制度，但此时这一制度已发生骤变，正转回它实行了数个世纪的军国主义的老路。

拿西方事物在日本做类比时应当慎重，就像麻布套裙很难让芭蕾舞演员感到合适一样。但借用对西方的相应说法，我们可以把日本陆军在过去十年里发挥的影响比作民主制度下的一个激进执政党。眼下的变革巩固了陆军对国家行政的影响力，并成为常规。日本强大的陆军有一套自己的民主内涵。据此，日本所有的年轻人都必须入伍；军官大多从中产阶级中产生，虽然薪水微薄，但十分敬业。他们的社会地位毋庸置疑，但并不被党派所吸收。

日本陆军将全国的年轻人收纳其麾下。他们对 14 岁及以上年龄的学生进行操练，对发挥某种辅助性民兵作用的青年协会进行监管，并对所有服役期满的应征士兵都收纳到预备役协会进行管理。无论如何，虽然陆军无法获得新的统一政党那么多的选票，但它足以获得百分之九十的日本青年的支持。

这就是力量。首相近卫文麿的计划必须承认现实，才可能设法使他的政府按现实条件运转。近卫首相的改革本质是把政党抛在一边，由天皇任命的首相、由首相任命的外相，以及陆军大臣与海军大臣一起组成了核心内阁，将大权集中在手中。内阁的驱动力在于陆军，而陆军的驱动力则是敢作敢为的年轻军官，他们渴望出人头地，对日本帝国使命的信念坚如磐石。

日本没有产生纳粹党或其他法西斯政党，因为以大批年轻军官为中坚的陆军本身就体现了希特勒和墨索里尼在德国和意大利所煽动的民族主义情绪。在过去十年间，外国政府一直在与一个试图为军队降温的日本保守内阁打交道，而从今以后，他们必须要与一个被陆军公开掌控的日本内阁打交道了。

平缓、简单与合法成为这次变革的特点，而在自由国家，这样的变革肯定非经历暴力政变不可。它运用的机制完全是合乎宪法的。陆军运用其影响力要求陆军大臣辞职，同时拒绝重新任命，导致内阁像被拔了气塞的船一样一沉到底[①]。类似的事情过去也发生过，但这次的原因和陆军关切的具体事务，诸如军费拨款或者组建新的师团毫不相干。陆军希望得到的经费和士兵员额它都能获得满足。它在中国的活动也没有受到任何掣肘。此次内阁垮台是因为陆军不同意它在国内改革和国际关系方面的总体政策。实际上，日军陆军发难就像英国下院多数可以解散政府，美国选民多数可以改变行政当局一样。

然而日本陆军的行为不能被指责为篡权。这是一个与我们截然不同制度所发生的行动。当一个美国人试图解释美国的政府学说时，他会自然地联想到华盛顿，联想到费城和芝加哥举行的全国制宪大会，联想到早期的新英格兰地区的市镇大会和多数人选举产生的民治政府。而日本人的思维路径却大不一样。他的国家观念不是一个放大的家庭会议，他的政府观念也不是多数决定，而是家庭会议所做的一致妥协。由于陆军是日本大家庭中最强大的一员，这种关系使它获得了政治权力上的道义资格。

军事统治的传统是现代日本脱胎的历史沃土。1868年消失的旧政府被称为幕府，字面意思是“帐幕下的政府”。它的首领被称为将军。幕府制度是按军事等

① 指米内光政内阁倒台之事。米内光政（1880—1948），日本海军大将，政治家。1940年1月出任日本第37届首相，与山本五十六和井上成美组成稳定铁三角，反对与德意结成军事同盟，并公然宣告“日本海军不是为了对美开战而建立的，拿来对付德意海军还差不多”。因此被日本陆军视为亲英美派。陆军唆使时任陆军大臣畑俊六辞职，并且不派人继任。由于海、陆军大臣必须由现役军人担任，米内光正内阁不得不于1940年7月22日宣布总辞，为近卫文麿第二次组阁铺平道路，实际上也实现了日本的彻底法西斯化。

级组织起来的，权力集中在武士阶层手中。在幕府被推翻以后，获胜的家族继续统治着国家，直到大约 1914 年日本代议制政府才开始它短暂的执政期。过去那种家族划分已经失去意义，但日本国家仍然保留着豪门制度。

现代日本最强大的政治力量当属陆军。陆军通过征兵制显得更加民主，比当年的武士更加贴近平民百姓。如果有人指责日本陆军干预政治，他得到的回应会是“是当下的国际形势将政治强加在我们身上”。

今天谈论国防，已不仅仅限于训练士兵打仗。全面战争要求整个国家为打仗而组织起来。必须灌输爱国主义，必须根除危险思想，因此教育、新闻自由和政党纲领受到军部的监视；战争意味着花钱，因而陆军派军官到日本中央银行学习融资；国家的扩张需要重工业，为此牺牲那些更赚钱的轻工业也在所不惜；此外，还必须在日本控制的土地上获取原材料和燃料。从军事思维角度来说，上述逻辑无法反驳，这就是为什么陆军必须对日本的所有政策都掌握着发言权，日本也因此无可挽回地走上纳粹化的道路。

如今的日本被视为纳粹法西斯国家阵营的一员，并不是因为它穿着和它们一样的衣服，而是因为它有着和它们一样的哲学。日本或许不需要再建立法西斯或纳粹政党，那是因为在打仗这种事上日本已经有了民族主义政治的强大体制。就其陆军而言，严格来说还不存在政治活动，但年轻军官特别是他们在与上级谈话中所表现出的激进思想已不是秘密。

近年来关于日本政治的争论集中在陆军的政治权力问题上。近卫公爵是日本政界几乎唯一说实话的人，他说，这是一个在行政管理中如何将最高统帅与日本内阁结合起来的技术问题。他认为内阁不应是一群对陆军唯命是从的人，因此他

具有武士道传统的日本陆军。（《纽约时报》原文插图）

军队在日本民主体制内成了最具有支配地位和侵略性的“政党”。(《纽约时报》原文插图)

提议组建一个代表全体人民的国家政党，并增加政府中的平民成分。

鉴于日本的党派历史，近卫要求搞的试验似乎难以成功。他建议的集团党和真正的政党之间的差别，就犹如吹胀的肠衣和真正的香肠一样。近卫倡导建立的新政治体制是两个方面的结合，一边是盘踞在宪法宝座上强大的陆军，另一边则是拼凑起来的形形色色的政客，他们除了每年开两个月的会外无所事事。人们不需要远见卓识就可轻易地判定哪一方将取得日本政治的支配地位。

当然，每个国家有什么样的政府都是它自己的政治宿命。本国一个有瑕疵的体制也许并不比从外国政体匆忙学来的民主新招差到哪里去。

中国警告日本勿进印支

窦莫安

1940年8月29日

重庆8月28日电：中国今天发表声明，明确称如果日军以“任何借口、在任何情况下”进入法属印度支那，则中国将考虑派兵阻止。

王宠惠外长在一份声明中坚定地表明了中方的立场：“在持续抵抗日军侵略中，只要日军不在外国领土上以任何方式来对抗中国，则中国没有派遣军队进入外国的意图。因此，只要日军不出现在法属印度支那，中国军队会留在本国领土之内，不会被命令越过边境线。”

“据悉，不幸的是，日本计划派遣陆军进驻法属印度支那并进行一些军事行动，伺机进攻中国领土。”

“中国政府强烈谴责日军以任何借口、在任何情况下入侵法属印度支那，中国政府会认为这对中国领土安全是一个直接的、刻不容缓的威胁，并会采取自我防御措施，通过调度同样的武装力量进入法属印度支那以应对这一形势。”

“中国政府将不承担由于这些必要防御措施所导致的任何后果和责任。另一方面，法国当局允许或者默许日军在法属印度支那的军事活动，法国政府因此不能够逃避其后果与责任，其中包括所导致的在法属印度支那的华侨在此事件中可能遭受的生命和财产损失。”

据悉，重庆方面根据可靠消息来源已收到准确情报，日本计划尽早在法属印度支那占据一个军事据点，而法国可能默许了这次行动。因此，中国将在与法属印度支那国界线上保持强大军事压力，并密切关注事态的发展。集结在边境的中国军队由总参谋长何应钦将军指挥，他现已在云南负责统一处理军政事务。

与此同时，据报道，中国在华北战场上不断对日军施加压力。中国军队已在山西太原顺利部署，并在娘子关越过正太铁路，且在多处地点将铁路切断①。据报道，在争夺娘子关的战斗中，有上千名日军在一次突然袭击中被歼灭。

另据报道，昨天由延安归来的中共领导人周恩来预期国共两党合作会越来越好。周恩来从延安来重庆讨论国共合作一些细节问题，和蒋介石委员长成功地举行了会谈。据悉，国共合作方案在延安广受欢迎，周恩来将在这里继续和蒋介石讨论。

美国海军陆战队员的中国报告

——他对中国民主建设充满期待

都伏思

1940年9月22日

题记：《双星照耀中国》，卡尔逊著，图册（照片由作者自己拍摄），311页，纽约，Dodd，Mead & CO. 每册3元。

---

① 正太铁路在华北交通线中占据重要地位，它横越太行山，是连接平汉、同蒲两条铁路的纽带，也是日军在华北的重要战略运输线之一。1940年8月，八路军在华北地区两千多公里的战线上对日军发起大规模攻击，拔掉据点，炸毁铁路、桥梁、公路，使日军交通线陷入瘫痪，此即著名的“百团大战”。晋察冀军区派10个团击破日军占领的正太铁路，重点破坏了娘子关至平定路段。8月20日夜，八路军主力一度攻入娘子关。“百团大战”是八路军主动出击日军最大规模的一次战役，它打出了敌后抗日军民的声威，振奋了全国人民抗战必胜的信心，在战略上有力地支持了国民党正面战场。

我们非常尊重美国海军陆战队，但是，我们也不期待他们在文学上有任何追求。卡尔逊少校可能是个例外。他是一位战士，曾因为在尼加拉瓜的卓越表现而获得海军十字勋章，同时也是一位忠实报告眼前事物的记者和一个明智的评论家。他没有多少天分，但文笔简洁而不做作。他相当诚实，而且给人非常精准的印象。

他的新著描述了与诸多中国军队同行的旅途见闻，特别突出了 1937—1938 年在大西北与所谓“共军”一起生活的经历。他是作为美国政府派出的观察员参与考察的，但是，为了能够不受职务限制而畅所欲言，他回国后即辞职了。他很可能被拿来与史沫特莱、埃德加·斯诺和尼姆·威尔斯（斯诺夫人）以及另外一两个曾描写过“红色中国”的人相比较，不过，他其实是一个有独立思维、独立判断的个人主义者。这里没有苏俄式共产主义的感觉。“的确，从每一个能观察到的地方看，中国共产党与莫斯科的模式相比，实在是太具有民主精神了。”卡尔逊少校所达之地出现了“自由思想与行动，捍卫人格尊严，坚持个性权利，追求公平社会与经济秩序”的可能性，他相信国共合作能够“最大规模地动员全国资源”。

作为一名军人和人道主义者，他看到了社会民主主义的优势：没有阶级、不拘小节、朴素简单的生活方式，还有在共产党八路军根据地无处不在的军民友善关系。只要看到他们，读者就可能会完全忘记斯大林面相凶恶的神情。受到朱德和其他左翼领导人影响的中国人都显得平易近人。所有记录都显示，他们是一群友善而热情的人，充满真诚的热情与欢笑，而且能够在镜头前面露出天真的微笑。特别是最后这一点，他们跟独裁统治下的俄国、德国和意大利人民，还有我们自己不敢偏离教条的那些忧郁的选民，真是有着天壤之别。

《双星照耀中国》封面。

实际上，他们更像传统的美国人，更像内战时期，或者独立战争时候的美国战士。在卡尔逊少校和其他观察者的眼中，他们不但想要打败日本，更想改变古老的中华文明，创建一个美好的新中国。在执行敌后任务的同时，他们发现与人民友善相处是一种美德，也是克敌制胜的法宝。他们士兵的月薪是 1 元法币，军官是 5 元法币，因为他们对中国长官“压榨”士兵的陋习深恶痛绝。

正如朱德在向卡尔逊少校介绍作战计划时解释的那样：“我们认为通过动员和组织起全民抗战的力量，中国就能够有效抵消日本建立在现代化武装与军事组织上的优势。这代表着中国的每一个男人、女人还有小孩都必须坚持长期抗战的决心，无论多么痛苦、多么困难、多么冗长。如果我们的人民捍卫民族独立的决心坚定不移，如果他们愿为孩子们在未来享受自由和更大的快乐而不惜牺牲自身，则日本的侵略阴谋就永远不可能得逞。”

看来卡尔逊少校也相信，中国军队的战斗力与他们接受这些价值观的程度成正比。中国的老军阀有一些习惯：他们的军纪不是很好，士兵士气低落，游击战也都不是很成功。不过，卡尔逊少校也发现了一些在抗战中改革成功而且真心爱国的老军阀，同时也被蒋介石委员长和蒋夫人的无私奉献而深为感动。在他看来，自从 1927 年与左翼同志分道扬镳后，委员长变得更为成熟了。卡尔逊少校看到，蒋委员长的领导能力加上朱德的理想主义，在日本的残酷压迫下催生了中国的“新生活”，可能会成为在中国“实现乌托邦理想的核心”。

一位谈论乌托邦的海军陆战队员可能会让他的老战友们深感兴趣。但是，卡尔逊少校可不是天真的预言家。他并没有从纯军事层面来分析中国局势，但他毫无疑问曾仔细观察和思索过。为了这样做，他冒着巨大的风险与抗日游击队一起行军，并多次穿越日军防线。征途中的危险和困难并未阻挠他前进。虽然随身携带着艾默生《论文集》《亨利·亚当斯的教育》《101 首著名诗歌》和《新约圣经》，

五位“新中国青年”陪作者第二次穿越华北。从左到右：欧阳山尊（剧作家）、刘白羽（小说家）、金肇野（记者）、林山（诗人）和汪洋（摄影师）。（《纽约时报》原文插图）

但他找不到多少时间来阅读。在与游击队同行的上千英里路途中，他们大部分时间都是步行，这意味着要以每小时3.5英里的速度持续行走3—4小时，一天下来就是25或30英里。有一阵子，八路军甚至每天只靠喝小米粥就走了60甚至70英里。对一位西方人而言，跟着这种军队行军会身心疲惫，非常辛苦，但卡尔逊少校显然通过了考验。

跟每一位描写过战时中国人的美国作家一样，他真心实意地爱上了中国人民。旅途中，他有五位年轻的同伴，分别是剧作家、小说家、记者和诗人，还有一位摄影师。很明显，他们是再好不过的伙伴了，就像从艾奥瓦州的农庄一起走出来的。左翼的中国指挥员跟他很诚恳地聊天，向他解释他们的理念和作战策略。后者的主要内容其实相当的简单，就是以与游击队结成紧密联系的群众所提供的信息为根据，快速而出其不意地采取行动。部队领导会在每次战斗打响之前向战士们解释作战的原因，并在每次战斗结束后检讨行动中的失误。

毫无疑问，在希望唤起民众成立“民主政府”的八路军领导人与始终坚持“一党领导”的国民党之间，一直以来就存在着意见分歧。在卡尔逊少校眼中，这个差异可能会因为必须共同面对日军的压力而搁置。不过，他本人很明显、很热情地认同朱德的跟随者。

如果不是因为职业缘故早已习惯冒险，卡尔逊少校弄不好会对他的这次经历夸大其词。不过，我们完全看不到任何个人英雄主义的行为。即使有危险——比如碉堡中的日军向沿着铁轨前进的游击队开火——卡尔逊少校或其他任何人也不会有丝毫的迟疑就投入战斗。从某个角度讲，这次旅行就像是一次隆重而激动人心的探险，它给了卡尔逊少校对未来中国实现民主的希望。高涨的热情激励着他，使他变成了一个为自由中国发声的鼓动家，为了在中国构建一个抗击专制暴政的堡垒，为了美国在中国争取独立的过程中需要体现的重要利益，也为了纠正美国曾在物资上支援日本军国主义而犯下的可怕错误。

伟大的滇缅公路

哈罗德·谢普斯通

1940年10月20日

如果仅仅把滇缅公路看作是一条公路，那它的重要性就很有限了。它仅是缅甸铁路终点到中国内陆的扬子江上游整条交通线的一段。在这里开过车的美国人

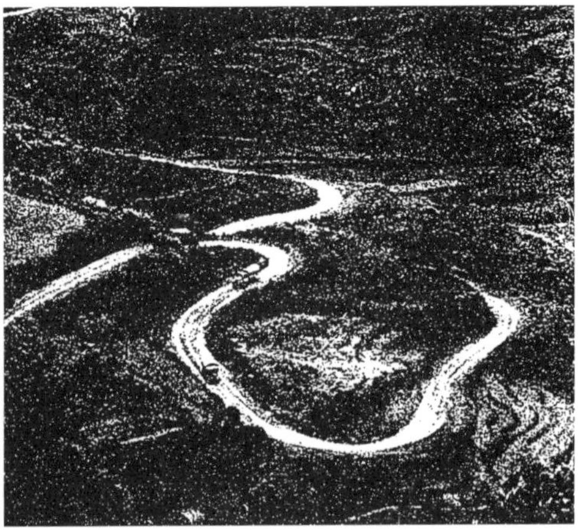

支撑着中国抗战的战备公路。（《纽约时报》原文插图）

日本占领区

公路

铁路

说，它还不如美国亚利桑那州的边远小路。在最好的情况下，一辆卡车需要整整 6 天时间才能走完从腊戍到昆明的 715 英里路程。每天最多有 100 辆卡车跑完这段路程，按每辆卡车装载 2 吨货物，车队的全部货运量还不够 4 节美国铁路车皮。

但是，滇缅公路不仅是一条公路，它更是一种标志。当英国宣布对中国实行的封锁已被解除的时候，中国首先想到的不仅是缓缓向前的卡车车队。在中国看来，滇缅公路是一条和外部世界相通相连的心理纽带，是不分昼夜流淌着无形的力量、勇气和决心的生命通道。它跨过塌方和泥石流的路段，越过山川峡谷，也抵御着灾害和瘟疫。正是那些不可触摸的看似无形的特点使得这条公路的战略意义特别重大。

这条长途公路的一部分是在中日战争开始前修建的，但这条重要通道，即连接昆明和腊戍这段最困难的地区的滇湎公路是在 1937 年晚秋才开始修筑的。几乎所有的工作都是由当地山区部落的村民完成的，他们实际上从未见过带轮子的车辆。他们的工具就是简陋原始的锄头和锤子。在公路建设最繁忙的时候，将近 100 万人参与施工。他们开工仅一年之后，就有车辆开始上路运输货物了。

公路穿越的地区荒凉的令人难以置信。高耸入云的山峦往往超过海拔一万英尺，陡峭的峡谷将广袤高原切割开来，有的深达数千英尺。村庄稀疏，人烟稀少。但这也是世界上最古老的商队穿越的通道。13世纪的马可·波罗就是沿着此路走进中国的，当时这里就有一条古路了。眼下，满载丝绸的骡帮商队仍在使用它把货物从扬子江上游运到缅甸。但商队用的小路对带轮子的车辆来说根本不能用，如它用石阶翻越陡峭的山坡，用古老的摇摇晃晃的铁索吊桥来跨越江河，而且大部分道路年久失修，或因降雨受损，或被山体滑坡掩埋。

所以，当日本封锁了中国港口，而中国的生存依赖于打开同外部世界新的联系通道时，中国的工程师来到这片蛮荒之地，制订了建造滇缅公路的计划。劳动力来自几百英里以外的村民。男人和女人都参加了施工，他们几乎就是用双手在山坡上开凿出路面，用柳条编成的筐子背着砾石行走几英里，把花岗岩巨石手工敲击成石辊并用它平整路基。在远离家乡的地方，这些工人经常要在极冷的天气里，一连几周住在用草和树枝搭建的窝棚里。在瘴气横行的山谷中，数以百计的工人死去，成为恶性疟疾的受害者。

在这段全长700英里的路线上只有4个城镇，最大的一个大约2.5万人。现在，随着公路的开通，整个地区都变了，新的城镇拔地而起，新的工业、飞机场、弹药储运站和工厂正在建设。人们普遍认为，在未来的岁月里，这个地区将成为中国的重要的工业中心。而对贸易和工业来说，滇缅公路将成为重要通道。这个地区还富含金属矿藏，部分地方拥有丰富的农业资源。

然而，这条公路今天仍然是一条生命线，中国视它就如同当年的长城一样。成千上万的工人正在日复一日地维护着它，修理路基，让它的坡度不那么陡峭，弯度不那么突兀。现在大约有7.5万名个工人正全力做着修复工作，确保山体滑坡和水损地段不会长时间地阻断交通。如果有人要沿此路从东到西，从中国进入缅甸，那他一定会在昆明踏上这条滇湎公路。在中日战争爆发之前，作为云南省会的昆明，不过是一个旧世界昏昏欲睡的东方城市，它坐落在一个40英里长的湖泊旁边，种植着稻米的高原河网密布，两侧种有高大的柏树。今天的昆明已拥有一些生产战争物资的工厂，早前古老、沉睡的空气已不复存在。

公路从这里一路往上，在河口峡谷处进入一个有着城墙的小镇禄丰，筑路的艰难从这里开始了。因为公路必须沿在陡崖凿出的路基穿过这条40英里长的河岸。山谷的另一端是一片树木茂密的山岭，是扬子江流域和红河流域的分水岭。直到几年前，这里还是土匪出没的险恶之地。随后的几英里，公路沿着山岭的顶峰延伸，有一些大约有9000英尺高，然后突然下降，经过一连串急转弯来到楚雄。这段路在阴雨天气下尤其难行，并已出现不计其数的滑坡。在楚雄，政府已经建立了飞机场和一所飞行训练学校。

从这里公路向西到下关之间大约有200英里蛮荒的无人居住地区，横穿4座高耸的山口和多条处在深谷中的激流。一个人在这里旅行50英里可能都看不到一所房子，但这段线路上的两个小村庄目前已名声在外：云南驿建了一个飞机场；清花洞是一个天然石灰岩洞，据说建成了一个不怕轰炸的军供站。

下关是一个天然的关口，守卫着四周被雪峰围绕的平原，那里有一个美丽的湖泊，旁边就是古老市镇大理，因生产大理石而闻名。看到过它的旅行者把它称为世界著名风景区之一。

从下关到缅甸边境的距离是280英里。这是整条公路最难建的一段，山脉更高更险峻，山谷更深，降雨量更大，雪线比线路上的任何地方都更低，还要横穿越湄公河和怒江两条大河。在一些山坳上，有时要连续通过12个或14个180度的急转弯。随时发生的山体滑坡，也需要建设庞大的石桥。在河岸地区常常爆发高烧和疟疾病。除了战争压力，除了维持中国的生命线这一无法妥协的需求，没有任何力量能激发人们去建造这样一段公路。这是一个无比艰辛的任务。

然而它终于竣工，卡车已开始通行。但去年7月份时，因雨季来临而有所减少的交通正式停了下来。现在雨季要结束了，这一期间中国人也没有闲着，一直在重建、修复并加固他们这条精神和物质的生命线。他们相信，未来有一天，这条路将成为东方重要的贸易通道；而现在，对中国来说，这是一条战争通道、希望通道。

华尔道夫酒店举办募捐舞会

1940年10月30日

华尔道夫酒店将于周五晚举办“一碗饭”募捐舞会，中国驻美大使胡适博士将作为嘉宾出席舞会之前的晚宴并致辞。此事将拉开席卷全美系列募捐活动的序幕——旨在为中国抗战筹措越野卡车医疗物资和汽油燃料。

该活动由美国医药援华会和美国援华会联合赞助。美国医药援华会（地址在威廉街57号）由蒋介石夫人任名誉主席，小西奥多·罗斯福上校任主席。美国援华会（地址在第五大道200号）由詹姆斯·罗斯福太太任名誉主席，克劳德·福克纳任主席。

晚宴定于晚7时30分在酒店的巴斯尔顿大厅举行，舞会将于晚10时开始。

届时一群盛装美人将身着专为她们量身定做的东方服装登场，会成为舞会最吸引人的看点。有一出小剧也将在午夜上演，黄柳霜女士[1]将担任主持人，圣丹尼斯女士[2]将表演她的舞蹈“白玉”。其后，评委们将选出全场“最上镜女士”，并由著名画家拉维尔为她绘制肖像画。

晚宴上致辞的嘉宾除胡适博士外，还有刚从重庆回来的林语堂博士、多萝西·汤普森女士和流放的法国剧作家亨利·伯恩斯坦。

晚宴门票的价格为25美金，晚10时开始的舞会入场券为5美金。舞会及表演前场10人一桌的票价为每人10美金，包台可享受每人7.5美元的优惠价。

美国人大举撤离东方

哈雷特·阿班

1940年12月8日

新加坡电：与欧洲自1939年9月以来见证的数以百万的人口大迁徙相比，1.6万美国人从东方被迫撤离倒显得不那么重要，但它实际上是世界大战以来降临美国人的最大灾难。

到目前为止，这次大撤离并不是在枪林弹雨下完成的。但伴随它的仍是匆忙和恐惧，不可挽回且数目惊人的损失和对许多人来说是沦为贫困的威胁。同时，凄苦的别离，成千上万人被扰乱的生活，都将化为对那群人深深的仇恨，仇恨他们的贪婪使得如此众多的人流离失所。

值得注意的是，美国人匆忙撤离的远东地区，日本军国主义横行肆虐之处，包括日本本土、朝鲜、台湾、满洲、中国内地的日本占领区、香港以及在日本骄横统治下的法属印度支那。这些地方对美国人来说已经不再安全了。

当然，如果事态进一步恶化，如果日本挑起对美战争，那么更多的美国人将不得不逃离菲律宾、逃离泰国、逃离马来亚、逃离缅甸以及荷属东印度群岛。

我的朋友艾瑞克是我观察日本的“新秩序”是如何影响东方的外国人处境的一个典型。他是被上海人称作“大班”的那种人。大约30年前，他搭着一艘货船到上海，当时他是船上的第二轮机长。在精明预测港口未来发展之后，他建立

① 好莱坞首位亚裔明星。
② 美国现代舞先驱人物。

了自己从事海洋工程和测绘的公司，并由此发家致富。也就是说，这些财富使他成为“大班”。

艾瑞克在虹桥的房子是个投资错误。这是他在1932年春天买的，当时正逢“一·二八”淞沪战役，这场持续了六星期、造成3.5万多人丧生的血腥而无果的中日之战刚刚平息，艾瑞克就带我看了他选中的地皮，还有房子的设计图。他的妻子不喜欢在城里生活，想要几英亩的花园和草坪。他们唯一的女儿很快就要办成人派对了。除了虹桥的房子外，他们还在靠近青岛的大平角[①]建了一个夏天避暑的房子。那里背靠山脉，松树和冷杉，前面是闪亮的黄沙和拍打海岸的白色浪花。

两处房子大概花费了12万上海币（当值4万美元）。现在可不值那么多钱了，即使还能以12万上海币卖出，今天也只值约7000美元了。在日本“新秩序”下，中国和东方其他地区美英人士都要忍受这样的盘剥。“今天，除了日本人，德国人或意大利人，没有人会买这些房产，等待它们的只有进一步的贬值或者干脆被人白白拿走。”

艾瑞克唯一的孩子是个美丽的女儿，她嫁给了在香港的英国官员，在美国人大撤离前的六个星期已被疏散到澳大利亚。他的夫人也在五天前乘船前往澳大利亚。出发的前一天我去拜访过她。

我问她：“你这么多漂亮的东西，家具、银器、画，难道真的要都扔在这里吗？”艾瑞克夫人平时说话都是轻声细语，但这一次不然。她环顾自己的客厅，穿过露台走到那宁静美丽、被她精心料理的整洁美丽的花园。然后，她用一种奇怪的声音，颤抖着说：“这是我的家，是我自己一手操持起来的，我们本来要在这里一起变老的。现在，如果我注定要失去这个家，那里面的东西就滚蛋吧！”她转过身去，走进宽阔的前厅。她步伐凌乱，上台阶的时候摔倒了。

在东京、横滨和神户，成百上千的美国人都面临着抉择：或者彻底放弃自己的职业和财富，或者把家人送走，自己留下来冒着被送拘留营的风险或者更糟的后果。自己奋斗多年甚至一生的积蓄，都将被以种种方式洗劫一空。

除了商人，那里还有传教士，有在日本和中国学校任教的教师和教授，有分散在各地医院的医生和护士，他们一直在试图教导亿万东亚人民如何保持清洁卫生，如何用现代手段治病疗伤。

---

① 太平角的德语地名是Ilits Huk，1922年，中国收回青岛后改称太平角。原为靠近陆地一小岛，清末与陆地相连成为一处岬角。19世纪建为太平角公园，占地9万平方米。园内种植大量黑松、刺槐，结缕草草坪，天人菊遍布。1939年评为青岛24景之一。新中国成立后，为军事设施。2008年1月初，为迎接北京奥运会帆船比赛，政府投资建成了新的太平角公园。

成千上万的美国人被要求撤离上海。（《纽约时报》原文插图）

每个早晨、每个晚上，每一顿餐饭，数以百计的传教士都在祈求上帝的指引，是抛弃信徒和多年的努力去寻求个人的安全，还是冒着被杀害或关押的风险和与自己相处多年的教友在一起？如果他们回家，他们将如何生活，如何供养自己的家庭，如何教育自己的孩子？

美国国务院关于“建议”所有美国人返回美国的消息在上海引起轩然大波，因为有4000多美国人居住在这个美国在亚洲大陆最大的社区。当然其他地方的美国社区也受到震动。居住在中国和其他地方的美国人受到有关条约的保护，在有些地方这种保护已长达125年。现在情况发生了变化，条约已无法充分保证美国人的安全，而当地的美国武装力量已软弱到了无法给予美国人习以为常的保护。

正如在上海的美国人所看到的，事态表明，美国已放弃了自己坚持了125年的立场。疏散意味着战争的旋风一旦爆发，美国平民不会身陷其中；而只有战争才有可能使他们重返东亚时，继续享受安全的生活。

少数受过良好教育、理智和阅历丰富的日本人理解此次美国大撤退中蕴藏的警告，但傲慢的、渴望大举征服亚洲的军国主义者却为美国“放弃其在东方的地盘”而兴高采烈。大批聪明的纳粹间谍也为日本军国主义喝彩加油，他们要日本现在就动手。“你们多等一个月只会让美国得到更多的飞机、更多的士兵、更多的舰船、更多的枪炮。你们越早动手就越容易获胜”。

日本陆军中很多将领对纳粹教唆言听计从，但多数海军人士表示出怀疑和反对。陆军认为纳粹的建议是无私，可以帮日本重建辉煌；海军则猜疑德国人只不过是希望美国和日本打成一团，从而令美国减少向英国运送战争物资。

干上征服这一行就像吸食鸦片一样，干得越多越想干，每一次满足都会令新的胃口大增。日本对征服的胃口就是随着每一次征服的得逞变得越来越大。毫无疑问，日本军国主义在1937的夏天仅计划吞食华北的河北、察哈尔和山东省的部分地区。但随着战争蔓延，他们不久就占领了上海和南京，随后又攻占了更多的沿海城市，还有广州、汉口等。

日本在不断取得军事胜利的同时也在和美国、欧洲利益之争中占了上风。一个个贸易权利被日本侵犯，但得到的仅仅是书面抗议。日本轰炸了西方传教士的教会、医院、学校和住房，得到的不过是更多的抗议。日本蓄意炸沉了美国海军的"班乃岛号"和英国海军的"瓢虫号"军舰[①]，造成了关系紧张，但英美两国仍没有报复，日本因此变得越来越有恃无恐。它贪婪地建立起贸易垄断，打着军需的旗号从事对外贸易。世界上的正面评论已经和日本帝国主义无缘了。由于他们疯狂地轰炸城镇，野蛮地报复为游击队提供掩护的社区，也由于他们的士兵犯下的种种暴行，他们早已失去人们的善意了。

作为一个国家，日本也因为绵延的战争而陷入贫困。不过一些军国主义者却敛财致富。在日军的保护下，害人的鸦片恶习又大行其道。急需资金的蒋介石政府都不屑于从鸦片中谋取收入。在重庆，一些长期吸食者常常选择自杀，因为他们很难再弄到毒品。而在日本控制下的南京、上海、北京和天津，就连拉黄包车的苦力都可以用几乎不值钱的两毛纸币换来一口大烟。日本占领区内妓院和赌场盛行，只要向日本军队缴纳"保护费"，它们就可通行无阻。在日本，对食品和

这是自世界大战爆发以来，美国人最大规模的撤离。（《纽约时报》原文插图）

① 英国海军"瓢虫号"属于昆虫级内河炮舰，625吨，长72.4米，宽11米，吃水1.2米，2000马力，航速14节，55人编制，有2×6寸炮、2×12磅炮、6×0.3寸机枪、1×3寸高射炮。1937年在扬子江航行时遭到日军攻击并扣押，后逃至上海。1941年5月12日在托布鲁克被击沉。

商品实行严格的配给制，而且储备也所剩无几。但在中国的日本军官大都过着人生中最惬意的日子。

给一向安定的生活画上句号，让多年的积蓄付诸东流，将自己温暖的家和亲爱的朋友抛之脑后，这可不是一件轻松的事情。对于那些事业上刚刚起步却不得不收拾行装走向没有职业前景的远方的年轻人，对于那些放弃用心经营多年的生意换来一堆贬值钞票的中年人，以及对于那些被连根拔起被迫浪迹天涯的老年人，事情不可能比这更坏、更严重了。

在日本、满洲、中国沿海、印度支那和香港，美国妇女们正在整理行李和家居用品，苦心思索把什么东西留下来。避难船只对行李数量有限制，对很多人来说，数千英里的海运费用高得难以承受。

黑夜里，男人和女人彻夜不眠，无时无刻担心着“暴雨”前能不能把孩子接到船上来。白天他们也心事重重，因为忠实的仆人和工作上的助手要被解雇，他们要从不多的预算中挤出些钱来为这些人发养老钱或者遣散费。他们知道新工作不好找，最乐观的情况无非是为残忍和专横的日本人工作。

美国亚洲舰队队员军官和士兵的家眷已获知回国，而不是到马尼拉。驻扎在上海、北京和天津的美国海军陆战队军官和士兵的家眷也一样，预计在菲律宾的美国陆军人员的家眷不久也会回国。

书评：艰难困苦，玉汝于成

凯瑟琳·伍兹

1940年12月15日

题记：《蒋介石：中国的元帅》，斯文·赫定著，伯纳德·诺贝里斯译自瑞典原文。插图版。290页。纽约的约翰·戴出版社出版。每本定价3美元。

距斯文·赫定[①]第一次踏上中国大地已过去了半个世纪。他说，自己最快乐、

① 斯文·赫定（Sven Hedin，1865—1952），瑞典人，世界著名探险家。他从16岁开始，一生从事探险，因为探险，他终身未婚，与姐姐相依为命，走完他的人生之路。他的名字，在他的祖国不但路人皆知，而且为人们所热爱崇敬。他是德国著名地理学家和汉学家李希霍芬的学生。在1894年到1908年中亚三次探险中，他勘察了中国新疆和西藏的部分地区，并绘制地图。赫定对汉学研究的两大贡献，一个是发现了楼兰古城，一个是填补了地图上西藏的大片空白。1933年，他提出修筑并维护好内地连接新疆的公路干线，铺设通往中亚的铁路，以加强内地与新疆的联系。

最成功的时光都是在那个领土广袤的国家度过的。如今，这位著名的瑞典探险家将精力转移到撰写一部当下中国与蒋介石的畅销书上，他的努力令其快乐并且大获成功。

此处的“畅销”一词仅仅是描述，并非预言。该书能否吸引大批读者不是本书评人所能断言的。但是，这的确是一本明显适合广大读者阅读的书，比起正式传记，它更像是一本图册，用赞许的口吻概述了 1937 年 7 月之前的中国是如何从动荡走向统一，后来如何陷入战争，又如何在痛苦与磨难中见证人民与领袖的伟大和希望。

赫定博士在全书的前半部分主要聚焦中国在战前的情况。中国在这段时间取得的进步早就被日本的宣传所否定，如今也早被人遗忘了。事实上，正如这位学者所言，西方人很难想象一个国家在经历 20 年持续不断的革命与战争之后，仍然能够屹立不倒，更不必说它后来还能抵抗日本人组织严密的军事入侵。当蒋介石成为国民革命军总司令时（距今天这场民族存亡之战开始前 11 年），他必须同时要与军阀及共产党作战（有意思的是，日本扶植的傀儡汪精卫一度曾支持共产党对抗蒋介石）。但是，赫定博士指出，早在 1927 年，日本人就注意到蒋介石力图统一中国的努力；当年春天，日本向山东增兵并不是要保护日本公民，其“真正动机是担心蒋介石的举动，想刺激他，干扰他统一中国的势头……日本认识到，如果听任蒋介石放手大干，他就可能取得成功”。所以，日本人对他进行百般干扰。

但到了 1936 年，日本已错过了实现他们轻松征服中国美梦的时机。蒋介石排除万难，朝着真正建立“东亚新秩序”的方向迈进。中国的军力已获得提升，中国“工业呈现良好的发展势头，可能成为日本一个可怕的竞争对手”。简而言之，中国已“可以满怀信心地面对未来。国家政权获得巩固。无人可以否认，蒋介石当时领导的国民政府是近百年来中国最强大、最廉洁的政府”。

来自日本侵略者的宣传（我们仍然能够听到！）完全是颠倒黑白。“日本人称，共产主义、无政府主义和天下大乱赋予日本在中国恢复秩序的使命和责任。把入侵中国归咎于共产主义的做法是玩弄政治伎俩。”

赫定博士继续写道：“近十年来，蒋介石坚持反共，直到最终将其制服。”但现在，因为西安事变，中国的政治形势发生了变化，正如国民党 1937 年 2 月会议的决议所言，当前国家的首要任务是动员一切可以动员的力量来共同反抗日本的侵略。斯文·赫定在这里提出斥问：“日本要求灭共并建立一个强有力的中国政府时”，那么，“还有什么必要在反共的蒋介石掌权并在南京已经建立强有力的中央政府时再发动一次战争呢？”

斯文·赫定、蒋介石和蒋夫人合影。波斯哈德摄（《纽约时报》原文插图）

赫定博士在书中着重强调了一点，即蒋介石带领国家所走之路根本就是中国的复兴之路：它不是蜕变，而是重生。孙中山曾说中国的生存要根据中国的国情，遵循其既定之道。对这一清晰的真理，蒋介石在 1936 年（其 50 大寿时）补充道："我们不应模仿西方之皮毛，亦不取帝国主义国家对强取的崇拜。……我所希望看到的，是我古老国家传统之复兴。"在斯文·赫定长达半世纪的中国记忆中，有着在经历多年的道德混淆与错乱后已被忘却的传统品质，这些几近绝迹，但最近又被追回。蒋介石的新生活运动触及基层，并增强了中国人民的现代意识，因为它是纯中国式的。此后，国家的统一将会通过人民的斗争而得以实现。

这本书对中国战争的描述止于 1939 年秋，之后的事件只在编者注释中提及。但这短短两年多的战争，恰是我们如今最需要铭记的，尤其是后来发生在更大范围里的世界悲剧可能已令我们麻木，忘掉了它们曾在我们心中具有的重要意义。所以，有必要在此处简要列出这些事件：焚烧闸北；南京强奸；台儿庄大捷；焦土政策；灵活机动的游击战；随着战况发展，中国的抗日战争进入了不同的阶段；虽恐怖不绝，但希望也在递增。中国的长城一直屹立不倒，这横贯东西的文明之墙证明："这是一个坚韧不屈的、卓越的民族，"即便"遭遇了祖祖辈辈从未经历过的黑暗和苦难"，但依然保持着自己取之不竭的无穷力量。

同时，赫定博士也做出了反思，他假设在蒋介石掌权之前，也就是在中国恢复秩序、统一、稳定和希望之前，日本人就入侵中国，那么战争的结果可能会很不一样，在军阀混战的黑暗时期，"老百姓没准会欢迎日本人来解放他们"，当然，日本人要举止“温和、仁慈”才行。真实的情况是，日本人根本不是这样的。

斯文·赫定著作的价值在于它明确强调了中国抗战之盾的两个方面：一是团结，二是抵抗。书中披露的大量的个人回忆，为其故事增色不少（尤其是他对自己勘察丝绸之路的回忆，以及他与委员长本人多次的私下会见）；在跟踪日本和中国最新的发展动向时，他赞扬了日本的进步，真诚希望东方的两个大国能够合作。但他并未为时事研究人士提供任何新的信息。本书的翻译不算精到，存在一些误译之处。但丰富的素材使全书瑕不掩瑜，根基稳固。因此，这是一本理应被重视和理解的“畅销”书。

第五篇

1941 年

1941 年抗战大势

1 月 6 日，奉命移师北上（1940 年 10 月，国民政府军事委员会强令八路军、新四军在一个月内全部开赴黄河以北）的新四军军部在皖南遭到国民党优势兵力的围攻，9000 余人大部牺牲，一部被俘，军长叶挺被扣。皖南事变发生后，1 月 20 日，中共中央军委发布重建新四军军部的命令。

4 月 13 日，苏联在纳粹德国的威胁面前，试图缓和与日本的关系，两国签订《苏日中立条约》，中断对中国的军火输入。这对中国的抗战从物质到心理都蒙上了一层阴影。

6 月 5 日，因日机轰炸，重庆发生大隧道惨案，1000 余避难民众窒息而死。

6 月 22 日，苏德战争爆发。

9 月，日军发动了第二次长沙会战，企图击溃第 9 战区的中国军队。9 月 28 日，日军攻入长沙。中国军队虽伤亡惨重，但日军并没有击溃第 9 战区主力，自身付出了 2 万余人伤亡的代价。由于战线过长，损耗很大，日军于 10 月 1 日撤退，中国军队随即追击作战。10 月 5 日双方恢复战前态势。第 6 战区的中国军队于 9 月 30 日至 10 月 11 日乘日军空虚，对宜昌之敌发动猛攻，歼敌 7000 余人。

12 月 7 日，日本偷袭珍珠港。翌日，美国向日本宣战，太平洋战争爆发。12 月 9 日，中国政府正式向德、意、日宣战。随后，英国等同盟国也对日本宣战。从此中国不再独立对日作战，抗日战争正式成为世界反法西斯战线的一部分。

12 月 23 日，为策应进攻香港的日军，武汉的日军约 12 万人再次进攻长沙，遭到第 9 战区约 30 万中国军队的抵抗。日军屡攻长沙不下，反被中国军队合围。

中国抗战是人类意志的胜利

裴斐

1941 年 3 月 30 日

“中国的抗争已到人类耐力的极限，做好最后牺牲的准备，团结在一起”。（《纽约时报》原文插图）

日本发动侵华战争，妄图三个月灭亡中国，迄今已近四年。然中国虽屡战屡败，却屹立不倒。与此同时，欧洲许多国家，其中包括那些比中国强大很多的国家，都在凶猛的侵略者面前亡国灭种。就征服中国而言——日本自 1937 年以来一直妄图实现这个美梦——只有中国自己能做到。近代所有的证据表明，如果中国注定被征服，那也是由自己内乱引发的内部分裂造成的。

为什么欧洲与中国之间会存在这样差别呢？因为两者完全不能相提并论。中国有绵延辽阔的大陆领土为侵略者设置了重重艰难险阻。即便日本在现代化进程中刻意模仿德国，但它毕竟不是德国。我们处在这样一个时代，即不管在战争中还是和平时期，优势总在有效使用机器的一方。但中国人证明，人类的精神力量仍然存在。在一定程度上，威武不屈的精神能够弥补技术能力上的差距。以赤手空拳对抗敌军的铁棍钢刀，这不是浪漫的献祭，也不是对古典史诗的怀旧，它是可以决定战争胜负的精神。

这一点在远东战场上毫无意外地获得证实。从战争之初，就注定了这是一场中国民心士气与日本军事效率之间的鏖战，是一场中国人决死胆气与日本战争机器之间的较量。战争将考验出是中国人的忍耐力大还是压在他们头上的日本军队的压力大。近四年的对抗证明，中国人的忍耐力胜利了。

这听起来简单，然而实际情况要复杂得多。当我们谈及中日战争的状况时，必须考虑这两个因素或者更多的一些因素。其他因素确实不少，其中两个尤为重要。第一是日本低估了中国，或者说他们高估了自己；第二是中国人历经百年终于第一次认识了自己。

两个因素对战局影响极大，尤其对战争形成目前这种相峙状态起了决定性作用。一方面，它不能证明若干现代战争中人的精神仍可战胜机器的理论，因为日本亦未全力投入战争；另一方面，它又能佐证这个理论的正确，因为日本犯此错误的原因既根植于他们内心深处又体现在他们行为之中。这是由远东事物的性质决定的，这些事物就像地理面貌一样与生俱来，互相存在。

如果日本在战争爆发的第一个月就将其全部军事力量投入战场，那么中日战局的发展将会大不一样。如果日本出动 50 万大军的绝大部分以及坦克和重炮的大部分，同时攻击华北和上海周边，中国人可能来不及调动军队抵御强敌就被压垮。中国人或许会被敌人猛烈攻击所震惊，并因此作出结论：抗击如此强大凶残的敌人没有成功的指望。

更重要的是，在这种情况下，中国人可能连停下来喘口气的时间都没有。虽不能百分之一百的肯定，但中国人很可能会说服自己接受命运的安排，就像他们在历史上多次所做的一样，妥协求和，允许日本在华北几个省建立保护区。至此，中日

"中国战斗不是因宿命的绝望，而且对最终胜利怀有真实的信念"——参加前线部队的广西大学女学生。（《纽约时报》原文插图）

战争就将以日本获胜而尽早结束，而日本将获得它当时所想要的一切。

永远保持高度警惕——前线的农民士兵。（《纽约时报》原文插图）

日本原本可以动员其全部军力对付中国，如果它能预见到中国的抵抗并且尊重中国的抵抗能力。然而，如果日本能够充分尊重中国的话，那它就不是日本了，战争也就不会发生了。在日本人根深蒂固的思想观念里，中国在武功上根本不值得尊重。对中国人战斗力的藐视是日本人自尊中必不可少的一部分。

日本人这样做的一部分原因是寻求对中国文化优势不得不尊重的补偿。他们需要承认这一点，因为正是从中国学习良多才使自己脱离蒙昧；部分原因是日本强烈渴望和强者站在一起。日本在19世纪加入“优等民族”俱乐部时，学会了他们蔑视“劣等民族”，即有色人种的习惯，现在说有色人种因不会用机器制造武器就难与白人比肩，已经没有意义。在歧视有色人种成为征服大帝国的首要任务的今天，通过征服中国弱者来证明日本是强者的优等民族，正是日本孜孜以求的优越感。

此外，出于政治目的，日本陆军和海军内部等级森严，特别是陆军，比世界上其他任何国家的精英集团都更加封闭。支撑日本陆军的是“皇军不可战胜”的虚荣心，在它的影响下，所有的感觉和想法都遭到扭曲和颠覆。尽管机关枪已经取代了精心打造的军刀，但日本陆军仍然顽固维持着其封建等级制度，拒绝任何人挑战其权威。

实际上，日本从未与世界上的一流强国交过手，也从未在战场上遭遇过旗鼓相当的对手。1905年对俄战争的胜利使他们冲昏的头脑，因为他们没有察觉世界上其他国家早已看清的事实，即日本陆军和海军仅打败了一个纸张糊起的空心巨人，其实俄国不是日本打败的，是他自己打败了自己。但胜利令日本军界忘乎所以，封建传统让他们迷信皇军“战无不胜”，甚至“无所不能”这类神话，并坚持至今。

世界上的国家似乎都觉得，让中国获得同等的国家尊严是无法想象的。因此，让日本一开战即出动全部军力至少超出了人们的心理准备，如果日本确认中国应该获得尊重，那么它就不是日本了，或至少就是另外一个日本了，而且也就不太可能爆发战争了。对日本人而言，这场战争不过是一个小插曲，一场小冒险，就像到另外一个比较困难的国家猎鹿去了。当他们将战争称为“事变”时，他们的内心还是真诚的，因为他们确定将其当作一件小事，确信中国会在90天内“反思并忏悔”并聪明地允许日本统治华北诸省。

因此，开战初期，日本只是派出了几个师团的兵力，而中国将它们阻滞在上海周围好几个月。中国人看到了他们能够顶住日本人，因此士气高昂，并有时间根据既定防御方针调整部署。具体说，中国要在每一个军事要点上与敌展开争夺，重创敌人后再逐次撤退，目的是诱敌深入战境。然后对其越拉越长的战线施以游击战，打击其薄弱处，慢慢地将敌拖死。在这种情况下，空间与时间都对中国有利。

1938年春天，这场战争真正意义上的心理转折点出现在山东省一个叫台儿庄的小镇。当时，日军已占领了中国首都南京，正信心满满地沿津浦铁路向北开进。直到台儿庄时，他们突然发现自己深陷重围，灾难性的失败迫使日军仓皇撤退，好几个月都没有行动。虽然台儿庄战役的军事意义是短暂的，日军人员和物资损失也被夸大了，但战役对中国士气的影响是决定性的，对远东未来的影响也是历史性的。

中国人在台儿庄战役中真正找到了自己。在台儿庄，中国人不仅证明自己可以顶住日本，而且还有打败日本的机会。几年来中国人对日本军力近乎歇斯底里的恐惧感消散了，原来日本兵也是可以被打跑的，而且跑得很快。日本曾希望通过恐吓使中国人屈服，或在传统的宿命论驱使下立功求和的这种希望也在台儿庄失去了。中日关系发生了根本性的改变。自此，宿命和绝望已成过去，中国带着对明天的希望和终将赢得胜利的信念投入新的战斗。

实际上，正是日本人自己最坚定地支撑着中国的抵抗意志。由于封建意识作祟，日本人从未理解也看不到和解的必要和智慧。这种虽然在形式上已经废除但在精神上仍然保留着的封建制度，使日本人在采取行动、思考问题和感受外部世界时都围绕着武力这个中心。

当中国军队撤退，日本占领中国领土后，他们并没有寻求安抚沦陷区人民的不满，也不去争取民心。实际上中国民众并没有根深蒂固的民族主义思想，做这些事情也不会很困难，因为民众遭受了的苦难已经太多，任何安抚都会缓解他们的怨气，并令他们更愿意接受新主人。

然而，日本人却选择对沦陷区的人民实施暴政。他们飞扬跋扈，威胁恐吓，并极尽欺凌侮辱之能事。日本人实施严酷之极的惩罚制度，随意处决平民并且没收他们的财产；或许最重要的是打击人们的自尊心和自豪感。他们攻陷北平后，强迫教师带着学生上街游行，强迫他们挥动日本国旗向征服者致敬，并且要求他们面对日本人的照相机露出愉快的笑容。他们背后站着端着刺刀的日本人，这样可以确保微笑不会马上消失。特别是对中国受过教育的民众，过去从未有过的痛苦四处蔓延，并日益加剧。

在战争最初几个月发生的日军暴行，特别是在暴行最突出的南京和其他一些程度稍小的地方，也许已遭遗忘。打仗时不讲人道、不施救助是亚洲的传统，日本飞机的无差别轰炸也许已被忘记了，但是，持续不断的恐怖高压及对人民自尊的羞辱，加剧了沦陷区人民对日军暴行的愤怒，并铭刻于心。

中国人的战斗，方式迥异于过去。中国人忍受的苦难和牺牲一般说来是其他民族不愿忍受的，战前也没有任何一个远东国家相信中国自己愿意忍受。世界各国的军事参谋部都认定中国的对日抵抗不会持续一年，因为他们做不到。根据我们这个时代所有关于战争的预期，中国都只能屈服，不这样就是违背物理定律，就像桥梁承重超过限度就会倒塌一样。然而，中国的抗战坚持下来了。

中国人做到了超越物理定律的事。他们内心有一种无形但充足的力量平衡了战争的重压。这种力量即使在技术化、科学化、机械化的现代战争中，也能与其他力量抗衡。当然，中国人能做的事也受到一定的范围的限制。或许更好的说法是钢铁力量的决定性作用也受一定范围的限制，即机器的力量只有超越一切人类精神价值时，才不可抗拒。或者说，只有当某些特质的人类精神尚未挖掘出来时，钢铁力量才是不可抗拒的。

不管欧洲战场的事实如何，在远东发生的这场战争中，钢铁力量未能摧垮人类精神，而日本人通过战争召唤出了中国人深藏内心的那些最优秀的品质。中国的抗战已到人类耐力的极限；中国不惜耗尽全部物质和精神力量，并且做好了牺牲的准备；中国人民紧紧地团结在一起，不受任何内部因素的影响，包括已被唾弃的汪精卫和其他傀儡分子，而这些人的背叛只会更加令人信服地证明中国的团结是牢不可摧的。

一场旧式的帝国征服战争，一个充满双方斗智与权谋的战争，目前已经演变成一场人类意志的较量；不仅如此，它已成为证明人类精神伟大，主张人类可以抗拒机器、在机器的黄金时代摒弃冰冷的机械力量表达方式，这就是今天中国的抗战。

操作机关枪的中国士兵。（《纽约时报》原文插图）

评日本梦想的“新秩序”

奥托·D. 托利许斯

1941 年 4 月 6 日

日本的春天到了，可爱的乡村露出最令人心动的容颜。白色的杏花好似一阵一阵的花浪，席卷南北。粉色的樱花紧随其后，渐渐地苏醒和盛开。樱花从江户川最温暖的地方萌发，在东京的南边盛开，好似一件雪貂披肩披在雄伟的富士山上。它们很快就会以自己壮美的景色覆盖整个日本。

日本梦想的“新秩序”

对于热爱大自然的日本人来说，这是爱与欢笑的季节，也是出外远足和野餐的季节。当然，这也是日本列岛为外国游客提供丰盛物品的机会，它们为外国游客的到来作了精心准备。然而，最近以来，日本人几乎没有时间再享受爱与欢笑了。旅游的人流也是离开日本走向国外。军国政体的趋势加剧，宵禁时间提前了，生活必需品短缺，统一管制令人生厌，政府对国民生活的每一个方面都进行监视。一种被战争警报和准备迎接更大战争的可怕气氛已使日本国民进入一种无意识的沮丧状态，也使他们变得更容易焦躁，这样的气氛笼罩了整个国家。

政府部门之间频繁地来来往往，给人一种不祥的预感。很多关于新政治经济结构的讨论最后都回到军部的裁决之下。很多争取覆盖更多方面的新工程、新运动，都朝着通过牺牲公众利益而使社会变得更有秩序的方向演进。这样做的后果，使日本人陷入一种被焦急和渴望所支配的精神状态之中。而且，不管是繁荣、通货膨胀、货币战争或为城市居民提供令人愉悦的公园等，这样的一种精神状态都是无法获得安抚的。

其中原因是日本正与其盟国德国、意大利一道，试图为世界创造一种新秩序。在这样的一种秩序中，全球被划分成不同的特殊利益区域，分别受到各列强的支配和主导。日本希望它能够成为世界新秩序的领导者、“大东亚共荣圈”的复兴者。“大东亚共荣圈”只存在于日本认为适当的维度上，从未被官方所定义。然而，它又恰好是被日本官方发言人描绘为最大胆的地理框架。而且，这个“共荣圈”应该包括国际日期变更线——180 度经线到阿拉伯海的所有领土，这几乎包括了世界将近一半的人口。

由于“满洲事变”和“中国事件”，导致日本的资源利用已经受到限制，并且导致战争死亡人数节节攀升。伴随着战争的硝烟，满载阵亡士兵尸体的列车驶回遗属身边。近 10 年来，日本已在原有扩张计划上大大加码。现在，日本希望建立一个包括日本、满洲和中国的新秩序，这已动摇了日本国民原有的想象，而且对日本国力是否能够完成“大东亚共荣圈”的使命增添了焦虑和怀疑。说到日本统治者的野心，并从“大政翼赞会”新誓约的字里行间，我们可读到如下内容：“日本人民的伟大航程已经起锚。亚洲的黎明即将来临。在国家诞生的伟大理想指引下，充满悸动与生存力量的日本人民已开始迈出历史的步伐。”

神道与军国主义

对于很多人来说，亚洲正在升起的旭日如同惊雷，一个新国家在策划者们的精心设计下孕育，在狂喜和阵痛中分娩。然而，日本的统治者们强调，为了完成“昭昭天命”，在“世界历史的转折点”上抢占先机，带领日本走向“美好未来”，他们决心不惜一切代价来实施这个伟大的计划。为达目的，他们正动员日本所有精神的、军事的、经济的资源，去镇压对“新秩序”缺乏热情的亚洲人民的反抗，以及与日本的意愿背道而驰的其他列强对“新秩序”的抵制。

显而易见，隐藏在这种动员形态背后，并在精神上提供支撑的，是日本的武士道精神，但它使用的方法却是纳粹德国式的。事实上，从精神层面看，日本 10 年前构筑世界“新秩序”的努力在“满洲国”的成立上获得了体现，它深为此而得意。以此而言，在精神领域的各个方面，纳粹德国只不过是在尝试创立日本一直以来都拥有的东西。但是，当论及实施手段时，日本统治者承认他们“必须从国外更广泛地汲取知识，才可引领时代的潮流”。

在这个“汲取”知识的过程中，日本统治者慢慢靠向纳粹德国，这是因为他们相信，如果德国赢得了这场战争，那么德国的方式就是未来世界的统治方式。也许这种理念与去年夏天德国胜利的时候比没那么强烈了。可是，这与欧洲战争的结果无关，事实上是因为日本自身正由于国内问题经历着动荡和不安，而且这种动荡不安的状态是可以预见的，而且仍会持续。这种情况也可从日本的对华政策上窥见端倪，回想到日本于 1915 年向中国提出“二十一条”，那时它是十分坚韧和不屈不挠的。

在中国发生的战争，不管给它起一个什么名字，日本自然都形成了战时经济状态，而它又是以德国为榜样来效仿的。日本的某些发言人一半得意一半后悔地说道，日本在其他国家的印象中正在急速地发生历史性的转变，一个新的强大的日本正在原地崛起，并一步一步地肃清西方的影响，在古老的武士道精神的主导下，致力于实现一个更美好的未来。日本的梦想正在实现。

然而，无论怎样，尽管新方法是纳粹德国式，他们实际运用时却必须根据日本国情和日本人民东方式的思维形态予以调整。日本统治者面对的基本局面是日本依然极度缺乏资源，无论是工业资源、潜在资源抑或是西方的技术资源。抛开他们是否与西方人相等或者更好的无稽之谈，日本人最基本的性格特征是挑战死亡的勇气，以及对天皇和大日本帝国无可置疑的忠诚。这使它变成了一个难以对付的敌人。日本人强调人的行为必须依据其人际关系予以解释，这在文化心理上是相当东方式的，他们认为这比法律或抽象的条例更重要。日本人是实事求是的，能够敏锐地依据事实做出精确的判断，并以此谨慎地、主动地做出妥协。

迄今为止，这些优秀的品质把日本从所有大崩溃中拯救了出来。但是，在日本政要眼中，他们不可能把日本军队整顿得如德国军队那样严格管制和整齐划一。总的说来，日本人还是在自由主义原则与极权主义原则之间摇摆不定。从明治维新开始，自由主义原则影响着日本国民。简而言之，明治维新是 73 年前日本推翻幕府后复辟了天皇亲政，而且这种复辟体现在帝国神圣宪法之中。至于极权主义，它被先前占据主导地位的“昭和维新”时期的幕府将军所拥护。昭和维新以昭和天皇的名字命名，或者换言之，这是“昭和天皇领导下的光辉闪烁的太平时代”。这种以“军国主义”为目标的社会，就是期待彻底恢复天皇神道的传统。

日本人游行庆祝德、意、日三国结成法西斯联盟。（《纽约时报》原文插图）

对日本曾经发生过的所有事件都必须重新审视，因为它们与日本今天的现实背景是相抵触的。而且这样的社会背景也可解释日本很多的不协调和彼此矛盾，日本社会的复杂性令外国观察家们深受打击。这样的社会背景也解释了为什么日本不管怎么努力，它仍然与德国的理想范式相距甚远，更何况日本人所经历过的苦难与悲伤，与德国人是非常不同的。

目前，对于观察家来说最突出的印象是，将日本与德国（甚至俄国）相比，尽管都有10年左右的持续的对外敌对行动，但日本人民仍然生活在一个相对容易的状态之中，而且变得更加富足。不管怎样，日本仍然必须实现一个全面的战时体制和严格执行的“计划经济”。

与德国相似，日本政治建立在“一党制”或者甚至无党派的基础之上，计划建立一个“高度军国化的国家”。为了实现这个目的，他们已经铲除了所有政治党派，把他们安置到“大政翼赞会”之中。这个组织的目的就是要动员各阶层人士拥戴帝国政府的政策。

但是，他们无法复制纳粹模式，因为他们既不能扶植一个独裁者，也不能发动群众，并赋予他们政治权力。这是因为上述两条都违反天皇神道。天皇集中掌握着国家所有主权和政治力量。从法律上说，天皇拥有如此之大的权力是基于日本宪法；从道义和政治上说，是基于天皇是太阳女神直系后裔的国家信仰。他们也无法创建一个有效的极权主义政党，因为这会与保证国会和政治组织的权利的宪法相抵触。

“大政翼赞会”常常遭到公开的攻击和不断重组，这是因为它好像是一个多重平行的政治空间。而且，它众多主导者中的一位已跳出原来的圈子，而使先前的一个政治派别“东方会”获得复兴。因此，“新秩序”的支持者们虽然不断呼吁在日本建立一个更强大的政府，或者拥戴一位比“希特勒、墨索里尼、斯大林、丘吉尔或者罗斯福”更厉害的铁腕人物，但仍然只不过是停留在空头呼吁罢了。因此，日本政治继续在各种各样可见的、不可见的力量及天皇神道统治的元素之间脆弱地维持着平衡。这使得日本的政策像此前一样莫名可测。

清除西方影响的思想战

与德国相似，日本也开足马力推行意识形态的宣传运动，力图解释它的目标，使它的政策变得正义，以赢得国内外的支持。与德国一样，日本意识形态的宣传基于两点：一是国家需要建立一个更美好、更公正的世界秩序，二是必须消除那些阻止日本崛起的敌人。

国家需要战争建立在“国家一无所有”的假定基础之上。在一个经济国家化的时代，日本被种种必须加以摧毁的旧的贸易壁垒所阻碍。作为大国，日本只有通过全面战争才可确保自己获得基础生产资料和国际市场，保持经济稳定、政治和军事的独立。一个更好的世界秩序是通过一个所倡议的世界划分方案来体现的，在这个方案中，世界被划分为不同的区块，每个国家都有“自己合适的位置”，并通过“资本主义分工”来保证相互繁荣。

至于上述“更好的世界秩序”的道德基础，日本利用了它本国文化传统中的“鼓童”（军国主义）和“八纮一宇”（天下一家，世界大同）的理念。这就意味着，日本不仅是与西方列强平等的大国，甚至应更加优越。至于日本的敌人，早前在一些受德国影响的日本知识分子作品之中出现的犹太人和普鲁士财阀，现在主要由敌对的大英帝国所取代了，还有就是那些在远东地区不肯承认日本“新秩序”的人，以及支持中国抗日的人们，他们企图对日本实行经济封锁，并扼制日本的军队和艇队，他们现在正承担着后果。

像德国一样，日本正从国家与道德层面进行宣传和鼓动，但不太倡导以国民的团结来刺激爱国热情。无论这些方式有多大差别，在日本这样的家国模式中，爱国的情怀是一种本能。这种情怀来源于日本人的祖先崇拜，它与生俱来，深入血液，其宗旨就是促进国家的发展，强化国民宁愿为国家的未来而牺牲的斗志。在德国，这种驱动力则主要来自雅利安人的种族优越感，并将此作为推行对内、对外政策的工具。

说到对外政策，与德国“雅利安种族优先”的想法不同，日本鼓吹“种族平等”，其中包括日本民众有权自由迁移到任何地方，特别是大东亚地区的权利。“亚洲是亚洲人的亚洲”“将东方从资本主义的桎梏中解放出来”，这类口号已传播到整个东方。至于对内政策，这已成为国家为清除西方影响的一场思想战，包括清除一些“危险思想”，帮助复兴传统的“和式文化”，勤俭节约、努力工作和高出生率，以及妇女回归家庭，等等。

日本将现阶段一系列与政治相关的事态，都归因于遭受了主要来自美、英等西方国家的影响。回归日本传统的势力认为，反对美、英等国的渗透，有助于消除盎格鲁－撒克逊式的观念，消除来自西方的商业、文学、教育和宗教组织的影响，并且还包括英语这一仍然在东方广泛使用的国际语言。

日本发起的这场思想运动是赤裸裸的，毫不掩饰的。在所有白人国家中，英国，特别是美国，在日本民众中仍然是最受欢迎的，沉迷于美式运动和娱乐，如棒球和美国电影。日本的年轻人十分崇尚美国生活方式和美国的生活时尚，这些都招致日本爱国人士的愤怒和反感。这就是为什么到目前为止，日本正在努力尝试在东方建立一条广泛的反英美的思想阵线。

一些日本的宣传人员已给出警告，置疑德国是否应该赢得这场战争，怀疑其取胜后很可能改变其亚洲政策，因为该国将在远东控制巨大的殖民地。同时，根据老一辈人的证词，反英情绪在去年夏天达到顶点后，正在大幅度减弱。当然，仍需对此保持警惕和谨慎的观察，避免日本人在接触外国人时触发冲突。虽然在某种程度上，上述情况有所改善，实际上狂热的论调主要出现在激进的日本报纸上，并受到一定的节制。

战时经济与国民生活

最后，像德国，日本与那些经历战争的国家一样，已着手制定政策来推行经济管制计划。第一步是提高军工生产能力，确保军需物资供应；第二步是限制国民消费，以确保国民能免费购买国债。日本在本财政年度的政府投资已达到135亿日元，相当于财政收入的一半。为达到这个目的，政府一方面对于与战争相关的产业，包括农业进行大额补贴；另一方面，严格控制价格、租金、工资和投资收益，为国家重点任务分配相应的人力和粮食，同时限制奢侈品消费，对紧缺物资进行定量配给。但是，日本的“新官僚机制”正努力将资本与管理相剥离，从而构建一个完整的计划经济体制。假设旧的管理制度被击溃了，即使对日本未来的经济结构仍存在激烈的争论，但在金融和实业方面，巨大的投资兴趣也已经开始显现出来。

然而，即使已经采取了这些政策，到目前为止，日本还是没能引进铁腕式的德国系统管理方法。尽管做出种种努力，但日本的生产力仍然未能达到预期的目标，所有商品的价格仍在管制中持续上涨。与“中国危机”爆发的初期比较，日本人的生活花费已增长50%，名义工资也保持着一定涨幅，并有一些奖金和战争津贴，但实际生活水平却在下降。

富人阶层的生活标准在不断下降，同时，生活花费也在不断地刺激着穷人。尽管如此，比起以前还是出现了更多的有钱人。生产力降低，消费量提高，导致物资短缺，并干扰了正常的分配体系，使得货物进入“黑市”。不管是经济政策还是金融政策取得的成果，只要有钱还是可以买到东西的。

日本现阶段真正的经济状况如何，应该是这个国家诸多秘密中的一个。但是到目前为止，真实的状况已经在人们日常生活中体现出来，它带给人们的往往是愤怒和焦虑，而不是真正意义上的困难。这种情况令人沮丧的就是，政府往往都会承诺，事情会在变得更糟之前发生好转。同时，政府有意识地提醒国民，国际形势非常危险复杂，比较而言日本还是最好的，以此鼓舞国民的士气。

日本不是美国，日本有自己固有的判断标准。但即使以它自己的生活标准衡量，日本目前的生活水平也明显低于正常标准。诚然，迄今为止，日本的情况比欧洲任何地区都还是要更舒适一些。以前华灯闪烁的东京现在变得暗淡无光了，但这总要比完全陷入黑暗的欧洲要好得多。尽管餐馆的食物都被严格限制价格和种类，但午餐和晚餐仍然有 3 至 4 个菜式。而且，如果一个饕餮者吃这些还吃不饱的话，那他还可以去到另一家餐馆，直到吃饱为止。实际上，很多餐馆都设有私密的包房，他们有自己的算账方式，要为那些精美奢华的食物计算费用，一点儿都不困难。

计程车也相当少。自从关闭公共舞厅后，戏院和电影院往往座无虚席，这些地方仍然是市镇上醉生梦死的娱乐场所。对于这些轻率奢靡的生活方式以及是否废止艺伎制度，时不时会爆发一些抗议。尽管清酒常常断货，但人们仍在勾兑的清酒中寻找解脱。虽然还能买到一些日本国产的威士忌，但这里的外国人却实实在在地感受到了其中的难处。

对于家庭来讲，很多东西都实行配额。煤炭的短缺使得去年的冬天无比难熬。不过，对于知道在哪儿能买东西的人来讲，他们就没有买不到的东西。最差的情况是，只能到乡下去用唱歌来换得最好的东西。这是因为限制价格后，没办法支付农民的运输费用。日本没能像德国那样建立起一个强制的市场管理体制。政府只不过在城市居民中扩大了包括限价在内的物资配给制，并授权基层县市制定每周的“无肉日”。但是，日本人食用的“肉”绝大部分都是产量丰富的鱼肉，而且在帝国的饭馆里出售着世界上最好的鱼肉。农民比以前吃得好多了，他们吃的米是他们以前从来不曾妄想吃到的。

因为缺少布料和皮革，政府对服装业和鞋业的限制最为严格、也最为有效。但是基本上讲，你看到的日本男人，他们几乎穿着各式各样的奇装异服，相互混搭在一起，而且打赤脚的人越来越多。女士则穿着木屐和一成不变的和服。尽管她们没办法修改和服的样式和花纹，但去年的和服看起来还是像新的一样，而且实际上有些已经穿了许多年了。

日本应对服装短缺的方式就是提倡穿“国民制服”。对于男士来讲，这是一身单调的橄榄色军服，用布或人造纤维制成，再佩戴“国民服定纹仪礼章”，即可在正式场合穿着。对于女士来讲，则是用“旧衣服或者其他羊毛材质”裁剪的西式套裙。这些服饰似乎还成了标志日本崛起的象征符号。

林语堂博士采访记

1941年5月4日

题记：他正在写一本小说，描述中国人民如何为反侵略战争做着巨大的努力。

林语堂仍然把美国称为“外国”，尽管他的言谈举止早已西化了，从香槟到“热狗呦！趁热来一个！”林语堂的烟斗总是与他形影不离，就像他的图书出版商理查德·沃尔什一样；他流露出的热情友善却丝毫不能掩饰他对采访的厌倦。他讲到今年夏天自己要写的小说时生动的肢体语言与他时不时打断说话的疲惫叹气形成了奇怪的反差。

“这本书将会讲述我们1000万到1500万同胞大迁移的故事。这些同胞被侵略者驱逐出了海岸线，正在中国境内重新寻找生计。为了让这些难民有工作，并且适应我们的新国情，国内的很多产业都以其特有的方式运行起来。合作社就是个例子，没有雇员与雇主之分，每个人都有自己的份额，每个人都是所有者。这些行业单位规模都不大，但是数量很多，并且其中一些单位是流动性的。这些单位设在前线附近，以便军人物资的供给，并且可以随军移动。”

“在中国，我们已经摆脱了糊口度日的年代。中国内部正经历着巨大的、持续不断的改变——我之后会在书里写到。你们可能已经听说了很多关于滇缅公路的消息，但实际上大众知道的不过是，那个词叫什么来着？宣传出来的部分而已。我们正在修建一个全新的公路网。幸运的是，一直以来我们都有一群人在为之奋斗。自从侵略战争爆发以来，每年我们都有一批积极的人加入。钱？那不过就是纸而已，不过现状还是令人满意的。”

“我的小说将会讲述当今的中国，一个不可摧毁、在看似严峻的处境中不断寻找新生力量的国家。不要认为日军因为没有尝试而正在衰退——他们已经屡次从北边入侵向重庆发起强有力的战役。通常我们的做法是，让他们深入境内，随之切断其物资供应线，这样他们就必须折回。我们持续杀掉他们，削减他们的兵力，耗尽他们的物资。”

“没错，我是一个乐观主义者，所以我的见解很少有重要参考价值，但是侵略战争一开始，我就为你们杂志专栏写了一篇文章，预测可能发生的事。而事实证明我的预测还是站得住脚的。我当时预测说这场战争将以僵局告终，而僵局就意味着中国取得了胜利。”

林语堂去年将他的家人带到了中国境内（之前他们一直在普林斯顿），而今年秋天他又带着妻子和写作的女儿们回到了美国。他已经在南加州度过了几个月的时光：“我去山间是为了拥有一整个安宁、安静的夏天，但那里的天气太难忍受了，令人无精打采，变得懒惰。我当时就想，干嘛要今天工作？我下面将要去佛蒙特州，在那里我会住在一个没有电灯的小木屋，并且在屋中工作。我不会对自己的要求太高，不过是每天几小时的写作，从大约早上 9 点到下午 1 点。下午用作小憩、闲暇、聊天，晚上我会读书然后早睡。规律化是个伟大的事。如果一个人每天只做一点工作，但是真能坚持每天做，比如说，每天写 1500 字，那么他一定能搞出点名堂来。”

林语堂出生在中国南部，16 岁时去了上海的一个传教士学校念书，他的英语就是在那里学习的。“英语对我来说挺容易，然后我就立刻明白了我就是搞英语的料。那真是一种巨大的喜悦。”林语堂反复说到自己的口袋版《牛津词典》，他感觉这种书在美国这边不太流行。“那个词典可小了，顶多也就是长袜卷起来或者短袜那么大。但是它编排得太好了，从中你可以学到词语细微的差别，以及词语的精确用法。它并没有试图将单词定义得过于详尽，比如这些词用法的例子，或者短语词组中的正确用词。”对口袋词典的巨大学习热情使林语堂很快在北京获得了奖学金。“随后我便获得了去哈佛学习一年的机会。可是一个傻瓜切断了我的津贴供应，使我一下子陷入绝境。我没有足够的钱回中国，但是我成功地到达了欧洲。你们可能不知道，在一战的时候我们向法国输送了 30 万华工。对于这些人，基督教青年会是他们的一个去处，虽然我不属于青年会，但我跟你讲，我真的在那儿找到了一份工作。当时那边的消费很低，于是我用薪水中省出来的钱又去了德国继续完成我的学业。随后我回到了中国，在北京成为一名英语教师。”

林语堂说他离开教学岗位是因为政治因素。“和政客在一起令我无法喘息，所以离开也没什么大不了。我无法为了自己的职位晋升而玩那些尔虞我诈的技巧把戏。于是我开始渐渐意识到，教师生活不适合我，而且我也无法待在任何一个需要靠政客式小把戏来晋升的组织。我必须要成为一名作家，我决定了。1927 年，我开始自己另辟蹊径——写作，为一家中国的英语报纸写一个专栏，这样我就能够让当地的外国人不断熟悉我的名字。而且我当时还创办了中国的第一家幽默杂志。”

“要知道，幽默感在中国可不是太受重视，也不太能被接受。因为当时我们有很多儒家信徒，就像在你们几百年前的新英格兰的清教徒一样。说起我的这本书，其实还是蛮成功的。当时我们获得了国内杂志的最大发行量，每周都要印 2.7 万份。嗯，这算是个成就。但通常，我不会满足于此。现在说成功还是太早了，只能说是相对的成功。当机会来了的时候，我开始了新的尝试，想要发掘一下美国的市场。”

“哪些英国作家影响过你呢？”

“无疑是萧伯纳。他展示了很多别人已经令我相信了的事物的另一面。这种经历对于一个年轻人来说很有必要。一个年轻人的思想需要被彻底颠覆，然后自己辨识到正确的那个。因为只有在经历了这样的彻底改变和修复之后他才会对自己有把握，知道自己确实有东西可说。”

“还有一位作家，虽然不那么出名，但也对我产生了深远的影响。他就是海伍德·布龙。你能理解吗？他写起东西来非常容易，就像说话一样。他就是做自己，并努力不超出这个原则。他的专栏内容就是他的谈话，如果那些看法是合理的就很好，不过即使那些想法有些糟糕，那也是他自己真实的想法。不说其他的，他的真诚与坦率就很了不起。一个外交官做不到这些；但是一个作家必须做到真诚坦率，否则他就是在浪费读者的时间，同时也是在浪费自己的时间。”

战火中的中国妇女

1941年5月18日

题记：她们中间有成百上千人担任了医生、护士和药剂师，一些人直接参战，更多的人奋斗在农村、工厂和扶幼济贫的岗位上。

在美国，很多女医生都在努力获得军籍，以便战争爆发后可以为国服务。同时，根据美国援华联合会的一份报告，现在已有成百上千的中国女性投入抗战事业，在中国军队中担任医生、护士、救护员和药剂师。

报告说，有一个叫“伤兵之友”的中国女性组织专门负责士兵的食物和卫生管理，特别是防控蚊虫叮咬，并为士兵治疗皮肤伤病。报告称，由蒋介石夫人发起的妇女参战运动是中国历史上动员规模最大的一次。目前，中国妇女正在不同的岗位上发挥作用，她们不仅在农场或工厂做工，为军队洗衣、做饭，担任教师和营养学家，照顾战争孤儿、伤残者和老人，而且有些妇女还直接走上战场，成为士兵、游击队员、敌后工作者和军队救护员。

加入军队的医护人员需要接受军事训练和纪律约束，这些女性会穿上和男人一样的军装，尽管她们并不是真去打仗。在八路军的一些部队里，女性与男性完全平等，并在完成军训后奉命执行任务。她们的工作包括趁着夜色潜入战场去搜寻伤员，并把他们护送回来。

战争爆发初期，广西省有 250 名女兵与男兵一起奔赴前线。国土沦陷后，她们转为游击队员，坚持敌后作战。在中国其他省份，蒋夫人组织的女战士们被派遣到沦陷区和游击区，组织那里的妇女参加抗战。

当农民放下农具、投身抗战后，他们的妻子被激励着继续在家耕田种地。在妇女委员会的帮助下，许多乡村设立了试验农场，引入美国棉花和其他良种以提高产量。

很多中国妇女接受了畜牧养殖技术的培训，由此带来家畜和农副产品的增收。这些妇女的孩子们则被安置在托儿所或私人家中照料，以解其后顾之忧。

自 1938 年起，中国政府在四川丝绸主要产区建立了 6 个试验站，引导当地民众运用现代技术纺织丝绸。其中有一个建立不到一年的试验站，已组织了 1200 位妇女参加合作社，教会她们纺棉、纺毛和织布，产品就在合作社开办的商店里销售。

在中国现有的 5000 万难民大军中，有 200 万是孤儿，其中 2 万儿童已被安置在国统区 47 个由妇女建立的孤儿所里。美国援华委员会开展的活动之一，就是为那些患有严重营养不良的儿童补充维生素。在重庆，这些孤儿所就建在从悬崖挖进去的石洞里。

詹姆斯·罗斯福夫人是国际援华委员会的名誉主席。国际援华委员会是美国援华联合会的五个成员之一，该组织的主要功能是帮助无家可归的中国儿童。

纽约华人纪念抗战 4 周年

1941 年 7 月 7 日

题记：抗战纪念仪式昨日在勿街 64 号的华侨中文学校举行，人们向无名烈士致敬。

昨日下午，抗战纪念仪式在勿街 64 号的华侨中文学校[①]举行。人们在仪式

① 纽约华侨中文学校创立于 1909 年，获得时任驻美公使伍廷芳、驻纽约领事何永绍等人帮助。1929 年，侨校向纽约市教育局购置勿街 64 号的市立 108 小学为校址。1962 年，迁入勿街 62 号的中华大楼，并正式向纽约州教育厅注册。

中国侨校的师生们在唐人街悼念为抗战牺牲的无名烈士。(《纽约时报》原文插图)

上向在四年时间内为抵抗日本侵略献出自己生命的中国无名烈士们致以崇高的敬意。华侨中文学校是纽约唐人街的社区中心，纽约华埠今天在此纪念抗日战争爆发四周年。

宋美龄致电纽约华人社区，电报声称：“我们绝不能、也绝不应该忘记那些正在遭受着巨大苦难的人们。”250位华侨聚集在学校礼堂，这封电报通过扬声器也传达给了聚焦在大街上的1000多名听众。

追思仪式的焦点是一个新建的纪念碑，碑体顶部镶嵌着中国国旗上的十二角星，并用汉字写道：“这里体现着中国无名战士们英勇抗战的精神。”

中华公所坐落于勿街16号，主席弗兰克·杨宣读了蒋夫人发给所有中国领事馆致全体海外侨胞的电报。中国驻纽约领事也发表了讲话。

日本召开御前会议讨论战局

奥托·D. 托利许斯

1941年7月8日

东京7月8日（星期二）电：日本人昨日庆祝“中国事变”爆发4周年。裕仁天皇花了大半天时间会见他的大臣们。会见持续时间之长，会见大臣之多，引发人们极大关注。[1]

裕仁天皇首先召见陆军大臣东条英机。东条英机就职内事务汇报了将近两个小时。天皇接下来召见海军大臣及川古志郎。及川古志郎报告了一个小时。最后两个多小时，近卫文麿首相向天皇报告了若干政要事项，并回答了天皇的垂询。

考虑到上周御前会议对政策作出的重大决定，这些只不过显示在日本政府最高层内持续地出现了普遍紧张的情绪。与之相伴随的是，极端民族主义分子开始煽动，呼吁成立他们自己的“国策促进会”。在这种形势下，谣言满天飞，以至于警方再次发出警告，禁止信口胡言。

极右翼分子对政局的影响

极端民族主义分子的“国策促进会”受到黑龙会首领头山满的支持。极端民族主义分子能否对日本政局产生影响尚待观察，特别是目前正受冷落的近卫公子尚未接见其发言人，也未对其《国策建议条陈》做出明确的答复。

与此相联系，《日日新闻》昨天大幅报道了东条英机在这次周年纪念的演讲，他表示此刻正是改变日本国家命运和调整帝国国策的最佳时机。《日日新闻》的报道唤起了一亿日本国民的民族情绪的共鸣。

与此同时，日本海军舰队的主力已突然驶入横滨港，并恰好停泊在所有外国领事馆和商埠前面，对日本人和其他外国人没有表现出丝毫的善意和尊敬。舰上很多人离船上岸，并在横滨和东京参加了当天举行的庆祝仪式。

四个日本战犯（自左向右，板垣征四郎、多田骏、冈村宁次、中村孝太郎）。

① 1941年6月22日，德国法西斯发动侵苏战争，并在战争初期取得巨大胜利。德军的军事冒险一再得逞，这使得日本帝国主义十分眼红，南进的心情空前迫切起来。7月2日，日本御前会议通过了《适应形势演变帝国国策纲要》，决定暂不撕毁《日苏中立条约》和进军西伯利亚，而要“继续向南方扩展”，“为达成此项目的而不惜对英美一战”。同时应秘密进行对苏作战准备，等到“德苏战争的发展对帝国有利时，即使用武力解决北方问题”。这次会议实际上为日本铺好了通往太平洋战争的道路。

调整军队指挥系统

周年纪念的另一个特征，是调整了日本在华军事力量的指挥结构。东条英机成为陆军大臣后，先前也已做出一些调整，这将对中国战局产生很大影响。

大本营通告，多田俊中将所任华北派遣军总司令的职位由最高军事参议官冈村宁次替代。板垣征四郎的中国派遣军总参谋长的职位则由后宫淳中将替代。畑俊六将军在去年 3 月取代西尾寿造将军，出任中国派遣军总司令。

那些被替代的中将都已提升为大将。板垣将军将出任朝鲜军总司令，多田将军和前陆军大臣中村孝太郎则被任命为最高军事参议官。

据《朝日新闻》评述，以上调整的目的是使日本在华军队的最高指挥官们能够更大胆和灵活地应对“中国事变”的最新形势，目前，汪精卫政权（日本在中国南京培植的傀儡政权）不断巩固，而且欧洲战场的形势也在不断发生变化。

昨日，股票市场表现疲软，金融评论家把这归因于两点，一是国际局势疑云密布，二是负责战时经济协调的大藏相小仓正恒预测将增税并实行强制储蓄。

中英就取消治外法权进行谈判

哈雷特·阿班

1941 年 7 月 16 日

华盛顿 7 月 15 日电：虽然英国提出与中国政府就放弃治外法权的问题进行的谈判让这里的华人很高兴，但是，对中国大使馆或美国国务院的人来说，今天在伦敦取得的部分进展并未带来太大的惊喜[①]。

自从中国对日本侵略展开顽强抵抗以来，虽然未曾明示但在华享有治外法权的各列强都心照不宣地意识到，当战争结束以后，如果中国恢复法律和秩序，中国将摆脱所有不平等条约而获得完全的独立和自由。所有享受治外法权的力量方已对此心照不宣。美国国务卿赫尔今年也两次表示，美国将放弃在华治外法权。

---

① 抗日战争时期美、英两国放弃在中国的治外法权。1941 年太平洋战争爆发后，中国正式对日本及德、意宣战，同美、英、苏诸国结成盟邦，而中国与英、美等国的不平等条约的存在，不仅于《大西洋宪章》和《二十六国联合宣言》精神不符，而且由于中国沿海地区被日军占领，不平等条约已失去实际意义，因此，中国再次向美、英两国提出取消不平等条约。美国鉴于中国是抗击日本侵略的主要力量，在国内外舆论压力下，于 1942 年 8 月决定即时放弃在华特权，并将此意及美方拟就的简明条约草案通知英国。9 月 8 日，英国正式复告美国，亦认为废除在华治外法权之时机已到。于是，10 月 9 日美、英两国政府分别通知中国政府，声明愿即时放弃在华治外法权及其他有关权益。

现在知道，早在 1929 年，英国即终止与中国就放弃治外法权进行的谈判，华盛顿也表示同意。这些会谈最初在英国大使、后驻埃及高专的蓝普森与时任中国外交部长、后任中国驻美大使的王正廷之间展开。英国随后建议，英国不仅放弃治外法权，而且归还所有在华英国租界，包括在上海的公共租界。

经过长时间的耽搁和考虑之后，中国最终拒绝了关于治外法权的完整条约，因为这些条约规定的生效日期在谈判进行的 10 年以后，即 1939 年夏天。当时，中国政府很确定地认为，应该在更早的时候收回治外法权，所有强加于中国的不平等条约都理应在 10 年以前就废止。

鉴于日军从 1937 年开始入侵中国，美国国务院确信这为中国、美国、英国以及其他在华享有治外法权的列强提供了一个极为难得的机会，即 1929 年达成的协议将不再被认可。

上海公共租界对于美国、中国和英国来说，正如列强在天津、广州、汉口、厦门的租界，都具有巨大的政治和经济价值。如今，这些在日占区的所有外国人放弃的治外法权，已转移到受日本主导的汪精卫南京政权的支配之下，而不再受法律或中国本土法庭的管辖。

本田熊太郎将前往南京就职

奥托·D. 托利许斯

1941 年 7 月 23 日

东京 7 月 22 日电：在外相兼拓务大臣、海军中将丰田贞次郎的紧急敦促下，在松冈佑助外相离职时请辞驻南京大使的本田熊太郎已撤回辞呈，并将在 8 月 10 日许就职。

有消息称，在丰田外相承诺日本的对外政策，尤其是对华政策“在基本原则上将保持不变”，本田方才同意留任。

在向媒体公开散发的声明中，本田强调了他本人的特殊地位。他声称，当丰田外相与松冈外相一样将日本对华外交事务全权委托予他后，他才决定留任驻南京大使一职。

这是意料之中的。预计日本将继续执行它的侵华政策：一是按照本田熊太郎的要求，进一步巩固南京的汪精卫政权；二是按照中国派遣军总司令畑俊六的主张，试图发动一次更有力的打击，一举击垮蒋介石。

媒体仍能窥探到危机

根据日本媒体的持续报道，日本因被由美国、英国、重庆及苏联组成的同盟所包围而深感危机。媒体特别强调，此种形势对驻法属印支、泰国和缅甸的日军构成了威胁。

今天，本计划由近卫文麿首相以新闻发布会或电台演讲的方式对外公布日本政策，但这一计划已被推迟，对外唯一的解释是“不方便”。然而，日本官方在随后发表的声明中表现出妥协的意向，并将其带到记者招待会继续强调，“日本的基本国策不会改变”。

《日本时报》的广告商今天强调，语言障碍方面的困难经常将日文进行错误的组合。他提到，当某种特性被称为“不可变动”时，它通常被认为以合理的夸张着重表达了人的敬畏之情，或许改译为“不会轻易变更的”会是一个更好的选项。“上帝的话或许可以用‘不可变更’来形容，但就算是自然的法则和人类的法律，都必须进行适当的修正，以适应生命进化的历程”。

不管怎样，比松冈更为资深的外交官本田留任了，而松冈外相最亲密的合作伙伴外务省次官大桥忠一，还有外务省两位审议官斋藤吉田和狂热支持建立轴心国联盟的最活跃的支持者——白鸟俊夫则已递交辞呈，而他们的辞呈今天已被接受。

中国以游击战策应盟国

1941年8月21日

题记：苏俄对华援助因苏德战争爆发而中止。重庆遭空袭9小时后被暴雨阻止。

合众社郑州8月3日电：在河南省这个城市内的军方高阶人士今天告诉此间记者，根据一项“非书面的中英盟约”，中国游击部队对黄河以北的日军展开了全面的反攻。

据称，中国有计划地进攻意在牵制日军，防止他们撤出华北增援在泰国或马来西亚攻击英军的部队，或者进攻海参崴，发挥策应和援助英俄的作用。（从上海传来消息，由于中方在华北的攻击，日本伤兵正被送往北平。）

中国当局把所谓的中英联盟描述为“不成文的”但是有效的，并同时宣称，中国准备尽其所能地拖住在华日军。如果日军继续撤退，发言人说，中国军队将能够收复大部分所谓的“日占区”。

消息灵通人士说，英国已经拒绝中国派遣两个战斗力最强的师进入缅甸协防和支援英军，但是同时表示如果日本有任何通过进驻泰国的行动来威胁在缅甸的英国军队，中国军队即可进入缅甸作战。

消息灵通人士说，俄罗斯对华援助的军用物资因苏德战争爆发已经停止供应。但是，他补充道，这不大会影响中国军队的游击战，因为中国现在物资储备充足。

滇缅公路雨季保持畅通

窦萸安

1941 年 9 月 11 日

题记：4000 辆卡车未受降雨影响驶入中国，运载量将翻倍。50 名美国人将进行协管。

缅甸北部腊戍 9 月 10 日电：滇缅公路是一条交通要道，起自昆明，绵延 600 多公里到达缅甸边境，该公路承担了雨季繁重的交通运力。

日复一日的季雨和日军不定期的空袭未使滇缅公路遭受太大影响。公路管理部门表示，尽管处于雨季，但本月是自 1 月份以来滇缅公路车流量最大的，将有 4000 辆卡车通过，其中大部分是美国车型，它们将源源不断向中国战场运送补给。

地势险要的塞尔温江和湄公河上的桥梁逃过日军轰炸，完好无损。

滇缅公路近日的精确运量仍是军事秘密。但可以这么说，进入中国的货物远高于 1.5 万吨，尽管到达昆明的货物会小于这个数。最近的运输报告显示，滇缅公路已经发展成为一条全天候的交通要道，它在雨季的六个月里，几乎可以承担和旱季相当的运输量。

笔者目睹过多起滑坡，很多车辆在泥泞路段遇险，但由当地工友组成的救护队会在运送完伤亡人员后立即修复道路以保证路面畅通。

司机都成了专家

滇缅公路上的司机大多来自中国、马来亚、缅甸、印度、美国和法国。他们是当今世界山路行驶最优秀的司机。他们熟知彼此的习惯，所以你很少听到鸣笛声，并且操纵卡车的诀窍已然成为他们的本能。

在滇缅公路上的行程通常要走七天，在这七天时间里，司机们轮流在车上睡觉。当到达目的地昆明或者腊戍后，他们会用一夜狂欢来缓解压力，在公路沿途，很多旅店、餐馆、茶舍应运而生。

对于第一次走完公路全程的人来说，这一段路程带来的感受是无以言表的。滇缅公路几乎全部由人工建造完成，它是令人惊叹的杰作，并且毫无疑问是新时代的壮举。

这条公路盘旋蜿蜒在几乎不能通行的8000英尺高的山上，延伸进3000英尺深的峡谷里。在临近千尺深渊的地方，它便被凿刻建造在陡峭的岩壁上。在南部，它甚至穿越了世上环境最恶劣的毒气雨林。

公路管理部门素以效率低下和敲诈勒索著称，现改革迅速展开，以丹妮尔·爱因斯坦为首的美国团队将打破常规沿途调查，官员们想方设法改善交通及增强运量管理。

50位美国人将进行协助

美国陆军少校梅杰·雷诺·康登已受命组织警卫任务，而纽约的卡车行家詹姆斯·威尔逊有望在昆明负责卡车的操作和维修。他们是50名将在滇缅公路上工作的美国人的先锋。

为雨季结束时浇盖路面做好准备，一桶桶美国沥青将向昆明至缅甸沿路投放。在临近缅甸边境，首次进入中国的崭新美式六轮军用卡车运送着这些沥青。

未来数月，将有上千卡车投入使用，有关部门相信，到年底，滇缅公路的月运输量将突破3万吨。

同时，官方的中央每日新闻就美日谈判发表评论称，日本正寻求破坏以民主为前提的联盟，尤其是中美联盟。如果华盛顿方面受到东京方面投机主义的影响，将犯下不可挽回的错误。该媒体警告美国不要落入日本为其挖好的陷阱。

抗战文学体现民族精神

约翰·泰勒

1941 年 9 月 28 日

题记："中国事变"使出版业空前活跃。

中国觉醒之路呈螺旋式上升之势——进步、倒退、再进步。在这一发展进程中，作家、剧作家和时事评论家的地位反映了国家政治气候的变化。在进步时期，这些人可以自由行事，在民众眼中成为崭新黎明的先驱；在反动时期，他们遭受压迫，流离颠簸，甚至性命不保。

时事评论家以当下历史为素材，而具有想象力的作家则瞄准历史本来和历史塑造者的思想面貌。二者在写作实践中都在努力发现规律、追求意义、探索通向未来的指南。在这个新老势力苦斗几十年、相争而下的国度里，这样的探索非常重要又极其危险。然而，中国作家没有放弃他们职业的最高使命。他们在争取民族自由、国内民主和经济进步的斗争，他们找到了通往未来的道路。这是中国唯一可行之路，作家们通过详尽的分析和大胆的概括将这条道路展现在人们面前。

中日战争之前，争取民族独立的斗争要服从国内斗争的需要，使国家的政治生活毫无民主可言。1924 年到 1927 年期间曾在工厂和农村出现过的大规模革命运动已被镇压。随后而来的革命分子拥有了自己的武装，而为了消灭他们，中央政府又持续不断地进行战争。中国面临的根本问题仍然是如何在抗击外敌侵略的同时进行国内的改革。对上述任务，是支持还是反对，才是问题的关键。

因此，中国的政治分野与国共相争的战线并不一致。政府视中产阶级背景的进步作家的威胁不亚于红军的威胁是很自然的，因这些作家的读者不是政府希望从中招聘公务员和行政人员的中产阶级青年。红军毕竟是有枪的军队，而作家、艺术家和学生没有办法保护自己。尤其是在 1932 年至 1936 年对日不抵抗时期，他们在当局的恐怖面前，无异于大镰刀下的牧草。这就是为什么埃德加·斯诺在优秀短篇小说集《活的中国》的序言中，对许多作者的生平简介都以"隐匿""狱中"或"已枪毙"这类不祥的字眼收笔。

"西安事变"结束了十年内战，1937 年中日战争的爆发又把联合抗战的领导权交到了中央政府手中。在受压的岁月中，身陷囹圄和流亡奔波的作家并没有失去中国读书人对他们的钟爱。现在他们回到民众中间，为抗战大声疾呼。身为小说家、诗人、评论家和考古学家的郭沫若，结束了他在日本的惊险流亡，在汉口现身，并担任了中国军事委员会政治部第三厅厅长。中国最伟大的小说家茅盾，多年来为躲避警察追捕隐匿在上海这个巨大的城市丛林中。现在他负责一个评论期刊，对推出作家新作发挥重要作用。剧作家田汉从南京出狱后，即组织了几百个剧团在全国巡演，把抗战信息传播给千百万目不识丁从未看过抗战文宣的民众。邹韬奋作为命运多舛的中国民权保障同盟《生活》出版公司的主编，甫一出狱就把大量杂志书籍推向市场，它们成为抗战初期最受欢迎的读物。

值得注意的是，虽然这些人中间没有一个是共产党员[①]，但他们过去、现在和将来都坚定不移地倡导抗日到底和民主改革，认为民主对鼓励民众参加抗战非常必要。他们同样坚定不移地反对内战。为了避免内战，他们共同提出的办法仍然是推进民主，从而在政治场合而非战场上解决党派分歧。当政府面对形势压力顺应历史正确发展的趋势之后，作家们就回到了本应享有的国家生活的前列，成为新的抗日民族统一战线中把不同成员凝聚在一起的重要力量。

野夫[②]创作的木刻版画。（《纽约时报》原文插图）

这些文化工作者也取得了内部的团结统一。中国作家联盟的成立，把不同的流派联合起来。曾几何时，大家就文学的形式和内容问题恶意相向，但在现在的平台，人们可根据个人喜好选择形式，但强调内容必须符合民族解放战争的目标。青年记者协会也在记者中做了不少团结工作。文学创作在数量和质量上均有提高。每一个在 1937 年和 1938 年到过中国的人都知道，

① 此说不确。田汉 1932 年加入中国共产党，20 世纪 30 年代曾任“左翼剧联”党团书记、中共上海中央文化工作委员会委员；郭沫若 1927 年加入中国共产党，后脱党，1958 年 12 月重新入党；茅盾 1921 年参加上海共产主义小组，同年 7 月转为中共党员，1927 年参加八一南昌起义，起义失败后与党组织失去联系。

② 郑野夫（1909—1973），版画家，原名郑毓英，笔名：野夫（EF）。浙江乐清万岙乡寺岭村人。曾任上海美术家协会理事、中央美术学院华东分院（现中国美术学院）总务长、中国美术家协会第一届副秘书长、中国幻灯公司上海制造厂厂长、中国美术馆研究保管部干部。编印有《木合》《木刻艺术》，著有《点缀集》等。

书报、戏剧、歌曲、墙报、标语和朗诵在唤醒民众方面发挥了何等重要的作用。

民主的大发展在1938年4月的台儿庄大战时达到了顶峰。中国的胜利成为一场真正的人民节日，全国上下欢欣鼓舞，坚信中国选择的道路是正确的。不论在前线，在后方，还是在敌后游击区，广大作家表达了民众的心声，创作出无数以台儿庄为主题的故事、歌曲、民谣和剧目。然而时至初夏，徐州沦陷，日军对临时首都汉口大举进攻。由汉口、武昌和汉阳组成了武汉三镇，是重要的工商行政中心，人口接近200万。在这里，共和运动的支持者于1911年推翻了清王朝；在这里，1927年的二次革命建立了临时首都。在日军攻击开始时，汉口的民众把目光投向了万里之外的马德里，他们要像马德里人民保卫自己的首都一样来保卫大武汉。还是在这里，民主浪潮，既坚信有权也有能力掌控自己命运的普通民众与政府爆发了冲突，这个政府改变了它对日本的政策，尽管它的基本观点和人员构成尚未出现任何变化。

曾几何时，在解禁措施生效后如雨后春笋般出现的各种协会，被当局宣布为非法和未经注册。当局明白无误地表示，在保卫汉口这个问题上不需要任何建议或帮助。汉口遭受最大外来危险之际恰恰是人民被禁止发声之时。作家和艺术家们也被要求“不准乱说乱动”，政治部的文化部门从此开始枯萎，每况愈下。到1938年10月，汉口广州等大城市已成空城，政府迁到了一个没有工业基础的省份城市，在多年军阀暴政下，那里的人民贫穷落后，且惊恐万分。国家权力中心在这种气氛的包围下，政府中的反民主分子自然放开手脚，将他们在汉口开始的反动行为进行到底。农村中那些“非法的”游击队组织被军队围剿镇压，而这种做法违反了国民党“抵抗与重建大纲”中赋予民众随时武装抗敌的权利。抗日统一战线内部也是冲突不断，这些冲突往往（但不总是）发生在国民党和共产党领导的队伍之间。

这些状况当然会使作家们活得十分艰辛，他们中间的绝大多数既反对警察政府又反对内乱抬头。政府仍希望与知识界保持友好关系，当然要按政府的条件办。政府没有再启用恐怖手段，但使用了一些新的更加微妙的强制措施。作家们发现已不能继续在官方机构中做事，他们的自由和生计都受到严厉的审查。当时，微薄的稿费迫使作家们每天至少要写出并卖掉两千字才能维持生计，而长达万字的文章动辄被禁这可不是闹着玩儿的。与此同时，对按照吩咐写作的人可以领到补贴。

如果作家们真的就这样屈从，那中国的战时文学早就消失并淹没在空洞的口号中了。实际上作家们没有屈服。面对国家的政治倒退，他们深挖其根源，明确指出政治倒退对抗战未来的危险。新流派领军人物茅盾在《我们应该写什么》中提出，夸夸其谈的总结概括、示意图般的战争描述、对男女主人公符号般的机械描写都已经过时。从今以后，希望作家提高写作技巧、深入研究连年战争下出现的人物典型、指明在战争中涌现的崭新、向上和健康的事物，大胆谴责战争暴露出的腐朽和没落。

1938 年年底问世的两篇优秀短篇小说可以成为实施上述使命的范例。被翻译后刊登在美国《故事》杂志上的《差半车麦秸》，以质朴的现实主义手法描写了一位农民，从最初一心奔自己的“三十亩地一头牛”到后来自觉成为一名胸怀国家和民族的游击队战士。而《华威先生》则是关于一位战时官僚的故事。他有开不完的会，发表不完的爱国演讲，但却有数不尽的办法在自己管理不善的机关内扼杀、逃避、瓦解新生事物。

1941 年 1 月针对新四军的“皖南事变”差一点令内战重新爆发。那些在战争初期满怀期望回来的作家，又一个接一个离开了重庆。邹韬奋从国民参政会辞职后，和茅盾一起去了香港。戏剧家田汉隐居乡下。他的助手、哥伦比亚大学毕业的洪琛，不堪贫困和幻灭，试图携全家自杀。范长江，中国青年记者协会主席、中国最杰出的战地记者，在桂林侥幸逃脱追捕后前往国外。许多年轻作家悄无声息地消失在中国城乡的汪洋大海之中。生活出版公司被关闭，所有的独立杂志都被关停，陪都重庆更是禁止任何公共集会。

然而，要说选择离开的作家都是迫于无奈和恐惧也不正确。在某种程度上这是自我流放。因为他们不想分担国家滑向内战、反动和降日的责任，而这一切会一步接一步地发生。他们离开祖国后，往往选择在香港、新加坡、马尼拉等有大批中国人居住的地方，那里的华人热切关注着祖国的遭际，而且像历史上多次出现的那样，他们对国内事务施加决定性的影响。孙中山就是流亡海外多年，并在海外华人力量的支持下建立了民国。

在战争进行之际重塑战前的国内形势显然是不可能的。只要中国仍在抗战，就必然需要各党派不仅维持，更要加强全民族的抗日合作。否则，就会出现“右翼西安事变”，而这正是中国的讲和派和投降派梦寐以求的。1941 年春天，乐见中国因内耗而虚弱的日本，便在华中和华北发动了新一轮凌厉的攻势。就在有投降派背景的作战部长飞赴西北准备监督内战，一周之后，日军便在山西南部大举进军，迫使国共两党数月来第一次坐在一起共商对日策略，清除影响双方协调军事行动的困难。几乎与此同时，政治部部长张治中将军召集仍在重庆的文化工作者开会，恳请他们唤回那些“因误解”而离开的同事们，并以个人名义承诺，他们回来后不会受到追究。

虽然对民主派作家的影响力深恶痛绝，但政府必须承认，离开他们，中国当代文学将一片空白，而国内的抗日宣传也难以开展。我们随便就能找出此类思维混乱的例子。一些响应张将军呼吁回归的作家们，在他们的座位上发现了许多攻击主要作家的宣传册，包括仍担任公职的郭沫若，指责他们在国家尚未准备好时就煽动战争，而在国家深陷战争之时却破坏国民士气。这种指责和阿奇博尔德·麦克利什谴责海明威的做法如出一辙。但凡中国有一个贝当元帅，这些在国家蒙受屈辱的岁月里召唤民众反抗并保持自信的作家们，就将在法庭上被控战争罪。

这些流亡海外的作家是否回国，取决于事态向何处发展——是离民主越来越近还是越来越远。同时，他们也没有真正背弃中国。一千万海外华人是中华民族的重要组成部分，他们的出版物和种种平台为民主力量提供了讲坛。不幸的是，这样的讲坛在当今“自由中国”并不存在。

上述提及的中国作家属于战前一代，他们仍然是各自领域的领军人物。然而，战争在从未动笔写作的人们中间引发了文学热潮，数以百计的青年作者不是经过思考才拿起笔杆子而是通过在前线的积极工作、手握钢枪投入游击战争、亲身为中国人民奋斗并赢得光荣之后才开始写作的，无论是敌人对后方的野蛮轰炸还是在占领区的铁蹄暴政都是无法征服的。

新一代作家的作品发表在无数不知名的墙报和油印传单上。他们随部队一起行军，为农民演出戏剧，文学创作成为他们日常工作不可缺少的组成部分，也是整个抗战不可缺少的组成部分。出国不是他们的选择，像他们身边的战士和民众一样，他们必须随时随地解决出现的问题。目前他们名气不大，但他们的作品饱含力量、真实质朴、极具价值。他们是中国文学的未来，只有他们能把20年来文学界民主斗争的传统从身陷囹圄和亡命天涯的老一辈以及新一代海外作家那里传承下去。

然而，无论是对过去20年进步传统的坚守，还是对新型乡村和战地文学的发展，都需要一个适宜的环境。中国广大作家需要团结和民主以确保不被刽子手扼杀，也不被挫败感慢慢吞噬。正如整个中国需要团结和民主，以确保其立于不败之地，避免长期的奴役和痛苦。

欧柏林学院内迁四川

1941年9月28日

题记：30年勤恳办学，助力中国工农业的重建。

俄亥俄欧柏林9月27号电：欧柏林学院的学生今秋获知本学院在中国四川扩大教学计划将在中国重建中扮演重要角色。

过去30年，欧柏林学院的师生们不懈地支持着他们在中国兴办的一所中小学皆备的学校，史称“铭贤学校”，以自己的实际行动为我国国际关系做出了贡献。这所分校自 1937 年以来就迁至四川省金堂县。截至去年年底，该校共有 50 名教职员工和 700 名在校学生。

由于中国对高等教育人才在工农业方面的需求急剧增加，欧柏林山西纪念社的管理者们决定增加该校的课程，其中就包括一个涵盖工农业学科的四年制课程。迄今为止，首批 125 名学生正准备进入该课程第二年的学习，而新学期报名人数更是暴增一倍。

这个新增课程的前两年是普通课程，课程设置取决于学生是想进入农科还是工科。课程的后半部分则是专业学习阶段，农科方向有动物养殖、土地开垦或农业工程；工科方向则有化学工程、机械工程和纺织工程。今年秋季中国农业部和农业生产促进会向有关农业学院下拨 3 万银圆的款项，用于教授畜牧养殖和兽医学为期一年的新增课程。

工农业大发展

这所位于金堂的新校对社会的影响是显著的。因为在这里，主要的学习方法就是教会学生用西方的科学与研究方法去改进中国的工农业现状，以求达到提高民众生活水平的目的。迄今为止，中国的技术学校都是以美国的同类学校为模板来构建的，而这个建设过程则需要众多的人力物力，例如昂贵的教学设备和教学流程。

在该课程的第一年，教职工与学生们就开展了诸多试验，而其中的一些已经发挥功效了。以农业学院为例，目前共有 52 项科研项目正在进行中，其中包括土壤调查或在实验农场将美国黑白花牛与四川本地黄牛进行杂交的项目。

34 届校友弗朗西斯·凯德女士是新任欧柏林山西纪念社执行秘书。她在过去的七年间有四年是在该校中国校区工作。她报告说，今秋将会进行一项不仅旨在提高四川民众生活水平，还将对中国航空事业有所帮助的实验。

这项实验指工程学院的一名成员最近完成一项能提取本地炭窑中有毒气体的装置。这些有毒气体收集好后由学院买走，再经过蒸馏处理成醋酸和丙酮——这两种物质被国民政府用作飞机机翼上的涂料。

烟草水与杀虫剂

另外在学院进行的实验则发现：在本地烟草的制作过程中，烟草在被卷成香烟前需要被清洗，而清洗烟草叶子后留下的水则可以作为杀虫剂。还有一位学院成员则购买了附近的一座造纸厂用于研究当地用木框榨干纸浆的造纸术。在研究过程中他发现，在纸浆混合的过程中增大压强可以提升产出纸张的品质，而纸浆的干燥过程也可以因此大大缩短。

不久前，当地的电力供给十分有限。工程学院为此建造了一座发电站以保障铭贤学校与附近乡村的用电需求。

把科研成果与乡亲们的实际需求联结起来的则是铭贤学校的乡村社会服务中心。在这里，农民可以了解到农业的最新进展，还能购买由工程学院设计的各式农具。马克·吴是现任的中心主任，他之前两年都在美国欧柏林学院和康奈尔大学学习相关研究生课程。与乡村社会服务中心类似的还有一所医疗中心。

上述成果的主要推手则是铭贤学校校长孔祥熙博士——现任国民政府行政院副院长兼财政部部长。孔博士在 1906 年毕业于美国欧柏林学院，与 20 余名来自中国的欧柏林毕业生一同供职于中国政府。不仅如此，更有近 50 名中国欧柏林校友在中国的医学、法律、行政与教育界担任要职。

人人做贡献

铭贤学校的日常开支来自欧柏林学院校友与各种捐赠。而欧柏林在校学生也人人募捐，并设立“欧柏林—山西”奖学金用以资助刚毕业的四位学生。这四位奖学金获得者是从高年级两个班的前一、二名学生中推选出来的，他们将派往中国教授英语。而铭贤学校也有一个相似的奖学金计划，让该校的教职工有机会赴美进修深造。

欧柏林的学生从 1918 年起就开始向中国派遣代表。第 38 届代表梅伟尔·肯尼迪这周刚从中国回来。他详细描述了四名奖学金得主是如何利用暑假为中国做出重建努力的。

中国军队强势攻打渐弱的敌军

1941 年 10 月 9 日

题记：日军于郑州、信阳、沙市、随县四地防守。宜昌报告纯属虚假。侵略者的西部前哨的战争似乎仍在进行中。

美联社上海10月8日电：日军发言人今天说，中国军队沿着长江中游的强大反击力量将战线拉到沙市。沙市距离主要港口——宜昌60英里，在其下游。中国的主要目标——宜昌的情况，仍不得而知。宜昌距离海岸线800英里，在两年前被占领之后就成为日军最西端的前哨。

昨天，重庆的中国军事领导人宣称他们的部队已进驻宜昌，并且正在夺取河上的高地。今晚，中国新闻报道说，城中的战斗仍在继续，但他们并没有宣称已经完全占领宜昌。

日本承认在沙市激战，但是并没有承认宜昌失守。早前报告说，日军承认中方重新夺回宜昌，这个消息被证明是错误的。

日军宣称，他们上周六在沙市发起反攻，并且击退了中国八个师，从而“消除了”对湖北西部长江水域日军沿岸阵地的“一大威胁”。

如今，中国宣告他们已经全面收复湖南的省会长沙。重庆公告描述了中方努力攻下郑州的过程。郑州是河南省北部重要交通枢纽，上周被日军占领。公告说大规模反攻已经到达郑州郊区。

据中国报道，向西沿着陇海铁路进军的日军已经被击退。陇海铁路在郑州穿过北平到汉口的南北主干线。

中国需要更多的民主与合作精神

宋庆龄

1941年10月9日

题记：孙夫人坚称国家以民主在自由之战中巍然屹立。

重庆9月30日讯：10月10日，是年仅30周岁的中华民国建立的“双十”周年庆，是日，所有中国人都会铭记孙中山先生，纪念他提出的将引领这个国家未来发展的“三民主义”及“三大政策”。如今，孙先生的三民主义（民族、民权、民生）闻名海外。那么三民主义在战火纷飞的中国究竟是如何发展的呢？

中国的抗日战争便是孙先生主张的“民族主义”的现实运用。中国人深知战胜日本侵略者是实现该主义的首要前提。只要中国仍在为其独立国家的地位而战，那么几乎就不会有忽视民族独立的危险，除了少数的内奸叛徒。在当今的中国，我们皆是民族主义者和爱国者。正是日本帝国主义铸成了今日之中国人。

但在今日却正是孙先生的另外两个原则——民权和民生，需要更仔细且贴近现实的仔细考察。这须由我们的国人，以及所有希望向我国施予援手使中国高速有效运转的海外友人们共同考察。

考察民主

民主于中国仍是一种理想状态——任何中国的民主主义者们都会大胆承认，这 30 年来，民主依旧未能实现。但我们需要扪心自问的是，中国通往民主的进程，通往更具代表性的代议制政府的进程，还有训练国民对国家发展方向更多参与、更具担当的教育改造的进程，是否像我们所期待的那样稳步向前呢?

重庆方面经常只是口头承诺“言论自由”，从马寅初教授的例子可见，该主张仍是水中之月。马教授是一位甚至比凯恩斯更正统的杰出的经济学家，因其发表的关于食物与财政政策的公开言论而被政府采取保护措施。生活出版社是著名机构，在战争年代出品了范围广泛、极受欢迎的政治自由出版物。而在生活出版社各省分社被停业的事件中，我们也很难看到“新闻自由”。

自许多效仿欧洲的、人们熟知而令人生厌的特务机构成立以来，“集会自由”或许是实践程度最差的一个，这些机构似乎只是在严厉地强制剥夺人们的集会自由。近几个月来，成千上万的年轻人突然失踪，迫使我们承认，过去腐朽的在无起诉的情况下随意拘捕的旧制，已在中国大部被恢复。

没有一个中国人希望在此时做出任何评价抑或任何行动，因为这或许会削弱我们的民族团结力量或者我们为统一战线付出的努力。如果我们知道国民对战争的感受，知道中国士兵、农民、普通老百姓都勇于承担战争的重负与惩罚，就不用担心中国人的精神会由于些许直率之言而动摇。

但如今中国已鏖战近五年，如果要说在这期间没有在地方或者全国产生一些严重问题，必定是荒谬的。我在此想要表明的观点对那些乐意看到中国日渐强大的民主国家来说有很大意义——我想说的是，除非在公认的苦战直至打败日本帝国主义之时的国家政策框架内，能够保证言论自由并愿意倾听考虑不同观点，否则不只中国的民主运动乃至整个民族的抵抗事业都会受到损害。

共产党问题

最近国民党与中国共产党的龃龉，还有发生在我们国家不同部队之间的武装冲突，是对整个国家都至关重要的问题。用我们现今使用过的办法永远都无法解决这个问题。这些间隙与手段相关，与目的无关，因为所有政党都是统一在一个共同的战争政策之下的，只能在对自由、坦率讨论有利的氛围下，不被琐碎的挑衅所毒害，通过民主协商来解决。

对中国民生这一极其重要的原则，我无法在此多做评价。孙先生早已清楚地看出，经济变动总是伴随着政局的变动。他认为，任何先进政府的首要关切之事，一定是从农业开始改善人民的经济状况。所有中国人都会同意目前我们在这方面所做的仍太少太少。

在告知我国的海外朋友的时候，尤其是在美国、英国、苏联的朋友，我非常高兴地得知，在世界危局时期，我们终于找到了全面合作，积极抵抗威胁世界的法西斯统治的共同基础。并且，如果我曾经在此踟蹰于一些中国的问题，那也是我殷切地盼望这些问题能够被世界范围的民主合作精神所克服。

中华之魂坚贞不屈

顾毓瑞

1941年10月10日

《纽约时报》主编：

10月10日是中华民国建国30周年纪念日，我想与美国朋友共同回顾一下中华民国走过的30年历程。这样的简单回顾可以让人们更好地理解中国的问题所在并更好地读懂中国的今天。

历史学家也许可以用五场战争去总结中华民国的过去30年：

第一场革命的战争是1911年10月10日，由孙中山先生领导的武昌起义，成功地打响了辛亥革命的第一枪。虽然战争只持续了几个月，但在积贫积弱的中国，区区数月也使其国内形势变得一塌糊涂。自1840年鸦片战争后，中国就沦为任人宰割的对象，几乎所有西方大国都试图分一杯羹。日本在19世纪末90年代也成为列强，贪婪与邪恶程度，有过之而无不及。20世纪前10年，中国无论在政治上还是在经济上皆被帝国主义列强的镣铐所束缚。

紧接着第一次世界大战爆发，中国加入了协约国，以此“希望”成为参战国，期望收回某些列强在中国的利益，提高中国的国际地位。德国与中国虽然并没有比其他列强有更多的过节，但出于以上考虑，中国在1915年向德国宣战。

中国参与第一次世界大战的结果是令人痛心的。这场战争在远东地区导致了“欺骗”这个人类历史上最古老幽灵的复活（译注：“欺骗”在英语中用双十字来指称）。耐人寻味的是，10月10日在中国更令人熟知的就是“双十节”，因为在汉字里，10写成“十”，而在“双十节”诞生的中华民国，成了这场国际骗局的最大受害者。日本帝国主义趁“一战”欧美各国无暇东顾的时机，于1916年5月7日向我国政府递交了企图征服中国的二十一条秘密条款[①]。中国提出抗议并向国际求援，但是那些“利益大国”无法阻止日本，致使日本侵占德国租界山东。在之后举行的巴黎和会上，中国要求日本改正无果。

与此同时，袁世凯野心膨胀，他已不满于坐拥共和国总统的宝座，而是在乱世中复辟称帝。但刚成立的共和国绝不容许历史倒退，袁世凯复辟也只是昙花一现，他在伤心悲愤中离世。

之后的五年是军阀混战的五年，这些不同派系的军阀或为争夺对中央政府的控制权，或为保持与扩大其占据地盘，进行着连年不断的纷争，并不时引发战争。另一方面，各帝国主义国家分别在中国扶植各派军阀，帝国主义终于露出狰狞的利牙。

在军阀混战之际，以蒋介石领导的第二次民主革命胜出。他结束了军阀混战，并于1931年日本发起侵华战争占领满洲时统一了中国。

援助姗姗来迟

日本的侵略引来了第二次世界大战。中国奋起抗争，列强再次开始倾听并展开讨论。其结果是日本仍然盘踞满洲，并且还想再捞一次。1937年日本对中国东北、东南发起全面侵华战争，中国再次寻求援助，这次援助终于来了，不过它迟来了四年。而在这四年里，中国这片沃土已被战争蹂躏，尸横遍野。

自《威斯特伐利亚和约》签署后，中国承受了世界上其他任何国家所未承受过的现代战争的蹂躏。然而，残酷的战争并没有摧毁这个民族，她仍然坚强地站立起来了，似乎比过去更坚强。她不仅努力地为自己的独立与主权而战，而且同时也坚守着美国的太平洋前线。当英国与俄罗斯在欧洲战场上抗击法西斯时，中国也在太平洋战役中成了领导者。

在中华民国30周岁生日到来之际，人们有必要重新审视她经历的一切，因

① 有误。日本驻华公使是在1915年1月18日向袁世凯递交了旨在将中国变为日本附庸国的二十一条秘密条款。袁世凯虽经五个月的拖延和交涉，但在日本的胁迫之下，于1915年5月25日被迫签订了丧权辱国的《中日民四条约》。

为只有这样才能让世人认可或理解中国之魂，只有这样才能客观评价中国之威。

美国护士长沙来信

1941年10月14日

题记：长沙耶鲁医院护士长描述日本空袭。死亡充斥医院。信中写道，重伤员迟迟咽不下最后一口气，病人从废墟中被刨出来。

长沙位于湖南省腹地，美国医务人员在这里，正对成千上万的中国人展开救治，减轻死亡带给他们的痛苦。日本人为抢夺这座战略要地，在过去的两个月内频频发动空袭，人民深受其害。耶鲁中国医院是长沙提供医疗救治服务的一家较大的医疗中心。

图科小姐是耶鲁中国医院的护士长，她在一封信中描述了第一次大空袭后医院的情况。图科小姐的姨妈费麒太太是美国援华联合会的成员，她公开了这封写于8月8日的信。

图科小姐是韦尔斯利学院和凯斯西储大学双料毕业生。她在信中写到，那天她正要离开医院去休假，日本飞机就到了，并且“呈包围之势轰炸起来”。

“我们那天忙乱极了，一下送来将近200名伤员，我们只能把床位给伤势最重的，每张床都占满了，有的床位一天下来要周转三四名伤员，因为前边送进来的在天黑前就死了。再多出的伤员我们只能转送到三楼的红十字会。第二天，同样的手忙脚乱，从废墟中挖出了更多的伤员，我们忙着给伤情严重的做X光检查，开刀手术……”

她还描述了湘潭镇上的另一场空袭。

“很快，受伤的民众就涌进了医院，我们跑上前去帮助他们。有一阵子只有米歇尔夫人、我和助手三个人，因为医生和护士（他们是不受美方管理的中国人）每天都跑出去躲避空袭，天黑才回来。我难以描述，只能说那是我一生见到的最可怕的场景。”

“有230多名伤员躺在那里，许多人奄奄一息，其中一些伤势严重已回天乏术，但又不会很快咽气，其状真是悲惨无比。医生们终于回来了，他们做手术一直到凌晨2点。因为发电厂被炸掉了，手术在停电的情况下进行。”

在华传教陷入低潮

哈雷特·阿班

1941 年 11 月 9 日

曾经一度高涨的远东传教工作正在迅速降温，传教人员也急剧减少。教会及教会所办的学校和医院不少已撤回美国、加拿大和英国。选择留在中国日占区、“满洲国”、朝鲜和日本本土的传教人员则发现他们的活动甚至个人生活都受到日本军方和低级官僚的管控，他们的工作和动机遭到质疑和曲解。

在日本的基督教教堂被勒令与其在美国或欧洲的总会断绝关系。救世军也遭重组，并重新命名。在会中工作的外籍官员和员工被驱逐，理由是该组织“充当了英帝国主义的工具”。在朝鲜、台湾和满洲也发布了类似的禁令。

只有在重庆政府控制下的“国统区”，传教工作不但得以继续，还获得发展的更大自由。蒋介石委员长的政权开明，鼓励以多种形式扩大传教活动，并通过教会争取国际援助，因为此举不仅帮助落后内陆省份发展教育，还为大量受伤的士兵和平民提供宝贵的救治服务。

不过，很多在中国的传教机构却遭到日军空袭和地面炮火的摧毁，逃过此劫的也只能在严格的军事监管下工作。日军方负责人坦言，尽管他们欢迎教会医务人员和教师，但强烈怀疑从事教育的传教士，也不喜欢外国传教士继续传播福音。

日本人反感教会的教育机构是容易理解的。他们说传教士对东方文化知之甚少或干脆忽视，还向中国人灌输一些“危险的想法”。他们还说特别是美国和英国来的传教士内心强烈反日，帮助鼓励中国人进行消极抵抗。

中国儿童在上海附近的一所综合慈善医院。（《纽约时报》原文插图）

尽管无法获得可靠统计数据，但过去 100 年里花在中国传教上的钱大约 2.5 亿美元，死于中国暴民和军方排外活动和反基督教行动中的传教士或超过 2000 人，这还不包括因坚守岗位而死于疾病、洪灾和战争的数千人。若按纯粹基督教福音派的标准者衡量，受洗中国人的数量少得令人吃惊，因为即便按最乐观的估计，中国的基督徒最多也不超过 500 万人。

造成这种情况的原因很多并且复杂，不仅由于传教工作多次受到来自官方的阻挠和迫害，也由于传教本身与中国民众中似乎根深蒂固的排外情绪相对抗。此外，中国人本质上是一个不信教的民族。他们充满智慧，讲究哲理，并十分迷信。而在基本教义上，基督教对中国的祖先崇拜体系是反对的，而一夫一妻制在中国的进展也十分缓慢。

自 19 世纪 60 年代“太平天国叛乱”起，中国陷入一场接着一场的国难之中。但西方传教运动对中国加速社会启蒙起到了深刻的推动作用。比如，教会成功地打击了吸食鸦片、缠足和纳妾等陋习，也为言论开放提供物质上的帮助。这些都有助于提高中国妇女的社会地位。

教会反对不讲卫生和提倡接种疫苗的教育活动极大减少了天花、痢疾、疟疾这些过去每年都会夺去几十万人生命的流行病。他们还深刻影响了中国民众的政治思想。

日本空军后继乏力

冈尼森[①]

1941 年 11 月 16 日

雅加达电：日本空军力量与这些太平洋岛屿的切身利益息息相关，因为这些岛屿可能将很快成为日军向南太平洋扩张的目标。此间流传着许多关于日本空军的消息，有一条新闻尤为引人注目。这条来自日本的可靠消息说，日本所有类型的飞机总数达到 6500 架，其中有 4000 架预备投入战斗。同一消息来源还透露，日本为这些飞机配置了 4.5 万人。

这些数据意味着，目前日本空军与英国与荷兰联合空军力量比较，占据着两

① 冈尼森（Royal Arch Gunnison Jr，1910—1946），生于纽约，与其父同名。他以“二战”时在马尼拉勇敢抵抗日本法西斯而享有英名，年仅 34 岁的他也因此与妻子一道被日本人逮捕，分别关押在马尼拉和上海的集中营长达 17 个月，后与 1438 名美国人一起遣返回国。1944 年他以自己的经历出版《对不起，没有自由》一书，他的故事登上了《生活》周刊杂志和报纸广播。1946 年重返亚洲，但 3 个月后因飞机失事不幸在香港去世。

倍以上的数量优势。也就是说，即使日本只出动1800架飞机，用来对付部署在西伯利亚的苏联空军和部署在缅甸的少量“盟军空军”和美国可能从夏威夷、马尼拉和阿拉斯加派出的飞机，在数量上仍占有优势。

虽然日本空军最初取得的优势可被承认，但据该情报人士称，只要日本南下进攻荷属东印度群岛，则太平洋地区的这些岛国将加入盟军对日本进行抵抗。根据美国对日本实行的经济“挤压”政策，英属和荷属殖民地已停止向日本供应制造现代飞机所需要的原材料。

飞机的生产率

据报道，日本目前每月生产1000架飞机。照此速度，日本飞机生产所需的储备材料将在1942年中期枯竭。目前库存可保证生产1万架飞机。

与此同时，日本的潜在对手们也正全力以赴。从长远来说，最重要的因素是，美国工厂正开足马力，大量制造飞机，其中许多机件都被送到这里和澳大利亚、新加坡、马来亚进行装配。澳大利亚每天也能生产几架飞机，逐步扩大飞机数量。目前，荷属东印度群岛可能有东南亚最好的空军，尽管飞机少于1000架，但形势正在扭转。

根据日本方面传来的情报，如果日、美两国保持目前的飞机生产率不变，则日本空军的优势势必会缩小，到1942中期将达到1.5比1。如果日本不能倾其所有全速生产，或者美国人倾其全力动用储备物资，并优先向远东地区部署更多飞机，则日本的优势肯定将被削弱。

这似乎是一个既定事实，即日本没有制造出“日本的”飞机。几乎没有例外，他们对德国、意大利和美国制造的飞机进行改装，通常改装的飞机是这些国家比现有型号晚一到两年的原装飞机。总之，根据日本方面的情报，日本制造出来的是1935年到1937年的6种机型。

飞机型号

据报道，日本人改装机型有美国洛克希德14型、北美16型、舍维尔斯基型、马丁斯型和看起来像道格拉斯型号的战斗机。还有意大利的亨克尔112型和多尼尔型两种型号的飞机也经改装进行生产。此外，还有一些来自纳粹德国的飞行员和机师与不超过100架的梅赛施米特式战斗机一起留在日本。这批战斗机是德国进攻苏联前，日本从德国购置经俄罗斯引进的。

然而，日本不会把所有飞机及军力都组建为攻击力量，因为它必须防卫的战线很多。在日本的观察家们宣称，日本为抵御来自阿拉斯加、菲律宾和西伯利亚的轰炸机，至少要从它的6500架飞机中保留2500架飞机以备不测。此外，防卫满洲需要500架飞机，防卫上海—汉口—广东的中国空域需要1000架，防卫印度支那半岛需要1000架，控制加罗林群岛和其他岛屿需要300架。保持航母舰队的运作还需要500架。这使得日本未分配的飞机只有700架。

马来亚华人准备抵抗

窦萸安

1941年12月27日

题记：获释的共产党人将投入游击战和加强新加坡的防御。焦土策略已定。锡矿被毁，战区发电站和工厂被毁。

新加坡12月25日电：今天，华人领袖会见了英国三洲府总督珊顿爵士，决定动员马来亚的300万华人反抗日本侵略。

来自中国的专家将和马来亚华人一起，指导华人应征入伍，接受军事训练，投身到维护治安、宣传以及游击战中。几天前，珊顿总督得到来自蒋委员长发来的信息，说海外华人和中国领导人将提供全面和全力的配合。

动员工作将在华人的领导下进行。珊顿总督今天承诺，马来亚政府将给予大力配合。锡矿和橡胶大王、马来亚华侨陈嘉庚被推举全面负责动员工作。在他之下，负责各阶段动员工作和组织工作的其他领导人也已安排妥当，这将对马来亚的抗战工作极为有利。

华人占马来亚总人口的一半，并且拥有全国多数的财富。新成立的华人抗战组织将包括劳工联合会、和平维持会、民国和宣传鼓动机构。

游击计划已定

马来亚华人精通马来亚国情和马来语，他们将被组织起来执行军事任务，特别是日占区发动游击战，类似的游击战在中国大陆已大获成功。一直以来马来亚志愿军和民防组织都有华人参加，但被招募进入纯粹的华人军团，这还是第一次。

英军和日军正在霹雳州[①]交火，这里是华人主要的活动地之一。实际上，该州的太平市和怡保市就是华人城市。

刚刚获释的华人共产党人和马来亚共产党人出席了动员大会。共产党在马来亚属非法组织，一直到和日本开战之前，马来亚政府都判处共产党领导人入狱，刑期从几个月到几年不等。

马来亚共产党最近呼吁民众支持英国抗击日本，呼吁党员资助抗战。随后被关押的共产党领导人也相继获释。

华人动员委员会的60名委员中将有10名共产党的代表。动员委员会将负责指挥整个动员工作。

工厂将被摧毁

如果再有马来亚的领土落入日本人手中，焦土计划将被启动。摧毁橡胶园实际上是不可能的，况且日本已经拥有足够的橡胶。但是，锡矿正在被拆毁，发电站和工厂正在被摧毁。

敌对行动可能会导致城镇被夷为平地，因为老百姓已全部从战区的城镇转移，而且城镇将可能是防守的主要战场。

美国及其他盟军十分关注新加坡的防御，这个问题在这里同样受到关注。这里普遍认为，新加坡对同盟国战线来说极其重要，一旦新加坡被日本占领就会导致东西方的真正割裂，所以必须避免这种情况发生。人们相信盟军有能力保卫新加坡，并且对为实现这一目的而采取的措施抱有信心。

日本目前的注意力在菲律宾。应该强调的是，必须最大限度的利用这一点来加强盟军在这个地区的力量，因为新加坡才是日本的主要目标。一旦日本占领新加坡，将意味着它能最终占领荷属东印度，并攫取石油、橡胶、锡和钨。这将使日本军事机器力量倍增。

这里的军方十分关注日军的攻击力量，但并没有惊慌。他们说业已采取的措施已经明显地改善了马来亚的防御态势。至少一点，防御部队已经学会如何对付日本人，日本人先前采用的突然袭击的做法已不大灵光了。

---

① 霹雳州（Perak）位于马来半岛西北部的泰马边境，面积约2.1万平方公里，首府是怡保市（Ipoh，又名“山城”或“小桂林”，因其山明水秀之故）。Perak在马来语的意是“银”，由于霹雳州以前被发现有锡矿，但却误以为是银，后虽辨认为锡，但“霹雳”这个州名却保留至今。

第六篇

1942 年

1942 年抗战大势

1 月 1 日，中、苏、美、印等 26 国代表在华盛顿签署《联合国家宣言》，中国与美、英、苏代表共同领衔签字，这标志着中国是公认的世界反法西斯四大国之一。

1 月 3 日，盟军为更有效地协调作战，成立了中国战区，蒋介石任中国战区（包括泰、越）盟军最高统帅，美国的史迪威将军任参谋长。

1 月 16 日，进攻长沙的日军损失惨重，强行突破中国军队的合围，溃退回原驻地。第三次长沙会战以中方的胜利结束。中方战报，此役伤亡日军 56994 人，中方伤亡 28116 人。长沙大捷是太平洋战争爆发后同盟国取得的第一次大胜。

2 月 25 日，应英国政府要求，中国抽调精锐部队组成中国远征军第一路军开始进入缅甸，协同英、缅军对日作战，使日军遭到沉重打击。4 月 19 日，中国军队取得仁安羌大捷，解救被日军围困的英军 7000 人。

美国加入“二战”后，通过滇缅公路向中国运送作战物资，支持中国抗战。1942 年 4 月，日军占领缅甸，滇缅公路被切断。10 月，中、美开辟从印度越过喜马拉雅山到云南的空中航线（即“驼峰航线”）运送战略物资。

中国与盟军的军事合作首先从空中开始的。7 月，美国志愿援华航空队（即飞虎队）并入美国陆军第 10 航空队（1943 年 3 月改编为美国陆军第 14 航空队），配合中国军队作战，对日军的制空权造成很大威胁。

8 月，日军为压制中、美空军，发动了浙赣战役，彻底破坏了浙、赣两省的机场。

1942 年是敌后抗日根据地最艰苦的时期。这年春夏间，日伪军 10 余万人不断对华北抗日根据地扫荡，实行残酷的“三光政策”。这一年，八路军、新四军由 50 万人减为 40 万人，抗日根据地面积缩小，总人口由 1 亿人减少到 5000 万人以下。经过精兵简政、大生产运动等一系列措施，根据地军民渡过了难关，保存了实力。

战时中国大学约有 5 万学生

1942 年 1 月 2 日

现在中国有约 5 万名大学生，自战争爆发以来，学生人数共增加了近 2 万。尽管战争仍未结束，但是，在校学生人数还将继续增长。这是昨天搭乘“狄克西飞剪号”[①]从欧洲过来的中国教育家郭任远[②]说的。

这架泛美航空公司的水上飞机是新年来自欧洲的首架航班，于下午 1 时 47 分抵达拉瓜迪亚海运码头。机上乘客有 10 名来自里斯本，38 名来自百慕大。这些跨大西洋的乘客称他们在空中小规模地庆祝了 1942 年元旦。

来自重庆“中国心理与生理研究所”所长的郭任远称，1937 年日本发起侵华战争时，中国仅有 3.1 万名大学生，但目前中国已拥有 5 万名在校大学生。他指出，该增长是在中国人口不断迁徙、大学因战争不断内迁的情况下达到的，预计以后每年还将增加几千人。

郭先生说，他半年前受政府委派赴英美考察，以促进中英、中美文化交流。在英国期间，他曾在多所大学授课。

另外，“狄克西飞剪号”机长克柏森上尉还负责运送了 4189 磅邮件。

四强共建联合国

1942 年 1 月 4 日

包括美、英、苏、中四强在内的 26 个国家签署协议，协议包括运用签署国的全部资源对抗轴心国，签署国政府之间彼此合作，并承诺不与敌国单独缔结停

① “狄克西飞剪号”（Dixie Clipper）属于波音 314“飞剪船”家族，是波音公司制造的长程飞行艇，也是当时一种最大型的飞机。最高速度每小时 340 公里，巡航速度每小时 302 公里，最大航程 5896 公里。1943 年，罗斯福总统乘坐“狄克西飞剪号”跨越大西洋，飞行 5500 英里前往摩洛哥卡萨布兰卡参加会议。

② 郭任远（1898—1970），广东潮阳人。中国心理学奠基人。曾任复旦大学代校长，浙江大学校长。早年就读于广东省立潮州金山中学，后入复旦大学，1918 年赴美国伯克利加州大学就读，信服华生（Watson）的行为主义心理学。1949 年至 1970 年寄居香港，是香港大学校董。1970 年于香港病逝，美国心理学杂志《比较生理心理学》发表题为《郭任远——激进的科学哲学家和革新的实验家》的纪念专文，称郭任远“以卓尔不群的姿态和勇于探索的精神为国际学术界留下一笔丰厚的精神财富”。

战协定或和平条约。该协议将被证明是人类历史上签署的最重要的一份政治文件。它在签署国家内部和协议所针对的侵略国家内部都将在道德上产生立竿见影的效应。它的军事效应也必将在不久的将来得以显现。①

协议的签署将确保军事方面的胜利。虽然目前获得军事胜利至关重要，但该协议的重要性远不止此。对签署该协议的政要们来说，对签署协议旨在拯救的亿万民众来说，大家都会沉痛地反思，如果这样一个决心消灭侵略行径的国际联盟能够在五六年之前就成立，今天的世界将会是多么的不同。在这样一个条约面前，侵略者不会胆敢发动这样的战争，使无数生灵涂炭、城乡被毁、灾难深重、饿殍遍野，使世界人民付出如此可怕的代价。因为这个新协议意味着国与国之间的联盟不是停留在纸上的联盟，而是真正的联盟。它不是过去那样的一种联盟，即结盟国互派代表向对方代表长篇大论的演讲，而他们所代表的国家对整个行动却毫不在意。协议通过广泛的行为准则、通过各签署国承诺为达成共同目标动用自己所有资源，使各签署国对该联盟都负有义务。

以往，共同防御的军事同盟往往随着共同危险的消失而解散。纯粹由于外界的强大压力，或者处于惊恐之时（像法国那样），不单独缔结和平条约的承诺常常被打破。但是，现在不同于之前，人们明白不团结就会付出惨痛代价。人们深知，在罪恶的现代战争机器的阴影下，侵略或进攻他国不能再被视为地区事务。身处美国的我们终于明白，虽然到目前为止我们没有插手欧洲战场，但我们再也不能对发生在遥远中国和地球任何地方的事情视而不见了。

26 个国家组成的伟大联盟已经问世。让我们把它视为一个开端。我们有决心让这颗种子成长为永久性的国际组织，确保人类的未来没有战争。团结就是力量。

5 万日军溃败长沙

1942 年 1 月 5 日

题记：中国报道称，日军在三天战斗中遭遇“大溃败”。

美联社重庆 1 月 5 日（星期一）电：中国最高统帅部今日发布公告称，日

① 1942 年 1 月 1 日，26 个反对轴心国的同盟国家代表在华盛顿会面，签署了《联合国家宣言》，承诺其政府将继续共同对轴心国作战。“联合国”这一名称是由美国总统富兰克林·D. 罗斯福设想出来的，在这份文件中第一次被正式采用。

军在昨日发起攻占湖南省省会长沙的战斗中遭遇“大溃败”，伤亡人数超过3万。至此，日军三天以来，在长沙一地的伤亡总数已达52000人，这是它入侵中国四年半来最惨重的一次损失。[①]这份来自重庆的战报称，在中国军队昨天实施的决定性行动之后，日军已全线溃败，特别是第6师团损失惨重。据报其余日军在企图突破中国军队在长沙部署的铁桶包围圈时被成群成群地歼灭。多名日军高级军官在第三次长沙会战中被击毙。

湖南重兵云集

中国最高统帅部的公告说，日方在湘北战场上共投入6个师团和2个旅团，其中第3、第4、第6、第40等4个师团的任务是攻占长沙。在激烈的战斗中，中国耶鲁大学校舍尽被烧毁，包括教工宿舍及华中最好的医院，即该大学的附属医学院。尽管遭到包围，日军昨日清晨仍从东、南、北三个方向攻打城区。在战斗进行中，中方增援部队赶到并夺取了日军三个前哨阵地，直接威胁到日军进攻部队的左翼。日军随即抽调城南部队增援其左翼，但增援部队遭到中方猛烈炮火阻击，数千人被消灭。

中国方面宣称：❶在长沙会战中，日军伤亡52000人；❷进攻嵊州的日军也被击败。（《纽约时报》原文插图）

城南攻势受阻后，进攻城东的日军被迫向城北撤退。正当日军强渡浏阳河、捞刀河，中国部队已插到日军后方，一次次地挫败日军的渡河企图。中国炮兵集中火力猛轰日军集结地，按中方说法，对日军的影响是毁灭性

① 指第三次长沙会战。第三次长沙会战，是1941年12月24日至1942年1月16日中国军队与日军在长沙一带的作战。日本第11军司令阿南惟几所统率的30个大队共约6万人，为策应向香港进军的日军，向薛岳统帅的第9战区的30个师30万中国军队发动牵制性攻击。由于前期进展顺利，阿南惟几头脑发热，独断决心进攻长沙，在进攻长沙不克的情况下，遭到中国军队合围，弹尽粮绝，靠空投补给和中国军队的合围不严密才突围而出。中国军队依托各阵地逐次抵抗，给日军相当的损耗和迟滞。据中方战报，此役日军伤亡5.6万余人，中国军队伤亡2.8万余人，是1941年12月太平洋战争爆发后盟军对日军作战的首场重大胜利。因此又被中国方面称为“长沙大捷”。

的。据中国中央通讯社报道，中国军队在周六黄昏，冒着大雨发起反击。其后日军在昨日清晨对长沙城垣发动了最后一次绝望的攻击。

在确认日军大败之前，中国官方即着手安排外国记者和武官访问长沙，这显示了中方对取得此战完全胜利充满信心。

中方还声称，长沙以东曾被日军重兵把守的江西高安和武宁两地，已被夺回。

东京的广播电台声称，长沙已被日军完全占领，但这与此前东京发出的战报不一致。一位日军官员在周六接受采访时说，长沙在周五已被攻占，但日方无意永久固守，因为他们的任务只是消灭中国有生力量。

实际上，日军已被分割包围。中方宣布，中国军队已控制汨罗江和新墙河的关键地段，而日军处境已告危急。据称，中国军队已插入日军后方，切断了日军沿汨罗江南岸后撤之路。据官方中央通讯社报道，在长沙城东南陷入包围的日军只能靠空投补充弹药和食物，现已开始向长沙东北郊方向运动。

另据来自浙江省的报道，5500 名日军在向位于嵊县的中国兵营发动进攻中遭到重创。

中国批评盟国“先欧后亚”方针

1942 年 1 月 14 日

题记：中国政府发言人和中国媒体怀疑希特勒战败之后，日本也会随之而崩溃。他们认为坚守新加坡至关重要，澳大利亚附和这个观点。

合众社重庆 1 月 13 日电：中国政府发言人和媒体今天同时批评盟军“先欧洲、后太平洋”的策略。与此同时，中国官方的中央通讯社谴责了日本在香港实施的暴行。在香港沦陷前，约有 1.8 万名日本士兵在香港战亡。

中方在长沙大获全胜，中国军方发言人估计日军伤亡有 4.5 万至 5 万人。一位中国政府的发言人表示，盟国必须采取攻势，以确保成功防御荷属东印度群岛。

他说：“如果再取得两到三个像长沙会战这样的胜利，就会极大地影响日本的物资供应，打击他们的士气。”他说：“先打希特勒还是先打日本，孰重孰轻，一直有一些争论。”

“但是，这些争论毫无意义。”发言人说，“首先，大家都同意新加坡和荷属东印度群岛极其重要，在这一点上没有争议。其次，南洋地区发生的战争关系到包括苏联在内的所有盟国的利益。我相信，增援部队就会到来。中方认为，这场战争的宏观形势决定了我们必须坚守新加坡和荷属东印度群岛。”

报纸直言不讳地批评了盟军优先攻打希特勒的战略。“指望日本会随着希特勒的溃败而溃败的想法荒谬透顶。因为日本早已在马来亚、菲律宾和荷属东印度扎根立足了”。

失去荷属东印度群岛将不再可能封锁日本

颇有影响力的《大公报》评论道，日军从打拉根港登陆后，将占领荷属东印度群岛，不仅会在战略上使新加坡与外界隔离，而且将导致盟军对日本的封锁完全失效，致使日本能够持续发动猛烈的进攻，并切断印度和澳大利亚之间的交通运输。

《新华日报》列举了盟军的两大“致命”错误：“首先，未能实施真正的焦土政策；其次，未能完成动员本土居民的计划，结果使内奸叛徒活动猖獗。”

一位中国政府发言人先引用了一句新的战斗口号，然后肯定地说，“西南太平洋战争是亚洲人民为自由而战，而不仅仅是一种战略，也不是为争夺资源。”

他说：“这场战争将决定中国人民、印度人民、马来亚人民、菲律宾人民以及其他亚洲人民是拥有独立自由的未来，还是成为庞大的日本军国极权主义的一部分。”

中国远征军准备进入缅甸

1942年2月2日

题记：日军企图渡过萨尔温江，英军努力防守毛淡棉市。重庆政府强烈要求中国远征军进入缅甸。

合众社缅甸仰光2月1日电：今晚有报道说，侵入缅甸的日军企图跨过毛淡棉市北面宽阔的萨尔温江，继续它的攻势。现在看来，这个攻势旨在夺取毛淡棉市西北150英里处缅甸公路的起点。

今天早些时候，据萨尔温江前线的英军报告，他们为迎接日军的进攻，已经加固了部署在萨尔温江西侧的阵地。另外，据来自萨尔温前线的非正式消息称，日军正试图夺取位于毛淡棉市东北部萨尔温江上的卡多岛。

如果日军成功占领卡多岛，横跨萨尔温江就简单多了。萨尔温江在一些地段仅几英里宽。

英军上周撤出了毛淡棉市。“撤离时我军遭到猛烈炮轰和持续的轰炸，”一份英国公报写道，“但我方伤亡不大。我们肯定给敌人造成了重创。”

撤离中，英军的大炮和高射炮在近距离平射射程内向大举进攻的日军开火，报道称其“表现出色”。

敌人空袭收效甚微

据英国皇家空军司令部报道，昨晚日军对仰光北面的机场进行了4次空袭。这里是美英两国空军的战斗机和轰炸机基地。日军在白天的攻击中伤亡惨重，有110架飞机被美国志愿航空队的飞行员击落，因此转为夜间轰炸。夜间的轰炸一直持续到早晨6点，但是没有造成人员伤亡和其他损失。

越来越多的迹象表明，驻扎在缅甸的防御部队正在为发动反攻而集结。总督阿奇博尔德·科克伦爵士在收发双向电台通讯中告诉丘吉尔首相，“侵略者虽然暂时占领了丹那沙林，但我们知道局势很快就会扭转”。丹那沙林就像缅甸向南伸出的一根手指。

丘吉尔先生对盟军在缅甸取得胜利充满信心，并对在缅甸公路上空巡逻和保卫仰光的美国飞行员表达了崇高的敬意。

有报道称，中国政府对发起缅甸战役迫不及待，因为中国战争物资的运输依赖滇缅公路，必须维护好。

从缅甸东南部一带撤离后，英军不仅缩短战线而且防守更具战略性。战线从马达班湾向北延伸75英里，直达缅泰边境。锡当河处于现在的战线到仰光的中间。必要时，英军可以在这里挖掘战壕进行抵抗。

日本占领丹那沙林海岸，显然使盟国意识到了缅甸在太平洋战争中的重要战略性。中国向缅甸派遣远征军，为防守缅甸而维持美国援助物资的运输通道，都证明重庆意识到缅甸在远东整体战争中具有的重要性。

一个中国军方代表团上周抵达仰光，来协调中缅战事，解决中国远征军进入缅甸后可能面临的种种问题。

中国的抗战拷问西方

林语堂

1942 年 2 月 22 日

自 12 月 7 日日本轰炸珍珠港以来，有两个问题一直萦绕在美国人民的心中：首先，一直以来我们是否低估了日本的军事实力？如果事实果真如此，那么为什么在 1938 年 12 月 27 日汉口失守之后，中国军队的抵抗仍然能够有效地迟滞日军呢？顺着这个思路，我们会自然而然地追问另一个问题，即在中国对日作战的经验中，美国人能够吸取什么样的教训？

之所以提出这样的问题，恰恰是因为当盟军在马来亚和菲律宾节节败退的同时，中国军队在长沙会战中取得了对日作战的一次重大胜利。胡适先生认为："长沙和各战区前线战场的胜利，恰恰佐证中国人民的抗战从新的反法西斯联盟中受益巨大。"我对此是不赞同的。中国军队为取得战役的最终胜利，两次放弃长沙，诱敌进城，在此期间，并没有什么"受益巨大"。同样是由薛岳将军指挥的战役，作战地形相似，采取的战役策略相似，军队作战的士气相似，较之以往作战唯一的不同，是炮兵部队参加了长沙会战。事实驳斥了胡适的观点。

我认为近期的新闻报道在误导舆论，让人们对中国战局产生错误的印象。近期美国的新闻媒体对于中国战局的报道口径突然发生扭转，从汉口失守到去年 12 月 7 日珍珠港被轰炸，美国报章对与中国战局的报道是过时的，这三年时间来自重庆的新闻是"幸运的"，平均下来，每天可是有 200 字呢！而去年 9 月底到 10 月初，长沙会战的胜利是辉煌的，这场战役消灭了足够多的敌人。对于同一场战役的报道，却能让人产生不同的印象，其差别在于，现今报章会在头版刊登中国胜利的新闻；而过去，有五分之四的消息来源出自日方自上海发布的消息，以至于读者在较早以前的报道中完全看不出中国胜利的迹象。这样的报

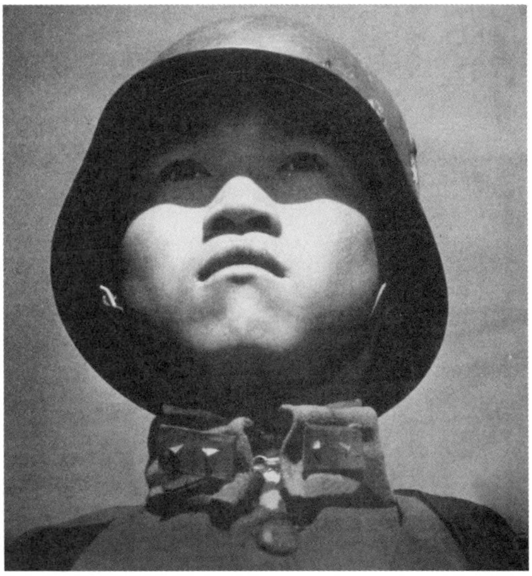

1938 年的武汉中国少年兵。

中国军队正沿着崎岖的山路前进。（《纽约时报》原文插图）

道会让读者产生感觉，似乎是中国军队的士气在12月8日以后，瞬间就受到了巨大的鼓舞；中国军队开始了绝地反击。我每天都在跟进来自重庆的战报，我必须强调，“中国战局在瞬息之间形势发生了转变，中国军队突然开启了六七个战区与侵略者作战”，这样的想法是错误的！1939年、1940年、1941年，中国军队每天都在六七个战区抵抗着侵略者。而美国的报章近期才开始刊载来自湖南、安徽、湖北和浙江战区的战报。

我们被误导了，以至于会得出敌人并不强悍，中国军队不战而胜这样的结论。根据《生活》杂志的报道，日军其实并不仅仅是因为自身的原因而在中国战场停滞不前，主要是因为中国军队在战场上的积极抵抗有效地打击了侵略者的嚣张气焰。那么，中国军队究竟是如何做到这一点的呢？为了更好地回答这个问题，我们在讨论中国抗战策略的同时，也应思考这对于盟军未来的协同作战可能产生怎样的影响。

第一点，由于武器装备较差，中国军队赢在采取了一种独特的战术。这种战术的有效性是建立在阻止日军无后方作战超过10天、推进距离超过80英里的基础之上。具体而言，这种战术是当敌人向前推进时，我军主动放弃阵地，将部队隐蔽在日军主力的侧翼，并派出小分队进行骚扰，待敌人孤军深入8至10日，食物与弹药基本耗尽。与此同时，在战区实行焦土抗战的政策，在敌后策应，切断日军的通讯和交通线，一般在日军出发抵近80英里处时，中国军队开始反击，并将敌人赶回原点。

这是中国军队击败日军的主要方式，它将日军有效地拖在汉口大本营附近。

白崇禧将军，他的地位仅次于蒋介石，是中国最有才华的指挥大师。他曾对我说，日本师团在军事行动中一般携带八天口粮，如果我们在乡村地区全面实施焦土政策，日军将无法完成补给。

这种战术几乎屡试不爽。研究表示，中国军队在台儿庄战役、长沙会战、随枣战役[①]中，使用了相同的策略。战争陷入僵持状态已经有很长一段时间了，双方都知道对方的战略战术，中国指挥官在研究日军战术的基础上发展出了一套有效的反击策略。

让我感到吃惊的是，日军在马来亚战役中并没有在盟军防线后方登陆的能力；相反，他们竟能从盟军防线的正面长驱直入200至300英里而未耗尽粮弹。日军是不可能随身携带足够两个月的粮弹行军的，要获取补给，他们必须就地取材。因此，我们能在重庆的报章上看到对马来亚战役的批评文章，盟军的失败取决于两点：一是没有落实焦土政策；二是盟军缺乏对本土原住民的动员和协作。英军没能成功地在敌人后方留下有生力量去切断日军的通讯，或是在敌后骚扰敌军；而在另一方面，日军的策略却有效地对英军进行了渗透。检讨战役失败的原因，所有关于英军不适应热带雨林气候的归因都是不成立的，无论是英国人、印度人还是马来人都是适应当地气候的。

第二点，中国军队赢在斗志。这里提到的斗志，不是源于肾上腺素的冲动；这里说的斗志，指的是每一名士兵在心中坚守的信念，士兵们为此可以抛头颅、洒热血。保卫家园就是这样一种人类最原始的天性。这就是为什么苏联和中国军队作战得力的原因。

构成苏军与中国军队战斗意志的基本元素，是他们以血缘为基础的宗法体系非常坚韧，以及家庭生活和天伦之乐被剥夺所引发的仇恨与复仇的决心。在此之前，中国的知识精英们选择远离战争，因为在那个时候，没有什么足以让他们牺牲生命去捍卫。而今天，焦土抗战、游击战术、深入敌后的蓄意破坏、在战争废墟面前的坚贞不屈……在这一切事实的背后，是建立在民众勇气与团结基础之上的坚定的战斗意志。焦土政策，说易行难，要亲手点燃自家的房产，眼睁睁看着自己的家园在熊熊烈火中化为灰烬，这并不容易做到。换句话说，这样的胜利是人民的胜利，这场战争是人民战争，由人民参与，为人民而战。

---

① 随枣战役发生于1939年5月，是中国第5战区部队在湖北随县、枣阳地区对日军进行的防御战役。日军为解除中国军队对平汉线交通的威胁，第11军司令官冈村宁次以第3、第13、第16师团和骑兵第2、第4旅团等，由信阳、应山、钟祥一线向湖北省西部随县、枣阳地区进攻，企图歼灭中国第5战区主力部队，以解除困扰。为牵制和阻击日军进攻，中国第5战区司令长官李宗仁将所属部队编为左、右两集团军和江防军，制定了依托桐柏山、大洪山山区，据守重要城镇，持久消耗日军，伺机反击的方针。中国军队虽然受到较大损失，但彻底击败了日军围歼我军的企图，并使之付出惨重代价，达到了牵制和消耗日军的目的。

同样的，如果我们希望在亚洲战场取得胜利。如果我们希望所有的厄运和灾难都降临在占据马来群岛和吕宋岛的日军身上；如果我们希望看到日军的火车、客车被炸毁，让日本哨兵在夜半感到恐惧，让日军龟缩在上了三道锁的铁门和三道保险都拉开的机关枪之后……我们就需要将这场战争变成人民战争，为亚洲人民而战。

战火正在一步步把印度变成前线，我们必须直面这一现实，或许我们还没有输掉发生在亚洲的战争。在亚洲，战士的士气与西方有很大的不同，这一点在印度的战争行为中显得尤为突出，战场上的斗志源于领导人将西方民主制度本土化的视野，以及向印度人民宣扬民主精神的能力。这比起那些含混不清的承诺、虚情假意的祈祷要有效得多，能够唤醒人民内心深处那种最基本的斗志。有独到见解的政治家是能够看到这一点的。对于印度而言，在自由这一议题上不出现差错，对战争的局势发展将是有益的。我们不需要那么沾沾自喜，那个略显顽固的英印殖民政府今天在印度已经站不住脚了。

在这场战争中，印度所处的地位与爱尔兰有些相似。它们两国对于纳粹都是又怕又恨，发生在两国的战争都不是人民的战争。它们之间唯一的差别在于，爱尔兰的刺痛在于它刚刚重获自由；而印度的刺痛在于它尚未获得自由。关于印度对于自由的诉求，无论是张伯伦还是丘吉尔都曾对此有过嘲笑，在他们眼中这是琐碎的、无足轻重的。尽管丘吉尔深知，在事实上，印度的领导人、统一和政党组织与中国一样，是至关重要的。一旦印度获得了民族自由，这必将会彻底改变亚洲战场的局势。

实际上，丘吉尔去年9月就已经把话说过头儿了，他声称《大西洋宪章》不适用于印度。《大西洋宪章》适用于所有被希特勒侵略的国家，但它并不适用于英属殖民地，欧洲需要被解放，但亚洲不需要。在此之前，罗斯福总统曾经说过，要解放世界上任何地方的人民。难道说印度的自由解放已经被忽视了吗？

拒绝印度的自由解放议题，无异于将印度推向日本和纳粹德国柏林广播电台所鼓吹的“大东亚共荣圈”。确实，我们不能既打着自由民主的旗号在苏伊士的西面发动战争，也不能打着殖民的旗号在苏伊士的东面发动战争。我们自己在这一点上真的很真诚吗？美国意义上的公正，一定不能对这样的不公熟视无睹，我们需要有维护公正的勇气。印度最权威的发言人尼赫鲁说，印度国会在1939年9月14日的声明中宣称印度愿意加入争取民主的战争，而“英国之下宣称为海外最自由的印度，却被拒绝加入《大西洋宪章》，这明明白白是荒诞可笑的”。大家了解印度军队的尴尬处境吗？他们在为大英帝国而战，但英国首相却拒绝他们加入《大西洋宪章》。

第三点，中国军队成功的原因在于打破了那些教条的军事规则。许多中国军人甚至不知道还有军事常规的存在。以为期76天的上海保卫战为例，中国军队就挑战了教条的战术常规。正如德军抱怨苏军在列宁格勒战役中使用违背战术准则的自杀性袭击战法一样，日军发言人在1937年也抱怨过："中国军队已经被击败了，但他们对此好像毫不知情，依然在负隅顽抗。"相比之下，盟军在马来亚的撤退就显得过于教条了，这样的撤退虽然可以列举出太多的理由，却少了些血性。按照战术常规，当获胜概率不大时理应撤退，当敌人获取了制空权时理应撤退，当敌人在坦克数量上拥有绝对优势时理应撤退。但是，中国军队并没有顾忌以上诸多理由，他们坚持抗战，顽强战斗到底，并因此赢得了战场的主动。

第四点，丘吉尔首相1月27日在下议院发表演说时曾经这样讲道："从美国身上，如果我们还能吸取任何教训，这样的教训可以用一个词来表达——中国。"他口中所说的教训，大致可以解释为中国对日实施的作战策略。在南太平洋战场，日本是可以被击败的，就像日本在中国能够被击败一样。现下，日本在菲律宾的成功，与日军在中国战场第一年的情形极其相似。但是，日军在战争初期的胜利是可以被我们所利用的，当日军被胜利冲昏头脑的时候，恰恰是在为他们自己埋下最终失败的种子。日军会将兵力分散在广袤的西太平洋地区，这就和他们占领汉口之后在中国战场上的分散兵力是一样的。蒋介石在汉口失守后，当即宣布，这将是中国对日作战的转折点，而事实也正如蒋委员长所料。他抓住了在中国实施持久战大战略的时机，以此确定了日军的失败。联合王国必须以相同的大战略来应对当前的战局。简而言之，这套战略包含着两个部分，一是阻止敌人巩固占领区，二是聚集优势兵力发动大规模战役驱赶侵略者。

实施这一战略，盟军必须阻止日军巩固他们在印度支那半岛和缅甸的占领区，这片区域能供给日军所需要的粮食、橡胶和罐头。在他们有能力进攻日本本土之前，他们需要轰炸日本本土的工厂，并在满洲开辟新的战线，阻止日军在占领区获得粮食和原材料补给。他们必须将日军牢牢地牵制在缅甸、马来亚、暹罗湾以及诸多太平洋岛屿构成的漫长战线上。他们必须派出潜艇和轰炸机去骚扰敌军，在从日本到西太平洋4000英里的海洋战线上，破坏日军的通讯。他们必须通过对亚洲实施有计划的援助，以获取战区大多数人民的支持。

在中国战场上，我们可以得出这样的论断，哪怕武器装备差，哪怕敌军拥有制空权，相比起成千上万亚洲人的战斗意志而言，这些都不算什么。那成千上万赤脚战斗的士兵，除了机枪、步枪和手雷，他们一无所有，但是他们在战场、在前线却可以在任何适合防御的地形上展开战斗，使日本侵略者年复一年地疲于奔命，直到他们彻底输掉这场战争。亚洲能够实施这一战略的前提，是保证对各国人民的自由予以保证，是建立在《大西洋公约》的基础之上，能像对待白人一样平等地对待亚洲人。

让我觉得不可思议的是，当我们至高无上的盟军指挥官在策划远东的防御和进攻时，似乎完全忽视或忘却了在亚洲取之不尽、用之不竭的人力资源。确切地说，没有任何一位来自美国或英国的政治领袖提出过，抑或是做过任何的努力，去支持亚洲那成千上万的抗争者，没有人给予过他们提高战斗士气的鼓励。1941 年 11 月 19 日，英国负责印度事务的国务大臣艾默里在曼彻斯特午餐俱乐部发表演说时，没有显露出一丝在军事上未能援助印度人民抵抗侵略的不安，他悠闲地谈论了印度战局。他自信满满地认为，即使没有英国和美国的援助，亚洲人也能在亚洲拖住日军。此前，我已经指出了人力资源的重要性，哪怕手上只有低劣的武器装备，他们仍然能够影响战局，这是蒋介石委员长全面抗战的重要支撑。

我们整体的战略构想已经过时了，我们的盟军指挥官完全没有意识到在亚洲对日作战的性质。不可思议的人类错误，往往被假定为只发生在历史上，是死去的政治家们制造了它们，而不是那些活着的人。我坚持我的观点，如果我们丧失了对历史悲剧的悔恨感，那么，那些健在的政客们也会铸成同样的错误。我们是否会被未来的史学家们批判，他们是否会指出，在太平洋战争的头两个月里，当今西方民主社会的领导人们犯下了比以往的政治家们更大的错误，付出了更为惨痛的代价呢？

中国军队卧雪抵抗敌人。（《纽约时报》原文插图）

会见蒋介石夫妇记

哈里森·福尔曼[①]

1942年3月15日

当年，如果算命先生告诉浙江省奉化县一个小镇上的某位穷困的寡妇说，她的儿子日后会成为一个世界大国的领袖，就像荣登大位的国君或皇帝一样，她不一定会摇头表示怀疑和不安。世上疼爱孩子的母亲哪一个不望子成龙呢？可是，恐怕没有人像蒋介石的母亲在内心深处坚信儿子会登上权力的巅峰。[①]

最近的报道进一步显示，蒋委员长的影响和地位还在冉冉上升，他对印度的访问已经撼动伦敦对大英帝国这个重要组成部分的政策。他说，“目前的斗争焦点是自由还是奴役。我坦率地对兄弟的印度人民建言，在人类文明至关重要的历史关头，我们两国人民必须尽最大的努力为全人类的自由事业而奋斗。因为只有在一个自由的世界里，中印两国人民才可能获得他们最终的解放。”

从一个默默无闻的小人物开始，蒋介石一路苦斗，从懒惰冷漠的芸芸众生中脱颖而出，他的对手是贪婪残酷、相互混战的各路军阀以及冷清但有时却公开敌对的外国列强。他一直在与时间赛跑，必须在列强彻底征服他沉沦的祖国之前完成自己的使命。从这一点说他做到了，并取得了良好的开端。在区区15年里，他将一个人口与土地比整个欧洲还要大的国家统一起来了，而在这个国家里充斥着不同的语言、不同的民族、不同的信仰和生活习惯，甚至不同的歧视和偏见。真是功高至伟。最令人惊奇的是那些目睹这一切发生的人，他使中国的老百姓拥有了民族自尊和立于自由国度之林的意志，而我们之中几乎无人相信这种事情会在中国发生。

现在让我们近距离地观察一下这位先生。他身高5英尺10英寸，在中国人中算是相当高了，体重150磅。面容刚毅，透着坚定的军人气质。他有一个棱角分明的下巴，下唇微微突出，五官相对窄小，这使他的眼睛更突出了，目光犀利。蒋先生思路清晰，决策果断。他不尚空谈，说话简洁平实，直截了当，这一点可不像大多数中国人那样说话绕来绕去。

---

① 哈里森·福尔曼（Harrison Forman）在抗战时期担任美国合众社和伦敦《泰晤士报》记者。1944年夏，福尔曼冲破重重阻碍，从重庆一路北上，到达延安及中国共产党领导的华北抗日根据地进行战地采访，向全世界真实报道了抗战圣地延安，报道了模范抗日根据地陕甘宁边区及艰苦卓绝、英勇抗日的八路军，写下了轰动中外的《来自红色中国的报道》（此书后来被译为《北行漫记》）。这部作品被誉为《西行漫记》的姊妹篇。福尔曼还把自己在1944年8月到10月采访晋绥边区拍摄的照片编辑成书，出版了《西行漫影》画册，为中国抗战留下了十分珍贵的影像资料。

中国第一家庭——蒋介石和他的夫人。（《纽约时报》原文插图）

他作息规律，有一种斯巴达式的简朴，几近于苦行僧。他不抽烟，不喝酒。早晨5点就起床，晨练半小时后，就开始处理一天中的紧要公务，他认为清晨最利于思考。

他7点吃早餐，然后开始会客或出席各种日常会议，到下午1点午餐，午餐后他午睡到3点，然后工作到6点。他会在7点半晚餐前和夫人散步或乘车，晚11点半就寝。与军政要员商讨军机，不时与前线指挥官通话了解战情，指挥全国战场的军方事宜。他经过深思熟虑，会把文电工作交给自己的几个秘书，这些秘书通常都留过学。做这些事时，他通常会按响办公桌上的电铃叫秘书来。秘书进门后微微鞠躬，说："遵命，委员长。"

尽管蒋委员长在长期政治生涯中拥有过各种各样的头衔，但"委员长"，即军事委员会主席，是使用时间最长的一个。蒋在下属致意时只微微点头，然后语气很轻地做指示。偶尔他也会询问下属的身体和家庭情况。如果下属中有人家里遭难，比如房屋被日本飞机炸毁，他会差人送去一些钱或其他帮助。他对部属体贴、仁爱。当然，他也是一个自律极高的人，很少见他发脾气，或者因为生气大声说话。

尽管常常沉默寡言，他偶尔也会被一句玩笑逗乐。蒋酷爱读书，无论是中国古典文学还是外国文学译著，他都广泛涉猎。

他是一位虔诚的基督徒，手中随时握有一本《圣经》，早晚餐前，他都会花半个小时独自祈祷。他坚持记日记，详细记录自己的所见所闻和所思所想。据说他的命就是日记所救的。1936年发生"西安事变"时，他身陷囹圄，那些发动兵谏的人翻读他的日记后，相信他对抗日是真诚的。

他的寓所是一个简朴的小楼，二楼的一间卧室改装成了他的私人办公室，地面铺着一块简易的地毯，摆放着几把椅子和一张大约20美元在当地购得的桌子。办公桌上有一盏台灯，摆放着中式毛笔和墨砚、红、蓝、黑铅笔和一沓便笺纸。桌上还有一个小相框，里面是台儿庄大战的英雄张自忠将军的相片，张将军在最近的激战中殉国，蒋委员长极为悲痛。认为他是爱国军人无私奉献的代表和新生中国的楷模。将军灵柩运抵重庆时，蒋先生亲临江边迎灵。

美国总统罗斯福的肖像是悬挂在这个房间里的唯一的外国人像，蒋先生对他十分钦佩。他认为，罗斯福总统不仅是世界人民争取自由斗争的最卓越的领袖，而且也是战后重建的精神指南。

整座房屋简约简朴，小壁炉上悬挂着孙中山先生，即“中国的华盛顿”的画像。除了几幅中国书法，这个办公室也就没有什么了。在这个既是办公室也是会客厅的房间里，蒋接待过诸多来宾，不论是大人物还是一般人物。这里既没有装饰华丽器物，也没有高大的天花板和明亮的地板。但访客一进入，就会立即感受到它家庭式的亲切和放松。

还有不管是什么样的场合，也不管讨论的是如何重要的问题，这样简朴的家庭式聚会都不会缺少一个人——蒋夫人。蒋先生十分倚重夫人的爱和见解，而夫人将自己的一生奉献给了蒋先生，就像他的母亲在他的青少年时期曾经给予的一样。

曾在西方接受教育的蒋夫人向蒋先生提供了许多处理外交难题时所需的知识和务实建议，她还就包括西方在社会治理、交通管理和农业耕种等方面的先进经验提供了完善的建议。而蒋先生除了早期在日本接受军事训练及在莫斯科进行过短暂访问之外，很少出国。此时的中国正处于世界聚光灯之下，他将更加倚重夫人的智慧和以西方思维方式处理事务的经验。在蒋先生访问印度期间，她还是他最理想的翻译。

在诸人眼中，蒋夫人象征着中国妇女的觉醒。通过对夫人平等地位的充分尊重，蒋先生在西方人心目中的地位也空前提高。蒋先生成为战时的中国战区总司令，指挥从中国到泰国和印度支那的抗战事业。这时他和他正在成长的国家和人民已被广泛承认，中国已俨然成为国际大家庭中的平等伙伴。

日本的强大不可持续

裴斐

1942年3月22日

题记：过去，我们低估了日本的军事实力；如今，我们是否反转过来，又高估了它的实力呢？本文作者作为远东事务专家，从强弱两个方面分析了决定日本实力的主要因素，并在文中给出了一张说明图表。

日本在过去三个月取得的胜利，显然有必要促使我们重新评估日本。然而，我们需要重新思量的，究竟是日本的实力还是我们自己的判断力？五年以来，美国对此持有的观点其实是美国自身心态的折射，而并非日本的真实状况。事实上，在过去几年里，国际政治领域对日本一直未能具有客观的认识，这实在是一个不幸。

1937 年，当日本发动侵华战争时，国际舆论一致认为日本将轻易取胜。事实表明，这不过是无视远东实情的一种谬见。中日战争迄今已持续了四年半。到 1941 年，国际舆论又转而认为日本将很快被挫败，这再次被事实证明完全错误。在过去三个月里，除对巴丹半岛的包围以外，日本军队可谓所向披靡。所以，时下重新抬头的认为日本不败的言论，将被历史再次纠正。

所有这些都说明，我们对日本的认识完全基于美国式的心理臆想，而并非基于政治和军事的事实来评估。日本并非我们在 1937 年时所认为的那么强大。美国在主观上对日本未能速胜中国所感到的意外，并不能反映远东国际关系的实质。相对于英国和美国，日本也绝不像我们在 1941 年时所认为的那么脆弱。我们再一次体会到，不管是意外也好，失望也好，结论仍然是主观的，并不能反映太平洋诸国相对实力的强弱。同样，日本并不像我们目前所认为的那么强大。如果日本战败了，我们将再次感到意外或欢呼，但那仍然是美利坚式的主观思想。

对于日本的实力进行冷静公平的分析是十分必要的，也是可能的。

日本原始资产是它所处的地理位置，当然这也是它的一项负资产。因为这样的一个地理位置，同时也是中国在战争中具备的资产。在去年普遍存在的夜郎自大的心态中，我们忽略了一点，那就是当时日本可以自由地选择战场，而它所选择的战场首先必将是对自身极为有利的。远东战争的舞台是远东，远东战争的筹码也在远东。日本位于远东，所以它能在第一时间向战场投入大量人力、装备、物资、舰船和飞机。因此，日本取得最初的胜利是必然的。这是地理学，是数学，也是其他诸多方面中列第一位的因素。

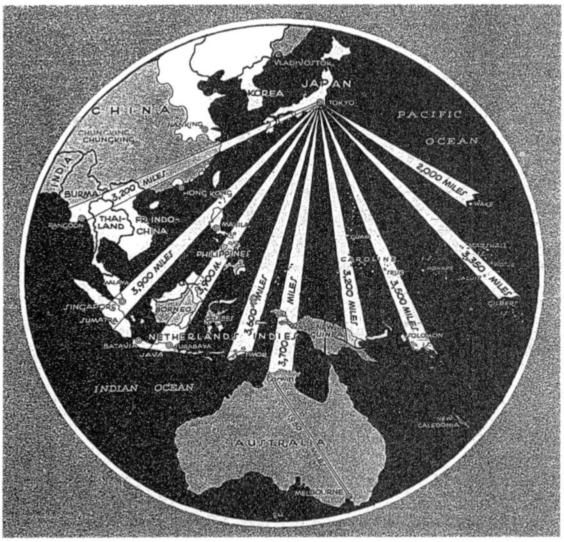

日本势力扩张示意图。（《纽约时报》原文插图）

其次，日本是一个军国主义国家，这不仅在物质上具备优势，同时在国民心理上，在政治上、文化上也具有优势；相较而言，西方国家早已将极权主义和穷兵黩武从他们价值取向的高位上

（《纽约时报》原文插图）

移除。最能消耗国家自然资源和累积财富的就是整军备战。除此之外，国民认同、勇气与奉献精神对于取得战争的胜利也至关重要。日本无须经历美国和英国都必须承受的组织一场战争的繁杂和困难，日本本身就是为战争而生的，而且一向如此。

自19世纪中叶以来，欧美国家将工业革命提升的生产力主要用于提高绝大部分人口的生活水平。而对日本来说，首要的，也是最主要的，是提升它的军事实力。这中间并无什么阴谋可言，因为这是日本民众的想法、观点和价值观的自然体现。显然，这一切对于发动一场战争，特别在战争初期，是非常有利的。

日本有职业武士阶层的存在，他们为今年春季的进攻早就蓄势待发，并经过了极为苛刻的训练。而且，他们无须顾忌民众的约束与批评，军需物资也唾手可得。以橡胶为例，一个国家通常只在战争开始后才会认真计算他们的橡胶存量，并开始为战时需求储存橡胶。而在日本，橡胶及其他自然资源早在开战以前很久就已为战争进行储备。如此鲜明的对比是很典型的情形。

基于这样的原因，日本实现其军事意图是颇有成效的。而我们对其军事实力做出肤浅的判断，认为它在军事上是无能的，实在是无稽之谈。显然，这种判断只可能出自那些对日本一无所知的人。世界上的任何一个民族，当它的绝大多数人都在认真研究战争这门艺术与科学时，它在战争中就不可能太低能。这并不一定意味着日本会取得最终的胜利，但是，日本决非没有实力获胜。那种认为日本人不能操纵海军舰艇、不能操纵飞机、不能进行战略和战术规划的论断，都是毫无根据的。

根据以上逻辑，可以明确地得出相反的论断。不过，对于日本与中国的这场战争，还有一点也不可忽视，那就是中国人民的勇气和创造力，这导致了战事陷入僵持，甚至是日本的失败。此外，中国的地理条件也对日本不利。

而且，日本已经从对华战争中学到很多，这对于任何一支军队而言，都是一个无限宝贵的实验场。同时，日本已经从欧洲战场上吸取了甚至更多的教训。一个军国主义国家相较于一个非军国主义国家，它在吸取战争教训上要快得多，因为在它内部存在着一个庞大的集团，战争是他们集中精力思考的唯一问题。总而言之，在日本，实战高于一切，日本最高阶层将自身完全奉献于战争。日本也已经展示了他们对于战事的精通，低估他们的军事实力无疑是愚蠢的。

还有一个微妙因素来自士气。对日本军人渴望为天皇献身进行浪漫的夸张是个好主意。不过事实上，他们未必是那么的渴望。毫无疑问，他们在武士道的传统中浸淫已久，他们对于死亡的态度也与西方人完全不同。在幕府政治下，武士从不质疑死亡的缘由，这无疑更易在拥挤的、无望的地方维持纪律。此外，尽管不是绝对真理，但就整体而言，亚洲人本身就不如西方人那样珍视生命。由于缺少人道主义的阻碍，这支军队更残暴、更所向披靡。不过，在我们上述全部要素中，这种心理因素占的分量不大。毕竟日本人也是人，他们也更宁愿活着。

实际上，日本存在着诸多弱点。只是日本过分强调武力，而这些弱点并未在主要战役的初始阶段暴露出来，现在就更容易被忽视了，而且，他们在认识战局的视野上也出现了偏差。日本首战告捷之后，它的地理优势反而转变成为劣势。日本海军需要护卫将近 4000 英里的航道。他们必须完成北至西伯利亚、南至赤道的无数的远征。同样，他们的空军力量也需要分布在如此辽阔的地域。日军失去了作战目标及作战地点的选择权，不再能够集中优势兵力对某一目标或某一地点发动攻击。

如果日本对直径 2500 英里海域及相当范围空域具有制空权和制海权，并能同时对此范围内任何地点可能发动的攻击提供兵力与后勤保障，那么上述地理因素不是致命的，至少不会太严重。然而，日本显然还未如此强大。何况，他们还存在着一个明显的缺陷，即在现代战争环境下打一场持久战所需的战略物资储备。

日本在自身实力达到顶峰发动了这场战争，当时英国和美国，特别是美国，相比而言，正处于自身实力的最低点。所以，日本可以不计余力投入战斗，事实上那也是他们可以这样做的最好时机了。日本在中国战场上竭尽全力，这个事实并未因为去年 12 月 7 日珍珠港事件爆发而打折扣。但是，他们在中国战场上还未耗尽他们向我们发动战争所需装备。他们在对华战争中无须使用大量的战舰、飞机和大炮。这意味着，他们自 1939 年就开始积累的重型武器和军火弹药仍可发挥效力。不过，不要忽略，他们的战争储备源自长期的积累，而补充这些战备物资也将需要同样甚至更长的时间。

日本在过去三个月的战争中确实赢得了丰富的原材料资源，但是要想利用他们，需要充足的机械设备和训练有素的专业人才。而这两样恰恰是日本缺乏的，尤其是后者。日本在一定程度上可以自力更生，逐步依靠本国的力量制造机械设备并训练专业人才，但这将是一个痛苦并漫长的过程。在本土范围内，这本就不是日本所擅长的，更何况还要加上遥远距离带来的不便，以及中国政府实施焦土政策所造成的损毁。

日本对于其对手实力不会加强，至少暂时还不能与日本自身实力的加强相匹敌的这一判断可能持有肯定态度。但是，事实上对于这点的判断应该指向相反的方向。特别是美国，它在这场战争中几乎还没有动用过其财富储备和生产能力。在生产舰船运送人力、飞机、部队和弹药方面，在制造军舰和飞机，以及储备原材料和提供支付能力方面，日本与美国简直不可同日而语，更别提还要加上英国，以及在适当时候可能参与进来的俄国了。

日本起初确实抢占了先机，但那仅限于初始阶段。很快，时间反而成为日本最强大的敌人。日本目前仍可继续推进，但用不了多久，它就会陷入困局。它不仅是在单一的、某一方面的、有心理准备的方位被围困，而是在成千上万英里的范围之内陷入困局。它的对手将对发动集中攻击的地点掌握选择权。而日本需要在这个范围内的任何地点应付随时可能发生的攻击，因此其在正面战场上的防御能力将被大大削弱，这正是美国在过去三个月中所面临的无奈处境。

关键的一点是，日本现在已经达到了其实力所及的顶点，将来很难再达到这个高点。但是，它现时的状态是靠不住的。日本军部的权力在国家发动进攻时可以达到巅峰，而这恰恰是崩溃的先兆。德国在上一场战争中的表现就是一个很好的例证。德国起初势不可当，优势一直保持到1918年7月18日，之后不到三个月，它就请求停战，又过一个月投降[①]。事实上，恰恰是使得日本今天看起来如此强大的因素正是它致命的弱点，那就是它在战争开始能够动员全部力量，但这仅限于开始。

在我们对日本实力进行重估时，需要摒弃那些没有事实依据的想象。日本不像我们1941年时想象的那样虚弱，但它也不像我们现在倾向于认为的那么强大。在迄今为止这场面对远距离对手的战争中，它显得强大而不可战胜。但是，当那些对手启动储备的军事资源来冲抵距离上的弱势时，日本就会暴露出它的软肋。尽管现在的表象依然是日本对自己强大军力的自负，但当它走得更远时，战败将在所难免。

缅甸战场的流动医院

1942年3月23日

缅甸曼德勒3月22日电：我们今天获悉，美国教会的医生和护士已接管中国在缅甸全军的医疗服务。中国军队分布在从掸邦山区到西南部热带平原约500

① 1914年8月，德国在西线发动进攻，首先占领了比利时、卢森堡，并很快突破了法军防线，取得了战争初期的胜利，但英法联军阻止了德军速战速决的打算。1918年，德国战争力量已近枯竭。7月18日法军发动反击。9月26日，西线协约国发动总攻，10月20日，德军全线溃退。11月3日，奥匈帝国停战并很快解体。11月9日，德皇威廉二世退位。11月11日，停战协定签署。

英里的战线内。这支美国医疗队的队长是美国浸信会的戈登·西格雷夫博士，他因出色的医疗工作而闻名于远东地区。

当战争中断了浸信会在缅甸的工作时，西格雷夫博士组建了“哈尔克纪念医院”的机动手术队，他们拥有6辆卡车和2辆救护车，并获得英军将提供必要医疗设备和补给的承诺。小组在掸邦南部建立了医院，工作人员由西格雷夫博士、一名本地医生、35名护士和13名志愿者组成。

后来，蒋介石委员长决定出兵缅甸，美国医疗组就决定主要照顾中方伤员。现在又有来自中国浸信教会医院的4个外科医生、其他医师和志愿者加入他们。

仰光贾德森学院前讲师韦廷顿博士为医疗队驾驶救护车，他说医疗队现在急需医疗器械，“盼望中国在美国和世界其他地方的朋友们伸出援手”。

“这将是一个最大的遗憾”，韦廷顿博士说，“如果这支全部由志愿者组成的医疗队在急切想帮助中国士兵减轻痛苦时，却因缺医少药而束手无策，对于一个面对伤员的医生或护士而言没有什么比这更让人感到无助了。”

书评：《八月的乡村》

——一部在战火中诞生的中国小说

约翰·克诺斯

1942年4月19日

题记：这是埃德加·斯诺为小说《八月的乡村》写的书评。《八月的乡村》作者田军[①]（萧军），313页。纽约斯密斯和达雷尔书屋（New York: Smith & Durrell）出版，每册2.50美元。

这本杰出的描述战时中国的小说，作者是一位中国人，并被一位美国学者以优美的英文翻译而成。但是，这位译者并未透露姓名，因为他目前正被拘禁在日本侵占的某个城市的集中营里。这部小说不仅能够帮助我们理解那些勇敢无畏、奋力抵抗侵略者的伟大勇士们，并且能够让我们对他们油然而生敬佩之情。

田军的写作手法如同其他西方作家一样。埃德加·斯诺先生在为这部小说撰写的

① 田军，为萧军的笔名。萧军（1907—1988），生于辽宁省锦州市义县。原名刘鸿霖，其取名“萧军”意与“萧红”相配，合起来是“小小红军”的意思。1934年10月创作了著名的《八月的乡村》。《八月的乡村》的出版不但显示了抗日文学的实绩，也奠定了萧军在文坛上的地位。从此，他与萧红成为“东北作家群”的著名代表。抗战爆发后去延安，20世纪50年代到北京，专门从事写作，1957年被错划为右派，“文革”期间长期遭到关押，1979年平反后重返文坛。

序言中告诉我们，当本书作者在学校里接受中国传统文学熏陶的时候，他就很崇拜西方的作家，如歌德、契诃夫、高尔基和绥拉菲摩维支，他的写作风格深受这些欧洲作家的影响。这本白话小说《八月的乡村》是第一部被翻译成英文的中国现代小说。

一些关于作者本人的事实令人关注。田军于 1908 年出生[①]在偏远的满洲乡村一个农民家庭。在日本侵略东三省的“九一八事变”之后，1931 年，已经当过六年兵的他加入了抗日义勇军，不久后开始了他的文学生涯。

尽管他诚恳地表示，他的文学作品唯一的“目的”是“帮助解放那些在不幸中气馁的人们”，但是他的小说中却很少看到这种所谓的口号。诚然，他书中的游击队长用保家卫国的正义言辞激励他的整支队伍去和敌人血战到底；但是，这很自然地融入了整部小说的故事线，并且是战争小说不可避免的元素。

《八月的乡村》是一个简单的老百姓的故事，几乎没有任何设计的情节。它以记叙文的方式自然而然地平铺直述，讲述着谦卑的中国农民们为了救国，也为了自身灵魂的尊严和解放，摇身一变成为战士的故事。作品以它自身的魅力，或可堪称为一部史诗。不难想象，自从它在 1935 年出版以后，不仅成为中国新文学运动开始以来唯一一部深受广大劳动阶层追捧的作品，斯诺先生是这样向我们保证的，而且像《汤姆叔叔的小屋》一样，与中国人民伟大的抗日战争图景相辉映，激起了巨大的政治影响。

书中描述了中国人民在敌人无情残酷侵略下的生活情景，笔触充满了理解与同情。在灾难中，普通农民展现出的正直品格令人动容，令人敬佩。即使在对人性弱点的揭露上，小说也保存着一种容忍和体谅。例如一位名叫“唐老疙瘩（Boil Tang）”的义勇军战士，当他看到日军对李七嫂和她的孩子施行暴行的时候，即使心如刀割，但也准备放弃他发誓要完成的守护家乡的任务，放弃那片土地上他应保护的彼此相爱的可怜女人。还有安娜，一个韩国女孩，牢记着同样的敌人对她祖国造成的伤害，毅然加入游击队。在她不为伤员包扎的时候，她就为游击队长做一些文书工作。在很短一段时间里，她忘记了自己的职责而爱上一位勇敢的战士萧明，但是，她很快又重拾战斗的决心，直到胜利或死亡来决定她是否将为自己选择的男人奉献余生。在这支小小的队伍里，她被尊敬，同时也出现在缺少和渴望女性柔情的男人们的低俗笑话里。对于她的爱人萧明，他对自己未能遵守自己战士的誓言而心碎而自责。他“从未想过爱情可以如此深切地刺穿一个人的意志力。要如何解释它，安娜？在旧书里这种折磨从未被提起，在我读过的所有故事里，也没有爱情可以如此直接地横挡在一个人应该去的路上，这条艰难的责任之路”。

---

① 此说不确。萧军出生年份应为 1907 年。

但是，一位不得不离开自己田地的普普通通的士兵，给读者们最完整全面地展现了人们最寻常的渴望，也就是对和平生活的渴望，对在谦卑而平凡的生活中寻找目标的渴望。就是这位善良的人，才是这部小说里真正的英雄。一位名叫“小红脸”的战士钟爱着他的烟袋，他无疑说出了所有人的心声，他一次又一次疑问道：“将来会有一天我可以自由地种田么？什么时候我才可以一边手握着犁把，一边嘴里叼着烟袋？一个老婆……孩子们……人见人爱的小王八蛋们……老婆也是美美的……让我感到暖和舒服！每当我想要吃什么小玩意儿，我只要告诉我老婆，然后我就有的吃啦。”

这就是日本人在与之战斗的中国男人。从他所说的话听来，他是一个日本人难以打败的男人。书中有柔软的温情，也有悲怆的哀婉；有幽默诙谐，还有田军的拉伯雷式的旁白；在这一切之上，闪耀着男人们和女人们不可消磨的勇气，即使他们知道，他们必须以自己基本的人性之名而冷酷无情地血战到底，他们仍然保留着人性的光辉。

日军逼近滇缅公路

1942年5月7日

题记：118架日本飞机突袭云南境内目标。美军轰炸机在缅甸南部摧毁了40架敌机。

合众国际社重庆5月6日电：根据今晚发表的战报，尽管美军在本周的空袭中击毁了74架日军战机，但是，日军的先头部队仍沿滇缅公路往前挺进，并进入云南境内50英里。在滇缅公路和萨尔温江上游的交汇处，一场大战在即。

芒市恶战正酣。当日军向芒市进发时，美国轰炸机从印度起飞，又一次对仰光南部的明嘎拉东日本空军基地猛烈轰炸。周一晚上的空袭中已有40架日机被炸毁、25架被炸损。这次轰炸扩大了美军的战果。在即将结束的缅甸战役中，明嘎拉东是日本主要的空军基地。现在，这场战役蔓延到了中国境内。

与此同时，美联社报道称，日本飞机突袭了昆明和云南的其他目标。据报道，日军近来对江西和浙江的空袭仍在持续。重庆《中央每日新闻》报道，有118架日军飞机参与了对云南的轰炸。云南省会昆明是中国的一个主战场。不同于重庆，昆明地处高原平地，不利于躲避空中轰炸。

侵略者沿滇缅公路继续推进。日军轰炸了昆明❶和永昌❷，先头部队已经接近芒市，其他部队正在围攻畹町❸。随着中国援军的加入，在萨尔温江畔爆发了最激烈的战斗。中英联合部队正沿着沿伊洛瓦底江撤往八莫❹。在钦敦江河谷❺，英军正退回印度，皇家空军轰炸了敌人运输船。同时，美军轰炸了明嘎拉东机场❻，炸毁40架日本军机。（《纽约时报》原文插图）

新德里电台引用一份公报说，尽管日军高射炮火力密集，但是3架美国轰炸机各自投下一枚重达250磅的炸弹。在返回途中，70英里之外都能看到日本空军基地火光冲天。公报说，有8架日本战斗机对美机开火，但“没有成功”，也就是说，美机离开时毫发无伤。

在芒市北部滇缅公路沿线的永昌（宝山）基地上空进行的两天战斗中，有9架日本飞机被美国航空志愿队击落。战斗中，日本出动27架轰炸机。

永昌是包括机械化部队在内的中国援军的主要防御目标。防御部队从中国内陆出发，正沿滇缅公路一路而下，在芒市东北25英里的萨尔温江岸边驻扎。

永昌距中国边界约70英里。一旦夺取永昌，日军将完全切断中缅之间的交通，包围留在缅甸中部和东部的中国和英国部队。永昌不仅控制着滇缅公路，而且控制着向西通往八莫的一条次干道，而八莫是伊洛瓦底江航道的起点。

中国军队和部分英国兵力正沿着伊洛瓦底江向八莫撤退，他们希望占领通向永昌的公路。英军的大部队将从另外一条路线顺着钦敦江撤到印度。

一份中文公报说，日军尚未加强对芒市的攻势，在芒市南面 40 英里的遮放镇，双方交战激烈。中缅边境畹町附近的战斗也在继续。

据报道，日本的一个加强装甲联队企图消灭被包抄的中国军队，从缅甸一侧，隔着一条 20 英尺宽的小河向畹町发起猛烈进攻。目前战况不明。

早前有报道说，畹町是滇缅公路沿线的一个新兴小镇，沿街杂乱伫立着海关、卡车司机住宿的茅屋旅店。现在，这个小镇已被废弃，只剩下中国军队仍在郊外战斗。

新德里广播说，有一份英国公报提到，为掩护英军撤退，英国的布伦海姆轰炸机连续两天对钦敦江上的日本船舶运输护航队进行了轰炸，并直接击中三艘日船。

美国公报说，周一对明嘎拉东机场的空袭除击毁的日本飞机外，还有日本的一个油库和飞机库也被摧毁。

中国的粮食问题

哈里森·福尔曼

1942 年 5 月 12 日

题记：以实物抵扣土地税，对农产品销售实行管制，由此提高了粮食储备，并保证农民在缴税前按家庭人口留足口粮。

重庆 5 月 11 日电：中国自古以来靠土地吃饭，进口粮食属于奢侈品。因此，只要保持作物正常生产，紧急封锁对中国粮食安全几乎没有任何影响。

过去的饥荒都是地域性的，通常一个地区遭受饥荒，毗邻地区都会受到影响。一般来说政治动荡以及缺乏有效运输设施将导致作物歉收地区出现饥荒。如今，据粮食部长徐湛说，由于改进了生产方法和存储运输条件，中国粮食问题有望获得解决。

为满足军粮 4000 万担（约 200 万吨）大米和其他谷物的年消费需求，以及居民 2000 万担的消费量，国家粮食部门采取了两种方法，即以实物抵扣地租；强制要求地主把粮食卖给政府。在 1941 到 1942 年期间，政府以地租方式征集了超过 2000 万担粮食。

情况有所缓和

征粮计划的 90% 已完成，政府对此非常满意。因为，虽然税收自古就有，但实行以粮抵税在民国历史上还是第一次。预计明年税收总量将翻番，军队所需的4000万担粮食将完全通过以粮抵税的方式得到。这样，除非有天灾横祸，政府在粮食控制方面就毫无问题了。

政府的战时原则是所有人应该共同努力，无论是在财力、人力，或粮食方面。据估计，月人均消费粮食30市斤或33磅。每个家庭被允许保留一年储备粮和用于其他的额外需求，例如地租的交纳以及节日宴请宾客的需求。余粮被政府强制收购。同时，批发商、粮铺和合作商店注册登记并受到监管。

1940年春天，食品问题首次突出。当年8月，国家食品管理局设立，打压操纵和囤积。但是，即使采取了严厉措施，在1940年9月到1941年6月，食品价格仍持续上涨了20到30倍。

设立粮食部

1941年7月，粮食部设立，采取了更为有效的粮食管制方法。为降低粮价，粮食部采取的第一个措施是将粮食从资源充足地区调运短缺地区。例如，湖南每月运输2000吨大米到四川，作为交换，四川运输2000吨盐到湖南。

接着，调控供求，执行粮食销售计划价，使其在政府控制之下。进行了关于粮食储存、运输、供给的系统调研，制定出台了更严格的调控管制条例，通过保护耕地，改进种植方法，使用良种和防治病虫害等，努力提高粮食产量。此外，动员全国人民学习市场经济知识，杜绝浪费粮食。

国家银行对地方部门提供信用支持，鼓励发展渔业、水利灌溉工程、植树造林和土地复垦。粮食部与国家赈灾委员会合作，在复垦区安置了成千上万的难民。

中国决心死守云南

哈里森·福尔曼

1942年5月21日

题记：云南省省长承诺调动一切资源全力防守。起伏跌宕、河流湍急的地理形势对中国有利，阻碍了日军机械化部队的行动。

重庆 5 月 20 日电：云南省长龙云将军在昆明举行的烈士追悼会上说，“不管情况如何恶化，我们都将死守云南”。

云南的雨季已经来临。在夏季，山洪往往会冲毁道路，造成河水泛滥，使交通运输更为困难。在云南南部和西部的亚热带丛林中，每年随着雨季而来的是肆虐的疟疾和霍乱。

中国下决心保卫云南这个内陆省份，原因之一是中国相当部分的潜在战斗力就藏在云南的崇山峻岭和峡谷深壑之中。战争爆发以来，云南建设了很多重要的工厂。云南富产锡铜铁，实施租借政策之前，锡被用来偿还美国贷款。近来云南还建设了不少现代化工业中心。

战争时期，云南的重要性主要体现在其通向外界的交通设施上。自 1938 年 10 月广州沦陷，到日军进入法属印度支那之前，中国的军用物资主要通过滇越铁路进入中国。这条铁路每月军用和民用物资的运载量达到 3 万吨。

这条铁路被阻断之后，滇缅公路的重要性更加突出，它的月运载量增加到近 3 万吨。然而，腊戍和八莫失守之后，这条线路也已关闭。

从腊戍到龙陵的柏油公路为日军向萨尔温江快速前进提供了便利。中方对是否破坏这条公路犹豫不决，因为他们想通过这条道路为其在缅甸的远征军运送供给。然而，日军的疾速推进迫使中方炸毁了萨尔温大桥，这样便有效地遏制了日军。

云南是中国打消耗战或者磁性战的理想战场。云南高原是青藏高原的延伸，海拔超过一英里。与中国大多数山脉东西走向不同，这里的山脉南北蜿蜒，和滇缅公路垂直交叉。

在山脉与山脉之间，河水流湍急，飞瀑直下，极难横越。一些谷底海拔仅 2000 英尺，日本机械化部队须从海拔一英里的高原地带下降 3000—4000 英尺到达谷底，途中穿越汹涌激流，然后再爬上山谷的另一侧，还不能保证成功。

萨尔温江和湄公河峡谷被认为是不可逾越的，除非日军愿意与架在所有渡口上的中国枪炮拼死一搏。

工业酒精替代燃油

1942 年 5 月 31 日

题记：17 个实验室寻求中国自给自足。

重庆 5 月 29 日电：中央工业试验所主任顾毓珍[①]博士今天宣布，为给中国农产品寻找新的工业用途，已经成立了 17 个实验室、10 家示范工厂和 4 个技术推广站。

实验室已做过的实验包括从植物纤维特别是从木材和玉米芯中蒸馏提取酒精，还包括利用桐油生产合成橡胶。

酒精的年产量是 1100 万加仑，其中绝大部分从糖浆、高粱和其他粮食作物中蒸馏提取。政府最近下令酒厂减少使用粮食，所以要寻找替代品。

中央工业试验所的化学家们正在使用桐油生产合成汽油和合成橡胶。

为达到工业上的自给自足，该所已经对 3000 多种矿产品、燃料和其他原材料进行了分析。啤酒厂实验室研究了 300 种发酵剂，其中一些要优于之前从德国进口的发酵剂。

糖厂、酒厂、制革厂、面粉厂和制盐厂所需机器的生产蓝图正在筹备中，同时，生产机床和汽轮机的蓝图也在筹划之中。

10 家示范工厂主要生产机械、耐火砖、坩埚、化学及光学玻璃、陶瓷、管材、化学产品、润滑油、合成汽油、塑料材料、发酵剂、淀粉、酒精、钞票纸、新闻用纸、盐产品、棉纺织品和毛纺织品。

记美国传教士西格雷夫医生

1942 年 6 月 14 日

题记：他在缅甸战线救助中国远征军伤员。

华盛顿 6 月 13 日电：西格雷夫医生是一位出生于仰光的美国浸信会传教士。如果不是一位充满博爱与激情的战士，他完全可以无视战争，继续留在南坎镇他自己的哈珀纪念医院里消磨时光。作为一个甲状腺肿专家，他在自己的

① 顾毓珍（1907—1968），江苏无锡人，著名教育家顾毓琇的四弟。美国麻省理工学院化学工程博士。抗战期间，由于日本的军事、经济封锁，中国燃油进口量锐减，而国内需求量却与日俱增，油荒不仅影响对日作战，而且直接影响国内交通运输和工业生产。1938 年 10 月，顾毓珍发明循环式氯化钙法制造高浓度酒精，其所用的脱水剂无水氯化钙可从四川的粗盐中大量提取，解决了高浓度酒精在后方的制造问题。由于技术的改进，至 1941 年，四川设立的酒精厂合计有 107 家，年生产能力达 900 余万加仑，有力地支持了抗战期间液体燃料的供给。后历任中央工业试验所所长，金陵大学、清华大学、华东化工学院教授。

西格雷夫医生和她的医疗队乘吉普车离开同古。（《纽约时报》原文插图）

医院里已经忙得转不过身来，却还组织了哈珀纪念医院医疗队在战前进入掸邦南部巡诊。

根据美国陆军部的消息，旨在抗击占领泰国和印度支那日军的中国军队进入缅甸，结束了西格雷夫医生的民间巡诊。战伤外科似乎比治疗甲状腺肿或疟疾更加令人振奋。他迅速将全部医疗设施交由中国远征军支配，并建立了为前线服务的战时手术医疗队。

其后，日军将战火烧到克伦邦以南的同古附近，西格雷夫医生精心收集的医疗设备被战火摧毁了。他随即向蒋介石委员长的参谋长、中国远征军司令史迪威中将请缨，获得将军的慨然准许，配属成立了由 16 名护士和两部吉普车组成的救护队，在同古附近的中国部队中展开救助行动。

在持续两周的同古会战期间，除去缅甸籍护士的帮助外，西格雷夫医生一直为救助中国伤员而孤身奋斗。史迪威将军属下的远征军卫生部威廉姆斯上校，他同时也是中缅印战区的美军外科主任，竭尽所能为西格雷夫医生寻找更多帮手。威廉姆斯上校派出牙医队长唐纳德上尉，他工作起来犹如一名经验丰富的战场军医，还有来自重庆的格林德莱上尉，支持西格雷夫医生。格林德莱上尉毕业于哈佛医学院，是腹部外科专家，不过这期间他只接手了三起腹部外科手术。

同古会战结束前，威廉姆斯上校随利姆将军一同到达前线，后者是中国远征军的总医官。威廉姆斯上校开始在战线后方紧急建立临时医院，与此同时，利姆将军则忙于将伤员从前线抢运到西格雷夫医生的手术台。西格雷夫医生和他的助手们则夜以继日地工作着。

故事还未结束。有人认为，迫于日军攻势凌厉，西格雷夫医生和他英勇的护士们不得不撤离缅甸，已经到达印度。

蒋夫人呼吁民族平等

1942年6月14日

题记：委员长夫人说中国为新的世界体系而战。敦促“权利”共享。韦尔斯利学院校友会请求总统均分前线物资。

蒋委员长夫人宋美龄女士昨天在中国以广播讲话的方式向纪念她从韦尔斯利学院毕业25周年的午餐会发表讲话。她说美国的自由和民族平等的信仰激励着中国的抗战斗志。

午餐会在沃尔多夫—艾斯托娅饭店举行。与会的1000名校友和友人为中国募捐5279美元。美国其他地方的团体也展开了募捐活动。

午餐会上发表的致辞中称赞蒋夫人的个人魅力和成就，也高度赞扬了中国军队和中国人民在旷日持久的抗日战争中表现出的斗志。随后蒋夫人发表了讲话。

“必须消灭侵略、消灭帝国主义和战前世界的一切时代错误。”蒋夫人让听众们相信，“如果给以必要的装备，中国人民有能力在难以克服的困难面前坚持到底。”蒋夫人解释说，她一直在鼓励人民相信，“抗战胜利之后，世界体系将完全改变，人民将是自由的人民，国家不分强弱都将公平交往。”

“如果我们的人民和军队没有这种信念，”她断言道，“这场战争就中国而言早已失败。”

“我相信，经过这场战争的苦难，民主国家将吸取教训，防患于未然，也就是说防止战争发生强过赢得战争。但是，要防止战争发生，世界各民族必须拥有平等的机会发展自己得天独厚的优势，强大先进的民族应该帮助而不是阻碍它们发展。”

“国家，如同个人，只有乐意与他人分享特权和权利才能永久拥有它们。如果试图将特权和权利据为己有就会失去它们。这看似矛盾实则真理。”

谈到战争中的中国时，作家林语堂博士说，在上周的战斗中，中国军队至少有1.5万人伤亡。

会上发言的还有蒋夫人的表妹夏夫人、蒋委员长的私人政治顾问欧文·拉铁摩尔、中国驻纽约总领事于焌吉博士。鲁斯夫人向与会者介绍了发言人，摩尔夫人主持了会议。

出席韦尔斯利校友日的人士，包括80位蒋夫人的昔日同窗，他们一起聆听了这次的广播讲话。

空中决斗在湖南

1942年6月23日

题记：4年来，日本轰炸机在衡阳首次受到抵抗。敌人被牵制在杭州—南昌铁路沿线48公里处。

中央社重庆6月22日电，中国战斗机在今天持续两小时的空战中，击毁敌机一架，击伤两架，打破了四年来日军轰炸衡阳无抵抗的局面。衡阳是连接广东和长沙的铁路枢纽城市。

同时，根据中国陆军报公报，在江西省东部，距杭州—南昌铁路48公里处，中国军队继续在东、西两个方向牵制日军，这是中国守军在这一带最后控制的地区。但是，上周，敌援军已在鄱阳湖南岸登陆，朝着东南方向的贵溪前进。从上周二开始，贵溪铁路沿线以东的敌人一直无法前进。

今天的公报确认：日军的先头部队西进占领了距贵溪48英里的上饶后，本周二已攻下贵溪，但此后，敌军无法继续西进。

西线战场捷报

据称，上周一，在平汉铁路以西河南—山西交界处，中、日展开激烈山地战。中国军队一举击溃敌军连续四次向山隘发起的进攻。打死打伤敌军共600—700人。中方称在不到一周的时间里，敌军伤亡累计超过1800人。

中央通讯社衡阳空战报道：中方战斗机一开始就胜日军一筹。敌机从江西北部南昌附近的空军基地起飞，当日下午1时到达南昌，于两个小时之后被迫放弃轰炸。被击落的日军战斗机坠毁在衡阳市北。

衡阳有着重要的战略地位，往北95英里到长沙，向南260英里达广州。又是西南广西省湘桂线和粤汉铁路的交会点。从1938年日军就频繁对此处进行轰炸，尤其是他们企图从广东沿铁路线推进的计划失败后。

两镇作战

有关浙赣铁路沿线的战事，公报称，在过去的一周里，在上饶和广丰（铁路线以南，上饶以东 10 英里）两镇，中日双方一直在激战。日军无法从上饶西进，部分原因是其大部分兵力开往广丰，而今，此处正处于最激烈的战斗之中。

浙江省铁路沿线一带，中方游击队继续骚扰日军后方。公报称，中方在广丰东北 53 英里的衢市 、再东北 19 英里龙游、龙游东北 25 英里的金华（前浙江省会）等地沉重地打击了日军，造成日军重大伤亡。

中国士兵李宝山

哈里森·福尔曼

1942 年 7 月 19 日

他是一名中国士兵。与唯利是图的旧军阀不同，他有勇气，有毅力，并清楚地知道自己为了什么在战斗。而他每月的薪饷只有 30 美分。

一

李宝山是一名典型的中国士兵，也是一个开朗热心的农村小伙子。他勤劳，天生充满热情，意志坚强，任劳任怨。即使是在面对武器上有压倒性优势的日军，他依然充满着迎战的勇气，并且总能在兵力相当的情况下打败他们。最重要的是，李宝山身上的民族特性带有革命色彩，他对自己奋斗的一切有足够的认识，这也是他最受瞩目的特点。

所谓“丘八”，指的是那些贪婪自私的旧军阀手下的浪子雇佣兵。是一些毫无建树，只吃白饭的寄生虫。几百年以来，士兵一直处在社会的底层，故也有句老话说“好男不当兵”。

但像李宝山这样的“丘八”，他们与旧时的雇佣兵是完全不同的。当盟军在太平洋战场上开始反攻时，他们就放下农活，奔赴前线。今天的士兵不再是被社会唾弃的渣滓。李宝山和被征召入伍的“丘八”大多来自百姓家庭的农民、工人和学生。来自底层的他们充分认识到，迫切需要把残忍、烧杀劫掠的侵略者逐出国土。而这片土地对老百姓而言，是祖先留传给他们的最珍贵的遗产。

二

从以前无论雨打日晒都不愿打仗的旧日浪子，到今日深受鼓舞、自愿奔赴抗战前线的战士，这简直是天壤之别！

李宝山有三个来自云南的朋友，自称“奔赴前线的青年”。他们在当地报纸上看到征兵广告，便主动请求参军。他们说：“我们失去了家园、工作和读书的机会，饥寒交迫驱使着我们，疼痛和疾病每天都在折磨我们。而所有的这一切，日本人都难逃其责。我们应该团结起来，用坚强的意志去面对逆境，用智慧和热血为最后的胜利奋战到底。”

农民出身的李宝山更经得起军队纪律和严格训练的考验。并且和剥削残暴的旧浪子不同，当地群众不会对他怀有恐惧。作为一个土生土长的老百姓，李宝山与军队驻地的乡亲们亲密无间，而这种日渐积累的亲密关系促进了军民团结。李宝山会向农民们传授实用的务农知识和实践指导，他甚至常常亲自参与务农活动，将这些知识运用到实践中，比如改善灌溉设施、传授各种栽培或保护庄稼的方法等。丰收的时候，李宝山和同志们常常帮助农民收割粮食。为答谢他们，农民会提供丰盛的食物和有军事价值的信息。所有的这一切，都让国家和人民在思想和信心的交融中紧密相连。

李宝山的军营生活是简朴的，但也有严格的纪律要求。他们的军营通常就是一个简单的棚，睡觉时大家按着分配好的位置，一起睡在一个大土台子上。人们管这个土台子叫“炕”，炕下面有洞，连通着烟囱，冬天可以烧火取暖。军队中每天定量配给口粮，一天有两顿米饭或面条，每顿饭一张桌子八个人两碟蔬菜。在部队驻防时，李宝山会通过种菜，或者饲养猪、鸡、兔子和山羊等家禽补贴生活费用。练习投掷手榴弹时，手榴弹被扔进河里爆炸后，军队会专门派一个班的士兵去捡拾那些受惊或被炸死的鱼。李宝山每月的生活费只有 6 块钱（中国的 6 块钱相当于 30 美分）。但由于习惯了艰苦的生活，他除了简单的伙食和行军用品外也不需要别的东西。他每天听着起床号在太阳升起前就得起床，进行一小时的训练。训练有时会练习太极拳，但更经常只喊着“一二三四”绕圈慢跑。训练之后，所有的士兵集合，举行升旗仪式并奏国歌。

三

除了阅读和写作，基本的历史、地理和对时事的点评和讨论也是军营学堂的内容。在课堂上，通常是由一个已经“毕业”的学生来读报纸，向大家讲解国际新闻和国内战事，也包括当地前线发生的战事，而其他学员则一起对这些事件进行“协商讨论”。

大多数师和团有自己的演出队，会开展具有政治宣传性的表演，让士兵们在训练之余放松和娱乐。但对李宝山来说，最能让他放松的是坐在茶馆里与好友闲聊，看天外云卷云舒，沉浸在中国人传统的乐趣里。

李宝山有一种难以掩饰的幽默感，这和他在对抗敌人时表现出的冷酷截然相反。黄河前线的士兵们最喜欢做的一件事，就是用嘘声和辱骂去挑衅河对岸的敌人，直到气急败坏的日本人朝他们开火。每当那个时候，李宝山和战友们就会待在安全的掩体里尽情地兴奋喊叫，他们知道敌人耗费的每一发子弹，都在帮助中国打持久消耗战。

四

士兵们喜欢做的另一件事，就是安置那些竹制或纸制的假飞机、假坦克和假火炮，诱使日军飞机扫射和轰炸。在轰炸过后，老百姓和战友们就会高兴地跑出掩体，将散落的弹片收集起来当作废品卖给兵工厂，开心的同时又赚些零花钱。这既损耗了日军军力，又为自己部队的武器生产提供了宝贵的金属材料。有时候，年轻的士兵会故意用恶作剧去惹恼日军，比如他们会在日军阵地上放风筝，当风筝断线后就会将抗日的宣传册散落在各处。

蒋介石曾说过：“训练比实战更重要。”因此除了军队训练外，中国士兵在思想和政治方面的培养也得到了相当的重视。李宝山在思想上就显得成熟，他说：“现在你是一名中国士兵，因此你得忘掉自己的小家。在这祖国抵御外敌的紧要关头，战场就是我们的家。”

五

除了两节课外，李宝山每天还有三场以刺刀使用为重点的野外训练。这也是为什么他们一次又一次地证明了：一旦攻破日军用先进武器建立的防线，进入徒手搏斗时，他们就不会输给敌人。训练内容也包括 M24 柄式手榴弹的使用，这种木柄手榴弹丢进坦克履带后可以击毁整个坦克。

学习内容还包括向士兵指出日军补给车最易攻击的部位，比如油箱、发动机、轮胎及司机。由于日军有装备优势，中国军队必须用“神出鬼没”的灵活性来应对，因此李宝山他们需要接受急行军训练。李宝山在训练中表现出色，是一个能力惊人的急行兵。在著名的台儿庄战役中，一支中国军队从下午 4 点到次日早上 8 点连续急行 60 英里，然后立刻迎战措手不及的日本军队，将其一举击溃。

空袭后，这些中国士兵说：“所有的这一切，日本人难逃其责”。（《纽约时报》原文插图）

李宝山从他上前线的第一天就开始积累战斗经验。中国有一句老话：“初生牛犊不怕虎”，所以渴望战斗的新兵们在进攻时往往比老兵发挥更大的作用。虽然新兵总是比较轻率和冲动，比起那些知道如何掩护好自己的老兵，他们更容易成为敌人的袭击目标。

上前线不久后，李宝山便真切地感受到了日军惨无人道的行径。他看见城市和农村被无情地毁灭，可怜的俘虏被折磨得遍体鳞伤，还有那些幸存者们憔悴而恐惧的脸，这一切都在清晰地诉说着他们所见证的极端痛苦。他还看见那残破的农屋废墟旁，躺着烧焦的尸体和女人破碎的衣服，而在另一旁摇摇欲坠的墙上，赫然贴着一张日军的宣传海报，写着：“大日本帝国的军队绝不会伤害中国农民”，这是多么荒唐的谎言！

六

有一次，李宝山的部队在交战中与大部队失去了联系。但指挥官没有惊慌，而是镇定地命令部队“以退为进”，向日军后方进攻。因为指挥官清楚地知道，日军的后方防守总是空虚的。从此，李宝山和战友们就加入了神出鬼没的游击队。游击队战斗方式灵活，多出没于日军战线后方。而日军战线实际上只沿着铁道和公路分布，日军主要驻扎在具有战略地位的城镇和要塞。

李宝山很快认识到，游击队并不打算将日军彻底逐出铁路和公路，因为这些交通线是游击队重要的物资供给来源，他们吃的、穿的、花的甚至重要的武器，都可以通过这些交通线获得。举个例子，一支三四千人的日军部队至少需要100辆货车在基地和哨所间往返运送军火、食物和汽油等物资。游击队会事先在道路旁安置尖利的玻璃，让这些货车中途轮胎被扎而停车。当日军在更换轮胎时，埋伏在一旁的游击队就会冲出来，一阵机关枪扫射打得其措手不及，再用手榴弹将其消灭干净。

有时候，李宝山和一群游击队战友会事先在铁轨上埋好地雷，然后耐心地埋伏在一旁，等待着日军军需列车的到来。当列车被地雷炸脱轨时，他们便猛虎般扑过去，把被炸得歪歪扭扭的列车洗劫一空。

七

日军通常在天黑后就不敢轻易离开他们的防御工事，因此李宝山和战友们会一夜又一夜地发动虚假袭击来折磨这些敌人。起先，日军会恼怒地开枪猛烈射击，但到后来他们就不堪紧张和彻夜不眠的折磨，几近崩溃。日军终于领略到了中国游击队“敌进我退、敌驻我扰、敌疲我打、敌退我追”的作战特色。

李宝山和他的游击队战友得到了群众的充分信任。他们得到了老百姓的衣食供给，可以轻装行军和作战。当日军攻占平汉铁路上的石家庄时，这里有一条通往太原的支线。日军欺凌老弱妇孺的行径激怒了当地农民。这些农民们找到了游击队，并制订出报仇计划：让一些体型较瘦小的农民打扮成漂亮的女孩，将日军引进埋伏地，然后让李宝山和战友们悄无声息地除掉他们。

回到正规军队伍后，李宝山在游击队的经历更坚定了他对自己和对最后胜利的信心。以前在正规的战场上，因为敌人都在枪炮射程距离的另一端，他很少有机会能近距离地接触到日本兵。但在游击战争中，没有了坦克、飞机和火炮的掩护，李宝山能够近距离地接触那些招人痛恨的侵略者，也发现了他们远非想象中那样不可战胜。

最令人高兴的是，李宝山还得知新加入的盟友会给他们提供比日军更先进的战斗武器。在他看来，这几乎已经注定了最后的胜利。

中国游击队员“他们一次又一次地证明了这一点：一旦把战争缩到徒手搏斗后，他们就不会输给日军”。（《纽约时报》原文插图）

中国货币存量激增

1942 年 7 月 20 日

题记：近期数据显示，银行存款为 1936 年的 3 倍。

重庆 7 月 19 日电：中国人现在比任何时候都有钱。近期数据表明，中国的银行存款达到 25 亿元法币，是 1936 年的 3 倍。其中有节约建国储蓄券和政府发行的战时国债 13 亿元。

邮政储金汇业局受权发行储蓄券，农民银行发行礼券。两种代价券在 6 个月后可以赎回。根据计划，小面额储蓄券将和入场券搭配一起卖给剧院和影院顾客。每位顾客购买一张入场券同时要购 2 元的储蓄券。

鼓励储蓄

政府积极鼓励自愿储蓄。现在，政府从商家和产业者手中购得的产品，5%用储蓄券支付。随着储蓄券支付比例上升，政府向生产商和农民购买粮食时所支付的现金将会成比例地降低。据悉，国民政府已授权四大国有银行和邮政储金汇业局，各增发 1 亿元法币的储蓄券。

去年 4 月，财政部从 5 亿美元的贷款中拨款 1 亿美元用作储备金，以确保黄金储蓄券的稳定。四大国有银行和邮政储金汇业局有权销售黄金储蓄，这种黄金储蓄券 20 元可兑换 1 美元。黄金储蓄的期限为：一年期年利率为 3%，二年期年利率为 3.5%，三年期年利率为 4%。无论是美元还是等额的法币，一年后都可以连本带利赎回。

赎回期 10 年的储蓄券

随着盟军胜利，黄金债券价格浮动，报价为 100 法币换 6 美元，赎回期为 10 年，半年计息一次。财政部公布了一套规定，奖励那些购买总额逾 1 万美元的人。

购买黄金储蓄券和债券是在战时获得美元的最佳途径。购买期限到后赎回，就不再受冻结令的影响，而且能够在公开市场进行议价。这些措施的实施，有利于集中民间闲散资金、抑制通货膨胀、控制价格水平和促进稳定。这也是国民政府5亿美元贷款的主要目的之一。

流亡学生逃难成都

1942年7月26日

题记：步行2000英里从北平抵达成都。

新泽西普林斯顿7月25日电：位于北平近郊的燕京大学于1941年12月8日被日本人关闭。燕京大学普林斯顿－燕京公共管理学院的师生员工在饱经战争折磨的中国国土上徒步跋涉2000英里，终于到达自由中国的成都。据悉，燕京流亡大学将于今秋在成都重新开学。

从成都发来的消息称，只有数百名该校老师和学生受助成功抵达。其余的人预计于夏末抵达（成都，位于重庆以西300英里），滇缅公路的东端现已关闭。

普林斯顿－燕京公共事务学校仅开办四年半就因战争被日本关闭。学校重开计划正由财政部部长孔祥熙博士为首的一个委员会制定，委员会包括梅贻宝博士和艾德敷等。项目由在重庆的华洋义账救灾总会监管。期望中国西南联大尚未完工的医院可用作教室和办公室。

右翼挟持日本滑向战争

奥托·D. 托利许斯

1942年7月29日

题记：天皇面临危机，内阁成员遭遇暗杀威胁，文人控制被解除。袭击计划保密，发生在珍珠港事件前夕，外相似乎不晓内情。

葡萄牙东非殖民地马普托7月27日电：日本正滑向更大规模的战争，因为第三任近卫内阁成员受到了日军少壮派军官和纳粹化极端民粹分子的一系列暗杀威胁，他们逼迫文官退出内阁，甚至暗示如果日本民族的精神领袖天皇也反对战争的话，他将会像明治维新以前的天皇一样被囚禁在京都。

1941 年 8 月，在三天之内对平沼骐一郎男爵[①]实施了两次暗杀，证明暗杀威胁不是空穴来风。在第二次袭击中，平沼的下颚和颈部受伤严重。这些袭击接连发生，袭击之后又恐吓所有内阁成员，包括近卫首相，这导致第三届近卫内阁很快辞职，日本政坛中唯一反对军人独裁的政治势力被扫除，战争一触即发。

全力支持极端分子

有迹象表明，尽管东条英机首相最初表现出了拿破仑式的捉摸不定的情结，但战前他赢得了极端分子的全力支持[②]。他的一些暴力言论很有可能出自极端右翼分子之口。

无论珍珠港偷袭前夕的形势是多么严峻，战争的突然爆发还是震惊了整个日本。直到日本偷袭成功，人们才回过神来。

有可能一些重要内阁成员也不知道发动军事袭击的时间表。东京时间 12 月 7 日午夜，当美国驻日本大使格鲁将罗斯福总统致昭和天皇的最后照会递交给日本外相东乡茂德时，东乡先生并未流露出几小时之后就会开战的表情。而且，对于格鲁先生执意在这个时间递交信件感到诧异。天皇最终是否收到照会无从得知。

仅在次日清晨，珍珠港遇袭之后，东乡外相将日本正式回应交给格鲁先生时，态度是冷淡的、官式的。直到 11 日（星期一）早晨，天皇宣告对英美作战的檄文才发表。

右翼势力将日本引向战争

日本的军事行动在国内外有序而精确地进行。星期天深夜，根据东条英机首相的指令，日本警方进入警戒状态，所有警局都集结了特别行动小组。凌晨 7 时，行动小组开始抓捕有明显特征的外国人，尤其是记者，包括我。当然也包括许多日本记者。

① 平沼骐一郎（1867—1952），日本政界元老。毕业于帝国大学法学部，其所创立的专制主义思想理论和专制主义司法制度，为日本军国主义势力的发展提供了理论依据与制度保障。1926 年任枢密院副议长，同年被授男爵，1936 年担任枢密院议长，其后当过总理大臣和内务大臣。1941 年 8 月，右翼势力曾两次对平沼下手，但均未成功。1947 年 11 月，远东国际军事法庭因其对中国、美国、英国、荷兰的“侵略战争罪”以及发动诺门坎事件的责任，以“共同谋议侵略战争罪”判处他终身监禁。1952 年 8 月 22 日，死于庆应医院。

② 1941 年 6 月 22 日，德军进攻苏联，并在战争初期取得大胜。日本军国主义势力大受刺激。9 月 6 日，日本御前会议上决定，如 10 月上旬日美外交谈判仍无成果，则日本应立即与美、英、荷三国开战。到 10 月，日美谈判仍陷僵局。陆军大臣东条英机主张停止谈判，立即开战。近卫首相认为立即同美英开战的条件尚不成熟。东条英机即要求近卫下台。由于右翼势力态度十分强硬，近卫内阁被迫宣布总辞职。东条英机随即就任日本首相，立即策划珍珠港事件，发动太平洋战争。

日本历史上，监狱里从来没有关押过如此之多的外国人、本国知识分子和民主人士，因为第二天就爆发了对美国的战争。耐人寻味的是，被关押的日本人中居然还包括前首相近卫文麿的儿子近卫文隆公爵，他曾是普林斯顿大学高尔夫奖的得主。还有一个是《日本广告时报》的出版商。

连警察们都承认战争来得太突然了。抓我入狱的警察很遗憾地说，日本和美国开战让他感到难过。

日本主战派的背后力量主要是由陆军航空总监土肥原贤二将军领导的极权主义军官集团，还有决心不惜一切代价想要征服中国的对华作战总司令畑俊六将军。日本驻南京大使本多熊太郎[①]也鼎力支持他们。本多熊太郎是日本资深政客，其地位甚至高于日本其他外相，包括松冈洋右。本多熊太郎 1941 年 4 月在一次访谈节目中抨击了松冈洋右致力于与蒋介石委员长达成共识的做法，这一言论标志着日本最终将走向全面战争。

主战派的第二主力是中野正刚[②]领导的极端民族主义组织“东方会”。它是军国主义者和德国纳粹的工具，该组织公开支持松岗洋右外相。当治安和警务仍由平沼骐一郎掌管时，中野集团发布大规模刺杀威胁后，警局也逮捕了许多极端分子。中野叫嚣如果骐一郎逮捕他，第二天就会被人干掉。中野依旧自由自在，但平沼骐一郎却遭遇枪击。

刺杀行动由一个神道的神职人员负责实施，被抓后他当庭指责警察缺乏爱国心，警察们都害怕他。警局公告了对他的逮捕，但事后就没有下文了，因为对刺杀行动的调查将涉及一些警察们不敢涉足的政治内幕。

新官僚主义是第三种力量，主张极权主义但并非战争，他们强烈要求保卫官僚体制。他们主张重振工业，将帝国首都恢复到明治天皇时期的样子，即所有土地都归天皇。用西方的语言来说，就是在新官僚掌控之下的工业国有化。

日本全力投入对华战争，势在必得。在战争刚开始时，想让它撤出的努力都徒劳无功。这也使日、美达成协议成为泡影。

看来似为这样的情况，即在某种程度上，近卫公爵与松岗先生认为，在继续奉行对华侵略策略的同时避免与英美开战是可能的。为达到这一目的，日本与德

---

① 本多熊太郎于 1895 年来华，先任日本驻牛庄领事馆书记生。1898 年至驻华使馆任职，同年到比利时留学。1901 年任日本外相小村寿太郎秘书，随同参加日俄朴次茅斯和会。1912—1917 年，任日本驻哈尔滨总领事。后任驻瑞士公使、驻奥公使、任土耳其大使、驻德国大使。1926 年退出外交界，著有《胆魂外交》《支那事变外交观》等书，鼓吹对华“强硬”政策。1940 年被松冈洋右外相起用为驻汪伪政权“大使”。1944 年 5 月任东条英机内阁外务省外交顾问。1945 年 12 月，作为甲级战犯被关在巢鸭监狱，后因病释放。

② 中野正刚（1886—1943），毕业于早稻田大学，日本昭和时期著名政治家，狂热的右翼分子。先为《朝日新闻》记者，1918 年 34 岁时成功当选众议院议员，后连选连任 8 届。1929 年，成为滨口雄幸首相的秘书。1936 年组织法西斯政治团体“东方会”，大力推进法西斯主义运动。本来，东条英机上台后，中野正刚曾大为支持；太平洋战争爆发时，他也大为赞赏。但后来立场转变，1943 年因密谋推翻东条内阁失败而自杀。

国结盟，旨在迫使美国不敢参战。

当这一政策破产后，近卫公爵与松岗洋右决裂。他试图在华盛顿的谈判中与美国达成协定。同时，为使日本国内的主战派受到牵制，他任命小仓正恒[①]为大藏相，结成由大财团组成的短期联盟来制约国内主战势力。他的计划因平沼骐一郎遇刺而告失败。作为新贵的平沼骐一郎男爵因反对与轴心国结盟而闻名。1936年2月26日发生“二二六反叛事件”后，平沼多次警告说，日本是无法应对国际局面的，军国主义将使日本滑落深渊。

第三届近卫内阁辞职时，对外公开宣称，内阁是因在国政方针上出现分歧而解散的。但是，随着战争爆发，日本高调曝光了近卫公爵与东条英机会谈的照片，表示双方已经达成和解。

以上事实有一些来自警方在我答辩时提出的指控。当时他们指控我犯间谍及破坏国家安全罪。去年夏天，他们将这些信息透露给我，以构成对我的严重指控。在对我起诉的33条罪状中，有13条都与此事有关。

中国连环进攻敌军前哨

1942年8月7日

题记：中国军队在浙赣铁路和温州一带打击日军，光复遂昌。美国飞行员翱翔天空，使汉口的日军寝食难安。

重庆8月6日电：中国最高统帅部称他们的军队正在和侵略者交战。战场是敌人建立的前哨，温州港与浙赣铁路的西北。遂昌地处铁路线与丽水的中点，是日军在浙江省南部建立的空军基地，已被中国军队收复。

据报道，在江西中部临川（抚州），中国军队痛击顽敌，日军伤亡数百人。在临川东南12公里的浒湾，战斗仍在继续，中国军队继续打击小股据守的日军。

据美国情报部门透露，昨天早晨，美国在湖南的空军基地所在地衡阳遭受日

① 小仓正恒（1875—1961），日本实业家。1897年东京帝国大学毕业后，长期供职于实业界，曾任日本住友商事株式会社总理事。1933年任贵族院议员。1941年任第二届近卫内阁的国务大臣、第三届近卫内阁的大藏相，并历任战时金融金库总裁、东亚经济恳谈会会长、大东亚建设审议会委员、华中经济最高顾问等职，参与策划和实施对占领区的经济掠夺。

军空袭。而在昨天发布的战报则称是桂林遭到了袭击。情报部门解释说，可能是电文发送有误。

4 架敌机被击落

据中央社报道，昨日空袭，日本出动了 17 架飞机，损失 4 架。据日本同盟通讯社的报道，在昨天 40 分钟的衡阳空战中，8 架美军飞机被击毁。这一消息来自美联社录音的东京广播报道。报道说，日本战机对衡阳的中国军队设施造成了破坏。

美国空军的“飞虎队”主要由志愿者组成，在中国被誉为“空中飞龙”。中国军方的发言人称，飞虎队积极主动的战术使汉口的日军当局惴惴不安。他们的生活不能再像以前那样轻松悠闲了。

发言人说道，很多日本人和傀儡部门都转移到难民区，他们认为在那里会更安全一些。

与此同时，为减少美国轰炸机的袭击，在大楼外飘扬的轴心国与伪政权的旗帜都被迫取掉了。

向中国空军致敬

1942 年 8 月 14 日

华盛顿 8 月 13 日电：来自犹他州的民主党参议员托马斯（Elbert D. Thomas）呼吁美国人民关注明天的“中国空军节”，以此向为保卫祖国领空而激烈、英勇战斗的中国空军致敬。正是这力量薄弱、寡不敌众的中国空军与日本侵略者战斗了五年。

托马斯在参议院的一次演讲中指出，举行这样的纪念活动将使我们进一步认识中美两国空军之间的亲密关系，并指出，事实上，两国空军是合为一体的。

“我们不应该忘记，”他继续说，“目前，我军飞行员在澳大利亚、新几内亚、中国、缅甸和阿留申群岛上空遇到的日本飞行员正是在中国接受培训并积累战斗经验的，而中国人是首先与他们交战的。我认为，美国空军现已为过去五年中被日本击落的一些中国飞行员们报仇了。”

“今天，美国人和他们的中国战友们正在中国的领空并肩作战，以阻止日本空军迄今对中国脆弱的城市进行轰炸。在美国各类机场里，中国飞行员也还在接受训练。”

“今天，中国空军一直努力奋斗想实现的伟大目标，比以往任何时候距离他们都近。让我们一起战斗，中国空军与美国空军将永远摧毁日本的空军力量。”

美国飞虎队振奋人心

哈里森·福尔曼

1942 年 8 月 16 日

题记：空中飞龙——飞行技术和勇气胆识使日本蒙羞。

重庆 8 月 15 日电：作为美国兑现其对中国进行物质援助最为切实的证据，没有什么比美国陆军航空队（United States Army Air Forces）为美国及美国人在中国人心中赢得了更多的尊重。较之关于盟军所取得的显著胜利的报道，如珊瑚海海战、中途岛战役，以及最近的所罗门群岛战役，看到美国空中飞龙的飞行中队飞过头顶，或者听到其声音，都会让正遭受战争之痛的普通中国人更加激动。

地理、政治、军事策略及其相互的战时意义对于普通美国人太过难以理解，对于普通中国人亦如此。对于老百姓来说，看到美国人在一场空中缠斗中击落日本战机，远比听闻一架日本航空母舰及其所搭载的全部战斗机在某处被击沉意味更深。整整五年，老百姓的房屋、仓库和农田都在遭受日本战斗机肆无忌惮的残忍轰炸。他们的家庭成员、朋友以及其邻居的家庭都在遭受毫无意义并令人难以理解的杀戮和极其可怕的残害。

飞虎队

美国志愿航空队（American Volunteer Group）首先登场：这一小群富有激情又作风硬朗的年轻人，虽然在人数上处于极端劣势，却仍旧在中国及全世界的注视下，凭借其纯粹的勇气和战斗的意志彻底羞辱了傲慢的日本人。在中国人眼中，老虎是最为极致的勇气和卓识的象征，故而，他们骄傲地赋予志愿航空队以“飞虎队”的称号。

他们的名声在中国广为流传，以至于当今绝大多数中国人无法区分美国陆军航空队和美国志愿航空队，在老百姓眼中，美国陆军航空队仅仅是美国志愿航空队的扩充版而已。崇拜飞虎队的年轻人在桂林、衡阳及其他美国陆军航空队的前方基地，跟随着那些高大的、身着制服的西方人，满怀敬意地重复高呼着

在停机坪上的飞虎队战机。

“A.V.G-A.V.G（美国志愿航空队）”，店主们和行人们也激动地微笑着，交口相传着“飞虎来”（飞虎队来了）。市政官员们热烈地欢迎飞虎队，尽力使他们起居舒适，款待周全，个人及各种团体较劲似地向他们表达敬意。就在最近，昆明的一个团体赠予飞虎队队员们 200 只鸡，以示感激和尊重。美国陆军航空队也像美国志愿航空队一样，将其 P40 战斗机涂成血口大张的鲨鱼。每当美国战斗机队列在空中飞过都会引发欢呼，人们蜂拥到街上，举首注视天空，自发地热烈鼓掌。

尽管现在美国陆军航空队的队伍中有大量被授予正式军衔的前志愿航空队成员，但美国陆军航空队的“空中飞龙”们并没有打破飞虎队所创造的辉煌纪录。7 月伊始，美国陆军航空队作为新的“空中飞龙”开始正式在中国参战，他们便表现出色。从作战纪录看，他们甚至有希望超越由骁勇的志愿航空队所创造的纪录。虽然美国陆军航空队的规模并不大，但不到一个月，它便已经击落、歼灭了至少 75 架日军战斗机及轰炸机，而只有 7 架美军战斗机在行动中被击毁，仅 3 名飞行员牺牲。

较之对于日军飞机损失而言，更值得注意的是美军的胜利对日军士气的影响，使其惶恐不安。迄今为止，日军在中国广阔国境内的军事行动一直是肆无忌惮、未受过任何阻拦。例如，在遭受四年的狂轰滥炸之后，现在日军不敢冒险深入内陆，因为他们的侵略行动尚未到达首都（重庆）之前，就在空中被拦截了，重庆今年终于不再遭受轰炸。同样的，在其他方面形势也已被扭转，日军分散的空军基地时至今日一直相对处于不设防的状态中，日本方面现在已经意识到必须立刻紧急运送枪炮、飞机和人员对其进行保护。日军也正在对军事设施、汽油和弹药库采取仔细的隐蔽措施，或转移到远离美军轰炸机的安全地带。

日军颜面尽失

整个扬子江之上——作为日军在整个华中地区军事行动的补给大动脉——轮船船长和军舰指挥官都紧张不安，仔细观察空中的迹象，期待发现愤怒的美国轰炸机和强击机。在日本对手无寸铁的中国人进行了长期残酷无情的空中军事破坏后，这些飞机终于对日军行为进行了姗姗来迟的报复。

总体而言，日军已然大失颜面。日本决定与美军在中国领空建立空中霸权问题上一决雌雄，决心如此凶狠也是出于此种原因。大约两周前，日本集结了一支由119架军用机组成的强大部队，试图摧毁在衡阳（湖南南部）的美军前哨基地。根据陈纳德将军的回忆，日军针对这次军事行动紧急派遣了其最新型的零式战斗机，并配以最有经验的驾驶员，意在豁出全部力量，一举扫除美军在富饶的华中地区的空中威胁。前志愿航空队飞行员报告称这些新型零式战斗机拥有更快的速度和更好的灵活性，这是他们在缅甸战役中从未遇到的。日本为这一大规模空袭投入了极大的军力，但却以惨败告终。日军除了损失了大量新型零式战斗机之外，没有挽回一点面子。

在衡阳空战中最值得关注的是美军在月光下击落了四架日军轰炸机，这一壮举在目前仍没有特殊夜航设备的情况下难度极高，几乎不可能完成。

需要更多飞机

冷静和公正的评估美国陆军航空队在中国的意义，我们必须承认它依旧远不足以被视为一个强有力的进攻性军事力量。迄今为止美国陆军航空队或许只能被描述为一支空中游击力量，采取“打了就跑”战术，但它沉重地打击了优越的日军，并打乱日军的进一步侵略计划。当然，如果中国有能力迫使日军从沿海地区撤出，夺回浙江的空军基地，那么战斗力强大的美国陆军航空队才有能力攻击并扰乱日军的海岸补给线。这一补给线的瓶颈在于穿越台湾海峡，这样可以迫使日本运输船和军舰向台湾以东移动，远离起到保护作用的台湾，使其更容易暴露在盟军潜水艇的攻击范围。

美国陆军航空队非常依赖中方进行地面军事行动支援。中方最为重要的贡献便是建立了一套最为复杂又有效的情报系统，为美军提供了日军在被占领地区完整的军事活动情报。由于美军所采取的“打了就跑”战术，因而无法完整地评估在一次突袭中造成的损失。美国陆军航空队颇为依赖在被占领地区中方的事后情报，这对于展开下一轮有效行动有着无可估量的价值。

中国军队有优秀的情报侦听系统，有些就在日军眼皮底下行动。它可以在日军飞机即将起飞之时便向总部发出警报，总部汇集来自其他观测监听站的情报报告，绘制出日军的飞行路线。为数众多的中国人受雇为机械师、卡车司机和工程师，同时还有大量苦力随时待命，在己方机场受到突袭时火速进入现场。他们灭火、填补弹洞并进行损坏修补，以惊人的速度在极短的时间内为空中飞龙们做好地面准备。

像他们的祖先修筑万里长城那样，在今天，数以千计农民用他们手头的镐、铁锹和锤子，迅速地建立起了飞机场、跑道、机库和商店。

大量的中国民工用传统方式修建机场。图为一群民工奋力拖拉一个巨石碾子滚压机场跑道。

对地面部队的帮助

与此同时，美国陆军航空队为在沿海地区行动的中国军队提供了很大的援助。根据军方发言人所述，中方目前针对战略地江西临川所施加的高压（约2万日本军队在此被包围），很大程度上归功于美国空中飞龙们的空中支援。这极大地鼓舞了中国地面部队。一方面，对中国军队来说，这是看得见、摸得着的美国援助，这一空中支援他们翘首以待，经常谈论。另一方面，这也是象征着“联合国家”的团结，面对一个共同的敌人，进行一场共同的战斗。正是这样一些令人振奋的事情，鼓舞着人们即使在极为困难的逆境时，也能更坚毅、努力地战斗下去。

此时此刻，中国军队感到自己不是孤军奋战，不只是为了自己国家的解放和自由而战，同时也是联合国家的战士，为了全世界的自由和解放而战。

日本从南洋所获寥寥

哈里森·福尔曼

1942年9月6日

题记：东条英机指出日本物资短缺，最致命的是在南洋占领区内并无钢铁等战略物资。由于执行残酷的殖民政策，荷属东印度与东京敌对。

重庆9月5日电：日本对南洋地区的征服，并未带给它期盼的宝藏，这是研究日本最权威的中文报纸《大公报》在最近一期杂志上发表的评论。

作者写道，日本现在急需钢铁。马来半岛、荷属东印度、菲律宾、泰国、印度支那的钢铁产量极少，也无钢铁生产设备。在太平洋战争爆发前，那个地区的大量生铁原料即被日本运走。从去年12月份以后，日本显然已损失了大量的运输船只。

作者指出，日本在那里控制了大量的橡胶和锡，但“日本人再精明能干也无法用橡胶造出轮船，用锡制造飞机”。日本在南太平洋地区取得的胜利，无法解决本国食物和石油的严重短缺。

东条英机揭示滑坡

5月27日，一篇报道东京节食运动的文章谈到，日本首相东条英机宣称，日军在4月底把70万吨物资运回国内。但《大公报》评论称这“少得可怜”，在和平时期，南太平洋地区的日本商船每年运回日本1300万吨物资。1月初，日本占领了菲律宾的大部分、印度支那及泰国和马来半岛的一半，还有婆罗洲的大部分。东条英机首相说，日军占领四个月来，弄回来70万吨物资，也就是说，日本每年能从那里搞到210万吨的资源。作者评述道，经过测算，这仅是和平时期日本商船运回本国货物的六分之一。

在倡议日本国民开展节食运动的报告中，东条英机首相说日本从南太平洋地区获取的石油量是战前的10倍。但英国和荷兰殖民当局否认了这一数据，因为他们在撤离前摧毁了所有采油设施。

《大公报》指出，就算日本能从这些油井中采油出来，原油也必须运回日本才能提炼。战前，日本的油轮运送量是28万吨，从去年开始，一些油轮已被用来运送飞机，另外9艘已被美军击沉。

日本油轮运力现已减少到15万吨，据此算来，日本每年只能运回80万吨原油。就算日本能够找到足够多的油轮运回300万吨原油，它也没有那么多的炼油厂来提取汽油；而且300万吨原油只能提炼70万吨汽油，只够日本2—3个月的用量。

在粮食供应方面，文章提到东京农林当局的一篇报告，1941年日本粮食产量每年为5587万担（一担相当132.27磅）[①]，它实际的需求量是每年7700万担。就算日本能够从南太平洋地区获得额外的2000万担，它也需要调配300万吨的运力才能运回。

《大公报》称，南洋地区大多数的大米工厂为海外华人所有，大部分工厂主

① 1930年开始施行的《中华民国度量衡法》规定：石为容积的市用单位，1石为100升；担为重量的市用单位，1担为100市斤即50千克。

在日军占领前已将工厂摧毁后逃跑。日本占领后，需要很长时间才能恢复原先的米业生产，但是处在饥饿状态的日本国民已经等不及了。

工业考察团前往西北

1942年9月9日

重庆9月8日电：大批工程师、合同承包商、建筑师和实业家正在流向长期被忽视的中国内陆腹地，他们响应中国政府的号召，加强中国西北地区的经济改造。

兰州是甘肃省首府。作为西北工业重镇和交通运输中心，中国政府对促进兰州的发展给予特别的重视。下周二,一个由经济部高官和实业家组成的联合考察团将离开重庆，前往西北。一旦这个考察团发现有可以启动的工业项目，就会立即行动起来。纺织厂、化工厂和机械厂将优先建设。

这个考察团由经济部林继庸①博士领导，他曾在日军到来之前，指挥将500家工厂及技术工人和机器从沿海内迁。人们希望这个考察团能将工厂从饱受威胁的西南地区迁至西北地区，以策安全。

大型建设项目，如甘肃十年灌溉工程建设计划编制预算一亿美元，正吸引着中国的技术专家和工人。只要工程启动，这些人就会汇聚工地现场。随着西北规划会战时中国的经济中心，许多公司和银行正在派出先遣人员前往兰州、西安等地建立分支机构。

中国在经济战中愈挫愈强

1942年9月18日

题记：蒋廷黻博士提出“让富人承担经济负担”，物价控制令出台，旨在“缩减非战争支出，提高税收及债券定额销售”。

① 林继庸（1897—1985），广东省中山市人。北京大学理工科预科及天津北洋大学采矿系肄业。1920年到美国纽约伦斯勒理工学院攻读化学系。1926年回国后任复旦大学理学院院长兼化学系主任。卢沟桥事变爆发后，沿海工业发达城市先后沦陷。中国政府委派林继庸主持将我沿海地区426家民营工厂和企业内迁。为配合战时经济建设，发展西北经济，经济部于1942年下令约集工业界专家及技术人员共21人组成西北工业考察团，林继庸任团长。1943年任新疆省政府委员兼建设厅厅长。1949年去台湾。1985年病逝于台北。著有《民营厂矿内迁纪略》。

重庆9月17日电：蒋廷黻博士毕业美国欧柏林学院和哥伦比亚大学，任行政院政务处长，负责执行法币使用。蒋博士说“明年的政府财政预算的首要任务是控制物价和居民生活成本的继续上升”。中国政府巨额开支的98%都用与此，这项“令人棘手”的任务就落到他肩上了。

蒋博士说这是一场持久战，想渡过难关中国必须要依靠自己，国内政策必须强硬、有效。他表示“中国最终命运是由经济战线来决定的”。

管制措施概要

他说，政府已决定削减非战争开支、增加税收、向地方省市推行定额债券、支持工业部门生产生活必需品、赋予这些民生部门优先使用原材料、人力和交通运输的权利。

蒋博士称政府将要“强硬”地推行这些措施，将“让有钱人为战争出力。”他批评一些特权集团抵制政府对一些物质实行专营，如盐、糖、火柴及烟草。他说，一些唯利是图的商贩用各种各样的手段投机，比如将囤积物质从一个省转移到另外一个管理松懈的省，从而引起非正常的短缺和过剩。

他承诺说，“一旦必要的机制建立起来，我们会严格监管这些的”。

交通运输问题严峻

他指出，中国的经济结构与美国不同，高度发达的交通体系促成美国市场基本标准化。但中国有广阔的不发达区域，由于缺乏必要的交通设施，一个地区粮食丰收，但它邻近的地区可能缺粮或正在闹饥荒。再加上日军在战时实行封锁，并要确保上百万军队的供给，本来有限的交通就更加紧张了。因此，要想确立一个适合全国所有地区的价格上限是极其困难的。

为应对这些问题，所有地区所共有的大宗商品由政府专营或者制定最高限价。此外，政府将刺激生产并鼓励产品交换。

中国农业部通告称，通过鼓励冬耕、使用良种、复垦、施肥和减少非粮食作物种植，1942年上半年，中国粮食产量增长近80%。来自各省的报告表明，今年又是一个丰收年。①

① 1942年夏到1943年春，河南省接连发生旱灾和蝗灾，加上河南地处前线和政府救灾失策，河南发生大饥荒。约1200万人受灾，导致约300万人死亡，约300万人逃离河南。

黄河潼关段发生洪灾

1942年9月29日

题记：调查报告表明8月份黄河流域水位上升6至20英尺，死亡3000人，4万人无家可归，洪水泛滥，煤矿山体滑坡，泥土冲积改善了农田的土壤质量。

重庆9月28日电：据消息透露，一份6000美元的紧急救援申请已递交给驻重庆的美国咨询委员会。8月的黄河洪灾导致陕西省东部地区4万多人无家可归，此项资金是为这些灾民提供救助。

为灾后重建，政府必须给灾民提供农具、种畜。产业公司要为其他难民提供救济金。申请称，医疗保健设方面还需要更多的钱，如孩子们的过冬衣物。

何克[①]先生是中国“工合”组织的调查员，根据呈交给他的报告和瑞典传教士本兹神父的亲自视察，这次洪水是由于7月以来在青海省和甘肃省出现的大暴雨所致。8月3日，洪峰到达了黄河西岸陕西与河南两省交界的潼关上游100公里处的低洼地带，这里一直是抗战前线，日军正准备渡过黄河。

洪峰冲过这里，15小时内，水位就由6英尺上升到了20英尺，几个小时后就沉积了2—3英尺厚的泥沙。

凶猛的洪水冲下来成百上千吨煤，有些体型巨大的煤块从山上滚落，随洪水冲到距下游70英里处的龙门，散落得到处都是。何克先生报告说，“破坏强度如同几百枚炸弹轰炸着河岸的每一个村庄”。

有两种东西救了人们的命。一是在政府规划下大量种植的树木，男人、女人、孩子们，甚至就连猪，都紧紧抱着大树，没被洪水冲走。二是因为洪水夹杂

---

① 何克，也译为郝乔治（George Aylwin Hogg，1915—1945），出生于英国的哈本登，幼时曾在瑞士上学，1937年毕业于牛津大学。其后离开英国作环球旅行，于1938年年初抵上海，以合众社自由撰稿记者身份，经美国友人史沫特莱介绍，在武汉八路军办事处安排下，去延安和晋察冀边区采访，会见了朱德和聂荣臻同志，深受中国革命精神鼓舞，著有《我看到了新中国》一书，热情报道了中国共产党领导下的抗日根据地的真实情况。1939年同路易·艾黎一道开展“工合”运动，组织发展经济、支援抗战、扶贫济困，收养了一批烈士遗孤、伤残军人、贫寒子弟和地下共产党人的流亡子女，开展生产自救和知识培训。1945年7月22日因破伤风在甘肃山丹逝世，年仅30岁。艾黎曾著有《从牛津到山丹——乔治·何克的故事》介绍他的事迹。何乔治最令人称道的故事，是他带领60名中国战争孤儿步行1100公里，安全抵达抗日根据地。据此拍摄了电影《黄石的孤儿》。今天的山丹留有路易·艾黎亲手为他竖起的墓碑，碑文选自英国诗人的一首诗：“彩色绚丽的生命啊，光辉而温暖。为了它，人们一直奋发向前。他已逝世了，从此不再奋战。在战斗中，逝者的生命，却更辉煌灿烂。”

着许多泥沙，变得黏稠而有浮力。

何克先生报告说，洪峰通过，田里的谷物、花生、大豆或其他作物全被冲得精光，但洪水过后留下的厚土也改善了农田的土壤质量。

洪水过后一周，地方政府开始给幸存的灾民分配粮食。现在，大多数灾民从河泥中挖出煤炭，再把它们运到内陆销售，以此来维持生计。当地政府重新开放了粮食分配中心，以救助极度贫困者。不久以后，估计大多数灾民将面临的选择是等待饿死，或四处乞讨为生。这场洪水造成了3000多人死亡，4万多人无家可归，财产损失共计约5700万元。

中国军人在印度受训

赫伯特·L. 马修斯

1942年10月5日

题记：缅甸远征军的中国军人学习使用美国武器。

印度东部某地10月2日电：数天以后，一只训练有素、战斗顽强的中国远征军将重返缅甸。仅仅在两个月前，这支中国军队衣衫褴褛、精疲力竭地冲出缅甸，其中许多人都感染了疟疾。

训练基地原是意大利的一个战俘营，现在可看到美国正规军的军官们正训练着数以千计的中国军人。除了接受良好的军事训练外，这些中国人还获得了最新式的美国装备。

史迪威将军是美国在东南亚地区的指挥官。盟军从缅甸撤出后他就萌生了这个训练中国军人的设想，现在终于付诸实施。这支队伍将在对日作战中发挥重大作用。返回中国后，这支队伍是作为独立的战斗单元，还是去整训成千上万的其他中国军人，要依战局的发展而定。但是，无论如何，他们都会对日军产生极大的震撼。

随史迪威将军进入印度

5月底，大批中国军人跟随史迪威将军向印度挺进，在6至7月间进入印度。他们到达的这个集中营原来关押着在利比亚和埃塞俄比亚俘虏的意大利战俘，现在，这些战俘已被送往其他地方。这里住满了中国军人。

三位跟随史迪威将军走出缅甸的陆军上校威廉·霍尔科姆负责行政事务，弗雷德·麦布凯负责管理训练中心，乔治·史利尼主教火炮。那些身经百战的年轻中国军人，他们会使用老式的步枪，但从来没有使用过先进的现代装备，也没有操作过任何一种新式火炮。此刻，他们正在紧张地学习各种武器的使用方法。

这个训练中心设施完备。这里有家医院在8月30日收治的病人有1000多人，达到了峰值，但现在只剩一半。他们中大多数人是在缅甸患上了疟疾。这里有些很有名的缅甸护士随史迪威将军一起完成了这一段艰难的行程。

这里是印度疟疾最严重地区之一。洛克菲勒基金会的戴尔医生从加尔各答赶来，指导人们消灭传播疟疾的蚊子。

生龙活虎的中国军人

食物营养均衡，生活健康，使这些年轻人发生了奇迹般的变化。他们每个人的体重都增长了10至15磅。最令人印象深刻的是他们在完成各种军事训练任务时所表现出的卓越能力。这是我们亲眼所见，每位教官谈起来也津津乐道。

我们整天都能看到这些中国军人。他们有的在教室里全神贯注地听老师讲解埃菲尔德步枪、布朗机枪和冲锋枪的工作原理，还有的人已经完成入门阶段的学习，在靶场上练习实弹射击。

在中国，各类军事集团用实弹训练士兵已有多年。因为以前就用过实弹来训练，他们的步枪射击技术精良。他们甚至更善于使用中国生产的60毫米迫击炮，但是，仍有许多地方需要改进。为中国军人提供的集训共18周时间，主要课程安排在后12周，主要讲解军事机动和战略问题。

有一组军人最令人关注，他们在学习使用75毫米榴弹炮。这种火炮是美军的骄傲，曾经不许外传。对中国来说，这是最理想的炮兵武器，仅此一项，就使得这些军人来参加培训不虚此行。他们还将学习两种优良射程的火炮以及使用150毫米榴弹炮。

美国总统特使访问重庆

哈里森·福尔曼

1942 年 10 月 6 日

重庆 10 月 5 日电：温德尔·路易斯·威尔基[①]于今日主持了一场重要会议，并参观了三所“流亡大学”，在那里他亲吻了一位女孩，他还计划前往中日战场前线。

为继续那场星期天与蒋介石长达三个半小时的会谈，他今日再次与这位中国领导人促膝交谈。

威尔基先生会见了美国飞虎队指挥官陈纳德将军并就时局交换了意见，他还将会见史迪威将军。此外，他与中共驻重庆代表周恩来将军进行了一小时的密谈。周将军之后评论道，“威尔基先生是一位具有远见卓识的智者”。

威尔基先生花一上午时间访问了离重庆市中心 10 英里的沙坪坝校区。在这个文化区内，有 8000 位居民，以及在 3 所大学、3 所中学和 1 所工程技校就学的学生。这里大部分校舍用泥墙砌成，流亡学校虽然屡遭轰炸、烧毁并不得不内迁，但它们始终屹立不倒。

威尔基先生对动手修建校区的上千名学生的“英雄气概和伟大壮举”深表敬佩。他亲吻了一个小女孩并说：“你是一个小甜心。”此时，1600 名男女童子军们爆发出了热烈的欢呼声。

他对学生们说，蒋委员长曾对他讲过，推广民众教育是中国政府的首要任务之一，并强调，“民主的希望、世界的自由与和平，就掌握在你们的手中。”威尔基先生重申，“我们美国人民将竭尽全力，助你们一臂之力。”

中央理工大学的学生们所做的滑翔机深深地吸引住了威尔基先生。他还与多名学生交谈，了解他们的个人问题。学生们簇拥着他，要他签名。他对身边的译员说：“这些男女孩子们非常可爱。请转告他们，我周游世界，见过很多女孩子，但是，我认为她们是最漂亮的。”

他在与学生道别时说：“学生们的欢迎队伍令我感动得快哭了；中国之旅的

① 温德尔·路易斯·威尔基（1892—1944），美国政治活动家。出身于德国移民家庭，毕业于印第安纳大学。第一次世界大战期间参军。战后为律师。1933 年任联邦与南方公司总经理。1940 年代表共和党参加美国总统选举失败。对罗斯福政府的国内政策多有批评，但在外交事务上采取合作态度，鼓吹“天下一家”的国际合作思想，反对共和党内的孤立主义。1942 年 9—10 月，受罗斯福之托历访非洲、中东、苏联和中国等地。在华期间，曾建议宋美龄访问美国争取援助。翌年将见闻写成《天下一家》，呼吁战后合作，甚有影响。1944 年因心脏病去世。

最后印象使我老泪纵横；我将永远不会忘记你们。”

一位中国教授在他离开后评论道：“威尔基先生在这里引起了巨大的轰动。真正伟大的领袖是不会错过与小人物交流的机会的。”他说，所有人都被威尔基先生的真诚、坚强和直率而感动，譬如他提出的开辟“第二战场”的诉求。他总结道，“我们希望胜利接踵而至，就像他们在非洲与苏联所做的那样。”

威尔基先生一下午接待了多拨造访者，随后赴蒋委员长驻地再次造访，并在此处观看了他近日访问重庆的新闻短片。次日，他将应中美文化关系协会之邀发表广播讲话。

来自中国的淑女

伊丽莎白·R. 瓦伦丁

1942年11月8日

题记：华盛顿从未见到过像新任中国大使夫人这样的人。她有着自己的职业。

许多西方人都以为中国人深不可测，但一旦熟识以后，就会觉得他们和蔼可亲、令人尊敬。不过在思想和情感上，还是存在一道宽阔的鸿沟，看待他们就像看待其他星球上另一种族类一样。而对新任中国驻美国大使魏道明[①]的夫人这位中国女性典范而言，陌生感仅存在于相互间的距离。我们面前的这位大使夫人，可真是一位“人物”，她个子不高，但性格奔放、热情、善解人意，而且异常的聪慧，幽默感十足。

她是一位杰出的革命女性，但是她并不想张扬此事，因为她希望她的丈夫更为大家所关注。魏夫人17岁参加了革命，24岁成为中国首位女律师，数年后又成为中国有史以来第一个女法官。如果与在华盛顿的其他大使夫人相比，魏夫人的身份背景可能略显沉闷。但她也不会循规蹈矩，扮演自己的新角色，虽然她郑

① 魏道明（1901—1978）江西德化县（今九江）人。早年留学法国，获巴黎大学法学博士学位。1926年回国，在上海从事律师事务。1927年任国民政府司法部主席秘书。同年冬任司法部次长、代理部长兼建议委员会常务委员。1928年任司法行政部部长。1930年任南京特别市市长。1935年任《时事新报》《大陆报》《大晚报》总经理。抗日战争爆发后，任行政院秘书长。1941年年底，奉派为驻法大使，隔年接替胡适出任驻美大使。使美期间，致力于推动改善中国的国际外交地位，替中国的抗战争取有利的形势。1943年以中国驻美大使的身份同美国签署《中美新约》，推动美国废除在华不平等条约，解除中国百年来受不平等条约的束缚与枷锁。抗战胜利后，出任立法院副院长。1947年任台湾省政府首任主席。后赴南美洲和美国等地进行考察。1954年回台湾。1963年任台湾当局驻日本“大使”。1966年任“外交部部长”。1978年5月18日在台北病逝。

中国新驻美大使魏道明和夫人在使馆饮茶。（《纽约时报》原文插图）

重其事地用外交语言说她的工作不过是在妇女事务上协助丈夫履行职责，但要知道，作为一个自发的、不知疲倦的女权主义者，一个自幼就无拘无束的人，魏夫人从未对“妇女事务”的范围划出界线。

1896年2月22日，郑毓秀[①]出生在广州。她属于爬行、说话、走路都比同龄人要更早的那种孩子。她出身豪门，家宅如同宫殿一样气派，一大家子有60多口人，还有40个仆人。郑毓秀的祖母是一个固守传统的老太太，整个家庭的事都由她统一掌管。郑毓秀刚会走路就开始捣乱。比如与兄弟们一块玩男孩儿的游戏，或争论奴仆有没有权利的问题。到了该缠足的年龄时，她撕掉了裹脚布，大哭大闹，死活不让人给她缠脚。祖母只好作罢，无可奈何地说：“这个女孩子反正是嫁不出去了。”

儿时的叛逆行为不是没有受人影响。郑毓秀的母亲寡言少语、面带愁容，但她是一个向往自由却屡遭逆遇的人。当女儿开始奋斗力图挣脱束缚时，母亲给予她坚定的支持，后来父亲也支持了她。郑毓秀的父亲是清政府财政部门的官员，常年住在香港，直到郑毓秀9岁，他才第一次看到女儿。他将这个早熟而活泼可爱的女儿视为掌上明珠，走哪儿都带着她，上班时就把她放在停在门外的人力车上。这引起人们的非议，因为好人家不应该让小女孩儿在公共场合露面。但郑先生有办法，他把郑毓秀扮成一个男孩儿。

就这样，郑毓秀跟着父亲学到了很多东西。父亲把她当成观众，和她分享自己的一些见解。她常常听父亲与朋友和同事的对话，将其和所学的孔孟之道与大量的历史、政治和市井传闻结合起来。她决心要接受真正的教育，并梦想着去欧洲留学。

她14岁那一年（尽管没有缠足），家里还是给她和两广总督的儿子订了婚。郑毓秀从未见过这个男子，也从未考虑过结婚，但订婚仪式在祖母的催促下悄悄地进行。后来，婚期敲定，郑毓秀才如梦初醒。她要求父亲解除婚约。而父亲只

---

① 郑毓秀，清光绪十七年（1891年）出生在广东省新安县一个封建官吏家庭。祖父郑姚，穷苦出身，后在香港发迹，成为大商人，曾赈济黄河水灾，受到慈禧太后的封赐，后加入同盟会。辛亥革命时期，汪精卫、黄复生乘英国船到天津，郑毓秀专程迎接他们。此时廖仲恺特别写信给郑毓秀，要求她全力帮助汪精卫等人的暗杀活动。双方见面后，汪精卫说：“听说最近北京的火车站盘查很严，我们这些男人携带炸弹容易引起怀疑，想请你帮我们把炸弹带入北京。不过这是一件非常危险的事，炸弹在路上一不小心就有可能爆炸。”郑毓秀当即答应：“如果不会爆炸，还叫什么炸弹，这事就交给我了。”郑毓秀凭借她的机智勇敢和社交界的名气，以及一位西欧外交官和几位外国朋友的掩护和帮助，出色地完成了任务。在辛亥革命爆发后的一两个月，郑毓秀多次为革命党人秘密运送军火，传递情报。作为颇富传奇色彩的女性，郑毓秀曾两次参与革命党人暗杀清廷要员的活动。她是中国历史上第一位女性博士，第一位女性律师，第一位省级女性政务官，第一位地方法院女院长与审检两厅厅长。

能巧为周旋，尽量使双方都不丢面子。由于这个年轻男人不想善罢甘休，郑毓秀只好自作主张，做了一件前所未闻的事。她给男方写了封信，质问他："你为什么不找一个更适合你的人？"为了平息风波，郑毓秀离家出走，到了另一个城市，进入一家由美国人办的寄宿学校读书。

大约就在那个时期，郑毓秀开始形成了（与清政府相左）自己的政治观点，也听到了孙中山和同盟会的事情。于是，只有 17 岁的她偷偷跑到日本，在一家小店的里屋里，正式参加革命。

她接下来的生活读起来就像希区柯克的电影剧本。回到中国的郑毓秀经常乘火车从一个城市到另一个城市，她的行李箱里装着炸弹，用于多种多样的刺杀场合。做这些事时，她时而装扮成男孩，时而打扮成由众多仆人簇拥的盛装淑女，她执行的任务几乎全获成功，也因此当选为国民党的外交委员会委员。

那些年的中国历史看起来就像万花筒。慈禧太后死了，清王朝被推翻了，但随之建立的民国又变成了军事独裁，军阀混战，社会动荡。作为革命者的郑毓秀多次死里逃生，场面之惊险堪比法国大革命时化名"红海绿"的美国绅士。渐渐地，她感到在中国难以生存，遂决定去法国留学。

她在欧洲待了好一阵子，学法语、也学一些英语，并结交了许多在随后的岁月里对她至关重要的朋友。1919 年，她被选为出席巴黎和会的中国代表团成员。她当时关于日本要割据山东省的发言现在看起来具有难以想象的预见性。

郑毓秀 23 年前的话是这样说的："日本觊觎中国是为了它自己的利益。如果中国领土被日本控制了，它就要按帝国主义的方式利用中国，将 4 亿人引向歧途的计划又如何能维护未来的世界和平？"

我们眼前出现的是这样一幅画面：一个 28 岁的中国女子站在巴黎大学教学大厅里，前面坐着一排穿着貂领红袍的考官，除了一幅巨大的中世纪挂毯外，大厅四壁空阔。郑毓秀身穿一件淡青色中国旗袍。考官们轮番发问，她用法语回答。面对一轮又一轮的问题，她旁征博引，口若悬河，答辩得入情入理。最后，考官说，"好了，够了，请坐下吧，小姐，你都应该得到两个学位了。"

她回国后，就职于在上海法租界的"会审公廨"[①]，成为首位从事律师职业的女性。后来，又以南京政府特使的身份回到法国。1927 年 8 月，她和当时正在欧洲参加经济会议的魏道明博士结婚。回国后，她再次成为民法典起草委员会的唯一女性成员。她说："虽然宪法保证了妇女的绝对平等权利，但我还是想看看是

① 会审公廨，清同治七年（1868 年），根据上海道台和英美等领事商订的《洋泾浜设官会审章程》，在英、美租界设立会审公廨（也称会审公堂），受理租界内除享有领事裁判权国家侨民为被告的一切案件。1869 年法租界会审公廨成立。1931 年 8 月，法租界会审公廨撤销。

不是真的如此。”

今天的魏夫人认为，妇女应在战后书写和平时扮演更重要的角色。“妇女是国家的妻子和母亲，她们拥有人类的良知，她们要确保和平是永久的，持久的和平要建基于相互信任、平和的心态和对他人利益的照顾”。

关于妇女在谈判桌上的作用，魏夫人认为，女性必须做好充分准备。她们应该知识渊博，思路开阔，有人道主义的眼光。为此，她们现在就要开始准备，多读多听，多思考，学会客观地观察事物，参与所有社区事务，也应该参与政治事务。

她坚持认为，一个压制妇女和不能让她们接受教育的国家不是一个文明、和平和繁荣的国家。她常以将妇女与动物归为一类的日本和希特勒统治下的德国为例。

她说，中国妇女自抗战以来，充分行使了在革命中取得的权利。在蒋夫人的领导下，她们全身心地投入斗争，不仅作为女人，也作为中国人。实际上，未来中国的男人和女人都只有一个角色，即未来中国人的角色。

魏夫人认为，中国对联合国的贡献主要在精神层面，“中国仅凭借勇气和信念就奋斗多年，现在加上弹药，还有什么是它做不到的？中国妇女给予中国男人以勇气和激励，这一点盟国的妇女都可以做到，因为打仗必须有高昂的士气”。同时她又显示出一点悲哀和焦虑说：“联合国一定会胜利。但如果胜利来得太晚，就和失败差不多了，如果我们不能很快打胜，即便胜利，也形同失败。”

尽管魏夫人持有不少女权主义观点，但她绝不是那种好斗的女权激进分子。她是一个母亲，12 岁的儿子与他爷爷留在中国。她是全职太太，专心照顾着魏博士，对丈夫的知识与才能十分倾慕。她经常会说的一句话就是“这事你还是跟我丈夫谈吧，他懂得多”。

的确，在这对夫妻中，魏大使长相年轻，有着一张精明、聪慧、讨人喜欢的脸，通常由他做出沉着、冷静和稳重的判断。而魏夫人则负责提供活力和激情。

她是一个时尚的人，穿着上兼具东西方色彩。比如穿着齐地黑色长裙，两边开衩，配上立领衔缝上衣，抹着鲜亮的口红，头发油亮，盘在脑后。

她酷爱美食，也是烹调高手。她喜欢拾掇屋子，在他们原来的华盛顿官邸（现作为客房使用），装热带鱼的鱼缸底就是魏夫人用贝壳做的。最后，她还是一个精力充沛、不知疲倦为何物的女主人。

据访问过她的中国朋友说，她早晨 7 点半就会赶到客房，查看哪里还有不如意之处。使馆的午餐更不是森严庄重的去处。真实的情况是，那里到处是欢声笑语，无拘无束。

大使馆坐落在伍德勒路，是一幢维多利亚后期的乡间住宅，宽大的走廊环绕其间，周围是绿茵茵的草坪和灌木丛。其室内，硬橡木家具、大理石雕像和红缎的幕帘混搭在一起，只有一个房间例外。那是一个有着刺绣绣物和雕花柚木家具的中式房间。

鱼贯而入的宾客受到魏夫人的热情欢迎。他们在大厅里交谈，秘书和仆人们忙来忙去，女主人大声招呼着酒水，最后大家都找到自己的座位。男士在一边，女士在另一边，并开始了午餐。头盘是小碗蔬菜汤，配有中式瓷勺（此时笔者因手足无措，将整碗汤洒在身上）。然后是主菜，其实不如说是好几道菜，因为装满大约五个大盘子的叫不出名字的菜被同时放在桌中央。魏夫人用筷子帮每个客人夹菜，席间免不了谈论哪道菜最好吃，谁应该多尝尝等（此时笔者想显示一下用筷子的本领，但马上引起了大使的担忧，他叫人很快拿来了叉子）。

用餐进行着，桌上美味连连，众人谈笑风生。

大家发现魏夫人是一个俏皮话专家，不少客人会笑得前仰后合，唯一的缺憾是笑话是用中文说的。

过了一段时间，魏夫人看着已是一片狼藉的桌子说了一句听起来像是“太乱啦”的话，便把大家轰到外边的门廊上。在那里围坐在一张干净的桌边，以水果和茶结束了午餐。最后一点细节是，每个客人上了一个小漆盘，里面是裹得整齐的热毛巾卷（这是笔者非常需要的，因为此时她的胳膊肘到耳朵后面都黏上了米饭）。

从魏博士做了中国大使以来，魏夫人并没有太多这样放松的时间，她平时的活动日志记得密密麻麻，她像啄木鸟一样辛劳不止，为援华联合会办事。每个来美国的中国人，只要了解中国的消息或对中国有帮助，她都要见一见、谈一谈。凡是见过她所作所为的人都不会怀疑，她是，今后也是中国的宝贵资产，人们希望她不会将自己限于华盛顿，因为她去的地方越多，对中国就越有利，同时这对美国也越有利。

边远的空军基地消息闭塞

爱金生①

1942 年 12 月 13 日

①题记：通往中国沿线的美国驻军欢迎访客带来美国的消息。家乡对全体官兵都尤为珍贵，大家希望任务结束后重返富饶幸福之家。

---

① 爱金生（Justin Brooks Akinson，1894—1984），美国戏剧评论家，1925—1960 年曾为《纽约时报》工作。1941 年 12 月珍珠港事件爆发后，爱金生试图加入海军服役但遭拒绝。他要求被分配到战争前线参加报道，《纽约时报》即派他到中国抗日前线担任战争通讯员，他一直报道抗日战争直到 1945 年。他访问过延安，并采访过毛泽东，写作中倾向中共，反对蒋介石的反动和腐败。战争结束后，爱金生仅在纽约短暂停留即被派往莫斯科。1947 年，他获得普利策新闻奖。《纽约时报》在其讣文中称他为“他那个时代最重要的评论家”。

华中某基地12月11日电：笔者乘坐巨型运输机穿越非洲和印度，飞过冰雪覆盖的喜马拉雅山脉，沿着驼峰航线进入中国。这段经历令人意识到报纸所言非虚——美国人真是无处不在。

呼啸着飞越棕色的丛林和焦黄的田地，飞机每隔四五个小时就在一片陌生的平地上起降一次。当舱门一打开，就会有两三个美国人站在那里。在非洲，他们的着装是硬壳太阳帽、太阳镜和短裤；在中国，则是皮夹克、手套和羊毛内衬的头盔。

这些美国小伙子们很少提及他们在荒山僻壤的寂寞生活。但是，当获知你最近刚从美国来，他们就会用羡慕的眼光看着你，因为"家"在他们的内心世界里，仍占据着中心的位置。他们向飞行员提出的第一个问题就是："有邮件吗？"不过，他们中的大部分人已经习惯新社区的生活，尽管保留着美国特有的行话、喧嚣与忙碌。

在美军营地及附近可看到，穿着被泥土弄脏长袍的非洲黑人们正在铺筑公路，修建泥砖房舍；在中国，则是穿着草鞋、蓝裤套衫和戴着碗状草帽的农民，他们用扁担挑着成筐的蔬菜，疾步行走在又长又冷的马路上；在军营和通信兵的办公室里，则充斥着美国香烟的味道，士兵们大声交谈，语言是那样的熟悉和粗俗。

新德里的奢侈品

在诸如新德里这些为数不多的驻地里，生活的舒适几近奢华。战前白种人在东方为自己打造的主人式的生活方式仍多多少少地获得了保留。旅馆里面备好了悬挂军官服装的衣架，提供的食品似乎比美国还要丰富。

但是，大多数美军驻地都在不同程度上缺乏人类基本的舒适条件，有一些乏味之极的荒凉之地。笔者遇到的最糟糕的驻地是阿拉伯沙漠中的一个加油站。那里炎热、贫瘠、干燥，苍蝇成群。一群汗流浃背的美国大男孩住在破房子里，周围是充满敌意的当地部落。

美国士兵整日在炎炎烈日下生活、工作，很难意识到他们所做的事情对在缅甸、中国甚至日本的战局是何等的不可或缺。临别时，笔者开了个玩笑，"现在哪儿都别去，就在这里好好享受吧"。可是，这种幽默与贫瘠的环境一点儿也不相称。

士兵们对刚从美国来的访客充满好奇，和这些人交谈就像自己也回到了家一样。来自美国的一切消息和闲聊的话题都大受欢迎，因为在非洲可读到的美国报刊极为稀少。虽然军邮可以很快地将信件送到士兵手中，但由于报刊占用空间过大，一份就能抵50封信，邮局无法穿越几千英里跨过印度和中国来运送它们。

来自加利福尼亚的短波无线电广播、英国广播、作战新闻处的油印摘要和简讯尽管数量可怜，却是官兵们唯一的消息来源。在这里经常被问到的问题是："有没有过期的《纽约时报》？"

渴望听到来自美国的消息

对于航程沿线执勤的军人，几乎任何事情都可当作消息来传播：加油限一周3加仑，公路限速35英里，咖啡、糖和肉类要定量供应，灯火管制，平民防空袭组织，收藏的老钥匙，音乐电影《台口餐厅》等。

"罢工怎么样了？"很多士兵会以不满的口气问道。因为对于常驻国外的士兵而言，在军工厂搞罢工无异于背叛。小伙子们乐于听到美国正全力投入战争，这样国内民众也要开始分担他们的负担了。

不过，士兵们还是表达了一种特殊的感情。"家"对于小伙子们来说弥足珍贵，因此他们不希望家里出事。他们心目中的家富饶幸福，他们要回的家就应该这样。

昨天，我们在浸透雨水的土地上燃起一堆篝火，围坐一堂。一位来自弗吉尼亚的无线电技师说："我想，你需要看看别人的生活，才会感激我们在美国所拥有的一切。这就是为什么我不想回家直到把一切都处理好为止的原因。"

战争是当前的中心话题。大家都明白自己所从事的工作是如此重要，同时也为能如此迅速地建成基地并将其投入运行而自豪。那些八个月前就已在国外服务的老兵喜欢拿他们当时面临的原始状态跟现在已大获改善的状况相比较，对工程进展的速度备感欣慰。

穿越风险丛生的山峰

美国空运队司令部恪尽职守，努力工作，飞行员也是士气高昂的飞行能手。当你沿空中运输线走近阿萨姆或华中战区时，会发现我们的飞行员们正焕发出越来越旺盛的活力。

定期飞越喜马拉雅驼峰航线的飞行员，他们每天都要冒着极大的风险，因为不允许他们等到好天气才起飞，而且把物资填满机舱的要求十分紧迫，相当一段航程需要使用仪表来飞行，而来自附近日军基地的袭击也是一个风险。

飞行员们顶着清晨的寒风进入仍是一片黑暗的机场，很快就从喋喋不休的大学二年级学生变成了执行严肃飞行任务的成熟男人：启动发动机，预热、起飞、爬升。

如果不是缅甸公路被日本切断了，在印中之间飞越驼峰的任务不可能有那么大的推动力，因为它几乎是无法完成的，云层、冰雪和超载带来的风险实在太大了。但是飞行员完成了。这些人深知飞机在荒凉、险峻的山峰间如果引擎发生故障将意味着什么，但是，他们大获成功了。

我们的战士豪情满怀

我们在中国的空军特遣部队的轰炸机和战斗机飞行员都不会为大事分心抱怨。他们为人谦和，专业过硬，全身心地投入飞行，旨在不断提高飞行和战斗技能，并且充满着理想抱负。他们希望家乡的人们能够了解他们在做什么。

在印度某些远离前线的地区，美国士兵们正热烈讨论明年圣诞节回家的事情。不过，在驼峰的另一侧就是战区，炮火与轰炸的硝烟四处弥漫，人们除了生活必需品外几乎一无所有。这里没有人议论明年回家的事情，即使议论也是把指头交叉敲敲木头，装作开玩笑的样子。

“里斯本丸”号被鱼雷击沉

1942 年 12 月 23 日

合众社中国西部某地 12 月 21 日电：逃到国统区的幸存者今日透露，在一艘战俘运输船被鱼雷击中下沉时，日军听任 500 至 1000 名患病的英国和加拿大士兵丧生，并且用机枪扫射水中逃生者。他们的身份不能透露，但他们讲述的经历是毋庸置疑的。①

幸存者说，由于经受了长达数月的饥饿并在香港收容所遭受虐待，大多数遇难者十分衰弱，他们是在船舱中溺亡的。

[据英国驻重庆的大使馆昨日宣布，在浙江沿海出现的三名沉船生还者已到

① “里斯本丸”号原为客轮，全长 116 米，宽 18 米，载重量 7152 吨，1940 年被日军征用。1942 年 9 月 27 日，该轮载有 1816 名英军战俘和 800 名日本士兵从香港驶往日本。10 月 1 日凌晨途经舟山群岛青浜岛东北海面时被美国“鲈鱼号”潜艇发射的鱼雷击中。失去动力的“里斯本丸”在海上漂浮一天一夜后开始倾斜下沉。10 月 2 日早 8 时许，船长命令弃船。日军运输船带走了船员和卫兵。战俘们不顾一切冲上甲板，纷纷跳海逃生。日军用机枪、步枪射击落水战俘。据浙江省档案馆保存的民国档案记载，中国渔民共救起英俘 384 人。后来，他们多数人被日军押走，但伊文思、詹姆斯顿和法伦斯 3 人被保护下来，并安全送到盟军辖地。这 3 人在重庆广播电台以亲身经历揭露日军暴行，引发国内外强烈公愤。

达广西省桂林市，他们是前天津警察署总督察法伦斯、前上海市工部局会计师詹姆斯顿和英美烟草公司的伊文思。9 月的沉船事件发生在浙江省附近海面。三位生还者都是英国皇家海军的预备役军官。

英国大使馆引用香港日占区的一则新闻称，船上 1816 名俘虏中，有 990 名获救并被移送至日本九州门司港。]

幸存者的讲述

这是幸存者们讲述的灾难故事：大约 1500 名俘虏，衣衫褴褛、饥饿难耐、疾病缠身，他们在香港某军事营地历经 9 个月严密监禁后，于 9 月 27 日登上了这艘经上海驶往日本的战俘运输船。由于卫生、医疗和食物条件都十分恶劣，他们的许多战友在香港就已死亡，或者已饿得骨瘦如柴。许多战俘虽然饱受痢疾和脚气病的折磨，却依然被安置在甲板下狭小的宿舍里，几乎没有地方可以躺下。

“我们曾认为将来的情况可能会好转，因为上船第一天提供的食物比在香港要好些。”一名幸存者讲述道，“但是，在有一天下午我们听到甲板上有喊叫声，之后随着一声爆炸，船体突然震动起来，几秒钟之后就开始倾斜。我们可以听到上面开火的声音，显然是向着发射鱼雷的潜艇射击。船下沉了，但仍然在移动。”

“然后，真正的噩梦就开始了。日本人用油布和木板堵住了所有的舱盖，几乎没有空气可以透进来。随着时间一小时一小时地过去，舱室里越来越令人窒息。舱内没有厕所，恶臭令人无法容忍。最痛苦的时候，是当几个由于监禁和疾病而变得虚弱的人死去的时候。”

次日早上，船体开始下沉，因此身体较为强壮的人们决定逃跑。他们强行顶开舱口，爬到甲板上去。船还在被牵引着漂移，但已经没有日本人留在甲板上了。

“我们可以看到日本人正开始解开连接在沉船上的缆绳，”一名幸存者说，“船体摇晃了一下，随即从船尾开始下沉。”

“尽管我们缺少救生圈，几艘围绕战俘船航行的日本军舰用机关枪向我们扫射，我们不顾一切从甲板上跳船投海。日军有一些船继续向水中的人们开火。这些人原本是成群在一起游泳，但很多人因为虚弱很快就淹死了。日军随即开始救起了一些落水者，但是并未试图放下救生艇以援救大多数人。获救者可能不超过几百人。”

幸存者们向岸边游去，中国渔民前来迎接他们，并为他们提供了衣服和食物。他们躲藏了几天，伪军上岛搜寻他们。最终，只有他们 3 人完成了到达自由中国的漫长旅程。他们听说日本人抓住了许多到达海岸但太虚弱以至于不能逃跑的人。

“不可能有很多人逃脱，”一名幸存者说，“因为许多人根本就无法下船，他们的身体太虚弱了，就是跳入水中也不能游泳。”

成都市市长因粮价失控被处决

爱金生

1942 年 12 月 28 日

重庆 12 月 22 日电：在过去几周里，尽管螺旋式上升的通货膨胀似乎正在企稳，但长期而持续的日用商品价格上涨仍是中国经济面临的最严重的问题之一。这让政府供给的工薪阶层、传教士和教师们遭受着巨大的痛苦，而他们正是国家坚持抗战的重要支撑。

自 1937 年中国抗战爆发以来，全国各地的商品价格根据货物供应情况及交通运输状况，已经上涨 20 到 60 倍不等。[①]

最近，蒋介石委员长命令，以今年 11 月 30 日公布的商品价格、运输费用和工资标准来限制物价，这是过去两年里重庆政府调控价格最大胆的举措。[②] 这一命令将由海军上将、总动员会议秘书长沈鸿烈强制执行。沈鸿烈是一名戴眼镜的勇毅的公务员，去年他与他的副秘书长端木恺一起在河南参加了抗战。

先前，中国已经严惩了一批囤积人们生活必需品来哄抬物价的投机者，这些投机行为被政府视为通胀的主要原因。

处决投机者

1940 年，成都市市长杨全宇因囤积粮食被处决。同一时间，一些省府官员和负责治安的官员也遭遇相同命运。上月初，银行家和四川市民粮食供应中心顾问吴少昌（音译）因囤积粮食、蔬菜种子及操纵市场也被处决；陈钟宇（音译），川盐银行分行经理，因囤积大米被判终身苦役监禁；叶六堂（音译），富川储蓄银行业务经理病逝于监狱，此前曾试图囤积大米和蔬菜种子。

---

① 战争是国统区价格暴涨的主要原因。以粮食为例，中国是粮食进口大国，按照正常消费水平估算，中国在抗战期间每年平均短缺粮食至少 450 亿斤。战争破坏了中国原有的粮食供求关系，迫使大量人口西移，大后方粮食需求激增。与此同时，日军切断中国国际运输线，国内交通也被严重破坏，都给大后方粮食市场造成了强烈的震动。

② 1942 年 12 月 17 日，中国政府明令公布《限制物价办法》。20 日，重庆市社会局令饬重庆盐业、食油、棉花、棉纱、布匹、燃料、纸张同业公会，以上重要民生必需品一律以当年 11 月 30 日的价格为标准。

根据蒋介石委员长发布的命令，全国范围内相关负责官员若不执行此项命令将受到严厉的惩罚。这项命令覆盖在商店或其他交易场成交的所有价格。违反物价管制条例者将送交军事法庭审判。执行该条例是省级、市级官员职责所在，这些命令将会在 1 月 15 日完全生效。规定：

“对于 1942 年 11 月 30 日通行的不同市场的商品价格、运输费用和工资，当地政府应将其单独列为限制标准予以冻结。”

“对人民生活必需品的价格特别需要注意，如粮食、盐、食用油、棉花、棉纱、棉布、燃料和纸张的价格以及运输费用和工资。”

缺乏供给手段

虽然实行的新限价措施是仿效英美体系来制定的，但是他们并未同时采取英美国家相关的配套措施来控制通货膨胀。

过去两年来，中国在税制改革方面，尤其在征收土地税方面，取得了实实在在的进步，但征税仍算相对温和，没有对储蓄强制征收美国那种“胜利税”。美国战争债券的销售并未纳入抑制通货膨胀引起的债务数据之内。

由于中国经济是分散型的，各省之间也缺乏交通运输系统互通互联，沈将军要想在国统区内按照蒋委员长的命令迅速建立物价管制机制行政机构是非常困难的。

尽管日本人封锁严密，但今年中国国统区内大部分的农作物收成正常，并不缺乏生活的基本必需品。在没有直接受到战争影响的大多数地区，大米、蔬菜、粮食、猪肉、植物油和砖、木材及其他普通建筑材料的生产基本正常。

中国的纺织品和金属制品短缺，特别是从西方进口的商品非常稀缺。但中国正处于战争期间，大多数此类商品被视为奢侈品，所以它们的稀缺性不被认为是一个严重问题。

由于缺乏燃料、橡胶、备用零配件和新卡车，交通运输制约了粮食充裕省份与粮食短缺省份之间的粮食调剂，例如河南省正在遭受严重的饥荒。总的来说，尽管有封锁阻碍，但是，国统区的经济生活仍可望维持下去。

整体上说，农民表现良好

迄今为止，通货膨胀尚未严重影响到全国范围的人口。中国的农民们正在做与先前一样甚至更好的事情。不论在哪个地方，农作物的生长都很正常。中国农民通常只在本地进行商品交易，他们的人数占中国人口的80%左右，因此，战争只在发生直接战斗的地区形成破坏，导致失业和饥荒，而中国的劳动人民从整体上说尚未感到经济拮据。

据报道，持续就业和货币工资的不断增长，使得劳动者可以应对通货膨胀。现在，大部分国统区内已基本没有失业，商人和小贩们能够继续做生意并获利，虽然那一天终究会到来，即他们所赖以为生的资本正在枯竭。

但是，政府官员、传教士、教师和大批学生都受到了通货膨胀的沉重打击。由于他们是领导阶层维护和提高抗战斗志至关重要的力量，而使他们不堪重负地陷入贫困，是整个国家政治最严重的事情。

边境口岸的海关关税以及其他税收来源被切断，迫使中国不得不重新构建自己的税收体系。通过征收土地税，政府收到了足够的大米来养活军队和政府公务人员。政府工薪阶层被允许通过政府机构来购买平价大米和其他一些生活必需品。对于这个至关重要的阶级来说，这是一个很有意义的举措，但尚不足以补救当前的困局。

第七篇

1943 年

1943年抗战大势

2月2日，苏联取得斯大林格勒战役胜利。2月9日，美国取得瓜达尔卡纳尔岛战役胜利。5月，美英盟军将德意军队赶出北非。同盟国夺取了战争主动权，世界反法西斯战争发生根本转折。日军在中国逐渐失去战略主动权，中国抗日战争进入了战略反攻阶段（1943年7月至1945年9月）。中国对日战略反攻包括局部反攻和全面反攻两个阶段。

7月开始，共产党领导的敌后军民在华北、华中、华南地区，对日伪军普遍发起局部反攻，各根据地逐渐恢复原有的规模。

9月3日，意大利宣布投降，随后投入同盟国一方。德、意、日法西斯轴心实际上解体，日本法西斯更加孤立无援。

10月，中国驻印军在缅北开始反攻作战，以保障开辟中印公路（中国昆明—印度利多）和铺设输油管道。至12月，中国驻印军先后攻取新平洋、于邦等地。

11月，美、英、中三国政府首脑罗斯福、丘吉尔、蒋介石在埃及首都开罗开会，通过《开罗宣言》，要求战后日本归还占领中国的所有领土，包括台湾及其附属岛屿。至1943年12月，日军因兵力严重不足，被迫收缩战线，华北方面军停止向抗日根据地的进攻。

11月2日至12月20日，日军为牵制中国军队对云南的反攻，并掠夺战略物资，打击中国军队士气，纠集7个师团约10万人进攻常德。中国第6战区、第9战区16个军21万人迎战，依托阵地顽强阻击，给敌重大消耗，使日军伤亡4万余人，自己也伤亡5万余人。战役中，中、美空军也出动轰炸机和战斗机支持地面部队的作战，给日军造成很大损失。

这一年大后方的通货膨胀愈加恶化，物价直线上升，各种危机日益加深，民众对国民政府不满情绪日增，民主运动迅速高涨。美国对重庆政府的美好印象也开始崩塌。

“明日”即是“光明日”

爱金生

1943年1月17日

题记：中国人民饱受战争摧残五年半后依然微笑，他们失去了所有的一切，除了必胜信心。

翻越喜马拉雅“驼峰”，你从印度的阿萨姆来到中国的云南，从一群不爱笑的人中间来到一群友好和幽默的人中间。中国人交往时总是满面笑容。在自由中国的这个地区，很多人会对美国大鼻子笑，因为他们把吉普车在凹凸不平的道路上开得飞快，油门轰得太响，冒失得像一帮没有长大的孩子。

中国士兵也开吉普车，但他们是沉稳干练的司机，按任务要求从此地驶往彼处。由于中国面临燃油短缺，美军司机似乎也要按任务出车，但他们开起车来就像醉驾一架蚊式轰炸机，在街道人群中横冲直撞，展现出让人吃惊的驾驶技巧。

偶然会有黄包车夫被吉普车烫人的尾气伤到腿，这时就会听到一阵激烈刺耳的怒骂。但大多数中国人只会一笑置之，以表达他们对这群西方狂人的宽容，毕竟他们和潇洒的飞虎队队员是同族。显然，这帮美国小子是一群狂人，但他们的疯狂干掉了那么多日本飞机。去年春季在缅甸街头的孩子会向你高呼“顶好”，现在又出现在广州、香港和其他那些长期在东京暴政下的城市。“顶好”就是英语OK的意思，他们还用手指给出了胜利的手势。

如果你停在拥挤的街道上，孩子们会将你围住，用好奇的眼神直视你，评论着你制作精良的皮鞋，盯住你滑稽可笑的帽子，或研究你剪裁得体但颇为招摇的御寒外衣。这种审视很可能并不像你以为的那样充满恭维，毕竟，美国人的奢侈对于这些饱受战争之苦的人们来说的确有些不合时宜。

但是，美国人简捷的办事风格被带入他们居住和工作的地方，成为他们的中国邻居惊讶和兴奋不尽的源头。总体上，中国人认为在当前这一特定时期，这是一件好事。

并不是说中国人就不忙碌，他们也是勤劳的工人。作为一个旅行者，他对中国的第一印象就是中国人的行为充满了能量。这或许是因为中国交通运输业以人力为主而造成的印象。在中国军队驻地周围，聚集着许多由中国司机熟练驾驶的美国卡车。偶尔，这些司机会很乐意地让美国背包客搭便车去附近的城镇。有时，这里还可看到运载着沙石、水泥、圆木和果蔬产品的长长的马队。

但是，给美国人留下最深刻印象的，还是那些背着很重的蔬菜筐子沿着道路两边疾步前行的大批苦力，那可是非常原始的劳动。通常早上 8 点以前，苦力们就已经在离镇子五英里左右的地方开始往返运送商品了。他们迈着碎步疾行，呼吸短促，集中精力于他们的工作。有人在城镇里见过一个苦力背着一个大号办公桌，四个苦力用扁担搬运一个沉重的保险箱。

在中国，大量工作是被一群有着个体劳动色彩，遵循着如《旧约》一般古朴而诚实态度的人来完成的，他们的体力用来进行交换。在这里，没有浪费的劳动力，也没有荒废的土地，乡下建筑物周围都是齐整茂盛的庄稼，山丘也被修整成梯田和果园。

记者去过的中国这一带地区，尽管气温并不太低，但那种寒冷却是潮湿而刺骨的。据说日前云南省降下的雪是十年来的第一次，但那里的人们并没有因此而取暖。在被封锁的中国，很少见到有取暖设备的房间。这里取暖靠炭火盆，或是烧无烟煤的铁皮炉子。即使陪都重庆的政府办公室里，也是同样的状况，人们坐在冰冷的房间里，用大衣和围巾将自己裹成一团，偶尔喝一杯热水。外交部政务次长吴国桢和某位军事发言人召开的记者会，就是在一个房门洞开、寒冷刺骨的房间里召开的。

并不是中国人民不畏严寒。身着蓝色棉服和草鞋的农民在太阳还没升起的早晨也会被冻得瑟瑟发抖，值勤哨兵用力握枪，来回急促地走动，目的是保持血液循环。但与中国人比起来，更加感到身体不适的是美国人。历经了五年半

中国遭受严重轰炸的重庆街景。（《纽约时报》原文插图）

中国仍然在微笑。(《纽约时报》原文插图)

的战争，特别是遭受了长期破坏性的大轰炸，重庆已无法提供奢侈的电炉或中央供暖了。

对于过惯了舒适生活的美国人来说，这一切听起来可能令人沮丧。许多美国人也确有这种感觉的。但是，对于一个新来的美国人，还不太在乎生活中的这些小麻烦，因为这些远没有中国人的抵抗精神来得重要。中国人告诉他，去年5月防线崩溃时，他们经历过艰难的低谷。英和美联合对抗日本的效果看起来还不如中国独自抗日更有效。但是，即使滇缅公路被切断，中国人抗战的意志也没有按照外人猜想的逻辑而低落下去。中国人竭尽全力，充分利用一切资源，从不怀疑自己的忍耐能力。他们是那样勤奋、那样乐观，和他们在一起，我们也变得充满活力。

“明天”在中文中也可理解为“光明的一天”。是啊，经过五年半令人窒息的战争，中国人依然乐观。他们在强敌攻击下几乎失去一切，但依然保持着对独立和胜利的信心。也许这就是他们为何仍能开怀大笑的原因吧。

瞩目战时中国工业规划

爱金生

1943 年 1 月 24 日

题记：开发西北和西南迫在眉睫，缺乏重型机械。

重庆 1 月 23 日电：在被日本侵略者驱逐到内地后，中国各地的商业活动和发展规划真是五花八门。商业包括尽可能地利用现有资源和未被敌人控制的工业；规划则指中国为战后西北地区和西南地区发展制订的经济计划。

虽然民国的政治中心一向在东部，但眼下因为形势所迫，不得不迁移到西部地区，那里与外界的交通十分困难和缓慢。在有飞机以前，从北京和上海到印度支那比到四川更容易。并且，用船从国外进口粮食也比从西部省份运粮更便宜和快捷。

尽管中国实际上是一个农业国家，但在战前，大米和小麦在中国的进口货物中占 50%，主要原因就是海运比内陆运输更便宜和快捷。现在，中国所有的海运港口都落到日本的控制之下，所有大型工业，包括东北的钢铁厂和煤矿矿井，扬子江三角洲的纺织厂、面粉厂、卷烟厂和发电站，冀西北的煤矿矿井、纺织厂、水泥厂、罐头厂、玻璃厂和盐炼油厂，等等，也悉数落到敌人手中。

所有这些对中国而言都是巨大的损失，而对日本的工业发展则是巨大的收获。

远东地区的人民比西方人更深刻地认识到，如果让日本巩固他们惊人的胜利成果将会是多么危险。日本如果得到了工业资本、原材料和温顺的劳工，就可以为他们全能的战争机器提供源源不断的动力。

被忽视的富饶国土

在中国对外开放商埠的时期，西北和西南地区是相对落后的。但它们是蕴藏着巨大潜力的农业区：他们拥有全中国 38% 到 49% 的煤铁储量，足以维持一个适当规模的钢铁工业、石化工业和铜、锡、水银、钨、锑、铅、锌、明矾等矿山工业。

在战争时期，想要突破封锁去购置重型机械是不可能的。也正是由于缺少这些重型机械，西北和西南地区的资源得不到充分的开发利用。虽然仅四川一省的水力资源即可达到约 460 万马力，但如果没有安装重型机械设备，这个巨大的水力资源不可能获得开发利用。

重庆坐落在河水湍急的扬子江边，但它只有一个不足以为整座城市供电的火力发电厂。重庆平均每五个晚上就有一次要为部分城区轮流拉闸停电。

中国政府被迫内迁后，不得不集中精力发展西北和西南地区。赶在敌人到来之前，已有大约 6 万吨的工业机械从东部抢运到了西部。煤、铁、铜、石油和酒精的产量在稳步上升。许多重工业企业也投入了运转，此外还建立了工业合作社。

四川出产精盐、蔗糖、丝织品、纸张、火柴、陶器和棉纺织品。这里真是藏龙卧虎之地，建立了许多具有较强技术的兵工厂，能够生产轻武器、迫击炮和弹药。但是，由于缺乏重要原材料和新型生产机械，兵工厂的发展受到了阻碍。在敌人封锁线的后方，中国所有工厂都只能这么临时凑合着保持运转。

专业技术人士深受吸引

战时中国取得的建设成就值得高度肯定和赞扬，但仍然远远不够。国家开发西北和西南地区可能取得伟大成就，这样的前景几乎吸引目前在重庆生活的全部专业技术人士。孙中山先生生前提出了国家发展规划，他为未来中国绘制出了宏伟的蓝图。

正如孙中山先生 20 年前预见的那样，铁路建设是整个战时发展规划的关键。根据交通运输专家们的估计，战后中国每年将建成 2000 英里的铁路。中国还需要新建设的铁路长达 10 万英里。

如果有了成熟发达的铁路运输体系，货畅其流，中国的农业产量可以提高 3 倍。同时，中国的工业化进程也在稳步推进。政府在两年前对西北和西南地区的调查显示，这里能为难民提供几百万公顷的安置土地。虽然这些地区现在依旧缺少小麦，但其他粮食作物比较充足。

通过引进新种子和化肥，向农民传授新的种植技术和农作物疾病的控制办法，政府在努力提升该地区的棉花产量。

根据中美两国农业合作计划，有一批土壤、种子和畜牧方面的美国专家来中国工作。

特稿：中国经济岌岌可危

1943年2月2日

题记：驻英国大使顾维钧夫人请求美国及时援助中国急需的食物和军火。据她说，只有2%的租借物资发往东方，并且其中只有四分之一送达。

费城2月1日电：中国驻英国大使夫人黄蕙兰今天在对美国战争基金的工作人员发表演讲时说：“仅凭美国那一点点可怜的来自美国的援助，中国正处在经济崩溃的边缘。”

顾夫人说，饥饿的中国人民急需食物，英勇奋战的中国军队急需供给，中国抵抗日军的能力将很快达到极限。她还补充道，严峻的现实说明罗斯福总统对美国对华援助的估计不够全面。

顾夫人说，“罗斯福总统曾表示，空运到中国的物资和曾经穿越滇缅公路的物资一样多。但是，他没有说的是，在所有这些租借物资中，中国只获得到了其中的2%，剩余的分配给了英国和俄罗斯。他还没有说的是，即使在这可怜的2%中，也只有一半被运到缅甸，而在这一半中，又只有一半运到中国。”

“总统也并未指出，在这批发运到中国的货物中，全是军事装备和医疗器材，没有一点儿粮食运往缅甸。”

“诚然，中国需要枪炮，然而，严重的经济危机已到了危急时刻，美国不能再拖延援助中国军队的装备和供给了。”她说。

同时，美国不能长时间拖延稳定法币所需要的财政援助。顾夫人声称，“如果为此而发放的贷款不能及时到位，显而易见的事实是只要法币能够购买的物资依旧缺乏，那么，即使输入美国信贷也不能阻止法币贬值。”

顾夫人警告称，“中国如果崩溃了，那么，美国的处境也会十分严峻。而一旦美国陷入危机，盟国将会输掉战争。因此，援助中国势在必行，刻不容缓。正应了那句老话：分裂即败，团结即胜。”

她说：“对盟国而言，比日本更危险的是无情的战争压力。这种压力使得人民饥寒交迫，钞票变得毫无价值。物资匮乏和不断加剧，物价上涨，让人难以承受。”

顾夫人说，中国并不担心定量配给，因为几乎没有物资可以配给。去年的物价表面上只上涨了5至10分钱，但感觉却上涨了5倍、10倍、50倍。

她还说："就你目前所有的收入而言，你根本买不起商店里的东西，而你买得起的东西又缺货。我的继女在中国生活，在红十字会工作。她每月工资是50元，这已超过了很多工薪阶层的收入。然而，一顿饭就要花3元，一码布要10元，一间草泥小屋要3500元。出行坐轿，原本只花6角，但现在要花6元。人们买不起煤，因为每吨煤就要1000元法币。而在重庆，住旅馆每晚要50元。"

另据德国海洋通讯社从南京发回的报道，上周末，蒋委员长及其高级军政官员秘密离开重庆飞往华盛顿。[①] 这段广播被合众社录音并发出。

据报道，中方代表团成员包括重庆政府驻伦敦大使顾维钧，他们将登上美国政府提供的B-17空中堡垒4引擎运输机。报道援引重庆消息灵通人士的话说，蒋介石将要求美国加快发运其承诺的大宗援华战备物资。

来自中国的战地天使

1943年2月15日

穿着蓝色制服、苗条而弱小的陈太太是亨利街护士服务站唯一的中国女护士。昨天，她热切表达了她以医职为荣，并以帮助需要帮助的人为骄傲的想法。

陈太太的中国名字叫"美玉"，意思是"精美的玉石"。她是华中名城南昌市人。然而，日本已经占领南昌。1937年，中国首都南京被围期间，陈美玉在金陵大学医院担任战地护士，而这里每天都会有上百架日本重型轰炸机来袭。南京陷落前，她和成千上万的受伤官兵一起撤离到中国的内部。

1939年她来到美国，在纽约医院接受研究生专业培训。在这里，她与陈先生邂逅，并嫁给了他。陈先生现在是约翰·霍普金斯大学寄生虫学专业的一名学生。

陈美玉女士。（《纽约时报》原文插图）

① 本文叙及蒋介石访美与史实不合。1943年2月，中国军事代表团访美，团长为熊式辉。而顾维钧时任驻英大使，1943年春返回英国途中曾在美国停留。

当记者问病人对她是否配合时，陈太太说：“我早已发现他们总是友好并且默契的。”然后，她指着她帽子上别的徽章——是中国汉字“抱”字，寓意“四海之内皆兄弟”的情谊，而这顶帽子还是25年前由亨利街道服务站收藏的。

蒋夫人祭奠阿灵顿公墓

1943年2月23日

题记：宋美龄向华盛顿总统及夫人陵墓以及无名英雄墓敬献花圈。维农山庄设置安检，罗斯福总统及夫人陪同参观，并在白宫为蒋夫人举办茶会。

华盛顿2月22日电：蒋介石夫人今日在阿灵顿国家公墓为无名英雄墓前敬献花圈，并于第一任总统诞辰210周年纪念日之际，在乔治·华盛顿夫妇墓前献上花圈。

中国第一夫人与罗斯福总统及夫人一起乘坐白宫专车，从白宫出发到阿灵顿和维农山庄，车上飘扬着中美两国国旗。蒋夫人除访问了两大国家公墓外，还沿途浏览了林肯纪念堂与杰斐逊纪念堂。在返回白宫之前，他们的行程一直保密，因此只有很少人看见。

罗斯福总统夫妇陪同宋美龄参观。(《纽约时报》原文插图)

在阿灵顿国家公墓，罗斯福总统仍坐在车里，蒋夫人与总统夫人则移步到大理石筑成的无名英雄墓前肃立，军乐队奏起中国国歌。随着一位号手吹响安息号，蒋夫人的外甥孔令侃替她献上花圈。

在维农山庄，罗斯福总统及夫人向乔治·华盛顿和玛莎·华盛顿献上花圈。蒋夫人在总统秘书沃森少将的帮助下，也代表蒋委员长敬献了两个由中国大使馆提供的花圈。

总统一行随后乘车到达山上已有

200年历史的官邸，罗斯福夫人与蒋夫人穿过房子，步行100英尺来到独立的厨房，在那里待了几分钟。

下午，罗斯福夫人为蒋夫人举办茶会，内阁成员及夫人作为来宾一同出席。

蒋夫人举行新闻发布会

1943年2月25日

华盛顿2月24日电：蒋夫人今天说，中国确实需要美国在武器弹药和食物方面的供应，才能与民主国家和其他各国联合起来，共同抗击我们共同的敌人。

在今早与罗斯福女士共同举行的新闻发布会上，蒋夫人告诉女记者们，中国现在和战后重建都不会向美国、向美国人要什么了。对美国发来的援助物资，她表示感谢。她说，这是中美友谊的真实写照，而中国并没有以任何形式想向美国开口要什么。

蒋夫人接着说，中国人民把美国援助的军火弹药，特别是飞机和飞机维修的零部件、汽油和其他重型装备视作是美国对华友好的表示。中国政府十分重视联合国的作用，感谢联合国为结束战争所做的努力，以及为中国人民所做的贡献。

蒋夫人解释道，中国可以自己生产轻型武器，并且，中国生产的粮食可以自给自足。眼下我们最大的困难是交通。中国虽然暂时处于贫穷的状态，但她是一个自豪的国家，我们并不是平白无故地向美国索要什么。为了战胜敌人，我们唯一需要的是武器装备。

蒋夫人今天发表的讲话是在新闻发布会后回答一些报纸女记者的提问。从第一个关于中国粮食现状的问题，到她怎么看美国对战后的粮食援助的问题，再到她对男女平等的看法，对于每一个问题，蒋夫人都以敏锐的语气一一作答。在发布会的最后，罗斯福夫人请媒体不要引用中国第一夫人所讲的内容。

蒋夫人自己又对记者一些特别的要求做出了回应，谈话内容被禁止公开，而后对一些可以被引用的话进行了授权。蒋夫人在一名女记者询及她对男女平权倡议的看法时，以锐利的语气说道："我从不知道，人类大脑的思维方式可以有性别之分。"

蒋夫人说，在她的国家，她一直激励女性以更多的思考和更大的勇气去争取平等而非要求照顾，但是，她个人强烈地感觉到，因为男人期待女人承担更大的责任，所以应该督促男士们给予妇女更多的平等和话语权。

在桌前和平地讨论女性平等话题时，蒋夫人建议，由于国务活动家们在创造和维护世界和平方面做得很失败，而女性竟然没有一点儿机会参与其中，那么，现在为什么不能至少给予女士们一些机会，让她们也能对终结战争有所贡献呢？

蒋夫人列举了中国近几年来在战争中承受的巨大苦难并保持着忍耐与稳定的事实，说明在中国这样一个具有悠久历史传统的国家里，人民相信精神的价值是永恒的，这是支撑着民族抗战的基石。

最后，在回答罗斯福夫人的问题时，蒋夫人讲述了她关心战争军人遗孤的事情。她丈夫蒋介石委员长和她共同建立的儿童保育院已经收养战争孤儿3万多名。

重庆晴天预示空袭

爱金生

1943年2月28日

题记：打更人敲响铁锣，警告人们收拾好防空洞，以防鬼子来袭，城市平静如常，除了军队，城市无战时的紧张。

重庆2月23日电：此间发布的天气预报是重要军事信息，在重庆很难估计什么时候会是晴天。但是，前不久，晨光出乎意料地透过乌云密布的苍穹凝视着山城，泥泞的道路和潮湿的空气开始变得干燥了。

中山路上，有一个衣服褴褛、勾着腰的年轻人敲着铁锣，提醒着城内的市民们："夏天就要来了，咣咣！"他无精打采地喊道："天放晴了，日本鬼子的飞机就要来了。请腾空防空洞，准备随时躲避空袭。咣咣！"在一个地方通知完后，他沿街向前走了100码的距离，接着又敲起铁锣，重复发出警告。尽管街上的人们都漫不经心，但是他说的是事实。

在过去几周，有15至25架日本飞机轰炸了这个城市的东南部，但没有造成多大的破坏。市民们自然而然地把它当作一个聊天的话题。

经历过无数次的空袭之后，重庆看起来相当的破旧和衰败，从其他地方来的人甚至可能误以为它是一个古代遗址。重庆到处都是在山边岩石上凿出的像蜂窝一样密集的防空洞。冬天，这些防空洞被当成仓库、储物间和工作作坊。如果天气长时间放晴，人们就会把防空洞收拾出来，以便防空警报拉响时，或者山上升起警告信号时，好躲起来。

几周前就响了一场令人虚惊一场的警报。自1941年9月美国飞虎队完全取得了绝对的制空权以后，重庆就再也没有遭受过轰炸。日军飞机不能长途飞行直达重庆。作为中国政府的陪都和国统区的中心，这里仍然是日军想要摧毁和骚扰的地方。

那天，太阳出来以后，这位男子发出的警告并没有引起街上任何人的注意。即便是在乌云笼罩之下，重庆依然不像一个处于战争状态的城市。行走在街上的中国军官，偶尔列队搬运货物的劳工队，中、美两国的军用车辆，还有宪兵队、警察和那些比纽约的门卫更不爱管闲事的武装哨兵，除此之外，重庆一点也没有战争的紧张感。

即便所有财政经费都用于打仗，重庆也会很快恢复它正常的生活形态和令人气恼的官僚状态。如此评判这个饱受战争摧残的城市未免太过残忍，毕竟这是在熬过了脏兮兮、灰蒙蒙的冬天后，人们见到的第一缕阳光。

嘉陵江和扬子江交汇处的重庆，它的生活情景与曼哈顿炮台公园的情形十分相似，人们的生活显得十分闲散。这就是中国战时首都人们的生活场景。当污浊的雾气飘散以后，人们完全从不幸的战争中解脱了出来。没有人再去回忆战争的血泪与汗水。

3000华侨聆听蒋夫人演讲

1943年3月4日

今天，有3000位华人在卡内基大厅出席了中国第一夫人、蒋介石委员长夫人宋美龄举行的演讲会，这里的很多华人是在民国成立以前就离开中国的。蒋夫人用中文讲了半个小时，向他们阐述国家发展的方向。蒋夫人向在场听众保证，中国永远不会停止战斗，将一直战斗到把日本人从中国的每一寸土地上赶出去，战斗到中国每一座城市都从侵略者手中解放出来。

星期二晚上，蒋夫人在麦迪逊广场面向西方听众发表的英文演讲获得成功，那是她康复后第一次出场演讲，身体仍有不适。今天也许是因为她用中文发表演

蒋夫人在纽约卡内基厅出席中华公所举办的演讲会。（《纽约时报》原文插图）

讲，这种没有提前准备的演讲似乎反而使她精神抖擞。演讲中，她离开了一开始倚靠着的讲桌，最终在台上来回走动了起来，她以洪亮的声音抛射出有力的语句，有时显得愤怒，以戏剧化的姿态深深地吸引住了全场听众。

很多人听不懂她的话

在场很多中国听众只能听懂她演讲的小部分，因为她讲的是仅在当代人中通行的、中国官方定义的普通话。而昨天从马萨诸塞州到马里兰州共 200 多个中国会馆挑选出的代表，以及总部在纽约中华公所的代表，他们主要讲广东话。尽管书写形式一样，但普通话和广东话的发音是完全不同的。

中华公所主席刘恩初用广东话欢迎蒋夫人，并在演讲的最后用广东话总结了她的演讲。

蒋夫人对到场的同胞们说，你们应该以身为中国人而自豪，因为中国在抗击日本的战斗中充分地证明了我们的民族是怎样优秀的民族。她提醒侨胞们不要成为不尊重别人的人、傲慢的人。她说，那些已加入美国国籍的华人应努力成为美国优秀的公民，从而向美国人民证明，中国人是值得尊重的、是有价值的。同时，她也对居住在美国的侨胞们并未忘记自己的根脉而深感骄傲。

她说，中国人民永远不会忘记海外侨胞为支持孙中山先生建立民国所做出的巨大贡献，更令人感动的是，在长达六年的抗战中，很多侨胞倾其所有来支援祖国的抗日战争。

她说，中国现已成为联合国的成员国，中国不仅仅要考虑自身的权利，同时，也要自愿承担起自己应该担负的国际责任。

中国驻纽约总领事于焌吉用普通话介绍说，蒋夫人是中西方文化最好的代表。

这次见面会是纯粹中国式的。蒋夫人内穿一袭中式立领的绸缎旗袍，外套一件黑色貂皮大衣，健步走入会场。星期一，她曾穿这套旗袍访问纽约市政厅和唐人街。蒋夫人向在场民众挥手致意后，脱下貂皮大衣，换上一件绸缎翻领的丝绒外套登上讲台。

沿袭中国传统

按照中国传统，这次见面会是开放的。主席台上的人首先背对听众，面对背板上高悬的孙中山先生画像。孙先生身穿长襟大礼服，打着四手领结，他的画像两边悬挂着中国国旗。

在奏完美国国歌和中国国歌后，到场听众一起向中山先生像和国旗鞠躬，有人轻声数着：一鞠躬、二鞠躬、三鞠躬，数得很慢。蒋夫人深深鞠躬，她的头几乎垂到臀部的水平。之后，全场肃立，听于焌吉总领事背诵中山先生遗嘱，遗嘱很短。

见面会后，蒋夫人立即赶回她下榻的酒店未再出来，直到下午出席于总领事于今晚 5 至 7 时在华尔道夫酒店为她举行的欢迎酒会时，才再次现身。

日军并不可怕

休·拜亚斯

1943 年 5 月 2 日

日本人很少投降。因此就流传日本人比其他国家的士兵都要顽强，他们不像白种人一样怕死，他们每天早上都会编组敢死队，他们从不投降。这种传说不过是一个漫画，但它表现了日本人的特点。但就一位个体的士兵而言、日本士兵的身上真的具备了我们士兵没有的什么东西吗？答案是否定的。

他们不是懦夫，而是训练有素的战士。他们已在中国真枪实弹地操练和学习了五年，这些战术经验在后来的马来亚丛林作战及其他实战中发挥了极大作用，并不断获得修正和改进。这种战斗经验，加上与生俱来的好战精神，成为日本士兵现在的主要优势。但是，这种优势也在快速地消失，因为美国和澳洲正在不断改进战术。

打破战无不胜的神话

日本士兵所受过的训练，融进他们简单而有些消极的人格，便产生了这种强韧的特性。他们是机械化的个体，在军事训练中比任何美国士兵更具有可塑性。西方军队的士兵通常具有不同的宗教背景，个人主义思想浓厚，而日本军人的佛教信仰使他们相对而言较能接受宿命论的思想。因此在战场上，日本士兵在走投无路的时候更倾向于选择死亡而不是投降，这有时是一种优势，因为这种激进极端的思想和本能是我们的士兵所不具备的。当然，我们的士兵也有日本士兵缺乏的东西。要想了解日本军人，必须将他们放在一些特定的观念之中来进行研究。

在南海前线的战斗中发生过这样一件事，一位日本军官和一名日本士兵都被俘虏了，其中，士兵因伤重而亡，死前未留一句话。而日本军官被俘时说：“我是一名日本军官，立即杀了我。”他的发音引来一片哄笑。当然，这可不是这个故事的重点。这位军官很清楚他自己在说什么，但他的发音糟糕透顶，因为对一个土生土长的日本人来说，要将“立即（immediately）”一词的英语发音发准确十分困难。

他没有被枪毙，但变得成日闷闷不乐。这种情绪在逮捕他的人看来简直不可思议，并对这个毫不感激获得生存机会的日本军官十分不满。但是，了解日本的人都不会对此感到惊奇。他们知道，在这名军官看来，自己被俘后，在日本就永远也抬不起头了。他受过的教育是，日本士兵举世无双，可血战到死，绝不会被俘而苟且偷生，并且，皇军永远战无不胜。但是他呢？他既没有战无不胜，又没有英勇赴死，而敌人也没有枪毙他。因此，这名日本军官幸存下来后，变得孤僻而忧郁。惶恐不安的思绪一直纠缠着他，他感觉军队、国家、媒体仿佛都盯着自己，看着这个曾经是战俘的、肮脏不堪的自己。

他受过的训练用图文并茂的方式无数次地告诫他，身为日本皇军这个世界上最强军队的一员，应为日本帝国英勇牺牲，并与东京靖国神社里所有士兵的灵魂同在，这才是优秀的日本军人。在内心深处的潜意识里，他坚守着一种永恒的信仰，想象着自己在那里，虽不见其形，却以某种方式存在那里，与民众、亲人和朋友同在。他们会在节日里齐聚神庙，追悼他们的牺牲。

顺民变成鬼子

这些士兵在日本国内都堪为模范公民。每年入伍的日本年轻人都经历着从乡巴佬儿到士兵的蜕变，他们走出营房来到东京的大街上闲逛时，会艳羡地看着那些琳琅满目的百货商店、大玻璃窗、高楼大厦、国会议事堂，还有很多让他们惊奇不已的东西。他们的军服从来就没有合身过，那些个头瘦小的士兵经常从身材较大的士兵手里得到自己的裤子；军鞋非常结实、厚重、耐穿，许多从农村来的士兵甚至从来都没穿过鞋。经过了几个月的军事训练和军队生活后，他们的裤子不松了，鞋子磨破了，这些乡巴佬儿也开始变得像个士兵了。

他们经常成双成对地在城市里走动，安静而循规蹈矩。你经常可以在神田的旧书店里——“法式拉丁区”——看到他们。他们花很多时间在书店里细细阅读，最后买下一本便宜的书。你从来不会看见他们喝得酩酊大醉、在街上大声吼叫或大打出手的样子。对华战争爆发后，舞厅都被关闭了，不过，其实这些乡巴佬儿也不会去舞厅。

对于只在日本见过这些士兵的外国人而言，他们一开始很难相信日本士兵在中国的残忍行径。据与这些士兵关系亲密的人解释，这种在日本谦逊有礼、在国外行径野蛮的反差是由于观念所致——那些被精心植入日本士兵大脑、并深藏在那些年轻苍白的脸庞后面的观念。

有机会观察日本士兵的美国人都知道，他们一到国外就十分容易把国内那一套行为方式抛在脑后，变成残暴无比的家伙。在美国1919年赴西伯利亚的远征军中，有一些士兵曾去过日本，并且能说一口流利的日语，称他们为亲日派毫无争议。奇怪的是，他们在那里亲眼看到了日军士兵的野蛮行径，与他们在日本国内的传统方式大不相同。但当他们用日语和这些日本士兵对话时，后者的举止一下子就变了，他们开始为自己的行为感到羞愧难当。

残忍是日军的武器

野蛮和残忍是日本士兵在国外战斗的重要武器。军训灌输给他们这样的理念，即军人在国外必须将自己也化身为野蛮人，在所经之地大肆开展恐怖行动，

残暴是日本士兵的武器。（《纽约时报》原文插图）

以此向所有人展示日军的力量和声望。

他们在家乡的那一套行为方式绝不对外。在日本以外，这些士兵代表着日军，而他们的敌人都被贴上了恶毒的“蟾蜍”的标签。如果一名日本士兵变成了一个残忍的鬼子，说明他训练成功了；如果他不是，那么他不久后也会被训练成一个鬼子。在他的自我意识里，大日本帝国已将无尽的神力部分地赐予他，让他代表皇军战斗。

日本士兵有双重人格。在国内，他们是社会的一员，生活在一个被各种禁忌和律令所包围的、僵硬的社会结构之中。当来到国外，脱离了这个社会结构后，他们也就摆脱了所有的束缚。在国外，他们全副武装，代表着优等民族，这补偿了他们在国内受到的压抑。

在国内，他们是徘徊在东京街头举止文雅的顺民；在国外，他们是在北平和香港大摇大摆、极度残暴的无赖。这种差异表明日本士兵的“顽强”特性是后天习得的。当我们称日本人为鬼子时，我们弄错了一件事，实际上，他们是把“野蛮”看作战斗的武器，建立在对外作战的目标之上。在这种精神外衣的装扮下，一群普通的日本年轻人顽强搏杀，完全忽视道德仁义，并习惯于服从。当他们不服从于某个人时，他们就会服从于传统，没有丝毫的创造性。

日本不是自杀国家

也有过这种假设，即日本人比其他民族有更强的自杀倾向，比较而言，他们更不怕死。但这种假设和推测是错误的。日本的自杀率在世界上处于中等水平，在正常年份时比德国的自杀率低。而德国的自杀率之所以高，是因为其学生惧怕考试，经常过度沮丧和抑郁，不能面对未能取得学士资格以后的生活。

戏剧性的殉情在日本是一种普遍现象。多愁善感的日本人将这种悲剧看作是一件庄严的事，虽然他们自己也说不明白其中的要义。有这么一个故事，一位公司职员偷了老板的钱，用这些钱去赎了一名艺伎。后来，他劝说这名艺伎与他一起自杀，因为他们无法面对未来的生活。佛教徒并不希望在自杀后下地狱，而是希望得到新的转世。他们将死亡看作是新生前的黑暗。

按照这种说法，自杀似乎会在日本流行起来。但实际上，人类与生俱来的求生欲望是强大的，日本人也不比其他民族更倾向于选择极端的出路，即使军人也不例外。1936 年的东京叛乱[①]就证明了这点：在叛乱军官降下旗帜、士兵纷纷投降后，香椎将军在屋外等了 1 小时 40 分钟才进去见军官，他给了他们一个恢复军队荣誉的机会，即希望他们自己剖腹自杀。但是，只有一位军官当场自杀，而其他人却宁愿多活几周。

美军有更强的战斗力

在太平洋战争前期，日本士兵的顽强是训练的结果。他们将中国战场上亲自实践过的战术运用到马来亚的战斗中。但现在，美国海军陆战队和澳大利亚军队已经学习并改良了他们的战术，证明在单兵格斗、小队战斗中，我们的战斗力比敌人更强。一旦熟悉了战斗环境，我们的士兵就能占尽优势。我们的士兵更高大强壮，伙食供给也更有保障，而且更习惯主动而快速地思考并制订作战计划。我们的士兵在体能上、精神上有强大的力量，并且掌握了大量的先进武器。

有时候，如果美国军官将日本俘虏喂饱了然后再放他们逃走，或许是个有用的办法。因为这些逃走的日本士兵会将他们的亲身经历告诉其他人，或许就会有更多的人愿意投降了。

川藏运输线开通

1943 年 5 月 13 日

印度新德里 5 月 12 日电：经过长达数月的谈判后，西藏地方政府暂时放弃了先前的关门政策，同意来自印度的非军事物资经西藏运往四川。这是今天刚刚公布的消息。

物资将由畜力运输，途经平均海拔高达 12000 英尺的险峻山道，故经这条路

① 1936 年 2 月 26 日，日本发生一次失败兵变。陆军的部分青年军官率领千余名士兵攻击了首相、财相和天皇侍卫长等高官，并包围了陆相官邸，占领了东京重要机关，史称“二二六事件”。这是日本近代史上最大一次叛乱行动，也是日本法西斯主义发展的重要事件。叛军最终于 2 月 29 日缴械投降。

线运输的物资将十分有限。据称，西藏承运人将从印度边境接收物资，并将其安全运抵川藏边界。西藏地方政府同意在货物通过西藏期间承担全部责任。

广州破城，四胞胎诞生

特尼恩牧师

1943 年 5 月 16 日

医学研究者格鲁利希推算出五胞胎的存活率为 5700 万比 1。医学史上记录在案的四胞胎有 50 例，存活仅有 2 例。而医学史迄今记载过 6 例六胞胎，无一例存活。

然而，世界上还没有哪个多胞胎的出生像下面这个四胞胎出生时的环境那样神奇和不可思议。邱美国、邱英国、邱中国和邱苏联是四胞胎，他们的妈妈是现居韶关的邱石红，是一个好逸恶劳的小杂货店老板的妻子。四个孩子出生时，日本正在炮轰广州。

一直以来我在重庆为美国援华联合会工作，最近在这里意外地遇到了邱家。我惊讶地看到，四胞胎个个小脸红润，健康茁壮，他们已经 5 岁了——而在这片土地上，新生儿死亡率高达 200‰。为躲避日本侵略者，他们的父母一路拉扯着他们，艰辛跋涉数百英里才逃到此地，而孩子们显然毫发未损。

1938 年 9 月底的一天，日本人在广东大亚湾登陆后，疾速朝向广州推进。行进途中，他们的纵队就像耙子一般，把沿途一切值钱的东西都搂到一起，供紧随

玩耍中的邱家四胞胎。（《纽约时报》原文插图）

其后的车队装车运走。

一名新教牧师伤心地看着他们把音乐学校的钢琴装上卡车。当地的中国人早在日本人到来之前，就像受惊的蚂蚱一般逃走了。我眼瞅着他们如同潮水一般涌出被占区。

在离开广州的路上，有一家人光脚赤足地匆匆赶路。邱爸爸的肩上挑着一根长长的竹扁担，扁担两头各挑着一个沉甸甸的筐子。里面装着他的所有家当和小儿子。

他那极具忍耐力的、身材瘦小的妻子邱石红，艰难地跟随在后面，在秋老虎肆虐的高温下，她满身的汗水和尘土。两个小崽一边一个，紧紧抓着她的蓝裤子，她怀里抱着包袱，病着，但咬紧牙关一声不吭。

日落时分，邱家人在广州城外停下来休息。邱石红轻轻地告诉丈夫："该生了。"

邱先生知道他必须抓紧时间赶路。有人告诉他在离此不远的白鹤洞有美国医生和护士在照顾难民。邱女士的头三个孩子出生时，都没有接受专业的医疗帮助，但在白鹤洞，他们没有朋友，没有住房。这次是美国人收留了他们。

在邱石红分娩的两个小时内，日本零式战机和爱知 99 型战机在空中呼啸而过，狂炸不停。在这两个小时内，邱女士生下了四个婴儿，每半小时一个——一个男孩，一个女孩，又一个男孩，又一个女孩。医生和护士们忙个不停，完全忘记了震耳欲聋的爆炸声。

邱石红此前一直坚毅少言，但她现在哭了。医生困惑不解，他说："现在没有必要哭啊，小妈妈。已经没有危险了，一切都结束了。"邱石红仍流泪不止。

"你说生一个孩子要给 5 美元，"她颤声道，"我从没想过要掏 20 美元。我也从来没有过 20 美元。"大块头的美国医生被逗得哈哈大笑。

"不收钱的，小妈妈，"他向她保证，"我们还要感谢你呢。我们很荣幸帮助你接生了两对双胞胎。"（英文里没有四胞胎这个术语，"两对双胞胎"是最接近的表述。）

四个孩子最早分别取名为国强、国英、国权和国兴。字面意思是强盛之国、英雄之国、独立之国和繁荣之国。中国人常在一生中的不同时期改名字，四胞胎后来按联合国发起国的名字改成邱美国、邱英国、邱中国和邱苏联。

离开美国医院后，邱石红和丈夫搬到已被日本人占领的广州。依靠救济款，加上邱妈妈在一家小店里打工——因为邱爸爸游手好闲——她拼命维系着一家的生计，直到四胞胎 3 岁。她痛恨在离日本人太近的广州生活，她要设法逃走。

在韶关，基督教青年会的 E. H. 洛克伍德和当地救济委员会接待了邱家。省长太太李女士提议可将四胞胎送到“战时孤儿院”，但遭到邱石红严词拒绝。她绝不会让孩子离开自己的视线。

洛克伍德先生筹集了 500 美元，供邱石红盘了个草棚路边店。他给蒋夫人发了电报，但电报没有到达蒋夫人之手，处理电报的一位秘书回复说，“我们的预算中无款可拨给四胞胎”。广东省政府出面给邱家提供了住处，并通过每年拨发津贴照顾四胞胎。

邱夫人在一系列好运临头之后来到洛克伍德先生家，她要归还他筹集来的 500 美元。他说，“你还是留着吧。那些通过美国援华联合会捐钱给你的美国人希望继续帮助四胞胎”。

邱爸爸现在活得像大爷一般，他更加无所事事。大部分时间他都吸着一根近 5 英尺长的竹烟筒，一遍又一遍地讲述在日本枪林弹雨下两对双胞胎降生人间的冒险经历。

中国要求无条件归还台湾

1943 年 5 月 16 日

重庆 5 月 15 日电：今日，中国独立报纸的翘楚《大公报》就《时代》和《财富》杂志战后规划师约翰·杰瑟普的一篇文章发表社论，重申了“台湾战后必须无条件归还中国”的观点。

数月前，当杰瑟普先生提出台湾应由“国际共管”的计划时，招致《大公报》和重庆城内几乎每一位能说话的人异口同声地反对。

在《大公报》今天刊登的社论中，杰瑟普先生收回了他原来的一部分言论。他认为，如果中国能够提供台湾作为基地，建设一个包括夏威夷在内的跨太平洋防御机制的话，那么中国可以拥有台湾的主权。但是，中国仍然抱有这样的担心，即英美不愿意归还中国认为应属于中国的东西。

杰瑟普先生质疑，台湾在跨太平洋防御机制中的战略价值应置于其他考虑因素之上，《大公报》对此予以驳斥：“他的思路是这样的，如果为了战略价值考虑，为什么不能放弃个人的自由？”

《大公报》的社论反映出重庆知识分子的思想：首先，打败日本就必须摧毁它再次发出军事威胁的可能性；其次，防御体系的建设与国家的领土主权是两回事，必须分开。也就是说，必须等到台湾归还中国后，才可商议建设防御体系的问题。最后，以朝鲜为例，虽然它在战略上具有极大的价值，但是，中国从未建议将朝鲜置于托管的局面之下，而是大力支持朝鲜人民的民族解放运动。

鄂西会战基本结束

1943年5月29日

题记：当日本突袭距陪都200英里远的恩施时，中国战机轰炸了宜昌。敌人增强攻势，东京宣称在华中地区取得大胜。

重庆5月28日电：根据中国方面的报道，今天，当中国军队努力阻止日军对首都重庆的进攻时，13架敌机飞临重庆东北部200英里的恩施，投下了延迟爆炸弹。

中央社宣布，中国的轰炸机和战斗机袭击了宜昌，对宜昌港的日军造成了可观的损失。所有飞机安全返航。

一份中国公报宣称，中国军队正在宜昌以西地区与日军两个师团搏杀，据报道，在周二和周三的战斗中，日军阵亡1000人。此外，这份公报说，中国已在宜昌东南部75英里的澧县以西夺回了几个据点。

据当晚宣布的消息，军政部次长和中国顶级战略家之一的陈诚将军，在这场新的战役中指挥军队对日作战。同时，中国当局认为日军发动的这场进攻是敌人进攻重庆的序幕。陈将军1940年受命担任第6战区司令，负责包括湘西和鄂北区域的防务。他将指挥部建立在日占区外湖北一个剽悍的少数民族地区内。现在湖北省的这个地区在华中地区和中国西部的抗战中发挥着至关重要的作用。公报宣称："从战略上讲，这个地区现在是重庆防御的主要堡垒，同时也是守卫扬子江沿岸和国家国土的主要堡垒。"①

① 1943年夏季，日本第11军为打击中国第6战区部队进行的一次进攻战役，时称"鄂西会战"。日军机动利用兵力，用各个击破战术重创了中国军队第6战区的第29集团军、第10集团军和江防军，将掠获的大批船只下行。鄂西会战历时月余，第6战区以10个军的兵力抗击了日军约5个师团兵力的进攻。日军沿扬子江向上游进攻，第6战区及友邻部队夹击日军，歼灭敌军约4000人，本军也损失惨重。鄂西会战结束后，中日两军各部队都先后返回原驻地。中国第6战区的部队收复了所有曾一度被日军侵占的地方，双方恢复了会战开始前的态势。

日本宣称取得大胜

东京广播昨天报道，在宜昌附近的扬子江战区，中国装备精良的第 18 军将会被歼灭。据报道，在鄂西会战的 20 天里，中国的第 87 军和第 97 军已被基本摧毁。此外，位于宜昌西南 35 英里的渔阳关和长阳也已被日军占领。这个由美联社报道的广播还做出了日本在这场战役中取胜的其他声明。

重庆遍体鳞伤，但坚贞不屈

爱金生

1943 年 6 月 6 日

题记：临时建筑遮住了废墟。人民背负重担，重庆继续坚持。

6 月 6 日重庆电：重庆这座城市本身是否具有吸引力无关紧要。早在 1937 年，国民政府避难到重庆之前，这个两江（长江与嘉陵江）交汇处的狭长山城仅有 30 万人口，而今，生活和工作在这座古老城市里的人口已逾百万。不少新居民仍念念不忘他们更为宜人的故乡，比如上海、北平、南京，以及坐拥浅水湾的山城香港。

虽然居所摇摇欲坠，冬天乌云蔽日，夏天骄阳灼人，但在这些新居民看来，来这里生活只是战时的流亡。重庆向来不是为舒适快乐的生活而设计的，但是这样一个居住着百万人口的地方，也不是用一句尖酸刻薄的“鬼天气”就能随随便便一笔带过的。

中国人向来生活在众目睽睽之下，在重庆的每个角落都能看到这个特点。沿街店铺的大门都是敞开着的；人们在露天的饭铺里端着碗吃饭，周身全是腾腾热气饭菜味道；铁匠日复一日地敲打着铁器，而他的小棚子基本就开在大马路上；而裁缝呢，就在你的身边踩着缝纫机。成百上千的小商贩把板凳往人行道上一摆，就做起了买卖。他们上无片瓦，冬天一身雨，夏天一身汗，高声叫卖的水果、烟草或者其他的七零八碎就堆在筐子里。

在通往美军指挥部的一条主干道旁，有一个敞开式的车库。车库的一角，一位老年的妇人在纳着鞋底，另外两名男子在修鞋。他们就这么稍稍挤进别人的地盘，你很难说他们算不算有一个遮身之处。但这就是他们的店铺。他们每天早晨带着一筐子材料和工具来到这里，在这里吃饭，在这里和蹲在地上的街坊们摆龙门阵，在这里忙忙碌碌，从日出忙到日落。每天他们制作鞋底的皮料都会消耗掉一截，他们是即兴而为的手艺人。

由于有市场需求，重庆的商贩从未绝迹。经历过日本轰炸的老兵们说，往往在空袭警报解除后15分钟，小商小贩和手工艺人们就能各就各位继续他们的买卖了。甚至夜深了，在潮湿黑暗的地方连走路都成问题了，还隐约可见摊贩们就着煤油灯微弱的亮光在板凳后面使劲地吆喝着。透过店铺门板的裂缝，你能看到商人们就睡在柜台上，周围堆满了货物。

由于燃料短缺，重庆的运输业主要靠人力和风力。在西方人眼中，这可能是这座城市生活中最生动鲜活的一面。这里也有一些汽车，多是新近舶来的美国款式，也有一些归属于中国军队或者美国军队的卡车，还有一些破破烂烂、咔嗒乱响的公交车。公交车发车频繁，喇叭声尖利刺耳，大团大团油腻的黑烟从排气管中突突地冒出来。靠窗的乘客算是幸运，能够把头伸到窗外吸上新鲜一点儿的空气。

重庆的运输业全靠人们像奴隶般一路小跑的双腿。毫无疑问黄包车夫，要算是这一行当中的贵族，他们路远的不拉，不想去的地方不拉，钱少的不拉。遇到陡坡，他们一边聊着天，一边吃力地慢慢地往上爬。下坡时，他们一蹦三跳往下冲，那种无所顾忌的步子看起来真是精彩又刺激。

重庆的散货全靠这些苦力们来搬运，他们除了偶尔放松一下双肩或者歇口气，鲜有停下来的时候。在重庆，几乎所有货物都背负在这些人的脊背上，或是在棒棒两端几乎垂到地面的大筐里，比如盖房用的梁柱、木材、石头、煤炭、水、农产品、家具，偶尔还有四名或者更多的苦力在搬运重型机械。一些较为笨重的货物需要装在双轮车里，由三四个人弓着腰，脸都快贴着地面了，齐声哼着号子，才能缓

中国人用脊背扛起一个国家的重负。（《纽约时报》原文插图）

空袭之后，茫然的小男孩查看已变为废墟的家。（《纽约时报》原文插图）

慢地拉上高坡。重庆大约有一半的人在背货啊！如果算上背着篮子的老妇人和双肩背着小竹篓沿街奔跑的孩子们，这个数字非常惊人。世界第一大国的所有重负全靠人来背扛肩挑，在当今的机械时代，让人不忍目睹。

如今，重庆这座城市并未瘫痪。但是三年来遮天蔽日的日本轰炸机时常进行狂轰滥炸，使得重庆残骸遍地。曾经的整幢建筑，如今只剩下孤零零的几根柱子。街道旁到处是残垣断壁和摇摇欲坠的房屋。千百栋建筑的外墙灰泥都已脱落，如果不是有几根粗陋的板条，根本分不清哪是室内哪是室外。但是面对生活空间的压力，人们不会让重庆一直躺在废墟之中。新的建筑遮盖住了那些砖石瓦砾和残垣断壁。这些新建筑看起来荒诞古怪，可不是什么战争遗物。

由于建筑材料有限而且价格不菲，多数新建筑建得很随意。把竹条固定在一起就是房屋的框架，墙是用模具夹制而成的，屋顶则是茅草或者泥瓦。这样的建筑，即使再次被炸，损失也能承受。再者，等战争结束政府搬迁后，它们也没什么用处。现在的重庆可不是按百年大计来建设的。

尽管重庆在人们眼中并非美丽的城市，其自然环境却堪称秀美。重庆地处在崇山峻岭之中，山脚下两江交汇，江面上，舢板、帆船、蒸汽船追波逐浪。每年到了这个季节，洋槐树和白杨树绿意盎然，芭蕉树枝繁叶茂，散发着无比清新的香味。花园谈不上豪华，却有丛丛鲜花怒放。街道的拐角处，小贩正在兜售鲜切花，这给污秽的街道增加了令人感动的一抹亮色。

艳阳高照之时，遮阳帽和色彩鲜艳的遮阳伞出现在街头，一些反应过激的男人干脆换上了短裤，似乎还挺管用。不论白天黑夜，大街上、山坡上、千千万万个台阶上，到处都是熙熙攘攘的人群。人们对自己所做的事情或许喜欢，或许不喜欢，但都别无选择，因为这样的生活模式由来已久。这些终日劳碌的人们身上呈现出一种不安和忧郁相互交织的美。

很多人尽管被重担压弯了腰，却没有人使用日本垫肩（yoke）[①]。

① 这句话有多重意思。除了字面意思，yoke 还有“屈从”“枷锁”“奴役”之意，即人们虽然为生活所累却绝不屈从日本侵略者，不愿受日本奴役。另外，Yoke 也是日本的一个姓，中国人虽然受尽侵略和压迫，却绝不会投靠日本人认贼作父。

中国军队反攻宜昌

1943年6月6日

合众社重庆6月5日电：中国最高指挥部今晚宣布，日军在华中发动的大规模进攻即将彻底失败，中国军队现已收复敌人进攻的重要基地——公安，并在宜昌郊外发起了猛攻。扬子江南岸沿线135公里的侵略者已被肃清。

柏林广播电台东京站引用在华日军司令部的声明：日本军队发动的夏季攻势已经“完全达到既定目标，并将在一个月内结束”。它还宣布，日本俘虏中国军人5923名，并在洞庭湖西部地区消灭中国士兵36330名。

公安是日本以重庆为最终目的、发动多路进攻的基地之一。昨晚9时，在半数日军被消灭后光复，残敌向东北方向慌乱撤退。

公安位于宜昌东南方向67英里，是日本在这一带建立的主要作战基地，也是敌人攻入华中后往西达到的最远地点。在扬子江南岸光复包括公安在内的8个据点，意味着中国军队基本收复扬子江南岸至洞庭湖地区，目前敌人在洞庭湖北岸保持住4个据点：华容、石首、藕池口和汨罗市。

根据前方报道，正逐步逼近胜利的中国军队已开始进攻藕池口。一旦得胜，即可对日军在南岸掌握的其他3个据点实行迂回和包抄。据报道，中国军队已经抵达藕池口镇的郊外，激战已拉开序幕。

另据报道，日军早在被称为“中国对日持久战的伟大胜利”之前就已逃走，并遗弃了大量供给物资。

根据中国军方发布的战报，中国军队已对宜昌外围防线发起攻击。宜昌位于湖北省西部，人口约10.8万。中国军队强渡扬子江，抢占了城西北郊区的梅子垭。中国军队在战斗中消灭数百名日本士兵，并在星期五的战斗中缴获大量军需物资。

据中央社从前线发回的报道，星期四上午，中国军队身着便服，对宜昌发动了一次大胆的“打了就跑”的突袭。他们在仓库、兵营和油库放火，“让整座城市陷入一片混乱”。

据新闻通讯社报道，在中国军队攻下梅子垭时，日军阵亡500人。据说在星期五的攻击中，其他的中国军队在距宜昌东北35英里呈扇形展开，向当阳城穿插。但是，相关机构并未披露这次进攻的结果。

据中国战报，驻扎在鄂北的其他中国军队监测到一支敌军在逼近。这支日军来自汉口东北 100 英里的随县，正向北开进。但据战报，敌人在星期二晚上停止了行动。

重庆人买不起新衣

爱金生

1943 年 6 月 10 日

题记：工薪阶层只能买仅够维持生存的大米和其他食品。

重庆 6 月 9 日电："在重庆，一个月的基本生活开销是多少呢？"一个美国人在闷热的办公室问道。

显然，许多重庆人都生活在不幸的贫困中，也有些人像美国人一样过着相当奢侈的生活。但在打听了许多朋友的私事并征询他人意见后，让我们做一个武断的假设吧：重庆中下层老百姓每人每月需要花费 3000 法币来维持生存。

按照官方汇率，3000 法币相当于 150 美元，但这几乎不能向人们展示重庆真实的生活水平。众所周知，官方汇率只是一个人为设定的数值，不能真正地衡量人民币和美元的平价购买力。我们需要更多当地的信息去了解一个确切的事实：重庆人民正在经历极端的经济困难。

今天的物价指数是 1937 年的 82 倍，一些商品如大米比 1937 年贵了 100 倍。

但中美标准明显不同，也许我们不应该拿美国的生活状况进行对比，应该用战前中国的生活开销进行比较。10 年前，一位美国传教士可以养得起整个家庭，同时供养许多仆人，每月还可省下 85 美元。但现在的美国传教士就同中国的大学教授一样十分贫困。他们没有一个人会假装穿得很体面，而且他们当中还有许多人填不饱肚子。

工薪阶层在重庆人口中占有较高比例，但在国统区的人口中却只占百分之十。他们过着斯巴达一般清贫的生活，只有简单的居所，没有其他的奢华装饰。在重庆，到处都可以看到亲戚朋友群居在一处，为的是减少生活开销。

最近参加了一个 15 人的晚餐。一对已婚夫妻拥有一间房，但其他人就必须三四个人去挤一间房。

而要购置一件新衣可能会花去整个月的工资，一些白领如要购买新衣服可能会花去一个银行经理整月的工资，所以几乎没有人会买衣服。就拿一个管理着重要工厂的政府高官来说，他穿的衣服是参军的朋友送的，而他每个月的工资只够买他和小女儿的粮食。

在适合穿棉质、宽松衣服的夏天，工薪阶层似乎不那么寒酸。中国旗袍设计得如此美丽，以至于我们不会看到那么多邋遢的女人。但是就像上海人民一样，极高的生活消费是重庆人民每天需要面对的问题。

工资的上涨永远赶不上通货膨胀，因此许多大单位如银行会给他们的雇员提供住宿。而政府会以票面上的汇率向公务员出售大米、盐、煤和其他生活必需品。

不同的人对现在的状况有不同的感受。但每个人都认为，现在的生活状况穷困不堪，已经超出了人们的忍耐极限。对此，当许多西方人在为战时中国高度组织化的新式经济叫好时，许多中国人却忧心忡忡。

梵蒂冈谴责日本虐待传教士

1943年6月20日

昨日，梵蒂冈广播电台根据美国政府的监控报告对德国广播称，天主教传教士在中国被占领土上遭到了日本的虐待，对此表示谴责，并批评意大利政府实行的“贫困的道德价值观”。

就日本虐待传教士一事，据该电台报道，比之于未被日本侵占的中国领土，在中国日占区，传教士遭到残害情况日趋恶化。而其中拥有美国合法公民身份的传教士遭受着尤为残酷的迫害。

报道称：“中国传教士的处境很大程度取决于他们所在区域是否被占，是否拥有合法公民身份，或者是否隶属于某种特权阶层，这些都使得其境遇截然不同。真正的中立常常是不存在的。”

据报道，在香港，有成百上千的中国人死于饥饿，甚至发生了自相残食的事件。一个美国教会有15名传教士被拘留，日方回应说“正在考虑”是否将他们遣回美国。但同时，身在香港的法国传教士的处境则好得多，他们需要对“山姆大叔”施以援手。当美国军队夺回所罗门群岛的一个岛屿时，他们发现有两名神父和两名修女被屠杀。

来自华盛顿“全美天主教福音会”的报告称，据一名在南洋秘密基地工作的随军牧师特伦斯透露，他从一份发往华盛顿圣母神学院的官方报告中获悉，在图瓦卢的瓜达康纳尔岛，有四名传教士被日本士兵用刺刀刺死。特伦斯牧师说，他们被杀的原因是拒绝帮助日军向美国陆军传递虚假情报。

在梵蒂冈的广播中，明确表明决不允许这些情况在其主教区内发生。由于缺少神职人员，有很多教堂被迫关闭了。

该广播引用了梵蒂冈一家报纸发表的评论来解释这些奇怪现象，宣称“宗教发展前景令人担忧”。缺乏神职人员是因为人们道德缺失，原因可归结于以下几点：一、贫瘠的道德观和理想价值观；二、人们在家庭生活和教育上逐渐丧失了对宗教的虔诚信仰；三、在生活领域，大众的道德水平普遍下降，内心浮躁；四、物质享乐主义泛滥；五、缺乏对神职人员社会使命的认知感。

中国军备简陋，但士气高昂

爱金生

1943 年 7 月 8 日

重庆 7 月 7 日电：正如政府发言人昨晚在新闻发布会上所说，中国正以昂扬的斗志进入战争的第七个年头，而这个事实是简单明了的。中国的有识之士毫不怀疑，日本终将被打败。许多中国人确信，日本领导人已知他们必败，此刻只不过是在争取时间并企图取得更多的谈判筹码。

但有必要意识到，中国人士气昂扬与去年外部世界发生的事件有关。联合国所有在中国境外获得的重大胜利，都将加速日本最后的失败。中国的未来也许是光明的，但此刻它的形势是暗淡的，并且遭遇的封锁也未能破除，这导致它在军事上陷于僵局，经济也疲软不振。

外援十分重要

由于所有为中国装备更具杀伤力武器的计划都取决于它与盟国的交通供给线路是否畅通。1940 年 5 月的战役失败，导致滇缅公路关闭，[①] 这仍是远东战争的巨

① 1940 年日军占领越南后，滇缅公路成为中国唯一的陆路出海通道。日本为了全面封锁中国，威胁和利诱英国政府关闭滇缅公路。“1940 年 5 月的战役”指英国在德军的进攻下西线防线崩溃，引起敦刻尔克大撤退。英国为避免与日本冲突，对日本妥协，双方签订了封锁滇缅公路的协定。1940 年 7 月 18 日英国关闭了这条抗战最艰苦时期中国最重要的战争物资供应线。经中国政府与英国政府谈判，1940 年 10 月滇缅公路再次通车。日本随即对滇缅公路轰炸，英国与日本在远东正式交战。

大灾难。虽然空运能够将货物如涓涓细流一样不断地运送进来，但它不可能为中国这样一个庞大的国家带来充足的供给，而且，重型军事装备和弹药也难以通过空运运送进来。

事实上，苏俄已完全被对德战争牢牢地吸住，这也阻塞了从远离重庆 3400 英里的阿拉木图向中国运送大量战略物资的陆上通道。大型军事装备和物资也不能如原来设想的那样，经过伊朗和苏联西伯利亚铁路进入中国。

在六年多时间里，日本尽管一直未能彻底击败中国，但它几乎瘫痪了中国，而且从一开始就对冲了中国的每一个反攻计划，为其制造出巨大的困难。

在纪念“七七事变”发表的声明中，精力充沛、办事高效的交通部长曾养甫[①]博士谈及当下中国一些活生生的现状：中国铁路里程为 12400 英里，目前仍由政府掌握的微乎其微。战前，中国沿海及内河航运量为 150 至 200 万吨，现在扬子江上游等水域继续在中国控制之下的运力只剩 11 万吨。

运输车辆奇少，燃料奇缺

战前，中国公路通车里程为 6.7 万英里，目前国统区通车里程为 4.7 万英里，并在年内成功建筑了 3700 英里的道路。然而，包括军事运输在内，国统区内只有 2 万台汽车，它们中绝大多数由桐油、酒精和木炭来提供动力。车辆在简易粗糙的公路上行驶磨损特别严重。中国国内的大部分交通仍使用人力和畜力等旧的交通方式。

在目前情况下，政府对控制通货膨胀毫无办法，物价指数自 1937 年来已上涨近 100 倍。虽然只占人口小部分但已达到危险比例的人群正在经历严重的饥饿和营养不良，而有关当局仍然频频报告经济没有立即崩溃的迹象。

讨论目前的时局，还有一个不容忽视的事实，即中国的战争目前似乎是一种相持的局面，但它绝不是奄奄一息的，中国的精神资源仍然是无穷无竭的。

蒋介石委员长在战争六周年之际对联合国人民发表了谈话。他的讲话中最令我钦佩的语句是：“敌人任何恶意的宣传，都无法掩盖我军将士无比昂扬的战斗意

① 曾养甫（1898—1969），广东省平远县人。1923 年天津北洋大学矿冶系毕业，赴美入匹兹堡大学研究院获矿冶工程师学位。1925 年初回国。中国国民党第三、四、五届中央执行委员，先后任浙江省建设厅厅长、广州特别市市长、广东省财政厅厅长和中国工程师学会会长。抗战期间任交通部部长兼军事工程委员会主任委员。曾督办修筑钱塘江大桥、滇缅公路等。战争期间，主持与德国合作创办“中国汽车制造公司”。中国全部海岸线被日本封锁后，汽油不能输入，国产桐油又无法出口，中国汽车制造公司以自制引擎设计改燃桐油，以利军民和物资运输。1949 年去香港，1969 年 8 月 28 日病逝。

志。我毫不怀疑，一旦盟军对日本发起大反攻，我军将士的士气必将更加高涨，必将以更大的勇气和胆魄奋勇杀敌。”

历经战火洗礼，中国军人已成老兵

和中国军人打过交道的人们都知道，他们是非常忠诚并且技巧娴熟的战士，值得我们尽其所有为他们提供训练和装备。经过六年战火的洗礼，他们已经成为经验丰富的老兵，联合国所能提供的最好的投资，就是把所有可能获得的战备物资都尽快地送到他们手中。

今天，重庆为纪念战争爆发日发布的诸多声明已广受关注，但事实是，战争仍然僵持不下，距离战争终结的前景仍不明朗。

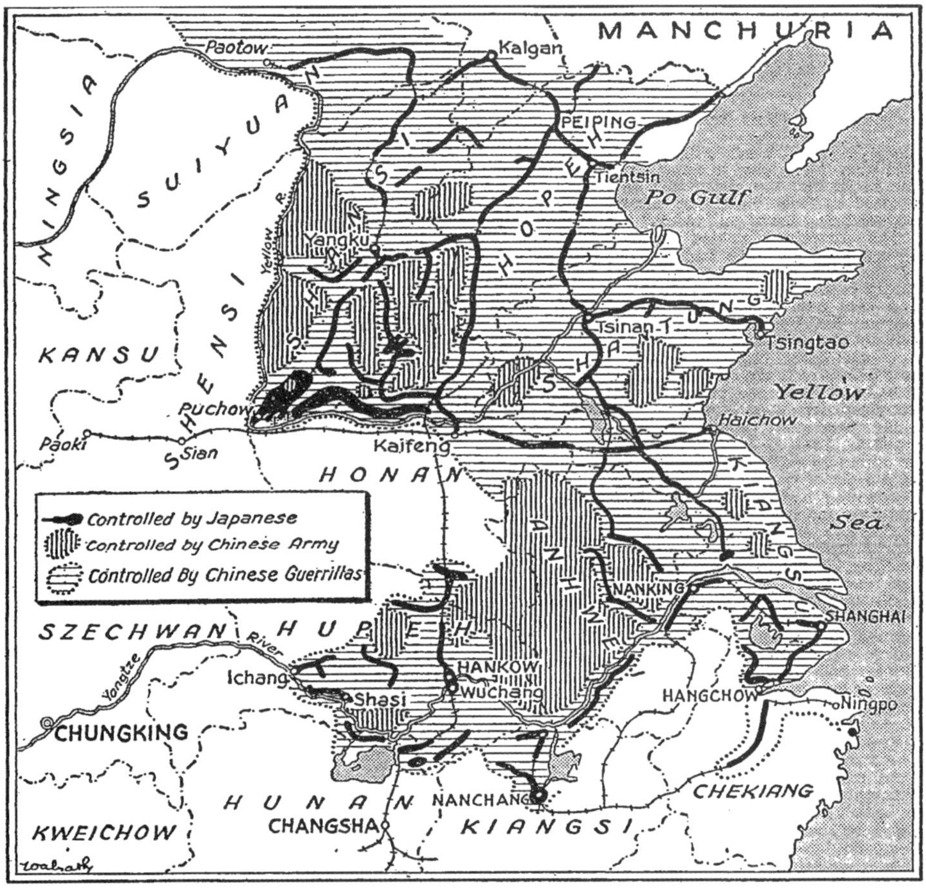

抗战六年后的中国。（《纽约时报》原文插图）

日本控制区

中国军队控制区

中国游击队控制区

中国对日作战计划

孙科

1943年7月11日

题记：中国的抗战已经进入了第七个年头。此文为重庆国民政府立法院院长孙科为抗战胜利和持久和平所做的战略构想。

本报重庆电：中国抗战已持续六年之久。在斗争中，我们的人民经受了难以想象的困难和痛苦。不过这一切并未减弱或动摇我们赢得最终胜利的信心。过去的一年，联合国家的武装力量业已扭转战局。斯大林格勒和北非战场取得的不朽胜利已名垂青史；我国自己的军队也击败了湖北西部的日军。这一切都证明最终的胜利必定是属于联合国家的。

过去，轴心国的宣传常常嘲弄民主国家效率低下，无法进行全面战争。这种谎言已被现实揭穿。民主国家的人民为捍卫自由和民族生存，在前方战场和后方工厂都表现出英雄的气概。本世纪的历史将会用金字镌刻自由民主彻底战胜法西斯主义的暴君统治的丰功伟绩。

胜利属于我们。但需要做的事情还有很多，我们无法预知胜利会在何时、以何种形式到来。尽管如此，我们每一个人的主要任务就是在战争中加倍努力，促进胜利的早日到来。战争中，人的因素最为重要；不必要地拖长战事可能会造成意想不到的困难。毫无疑问，战争对中国人民提出的要求无穷无尽。不过，只要能取得最终胜利，中国人民就会做好进一步承受艰难困苦的准备。至今为止，时间一直对我方有利，不过也可能会出现对敌方有利的情况。

缅甸光复本身或许并不能明显加速亚洲和太平洋战事的结束。这一点很容易理解，因为缅甸战场的气候特殊。受季风气候影响，军事行动只能在10月至次年5月，即热带地区的旱季开展。即便在最有利的条件下，同盟国也无法在今年10月以前彻底完成备战，这使得全面进攻要推迟到1943年的年底才可开始。

缅甸已成为日军的强大基地，日军在此可接收到来自马来亚、泰国和印支半岛的大批物资补给和增援部队。北非的经验表明，盟军要夺回缅甸，需要大量军队和作好长期艰苦斗争的准备。在下次季风到来之前，我们可能还无法清除敌人并拿下缅甸。

重新夺取缅甸的目的在于重新打开滇缅公路，恢复中国军队的物资补给。中国军队在湖北西部的胜利再次展现了这支队伍的高效，新的补给将帮助他们投入反攻，把日军赶进海洋。因此，夺回缅甸后的首要任务就是修复铁路和公路，并将大量陆路和水路运输设备集中起来。完成这些，我们需要工作到 1944 年入冬。过去，我们在滇缅公路的运力有限。为给中国主力部队转入进攻配足补给，我们至少需要 100 万吨的军事物资。在已经完成的运输基础上，还需要五年时间才能将所需补给经由公路运达。因此，中国军队的进攻在 1949 年之前尚无法达到高潮。

如果我们将作战目标略为降低，即开展进攻前只运输 50 万吨军事物资，这样三年的完成就够了。那么，我们的军队就可在 1947 年发起进攻。如果上述前提都正确，那么滇缅公路物资运量就太少、速度也太慢了。

现在，我怀着外行人的谨慎，斗胆陈述我对战胜日军最佳战略的几点建议。

卡萨布兰卡会议决定，要在打败日本前先打败希特勒。这一策略引起中国人民的担忧，大家感觉这等于告诉我们打败日本还要等待很长时间。在英国和美国的有识之士也表示了担忧，因为如此延迟将会给日本掘壕坚守、巩固战果的时间。最近丘吉尔首相和罗斯福总统的华盛顿会晤，似乎对之前的战略表述做出必要修正，尽管这只是白宫发言人做会后总结时提到的一句话。

丘吉尔首相在美国国会讲演时提出一个真正意义上的全球战略，是对卡萨布兰卡会议决定的重要改善。他说，绝大多数联合国家的武装力量正在向太平洋一带集结，加上我们收回了阿图岛并准备夺回缅甸，前景的确令人鼓舞。足见与会领袖已意识到哪怕暂时性地不理会日本，也会白白地给日本人“时间”，甚至连一点“空间”也没有换回来。也可见，目前采取夺岛战略，即使配合之以进攻缅甸，也不具备迫使“日本海盗”无条件投降的强大力量。

如果我们的战略不能击败日本陆军和海军的主力，并且切断大本营与其在太平洋南部和西南部新占地区之间的交通线，我们就不能粉碎日本的战争机器并将其打败。固守老战略意味着要打一场漫长的消耗战。这既无法让我们打击日本本土，也不能令日本将其主力舰队投入战场，意味着战争的主动权仍掌握在敌人手里。当我们慢慢渗透日本外围防御时，在其之内的日本人也在争分夺秒增强力量，等待时机重新对印度、澳大利亚、甚至美国大陆发动攻击。所以它的战略有违公认的兵法原则。

当前一些动态发展使我们对前景的估计可以不那么悲观。如果我们的盟友能够更为大胆和果断地有效利用不断增长的军事和生产能力，我们就能采取一种全新的战略，从而实现我们在太平洋战场上的三大目标。这三大目标为：迫使日本将其主力舰队投入战场；切断日本与其新占地区之间的交通线；打开中国的前门，使物资充分得到提供，为最终进攻在亚洲大陆的日本人创造条件。只有这样，我们才能彻底摧毁敌人的海盗帝国。

这一新战略能否成功很大程度上取决于美国的态度。因为美国在太平洋地区实力最强，对太平洋地区战事进展负有与中国对亚洲大陆战事进展一样的重大责任。为实现这一新战略，在战术上需计划将夏威夷作为基地，在太平洋中部集中大量海陆空兵力。择机穿越太平洋向正西推进，用武力打通直接通往中国前门的海上通道。

这一行动的目标应为：（1）将日本海盗在中太平洋的外围防御从马绍尔群岛、加罗林群岛和马里亚纳群岛扫除干净，重新夺回在珍珠港事件后丢失的威克岛、关岛和吕宋岛并攻取福尔摩沙（译注：即中国的台湾）；（2）诱使日方舰队主力（日本的“王牌”）参与作战。打败、击沉日本主要舰队将切断日交通线，使在南太平洋及西太平洋的日占区失去防护和补给；（3）与中国军队协同作战夺回广州和香港，使数量更大的补给直接通过商船运输到中国大陆。

如果采纳这种策略，对日作战可在两年内结束。罗斯福总统说过，通往东京的道路很多，而从夏威夷向正西似乎是通往东京最直的一条道路。

亚太对日作战考虑到兵力运用的经济性和协调性，如安排从阿图岛经过幌筵

作者“彻底毁灭敌人的海盗帝国”的三项计划：❶将日本海盗扫除出太平洋中心的外层防御圈；❷诱使日本主要舰队（日本的“王牌”）参与作战；❸打开中国门户……与中国军队合作夺回广州和香港。（《纽约时报》原文插图）

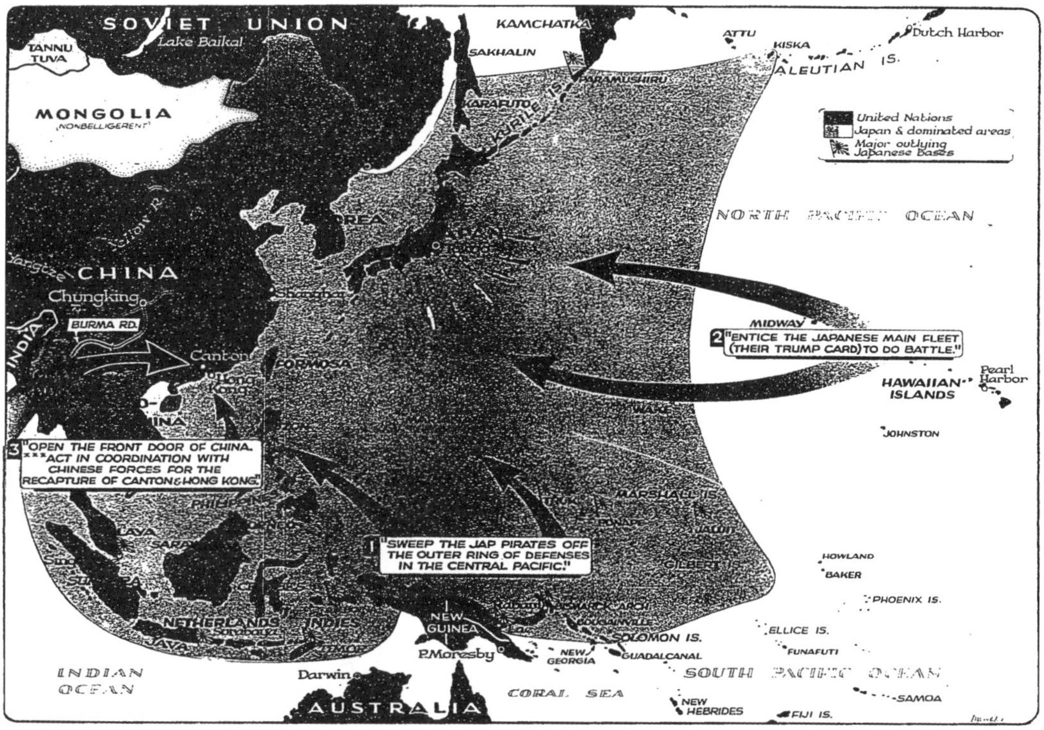

岛、从新几内亚向吕宋岛方向、从缅甸及中国发起进攻，但主要进攻是由从夏威夷出发的重兵发起的。

如果欧洲战场的战事还将持续两年，那么同步发起的对日攻势将表明全球范围的战争将同时终结。

在全力争取战争胜利的同时，我们要更加关注未来的和平问题，而这个问题上一次世界大战没有处理好。本次战争的主要目的是打败敌人，奠定持久和平的基础。仅仅战胜并不一定赢得和平。上次大战中德国完败，但未能阻止它恢复实力，成为本次战争最大的侵略国。

有人认为巴黎和会上战胜国未能预料德国会恢复，事实并非如此。《凡尔赛条约》对德国做出许多重大限制。但希特勒领导下的德国仍迫使和平的世界接受了一场新的更可怕的战争。为什么会这样呢？首先，战胜国没有摧毁德国的战争机器；其次，战胜国没有对德军工业实行非军事化。

想要在远东重建和平，我们就要牢记这些教训，即粉碎日本的战争机器，解除日本工业的军事能力。为做到第一点，必须根除日本的军国主义教育。日本人留给世界的印象是尚武好战，但好战未必是日本人与生俱来的特点，而是教育的结果。美国驻日本大使格鲁先生在《东京归来》一书中写道，日本的孩子，刚学会走路，就要穿上军装接受列队行军的教育。长到 12 岁就会发枪和刺刀，教他们对着假人练刺杀。日本的孩子就是这样学会了战争和杀戮，就是这样的一种教育才导致日本成为世界的威胁。

要摧毁日本的战争机器，必须消灭日本军官的骨干力量。就算日本是尚武的民族，他们也就没有军事精英来领导了。日本陆军军官已充分显露其残忍和暴虐的嘴脸，作为一个整体，他们应该受到审判和惩罚。少将以上的军官应被枪毙；中尉以上的军官理应终身监禁；无军衔的军官则应流放他乡从事苦役。

用这种方法可以将日本的军事精英和国内的民众分隔开来。可能有人会反对用这么激烈的方式来惩罚战犯，但我们不能忘记日本在被它蹂躏和占领的地区对千百万无辜的男人、女人和孩子的所作所为。我们要为死难者、为无助的被俘人员感到悲痛，其中包括轰炸东京的美军英雄飞行员，他们惨遭日本人冷血杀害。因此，我们用这种方式处理战犯合情合理。正如一句中国谚语所言："对敌人的宽容就是对朋友的残忍。"

为解除日本工业的军事能力，必须摧毁日本全部军事工业以及遗留下来的重工业和机器制造业。就算不摧毁工厂，也要将工厂转给被日本破坏的地区，用作战争赔款。对日本的轻工业也要加以限制。这么做并不是要强迫日本回到农业时代，而是要求其轻工业只能生产日常的民用产品。这将阻止日本过快复兴，重整军备，恢复其军事工业。

一些朋友认为我们不应该让日本贫困化，还慷慨地提议，向日本提供更大的中国市场。这种想法对和平十分危险。我们必须让日本尝到失败和贫穷的苦果。我们必须了解，只要日本传统的扩张政策不死，繁荣的日本就会加速恢复侵略野心，挑起新的太平洋战争。这些正当的惩罚措施有可能引起日本民众一时的憎恶和仇恨，不过，过30年或50年和平日子之后，他们就会认识到对他们的制裁是正确的，是符合他们本身利益的。

读者来信：中国寻求的仅仅是平等

——华人渴望获得与其他国家相同的移民待遇

1943年7月16日

致《纽约时报》编辑：

贵报7月11日刊登的对华报道获得了所有中国人发自内心的感激之情，它对身陷战争、山河破碎、迫切需要友邦支援的中国必将产生深远影响。

贵报用整版篇幅极富表现力地将复杂的、具有争议的、也是华人最关心的移民限额问题，展现在美国人民面前，言简意赅地阐述了与此相关的全部事实。在此，我们深表谢意。

就移民限额问题的出现，最容易理解的原因是在美国出生的华人人数有限，而他们又不愿意在这片土地上大声呼喊出自己的心声，勇敢地维护自身的权益，使得我们缺少自己的发言人。因此，美国民众并不了解华人的处境。一方面，这使得华人身上笼罩着一层谜一样的不自然的光环和魅影；另一方面，“阴谋论”也被某些标题党肆意夸大，并强加于华人。如果亚洲发生的这场残酷战争不能改变什么，那么，我们至少可以期待能够消除这些错误、可笑的言论和观念。

事实上，中华民族是勤劳的、热爱和平的民族。除了种族和经济发展形态上存在差别，中华民族与美利坚民族之间并不存在巨大的差别。我们都心怀梦想与希望，都有着与生俱来的对美好生活的向往。当然，我们还有强烈的民族自尊心。我们绝不会轻易忘记，中华民族在历史上为推动人类社会在经济、文化诸方面的发展所做的巨大贡献。同样也不会忘记，此时此刻，我们正作为远东坚固的战斗堡垒，与企图结束亚洲发展进程的法西斯势力进行着顽强的斗争。

我们的本意并非要强调这场在中国进行着的漫长而残酷的战争。因为我们深知，当历史记载当前发生的事件时，它总会善待我们。一些中国人，例如广为人知的抗日英雄们，还有美丽的宋美龄女士，他们的功绩将彪炳千秋。无论如何，我们十分希望将日本侵略者对中国人民所犯下的恶行公之于众。我们要陈述的问题，简而言之，就是虽然中美同为盟国，但中国人却被美国拒之境外，饱受种族歧视。这令所有的中国人深感耻辱和不公。

我们所要求的，是中国人移民美国时，能获得与其他国家平等的待遇。见到大批“工薪荒”移民如洪水一般涌入美国后，一些信息闭塞的美国人惊慌之中选择拒绝接收移民。但是，他们似乎并不了解，1924 年颁布的《移民法案》已明确规定：任何国家的移民人数都应是该国于 1890 年已在美国总人数的 2%。依据该法案，中国移民至美国的人数应为 107 人。换言之，在美国《移民法案》规定下，在任何一年，在美华人应被确定为美国合法公民的人数为 107 人。然而，这 107 人对应着的是美国土地上的 1.35 亿人口！

我们要求的并不多，要说要做的都言尽于此。然而，就华人而言，这一渴望平等的要求又是如此迫切。我们深信这一渴求定将实现，因为我们只是先于美国两党领袖对此做出具体的表达。我们认为，经过长达 6 年的抗战，相对于中国人民流的血汗与泪水，华人如果有更多于此的要求能予满足，那也是应该的。

西奥多娜·陈王氏

中华妇女会[①]主席

1943 年 7 月 14 日于纽约

① 纽约“中华妇女会”成立于 1931 年，以服务当地中国社区。到 1936 年，该组织有 350 多位成员，帮助中国贵宾组织晚宴和招待会，并建立英语班等。抗日战争爆发以后，该会努力为全民抗战筹款，并帮助中国战争难民，为国内输送了大批衣物、医疗药品和现金。西奥多娜·陈王氏毕业于加州大学伯克利分校和哥伦比亚大学，1937 年至 1938 年担任该会主席。

中国的勇气和美丽

1943年7月18日

题记：《中国：她和她的人民之相册》[1]（*China: A portrait Survey of China and her people*），郭英方。图片编辑：费里茨·汉勒[2]，192页，纽约亨利·霍尔特图书公司出版，每册5美元。

无情的战争使中国人民觉悟到文化与文明的重要，他们正为之而战斗，为之而献身。由郭英方编著的《中国：她和她的人民之相册》近日在纽约出版。《中国》一书以图片方式诠释了一个拥有数千年历史的土地和人民，一个拥有现代化视野、活力和能量的伟大民族。

《中国》一书的封面。

在这个精美的图片集里，有大量地标性的建筑如今正处于日本侵略者的铁蹄之下。简明的注释向读者传达了中国的信念：过去六年中，虽然他们遭遇到了史无前例的浩劫，但是，他们的文明将永放光芒。

战争和西方强大文明的双重冲击，已给中国的古老文化和生活方式带来了巨大的改变。郭先生的图册客观而精彩地记录下了这些变化。事实上，这种变化为中国的古代文明注入了新的力量，使奋斗中的中国人民能够重整河山，并且更能

---

①《中国：她和她的人民之相册》，1943年纽约出版，该书收录了弗里茨·汉勒等19位中外摄影师的作品近百幅，题材以中国各地建筑、生活、教育等反映抗战时期民生、军情等照片为主；该书从"走过昨天""建筑和雕塑""教育""生活与生存""走向明天"这几个方面，以图片的形式向世人展示中国的文化与文明。1943年正值抗日艰难时期，作者从另一个角度控诉与训斥了日本侵略者的行径，将灿烂的文明与残忍的战争形成鲜明的对比，更加有力地暴露了侵略者的恶行；该书为抗战时期中国民众的生活状态摄影集，上至元首，下至平民，虽然半壁江山已沦为敌寇之手，生活困苦，却都有一种坚持抗战毫不气馁的精神面貌。

② 弗里茨·汉勒（Fritz Henle，1909—1993），美国著名摄影家，自由摄影记者。1928年开始周游世界，1936年定居美国并成为顶级时装摄影师，29世纪40—50年代成为著名的肖像摄影师及纪录片摄影大师。他的艺术生涯跨越60年时间，他的作品被刊登在无数的杂志封面，或摄影报刊插图，包括《生活》《时代》《时尚社论》《哈珀》等报刊，出版有19本摄影集，自1936年第一次在日本至1975年在卡莎尔斯，举办过无数次个人摄影展览，被誉为"最后的伟大经典摄影师"。

战火扑不灭中国精神。(《纽约时报》原文插图)

适应现代生活的需要。

在大学的宏伟建筑中，男女学生们正使用着试管或观察仪器，而不再仅仅是诵读古诗经典。在图册展示的形形色色的中国人中，我们可以看到黄包车夫，他虽然是旧时代的产物，但是在“新生活运动”中获得了受教育的机会。在国家生死存亡之际，蒋介石委员长这位“集政治天才和伟大军事战略于一身的未来中国的领导人”，正与他的妻子，也是现代中国妇女的典范宋美龄女士一道，指引着今天的中国，推动着国家的进步。

新式军事训练掀起热潮

爱金生

1943 年 7 月 27 日

题记：史迪威将军正指导中国军队适应现代战争。

重庆 7 月 26 日电：关于中国在西南地区建立军官训练学校的说法，结合先前中国士兵在印度蓝姆迦营地[①]接受训练的消息，说明约瑟夫·史迪威中将目前正负责训练中国军队。他和他的参谋们正努力提高中国军队的作战效率。

中国有一支空军部队在陈纳德将军领导下英勇作战，他们的战斗任务是尽可能多地给敌人搞破坏。但是，关于美军在中国抗日战争中的角色，有两个基本事实是：一是目前世界上还没有任何国家仅仅使用空中力量就能赢得一场战

---

① 蓝姆迦营地位于印度恰纳肯德邦兰契市东北 40 公里，附近有铁路和公路穿过，交通便利。1942 年 7 月 17 日，孙立人将军率领第 66 军新 38 师第一批到达蓝姆迦，随后是廖耀湘将军率领的第 5 军新 22 师残余部队。此后，蓝姆迦营地共为中国驻印军训练了 5368 名军官和 48124 名士兵，将他们编练成为一支现代化的精锐之师，成为缅甸战场大反攻的铁拳。人们惊奇地发现，这支曾败在日军手下的部队，此刻却成为令日本人闻风丧胆的钢铁之师和威武之师。史迪威将军认为，吃苦耐劳的中国人只要有系统的训练和良好的装备，就可以和世界上最优秀的士兵媲美。从某种意义上说，蓝姆迦营地是把中国军人从旧式军队转变为现代化新式军队的一个摇篮。

争；二是现在要为一支有规模的美国作战力量在华作战提供后勤保障是不可能的，而且是极端困难的，即使意大利和德国两国都被吹离地球的表面，这个任务也无法完成。

中国从未建立国际通行的全民规模的征兵制度，经过六年战争后，它现在才完成通行的登记注册。但是，它有丰富的人力资源。目前，我们对抗日战争的主要贡献，就是依据这个基地尽可能迅速地训练新兵，并为他们尽快配备现代化武器。

因为中国并不是一个社会功能齐备或建有高效政府的现代化国家，换句话说，信息无法快速传播到全国各地，因此像军事培训计划这样的项目需要长时间构建并实施。

训练有素的士兵

由于中国同时缺乏一个根植于长期科学教育才可能培育形成的理性的文化常识，任何一个新项目的建立，都需要对人民持有耐心。但是，在蓝姆伽营地的迅速成功，即通过科学饮食、体育锻炼与掌握现代武器的训练，中国士兵变得强壮和骁勇善战，这促使中国高层深信这个实验具有的价值。

军政部长何应钦将军是新式训练计划最有力的倡导者之一，他经常发表演讲赞扬培训计划。军政部次长陈诚，他最近指挥了鄂西会战，是中国最进步的军人之一，也积极支持在中国西南地区建立军官训练学校。

与传统培训容易挑起逆反心理相反，新式军官学校注意根据东西方思维习惯的不同来因材施教，似乎能激发起年轻的参训军官们真正的热情。军校的目标是提升他们的军事素质，使他们能够在一个更平等的基础上去与现代化的日军作战。根据一位中国军官对记者的叙述，他认为美式培训体系比过去十年德国军事顾问提供的培训更适合中国人的习性，它更多的是依靠开明的合作，而不是盲目的服从。

年轻军官闻风而动

依据个人的经验，我知道连偏远地区的军官们也听到了这个军校的有关传闻，他们也希望获得受训的机会。中国的年轻军官们都雄心勃勃，想提升自己。他们很注意倾听批评，吸收新的思想。同时，一些美国军官也愿意谦虚地向中国的年轻军官们请教。

在军事领域，中国军人有技术和勇气，在身体和精神上也极具忍耐力，让更喧闹、鲁莽、好斗的美国人钦佩。但是，中国军队不仅缺乏装备和食物，还缺乏现代化的组织。他们面对的是亚洲最先从科学与工业化中迅速学会现代化组织的敌人。

在蓝姆迦营地和中国西南地区建立的军官培训学校为提高中国军队的作战效率迈出了步伐。但是，经历了六年战争以后的中国军队必须重新接受培训这个事实，应该给美国人服一剂清醒剂，让我们清醒地认识到，要发起反攻将日本驱逐出中国的想法离我们还有多远。带有一些吹嘘色彩的理性的乐观主义，需要接受残酷事实的检验。

重庆再度遭袭

爱金生

1943 年 8 月 24 日

题记：21 架日军飞机飞临重庆上空，轰炸造成 20 名市民遇难，14 名市民重伤，日军 8 架轰炸机被击落。

重庆 8 月 23 日电：自 1941 年 8 月 31 日后，重庆于今晨再次遭日军轰炸。上午 10 点半，平静时光再一次被 21 架日本中型轰炸机打破。轰炸机以完美的队列飞行，6 架零式战斗机在城市的高空咆哮，而另一队 27 架飞机则在轰炸扬子江港口城市距重庆仅 155 公里的万县。

空袭警报频繁拉响，重庆人纷纷进入防空洞中避难。而这是两年之内，敌军第一次真切地以战斗列队飞过空中，中国战斗机也在空中与之较量。

当敌机在中国军队猛烈的防空炮火中匆匆返回时，一架日本飞机拖着长长的白烟坠落。

两个地区被轰炸

据记者发回的报道，在城区外有两个地区遭到轰炸。一个地区的受损并不严重，而另一地区遭受的损失可以作如下概括，暗示了这些残忍袭击的徒劳和野蛮：军队人员和军用物资未受损害；20 名市民遇难，14 名市民重伤，14 名市民轻伤，2位市民在急救治疗后被送回家中；2幢土屋被毁，7幢受损；有一处蓝色和金色相间的精致住宅受损；一处小工艺商店的屋顶受损。

那些被21架“气势汹汹”的日军轰炸机列队惨烈攻击的目标中，有稻田、菜地、花园，被堵塞的深水潭，一片竹林，嘉陵江的浅滩和中游。

中国苦力们在试图躲进或被炸进一幢废弃建筑中时纷纷毙命，留下了斑斑血迹和残肢。如果不是这番惨状，我们完全可以将这场空袭形容为一场糟糕的射击和十分滑稽的胜利，因为这场空袭几乎没有任何军事价值。

虽然中国人时常因缺乏效率遭到批评，但这篇在日机“扫荡”后一小时的报道有如下描述：所有的伤员都被担架运到船上并通过水路送往医院；大火即被扑灭；商店工作人员将未受损的瓦片巧妙地用来修复破损的屋顶；市政督察抵达现场评估损失；损毁的建筑很快得到修缮。

没有人啜泣，没有人抱怨。虽然有些市民没有参与抢修工作，他们面对布满死者血迹、破损的残留物发呆而不知所措，但几乎所有人都帮忙将毁坏物倾倒进河床，或伴随着船夫的哀歌将这些垃圾运到下游地带。

两年后日军再次轰炸重庆，暴露了他们糟糕的命中率、冷酷无情、卑鄙和非人道。

记者眼中的中国士兵

爱金生

1943年9月12日

题记：中国的士兵具有不可战胜的精神力量，尽管他们衣衫褴褛、身心疲惫，亦如当年在福吉谷的华盛顿。一支“穷人”军队，在扬子江上游前线的中国哨所。

重庆电：中国士兵对独立中国的意义亦如革命时期的美国士兵对于自由美国的意义。士兵们食不果腹、衣不蔽体。在这个广袤的国家里，他们从一个地方步行到另一个地方，扛着枪支和行李用品，排着队，静静地沿着铁轨或道路快步行走。每一个排都有一个士兵背着一个又大又圆且被烟火熏黑的大锅，这是用来煮配给口粮的炊具。

对熟悉高度机械化军队的人来说，运动缓慢的中国军队，让人产生他们既低效又过时的错觉。但要知道他们忍受了当年独立战争时美国士兵忍受的一切，也取得过独立战争时美国士兵取得的骄人战绩。直到美军去年攻破在南太平洋的日军阵地，他们是唯一在公开战场上打败日军的士兵。当日军被逐出中国的那一天到来时，人们会看到正是这些身着粗布、脚穿草鞋的士兵完成了这样的壮举，而他们在自由中国到处都有。虽然他们没有西方军队那种颐指气使的劲头，但他们的自信，那种沉着的自信，不输任何人。他们对生活几乎不存期待，他们也绝不怕死。

由于中国军队没有按相同比例代表社会的各个阶层，大多数外国人和很多中国人倾向于低估中国士兵的智慧。但事实上，中国士兵不光精明还有一种与生俱来的狡黠。虽然一群中国士兵在一起可能不如同样一群美国士兵那样善于表达，但他们知道自己在做什么。尽管军队生活枯燥无情，但中国士兵，如同每个中国人，都必须作为个人获得尊重和礼貌相待。笼统地讨论容易跑题，还是让我具体地向大家报告我和中国士兵很多对话中的一个，那是我通过翻译与怒江和扬子江上游前线的中国士兵的一次对话。

在初夏的一个早上，为躲避空袭，我们乘坐的扬子江轮船驶进了一个小湾，在那里我看到在岸边上休息的一队中国士兵正在擦拭步枪和子弹，他们穿着质地粗糙的棕色短裤和上衣、草鞋和一种篮筐模样的头盔，这是他们自己做的。

“为什么大家都在擦枪？”我问一个班长，他正在为全排称出配给的大米。

一支穷人的军队——坚守在扬子江上游前线的中国军人。（《纽约时报》原文插图）

“我们想把每件事都准备好。到前线后，我们只有三个小时休息就要投入战斗。”他一边干他的事一边回答道。

“去前线你们走了多久了？”我问。

“大约三周了。”他不假思索地说。

“你的士兵对打仗有何想法？”我想继续这个谈话，又问，他的回答很长，又显得不偏不倚，其他士兵都聚拢过来，边听边加入谈话。

“这里的每个人都想去打仗，”他说，“我们希望这次能够收回宜昌。我晓得我们的军队不太像你们的军队，我们晓得我们没你们吃得好，军装和步枪也不如你们的好。但中国现在已经到生死关头，我们都是中国人，我们要为中国奋斗到底。我们晓得我们的士气比日本鬼子的高，我认为我们今年一定会打赢。”

这个27岁的河南人是一个老兵，参加过多次战役，包括1938年春天大败日军的台儿庄战役。我开始向他提出一些引导性问题，尽管我担心这样利用他有失公允。

“在你看来，这场战争是怎样开始的？”我问。

老兵停了一下说——虽然不太直接，“日本人占了中国那么多地方，让中国士兵领到的粮饷每天只有一斤四两，实在是太不够了。要是不把日本鬼子赶跑，得到的大米会更少。”

“要是日本人打赢了，你觉得中国会变成什么样子？”我问。“日本鬼子赢不了！”他的回答坚定果断，我的提问就此结束。

过了会儿，我换了一种方式问：“假如你们征服了日本，你觉得中国会变成什么样子？”

这个问题他也能回答。他说，“中国将成为强国，在全世界都有很高的地位。”“每个人都能吃饱饭。我要继续在军队干，除非政府要我做其他什么事。如果我待在军队，我知道我的薪水至少会比现在多。”

上午稍晚时，我结识了班长的指挥官、陆军中校张译廉（音），他身材修长挺拔，30岁左右，曾受训于国家军事学院。他谈吐温和，庄重坦诚，毫不夸张。他的眼神沉着，没有不恭顺或轻率的做派。在率领全营行军了约300英里之后，他的棉质军装已经有些褪色，变得皱巴巴的，肩头一块已经开线，衣领打着补丁，袖口也破烂了。他穿着布鞋，但没有穿袜子。深以从军为荣的他对军规礼仪遵守有加。行军礼时带有一种本能的尊严感。

有一件事令他特别自豪。在一次急行军中，他带领部队冒雨翻山越岭，没有损失一个人，也没有一个人掉队。在最糟糕的那一天，他们走了30英里，翻越一座大山，蹚过74条小河，其中有的水深2英尺。每个士兵的行装在干的时候重达 50 磅，没人知道湿的时候会有多重。只要有可能，他们就在农舍、畜棚或村里的公共建筑里过夜。他们每天的食物约有 4 碗米饭，清晨傍晚各一半，没有肉，也没有蔬菜，因为支付不起市场上的价格。虽然全营配有医官，但药品不多，有时医生不得不对体力疲惫开出“心灵治疗”的方子。陆军中校提起这些事时有点儿难为情，但声调平静而不带感情。对他来说，这只是客气地讲述一件平常无奇的事。

用一个中国人常说的话来说，中国打的是穷人仗。中国士兵本身就是一个最有说服力的例子。每个士兵每月的津贴相当于一美元，用来购买鞋袜和帮助下饭的蔬菜。他们住在由祠堂或其他废旧建筑物改建的营房里，地上铺上稻草，用粗糙的木板搭成通铺就是他们的床。床上方的绳子晾着他们叠得整整齐齐的毛巾，柔软的毯子被叠成了方方正正的一块。他们想尽办法最大限度地利用为数极少的旧家当，同时并安然地行军打仗。

除非眼下的封锁被打破，改善中国军队的生活条件基本上还是没有办法。尽管如此，政府、军队和若干慈善组织正在想办法让数百万士兵的处境变得好一点。对中国士兵来说，最艰难的日子已经过去了，这一点是毋庸置疑的。有朝一日，中国士兵和联合国家将从他们的长期坚守和善意中收获胜利。

蒋介石就任国民政府主席

1943 年 10 月 11 日

题记：重庆庆祝中华民国建立 32 周年纪念日，军政部长们对抗战胜利表示乐观，大不列颠各教派为中国人民祈福。

重庆 10 月 10 日电：蒋介石委员长在民国建立 32 周年之际，正式宣誓就任国民政府主席一职，并且在其声明中强调，民国的政策是建立早期宪政制度，并与同盟国友军合作共同打败侵略者。

“鄙人将遵守所有法律并且尊重民意，从而在中华民国树立民主统治的表率。”蒋委员长在宣誓就职典礼后发表广播讲话称。

“我们最后的胜利在即，并将迎来一个美好未来的黎明。鄙人将与我们炎黄子孙共同为了党国之进步而谨慎并且勇敢的鞠躬尽瘁，死而后已。”

"当中国保卫战决定成败时，当我国尽全力重建国家时，当军工与工商业需要加强时，当有些管理制度与外交关系需要建立时，鄙人比以往更加强烈地感到自己身肩重任，并且每每念及会有更崇高的责任降临就会战栗不已。"

担任军政部长的何应钦将军言："与强大无敌的盟国友军共同对抗失道的侵略者，相信明年的此时就可庆祝盟军的最后胜利了。"

浴血奋战

在新德里的托马斯·赫恩参谋长与史迪威将军回信中提到，盟军将士们在"浴血奋战"中，最后的胜利就在眼前，但它还没有到来。

蒋委员长在宣誓就职主席时保证，要为收复中国失土努力奋斗。他还发誓要坚决遵守中国革命先父孙逸仙博士（孙中山）的遗训，并且表示"违反誓言必将受到应有惩罚"。

当身着整齐陆军制服的蒋委员长在国家政府办公楼大礼堂宣誓就职时，民国的"永绥号"炮艇发出21声礼炮，示意当地居民等待观看礼花爆竹的时辰已到，顿时陪都重庆满城爆竹齐鸣。

整座城市沉浸在庆祝的海洋中，因为今日既有总裁的就职典礼，又是中华民国建国纪念日。

结彩的红灯笼挂满松树旁的竹门，节庆的横幅标语比比皆是，蒋总裁的画像挂满全城。

共产党人加入宪政实施协进会

1943年10月22日

重庆10月21日电：中华民国新任主席——蒋介石委员长已任命两名中共领导人——周恩来、董必武参加一个由选出的60人组成的委员会，为成立制宪政府做准备。[①]

① 1943年9月6日，国民党五届十一中全会开幕。蒋介石在会上提到美国总统罗斯福的三点建议，其中包括"中国宜从早实施宪政"和"国民党退为平民，与国内各党派处同等地位，以解纠纷"。9月8日，全会通过《关于实施宪政总报告之决议案》。9月26日，国民参政会通过《设立宪政实施筹备会案》。10月13日，国防最高委员会议决设立"宪政实施协进会"。20日，54人的会员名单正式公布，蒋介石任会长，周恩来、董必武名列其中。

这项任命虽然在星期二就做出了，但是到今天才对外公布。此前，宣传部长梁寒操①告诉记者，共产党的态度“相当令人鼓舞”，同时指出“中国不会爆发内战”。

在中共党内，周恩来的级别仅低于共产党军事指挥官毛泽东。董必武是一名国民参政会的中共党员。

记者与军阀

克益德②

1943 年 11 月 7 日

题记：本文是为哈雷特·阿班新书《我的中国岁月》撰写的书评。

“我想中国故事将成为我所诞下的蛋，我决意卧在上面，直到它孵化成形。”这是阿班 1926 年刚到中国时说过的话。那一年，蒋介石委员长对军阀发动北伐，已在广州起兵。阿班看到这一切，决定将他的返程机票兑换成现金，留在中国。就这样，阿班放弃了他在美国从事的新闻编辑和为好莱坞撰写剧本的工作。

哈雷特·阿班。（《纽约时报》原文插图）

直到他 1940 年 10 月离开上海，阿班一直不顾风险地扮演着孵“蛋”的角色，不曾想那只“蛋”最后孵出了“丑小鸭”——我们自己与日本的战争。此后，阿班一直待在华盛顿，直至 1941 年 8 月，他起程对马尼拉、新加坡、荷属东印度、新西兰、澳大利亚和檀香山进行了一次旋风式的旅行，并于 11 月 7 日返回华盛顿。巧的是，仅在一个月之后，珍珠港事件就爆发了。

① 梁寒操（1898—1975），广东省高要县人。民国时期曾任成都中央军校政治总教官，后任国民党中央执行委员、中央宣传部部长。

② 克益德（John Antrew Goette）是美国新闻记者，1921 年由美国红十字会派来中国协助赈灾，1923—1926 年任北京中美通讯社经理，1926—1941 年任美联社驻华记者。1945 年日本投降后，曾到东京为远东国际军事法庭做证。

1941 年 12 月 6 日的华盛顿见证了阿班就美国战争心理发表的最具见解的评论，在这之前，他猛烈地抨击了我们在珍珠港事件以前的无所事事，以及沿此道路继续盲目徘徊而带来的巨大危险。而他的这本新书里充满了这类闪闪发光的过激预言。

那天，在马里兰州的切维蔡斯举行了一场鸡尾酒会，出席酒会的许多华盛顿高官引诱阿班打赌，询问他是否按二比一的赔率赌美国和日本会在圣诞节之前开战。阿班写道，“我说是，结果下注者又多了好几个。”

那时，阿班刚从即将被日本征服的一些地方旅行归来，他知道我们不过是用恐吓的言辞来虚张声势，而日本人也知道我们不想打仗。随后他写道，“从 12 月 7 日开始，我们对于打仗不可能再克制下去了。但历史会在今后的岁月中记住，我们是因为遭受袭击而复仇才打仗的，而在遭受袭击之前，我们在道义原则的高度上找不到为之一战的理由。”我们只有在战后亚洲实行一套明智的政策，才能消除这个在许多东方人包括阿班本人所认知的耻辱。

1926 年阿班决定留在中国后，他先是给英语报纸《北京导报》当编辑，后来又靠给美国报纸当自由撰稿人来维持生计。正当他因无法引起美国对远东事务产生足够兴趣而感到绝望时，阿班获得了《纽约时报》驻华记者的美差。就这样，从 1927 年 8 月起，直至他 13 年后离开中国，阿班出色地履行了他的职责。

在这本书中，读者可以现身体验阿班如同小说一般扣人心弦的记者生涯，及其背后隐藏的厚重历史。阿班讲述了他对新闻审查制度的迎头痛击，以及因对真相毫不留情的曝光而招致官方及民间人士关于他报道失实的指控。在南京的国民政府曾下令将阿班驱逐出境，拒绝再发给他入境签证，禁止他接触官方新闻渠道，并呼吁他在纽约的上司将其解职。日本人对阿班也表现出同样强烈的敌意，持同样态度的还有苏联人、一些美国海军军官、传教士和其他人。阿班完整地记录了这些争论，并通过美国大使馆和报刊专栏成功地加以反击。尽管阿班总给人留下一种与人难以相处的印象，但是阿班颇为自得地宣称，他的过人之处就是化敌为友，让过去的仇敌向他提供独家新闻。阿班在报道中忠实地报道了这些信息，同僚即使妒火中烧，也难以否认他的成果。

在这方面有一个最好的例子，虽然无法公开发表，就是在《大西洋宪章》公布的当天下午，阿班与日本驻美国大使野村在华盛顿的一场谈话。在谈到第 8 点，即所有侵略国将被裁军时，这位日本外交人士说，“这意味着太平洋的和平最多只能维系几个月了。”野村接着问道：“你会把我刚才说的话转告给赫尔国务卿吗？告诉他，作为日本大使，我对他说这些是不合适的，但告诉他，是我要求你向他转述我的这些话。”阿班在一小时之内就完成了这项特殊任务。114 天后，珍珠港事件爆发。

虽然阿班说中国人与日本人均想暗杀他，但是，他依旧能把中国高官、日本外交官、陆海军将领以及美国及欧洲驻远东的外交官请到一起共进晚餐。他让他们对接踵而来的危机发表高见，并忠实地记录了他们的谈话。阿班认为，如果我们打算确定一个明智的大西洋政策，美国人民就必须认识和了解到导致发生珍珠港大灾难的一系列事件。因此，阿班对他披露的内容毫不掩饰。例如，在与英国驻华大使共进午餐时，他的笔记引用了前任英国驻日本大使、一向谨慎的克莱吉爵士的一段话：

“我万分厌恶对日本的绥靖政策（罗伯特爵士原话）。我在东京的时间都花在奉迎对方这类令人羞耻的事务之上。终日与这些令人作呕的家伙们讲客套话，令人在情感上，甚至精神上实在难以承受。我反复做着同样的一个梦：自己变成了一个身着金色缨带的将军，正在指挥部队在东京附近登陆。梦中的我，差点被巨浪一般涌来的喜悦憋死。”

从敌人那边，阿班也记录了日本对华盛顿政治的理解。他引用现任日本驻西班牙大使须磨弥吉郎的话，“赫尔先生不过是一个富有魅力又英俊潇洒的绅士，被罗斯福当作盖在文件上的图章而已。华盛顿的外交界都知道这是怎么一回事儿。”须磨弥吉郎 1939 年这样说道。

其他日本外交官面带愁容地向阿班吐露，他们确信没有什么能够阻止东京封闭顽固的军人集团胡作非为。1939 年 11 月，日本在华的无任所大使加藤外松对阿班坦言，“我们没有什么可以给予俄国，而使其转变成为日本的一个真朋友，波兰、波罗的海国家以及现在芬兰的遭遇，应该会使我们的军队擦亮眼睛。但是，他们却对美国的态度深感愤怒，以至于除了加入轴心国联盟之外什么都看不到。”说完这些话不久，加藤外松便从其在维希政府的大使馆窗口坠落死亡。

在此之外，1940 年 3 月，日本总领事冈崎胜男在香港发出警告。他说，“我怀着沉重的心情告诉你，日本国内针对美国的愤怒情绪深刻而广泛地存在于陆军、海军和政府机构之中，以至于我们既定政策之一变成了‘报复’……我们整个的知识界持有相同的感受，即对美国暂时潜伏而又缓慢燃烧的仇恨，因为美国阻止我们在东亚的行动。作为日本人，我们对此绝不原谅。”

为避免自己被指责为“编瞎话”，阿班不厌其烦地引用此类内部谈话，并给出了具体的报道日期。

尽管拥有深厚的内部背景，阿班并不想对美国在亚洲未来面临的诸多难题提出教条式的答案。因为在我们还没有了解其亿万民众之前，亚洲就会变了。阿班指出了这些令人头痛的问题，充分显示出了他的睿智。他希望华盛顿能够明智地处理这些问题，也希望美国选民能就这些问题向政府表达他们的集体愿望和诉求。

阿班曾发问："我们愿不愿意苏联军队在美国到达之前就打到东京，从而使莫斯科能支配远东的和平？如果美国军队占领香港会怎么样？我们是否会不顾中国的反对而将其交给英国？抑或不顾英国的反对让中国占领它？如果华盛顿公开抗议英国恢复在缅甸的统治，认为这严重违反了《大西洋宪章》，伦敦是否会理睬？美国是否会成为把日本赶出东印度群岛的主要力量，而在出生入死的战斗之后，却不能对其未来拥有发言权？如果我们将法属印度支那返还给维希政权的继位者，我们会激怒印度尼西亚人，但是如果我们不这样做，就又会招致法国人的仇恨。"

阿班并未给出这些问题的答案。显然，就像我们中的许多人一样，他本人也还没有找到答案。然而，阿班把它戏剧般的远东岁月凝结成一部丰富而又激动人心的个人历史。这就是摆在我们面前的这本书，它可以成为我们制定亚洲政策时的指导手册。

恐怖的卡车之旅

爱金生

1943 年 11 月 16 日

11 月 12 日，就在这天的太阳快要落山时，中国福建省永安市的一名汽车修理工向卡车的化油器中加了几匙量汽油，然后摇着手柄启动发动机。就这样，载着信件袋子、一圆桶燃料酒精、六个刚被简单补修过的轮胎（它们用包着橡胶的铁板固定着），39 号邮政卡车开往长汀。

破旧不堪的车辆，价格高得离谱儿的汽油，加上并不便宜多少的燃料酒精，这次卡车旅行展现的一切，真实地反映出当前中国的交通状况。我们三人虽然已经付过费用，但为了能和这长相凶悍的司机共同挤坐在驾驶室中，也只好礼貌地假装自己比看起来要瘦一些。

经过长达四年的行驶，这辆美国制造的卡车显然已磨损得十分严重——挡风玻璃不知所踪，自动打火器停止工作，就连喇叭也只剩下一根悬吊的电线。虽说燃料酒精比起木炭来要强一些，但行走在山路上时仍然动力不足。老旧的发动机无力地喘息着，一股股恶臭从气缸中喷射而出。

刚驶出了邮政局的视线范围，就见这位司机用拦路贼一般锐利的目光扫视那些等候在路旁的私人乘客（当地人称为“黄鱼”)。他们飞跃上车，不发一言——有三个人爬上了车顶，有两个人分别挂在驾驶台两边的踏板上，并且在接下来十个小时的崎岖路途上，他们一直保持如此。还有一名士兵居然坐到了卡车前的保险杠上。

“黄鱼”中最受尊敬的一位从信件袋中挤出一点空隙坐下去，用围巾围住自己的脸，以免扬起的灰尘进入他的眼睛、鼻子和耳朵。他紧盯着汽车的尾板，神情苦闷。

相处须谨慎

由于在邮局付过车票款，按法律规定，我们有正当权利提出目前的车载人数已超出法定限额，但是，很明显此时不受司机欢迎的是我们。我们坐在这儿他可能得不到什么，但是，假若我们没有占据这三个令人羡慕的位子，他可能得到一笔非常可观的回报。加之在人数上我们处于劣势，因此只能尽可能地保持低调，并以此来维持平静。当卡车停下时，为了能守住屁股下面的座位，我们决定，始终坐在原位按兵不动。

这位司机除了沉默寡言，实际上也算是个好人。况且，他驾驶着这台老爷卡车在这人烟稀少的道路上行进了百余英里，并且翻过了三座大山。他鸣笛驶进村庄，呼啸而过，成功地碾死了公路上闲逛的 18 只鸡，看来这些可怜的鸡被这台老爷发动机的怪叫吓坏了。但是，公路上的猪却很淡定，它们安然无恙。

发动机带来的问题不影响他的镇定。车经常熄火，这时，他便会向化油器中滴入几滴珍贵的汽油，并指挥一个“黄鱼”去手摇打火。这条公路只能说比马车所走的路稍好一点，野草在公路中央蔓生出来。山路异常崎岖，有些急弯甚至需要倒车并配合锁扣车轮才能完成。

尽管倒车时有点棘手，但当它运转马达爬坡时，总是挂上挡的。可是，一旦到了下坡，不论何种坡度，它就要为省油而脱挡熄火了。防止车子飞出无护栏道路的唯一制动方式只有脚踏刹车。当车子在下坡路应对急转弯时，司机不得不手脚并用，同时踩脚刹、拉手刹，并指挥一名“黄鱼”制动发动机。

心有余悸

假想当司机放开刹车时卡车发生侧滑，或者假如当他挂入倒挡时发动机刚好熄火，那么我们全都将乘坐这趟“天堂号”快车消失在茫茫宇宙。在此类情形下，所有人只有绝对安静、耐心地等待。然而，卡车每一次向后退的距离都刚好够司机安全转弯，然后借助这散发着硫磺味的刹车装置继续向下行驶。对于此类“紧急情况”司机似乎表现着和在平地驾驶时一样的漫不经心。

一整天我们都没有超过一辆车。天黑以前，我们抵达长汀郊外。“黄鱼”们在一片树林里与司机完成私人交易后结伴散去，步行他们剩下的路途。而当我们到达邮局时，车上就只剩下三名乘客了，这与载客单完全相符。

虽然司机对于我们这些付费乘客体现的态度是阴沉的，而我们也不是麻木不仁的，但我们仍在第二天为他分担了一些思乡之情。第二天，由于这个司机花费了太长时间来修理熄火的发动机，导致我们不得不睡在卡车后面，并在某地农村度过一个没有食物的夜晚。

在那段路程中，我们所遇到的最著名的乘客，是一位由三名未携带武器的中国士兵押送到中国陆军总部的日军飞行员。这位囚犯并不是非常开心，但他受到的待遇还算不错——时不时地有根烟抽，而且和我们所有人一样在苍蝇满天飞的餐馆吃米饭、面条、鸭蛋和卷心菜，狼吞虎咽。

庆祝蒋介石从开罗归来

——此态度证明中国接受三大国的全球战略

1943年12月3日

重庆12月2日电：今天，中国人民热烈欢迎蒋介石委员长从开罗归来，他们欢庆美、英、苏三大国誓言粉碎日本，光复中国半个世纪以来被日本侵占的领土。

由于安排上出现混乱，直到全世界都从广播获知相关消息12小时后，从《开罗宣言》中获益最大的中国人才被正式告知宣言的具体内容。此时蒋委员长一行已从会议地点返回国内。

蒋委员长和他夫人携手游览开罗。（《纽约时报》原文插图）

但消息仍带来举国欢腾。大家公认这是中国在外交和政治上的伟大胜利，中国将重新成为世界大国，恢复其往日的辉煌。

重庆政府在公告中宣称，《开罗宣言》的签订是“联合国之重大成就”，并称赞它加强了“反击日本直至其无条件投降之共同力量”。

随中国代表团赴开罗的国民党宣传部副部长董显光说，蒋委员长和夫人已于昨日乘机返回重庆，他们心情愉快。董还向报界披露，开罗会议的重点是讨论军事问题，但政治协商也极为瞩目。

昨晚，行政院副院长孔祥熙博士设家宴庆祝开罗会议取得成功，同时也纪念蒋宋成婚 17 周年。席间，从不饮酒的蒋委员长异常欣悦，他两次将烫热的酒举起，以唇沾杯向众人致意。

日本清楚战争即将结束

布尼·夏洛特

1943 年 12 月 5 日

题记：盟国准备同时从多条战线出击。

华盛顿 12 月 4 日电：本周，开罗会议明确宣誓，盟军计划将日本从它近半个世纪以来侵占的地域内彻底驱逐，这使得日本处于非常困难和进退维谷的境地。

两年前，日本偷袭珍珠港取得成功，这种极度的兴奋已经消逝。最近 15 个月以来，从瓜达尔卡纳尔岛开始，除了在缅甸和中国的少数地区以外，日本遭受的只有失败。太平洋战区的局势正在朝着不利于日本的方向发展，它的舰队、空军甚至连它极端狂热而坚韧的陆军也已被击败。

日本已陷于被动

美英两国的陆军和海军当局都反复警告日本，负隅顽抗将是痛苦的，日本现在面临最严峻的形势是它已陷入被动，被迫处于守势。即便如此，位于太平洋中部的难以攻克的日军堡垒，还有太平洋西南部日本占领区，当然还有日本本土，仍然有很好的防御。消息不灵通的东京政府会认为，日本军队将守卫它的祖国直至最后一刻。塔拉瓦战役给予我们深刻的教训，即4000名日本士兵一直战斗到全军覆没，他们共造成了3583名美国海军陆战队士兵的伤亡。

塔拉瓦战役还给我们上了另外一课，这场发生在太平洋中部的战役说明，如果我们从一开始就实行更猛烈地炮击，那么攻下那些规模小但被重点防守的珊瑚环礁的代价就越少。当这个建议被海军部长诺克斯断然否定后，那么未来海军陆战队在太平洋沿岸登陆时将受到比塔拉瓦战役更猛烈的船舰和战斗机攻击也就不足为怪了。

预料将采取的军事行动

《开罗宣言》充满政治色彩，并且拒绝透露任何具体的军事行动计划，而罗斯福总统、丘吉尔首相、蒋介石委员长与他们的军官之间的会议可能对缅甸战局产生极其重要的影响。

如果此时盟军的战区总司令蒙巴顿勋爵能够率领他指挥的印度、英国和中国军队朝着缅甸战场长驱直入，并且获得美国空军人力和物力上的支持，中国或可从云南夹击日本，则日本将会焦头烂额。

除了在中缅战区的推进，盟军在太平洋“海上高速公路”上还有多把利剑对准日本，它们正在慢慢地合围。

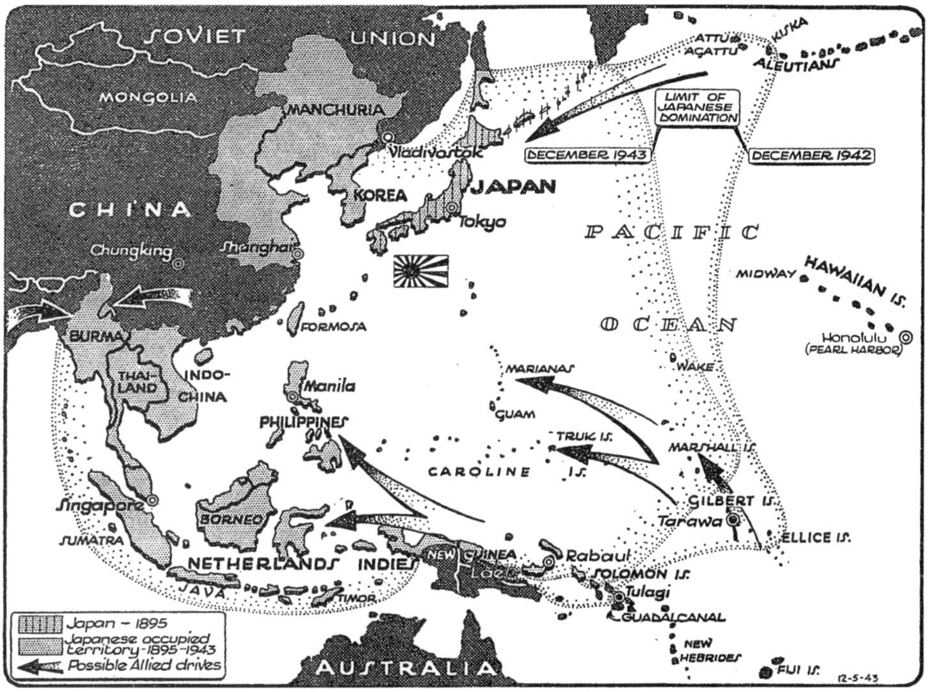

向日占区和日本本岛挺进：聚焦太平洋战场。（《纽约时报》原文插图）

预期将在太平洋中部采取进一步的军事行动。据海军部长诺克斯和作战部长史汀生透露，大量美军飞机正在使用占领和重修后的塔拉瓦机场，预计他们会立刻对日本控制的马绍尔群岛果断地采取行动，海军上将尼米兹指挥的攻击舰队也将在太平洋中部展开，吞噬日军残留在卡罗琳群岛和马里亚纳群岛上的堡垒。

麦克阿瑟的日程表

盟军在太平洋南部和西南部的进展虽然缓慢，但是所向披靡。在布干维尔岛，美国海军陆战队和陆军正在扩大他们的控制地带。麦克阿瑟将军和海军上将哈尔西将军希望粉碎敌人在岛上修筑的核心基地，包括日军在所罗门群岛建立的最后的大本营。占领腊包尔[①]或者使之中立化，以及完成对新几内亚占领的任务，可能也在麦克阿瑟的计划之中，之后更长远一点的计划将是重点攻击菲律宾或者荷属印度群岛。

对于所有的这些威胁，日本都必须防备，加上北边它可能受到的潜在袭击，因为阿留申群岛提供了攻击这个海岛帝国的捷径。日本再次被报道，它可能将在重新发动的对华作战中使用毒气，似乎它能够发动的重大反击已少之又少。

---

① 腊包尔是巴布亚新几内亚的一个城市，位于新不列颠岛。日军于 1942 年 1 月占领腊包尔，将其建设成一座坚固的军事堡垒，在岛上挖掘了数公里的隧道作为防空洞。在 1943 年前，大约 11 万日军驻扎在腊包尔。1943 年 4 月 18 日，日军著名将领三本五十六自腊包尔起飞飞往布干维尔，途中被击落而亡。

第八篇

1944 年

1944年抗战大势

1月1日，中共中央北方局发出《关于1944年的方针》。此后，八路军、新四军对日伪军相继发起春季攻势和秋季攻势。

4月，日本动用12个师团、41万人，发动了豫湘桂战役（即“一号作战”），企图打通中国大陆交通线，通过中国大陆将日本和东南亚、西南太平洋战线连接起来，以挽救太平洋战场的危局。豫湘桂战役历时8个月，是中日战争史上规模最大的一次战役。虽然日军在洛阳、衡阳、桂林遭到中国军队的顽强抵抗，但日军仍夺取了平汉、粤汉、湘桂3条铁路干线，打通了中国大陆的交通线，占领了洛阳、长沙、桂林、郑州等数百个大小城市。在世界反法西斯各战场高奏凯歌的时候，中国正面战场却在难堪地败退。日军虽取得了战役的胜利，但在全局上仍未能走出中国持久战，反而影响了在太平洋战场的对美作战，宣告了日本“长期战”战略的破产。

5月，中国远征军强渡怒江，发起滇西反攻，先后攻克日军坚固防守的松山、腾冲、龙陵，收复西南失地。

6月20—30日，美国副总统华莱士率官员访华，并与蒋介石举行会谈。

由于敌后战场的出色表现。7—8月，受美国总统罗斯福派遣，美军观察组分两批抵达延安，随后对敌后战场进行长时间考察。

9月5日，三届三次国民参政会在重庆召开。9月15日，林伯渠代表中国共产党在会上正式提出成立民主联合政府的主张，得到中间党派和无党派人士的一致拥护，国统区出现了民主运动新高潮。

这一年，共产党武装在对日军的局部反攻中，歼灭日伪军近20万人，攻克县城20多座，八路军、新四军发展到78万人、民兵200多万人，敌后抗日根据地飞速发展。

中国为战争胜利做出四大贡献

爱金生

1944年2月20日

本报重庆电：中国人民之中有我们许多的优秀朋友。既然从许多方面看，中国尚难满足我们对战场盟友的期待，那么搞清楚它能为抵抗日本的战争做出哪些贡献是明智的。

首先，中国以武力抵抗日本已经长达六年。正如1941年12月7日珍珠港事件所表明的，这一点对于我们有着不可估量的重要性。简单来说，它使得我们有可能打败日本。如果英国投降德国，将对西方战场造成灾难性影响，同理，如果中国向日本投降，对太平洋战场的影响也是灾难性的。也就是说我们将被轴心国打败。在前景看似黯淡无望的情形下，中国大可选择向日本适当屈服，但她在举国疲惫之际仍然坚持抵抗。从这点来看，中国已经并将继续对战争的胜利做出巨大的贡献。

其次，中国目前牵制了日本大约30个师团的兵力。日本陆军总数有100多个师团，而中国就牵制了其中近三成。[①] 在中国占领区驻扎和巡逻的日本军队并非其精锐，并未消耗很多日本工业资源，且在大多数时间里，中国都无法与其正面交战。但把约30个日本师团放在中国，毕竟要消耗一些日本的精力，减轻它在漫长战线上可能对我方带来的压力。从某种程度来看，这或多或少地帮助美国人和澳大利亚人在南太平洋地区的对日行动。日本无法全力投入南太平洋作战，是因为中国仍对其交通线和行动自由构成了潜在的威胁。

再次，中国正在协助美军建立众多空军基地，供美国第14航空队执行战斗任务，持续不断地干扰日本基地、设施、补给线和交通运输。因为中美两国人员在有关速度、组织和财务问题上观点大相径庭，在机场建设过程中难免发生一些性格上的摩擦。但是，旧基地被不断扩建升级、新基地不断完工，这是活生生的现实。具有规模打击能力的第14航空队不断提升战斗力，将战场推向了敌方占领区。

去年春季以来，第14航空队击沉了大量日本货船，海空作战为打击每况愈下的日本运输力量做出了积极贡献。最终，我们将能从中国人正在为我们修建的空军基地出发，直接轰炸日本本土。对我们来说，这些基地不论今天还是今后都

① 据统计，1944年底日本陆军共有99个师团，其中侵华日军有38个师团，在太平洋战场的日本为37个师团，而且中国还有10万远征军参加了东南亚战场解放缅甸的战役。因此，中国牵制的日本数量要多于此说。

意义重大，因为它将在打败日本的进程中发挥关键作用。

鉴于这批基地的重要性，估计日本迟早会采取协同行动，加以根除，或派其地面部队前去占领。中国军队 12 月在常德会战[①]中的出色表现令人深受鼓舞，使人有理由相信他们能够顶住日本的地面攻击，守住空军基地。美军在印度训练的中国军队如今正在缅甸作战，他们能力极强，作战积极主动。

最后，中国民众中普遍蕴藏着对美国的好感。中国老百姓大都喜欢我们，对我们抱有信心。过去几年的美中关系有着良好记录。我们的传教士充当了美国文明的积极传播者，尤其在他们所从事的教育和医疗工作中获得了体现。作为一个高度工业化的国家，我们能够做中国人羡慕、希冀的机械化工作——不仅在现在，战后亦然。而中国的战后重建计划在很大程度上将依赖与美国的合作。

当前，双方政府在几个问题上互有不满。中方有理由认为美方没有履行立即援助的承诺。美方也有理由抱怨中方未能充分调动其已有的人力和物资，也没有把它的军队整顿到位。美方在中国的军事建设开销巨大，部分由于管控不善，但更大原因是汇率因素，造成了成百上千万美元的损失。这些在今天和未来都是彼此希望幻灭和产生恶感的缘由。

但所有不满都不能改变这样的基本事实，即我们在中国有着数以千百万的朋友。他们视我们为盟友，相信我们的能力和品德，期待与我们亲密相处。我们在敌控区被击落的飞行员最能体会到中国对美国的这种深情厚谊。

上述即中国在我们共同抗击日本的斗争中所做的四个极为宝贵的贡献。虽然它们并无惊心动魄或跌宕起伏之处，对比南太平洋战场上那些高潮迭起的战斗，中国的贡献很容易被人们低估。但我们应该满怀尊重和现实的精神，珍视中国人做出的这些贡献，并将其作为我们与中国打交道的基础。因为从很多方面来看，中国都很难成为我们所期待的那种战场盟友。

中国无法用现代化战争方式对抗日本的现代化军队，即便我们有朝一日向它提供现代化的武器装备也很难做到。中国不是一个工业化国家，也不可能仅仅凭获得一些工业产品就变成一个工业化国家。中国难以成为我们的战场盟友，在很多情况下是因为它缺乏一个现代工业国家所拥有的经验、技术、规范和行为观念。

显而易见，中国不能生产现代战争所需的机械化车辆、重炮、坦克和其他重型装备。但工业化的缺失所造成的影响不止于此，比如，中国不能快速调动部队，不能及时地给他们提供充足食物与满足其他基本需求。没有一个有效的铁

---

① 常德会战，又称常德战役。是 1943 年 11 月至 12 月，日军为牵制中国军队对云南的反攻，并掠夺战略物资，打击中国军队的士气，对第 6 战区和第 9 战区结合部发动的一次战役。日军纠集 7 个师团约 10 万人进攻常德，中国军队 16 个军 43 个师 21 万人迎战。中国军队依托阵地节节顽强阻击，迟滞日军进攻，给敌重大消耗，击毙日军 1 万余人。

路、货运道路，也没有一个协调有序的汽车运输、电报及无线电通信网络，中国还无法将它的军队组织成一个整体。另外，还有一个更基本的原因，没有工业化作为核心，中国无法实现全国动员参与现代战争。

尽管如此，常德战役证明了中国虽长期抗战却依然斗志昂扬。还有一个事实可证明，即在蒋介石的坚强领导下，中国在其前景最无望的时候都没有屈服，而现在她的前景如此光明，就更不会屈服了。疲惫、穷苦、组织松散的中国为我们彻底打败日本做出四大难能可贵的贡献。中国是一个优秀盟友，因为中国人民是好样的。

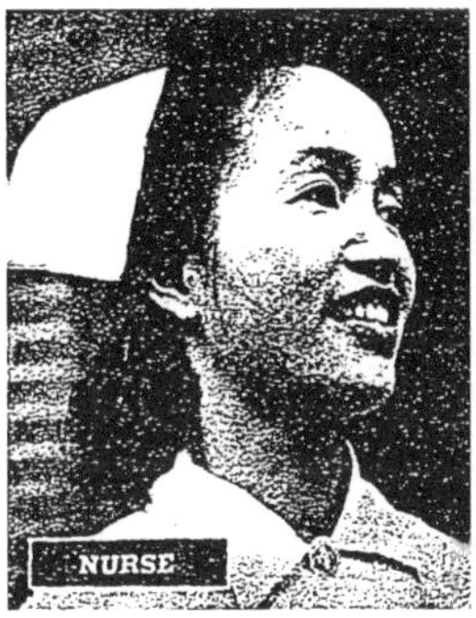

护士

警察

小贩

技工

士兵

医生

学生

邮差

哲人

黄包车夫

斗志昂扬的中国人。（《纽约时报》原文插图）

日军兵临洛阳，平汉铁路失守

1944 年 5 月 6 日

题记：日军占领确山，平汉铁路目前只有 53 英里可通车。重庆比较悲观。军方发言人称，鉴于敌军正靠近洛阳，陇海铁路西段将爆发一场大战。

重庆 5 月 6 日（周六）电：在空军掩护下，日军从信阳出发，朝西北方向挺进，基本控制了横贯河南省的平汉铁路。日军占领确山后，只有 53 英里铁路还在中国人手里。根据中国今天公布的战报，日军先锋部队已抵近洛阳并与中方交火。继中国军方公布日军将很快占领整个平汉铁路后，中国最高统帅部发布一份特别通告，警告另外一支日军部队已从郑州南下，到达郾城[①]。

周四，确山沦陷后，中日双方的战斗沿着中方控制的铁路沿线展开，日本空军对地面进攻的装甲兵团提供了持续不断的掩护和支持。中国空军试图缓解铁路沿线各战斗部队的压力，昨天轰炸了敌军盘踞的信阳车站，并轰炸了行进中的日军装甲兵团，击落 2 架日军飞机。

根据中方提供的战报，在郾城以北 30 英里的许昌，也就是沿铁路线继续坚持抵抗的一座孤城，目前的战斗形势尚不明朗。

中国军方的发言人认为，大战将不会在平汉铁路沿线爆发，而会发生在陇海铁路的西段。由 50 辆坦克和 100 辆装甲车组成的日军坦克兵团正沿烽火连天的陇海铁路逼近洛阳，现在郑州西北 65 英里的位置。

中国在河南战区的指挥部设在洛阳，2000 年前这里曾经是周朝的首都，也是中华文化重要的起源地。

发言人称，日寇正由许昌从西北方向快速挺进，并攻陷了从许昌到洛阳之间所有重要城镇，包括确山和临汝[②]。而临汝距离洛阳才 40 英里。另外两股日军分别从郑州及郑州西南 22 英里的密县[③]向洛阳进发。

发言人画了一个军事形势示意图，解释说在平原地区展开的战斗对机械化武

---

① 郾城，今漯河市。
② 临汝，今汝州市。
③ 密县，今新密市。

装的日军更为有利，而战区范围扩大使得中国空军无法对地面部队提供足够的支持，而中国陆军缺少重型武器与日军对抗。

中国军方的发言人说，日军正从满洲不断调出兵力，将他们补充到中国和其他地区的前线。他说，如果日军能够全面控制平汉铁路，那么他们必将对目前仍由中国控制的粤汉铁路展开攻击。他断定说，日军为了应对太平洋和南中国海的战事，急切需要打通一条连通满洲和新加坡的大陆路线。

另据史迪威将军总部发布的战报，以中国为基地的 2 架美国 B-24 轰炸机周三在南中国海击沉了两艘日本货轮，总重 4900 吨。

周二，P-40 美式战鹰战斗轰炸机在印度支那北部频繁出击，袭击了日军控制的铁路货场、仓库、桥梁，并俯冲扫射了停泊在北部湾的老式帆船。

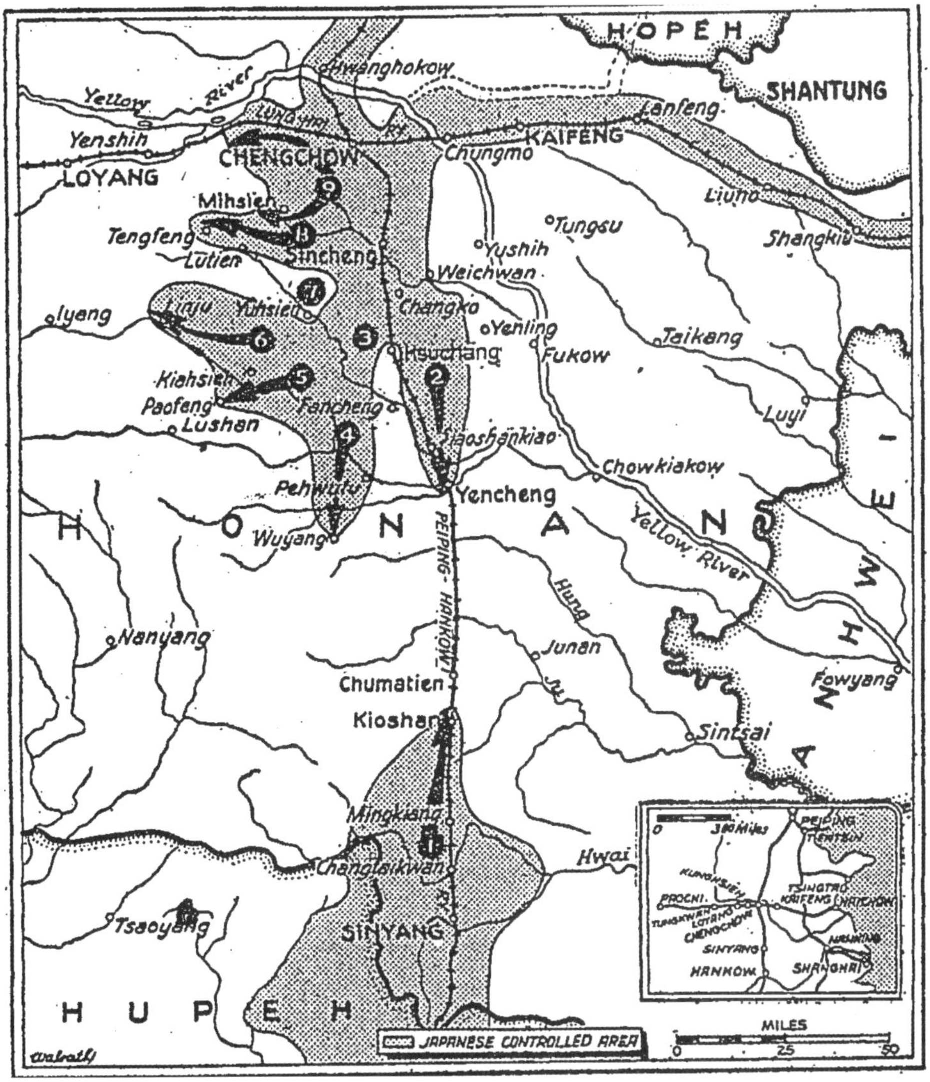

日军攻陷确山❶和郾城后，平汉铁路只有 53 英里仍在中国控制之下。目前，许昌❷和禹县的情况仍不明朗，但敌人已经到达舞阳❹和宝丰地区❺，并穿过临汝❻占领了登封，对洛阳造成新的威胁。但日军已从密县和郑州❾进逼洛阳的消息尚待确认。（《纽约时报》原文插图）

中国的内斗

裴斐

1944年5月14日

题记：关于重庆和中共问题的评估：未来冲突的种子？

这些日子，来到美国的中国人都对此间为中国的内部不和感到忧虑这点表示意外，或者装出意外的样子。当然，这指的是重庆政府和盘踞在中国西北受到非正式封锁的中共之间的潜在冲突。中国人说，我们比他们自己更担心这个问题。这无疑是对的，但值得怀疑的是，究竟是他们的判断还是我们的判断更符合事实。

至少在一点上，中国人也许是对的：我们或许夸大了中国内战的迫切性。可能的情况是，在打败日本之前国共双方都不会让这个问题过于突出。因为中共自己没有能力去做相反的事情，而重庆则不希望承担挑起内战的恶名，于中国在开罗首次赢得平等大国地位时损害中国的国际声望。这样，国共冲突可能成为世界大战之后再做处置的一项事务。但是，它存在本身，而且这种存在已经严重到可能招致内战，是难以否认的。事实上，在中国人私底下的谈论中，没有人对此表示否认。

那是一种什么样的冲突呢？如果把它描述成不同社会学说的竞争，比如马克思主义与资本主义，或者西方意义上的左与右的竞争，都仅仅是从西方社会观念来解读，而不是从中国的实际状况出发。两者对比不尽相同，很难做出明确的解释。事实上，作为一个社会议题，它和不断积累的其他因素相联系，比如个人的、政治的、心理的因素。

1927年以来，蒋介石的政府与中共之间就一直存在着未经宣布的间歇性战争，那时席卷全国的国民革命运动发生了分裂。国民党多数派在南京建立新的首都，而曾被允许加入国民党并企图赢得控制权的共产党却被打入地下状态。

顺便说一句，正是在这个时候，斯大林和托洛茨基之间的争夺达到沸点。托洛茨基支持中共立刻发动赤化中国的革命，即使与西方强权对立也在所不惜；而斯大林则基于在一个国家之内建设社会主义的政策，反对这样做，结果他赢了。

中共转入地下没多久就强势回归，并在江西省建立自己的独立政权。紧接着蒋介石发动了一系列围剿他们的军事行动，但都以失败而告终。主要是因为中共是如此娴熟的游击战士，而且领导有方，这些领导方式直到今天也基本上没有改变。不过后来，蒋介石部分靠攻击、部分靠封锁，把中共赶出了江西省。红军经过充满戏剧性的万里长征到达陕西。他们一路上忍饥挨饿，克服伤病和敌人的围追堵截，大部分战士或死于战斗或死于疾病。长征已经见诸报刊多时，即使中共问题遭人遗忘，长征仍会作为传奇存世。经历过它的人还是很多的。

不过，双方关系中出现了一个相互认可、平等相待的间歇期，即日本1937年全面侵华之后建立的统一战线。在对抗外来危险面前，内部一定要和平的。中共甚至收到了来自蒋介石的资金和武器。双方共同战斗取得了辉煌成果。在共产党刻意的宣传下，这些战绩不光在国内而且在欧洲广为传颂；中共的路线也得到媒体好评。然而抛开一切可能的夸大成分，中共在抗击日本的战争中所承担的责任与他们所处地位相比远不成比例。比如，大多数使日本无法乘胜追击的游击战行动都是中共组织的，而大多数动员民众抗日的工作也是中共完成的。

正是这一条造成了摩擦重起。因为动员民众抗日，中共不可避免地扩大自己的权力和影响力。驱逐了日本人之后，他们接管了原来的日本占领区并用自己人组织成了当地政府。此外，他们还扩大兵员，壮大军队。这引起重庆的疑心。重庆方面先是企图限制中共的活动，接着切断资金和武器供应，然后是公开的小型冲突，互相指责对方先动手。最后，在一场激烈的战役中，中共领导的新四军被重庆军队消灭。

从那时起，双方在关系最好的情况下处于武装休战状态。中共军队回到陕西省，以最艰难的方式在这片贫瘠的土地上坚持。重庆方面用几十万军队对他们进行封锁。这也是目前重庆遭到诸多批评的原因，批评它不应该在日本侵略者在中国土地上横行之际还用那么多军队打中国人。重庆承认确在那个地区驻军，但坚持说是为了防范日军对西北的入侵。这种解释，不管真诚与否，让在重庆的外国人表示审慎的怀疑。

当前的局势就是这个样子。这是一个充满风险的局势，一个困扰多个联合国家首都和大多数中国人的局势，因为它可能带来分裂，使他们面对共同敌人时地位脆弱。同时，这种局势还使寻求解决之道变得困难无比，即使有人有能力强行这样做。

一方面，从逻辑、法律或政治的角度看问题，全球范围内的权利都是允许一个反对党维持和使用自己的军队，建立由自己的官员管理的行政机构，并实行和自己名义上隶属的中央政府完全不同的治理理念。而另一方面，地球上没有一个政府会容忍比地方自治更严重的国家分裂。如果经过三十多年内部分裂和动荡之后中国的第一需要是国家统一的话，那么可以理直气壮地认为，中共的军队目前构成了达到这一目标的最严重的障碍。

目前尚没有反驳重庆立场的外部事实。中共确实维持着自己的军队，名义上它效忠蒋介石总司令，而实际上是效忠中共领导人毛泽东。在他们控制的地区，政府听从中共领导的指示。

的确，近年来中共在执政中运用的共产主义原则已严重淡化。在这个意义上，他们因组建统一战线已经做出了让步，但重庆方面说，这不过是魔鬼生病时吃斋念佛罢了。因为中共无论走在哪里，名义上是为了驱逐日寇，而实际上是一个独立在获得多国承认的中国合法政府之外并且与其敌对的政权。就这样，打着抗日旗号的中共可以名正言顺地控制中国的大量地盘，为争夺国家掌控力的斗争就要真正开始了。重庆方面认为，这是在现在的条件下必须防止也可以防止的。

此外还有一点更重要，中共不仅致力于在国内建立一个独立和持不同政见的政府，还像多地执行共产党路线的狂热人士一样，致力于顺从来自外部即苏俄的命令和利益。多年来，他们和蒋介石的政府对立，理由是它不民主，而且为了维持统一战线就必须反对所有地方的法西斯。后来苏俄和纳粹德国在 1939 年签署了协议，中共领导人毛泽东为此大唱赞歌，就像此间的《工人日报》所做的那样。

后来在 1941 年，苏俄和日本又签订了互不侵犯条约，实际上承认了“满洲国”，大国中只有它这样做。中共在 1937 年时对蒋介石最激烈的指责，是说蒋不同日本宣战而夺回满洲，而蒋说白了没有对日宣战的本钱，他毫无作为。但是，当苏俄因欧洲政治原因在满洲问题做交易时 ，中共的领袖毛泽东高调为之背书。如果放弃满洲有利于苏俄利益，那就让满洲被放弃吧。欧洲或美国的共产党没有人提出抗议。但是如果英国或任何其他帝国主义强国曾为了取悦日本而承认“满洲国”的话，想想看伦敦或纽约的《工人日报》会怎么骂！

如果事物的全部情况就是这样，那么任何不偏不倚的国际仲裁法庭将会支持重庆的立场。但它并不是全部。今天中国的异象之一是，住在重庆的美国人在国内时会因工会过于激进而反对它，而在中国却支持中共。众所周知，从重庆寄回美国的书信不少都说我们在中国选错了支持的对象。事实上，如果今天对在重庆的外国人进行公民投票，可能大部分人都会支持我们放弃重庆转而支持中共。

当然，人们现在不是亲共，而只是反重庆。而且，必须说越来越多的中国人也是这样。至少他们看到，在中共控制的地方，政府是清廉的、有效的，是把群众的福祉放在第一位来考虑的。近年来，没有人否认这一点。事实上，出现了一种将中共理想化的倾向。没有一个政府能有如此纯粹的行为和目的，就像近年来一些外国人将中共描写的那样。不过生活在中共管控的地方的确比在中国其他任何地方要好，因为共产党的执政符合民众的利益。

蒋介石在广西视察美式机械化部队训练中心。(《纽约时报》原文插图)

即使是最仁慈宽容的人也不能用上述言辞去描述重庆。和共产党人鼓励民众忠诚相反，重庆正一点点地失去民众的忠诚，尤以在中国人的知识层为甚。正是这些人大力支持过国民革命，并支持中国争取独立和民族复兴的努力。并不是说这些人信仰了共产主义，他们连亲共都算不上。他们只是对重庆失去了信心。

他们仍然尊重蒋介石，但不信任他周围的那些人。他们认为政府懒惰、效率低下、不诚实、对人民福祉公然漠视，像最反动的军阀时期，也像欧洲法西斯极权主义。他们看到当局加大对思想和言论压制，不是为了推动抗战，而是为了国内政治斗争。他们认为国民党已成为垄断政党，成为僵化、反动的、将触角伸向每一条政治和经济权力渠道的官僚机器。

他们眼下仍不喜欢共产学说的理论和实践，但已开始怀疑中共领导的中国是否就没有一点希望。在国民党领导的中国他们已看不到丝毫希望了。这是当下中国最严重的问题，即国家的思想人群已丧失了信仰、信心和希望，而知识界的领袖们一直笃信长期战争的苦难牺牲，一定会换来中国的再生和人民生活的改善。

这就是为什么评判重庆和中共之间谁是谁非是如此之难的原因，也是为什么冲突如此难解决的原因。从逻辑和政治上看，重庆的立场是无懈可击的，但在道义上又是很坏的。就如外国学生和观察者很难做出判断一样，中国人自己也被这一分歧撕裂了。

这也正是战后中国出现危险的原因。因为如果目前的情况持续下去，中国民众很有可能会转向中共一边，不是由于他们信仰共产主义，而是由于他们愿意过更好的生活。可以预计，中共将大力推动宣传，充分利用他们的战绩在他们所控制的地区吸引民众。

我们并不期望中共会构建或宣传一种苏联式的共产主义体制。在他们过去掌权的地方也从未这样做过。至少到目前为止，他们的主张限于财产的规模、利息的高低、市场销售的形式、更公平的税收，教育的普及和公共设施的建设，而不是对各种生产过程实行十分激进的限制。中共的主张仅是激进的改良，而不是共产主义，改良的目的是提高民众的生活水平，只是在必要情况下牺牲少数人的利益。

面对这一切，重庆有的只是民众的幻灭。在这一较量中，拥有金钱和权力的重庆仍会在持久的内战之后败下阵来。只需要想一想欧洲和亚洲微妙的战后平衡就会意识到，中国的内战一定会产生 1936 年西班牙内战那样的致命后果。

如果中国不幸重蹈内战，这一大摊浑水定会吸引不少大国前来摸鱼。远东历来不乏冲突的威胁，满洲和蒙古就是容易出现真空的地区，而外国政治也是讨厌真空的。如果满洲、蒙古或者中国北方，出现对某个对外部势力格外友好，甚至形同傀儡的政权，那么其他外部势力势必着力代之以不同的政权。换句话说，又将发生争夺外交影响力的决斗。如果这些势力中一方是苏俄，另一方是英国和美国，我们将看到导致当前这场战争的多种条件的重演。

现在看起来，我们的前景不是很好，但它有希望得到缓解。当战争的压力消退，维持严格纪律的正当需求放松后 ，民间要求当前仍处在高位的个人和团体消失的抗议会大大增加，要求改善人民的生活条件提高政府的代表性的呼声也会增加。重庆已承诺在战后引进宪政。不管目前情况如何，重庆可能会实现承诺。如果它说到做到，现在围绕着重庆的恶将被一扫而空。这就是有希望，也是唯一的希望。

神奇的中国印

乔治·亚历山德森

1944 年 6 月 11 日

李福生是一个富有的中国人，他整理好行李，装好厚厚的支票簿，准备登上中国航空公司的飞机前往南方。但是他忘记了一样东西，忘记带上了自己的印章。这样的话，他所携带的所有证件都毫无用处。而印章就是刻有他姓名的图章。在中国，他没有办法以亲笔签名的方式来登机，尽管他手写的与印章上的每一个字都一样，那也没用。

在中国，所有合法文书都必须盖有执行者的印章。在美国，描述这种印章的术语是橡皮图章，但是中式印章绝对不是用橡皮做的。它们的材质可以是木、铁、铜、银、金、水晶、石头、象牙、骨头和宝玉。根据个人的爱好，它们的大小尺寸也可以不同。

刻字匠在刻印章。(《纽约时报》原文插图)

通常讲来，私人印章的底部有半英寸到四分之三英寸见方，高2至4英寸。在印章的底部用汉字刻有所有者的姓名，这样一来，只要先把印章按在印泥上，然后盖在文件上，印章所有者正式的合法签名就会清晰地显现出来。

与私人印章相比，商业机构和政府部门使用的则是大至几英寸的长方形印章。在商业公司的印章底部，除了公司名字以外，可能还刻有地址、公司类型等其他信息。

有些印章比较平实，像一个小小的手柄，但是许多印章的顶部有精致的雕刻。印章所有者的生肖常被用作印章顶部的装饰，有时神和动物的形象也会被用到。

在中国战区服役的美国士兵们给那些印章雕刻师们制造了新问题。他们希望印章上刻有自己的中文名字，同时也有英文名字的首字母。很多印章师傅连一个英文字母也不懂，但他们也忠实地设计出了英汉双语印章。许多这种印章的设计都很精美复杂，成为士兵们对中国永远的留念。

如果一个中国人丢了印章，他必须马上通知他的银行，以及其他那些和他有业务往来的商业机构，这样，盖上旧印章的文件就不能再生效了。然后，他必须公布他的损失，和在美国丢了银行存折后公布损失一模一样。如果他的印章未被找回，就会另外刻一个新印章，并且向相关的这些机构提交新的图样来登记。

印章的价钱各不相同，取决于它所用的材质和雕刻师傅的手艺。刻一个小的木质印章可能只需花费20美分，但是如果要刻制一个大的玉质印章则可能需要很高的价钱。现在重庆的行情是刻制一块不错的石头或者象牙印章可能需要10美元。而一对一英寸见方、有雕工精细的狮子来装饰的印章最近卖到100美元。

印泥通常是红色的，除了在哀悼亡者时才会用到黑色或者绿色。这种印泥红的化学成分是氧化汞，呈细粉末状，永不褪色，事实上随着时间的流逝，它的颜色还会逐渐加重。制作印泥时会将氧化物仔细地筛入一碗水中，这时较小的颗粒会积淀在表面，而比较重的、粗糙的颗粒则会沉入碗底，进而被丢弃。精细的颗粒还需要与油和莲花根部的纤维相混合，据说使用后者的原因是它的纤维比最细的丝绸还要细。而油则是使用亚麻籽油，这种油储存很多年以后方可使用，以防止印迹出现晕染。最好的油会贮存上百年。一个重量为10盎司的上等印泥约需要25美元。

中国在坚持

1944年7月9日

七年前的上个周五，一支日军分遣队在“夜间演习”时，向驻守北平附近（卢沟桥）的中国守军开火。中方守军第29军开火还击。“中国事件”就此开始。为

“祈祷”。郜启池（《纽约时报》原文插图）

“集市”。王淑业

（左图）“两代人”。邰启池（右图）“工业”。梁永泰（《纽约时报》原文插图）

了记录和纪念此后六年的战争，近期中国政府在全国发行了一套画册。此处展示画册中的部分版画作品。它们描绘的是中国一如往常，只是处于惨烈的战争阴影之下的生活。

华莱士在西伯利亚和中国的见闻

1944年7月10日

题记：下文是《纽约时报》记录的华莱士副总统[①]的演讲词。

七周前，我离开美国访问了苏联和中国这两个伟大国家。我并没有站在把他们当作陌生人的门槛上，而是对那些致力于改变他们国家命运的人们充满自信的精神深怀崇敬。我很幸运地观察到了事物表相背后的本质。

今天，我想告诉你们过去这几周我的经历和感受。

首先，我今天比以前任何一天更是一位美国人。当我估量别的国家越多，我就越相信美国的生活方式对于我们来说是最好的方式。其次，我们可以、也应该让我们的发展方式去适应与其他国家和人民的合作。这些国家和人民的生活方式与我们不同，但是，他们非常需要我们的合作，就像我们有多么需要他们一样。他们不仅

① 华莱士（Henry Agard Wallace，1888—1965），曾任农业部长、商业部长、美国副总统等职。1944年6月，时任美国副总统华莱士访问中国，其主要目的是调解国共矛盾和协调中苏关系。此访是抗战时期中美关系史上一次重要外交活动。关于此次访华，华莱士在给罗斯福的电报中说：“我们对蒋介石的支持恐怕是一项短期投资，他实在没有治理战后中国的智慧和政治力量，战后中国的领袖大概将会通过政治变革或革命的方式产生出来。”华莱士访华促成了美军观察组进驻华北，在一定程度上团结了中国的抗战力量，维护了国共民族统一战线。

是愿意合作，更多的是渴望合作。最后，我相信，北太平洋地区和东亚战后将获得新的发展，新企业、新投资、新贸易、新成就，将在这里构筑一个新的世界。

面向东北亚张开怀抱

我国面向太平洋的海岸将被赋予比以往任何时候更大的重要性。从我访问苏联和中国之后，我很高兴把西雅图作为回到美国的入口，这是一扇向东北亚地区开放的大门。没有任何一个城市比西雅图更具有美国精神和美国范儿了，也没有城市像西雅图这样，在构筑我们与太平洋彼岸国家的关系时显得如此生机勃勃。

在西雅图，不管是在与亚洲日益活跃的贸易中，还是在整合太平洋地区语言、文化、历史、政治和经济研究的华盛顿大学，美国精神都得到了很好的阐释。

我们需要动用所有的智力资源，还有所有的美国人都应该做好准备，去发现新的方式来解决战后出现的新问题。那一天终会到来。那一天，太平洋地区的日寇将被清除，我们的军人们也将从东京回家，回到西雅图、波特兰、旧金山和洛杉矶。到那时，我们就会更清楚地认识到西海岸是我们与东亚地区的连接点。

华莱士乘坐军用专机回到西雅图。（《纽约时报》原文插图）

东方国家在行动

东方是东方，西方是西方，两者永远不会相遇，这种说法是错误的。在东亚地区，包括中国人和俄国人，他们的进步显而易见，他们的行动有目共睹。这个地区急速发展的农业和工业，对战后世界的和平与繁荣意义重大。我很高兴能够在我回到美国后，能够与你们分享我对美国昭昭天命的认识以及对东亚的印象。

这里，在美国的西北部，我们因为不公平的货物运价和大河水利工程的失败，发展被拖后了。但是，我们越来越强烈地意识到加强西部、特别是西北部的开发对美国是多么重要。

多亏了有诺里斯、麦克纳利、伯恩和罗斯福这样的人，西北部在过去10年获得了急速的发展。这样的发展需要持续下去，直到它达到农业、工业和商业潜能的极限。这还未包括潜能不可限量的阿拉斯加地区。我们的发展一定不能仅仅局限于我们自身，也需要顾及亚洲的发展。如果美国对苏联和中国的贸易朝气蓬勃，则会大大增加西北地区的人口密度和繁荣程度。

太平洋时代正在到来

以上这些道理，在我去亚洲之前只是在理论范围内有大概的了解。当我访问了亚洲之后，我在任何一个美国人力所能及的范围内，尽其所能地考察了东亚的工业和农业。据此，我更加相信我们正在进入所谓的“太平洋时代”。

太平洋时代的特征之一，就是在人口密度并不高的地方兴建大型机场。苏联已经在西伯利亚地区拓展了公路干线网和航空服务，其范围之广令人震惊。我们在苏联降落到不少的机场，而这些机场的名字，我想一千个美国人中也许找不到一个曾经听说过。

在战后的15至20年间，经阿拉斯加州费尔班克斯前往亚洲的航线不再盈利是非常有可能的。但是，我国的未来需要我们同苏联和中国合作来保留这条航线也是肯定的。西伯利亚的人口在过去15年间几乎翻了一番，因此，在接下来的50年间，我们可能看到一个更大的增长，甚至增长到3000万人都是非常有可能的。

根据我在阿穆尔河流域看到的景象，我相信南西伯利亚地区的人口将会有很大的增长。由于战争，俄国一定会把它很多的工业迁徙到乌拉尔以东地区。大多数随厂搬迁到西伯利亚的人们会定居下来。

每个地方，从濒临太平洋的马加丹到中亚的塔什干，我发现俄国人正竭尽全力发展工业和农业。此外，农场中大约三分之二的工作、工厂中约三分之一的工作，目前都由女性劳动者来承担。

计划好的平等租借交换

在每处工厂里，我都发现了美国机器，它们有一些是在战前购买的，但大多数还是通过平等租借法案获得的。美国工业通过平等租借法案来帮助苏联的方式，使我对美国和俄国的尊敬都增强了。

我在苏联远东地区找到了美国面粉，在苏联飞机制造厂找到了美国出产的铝锭，在卡车维修店和铁路维修公司找到了美国生产的钢，在造船厂找到了美制机械器具，在海军舰艇上找到了美国压缩机和美国电力设备，在露天矿找到了美制电动铲车，在中亚的铜矿找到了空心钻机，在远程供应基地找到了美国卡车，而且飞机执行战略运输的策略也在那儿获得了很好的采用。

我发现人们不管身处管理职位，还是在下属单位工作，都很感激美国和其他盟国提供的帮助。尽管将苏联巨大工业努力与美国提供给苏联的平等租借交换数量相比较时，会有一点误导性，但是，我依然相信我在西伯利亚和中亚地区所看到的，平等租借法案的确帮助了身处困境的中国人和俄国人，特别是在工业和军事方面。

在获得充足灌溉的中亚土地上，一个强劲有力的棉花产业正在迅速发展。在塔什干这个上百万人口的城市，我发现这里的棉花改良试验颇具独创性和可行性，与美国最好的棉花品质不相上下。现代工业也在这个古老的东方文化之都蓬勃地发展了起来。

塔什干是我到达的最西边的地方，我们从这里折向东方去了阿拉木图，这是我进入中国之前的最后一站。在阿拉木图，我不仅发现这里有卓越的科学研究工作，而且找到了电影工业的萌芽，这可能将阿拉木图改变成中亚的好莱坞。这座城市坐落在天山脚下，深受美妙气候的惠泽，就像南加州的城市一样。

中国与苏联完全不同。中国虽然非常渴望和焦急地想进入工业时代，但她还不能完成这个进程，不管是在现代化战争的军需物资还是重工业产品方面，就算是她的一点点需求部分也还不能自给自足。但是，这样的情况不会持续太久。

中国与她 4.5 亿人民和丰富的自然资源一起，应该尽快自力更生地生产出可以满足她大部分需求的产品，不管是重工业产品还是轻工业产品，消费品也需要。但是，为了实现工业现代化和训练专业技术人才，中国需要帮助。在美国，我们有数以千计的技术人员和实业家可以提供帮助。但是实业家们需要确定一件事情，即他们希望在对中国基础设施和重要项目做出投资决定之前，需要在可预见的未来排除中国内战或者中俄冲突的可能性。

为了更高的生活质量

我可以很高兴地说，我发现在与我交流过的人们当中，有人大胆直率地说出，希望获得更好的理解。就我个人来说，我相信中国和苏联会采取必要的措施确保持续的和平，并且在太平洋各国之间推进文化与经贸交流，惠及各国人民。

亚洲是最广袤大陆的中心，也是世界上人口最密集的地方。亚洲发生的事情绝非与我们无关。我们需要与俄国和中国成为伙伴，并且与他们进行货物贸易和信息交流。这会帮助我们三国的人民共同提高生活水平。我发现，苏中两国的领导人都很急切地期待与美国保持最友好的关系，并且都对罗斯福总统的领导能力表示出极度的信心。所以，生活质量将被提高，战争的后果将被清除。

我们没能在第一次世界大战以后关注到人民生活质量这个问题，这直接导致我们今天需要花费几百亿美元来投入战争，这敲响了警钟。为避免战争灾难的重现，关注人民的生活质量是必须的。更不用说，这还牵涉到太平洋地区诸国人民的利益，以及中、苏、英、美四大强国之间热忱的合作。

把中国的命运置于贸易

战后中国的稳定建立在经济重建的基础之上。经济重建任务既包括农业，也包括工业，同时又依赖于贸易的增进。对我来说，在我对华访问的整个过程之中，我越来越清晰地认识到，中国的重建在很大程度上将会依赖于外国物资的进口。即使从公事公办的角度来说，这也需要我们在技术上和物质上提供协助。

我们已经听说了很多关于中国工业重建的事情。我发现，中国人急切地希望实现工业化。中国应该工业化。但是，中国的工业化需要以农业的重建为基础，需要土地改革。这是因为长期以来中国就是一个被农民所主导的国家。据我在那里的观察，他们是很好的农民，但是他们需要获得解放，需要获得新的政策。

中国应该采取必要的改革措施，但是，我们也可以通过提供技术人员和科技信息的方式给予援助。甚至在贸易的层面上，我们可以向中国人出售农业机械、化肥和杀虫剂。当然，中国最终需要自力更生。

中国需要实现粮食自给自足，但就我所能看到的来看，预料在很多年内，中国还需要从西方进口粮食，如谷物、面粉和水果。

事实上，与期盼中国消费者的生活质量迅速获得提高一样，期盼中国消费者改变饮食习惯，吃我们看来是健康的但他们认为是奇怪的食物，是不合逻辑的。而我们的西方会继续发展并得到延续，如西北部的木材也需要在中国未来的重建中扮演重要角色，因为它曾经在中国历史上出现过。

较大的机器需求

中国的工业化进程需要机器，也需要制造机器的原材料。近几年来，我们西方已经建立了钢铁和机械生产基地，这些都符合中国的需要，可用于生产满足东亚市场需要的大宗消费品。

陆地运输、海洋运输和航空运输工具也有很大需求。我们西方在为东亚制造航空器材和远洋船只方面占据着特殊的战略地位，同时我们还有发展工业必需的原材料——木材、钢和铝。

贸易不是一个单向事件，贸易是交换，有时简单直接，有时复杂。显而易见的是，东亚财政改善和经济发展都需要运用贷款工具。这些贷款需要偿还，而且最好的偿还方式是通过货物来偿还。因此，对于中国市场，我们的计划包括卖与买两个方面。

像桐油、丝绸、茶叶、皮革和稀有金属等典型商品，这些是战前中国向我们出口的主要物品。这些应作为战后中美贸易的基础。

我们与东亚的贸易有一个很好的前景。促成这样的贸易，不仅需要彼此理解和相互同情，还需要一个具有远见的政治决定，让贸易恢复成为它本身的样子，是平等互惠的。

报告东亚的变化

后天，我希望能够向罗斯福总统报告的事实是确定无疑的，而不是像我在这里很随意地自由发言。但是，我可以明确地说，在我去过的所有东亚国家，我都发现了他们急速的增长与变化。甚至在蒙古，这是世界最偏远的地区之一，我发现它在过去 20 年间发生了巨变。美国与苏联和英国一样，对东亚地区快速的、和平的变化具有浓厚兴趣，这样的变化意味着自然资源和人力资源获得了更有成效的利用。

这里就有西雅图，她可以在发挥领导力方面表现得更好。美国科学家必须与苏联、加拿大的科学家合作，彼此借鉴交流，探讨怎么处理阿拉斯加、加拿大和西伯利亚北部地区的永久冰土。同时，我们必须相互交换农业信息和天气信息。

我已经发现，美苏农业合作有了一个很好的战略部署。我也发现，中国在未来对美合作方面也已准备就绪。这让我对未来充满信心。

强调广袤的资源

未来的美国实业人士需要具有广阔的国际视野。我有信心，美国在经济上的领导地位会赋予环太平洋地区巨大的物质利益，将会使这个世界变得更美好。未来美国利益的新边疆，从明尼阿波利斯经过西海岸各州和阿拉斯加，穿过西伯利亚和中国，一直通到中亚。

这里有丰富的矿藏资源和人力资源，而且都是通过民主和平的方式取得的。这种方式不是通过剥削，恰恰相反，而是通过更有利可图的方式、更能改善数百万人民生活质量的方式来取得的。

这真是一次非常棒的旅程。我很感激罗斯福总统为我提供这次机会去接触亚洲各行各业、各个地方的人们，他们都为我们赢得战争提供了帮助。取得胜利以后，我们就可以继续在和平的环境中工作了。

我们想要更高质量的生活水平，想要成批生产的商品，想要为我们归国的军人们提供工作岗位，想要给目前工作的人们提供和平时期更好的工作。与苏联和中国的贸易将会帮助我们，使美国的工厂在未来的日子里继续保持忙碌。我们在通往和平与繁荣的道路上。

云贴近大地，柔和战争痕迹

爱金生

1944 年 7 月 16 日

题记：从飞机上望去，这座饱受战争摧残的云南小镇，其美丽的乡村显出些许的安详。

7 月 14 日，发自美国 Y 部队总部电：在不到一小时的航行中，我们飞过了徒步至少需要两天的路途。昨日下午，当美国轰炸机在腾冲投放炸弹后，我和来自俄克拉荷马州塔尔萨市的技术军士贝茨立即乘坐一架小飞机去观察轰炸效果。

我们看到的并不太多。在郁郁葱葱的腾冲峡谷，我们在靠近日军射击范围的空域盘旋，只能看到如一小片细沙般的城镇被方形的墙体围绕着，据悉有 2000 名日本士兵在此驻扎，企图据守这座孤城。山谷中的每一座山丘上，处处可见日本人为阻止中国人进入而修筑的连成一体的战防壕沟。但是现在，这些战壕已被身着黄色军服的中国士兵所攻占。

坐落在这座城市西南一侧的来凤山，是中国人和日本人通宵交火的地方。这里布满了弹坑和残留的战壕，而在战壕的尽头是一座被摧毁的庙宇。无数的白色降落伞散落在另一座山丘上，那是美军刚刚投放给中国军队的补给。

据另一架观测飞机报告说，看到炮弹在一段墙上爆炸了，那是中国军队试图用大炮轰垮城墙。

然而，如果不是从2000英尺的高度从空中俯瞰的话，恐怕再无其他方式可以还这片战场以乡村恬静的美丽景象。

一到两英里的方形围墙在腾冲市镇周围整齐地围绕着，虽然这里已遭受了两年的空袭，而且前天才刚刚被炸毁，但此时此刻，它看上去就像明朗大地上的一个普通的中国城镇，小商贩们或是在打理他们的生意，不紧不慢地做着事情，或是聚在树荫底下乘凉休息。线条柔和的山丘上，草场里的牧牛对空中飞行的飞机毫不在意。圆形的山谷布满稻田，金色的谷穗织成鲜艳的锦缎。田里的谷粒也许已经灌浆成熟，即使几英里外烽火连天。

我们在简短的航程中飞过这边土地，这一片中国军队在长达两个月的时间里与敌人寸土必争而浇灌着战士鲜血的土地。5月13日的夜晚，当这场战役打响的时候，我们从靠近萨尔温江的源头上空掠过。在两分钟之内，我们就飞过了黄果树山岭，在这里，中国人与日本人曾经进行了一个月的艰苦的拉锯战。

在海拔9000英尺的地方，我们翻过高黎贡山，山上是一条穿过云霄的道路，一条中国人要徒步穿越的峭壁之路，也是一条要经过三四个日本防御工事的生死之路。

在长达两个月的时间里，成千上万的中国人穿过了这片山林，但是却还未到达我们刚才飞过的地方。我们的观察是片面的。大山、瀑布、河流和一片片整齐的稻田，都浸润在午后的阳光之中，它们是如此的美丽，却也同时饱受着漫长战争的难言之痛。

日军在衡阳遭受重创

1944年7月17日

题记：据报1.4万名日军已被消灭，其广东攻势受挫。

美联社重庆7月16日电：据中国最高统帅部今夜通报，自6月23日至7月14日，在日军发起的争夺粤汉铁路枢纽衡阳的战斗中，已有1.4万名日军被歼。这一战果已被此间外国观察人士审慎认可。

最高统帅部的通告说，衡阳守军的顽强抵抗已经迟滞了日军在湖南战场的攻势，但观察人士们对目前的战局有些困惑，他们不知道日军是否会被迫完全撤出，抑或正在重新集结力量，然后一举攻占这座城市，虽然它的战略意义早已失去。

此间人士认为，未能夺取衡阳已沉重地打击了日军士气。因为他们之前曾夸下海口，可轻取衡阳。

日军从广州发起意在完全控制这条长达1000英里、纵贯中国南北的交通命脉的攻势，看起来凶险可怕。在广州以北70英里的英德守军说，他们在阻击日军攻占中伤500名敌军。英德在衡阳战场以南225英里。最高统帅部称，在清远西北方向，双方仍在战斗。

中方信息称，为阻止日军进犯衡阳，中国军队已对日军实施多次反击。中方似乎想通过对日军侧翼的不间断进攻将敌人压缩在长沙与衡阳之间。

一份战地公报称，有一支战斗力很强的中国部队夺取了长沙西北方向的一个村庄，在岳麓山区中将长沙渡河的日军增援部队击退。在南线，衡阳东北方向的醴陵地区仍有战斗。衡阳以东的攸县也有战斗。衡阳南北方面的战斗集中在湘江以西的湘乡一带。

陈纳德将军率领的美国第14航空队继续活跃在洞庭湖至衡阳一带，对敌人在湘江上的补给线和部队集结地不断发动攻击。

盟军飞行员阻止敌人攻击衡阳

1944年8月5日

题记：据说城市被日军遗尸包围，援军向前推进。

重庆8月4日电：今日，中国军方发言人称，日军猛烈攻击困守孤城衡阳的中国军队已经40多天，衡阳守军虽然伤亡惨重，但是士气高昂，并且他们的阵地岿然不动。[①]

据中国空军在星期六早些时候发布的战报，中美联合航空队紧急起飞，在衡阳郊区阻击了向城内守军进攻的日本空军、炮兵和步兵联队。

① 1944年春夏之交，日寇向豫湘桂黔地区发动大规模的战略性进攻。这期间，中国军队保卫衡阳，孤军坚持47昼夜，是中国抗战史上极为悲壮而惨烈的一次战役。中国军民坚贞不屈的抵抗精神，震惊中外，此战因此也被称为“中国的斯大林格勒保卫战”。

这位发言人说，衡阳作为湖南省具有战略意义的铁路枢纽，遭受了抗战以来最长时间的围城。经过激烈巷战，日军阵亡上千人，他们的尸体环绕着衡阳城。

17.3 万日军的进攻

发言人称，日军在攻打湖南省衡阳和长沙的战役中共投入兵力超过 17.3 万人。发言人否认了日本所称有美军地面部队加入衡阳防守的说法。

战报称，中国增援部队与包围衡阳的日军浴血苦战，并将包围圈成功地撕开了一个缺口，敌军伤亡惨重。

发言人称，根据在衡阳周边被俘的日军战俘报告，日军第 68 师团师团长佐久间为人中将在城东的战斗中阵亡。

（据东京电台报道，日军少将和尔基隆已在星期五进攻衡阳的行动中阵亡。另据广播，合众社联社援引战争情报局的军官介绍，日军少将川上不二夫在前线因病身亡。）

据战报，一支中国部队攻入衡阳以东 65 英里的耒阳，但随即被驱逐。他们在耒阳附近撕开了日军的合围，但在遭遇城北日军突袭时受挫。

安仁郊区的战斗

中国最高统帅部称，日军进攻部队被牢牢锁在距离耒阳东北 38 英里的安仁县郊，而中国军队已穿插到赣西的萍乡，与敌人发生了激烈的巷战。

中国军方的发言人指出，日军已打通由长沙北部洞庭湖基地通往衡阳的公路，日军很可能将依靠这条具有战略意义的补给线，将坦克、榴弹炮和装甲车投入衡阳前线，战斗将愈演愈烈。

这位发言人称，日本军部已将 9 个满编的步兵师团、1 个装甲团、8 个炮兵团和 2 个山炮营投入湘南前线。

据空军发布的战报，美国第 14 航空联队今天两次向湖南前线的日军实施了轰炸，重创了日军沿公路及河岸部署的补给线。

资本主义和共产主义水火不容？

杰弗里·克劳瑟[①]

1944年8月6日

题记：不是的，经济学家如是说，因为他看不出来为什么两者有严重冲突。

资本主义和共产主义能在同一个世界上和平共处吗？当然可以。在思想领域，世界从来就不是一个统一的整体。最接近统一的时代也许是罗马帝国的统治时期，但那也只是从宽泛的概念上来说，并且这种统一仅仅维持在一个很低的限度。另外，虽然罗马人当时已傲视群雄无对手，但他们所统治的区域也只是世界的很小一部分。

除了这个仅存的有争议的例外，其他任何时候，哪怕居住得再近的人，他们在信仰上也可能存在极深的裂隙。而且在绝大多数时候，信仰的分歧永远比经济学理论更能让人们激动。

举个例子，人类近两千年的历史大部分就是宗教纷争的历史。近代以来，人类有哪些互相仇恨的痛苦，可以比得上基督徒对非基督徒、非犹太人对犹太人、穆斯林对非穆斯林，以及新教徒对天主教徒的仇恨呢？当下，资本主义者和共产主义者或许会彼此憎恨，但是，他们尚不至于为了彼此的精神信仰而烧死对方。一个适当的经济组织体系对我们来说很重要，但是与一些至关重要的、超越生死的以及过去的宗教狂热相比，实在不算什么。

所以，不同国家，或者同一国家内不同团体的人，他们对一些抽象的话题持有歧见，并显示出强烈的情感，这并不是什么新鲜事。单纯分歧本身并不能证明两者无法共存。如今，已无人再去置疑天主教徒与新教徒能否在这个世界共存，也无人会问遗传论者和环境论者是否注定要扑向对方，紧扼住对方的喉咙，直至将其消灭？

---

① 杰弗里·克劳瑟（Geoffrey Crowther，1907—1972），英国著名经济学家、记者、教育家和实业家。1938—1956年担任《经济学家》杂志的编辑，以犀利的笔锋和深刻的分析，塑造了该杂志在业内无可比拟的权威性。他于诺曼底登陆后两个月写成的此文，对于战后社会主义制度与资本主义制度和平共处的可能性发表了独具慧眼的真知灼见，有些观点即使在今天看来也仍具参考性。

显然，有一些观点差异是可以和平共处的，而另一些则不然。持希特勒那种观点的独裁者无法与民主国家和平共处，这是一件非黑即白的选择，尽管很多英国人，以及更多美国人直到自己付出了代价才明白这个道理。

资本主义与共产主义可以求同存异

因此，我们的问题在于，资本主义与共产主义的冲突究竟是属于尚可求同存异的观点差异，还是必须你死我活。

我认为，这个问题的答案，取决于其中任何一方是不是具有侵略性。如果其中一方必须通过扩张和攻击来维持生存，那么就将不会有和平。希特勒与民主精神不可共存，其原因就在于法西斯主义在国内外都无法掩盖其侵略性，要么侵略要么灭亡。侵略是纳粹赖以生存的呼吸，有希特勒存在，世界就永远不会有和平。

共产主义或者资本主义，其中一方最终会对另一方展现出侵略性吗？让我们一个一个地来看。在早期对苏维埃政权的狂热思潮中，有大量有关世界革命的讨论，共产国际嗅到了人民反对这个腐朽世界的火药味。

然而，即使在改变信仰的时代，共产主义的侵略性也格外小。苏联周围一系列国家已从内到外腐朽不堪，貌似亟须布尔什维克化，但这一切并未发生。匈牙利可以算作一个例外（被轻易镇压了），中苏边境一些沙漠地带有少数的成功——除了这些微不足道的例外，共产主义的世界革命完全成了失败的笑柄。

如今这一政策已经遗弃，共产国际也已解体。如果我们不是像 20 年前那样草率下结论，而是通过各种档案和时下的意图来判断，那么，从来没有哪个政治主张像今天的共产主义一样，不具有侵略性和扩张性。

对于资本主义来说情况有所不同。在过去，资本主义无意识的侵略取得的成功，就如同共产主义有意识的侵略所取得的失败。

工业资本主义 200 年前从英国发源，如今已传播到地球的大半部分。资本主义的扩张并不总是和平的，或者符合被传播者的口味。相反，它常常伴随着激烈的反抗，大不列颠和美利坚用枪炮强迫那些不愿接受它的人屈服。

毫无疑问，资本主义制度为身在其中的人们带来了物质财富。然而，根据共产党人的观点，共产主义也可以做到这一点。无论如何，这不是当下讨论的重点。重点是，资本主义曾经是世界上最为进步的制度，并挑战了人类其他社会制度。

然而，资本主义的角色正在发生改变。毫无疑问，一部分原因可以在一些新的政治观念中找到，诸如民族平等、殖民地托管等；另一部分原因也可以从这一现象中发现，即资本主义经济并非沿着地球的表面快速扩张，而是更倾向于渗透到家庭生活的层面，而且全面提高了人民家庭生活的水平。这也可以从资本主义的缓慢扩张与西方国家人口的缓慢增长之间存在的种种联系之中部分地反映出来。

但是，不论出于何种原因，今天的资本主义与之前颇具侵略性的资本主义相比，已经大不相同。如果能够劝说资本主义自我克制，避免对共产主义进行攻击，我认为两种经济制度的政府不至于陷入严重的冲突。如果其中一方不想方设法地要毁灭另一方，如果不去苏联设法煽动一场资本主义革命，或者不在美国或英国谋划一场社会主义革命，那么，如果说可能发生冲突的话，也只会在两种制度相接触的领域，也就是国际贸易领域产生争议。

这方面的记录乏善可陈。对苏联的贸易从未出现严重困难。排除了对资本主义国家的心理恐惧，苏联正有条不紊地进行着对外贸易，他们及时并一丝不苟地履行着自己的贸易义务。就目前来看，它们比任何其他国家对汇率稳定和金本位制度这类正统观念都更为热忱。

我并不像别人那样，认为战后苏联巨大的出口将像幽灵一样试图控制世界贸易。这一点也不符合苏维埃经济的特点。根据他们的生产力理论解释，如果只出口而不进口将消耗苏联国内急需的生产力。因此，苏联战后出口仅仅会达到这样的程度，即其所必需的进口无法通过账户结余或者苏联所开采的黄金来支付时，才以出口结汇予以冲销。

关于国际贸易的争论更容易在资本主义世界内部发生。自由主义的资本主义者和国家资本主义者的观点即存在分歧。国家资本主义者认为保护私有公司的唯一方法就是通过国家来确保其能正常运营。

这篇文章开头提出的问题是“资本主义与共产主义能在同一个世界上和平共处吗？”对此通常的解读是“资本主义国家与共产主义国家能够在同一个世界上和平共处吗？”我的答案是“当然可以，只要资本主义国家抛弃他们过去的坏毛病。”

一国两制，和平共存

但我想把这一论点更进一步。我要问的是“资本主义与共产主义能在同一个国家和平共处吗？”对于这一问题，我的回答是：“我不知道它们能不能，但是，它们必须要这样做！”乍一看，这可能是一个让人惊讶的答案。但是，当我们把这些挑衅性的充满弦外之言的词语变得温和一些，给出他们完整的含义，我相信让资本主义和共产主义和谐共处的任务将会被看作这个世纪最重要的未尽之事。

资本主义和共产主义都是充斥着斗争的词汇。他们是冲突的象征、骂名和标语。要以理性的基调来解决争论，就要首先解释这两个词汇。资本主义的命名并不恰当。因为如果资本主义社会就是一个强调资本积累的社会的话，那么，苏联应当是有史以来最典型的资本主义国家。像它著名的五年计划所展现的那样，斯大林经济的本质就是强迫苏联人民限制其自身消费的比例来实现苏联国家资本的快速积累。虽然与美国相比，苏联更为贫穷，但在和平时期，国家收入归入资本积累的比例却是前者的两倍。

然而，很明显，以这种方式来定义“资本主义”确实有失偏颇，这甚至会把苏联包括进来。大多数人所说的资本主义，指的是上个世纪植根于英国和美国的制度体系。它们的特征并不是对资本的强调，因此严格来说，它也不能被称为资本主义。此外，其特征也不是广泛存在的竞争，因为一个国家可以允许垄断的存在但仍可称为“资本主义国家”。其区别特征是私有企业——个人自主建立公司并拥有生产资料的权利。如果人们所称呼的不是“资本主义”，而是“私有企业”，那么就会减少很多迷惑。

与此相类似，共产主义的称呼也有不当。严格说来，这个词汇只能应用于早期的基督教之中，他们有严格的共有制度。如此严格的制度也从未在苏联尝试过，早期的许多废除私人财产制的尝试也都被放弃了。苏联制度的鲜明特色是生产资料集体所有。如果共产主义被重新命名为集体主义，那么人们的头脑会清晰很多，也会减少人们的情绪冲动。

因此，我所说的资本主义和社会主义必须在一个国家中共存，我的意思是将来的经济制度必须同时包含私营企业和集体组织。

“公营”与“私营”兼而有之

我用了“必须”这个词。我要为这种必要性进行辩护，原因是在20世纪的工业民主社会里面，有一些任务只有通过集体组织才能完成，而另有一些目标则只有通过私营企业才能完满实现。关于这个话题可以写整整一本书，而我只能为两种制度各自简要地列举三例。

第一项需要集体组织才能完成的任务，是在20世纪民主社会保障公民最基本生活必需品和便利设施。其中一个典型的例子就是教育。我想人人都会觉得奇怪，我们竟然需要共产主义组织来提供一个教育系统。

我希望读者不要因为我的措辞而愤怒。当然，这只是一种字面上的描述，即描述一个根据“各尽所能，各取所需”原则来运行的社会制度。有一些医疗服务形式就是在这个基础上运行的。并且，有迹象表明，至少在英国，我想美国也是一样，不久以后将会接受这个原则。或许，建议本世纪末在很大程度上基于集体主义原则来分配食物，这也并非全然不现实。

第二项需要集体组织才能完成的任务，是对自然资源的计划使用。土地是所有自然资源中最稀缺的资源，在英国这个拥挤的岛国已经进行了对土地进行集体计划使用的有趣实验。在公众需求的压力下，这类事情会越来越多。

第三项，或许是最重要的一项，我认为一定程度的集体组织，即在一些国家内实行“有目的的引导”以保证其金融系统运行规范，这对于避免经济陷入可怕的周期性衰退十分必要。我意识到这一观点在美国并非普遍，甚至在一般意义上的接受也未达到。我很敬佩美国朋友们的勇气，他们认为无须对私营企业进行援助，市场自身即可解决行业波动问题。虽然我希望他们是对的，然而，他们在这个问题上无疑是错的。我把它列在这里，作为一个民主国家必须依赖集体组织的第三个方面。

上述三点是我建议在国家经济中掺入集体或所谓“共产主义”因素的主要论据。而对于继续依赖私营企业，也有三点同等重要的论据。

第一，除了私营企业，没有什么能满足消费者无穷无尽的需求。集体组织型的经济体能够发动战争、修建大坝、公路和炼钢高炉，但是，它们从未充分满足过消费者的需要。

第二，私营业主的进取心对于不断进行开采、创新和实验等至关重要，简而言之，对企业的生存与发展至关重要。这是亨利·福特之所以能够完成他人认为不可能完成的事业的本质原因。如果其他汽车生产商能想到制造一辆廉价汽车是可能的话，他们可能早就做出来了。在任何一个为汽车行业建立的计划委员会中，福特先生都会是少数派。

第三，如果没有经济的自由，没有独立的公民以他个人的方式尝试其他人未曾做过的生意来谋生的自由——没有这些，所谓政治自由只不过是幻想罢了。

我相信在今天这个时代，一个工业化民主国家想要幸存，就必须设立相应机构来同时预见到这两类目标。我认为，我们无法脱离集体组织，而且将比当前存在的规模更大更广，旨在保障公民最基本的权利、有序利用宝贵的自然资源，以及保障财富和就业有规律的流动。我同时认为，我们必须坚持为人们提供丰富多样的消费品，保证经济的快速发展以及为政治自由提供经济基础。因此，在这样的基础上，我才说集体主义和私营企业必须同时存在。

但是，它们必须共存并不表明他们可以共存。或许它们仍会竭尽全力来互相阻碍另一方的存在，差不多就像最近30年在美国和英国发生过的那样。这样的话，我们的社会就如同之前存在过的种种社会形态一样，终将由于内部矛盾而自取灭亡。然而我是一个乐观主义者。

毕竟，这只是在新的时代继续延伸“自由与秩序”这一个古老的命题。在政治领域，民主国家已经取得比以往任何社会形态更为令人满意的成果。我相信，一旦我们意识到问题的实质不是在共产主义和资本主义中“选择哪一个”，而是决定“每一种达到多大的程度”，那么，我们也将能够在经济领域取得如同政治领域那样的丰硕成果。

中国战局急转直下

爱金生

1944年9月14日

题记：日军加大对桂林威胁并增派士兵进驻怒江，中国人向西撤退。敌方或将取得优势直到中方恢复补给线或盟军夺取港口。

重庆9月13电：当欧洲战局正迅速转为有利时，中国内地的战况却迅速恶化。日军师团从衡阳向西南方向的桂林进军，目前已到达广西省界的黄沙河镇。这座铁路线上的市镇就是一个绝佳的防守阵地，但日军完全有可能绕过它。

在衡阳以西的宝庆作战的中国军队一直打得很好，这让日军右翼不得安宁。中国军队沿衡阳—桂林铁路的井然有序，人员和装备都得以保存。

美军第14航空队虽被迫从其在桂林和柳州的基地撤出，但仍英勇作战。

每一位乐意遵照于美国驻桂林领事阿瑟·朗德尔和副领事理查德·M. 瑟维斯劝告的美国公民，现已从桂林撤离。6月份以来的第二次桂林大撤离阻塞了道路，到处都是惊恐无助、无家可归的中国人，以及大车、人力车和破烂的包袱行李。

爆满的火车

虽然已无法获得来自湖南的煤炭，但靠燃烧煤炭、木头和一种煤和旧柴油的混合物推动蒸汽引擎。成千上万的乘客挤在货车车厢内，隔成上下两层，还有的乘客坐在车顶或用木板将自己固定在车厢底下。

中国人的撤离并没有对其士兵的士气产生影响。中国军人在衡阳的 47 天见证了他们的勇气，尽管衡阳的失守令他们相当气馁。

现在他们已疲惫不堪，面对着刚刚补给齐全的日军师团，装备的缺失使得有组织的抵抗变得不可能。

中方在怒江一带面对的局势也是急转直下。从未排除在此打大仗的日本人正大量增援龙陵的据守，并阻断滇缅公路的通行。

自从攻占密支那以后，中美联军除了重整并巩固战果外仅取得有限进展。日军则把从缅甸和泰国各处聚拢来的全部力量派往怒江地区，以求延缓中印公路和滇缅公路的开通。

除了日本不久将被盟国打败这一重要事实之外，中国进入战争以来最脆弱的

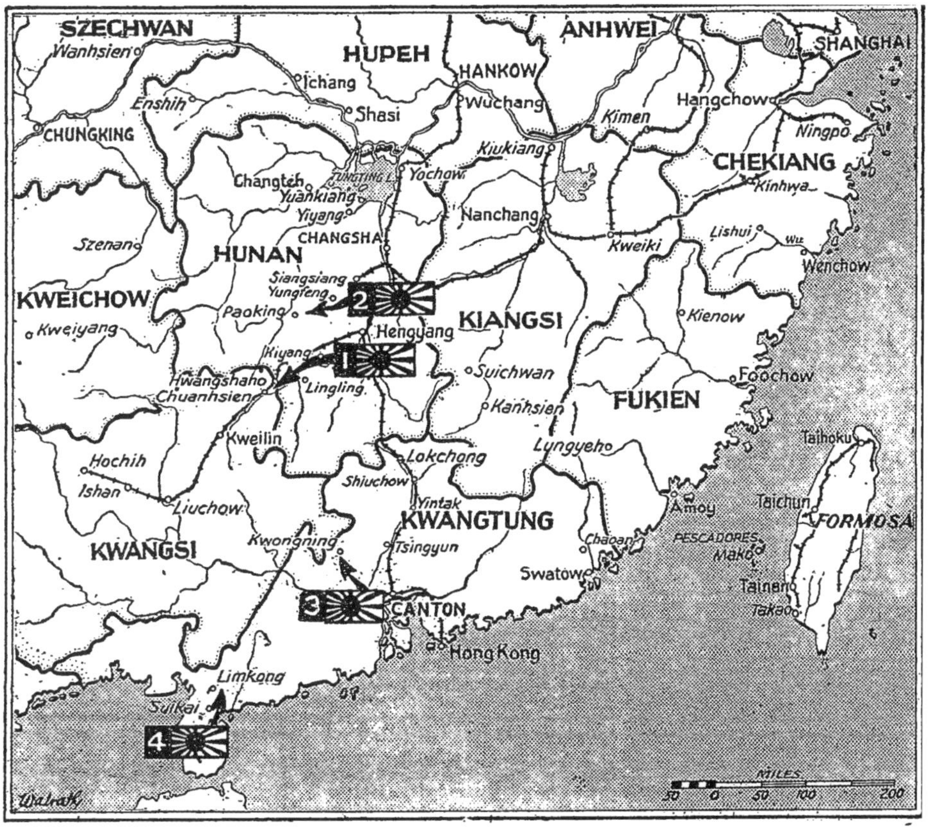

日军进逼美国空军在桂林的基地，已经到达湘桂边界的黄沙河❶，为掩护侧翼与中国军队在距宝庆❷10.5 英里处爆发了战斗。同时，南面的敌军也北进策应。一支日军先头部队在广宁❸遭到美国空军轰炸，另一支从遂溪出发的日军在廉江郊区❹受到中国军队阻击。（《纽约时报》原文插图）

时期。直到通向中国的道路能将已在印度的大批物资供给到位，或直到盟国能够在中国沿海登陆，恐怕没有人还能做些什么。

在以上提到的事情哪怕做成一件之前，日本将拥有足够时间继续它在中国的进攻作战。

攻击美国桂林空军基地的日军已抵达位于湖南—广西边界的黄沙河镇，并为保护其侧翼，正在宝庆以东10.5英里的地区激战。与此同时，日军大部队正从南面北上。其先头部队在广宁遭到美国飞机轰炸，另一支从遂溪来的先头部队在廉江郊区遭到中国人阻截。

中国的乐土延安

爱金生

1944年10月6日

题记：延安使用三种时区的时间，但只有一座钟；医院里用燃香计时。汽油不限量，食品丰富，免费看戏。

延安10月2日电：以下是在世界的这个角落所见到的浮光掠影。

1. 在延安4万人的人口中，有2.8万人是属于与中国共产党有关系的军事或是民间组织。在这些人口中有975家农户，880位商贩以及473店铺。

2. 男女老少穿戴得差不多，都身着不显身材的长裤短褂，头缠白羊肚布巾。外人打交道的时候要多看看清楚。

3. 延安使用三种不同的时间：比重庆时间快一小时的上海时间；比重庆时间慢20分钟的延安时间以及重庆时间。然而延安几乎没有能够工作的手表和座钟，所以无论根据哪个时间都没有人知道到底是几点，这也使得早起的艰巨考验变得不那么痛苦了。当地的报纸《解放日报》有一座只有摆放成特定姿势才能走的座钟。由于没有任何钟表，国际和平医院用燃烧线香来记录大致几点。这里的院长说“我们用的是烧香时间”。

4. 钞票在延安很少使用。在这里，货币的价值是和小米价格挂钩的。所有共产党人的工资都是以小米、大米、布匹、食用油、火柴以及其他日用必需品的形式支付的。但通货膨胀依然困扰着延安，这也让对金融毫无经验的同志们百思不解。相比于第一年，小米的货币价格已经翻了一番多。

窑洞里的大学

5. 延安大学的实体是由山坡上的几排窑洞构成的。

6. 因为人人都要参加大生产运动，院子里种满了土豆、玉米、烟草以及其他农作物。这时盛开的鲜花最常见的是大波斯菊和牵牛花。

7. 延安最常见的鸟类是秃鹫、喜鹊、乌鸦和麻雀。

8. 舞会是很经常的。舞会的时候女同志们邀请男同志们跳舞。这是种相当挑战男权社会的行为。

9. 延安是中国唯一一座不限额配给汽油的城市。离延安往北走两天路程有一家废弃后重新启用的炼油厂，所产汽油能供延安跑十辆卡车。

10. 两位国民政府的将军作为联络官驻在延安。他们过着孤独但光鲜的生活。

报纸印刷用煤烟墨

11. 当地的烈酒——白干，比起南方的茅台更烈也更让人不适。

12. 延安最富有的人几年前还是个小商贩。最近在敌占区与根据地之间走私狠赚一大笔买卖。

13. 当地报纸的发行量为8400份，发行量的多少受制于延安茅草和麦秆的产能，它是生产新闻纸的原料。报社有4台人力手动的平板印刷机，油墨则是由煤烟制成。报纸提供各类新闻，而自制的广播设备播送广播。广播设备使用的电能是由3个人转动自制手摇发电机提供的。

14. 两位娶了中国媳妇的外国人对这里的一切感到非常高兴，他们的妻子也自得其乐。

15. 当勤务兵没打洗脸水的时候，他就在木纺车上织布。

16. 延安地区今年有一倍的余粮。

17. 虽然边区大体上能自给自足，但棉布、铁、办公纸和药品还需进口。

18. 由于金属短缺，大多数铲子和耙子都是木制的。

商队铃响

19. 一群非常出色的演员每晚免费演出有社会价值的戏剧。上周剧团演出了一部讲述农民和游击队员在敌占区抢收粮食的戏剧。今晚剧团将会演出一部译自苏俄剧作家考涅楚克[①]的战争剧。

20. 大多数工厂一天开工 10 小时。

21. 虽然这里的农民很穷，但是他们也会用令人印象深刻的红羽毛和音色甜美的串铃来装饰商队领头的牲口。

22. 无用的旧钱币被熔化来制造子弹。其中一些铜钱有上千年的历史。

23. 因为大牲口很多，所以很少有农民自己肩扛背负重物。如果有什么非要人力肩扛的物资，两位农民常常会一起分担。

24. 延安目前的新宠是一辆美军观察团空运来的吉普。这辆吉普虽然跋山涉水穿越沟渠，但状况一直良好。有些小孩叫它“外国马”，有些叫它“飞机”，总之是一种他们搞不太清楚的新机械玩具。

日军胜利迫使中国调整政策

伯特伦·许伦

1944 年 10 月 8 日

题记：预期由史迪威将军出任战区参谋长将改善前线供给和指挥系统。

华盛顿 10 月 7 日电：截至目前，在过去三个月时间里，日军在中国东南地区发起的攻势已经达到这样的一个状况，即迫使盟军必须就当前战局的被动局面进行深刻的反思。[②]

由于中国陆军除了延迟敌人的攻击以外无法做更多的事情，而美国空军力量也不足以在地面战场发挥决定性作用，因此中国东南地区的战场形势比重庆更加严重。最近几周，罗斯福总统不止一次提到过这点。

如果从稻谷区南下的日军与从广州北上的日军形成夹击并成功会合，则整个亚洲战场的形势将变得极为严峻，目前正面临着这样的威胁。

---

① 考涅楚克是著名苏联剧作家，代表作《前线》。这篇报道中提到的改编战争剧很可能就是《前线》。此剧在 20 世纪 40 年代的解放区被译成中文，并获得毛泽东主席的首肯和推荐。

② 1944 年的战场形势，中国军队在东、西两线作战。中国军队在东线战场遭遇“豫湘桂大溃败”，丢失国土 20 万平方公里，损失军队 50 万人，美军失去在桂林和柳州的空军基地。而在西线，中国驻印军先后攻克孟拱、密支那、腾冲，完全打通了中印公路。因此，中国军队虽在东线战场节节失利，而在西线战场却是连连大捷。期间，中国军队在衡阳苦战 47 天，震惊世界，被称为中国的“斯大林格勒保卫战”，也打击了日军的嚣张气焰。因此，从战略全局看，重庆政府在大后方的主要政治和经济基地也未损失，也未出现日军希望的那种衰亡的局面。

问题的关键不仅在于中国是否在这场战争中被彻底击败，以及人们对中国抗战的信心是否能够坚持，而且在于中国是不是可能为日本打开一条为其在法属印度支那和马来亚联邦的军队提供补给的陆路通道。日本如果凭借这条比海运航线相比更不易受到攻击的陆路通道，其太平洋战区的阵地大概就能够坚守相当长的一段时间。

中国军队的供给问题

因为中国军队缺乏统一协调的指挥系统，也缺乏军事装备，所以他们阻止日军攻势的行动难以奏效。由于中国的海岸线已经被日军封锁，它的战争供给困难存在已久，已很难从美国获取战备必需物资以及分配可用的装备，如今的军事形势面临着更严峻的考验。

然而，正如每一朵云彩总镶有银边，目前的危机也许能迫使中国军队能够拥有更有效的协同作战，并且形成更为优化的后勤补给系统，从国内和国外都获得改善。

对华国际援助

现在首要关注的是美军第 14 航空队的补给，这是一支能够抓住每次机会轰炸日军的战斗部队。

虽然补给第 14 航空队至关紧要，但这并不意味着中国军队在过去被忽略了。实际上，近一个月以来超过 2.3 万吨的汽油、军火、卡车、吉普和其他战争物资被我们的空运司令部运输到了中国。在很早以前，空中运输的物资总量就开始超过滇缅公路上的运输总量。

就如时常描述中国困境的报道和反复出现的谣言所指，如今战场形势十分紧迫，除非即刻改善现状，否则蒋委员长的军队可能完全无法对日军形成有效的抵抗。

虽然日本希望看到中国在经过这么多年的摧残以后被彻底击败，但是，可能因为这个愿望在这么长的时间以来一直落空，因此，这已经不再是它现阶段作战的主要目标。目前，日军期望击溃中国军队和美军，打通铁路线，以构筑通往法属印度支那和马来亚联邦的陆上交通道路来供给太平洋战区的部队。

如果不是美国空军和海军对日军的海运系统造成了严重的破坏，已经对日军海上航运路线构成威胁，日军是不会出此下策的。

日军近期目标

由于军事装备的极端匮乏，中国军队只能通过抵抗来延迟日军的攻势，战场形势远远不够明朗。

目前，日本控制的南北两段铁路还存在着距离不到60英里的断头，它们成功接通的地点大概会在平乐县附近，这里距离广州西北175英里。日本一支部队已从洞庭湖地区迅速往南行进350英里。其他位于广州及广州以南的日军也已向北推进，准备与南下日军会合。换句话说，日本正接近达到他们这场战役的军事目的。

日军的推进逼迫陈纳德将军撤退。陈纳德将军不得不放弃机场，并在离开前将其破坏。他也不得不在更偏西的地区部署轰炸机部队，而在前线地区只能实施

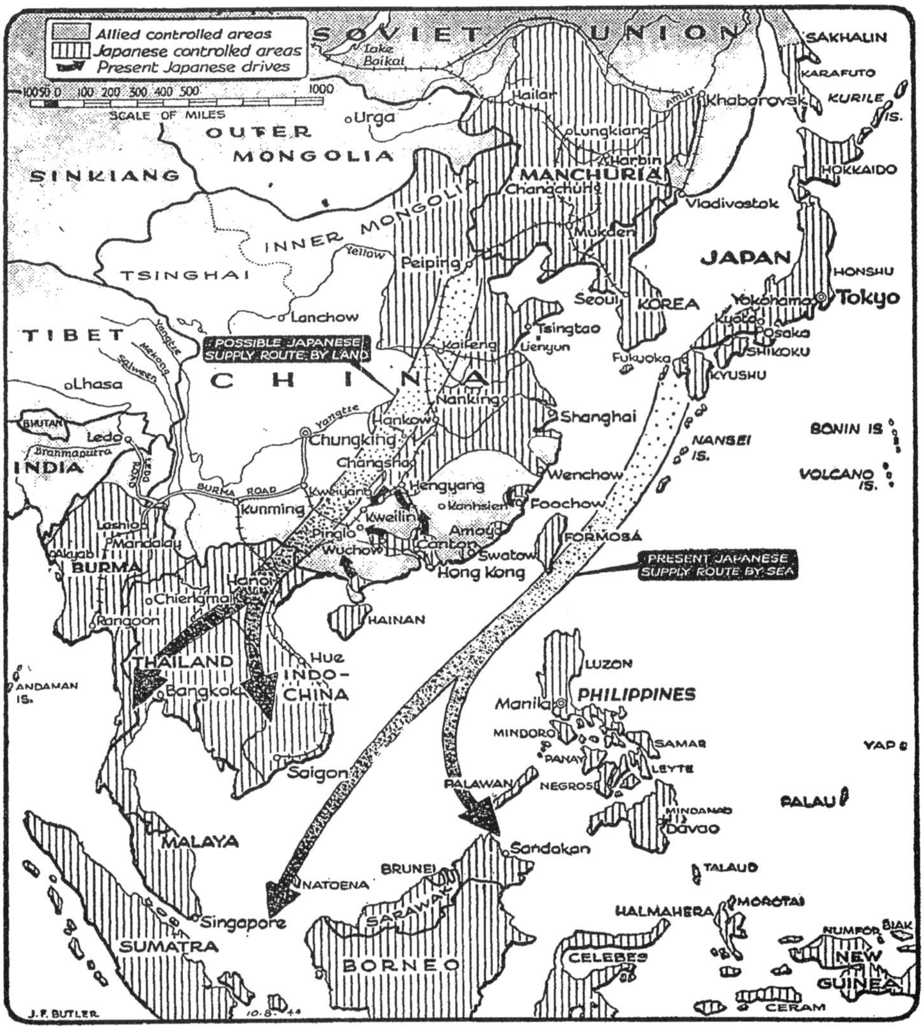

日本为保护它的补给线采取行动。（《纽约时报》原文插图）

盟军控制的地区

日军控制的地区

目前日军进攻方向

左侧黑框中的文字：日本期待打通的大陆运输线。

右侧黑框中的文字：日本期待打通的海洋运输线。

一些轻微的袭击。

不过，在史迪威将军上任后，第 14 航空队拥有了它需要的所有物资，并且取得了骄人的成绩。即使它的机队规模不算大，而它们执行的轰炸任务却超过了美国空军的其他部队。

航空队本质上是作为“空中游击队”，对日军地面部队进行持续袭击，并在寻找到敌人集结地之后便对之实施猛烈的轰炸。它们还给予航行中的日本舰船沉重的打击，在中国内河上进行反复的袭挠，尤其是对日军后勤补给十分依赖的船给予队实施打击，因而对日军造成了很高的死亡率。在 8 月，仅仅被航空队击沉与摧毁的日本船只就达 15 万吨。然而，尽管它们拥有攻击的实力，但是其有限的空袭规模也只能延迟敌人的攻击。

空中支援

当然，战区里不是只有第 14 航空队，但它目前确是我们在前线战区实施空中打击的关键力量。与此同时，第 10 航空队也在缅甸、泰国和相邻地区高效地执行任务。从中国西部基地起飞的 B–29 超级堡垒轰炸机也炸毁了日本和“满洲国”的一些工业中心。

纵然这样的空中支援可能不会起到决定性的作用，然而帮助极大。美国也在精神上给予中国支持，承诺在供给渠道畅通的情况下，将提供更大的帮助。尽管如此，正如战争中经常发生的那样，现在日军的成功可能促使中国必须取得进步，否则这样的进步会被拖延和酝酿很长一段时间。

说得更具体一些，史迪威将军也许会在中国战区长期担任总参谋长，同时指挥中国和美国军队。这或许能够形成协同作战的局面，并高效利用已有的资源，而这些正是目前所缺少的。

民兵训练成效明显

1944 年 10 月 15 日

题记：村民们现在能够作战并保护庄稼免受日本掠夺，汉奸力量削弱。一个日军大队在历时一周的战斗中被歼灭。

八路军晋绥根据地 9 月 7 日电：记者已与八路军游击队一起，在日占区和根据地之间来回穿插，度过了六天。

与黄河以西相对繁荣的抗日根据地相比，那里的人民开始从多年的扫盲运动中获利，生产在稳步地增加。而在这边的乡村，农民们控诉着日军的暴行，愁容满面，只是在讲述他们与敌人如何斗智斗勇时，才露出一点儿微笑来。

在每个村庄的入口，都有穿着老百姓衣服的人民自卫军成员把守着，他们手中握着五花八门的武器，有从日本人手中缴获的三八大盖和手榴弹，也有当地人自制的地雷、土炮和红缨枪。每当有人接近村庄，立即有村民，通常是一个放羊的孩子或是一个正在绕着毛线球的女人，会拦住道路，要求他出示路条。

如果有任何嫌疑，隐蔽在邻近棚屋或树丛中的游击队会立即出现。来人不管穿不穿制服，通通都要出示路条，毫无例外。

八路军的一个旅级指挥员，今晚带领两个连穿越日占区进入根据地。他经常不得不下马，温顺地站在路边，把身份证件交给一些 13 岁的小孩子们检查，等到他们满意为止。之所以由孩子们担此大任，是因为村庄里只有他们识字。

报告敌情

一旦出现敌情，几乎就在日本据点大门口附近的那些村子，那里的民兵会立即通报，各村的警钟敲响，人们把谷物藏起来，撤退到山里，民兵在道路上埋设地雷，挖掘陷阱。敌情用最简单的方法依次传递到各个村庄，比如生起一堆火，或者推倒在山顶的一根旗杆。

往往是在实际战斗开始之前，游击队就从据点的厨师、船夫甚至与八路军合作的伪军那里摸清楚了敌人的动静。

警钟长鸣，因为现在正是秋收季节，日军每到这个时季就会下乡抢粮。所以男女老少全体出动，八路军战士、游击队员和民兵帮助他们起早贪黑地抢收粮食，并尽快打好，把它们掩藏起来。

为了适应前线的战场形势，根据地的军民实行了“劳动互助”，就是八路军将村里的劳动力组织起来，在地里集体耕作，这样为人民节省了大量的人力财力。“劳动互助”有很多形式，主要是军民结合、平战结合，即和平时间部队帮助老百姓干活，战时民兵配合部队去侦察、骚扰和偷袭敌人，其他村民则帮助他们完成地里的农活，参战的民兵不用担心他们的收成。

“劳动互助”不仅在相邻的村庄里实行，同时也适用于个体的农民。这样一来，不管哪个村庄的牲畜被敌人抢走，或是有男丁作战牺牲，他们家的农活儿仍然有人帮助犁耕、播种和收割。

早前需要农民自家收割他们的作物、去壳，然后储存粮食。而现在常见的情况是农民与八路军战士一起劳动，各种农活同时进行，既分门别类，又互相配合。这样一来，用于播种、收割和存储所花的劳动时间就从原来的两个月减少为不到两周。

在兴县地区[①]，日本人在1940年屠杀了1384名农民、抢了6879担谷物和466头牛。实行“劳动互助”后，接下来的几年遭到屠杀的农民逐年减少，直到去年，48位平民被屠杀，被抢了247担粮食和247头牛。

同一时期，通过“劳动互助”[②]，种植面积增加了，粮食总产量超过了战前水平。因此，即使战争使人民的生命财产损失惨重，但与以前相比，人民有了更多的口粮，生产效率的提高也进一步坚定了他们坚持抗战的信心，更多的农民配合军队战斗，或各自为战，参加到抗战的洪流中来。

1942年，这里出了约1400名民工帮助八路军运送粮食和伤员。接下来的1943年秋季作战中，这个只有9.5万人口的抗日根据地出了超过2.6万名支前民工。仅仅在去年，日军一个部队的1000多名士兵被歼灭了。[③]

八路军和民兵对这支日军大队实行了诱敌深入的策略，将其引入山谷地带，然后依托周围群山，对其实行包围，并进行了一系列的伏击。在八路军和民兵的猛烈打击下，日军在一周内仓皇撤退60英里，并不断被歼灭。最后，残敌在距离日占区一天的行军距离时被全部歼灭。

焦骨战斗

由烧焦的骨头和日军尸体堆放而成的战斗工事，是日军失败的标志。日军遗留的三八大盖、手枪、迫击炮、机关枪、军毯、大衣和干粮袋现在归骄傲的民兵们使用了。八路军会为他们提供一些其他的补给和弹药。

---

① 兴县位于山西省西北部，吕梁市北端。北倚保德，东邻岚县、岢岚，南连方山、临县，西隔黄河与陕西省神木县相望。县域面积3168平方公里，是山西省版图最大的县。抗战期间，兴县是晋绥边区政府和八路军120师师部所在地。

② 抗战时期，晋西北广大农村由于大批劳动力参军、阵亡或遭日军杀害，以及敌人对牲畜的大规模掠杀，劳动力和役畜都严重短缺。八路军在边区实行“劳动互助”来调剂劳动力，将民兵组成“变工队”，一手拿枪，一手拿锄，平时和群众一道生产，战时直接参加战斗。一面集体生产，一面警戒敌人；敌人来了就打仗，敌人不来就生产，巩固了民兵组织，减轻了群众负担。

③ 本文提及歼灭日军事迹，据考证，时间应为1942年5月。当时，日军第69师团第85大队及伪军约700人进犯兴县。八路军第120师358旅716团与山西新军、兴县游击大队和当地民兵密切配合，诱敌深入，历时7昼夜，将这股日伪军围歼在兴县田家会村附近，保卫了晋西北根据地中心地区。

在军事上指挥和训练民兵是八路军游击队指挥员的职责。当民兵组织刚刚组建时，八路军战士是带领他们投入战斗的骨干，每个民兵班里都会派有一到两个八路军战士。当他们获得历练，建立了信心并掌握足够的军事知识后，他们会跟随自己民主选举出来的指挥员行动。

八路军的军官说，起初由他们来培训民兵，然而现在他们经常发现自己反而需要向当地的民兵们学习，了解他们的创造力以及当地的实际情况。民兵们最初只在他们自己村庄周围 20 英里的半径内战斗，但是，现在他们逐渐获得了与八路军正规部队一样的待遇，承担同等的战斗任务。

有两个常规连在晋绥军区总部训练团接受完两个月的培训后正返回敌后。晋绥抗日根据地共有 8 个军分区，每个军分区每半年派一个连到总部受训，内容包含介绍最新的战斗经验和敌人的新战术，以及准备好新的战斗。官兵受训结束后返回，承担本军分区内其他部队的培训任务。

八路军带着自己的武器在敌人封锁线上出来进去，如入无人之境。他们的武器中，64% 的步枪和 47% 的迫击炮以及所有重机枪都是从日伪军缴获的。

尽管日军驻地只剩下一些老弱病残的士兵和劣质军备，但日军仍然在顽固抵抗。不过，汉奸的士气十分低落。日军缺乏人力，迫使他们不得不派遣汉奸去驻守与据点相邻的碉堡。八路军对敌人的据点“以攻为主”，并将这个战术充分贯彻到整个秋季，逐个击破日本各个据点。

昨天和今天早上，收复了周边的两个据点，俘虏了 100 名汉奸。起初，他们俘虏了同时负责两个据点的伪军将领，并让他命令他的部队放弃抵抗，缴械投降。

八路军的医官们承诺以更好的医疗服务来为伪军家属服务，提供给他们和家人从附近的村庄回乡交通，并保证他们不会被日军报复，这使得伪军更倾向于投降。日本人迫使那些士气低落、困惑不堪、垂头丧气的人们成为汉奸为他们卖命，这让他们和那些满腔热血、了解战事的军人们截然不同。

每一个被敌人肆意焚毁的村庄都有一个黑板，记录由附近军队无线电提供的最新的中国和世界新闻。在这个距敌方前线仅有几英里的地方，伤痕累累的墙壁上写满了“打倒法西斯！”“生产与武装斗争两不误”和“保卫收成！”“一头牛、一粒米都不能给敌人！”的标语。

一名年轻的飞虎队员

1944年10月24日

题记：他在一天内击落五架日本战机，但高度赞扬地勤人员。

作为陈纳德将军的飞虎队的一位王牌飞行员，罗伯特·赫德曼谦虚地承认，由年轻的美国飞行员在华组建的美籍空军志愿大队出色地完成了击落日本战斗机和轰炸机的任务。而在他眼里，更值得表彰的是那些在人员和装备都严重不足情况下，依旧修护着受损老旧的飞虎队战鹰并让它们保持战斗状态的地勤人员。

“当然，我们驾机起飞并与他们战斗。”这位年轻而羞涩的领航员说。他曾在去年圣诞节当天击落了四架日军轰炸机和一架战斗机，并两次接受蒋介石委员长的授勋。“而奇迹是那些机械师和军械师带来的。他们只有很少的零配件和补给，人数也远远不足以满足正常的工作要求，但是，他们仍旧努力地修补和维护着战机，即使在敌人的轰炸和扫射的情况下，仍然让战机保持着战备状态。”

赫德曼先生在大约两周前离开中国。他在返回南达科他州的途中，在当地一家酒店停留了几天。在那里，他希望“可以得到一点真正的睡眠，并享受到家庭式的烹饪。”1941年7月，当他还是美国陆军航空队一名少尉时，与许多其他美籍志愿航空队的成员一样，被允许离开陆军，并签署了为期一年在中国服役的合同。

将继续在中国工作

在一年的服役合同期满的时候，也就是去年7月4日，赫德曼先生的许多飞虎队同僚返回了美国。然而，赫德曼先生留下了，并在中国航空往返于中国和印度的航线上效力了一段时间。在经过一个短暂的假期后，预期他会返回承担某种飞行任务。

这位年轻的南达科他人看起来弱小甚至有些虚弱，更像是一名大学生，而不是一位曾经数十次与日军空战并曾低空扫射日军机场和后勤供给线的战斗机飞行员。在报社对他的采访中，他很少用“我”这个代名词而常用“我们”这个更包容的词。

他抨击了那些他曾听过或读到的关于飞虎队建立功勋的故事，并说其中大部分被严重夸大了，而另一部分则让美籍志愿航空队的成员们十分尴尬。

我们在一起工作

“我们在一起工作，每个人就像是飞机上的一个零件。”他解释说，“我们在一起努力地工作。我的经验与其他人一样，但我能告诉你的是，我并不是很出名。许多其他男孩，他们击落的战机数量比我要多。”

怎么询问也不会让他说出究竟有多少架敌机的击落应归功于他。但是，官方的报告显示他曾一天击落至少五架，这项记录由他和海军少校爱德华·欧海尔共同保持。

当被问及美国和日本的战机性能的对比时，他说，“好吧，所有男孩在任何一天都不会选择零式战机而放弃 P-40。”他补充道，“如果 P-40 优良的性能能够被飞行员全部发挥出来的话，它将完胜日本飞机。”

像所有其他与日军战斗过的战友一样，赫德曼先生赞赏日本飞行员的战斗勇气。他说，他从未看见过哪位日本飞行员在空战中使用降落伞逃生。赫德曼先生的妹妹碧佛莉在这里与他相逢，并会陪伴他在今天晚些时候回家。

领袖与士兵

爱金生

1944 年 11 月 21 日

“中国应获得尊重，但必须待之以现实主义。”一位美国人士去年在重庆讨论超理想主义和混乱的美国对华政策时如是说。这是我在中国听过的最明智的评论，被我多次引用。因为只有奉行现实主义，才不会让我们期待中国做不可能的事；只有尊重，才能让我们看到中国人民的坚韧勤劳，把我们在中国的事情办好。在此基础上，中国才可以成为我们在东方的朋友，使她在敬佩我国工业成就的同时至少也能认真地对待我们正在运行的民主制度。

中国值得我们尊重，因为她始终未向日本乞和。现在，除苏俄外，主要联合国家当前都在对日成功作战，虽然中国对东方战场的贡献不是特别耀眼。尽管如

（左图）
新军政部部长陈诚将军。
（右图）
被解职的财政部部长孔祥熙。
（《纽约时报》原文插图）

此，中国在没有任何外来援助的情况下单独抗击日本达四年半之久，1937年“支那事变”爆发后，大多数外国人和许多中国人都认为中国抗战前景黯淡。目前中国拖住了80万日本军队[①]，如果这些日军腾出身来加入夺岛之战，太平洋的兵力天平将发生不利我们的倾斜。

中国值得我们尊重，还因为她承受了敌人持续两年半的残酷封锁，使平常就存在的贫穷变成了空前规模的苦难。在目前环境中，不可避免的通货膨胀摧毁了中国经济，将成千上万受过教育的中国人拖入营养不良、疾病、痛苦和焦虑的边缘。暂且不提奸商大发国难财，统治阶级朱门酒肉以及战时负担分配中的种种不平等，残酷的事情发生在成千上万的中国读书人身上，已跌落到了无法保证的健康的最低标准之下。

倘若中国按照民主原则进行全民动员，大多数受过教育的年轻人本应加入军队，而不是待在政府部门或大学里面。但是，尽管没直接参战，他们也在精神和健康上为这场战争付出代价。中国人整体上有一种令人难以置信的韧性。我很少听到中国人抱怨战时生活的艰难。中国人那种与生俱来的幽默感很了不起，很容易和美国人和睦相处，也使他们面对凄惨漫长的灾难保持心智健全和民族和睦。

上述即中国人值得我尊敬的理由。但我们如果要尊重自己，就必须以现实的态度对待中国诸多不足。这些不足中有些是不可避免的和无法补救的，而另一些则是由于无能的政府视自身政治安全高于对日作战而造成的。中国是一个落后国家，只是由于情感原因得以与英国、苏俄和美国在军事上平起平坐。许多中国人担心此举扭曲了国际价值，他们知道中国在统一之前是难以承担起国际责任的。

作为一个社会发展水平接近原始的落后国家，中国对发战争财、走私、资敌、贪污腐败、不经审讯的逮捕和监禁，以及多种严重侵犯人权的现象都采取宽容的态度。在受到外国批评后，中国政府最近做出努力，动员大学生参军。但是，中国人传统上看不起军人，认为最差的而不是最好的人才当兵。正像一则谚

① 1945年日本投降时，中国战区接受投降的日军共计128万余人。因此中国拖住的日军人数要多于此说。

语所言，“好铁不打钉，好男不当兵。”

中国从最无知、最无助的社会阶层中征募自己的兵员，并待之以冷漠和不人道，使开明的中国人莫不为之深感震惊。在中国，没有比何应钦将军领导的全国军事委员会更无能的官方机构了，他的军政部长职务刚刚被陈诚将军接替。这个机构应该对今年发生在河南和湖南的军事灾难承担罪责，它的无能指挥令中国军队分崩离析。为了逃避个人责任，一些军方要人总是说缺乏装备令部队无法抵挡日军进攻。言外之意，美国应该为此负责。

我们的确没有向他们提供多少军事装备，但对于军事行动，称职的领导与军事装备同等重要。在重庆的最高统帅部是中国军事组织中最为薄弱的环节。守卫衡阳与桂林的中国士兵参加了一场根本不可能打赢的战斗，但其勇敢程度绝不输给世界上任何一支军队。在衡阳的苦战中，1.6 万名中国将士战死，在桂林，超过 5000 人牺牲。

全国军事委员会采取了中世纪才有的策略，将自己的军队置于日军可以从容调动、包围并摧毁的陷阱之中。还有一些中国人认为，是蒋委员长不愿意看到让地方将领打胜此仗的心理使战场命令一片混乱，摧毁了中方指挥的有效性。

近两年来，史迪威将军麾下集结了一批能够改组振兴中国军队的现代军事人才。1942 年，史迪威将军就警告过蒋委员长，指出华东局面十分危险，并就中国军队改组提交了一份计划。但出于我们仅能揣测的原因，委员长和他的军事委员会拒绝了史迪威将军的建议。

我们必须以现实的态度来看待中央政府。他们口头上忠于孙中山的三民主义，但在精神层面和实际操作中却并不民主。一位中国人曾告诉我，“我们并不指望在战时中国实行民主，我们只是期待向民主方向迈进，而言论自由就是朝着这个方向迈出的重要一步。这样我们就有盼头了。”尽管面对公众时不会这样说，某些政府人士认为，就中国目前落后的政治形态而言，更适合它的制度是法西斯而不是民主。

在上个月国民党内部讨论宪法草案时，教育部部长陈立夫向他的听众强调，法西斯制度也有好的一面，孙中山的三民主义有足够的弹性包容各种政见中的好东西。政府的官方发言人谈论民主时充满虔诚，但当其他人谈论民主时，则往往会被怀疑企图推翻蒋委员长和他的追随者。孙科就因为他最近发表的一些演讲，其中一些已在本报纸上发表，被视为企图组织危险的反对派。

关于建立战时联合政府的讨论在今年 8 月和 9 月时还是被允许的，但当蒋介石与赫尔利将军的谈判在 10 月份陷入僵局后，新闻检查制度则要求禁止任何提及联合政府的文字。

10月，在重庆的中共报纸因准备重新刊登我写的一篇有关联合政府的文章而遭到阻止，这篇文章先前已通过新闻检查。在当前气氛下，中央政府将所有未获官方认可的有关民主的讨论视作颠覆。因此，要理智地和中国打交道，就必须对中国政府和在中国军事指挥机构的这些方面抱着现实主义的态度。

日军进攻独山震动贵阳

1944年12月4日

题记：重庆方面称，接下来的60天将决定谁主沉浮。

合众社重庆10月3日电：当日军逼近离贵阳只有80英里的独山时，重庆政府正面临抗战以来，在政治和军事上遭受的最严重的一次危机。据可靠消息称，接下来的60天将决定中国是否会在这场战争中出局。[①]

蒋委员长一直采取“以空间换时间”的战略，然而现在他可放弃的国土已所剩无几；除非中国军队能够守住贵阳，并支撑到可以重新开启缅甸公路的时候，否则中方将被彻底击败，并失去战后联合国安理会“五巨头”的地位。

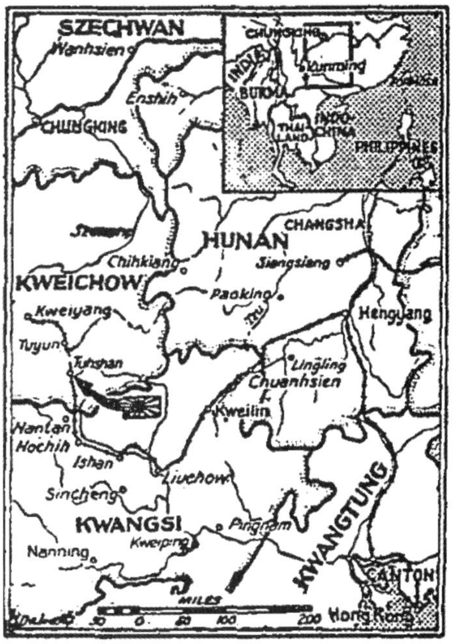

1944年12月4日，日军抵近独山（箭头指示），离贵阳只有80英里。（《纽约时报》原文插图）

中方的军队正不断得到西北方面兵源的补充，但今天的公报显示，两个敌方纵队正向黑石关的西北方向进攻，此处距有铁路经过的独山镇不到7英里；公报还显示，另一路敌军被阻

① 独山战役指1944年11月至12月，日军为完成“一号作战”计划，途经独山所发动的一场战役。当年11月，由于中国军队在桂柳会战失利，使日军沿黔桂铁路北犯，进逼独山，距贵阳仅60公里，与陪都重庆只有400公里之遥，举国为之震动。蒋介石急调孙元良所部第29军星夜前往独山截击。初抵独山时，孙元良率先头部队据守有利地形；日军则以第3师团迎击。中国军队依托地形优势，成功阻击了日军的进犯。同年12月，第29军主力抵达独山，中国军队展开反攻，陆续收复独山、南丹等地，日军沿黔桂铁路向南退至河池，双方就此僵持对峙。

挡在了距此向南 45 英里的柳柴，300 名日军阵亡。

独山与贵阳之间由一条长 105 英里的高等级交通线路连接。桂黔铁路则被日军征用为补给线，这条补给线延伸至离贵阳只有 70 英里的都匀市。这条铁路，和与其连接的道路及水路，共同为日方提供一个一流的、通往海滩的补给线，使得他们得以快速进军。

日军发动的从湖北、湖南和广西省进攻贵州省的夏季攻势，已严重消耗了中国最宝贵的资源：从开战以来就被用来换取时间的空间。现在中国面临的问题是：中方已经不能再放弃空间以拖延时间，以图开放缅甸公路，重启中国的军工生产，并等待同盟国的沿海登陆支援。

贵阳作为重要的交通中心，使得抵挡日军在此处的推进成为当务之急。贵阳的沦陷将意味着，日军各纵队将横跨中国最重要的公路，并为日军打开一道门户，并向据此西北方向 250 英里的昆明，或向北 209 英里的重庆推进。向任何方向的成功推进，都将意味着灾难性的后果。

昆明的沦陷意味着中国将失去其最有力的武器——美军第 14 航空队。这还将使日军完成对尚未沦陷的中国领土的扼杀封锁，并将断绝其一切外援，这将让以建立从印度出发并以昆明为终点的陆上补给线为目的的费时费力的缅甸战役的战果化为乌有。

如果日军最高统帅部认定，取得政治上的胜利比占领昆明更为重要，那么日军可以通过占领贵阳军事基地，从而对重庆发起具有同等威胁的进攻。

丢失战时首都将使中国政府重回边缘地带，切断它与外界的联系，剥夺一切可使用的交通线路，剥蚀所有剩余的工业设施，并夺走其组织反抗的能力，使它成为一个实质意义上在本土流亡的政府。

战事或将延长

受到强大日军的威胁，美国在此次贵阳战役和将来的投入，无论怎么评估都不为过。如果重庆政府在战事上遭受进一步的挫败，日军将得以在亚洲本土站稳脚跟，并使亚太地区的战争延长一年或者数年。

所有这些因素都意味着，要完成将日军从中国逐出的艰巨任务要以牺牲大量美军士兵的生命为代价。

从政治上讲，重庆政府的败北将导致中国西北的共产党力量坐大，从而使他们可在全国范围内开展游击战争。美国在战后中国重建中所扮演的政治和经济角色也将面临重重困境。

中国历史的黑暗时刻

赛珍珠①

1944年12月17日

我们正迈向全民抗战的终点。在这个英雄辈出的地方，现在到了看看中国最后还剩下什么的时候了。此时此刻，正如他们惯有的远见，中国人正努力地维持着自己的平衡。

“万物皆变，唯吾岿然不动。”这是蒋介石钟爱的一句话。这个中国人正为此努力，尽管现在是中国历史上最黑暗的时刻。他们不信任我们之前所给予的奉承，也不屈服于我们最近施加的谴责。他们对自己的错误心知肚明，也就是作为一个惯于自欺欺人的人，但是他们却没有罪恶感。他们知道，在这场战争中，他们已然做到最好。

在考虑中国接下来会发生什么之前，重新考虑一下在这之前他们如何做到最好，这件事情格外必要。出于三个原因，中国人相信这是他们最黑暗的时刻。

第一个原因在于他们对这场战争并无准备。从根本上说，是因为他们长期沿袭的对军国主义的厌恶，以及对其他国家军国主义兴盛的忽视；其次，在于美国租借物资的缺乏。对军国主义的厌恶是中国悠久文明结出的果实，中华文明以仁义、不争、和谐与人民的关系为基础。但是，他们在科技方面落后的事实，只能徒增他们的灾难。

第二个原因在于中国内部的局势。如今在中国内部有另一个国家，有另一个独立的政府和军队。这正是美国在内战时期所面对的情形。而我们感到分裂是不可容忍的，然后诉诸武力去解决这个问题。

在国内外资金的支持下，1927年蒋介石也做出了相同的决定，伴随而来的是漫长而艰苦的内战。当日本入侵之时，他已经处于胜利的边缘。中国落入了与我

① 赛珍珠（Pearl Sydenstricker Buck，1892—1973），美国著名作家，1932年以小说《大地》（*The Good Earth*）获得普利策小说奖，1938年获得诺贝尔文学奖。出生于美国西弗吉尼亚州，父亲是美南长老会的传教士赛兆祥。她出生3个月时随父母来到中国江苏清江浦（今淮安市主城区），后搬到镇江，她在那里长大成人。她是先学会汉语后，母亲才教她英语。赛珍珠生前曾多次出入中国教书，并对当地民风和各大事件留下深厚感情，也将之融入往后的许多作品当中。抗日战争爆发后，她为中国人民的反侵略战争奔走。许许多多美国人正是通过赛珍珠的小说了解到中国，为中国人民的抗日战争解囊相助。她因批评蒋介石独裁，国民政府拒绝参加她的诺贝尔文学奖领奖仪式。她曾经同情中共，赞许毛泽东。认为中共“完全为老百姓的事业着想”。“二战”结束后，赛珍珠因“亲共”上了中央情报局的黑名单。2001年罗燕改编赛珍珠小说《群芳庭》并自己担任女主角，由好莱坞环球电影公司和北京电影制片厂联合摄制的电影《庭院里的女人》在中美两国同时公演。

们在1863年相似的境地，那时我们也被临近的敌人入侵。

一个匆忙的和解应当于此达成，而中国也正如是。如果在这场战争中，中国被给予了适当的位置，这个和解应会成为真正的联合。但是，在美国加入这场战争之后，中国的环境迅速变坏，国共之间的关系并不足以面对这种变化。

如同对国际局势感到不满一样，中国人对国内局势也深感不满。所有人都知道，最主要的敌人被忽视，而国民政府和共产党人这两方却在相互对抗，而不是联合起来对抗共同的敌人。此外，尽管双方代表在西安和重庆为达成联合举行了会谈，但是中国民众对参与会议的秘密性感到不满，他们也感到自己对本国的麻烦与问题所知不多。

第三个同等重要的原因在于中国的国际关系。中国人急于改进与苏联的关系，却不依靠本国的共产党人，而是依靠两国间友好互助的关系。苏联驻华大使潘友新已经很久没在这个职位上工作了，苏联唯一的外交代表已被驻在重庆的一个临时代办掌控。中国正在询问莫斯科占领柏林之后将作何打算。

中国意识到其同英国和美国的关系也同样不令人满意。中国在这次战争中的情况已经放在美国面前。至少，因为美国人准备不足，主要是因为他们是中国的新来者，不会说中文也看不懂中文。中国的代表被晾在一边，而美国人采用了自己的记者和军人所给的版本。而这些版本，虽然不总是不友好的，然而，却因为忽视而充满局限与偏见。

而且，中国的自尊心被深深地刺痛，因为她并未被邀请参与魁北克会议[①]，而在那个会议上，丘吉尔和罗斯福两个人独断了对日战略计划。尽管这次对中国的抛弃已有解释，但对中国来说，这个问题将始终令人无法理解。除却中国驻美国大使，在华盛顿还有两个中国的官方代表，都能为本国政府发声，一位是行政院副院长孔祥熙，还有一位是美国方面的中国战略任务的负责人商震[②]将军。

中国与日本的战争是如此的长久而孤独，而它却无法列席这场会议，这件事情对整个亚洲有着深远的影响，仅次于克里普斯使团赴印谈判时美国的沉默。所有在亚洲已经发生和正在发生的事情都预示着，美国想与大不列颠王国一起在亚洲称帝。

这几个月以来，更确切地说，这几个星期以来发生的事情表明，先前的英雄

---

① 魁北克会议是“二战”期间由美国和英国两国政府联合召开的高级军事会议，于1943年8月17—24日在加拿大魁北克市星形碉堡要塞和芳堤娜古堡酒店举行。主要与会人员有丘吉尔、罗斯福和加拿大首相麦肯齐。中国政府代表宋子文参加了有关对日作战的讨论。

② 商震（1888—1978），民国时曾任河北省主席、山西省主席、河南省主席。抗战时期任第20集团军总司令、第6战区司令长官。1940年6月，调任重庆军委会办公厅主任兼外事局局长。1944年3月，为促进中美谅解与合作，争取美国扩大对华军事援助，建立中美特殊军事关系，蒋介石派遣商震出任中国驻美国军事代表团团长。

已化作尘埃，以中国人的看法，蒋介石也将理所当然地紧随其后。从某些方面来说，中国人对浪漫的理想主义和与我们之间的关系所产生的感伤情怀的逝去而感到开心。当理想主义被应用于中国人自身，他们往往会感到不适。中国人是世界上最不理想主义的人，他们最能容忍，也因此最能容忍他人的过错。

的确，在某些方面，中国人为蒋介石感到感伤，因为他受到了来自我们的不公正的责备。人们与蒋介石已经相处很久，十分清楚他的过错却从不试图隐藏，反而倍加拥戴，就像苏联人拥戴斯大林，英国人拥戴丘吉尔，我们拥戴罗斯福一样。

只要我们忽略这样一个事实：蒋介石从根本来说就是一名士兵，而丘吉尔是一个帝国的领导者。从很多方面来说，蒋介石与丘吉尔是如此惊人的相似。他们都是很老派的人物。丘吉尔的极端民族主义观点是如此陈旧，就像蒋介石一样。他们从某种意义上都是这样的暴君——“不干？那我也不玩了。”

这场战争中最有趣也最严峻的一次意外，是在克里普斯使团赴印谈判时丘吉尔和蒋介石在印度问题上交换意见。这位中国领导人完全理解这个任务失败对亚洲的一系列影响，于是他通过传达个人信息的方式催促丘吉尔采取更加务实的政策。他知道这次任务失败的原因不在于印度，而在于丘吉尔矮胖身体内的那颗年老而冷酷的心。丘吉尔决心阻止现代化浪潮，就像他说的那样，他不会负责清算英国君主制。

蒋介石传达的信息礼貌但是急迫，丘吉尔的回答无礼而不容辩驳。这些信息甚至都没有送到蒋的手上，而是送到了设在重庆的英国大使馆，而这是易怒而专制的蒋介石所无法忍受的。

在这场跨越欧亚大陆的山河湖海一般的激烈对话的最后，丘吉尔和蒋介石在统治方面，都变得比以前更加独断专行。这个世界将长期受到这场对话的影响。这场对话已经成为这些年来一件怪异的事情，而我们仍在咽下这种事情的苦果，他们也许只是两三个人之间的问题，但却会影响之后的几代人。

我们先不管丘吉尔与蒋介石之间的相似之处，美国人并没有被鼓励去批评我们的盟友英国，却被鼓励去批评我们的盟友中国，尽管中国在我们这一方比任何国家都坚持战斗得更加长久。我们真心地赞扬苏联，即使是在我们送去的百万吨的物资支持基础上，可是我们却批评中国做得不好，尽管我们只送去了几千吨的物资。

我们对待中国不合理的态度，不完全在于我们美国人臭名昭著的不合逻辑的脾气，而在于我们对中国的误解。我们信服了一些包含着部分真实的宣传，比如在中国政府中有法西斯分子。我们也知道，在中国共产党内有真正的共产党人。

我们对这两者同样惧怕，也变得越来越惧怕。

我们对待中国的态度来源于这样的一种恐惧，这种恐惧正在全世界点燃抗争的怒火。这种抗争在自由国家中出现了，同样也在中国出现了，尽管更加的精细和巧妙，尽管中国尚未获得自由。我说的是共产主义与法西斯主义之间的斗争，它和人类的历史一样古老。

当一个人看到“反法西斯”这样的字眼，他想到的是共产主义而不是民主，这无疑是一件可怕的事情。这不是过度简化，这是对基本概念的偷换。随着战争的进行，我们开始意识到，仅仅打击德国和日本是远远不够的。这场战争将会以另一种形式继续下去。

这场新的战争是不可避免的吗？我们必须在共产主义与法西斯主义之间选择其一？那些不想要共产主义的人会不会仅仅为了自卫而被强制去相信法西斯主义呢？我不认为这种选择是必要的，尽管双方的极端主义者都试图让我们相信这个事实。在中国，举个例子来说，在国民党和国民政府之中有反法西斯和崇尚自由的分子，在共产党员中也有反法西斯分子，甚至是非共产党员。这些分子是民主的，无论他们宣称自己站到哪一边。他们知道双方联合起来抵抗共同敌人的可能性。

共产党人或国民党人独自地承担着所有斗争都是明显的谎言，也不为大众所赞同。最近来自共产党地区的报道说明，有效而稳定的抵抗网络已然建立，而同样可靠的报道表明，国军也正奋勇地抵抗着敌人。

最重要的事情在于隶属于两个团体的人都在抵抗敌人，从这个方面来说也许在这场战争之后，甚至在这场战争结束之前，这些人也许可以联合起来。他们共同反对法西斯主义，我们可以看到民主正鲜活。

这些民主分子在中国过得怎么样？他们有多少人？这股力量是在增强还是在减弱？这是美国人正在向这个东方的盟国真切询问的问题。

这个问题的答案最确切的话，便指向人民政协，它的位置与行动如何，而这个组织在 9 月的最后几周刚结束了第 10 次会议。中国人将这个组织称为“议会的萌芽”，随着时间的流逝，这个名字也变得越来越合适。

在最后一次会议中，民主进程取得了令人瞩目的进步。在此之前从未有过如此直面中国的问题，也从未有过如此公开的对中国政府的批判，还有一点也丝毫不落其重要性，从未有过如此率直的个人与组织成员之间的合作。政协委员们不仅仅介绍民主程序的各种规则，而且还遵守它。一个人需要清楚地知道，这些事情对于中国的民主进程是多么的重要与基本，当年龄不代表规则，当年轻人不必再在年长者面前保持缄默，还有一件在这次会议上发生的事情：一个年长的议员公开承认了自己的错误。

饱含睿智和现代精神的中国人，他们面对着令人绝望的中国现状，在政协会议期间都抱着一颗赤子之心。不是说这个会议旨在解决中国的某些问题，而在于这些成员既通过自己的包容，又通过民主进程的实地检验，正在制定一些原则，而这些原则将会成为新宪法的一部分。人民政协甚至不是政府的一部分，但是它将成为它想要成为的那个组织，它将代表人民，它将拥有自己的思想与意志。

当然也有十分实际的行动，比如说，有人呼吁改善政府公职人员和战时军人待遇。从世界的角度来说，更重要的是对于共产党人辩论的介绍。迄今为止秘密的文件与报道被公之于众，而且任命了一个调查委员会前往延安，去做一个全面的报道，并反馈给政协。这件事连同中国人民明确的与苏联谋求更好关系的希望，都是民主新生活的积极信号。

我们也同样应该因为另一个理由而感谢中国。中国人民作为一个整体，决心不让自身的分裂影响到与苏联的关系。国民政府对待苏联的政策甚至也是友好的，即使它面临着中国共产党的问题。忽略掉苏联拒绝对日宣战，苏联一直都不是一个主动攻击国，而在主动与被动之间，中国往往会选择被动，无论它在国际关系方面面临着多么巨大的困难。

中国人能够依据原则行事，而忽略一些意外与细节。因此，在新疆与蒙古的一些边界问题上，中国政府限制了一些消息，它不想激怒反苏联分子。他们接收到了来自苏联的警告广播，却未给予回应，他们更希望把这类意外事件雪藏起来。现在这种影响在改善中苏关系方面无疑是令人可观的。中国人正期待着苏联高层的回应，也正准备着为适应苏联的期望而适当改组自己的政府部门。

尽管有一些地方分裂势力，中国的对苏政策堪称明智而果断。可以说，如果进行得足够充分，它将对期望中的国共政治方面的合作产生重大影响。当苏联最终认识到了中国所采取的政策的真实性和实实在在的好处时，它很可能会为实现国共统一而全力施加影响，也就会为了那最终的结果采取最强硬的方式。

但是，中国现在在做的仅仅是这样一个例子，这个例子也许会是任何一个国家在当前国际形势下想要避免新的战争所做的。任何国家的真正的民主分子都不会允许自己站到激烈反对共产主义的位置上，因为那样他们会被强迫站到法西斯主义的位置上。因此，法西斯主义也会混入其中并赢得这场战争。无论何时何地，我们都必须反对这种在法西斯主义还是共产主义之间二取其一的情况发生。这是我们可以去做的，也是中国正在做的，不是努力地联合共产主义与法西斯主义，而是联合有相同追求和相似思想的民主分子，无论是在哪里寻找到他们。

中国正在锻造属于它自己的民主共和制度，即使它仍处于穷困的状态中。它正以自己古老的智慧，试图将世界看作一个整体，而自己只是这个整体的一个部分而已。今天的中国达到了其伟大的峰顶，即使它正面临着不平等的深创剧痛。

其实，谁能否认中国将成为新亚洲的领导者呢？虽然丘吉尔炫耀着“世界三强”这个词汇，无知者也附和着他。其实中国是和我们一样强大的，也是和英国、苏联一样强大的。无论何时何地，只要当“三强”相遇时，它便是那伟大、安静却不为人所知的第四个参与者。中国，那是“世界四强”。

第九篇

1945 年

1945年抗战大势

1月27日，中印公路完全被打通，中国驻印军和远征军会师于芒友。至3月，反攻胜利结束。中国驻印军和远征军在历时一年半的缅北、滇西反攻中，解放缅甸大片领土，收复滇西大片失地，共毙伤日军4.8万余人。

2月，英、美、苏三国首脑罗斯福、丘吉尔、斯大林签订《雅尔塔协定》，规定在欧洲战争结束后三个月内，苏联应对日宣战。由于美英以牺牲中国部分主权等作为条件来换取苏联对日出兵，也被称为远东慕尼黑阴谋。

3月21日，日军为解除中、美空军及豫西部队对平汉铁路南段的威胁，发动豫西鄂北会战。至5月，日军虽控制老河口空军基地，但遭受重大伤亡。

4月9日，日军为夺取芷江中美空军基地发动湘西会战。至6月7日会战结束，中国军队歼敌3万余人。湘西会战的胜利标志着正面战场转入反攻阶段。

4月25日，联合国大会召开。5月8日，德国法西斯无条件投降。至此，欧洲战争结束，盟军作战重心迅即东移，全力对付日本法西斯。

7月26日，美、英、中三国发表《波茨坦公告》，敦促日本无条件投降。

8月6日、9日，美军分别在日本广岛、长崎投下原子弹。苏联红军8月8日对日宣战，次日出兵中国东北。8月9日，毛泽东发表《对日寇的最后一战》声明，号召中国人民一切抗日力量立即举行全国规模的大反攻，与盟国一起对日本进行最后的决战。

8月14日，中国政府与苏联签订《中苏友好同盟条约》。14日，日本表示接受《波茨坦公告》。15日，日本裕仁天皇通过广播发表《终战诏书》，宣布无条件投降。

9月2日，日本外相重光葵在美国军舰密苏里号上正式签署投降书。

9月9日，日本中国派遣军总司令冈村宁次于南京在投降书上签字，侵华日军正式向中国缴械投降，标志着中国抗日战争暨世界反法西斯战争取得最后胜利。

10月25日，中国战区台湾省日军投降仪式在台北举行，中国正式收复被日本殖民统治达50年之久的宝岛台湾。

盟军在缅甸登陆

1945年1月14日

题记：该行动威胁到日军在沿海地区的陆地及海上逃跑通道。卡车车队准备就绪，两年半以来第一批通过陆路运往中国的物资整装待发。

东南亚盟军总部，锡兰康提，美联社1月13日电：盟军司令部今天宣布，盟军依靠海军和空军的协同作战，粉碎了敌人的顽强反抗，已在敌人撤退路线之后的实兑建立了一个滩头阵地，从而在缅甸西海岸成功登陆。

1月3日，盟军对缅甸大港实兑东南方32英里的弥蓬半岛猎人湾沿岸发动冲击，不费一枪一炮完成登陆。突击部队从登陆点出发北进2英里到达离弥蓬镇800码的地方，这一行动使日军从沿海撤离的陆地和河流通道都受到威胁。与攻占实兑不同，在弥蓬着陆的盟军遭到日军火炮和机枪的顽强抵抗。

沿海公路、克雅钦河和弥蓬河是日军撤出的唯一通道。由于第14军所属部队攻克了格礼以南70英里、蒙育瓦以西60英里的甘高这个重要据点，日军的处境变得更加困难。

今日公报说：在缅甸海岸的新登陆点位于印度第15军团的前方，在加叻丹河流域以北，敌军对该军团仰光的阵地，即加叻丹河西岸与仰光河交汇处发动攻击。日军的攻击是在夜色中进行的，并被击退。

盟军的战斗轰炸机攻击了猎人湾日军阵地，密切配合了在北部地区作战的地面部队。

对曼德勒的轰炸打破纪录

东南亚美军第七轰炸大队司令部，美联社1月13日电：在由重型轰炸机执行的最大一次集中行动中，曼德勒周边的日军阵地遭到沉重打击，远东空军司令部的历史纪录被打破。

美国陆军航空队通过精准协同，向日军营地投下了成百吨烈性的高爆、杀伤和燃烧弹。一切可以飞起来的战机都投入了这次行动，形成本战区针对同一目标的最大空中打击力量。除了重型轰炸机，还出动了战斗轰炸机、俯冲轰炸机、中

深入敌后的美军特种部队士兵经过艰难夜行军后在路边休息。（《纽约时报》原文插图）

型轰炸机和战斗机。敌方战斗机几乎未出动。

随着一波又一波的机群飞临上空，曼德勒周边5英里的日军集结区域遭受了长达一小时的猛烈轰炸。在大型轰炸机到达前，俯冲轰炸机和战斗轰炸机已将日军防空阵地炸毁。敌军地面火力明显受到压制。

几个星期以来，日军在缅北作战中节节败退，已撤到曼德勒一带。远东空军司令部一直在等待战机，直到大批日军集中到曼德勒附近的伊洛瓦底江两岸和实皆市时，才决定动用空军大举歼敌。美军飞行员获得命令，要求他们尽可能多地消灭日本人。

第一批运输车队在利多整装待发

缅甸密支那，美联社1月13日电：两年半以来第一支前往中国的盟军运输车队，也是第一支从印度出发穿越缅甸国境的车队，已准备驶离印度的利多。车队装载着美国和中国军队急需的物资。卡车将在18个多月前开始修建的利多公路上行驶1000英里。

在利多以南439英里处，在丹尼尔·苏丹中将指挥下的中国新一军正准备最后攻占南坎，控制25英里长的瑞丽河谷，从而使通向中国的大路完全畅通。

紧随中国作战部队后面的是由亚拉巴马州的路易斯·皮克准将指挥的工兵部队。美国工程师已做好充分准备，将以最快速度修复公路。

瑞丽江的对岸是中国畹町镇，此时中国军队正在肃清残留在中国一侧滇缅公路旧线上的敌军。

在瑞丽河谷的两支中国部队相距仅仅几英里。一旦南坎和畹町被盟军攻克，部队只需到瑞丽江南岸占领与河流平行的道路，即可开通印度至中国的公路。

中国军队逼近畹町

合众社重庆1月13日电：今天，在美军第14航空队用轰炸机和战斗机击退日军对畹町周边中方阵地实施的反击后，中国军队加强了对地处云南省的滇缅公路重要枢纽的控制。战报说，日本人在徒劳无益的反击中伤亡惨重，他们本想重新占领畹町以东的高地。

据《大公报》报道，中国军队已夺取了瑞丽河北岸的弄贸，它与日军占据的在滇缅公路上的南坎隔江相望。南坎地处畹町东南 30 英里处。

1 月 2 日和 3 日，在华中的湖南前线，中国军队在衡阳一带袭击了日军阵地，歼灭 140 名日军并俘虏 3 人。

日本人谈论空中威胁

日本同盟通讯社昨天表示，美国空军已丧失了在中国西南的大部分基地，现在正从云南昆明与我们对抗，并在中国西北地区竭力建设新的基地。

该通讯社引用东京《读卖新闻》的电稿在无线传送到亚洲占领区的新闻界时，被美国联邦通信委员会截获。

发稿估计“美国和重庆方面的空中力量总和达到 790—800 架飞机，包括战斗机和轰炸机，其中有 500 架集中在重庆西北的基地，主要在四川省成都地区”。

此外，同盟社声称，“为躲避我方的俯冲轰炸攻击，敌人正试图在中共占据的陕甘根据地建立空军基地。”

同盟社说，“通过威胁利诱重庆和延安政权，美国在中国西北地区投入了大量的物力和技术来建立物资供应基地。”“通过大力扩展其空中力量，敌人正试图对日本本土进行大规模的轰炸，从而从战线后方策应其在太平洋地区的作战。”

中国站在十字路口

爱金生

1945 年 1 月 28 日

题记：《枕戈待旦》，林语堂著，262 页，由纽约约翰·戴出版公司出版，售价 2.75 美元。

被外国批评困扰和激怒的林语堂博士（《吾国吾民》一书作者）于 1943 年 9 月 22 日飞回故土，又于 1944 年 3 月 22 日回到纽约，他记录了这次旅程的所见

能解决人民的问题，才称得上民主。（《纽约时报》原文插图）

所想，出版《枕戈待旦》一书。这本一半是游记一半是政治讨论的册子，实在没有对现今中国在这个令人担忧的历史节点之何去何从给出明确的研究结论。

林博士是一位积极乐观、精力发散，而对于路上人文细节有超强捕捉力的作者，而且，与他旅行谈话有一种轻快的愉悦感。其思想特立独行，很有向往，以至于感受到扬子江两岸重庆之美，而异于大多数人因压抑的天气和沿江民生之苦，而垂头丧气地鄙视重庆为一丑陋悲哀之城市。作为一个中国人，林博士亦理所应当地为其人民在面对七年余之战乱与两年半之封锁的不屈不挠而深感自豪。在这中国之工业起步阶段，他对于战时能够生产铅笔、干电池、电话、收音机以及工具钳等物品表示出高度敬意。

卢作孚[①]和他的民生轮船公司在重庆的成就在林博士看来是了不起的工业，是本土化适应、管理和想象力的杰作。尽管扬子江从宜昌段就被封锁，卢先生仍能保持相当数量的船只依靠植物油正常运行。同时，他还成立了船厂和机械作坊：用找到的钢板建造小船，零件拼装轮船发动机。林博士首次接触民生船厂时写道：我的眼睛被这完全中国造的蒸汽机点亮了。我从前不认为这是可能的，人们简直可以想象中国制造空中堡垒和别克豪华轿车了。

在其他的地方，林博士见到了在防弹地道里制造军火的现代机械作坊。在宝鸡，他见到了防弹地道网里一座绵延三英里的现代机械纺织厂。在美国时常批评中国战时决策及其国家政策的背景下，林博士明智地提醒它，其实很多现代中国人充满活力并在实践非凡的事业。中国的存续主要依赖于它人民的不屈精神，辅

① 卢作孚（1893—1952），重庆人，著名爱国实业家、教育家、社会活动家。年幼家境贫寒，自学成才。早年从事编辑和教育工作，1925 年弃教从商，主张实业救国，创办民生公司，经营长江航运，创办机器厂、织布厂等。1929 年后曾任川江航务管理处处长、四川省建设厅厅长、交通部次长、全国粮食管理局局长等职。抗日战争爆发后，国民政府任命卢为军事委员会水陆运输管理委员会主任。1938 年秋武汉失守，大量人员和工厂物资屯集宜昌。卢组织指挥船只大规模抢运，冒着日机的狂轰滥炸，将全部屯集人员和物资抢运到四川。这次抢运行动，被誉为中国的“郭克尔克”。在整个抗战期间，民生公司共抢运了各类人员 150 万余人、物资 100 万余吨、遭日机炸毁船只 16 艘、牺牲职工 100 余人。抗战胜利时，国民政府授予卢作孚一等一级奖章。1946 年后主持民生公司，兼营远洋航运。1950 年 6 月由香港回大陆定居，曾作为特邀代表参加全国政协第一届第二次会议，并担任全国政协委员、西南军政委员会委员等职。1952 年在重庆辞世。

佐以美国技师们常沾沾自喜言及的“生产专业知识”。虽然中国的专业知识较之美国相应生产部门仍十分原始，但也可以创造些小奇迹了。

中国人具有这样多的品质品性，当然相比于其政治，落墨于斯更有乐趣。但是，毕竟中国之政治，如同任何民族国家之政治，于民生息息相关——不只是战火和经济条件对民生之摧残，更有关于未来民智之开发。政府之作为与政府之不作为，同影响学界活力，进而作用于人民思想灵魂之开化。

林博士对政治之态度不深入。一方面，他强烈捍卫当局并称一切批评之言论为共产党宣传。而另一方面，他却又重申且接受很多相同的批评。他谴责中国令人发指地对其士兵之待遇：中国士兵食不果腹，衣不遮体，弹药武器不完备而却要与敌做难以想象之艰苦卓绝斗争。与官方看法向左，他认为中国人民已经可以民主：政府需要为此做准备，而非人民。他写道：虽然我并不认为政府是法西斯，但它却方方面面体现父母式的强权，过度焦虑地引导和疏通人民的思想和行动，而不思量顺从民意。

他认为中国应该拥有自己的权利法案：中国的人民并未准备好做主（民主）是个伪命题。他声明：权利法案付诸实施才是民主的先决条件。他相信言论自由应该被允许，并意识到如果人民没有权利指责其首脑，则没有任何政府，无论有无宪法，能持续做到诚实高效：到目前为止，国民政府并没有能通过言论自由实现鼓励批评，相反，它正与此背道而驰。

林博士对国民党最严肃的批评是其对于民生之不顾：所谓国民党之“反动性”，是对于经济和政治而言的，其建党以来，未能显著体现贫农和劳工等劳苦大众的权利。在国府之中国，我未见闻百姓可以与要员平等，这种理想应该是治国之最终目标，亦是政界用于争取选民之战略。我从未在任何地方见过民众体会到自己的重要性。然而，要有启动民主体制之资格，中国的大众必须不再视自己为“小民”，而是重要的选民。

全书始终，林博士否定了中国共产党，重复申明国民党之反共官方宣传，并将美国对华之批评标记为跟从共党言论之鹦鹉学舌。如是说自是容易，但无助于解决中国统一之基本问题。要统一而避免内战，双方必须进行不带偏见的谈判。当下，国民党内部对共产党知之甚少。去年 5 月和 6 月，外国记者和美国军事访问团分别被允许去共产党根据地。在此之前，共产党与国民党之间已经多年没有往来。共产党被视为，也可能确实是，与中华道统格格不入的非法组织。

林博士此次旅行北上止于西安：国府封锁了共产党统治区的指挥中心。他也访问了一个关押着感染了共产党思想的人的集中营，犯人大多是男性，也有 40 多位女性，都是大学生的年龄或者再大一些。他们从共产党统治区逃来，或者参与过、甚至只是被怀疑参与了共产党的活动。但是，林博士并没有机会继续向北抵达共产党的首都延安，其实在那里他可能会发现，正像他怀疑的那样，共产党没有国民政府形容得那么邪恶。在国统区，弥漫着接近幼稚的对共产党的恐惧；林博士也未能免疫。除了国统区和解放区间自由和普遍的往来，没有更好的办法解决中国共产党的问题。这有助于消化误解，现下，当局实际是在蒙着眼睛研究这个问题。

林博士对共产党问题的处理无法驱散美国普遍认同的对华假设：国民党和共产党水火不容，只能二选其一。不过，在我的印象里，大多数中国的自由人士并不想要一个共产党政府，尽管他们并不满意当局。他们希望有一个更进步的国民党，一个允许出版自由和发言自由的渐民主政府。虽然，共产党正在稳健地推进其扶助农民的一系列措施，其目前的诉求是被国民党承认为一个合法的政党，并得到民主自由。无论他们将来的希望是什么，他们并不期望、甚至不愿意承担领导全中国的责任。因为大多数中国人表达对当局的不满，就假设他们想要一个共产党政府，我认为这是不对的。

在中国，大多数政治资讯并不可靠。国民党与共产党，双方大量的政治宣传导致事实的真相扑朔迷离。林博士对共产党的每一项指控也同样是共产党对国民党的指控。林博士声称，共产党不抗日，而只与国民党作战。共产党对国民党则有性质完全一样的指责：国共统治区边境上的国军都是剿共的。同样，国共双方都声称其封锁线上的驻军是自卫性质。并且，双方都指责对方时常发起进攻。

每一项指控都有反指控，相同并相反。在长期内战中，两党的历史都不非常可信。就今天而言，共产党的记录相对较好。与共产党同赴战场的外国记者并不怀疑共军全力抗日。很多跳伞落在日占区的美国飞行员都被共产党游击队所救，并转移至后方安全地区，他们对共产党无不感激敬佩。当然，国民党士兵也做了同样的事情。如果日方的电台广播报告的，自去年 3 月以来与中国军队的冲突属实可信的话，则在我监听期间，几乎所有冲突都是与共产党军队之间发生的。日本同盟通讯社将他们称为中国红军。

的确，中国共产党遵循马克思主义。但是，他们的现有政策是因地制宜的，是一种柔和的“集权式民主”。如果这个政体的说法不是毫无意义的，那么它应该会对中国贫穷的农民有益。这种提法无异于把贫农理想化。无论中国共产党在道义上的动机是什么，他们很清楚，他们未来的力量必然来自贫农的支持。林博士在谈论这个问题时几乎没有带偏见：共产党的民主只体现在其一贯理论上为农工争取权益，他们在组织和发动人民自治方面，领先于重庆政府。他们有工会、农会、妇女会，并且帮助贫农对抗地主，为农民减租减息。

虽然政党有军队和民主是不匹配的，共产党视国民革命军为国民党军，其任务之一可能就是消灭共产党。因此，共产党必须保持并发展自己的军队，不只是骚扰日军，也是要在这个枪杆子里出政权的国家保持自己的政治实力。其他的中国政党因为没有自己的军事力量而没有名望。

共产党保证贫农今天及将来的权益，也可看作是对今日之中国正面的、进步的影响。如果共产党能够被现有政体吸收而避免内战，那将是中国的一个奇迹。双方的不信任源于其意识形态。但是，如果国共两党可以商拟一个方案，携手联合驱逐日本，并进行以民主为基础的社会改革，那将是万世之功。重复两党互相攻击之无聊谬论，则必然堵塞中国政治前进之路。中国之为一国，至少需要共产党现在所在做的一部分事情。

美国空运昼夜不停

窦奠安

1945年2月9日

题记：累计运送44000吨。

印度加尔各答2月7日电：1月，美国空运队经驼峰航线[①]从印度向中国破纪录地空运了4.4万吨战争物资。美国空运队司令威廉·腾纳尔将军今天对外宣布了这一消息。这刷新了空运物资到中国的记录。仅在六个月前，通过驼峰航线运送的物资总量累计还只有18975吨。而现在美国空运队一周的运输吨位已超过1943年上半年的总和。

上月，经驼峰航线运送的物资吨数，也已经超过滇缅公路最大货运量的两倍。按每天24小时计算，平均每2.5分钟就有一架运输机穿过驼峰航线，每1分钟都有超过1吨的货物被运达。美国空运队司令部计划将继续保持驼峰航线的货运量增长速度。现在空运队运送的战略物资已足够支持采取一次大型战役行动。

① “驼峰航线”是世界航空史和军事史上最为艰险的运输线，西起印度阿萨姆邦，向东横跨喜马拉雅山脉、高黎贡山、横断山、萨尔温江、怒江、澜沧江、金沙江等进入云贵高原和四川省，总航程约800公里。航线经过地区都是海拔4500—5500米的高峰，最高海拔7000米以上。由于当年飞机设施落后，机上没有加压装置，飞机在异常高空飞行，机员需有极大耐力。1942年6月2日，《中美抵抗侵略互助协定》签约，规定中国抗战消耗的租借物资不必归还。这一协定使中国正式成为美国租借物资受援国。“驼峰”空运由美国空运队（The Air Transport Command）和中国航空公司（CNNC）共同承担，以美国空运队为主。中美联合航空队总飞行时间约150万小时，是世界上规模最大、时间最长的空中战略桥梁。

如果经济环境没有无法克服的困难，则在驼峰航线与滇缅公路运送补给的支持下，中国战区的部队完全有理由在明年进行一次重大的军事行动以打击日本。

一位专家估计，每月输送最多 10 万吨的军事补给，就足够武装和培训出一支人数足够大的中国军队。在将日本侵略者驱逐出中国的行动里，这支军队将扮演举足轻重的角色。而剩余物资还可以支援美军第 14 航空队。

当通过滇缅公路的运送吨位获得提升之后，陆路和空运相加，将很快可达到最高每月 10 万吨的运输量。到时候，我们即可评估蒋介石的军队在对抗日本的战争中能够发挥怎样的作用。这个评估报告将直接影响盟军统帅部对远东地区最后阶段战争方式的决断。

中美联合航空队在驼峰航线上的表现是如此出色，以至于滇缅公路在可见的将来也难以超过它的运量。在腾纳尔将军指挥的中美联合航空队面前，滇缅公路的运输作用几乎过时了。唯有在运送重型装备和机车上，滇缅公路还有运输优势。

美国空运队最近在驼峰航线上刷新运输记录的主要原因是引进了 C-54 型 4 引擎道格拉斯大型运输机，现在日夜不停地从孟加拉和印度向中国昆明基地运送物资。同时，货机也把物资从印度加尔各答和孟加拉吉大港运往驼峰航线的起点阿萨姆邦。中孟航空通道促使空运队能够根据中国瞬息万变的战情提供紧急补给。

导致 1 月份运输量破纪录的其他原因还包括：开辟了更多的航线，安装了更多的导航设备，飞机具有更好的装卸能力，建立了新的飞机维护机库，使用了现代化的吊装设备，通信系统和天气预报系统获得了改善。

在中印之间长达 600 英里的航线上，一架飞机每天跑 3 趟现在已不是什么新鲜事。中美联合航空队的人员也从 1942 年 12 月不到 1000 人，扩张到现在的 3 万人。

侨报呼吁成立联合政府

1945 年 2 月 10 日

位于西半球的 10 家华人报社昨日致函蒋介石委员长、共产党领导人毛泽东和孙中山先生夫人宋庆龄及各中国民主联盟领导人，呼吁终止国内一党专制的局面。

他们要求组建联合政府，以此作为稳定中国政治局势的有效手段，并保障对日作战的胜利。

文中指出，“混乱的政局影响了对日作战的努力，据国内关于战事的最新报道，我们的战地医疗水平并未提高，对非战斗军队补给不足的状况也未得到改善，士兵们的病发率达有史以来的新高”。

官员受到指责

政治上，中国还处于一党独裁的统治之下，人权自由也未被恢复。政府高官致力于扩张各自的势力，而他们的下属也将时间花在谋求私利上，“欺压”之风盛行，军队设置边境关卡，而秘密警察横行全国，炮制冤假错案。

“在我国经济生活中，我们无法有效地控制自己的财产。制造业衰落，通货膨胀和外汇黑市比比皆是。政府没有执行任何旨在控制物价的政策，因此，利己主义和具有灾难性后果的物资囤积时有发生。”

“我们的社会被人为地分为了两个新的阶级：饱受贫困之苦的百姓和压榨他们的政府官员。麻木而腐败的官员在贪欲的驱使下大发横财，却无视每日面临饥饿的无数难民和无家可归者。侨居海外的华人愿意救济那些在祖国面临死亡的人们，但我们的政府更要为他们提供有效的救援。”

有关恢复统一的要求

文中他们提出了以下要求：

（1）解除对媒体及言论的限制，并给予参与抗战的所有爱国党派及群体同等的合法地位，以此强化国家的统一性，提升军队和人民的斗志，并广泛动员我国的人力物力，以图更好地与各方盟友协同对抗日本。

（2）国民党应立即宣布取消一党专政，并将政治权利交予人民。同时，现任政府应立即与其他党派及政治团体的领导人会面，以组建一个统一的行政机关，并建立联合政府。

（3）在建立联合政府后，应立即开展并处理政治、军事、经济及外交事务，并在尽可能短的时间内召开人民代表大会，以草拟并通过一部宪法。

该声明由旧金山《华人世界》、纽约《民国报》和《中国每日新闻》、檀香山《新华每日新闻》、温哥华和多伦多《中国时报》以及哈瓦那、墨西哥城、巴拿马和秘鲁利马等国华文报社联名签署。

美国陆军史上最伟大的公路

窦奠安

1945 年 2 月 11 日

题记：史迪威公路的总指挥更像一位乡村医生，而不是一个作风强悍的工程师。

缅甸密支那电：几天前，美国第一支为中国输送战争物资的车队穿过缅甸进入云南。领头的吉普车上坐着一位身材魁梧、满头白发的男人，他温和的笑容和和善的蓝眼睛透出一种安详的满足。他就是皮克，利多公路（Ledo Road）的建造者。现在这条公路已被正式命名为史迪威公路，成为美国陆军有史以来最伟大的工程。

皮克将军有权利自豪：他亲眼看到自己如何和部下一道克服了道路工程师所能遭遇的最为艰苦的自然环境，在两年半时间里与丛林、群山、洪水、疾病、死亡和孤独抗争而取得最终成果。

在这之前，很多能干的工程师都说这条路是不可能建成的。但现在"皮克大道"建成通车了，正在把物资运往中国。

1943 年 10 月，当皮克将军（当时还是上校）接手利多公路项目时，这条路已修建了一年，在距起点 45 英里的野人山腹地被地势险峻、雨水浸泡的原始丛林挡住了。一些工程人员因不堪巨大的工作压力和雨季带来的难以想象的折磨而崩溃。一些人已经明确地说，工程是不可能完成的。

刘易斯·A. 皮克将军与中国驻印军新一军军长孙立人将军。

皮克召集手下军官，对他们说："利多公路一定会建成，污泥、雨水、疟疾，都见鬼去吧。"

虽然皮克将军轻声细语，但他手下的每一个士兵都明白他是来真格的。皮克将指挥所搬到路上方，集中所能找到的全部照明设备，不分白天黑夜地进行施工。对效率低下的军官，他毫不留情地撤换。他制订出苛刻的进度计划，要求手下全力以赴。就这样，道路开始向前延伸，并越来越快。

这一时期，皮克作为工程师的精明强干展露无遗。11月3日，当史迪威将军要求皮克建造一条从利多到新平洋全长约50英里、穿过整条路段条件最差部分的吉普车道时，他想了一下，说："我不能修你要的吉普车道，不过可以修一条供卡车通行的军用公路。你什么时候需要？"

史迪威问："明年1月前能完成吗？"皮克平静地笑了笑，说："行。"

皮克迅速将推土机和其他施工设备经小路运达施工地点，又让飞机空投了一些装备，借助空投物资和补给，他令工程在三个地点同时开工。12月27日，领头的推土机一路突破障碍抵达新平洋，后面跟着53辆载有中国士兵和装备的卡车。此前，就连史迪威也对皮克能够完成任务表示怀疑，而他从不认为世上有什么事是做不到的。

皮克刚把路修到新平洋，史迪威突然又要求他修建一条距离主路20英里向大洛运送紧急物资的道路。此外，史迪威要求这条战斗道路穿越胡康河谷，同时主路施工不能停，还要建造一定数量的飞机场。

将军的同事记得，有一晚，丛林寂静，只听得到雨声，皮克在帐篷内踱来踱去，述说着自己面临的难题。他时常会说："问题真不少，看不出我如何能办到。"但他还是办到了，他从不对史迪威说不，也从未让他失望。

很多人在史迪威公路的建设中做出了开拓性贡献，但最重要的任务还是皮克将军完成的。正是皮克将军，他战胜了群山和丛林，克服季风考验，在咆哮江河上架起桥梁了。他一面忍受着疟疾的折磨，一面又创造出工程的奇迹；一面要时时刻刻解决好领导问题，一面要在远离家乡千万里的陌生土地上率领士兵与时间、自然和日本人殊死竞争。

在15个月的时间内，他将道路从距起点45英里处向前推进了420英里，与滇缅公路交汇。这代表着以1天1英里的施工进度，穿越了102英里大山和两个海拔4000英尺的山口道。在大山里，每修建1英里道路，就要挖土10万立方码。总挖土量达到1350万立方码，足以建成一面宽3英尺、高10英尺的从纽约到旧金山的土墙。

不过，更加可怕的障碍还是丛林。几乎每英尺道路都需要从茂密的丛林一点点砍出来。而这一工作一年中有6个月时间要在季风雨中进行。瓢泼大雨下个不停，一个雨季的总降水量可以超过150英尺（3910毫米）。去年雨季，穿过胡康河谷的一段低洼路段遭到洪水淹没。工程师们被困在进水的帐篷里，正在想道路

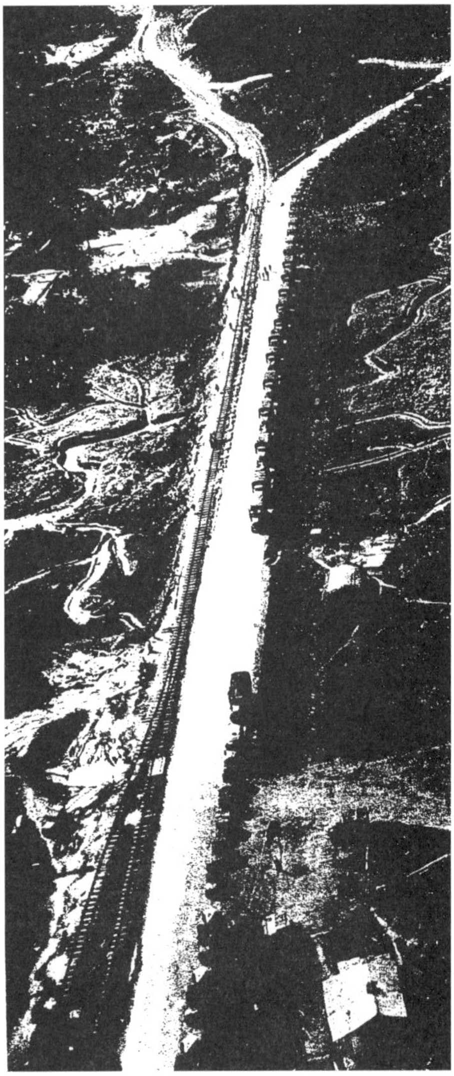

一支满载美国补给物资的卡车队在印度阿萨姆邦的利多镇集结，这里是全长620英里通往中国的史迪威公路的起点。（《纽约时报》原文插图）

是不是已经完全毁掉，这时皮克走进来，下令建造一条2英里长的木制堤道。他们在山谷中建了两座军用木材加工场，生产了100万英尺的板材。仅用40个工作日，就在被淹路段建成了堤道，完成了美军工程兵历史上最大的维修工程。史迪威公路得以重新通车。

一些人认为这条公路建不成是因为疟疾。初期的先遣部队中确有很大一部分人因疟疾入院。后来，严格执行纪律，开展卫生清扫和使用阿的平等药物使疟疾发病率维持在较低水平，没有影响施工进度。皮克将军自己曾两度患病，但从未停止工作。有一次他发烧，赫斯菲尔德上校硬是把他摁在床上48小时，但仍不能阻止他用电话指挥工作。

史迪威公路穿越了10条大河和155条小溪，平均3英里就需架一座桥。如果将工程排水用的管道首尾相连，长度可达105英里，相当于公路全长的四分之一。人们可从这些数字中领略这一工程的庞大规模。

公路的建成是工程能力的一座里程碑。由于首台推土机前方常常出现日军，更无法先派出测量队进行路线勘察，公路的大部分路段只能依靠空中侦测和工程师的经验直觉来确定。许多问题的解决没有前例可循，比如，如何在数日内水面就可因季风降雨上涨45英尺的河上搭建浮桥，以及如何排出路基下喷涌而出的地下泉水，等等。

但皮克总能找到解决方法，并多次谱写出工程史上的新篇章。比如，在密支那附近的伊洛瓦底江上用锚定技术建造浮桥，现在我们还不能透露他是怎么办到的，但未来有一天人们会了解到，并将从中受到震撼。

皮克将军建成了这条新的向中国提供补给的地面交通线。他成功的秘诀之一就是信赖他那些有能力的重要下属，他将修建史迪威公路的很大一部分责任托付给这些人。赫斯菲尔德上校处理前进基地的组织和供应问题；戴维斯上校负责管理在利多的后方基地；格林上校担任筑路总工程师，在直接指挥部队从事道路建设。

一个很重要的因素是皮克将军那种鼓动激励式的领导作风，他帮助军官和士兵克服丛林和淫雨所带来的抑郁和失落。他一直努力让筑路者的生活尽可能的好一些，包括提供充足的可口食物、在生活区配置取暖的火炉、并大量放映电影片。当道路竣工，第一支运输车队抵达中国时，他想办法让参与筑路的黑人士兵也因其贡献获得嘉奖。

在参与筑路的士兵的眼里，皮克将军就是那个“手持棍子的人”。这一称呼源自他那支名气很大的藤制手杖。手杖一端是勾起来的手柄。许多士兵也有棍子，他们用弯头一端勾住树枝，上下坡时也可以借力，但谁的都没有皮克的那么长。这根棍子已成为他个人性格的一部分，体现了他的独特风格和品味。

不过当公路建成时，这根藤棍已经变短，这是他在缅北山谷中无数次爬上爬下时磨短的。皮克将军随第一支车队进入中国后就把藤棍收了起来，现在又在藤棍周围缠了一圈又一圈的箍条，刻上了同事的名字。他打算把藤棍作为自己最艰苦的差事的纪念品永远保留下去。皮克平静地面对自己的成功。他就是这样一个人，能在平静中展示力量是他最突出的特点。皮克身高 6 英尺、体格健硕、阔下巴，看上去更像是一个和蔼的乡村医生，而不像一个精力充沛、过于苛责的筑路总管。他那些老相识都说，修这条路的经历深刻地改变了他——变得更耐心了，说话声音更温和了。

他平时说话又轻又慢，带有美国南方的口音。筑路的士兵不记得他有“大发雷霆”的时候。皮克有时也会因愤怒而失去耐心，但仍不失总体上的低调和克制。他很少出声大笑，却会慢慢地微笑，牵动嘴角和眼帘，透出他无时不在的幽默感。

54 岁的他依旧很健康，站着就像丛林中硬木一般挺直。在史迪威公路整个修建期间，他精力惊人，每天干 12 到 15 个小时的工作，不停地行走、乘吉普车，视察进度。工程上所有的事，他都了如指掌，他用电话与各部队保持联系。他经常乘坐小型联络飞机侦察新的走向或从道路的一段赶到另一端。

一次山体滑坡让史迪威公路暂时受阻。(《纽约时报》原文插图)

好友描述他是一个有南方背景的老派美国佬。虽然他出生在弗吉尼亚州的鲁克尼尔，但是把亚拉巴马州的奥本市认作故乡。尽管成年后几乎都是在军队服役，但他属于那种本质平和的典型的美国人。1917 年从弗吉尼亚理工大学毕业后不久，他就作为一名土木工程师参军，并一直在工程部队服务。

不同寻常的是，这位修成史迪威公路的人不认为自己是道路工程师。他的主要关切是如何通过控制洪水、开拓荒地把国家建设起来。多年来，他一直是陆军最出色的防洪工程师之一，在调任史迪威公路项目之前，他是密苏里河工程区的工程总管。

那时，他在地处奥哈马市的总部主持一个造价 10 亿美元的陆军工程，负责制订密苏里河防洪、航行、水力发电和灌溉的综合计划。这个被国会和总统批准的计划将成为美国历史上最重大的公共工程项目之一。

密苏里河计划才是皮克最为心仪的东西。在缅北营地的篝火旁，皮克很爱谈论密苏里河谷，他用长长的藤棍在缅甸的泥土上画着未来某天他要在密苏里河流域富饶的土地上完成的蓝图构想。

国共纷争影响美国远东政策

——评福尔曼《来自红色中国的报道》

埃德加·斯诺

1945 年 3 月 11 日

当今的远东政治或许最重要的问题，也是最可能在未来影响我们与东亚地区关系的问题，已经逐渐揭开面纱，那就是存在于中国内部的国共问题，即蒋介石委员长的国民党政府与中共及在敌后坚持长期抗战并在战争中逐渐崛起的抵抗组织和游击队领袖们之间的斗争。

今年，针对这场斗争背后的各方政治势力，我们将被迫在政策上做出决定，因为这将关系到我们在华北与满洲地区恢复军事行动的相关计划。此前，我们还必须做出选择，即在蒋委员长的军队试图部署到华北那些已被中国抗日军民从日军手中解放的地区（他们已经建立了自己的政权）的情况下仍然继续将所有军事援助和经济合作项目都提供给他在昆明的反共政府，或者保持中立对国共双方都给予支持。另外一个复杂因素是苏联红军将进入满洲和蒙古地区以加速战争的结束，使得这个问题似乎变得越来越复杂了。

福尔曼在《来自红色中国的报道》中，以清新的笔调全面描述了共产党游击

扛着自制木炮的民兵在行进。(《纽约时报》原文插图)

队带领人民为生命和自由而战的生动场景，此时出版可谓正逢其时，这是一部具有历史价值和现实价值的作品。作者已在中国经历了8年抗战的磨难，是被正式认可的外国记者。他根据自己在国民党统治区的经历背景，以对比的手法如实描写了游击队领袖们组织和动员8000万至9000万中国农民成功摆脱日本控制的故事，读来颇受教益，相信任何聪明的美国读者都不会忽视这部作品。

本书包括很多新近而有用的报道和记录，材料之多，不胜枚举。根据福尔曼的讲述，起初，他和其他人都被禁止访问延安，那里是指挥抗日游击队的边区政府所在地，不准外国记者进入。事实上，自从笔者自己在1939年访问过延安后，就不再有外国记者进去过了。福尔曼解释了他们与国民党新闻管理部门反复争取，并经过漫长等待终于获准采访的漫长过程。最终，国民党方面接受了外国记者的强烈要求，授予一个采访团访问延安并可前往边区采访的许可。

为避免这批外国记者受到共产党的宣传鼓动，福尔曼说，国民党方面在路上采取了周密的防范措施。到达西安后，他们被安排参观国民党为共产党员设立的集中营，在这里，变节分子们向他们讲述了红色暴政的恐怖故事。福尔曼随后提到，他们听到的这些“证词”不值一驳。

本书作者证实了那些曾经经常被报道的事实，蒋介石装备精良的军队在共产党领导的游击队根据地的周围设置了严密的封锁线。“自从1939年实行严格经济和军事封锁以后，”他说，“直到1944年10月，拥有57万人的八路军（共产党领导的军事力量）就没有从重庆中央政府那里领到过一发弹药、一元军饷和一斤口粮。”

延安根据地仅仅由贫穷的北方省份诸如陕西和甘肃的边区构成，人口不到200万。边区被国民党军队切断与中国西部其他地区的经济联系以后，在这个根据地，以及共产党游击队活动的其他敌后地区，那里包括许多由日军占领的城市和铁路沿线地区，也包括黄河流域，乃至扩展到黄海沿岸的广大地区，游击队都尽可能地利用当地人力资源和生产资料。

福尔曼充满热情地介绍了他们在一路上的见闻，共产党人把群众组织了起来，提高识字率，建立自治政府，通过戏剧队的广泛巡演和对“劳工神圣”的推崇激发民众的爱国热情；他们改造了懒汉，铲除了妓院，解放了妇女，并把民众组织起来，自力更生，丰衣足食，而无须外界的帮助。福尔曼在书中引用了一位游击队司令员的宣言，他说，“对于中国而言，只要能够动员民众，把本国的人口和资源适当地组织起来，就能够抵抗敌人，把侵略者从那些战略位置重要的关键地区驱逐出去。”

尽管将近50万国民党大军对延安地区进行了重重封锁，但驻防在这一带的共产党正规部队只有5万人，共产党的大部分武装力量都部署在敌后战场。然而，即使驻防在延安的八路军也不是闲而无事的。作者看到，八路军的士兵们正在开荒种地，在自己生产他们需要的军工配件。有许多小的地方组织和合作社在发挥作用，它们能够制造出很多不同的商品。当笔者首次访问延安时，只有几百名工人在这里从事着简单原始的手工业生产。而此刻，根据福尔曼的描述，在延安附近已经雇用了1.2万名全职工人。军队、政府和党的组织，“他们通常就是边区经济的依赖要素”，同时也参加到了大生产的运动中去。

当记者们参观延安的学校时，福尔曼发现拥有上千名学员的抗日军政大学的学生们在自己种植粮食，可以保证60%的自给。他们还自己织布缝制军衣。在边区政府的医院里，到处都能够看到在战场上受伤的士兵，令人悲痛的是这里缺少现代医学药品和设备。“穿着草鞋、受过西方训练的中国医护人员用破窗户的玻璃来作显微镜的检测片，他们在窑洞的试验室里工作。”同时，福尔曼也指出，已经有一些美国红十字会的医药品被空运到了延安，所以，医疗设施大概可以指望会有所进步。

福尔曼告诉我们，“八路军和新四军（由共产党领导）在全中国的抗日武装力量中占据着少于五分之一的军力”，但是，他们承担着与近一半在华日军和90%的伪军作战的任务，大概80万伪军中的大多数是原来的国民党军队叛变后组成的。“在7年战争中，共产党人与敌人发生战斗9.2万次，……造成日伪军伤亡100万人，俘虏敌人15万人”。他们从敌人那里缴获了大量的武器弹药和无线电设备，但同时也付出了沉重的代价。福尔曼声称，共产党方面“伤亡超过40

万，包括535名校级以上军官”。

除了八路军和新四军作为对日作战的主要力量，在根据地和游击区内还活动着大约200万民兵，他们受过一定的军事训练，有简陋的武器，配合支持游击队战斗。共产党武装力量加在一起，解放了将近9000万中国人口。……他们战线很长，北从绥远到满洲，东至黄海，南至海南岛和广东，并沿着扬子江几乎延伸到了上海附近。福尔曼报道，这些战斗力量已经做好准备，当盟军发动大反攻时，他们可能会在当地人民的武装暴动支持下攻占上海和汉口。

一位八路军战士缴获的日军战利品。（《纽约时报》原文插图）

“在这片辽阔的地域，共产党武装力量已经以武力实现了人民的解放，他们的武器是从日本军队那里夺取得来，如今，这些根据地组织成的半自治区”总面积已经达到37万平方英里。重庆的周公馆方面强调，当日本在大城市也战败后，共产党人当然不希望把他们以热血换来的根据地拱手交给现在实行一党专制的国民党政权。根据八路军总司令朱德将军的阐述，他说得比笔者以前看到的任何表述都要明确，他对福尔曼说，抗日游击根据地“将会保持今天的构成”，“他们将会具有一个半自治的地位，实行区域自治是有必要的，因为中国是一个很大的国家，不同地区的发展程度也大不相同”。

那么，共产党人在寻求建立一个什么样的政权呢？福尔曼显然相信了他们的说法，即是要建立一种体现民主，联合一切抗日力量和反法西斯合法政党的联合政府，以在战时调解各方的政治分歧。“中国共产党人并不是严格意义上的共产主义者，即不是根据苏俄定义的那种共产党人。目前，中共在中国既不主张也不践行共产主义。”福尔曼在这里引用了共产党领袖毛泽东的话，他说中共在农村放弃了激进的土地改革政策，支持地主和农民经过减租减息后建立新型的租赁关系。

在政治上也是如此，毛泽东对福尔曼说，他的同志们与苏俄是不同的：“我们不主张抑制个人主动性的集体主义。……在互惠的前提下，我们欢迎国外贸易和工业投资者。中国在经济上是一个落后的国家，所以，我们对外国投资者有很大的需求。”

福尔曼访问了延安地区，并进入黄河东部有日军驻扎的游击区，而且见证了在山西发生的战役。他参加了很多村镇举行的地方会议，相信共产党人是真诚地努力将农民吸收进入当地自治政府，这样他们就用一种切实可行的民主方法成功地动员了人民。这五个月以来，福尔曼和中国共产党人在一起生活，他并没有看到来自苏俄的供给，也没有发现苏俄军事顾问，这里的根据地军民“与苏俄没有丝毫明显的联系”。

尽管如此，由于把彼此对立的民众力量集结在一起，共产党发动的游击战运动确实对国民党这一战后中国唯一的经济和政治仲裁者的生存形成了严重挑战。福尔曼对于实现国共两党和解的可能性并不乐观。“几乎没有观察员对两党武装的休战抱有希望，而在战争期间国共休战是基本保持的。国共两党在根本上就是截然不同的，根本无法期待任何事情，除非有奇迹发生。在重庆的许多观察员相信，国共之间除了发生内战，没有什么永久的解决方法可以挽救当前的局面，或者除非将国家分裂成两个中国。”

这本书将国共两党所处的形势清晰地陈列了出来，并且通过双方已经达成的和解与协商将二者联系了起来。值得一提的是，与其他熟悉中国情况的美国人相比，如最近发表过专栏社论的拉铁摩尔在《中国的答案》中表述的观点不同，福尔曼似乎对中国领导人之间达成共识建立联合政权的能力不抱希望。《来自红色中国的报道》给人留下一个明确的印象，那就是作为我们立足于同苏联充分合作的国际政策的一部分，我们不能再拒绝将对华政策的重点放在寻求中国内部敌对双方达成政治解决的方案之上。

旧金山：缔造和平的战场

安妮·麦考密克

1945 年 5 月 6 日

题记：46 个国家正在寻找一种比共同对敌更能使它们团结的方式，这就是联合国。

旧金山位于两条战线的中间。欧战已经收场，但这个城市必须牢记战争并未结束。对这里的人来说“山那边”的仗算是打完了，但“海那边”的仗却仍在继续。

这可能是选择这个太平洋港口城市作为组织及策划和平之地最适当的理由了。旧金山曾经是美国的“远西”，横亘东西海岸的美国徒步小道的终点。1941年12月7日，它的地位发生了改变。它不仅仅是通往东方的大门，而成为一个巨大板块的中心。在那里，东方和西方已没有区别，而且两者还在不断地相互碰撞。

转动地球仪，就看得更清楚了。但这并不是旧金山比一个月前更适合成为国际新秩序的创始地的唯一理由。这是一个新的世界，相比那些刚从数个世纪的沉睡中苏醒的古老东方，相比那些筋疲力尽的欧洲国家，甚至相比纽约、华盛顿和东海岸的早期定居州，它却是新的。

在这里，新兴企业蓬勃发展，伟大的梦想冲破种种繁文缛节和对创业办事的忧虑，就像土生土长的高大红杉、茂盛的杜鹃和起伏险峻的地形。没有什么事是不可以尝试或者不可能实现的。改造沙漠让它繁花似锦，白手起家一切从零开始，在这里不过是日常生活的一部分。

三四十年前旧金山曾是一片废墟。烈火烧过的残垣断壁散落在这个淘金热时期的城镇所在7座近乎垂直的小山周围。相比罗马城中的那些起伏柔缓的小山，这里的小山是如此陡峭、嶙峋并彼此分离。今天，在湾区崛起的新城，成为这个世界最棒的城市之一，高地上屹立的大厦，密实覆盖的建筑物，在艳阳照耀下呈现出象牙色或浅的玫瑰色。港口里停满了舰船，街道上挤满了海军和陆军士兵，沿着海岸延展开来的城郊一直深入到长满鲁冰花的山冈之间。

旧金山是一座生机勃勃的城市，充斥在朝气蓬勃的年轻人各行各业，到处吹拂着强劲的贸易风。对于那些来自伦敦、海牙，贝尔格莱德、重庆以及其他因交战而千疮百孔的城市代表，映入他们伤痛的双眼中的绝对是一道亮丽的风景线，

会议中的代表，“他们在思索任重道远的重建之路”。（《纽约时报》原文插图）

和任何城市相比，旧金山更能代表复兴的希望 。

大多数在这里聚集的政治家们都厌倦了战争，厌倦了毁灭，厌倦了流亡海外；面对满目疮痍的国家，再想想无比繁重的重建大业，他们又怎能不黯然神伤、身心俱疲呢？他们所代表的人民更是被漫长的痛苦和焦虑折磨得疲惫不堪。如果忘记代表们的背景，那么死气沉沉的会场气氛、无精打采的发言讲话、满腹狐疑的窃窃私语是难以被人理解的。无论伟大的胜利者还是被他们解放的人都无法感到真正的喜悦，因为从来没有什么胜利需要付出了如此高昂的代价，没有哪次战争留下了如此众多的问题。

没有哪个优秀的心理学家愿意选择这样的氛围或时机去开展手头工作。那些饱受战争重压的各国政治家们不可能为重建这个世界提供新鲜的动能、智慧甚至劳动力。更有甚者，某些地位显赫代表国家发言的人，在战争岁月里与他们的祖国多年没有直接接触。还有一些人对能否代表自己国家的意愿毫无把握。

在与会的大国中只有美国获得了自己人民新近直接的授权。去年 11 月的大选是对罗斯福总统的认可，而认可他提出的参与这次大会所代表的政策主张，这也正是竞选的主题。

美国代表团是由两党组成的，任务是明确的。英国的民意与我们不分伯仲甚至超过我们，但 10 年以来未能通过选举来证明这一点。俄国人没有以我们承认的方式表达政见。中国也没有选举，而所有与会的欧洲国家政府都是临时性的。事实上，这次具有制宪大会意义的会议，是为一个新的国际性组织起草宪章，而蹊跷之处是相当一部分大会代表没有民意授权，他们仅仅是临时政权的产物，能否代表各自国家尚无定论。

这种不确定性令大家谨言慎行。来这里的政治家多数是乱世当中的过渡性人物。他们是小人物，就像所有的人面对他们所要应对的事件，都会显得渺小。而我们的时代如此宏大，哪里还会有巨人呢？在灯火通明的大剧院召开的全体会议简直就是一幅百态图：代表们那一张张焦虑、忧郁和神情恍惚的脸，他们眼中浮现着国内的窘迫景象，脑海里充斥着对未来挥之不去的担忧。

代表们的这种心理或是另一个在旧金山召开此会的好理由。美国西部的空气中蕴含着希望和生命。这使得会议既不同于莫洛托夫先生中意的传统外交也不同于旧式国际会议，与日内瓦、布雷顿森林或敦巴顿橡树园也毫无相似之处。不管它像什么，反正它一点也不沉闷古板。纽约是一个接收站，来自旧世界的潮流从那里涌入；而旧金山是一个出发站，潮流从这里流向世界。在这样一个明显的出发之点召开联合国会议应该有助于它放眼未来，而非回首过去。

代表们需要从环境和现实中尽量汲取勇气。在此关键时刻，缔造和平远比进行战争更加艰难，这一点无须了解就可搞得明明白白。战场上的问题都是直截了当的，所用方式和带来的结果人们心知肚明。当你身处火线，唯一的现实就是生死，当务之急就是消灭敌人，把他从相邻的房子、街道、阵地赶出去。你不杀他，他就杀你，其他问题都不重要。巴顿将军在他的总部，曾边看地图边说，他不得不做的最艰难的事就是说服美国士兵去杀人。

“看看军人的使命是多么简单和直接，”他接着说，“如果我们明天必须到达某地，我们只是需要明确知道去哪里，去那里要做什么，以及如果没有达到目标我们必须做什么。政治家从来没有如此清晰的目标和方向。”

交战背后是巨大的后勤问题，复杂得令人瞠目结舌，以至于笔者脑海中出现了像传送带一样为现代军队输送永无尽头的军需品的一幕。在这个由工厂、铁路、船舶、空运、卡车、轰炸机试飞、油料和弹药堆场以及像城镇一样大小仓储站点组成的全球网络背后，则是战略问题。这牵扯到的微妙而艰难的决策过程，令人紧张且责任重大，极尽人类判断力之所能。在同盟内部进行决策协调，更是难上加难。众所周知，这是一场旷世之战，耗尽了地球全部资源、尽东方和西方所有力量，而这次会议是东西阵营双方在历经4年战争后的首次接触，每个人都会说这的确是个苦差事。

对参战盟国而言，它们的总体目标是一致的，即团结一心打败敌人。而对单个士兵来说，打仗是为了一个单纯的目的，即求生，他们并肩作战是因为需要借重彼此力量去克服共同的危险。在战场上，纷争到处存在，士兵通常会相互抱怨，指挥官们往往会各自为政，政府会抽紧缰绳给很大的压力，在最高层的战略制定者有时在最关键的问题上各执一词——例如是在意大利还是巴尔干登陆，或军需物资应该如何分配。

然而危机和敌人把他们团结在一起。国家资源汇集起来供全体使用，就像在这次战争中一样，坚固的战线不能容许任何严重的分歧。最高指挥官统一指挥全军所有部队，就像艾森豪威尔将军在西线所做的那样。

英国陆军元帅史穆兹在会议中阅读一份手稿。(《纽约时报》原文插图)

如果有一个地方，在那里大型军事部署看起来驾轻就熟，所有参战部队步调协同，听从指挥，那就是在艾森豪威尔将军的指挥部。他从不将属下的师团或将军称为美国的、英国的、加拿大的、法国的或波兰的，而总是称他们为“盟军”的。与来自五湖四海指挥部的参谋成员打交道时，他是一个彻头彻尾的国际主义者。前线也是国际化的，每一支部队都在为自己的国家而战，但生死之间，他们结成紧密的整体。

从那样一个非黑即白的简单事务和信奉绝对价值的前线来到需要解决众多迫在眉睫的世俗问题的后方，常常令人备受冲击。你不用太费力就可以发现，毁灭比重建要容易得多。将一个城市夷为平地只要几分钟或几小时，而将其恢复起来会花很多年。结构上的重建还只是繁杂事务中最简单的部分。任何亲眼看见了战争废墟的人们都懂得，这场浩劫造成的物质损失其实只是全部损失中的一小部分。

混乱来自道德、社会以及政治标尺的彻底毁灭。指引方向的标示牌没有了，读取时间的钟表没有了，凝聚社区的架构没有了，赋予生活意义的那种传承感也就全都丧失殆尽了。

在历史学家所持的纯粹生死观看来，这一过程或许理所当然。在旧秩序的废墟上建立新秩序或许更加容易。当战争的巨大伤害和残酷使人们意识到无人可以幸免，也无法再次面对时，缔造和平的努力或许更加顺利。

战争，这场历史上最惨烈的战争，就是旧金山会议的背景。聚集在此的代表团是被战争联合到一起。当他们遥望祖国，即便胜利的光芒也无法照亮那一片凋敝和破败。眼下，他们的观点难免受到焦虑的影响和干扰。因为对很多人来说，战争的结束只是意味着另一场斗争的开始，这场斗争与战争同样残酷，也是一场生存之战。

这些都给会议蒙上了一层阴影。但无法改变的事实是，一旦战时伙伴聚焦和平议题，他们就开始各行其是。这些浴火重生的国家相聚在此创造一个国际体系，它们是作为成员国，而非被共同危险绑在一起的芸芸众生。进行战争必须全神贯注于一点，而谋求和平，特别是建立一个和平体系，却必须努力协调种种不同的目标、利益和观点。

苏联外交人民委员莫洛托夫在一个新闻发布会上。（《纽约时报》原文插图）

任务的巨大复杂性在会议的第一个星期就暴露无遗。“就让这里成为最后的战场吧！”菲律宾的罗慕洛将军在一次全体会议上大声疾呼。把会议室比作了战场所言不虚。最初的缠斗涉及大国就某项“协议”之本的理解，苏联的理解与英美的理解大不相同。从中又衍生出各方在策略上的不同立场，首先是对大会主席的人选，其次又是一个摊牌，即如果苏联及其卫星国要组成“集团”，那么泛美联盟成员家也会如法炮制。

这些争吵证明了一点，除非大国摒弃前嫌，矢志合作，维护和平要比部署军事行动困难得多。但放弃维护和平的努力，不管什么原因，哪怕就一会儿，战争就会降临。

在旧金山，被相互恐惧和怀疑长期隔离，而又被共同敌人驱使着联合起来的两个世界，两种制度，正在尝试调整自身从而融入一个将双方包括在内的新体系当中。46个国家正努力寻找比共同御敌更好的团结方式。敌人已被击垮，不再是强权和威胁了，但把多国紧密联系在一起则需要更强的意志，更大的牺牲，更成熟的政治家风范以及更多的耐心。这些都与旧金山体现的新世界精神不谋而合。

就在此地，世界人民急切地拍打着“金门”：如果论坛不能取代战场，那么这场战争就没有打赢，因为下一场战争就会开始了。

国共妥协，避免内战

窦奠安

1945年9月2日

重庆9月1日电：就像一个在沙漠中行走的旅行者，他筋疲力尽，口舌冒烟终于扑向绿洲。上周，中国拼尽全力实现了和平。日本已经战败，外敌入侵的威胁已经消除，绿洲就在前方。但是，这一切会是海市蜃楼吗？

日本投降后，其他交战国都目标明确地迈向自己的未来，而中国却被可怕的国内纷争所羁绊，这种纷争可能造成骨肉相残。最大的分歧出现在共产党与以国民党中央政府为代表的保守势力之间。过去18年，国共两党在多数时间里都处于交战状态，只是激烈程度有异。日本侵华缓和并一度停止了双方的敌对。

希望的理由

来自日本的压力消失后，争夺国内统治的斗争可能重启。然而，人们仍有理由

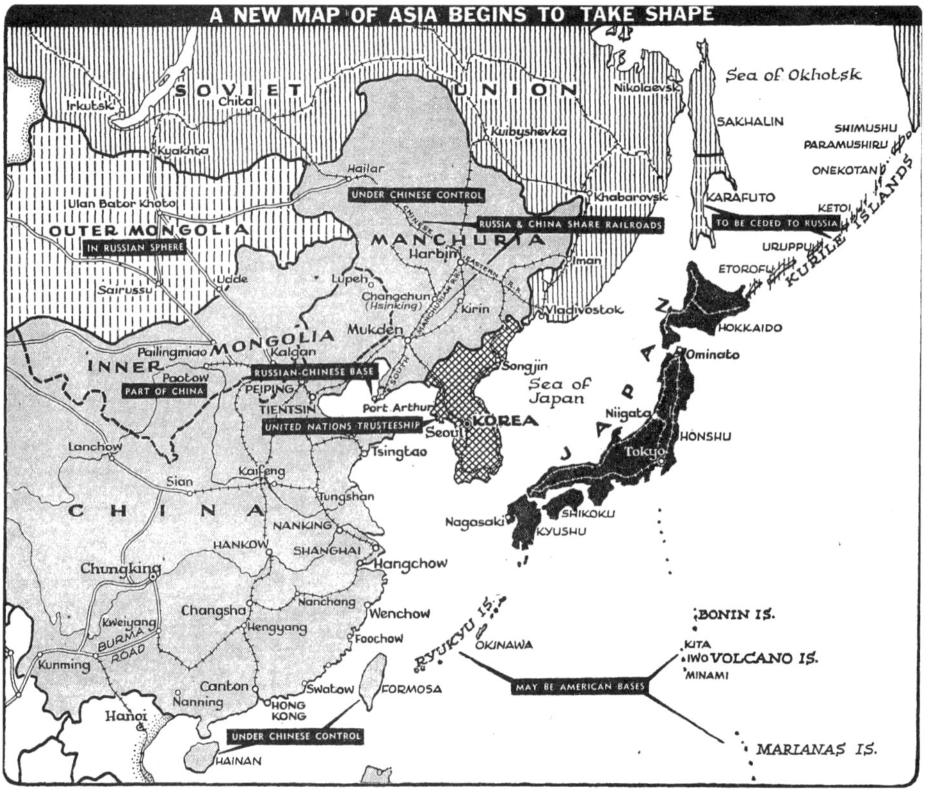

战后亚洲地图已然定型。（《纽约时报》原文插图）

对中国避免内战再起寄予希望。为消除纷争，共产党领袖毛泽东和以蒋介石委员长为首的国民政府代表团在上周举行多次会谈。毛泽东是应蒋介石三次邀请并在美国大使赫尔利先生亲赴延安敦促之下，前来重庆的。

在重庆会谈中，毛、蒋两位将军面临的问题是如何协调双方严重的分歧。国民党和共产党都是中国不同社会力量的产物。国民党代表着掌控庞大银行业的官僚机构和官办垄断企业的利益，它和大型军工企业以及各省的地主和乡镇有产阶级关系密切，是代表现状和既有利益集团的政党。

共产党代表着对中国现有秩序表达不满的众多渠道之一。在中国，广大农村极度贫穷，土地耕种以佃农为主，税赋严苛，财富分配极端不公，共产党代表着人们求变的诉求。因战争以及为维持其统治地位的需要，国民党一直对中国的个人和团体施加种种限制，而共产党则成为反对这些限制的代言人。

一个民主的解决方案

和国民党一样，共产党也拥有自己强大的军事力量。但和国民党及其军队相比，共产党的领导层与反对现有社会秩序的力量关系更加密切。

毛、蒋两位将军以及他们各自阵营面临的根本任务，就是如何做出调整和妥协，使中国相互对立的各种社会力量充分协调，避免诉诸暴力对抗。一个民主的解决方案要求双方达成一种安排，使不同派别的代表定期会面并以和平方式解决他们的分歧。

双方原则上接受了这样一个方案，但困难依然存在。

从1920年到1930年的革命是中国历史上的一个新时代，而国民党自视是这个时代的管理者。国民党的党纲规定，在其他党派获准参与国家治理之前的“训政”期内，国民党施行一党治国。

国民大会

因此在通过国民党主持制定的宪法正式把权力移交依据宪法选举的政府机构之前，国民党是不愿意让共产党参加政府的。国民党已决定于11月12日召开国民大会正式通过宪法。但要避免内战，现在就必须和共产党一道做出一些安排。

此外，共产党认为即将召开的国民大会不具代表性，因为成员都是10年前选举出来的。总的来说，共产党主张立即成立联合政府，主张在联合政府主持下举行新的选举之前不要召开国民大会。

接受共产党和其他非国民党党派进入政府，意味着国民党要放弃自己在多党参政政府成立前举行一党治国的理念。坚称自己是代表全中国的国民党政府还面临着如何处理共产党军队的难题。

共产党军队在抗日战争期间，几乎完全独立于重庆之外。国民党有一个基本要求：在联合政府成立之前，共产党必须交出军队，由重庆指挥。

中共的立场

东京饭店：“我们预订了1941年12月7日那天的客房。”（《纽约时报》原文插图）

共产党则坚持先成立联合政府，认为只有在政治问题解决之后才能和平解决军队问题和其他问题。共产党这一立场的背后是对国民党可能对其围而歼之的恐惧。它的担心源自多年内战带来的痛苦及对国民党的猜疑，尤其是1927年国共分裂后国民党在上海和其他大城市对共产党人大肆屠杀的记忆。共产党担心，一旦交出军队的指挥权，就将受到国民党政权的任意处置。

国共双方都有相当一部分人对重庆会谈持乐观态度，认为毛、蒋能够寻找到一个解决方案。务实的政治家们觉得有可能让国共两党达成协议，在联合政府成立的同时共产党把军队移交中央指挥。这要求国民党做出让步，承认共产党，并把共产党和其他非国民党党派吸纳到政府之内；这也需要共产党做出重大让步，即将自己的军队交由中央统一指挥。

多数观察家认为，确保苏联不干涉中国内部事务并对重庆政府给予援助和支持的中苏条约，使得蒋介石在处理与中共关系方面处于更加有利地位。

这种看法似乎无可争议，但它是否能弱化共产党的立场还值得怀疑，因为中共从未直接接受过、并且从未打算今后接受来自苏联的任何物质援助。

25000 名美军士兵整装待命

乔治·琼斯

1945 年 9 月 3 日

题记：军队等候麦克阿瑟下令接管日本首都。士兵陆续登陆，坦克和重型设备载着占领军驶过横滨。

日本横滨 9 月 3 日 (星期一) 电：随着日本天皇正式投降已成事实，盟军占领日本的行动今日开始加速。坦克和重型设备开进横滨市区，从面带惊恐神色的日本民众面前驶过，连续四天，大批美军部队从靠左的横滨码头的舰船舷梯上走下。

第 8 军司令部透露，四天来，已有 2.5 万名美军士兵，其中包括 3000 名海军陆战队员，从海、空两个方向完成在本州岛的登陆。

伴随海上行动的加速，登陆部队的总数将迅速增加。过去三天的不利天气阻碍了进入横滨以西厚木机场的空中行动，从而延缓了在冲绳第 11 空降师的移防的计划。

计划一月前已制订

一位发言人指出，美军登陆日本的计划早在一个月前就已拟订，当时认为空中行动是完成紧急占领的最迅捷手段。此后，盟军船只被用来完成本州以外地区

苏联旗帜飘扬在旅顺上空。俄国水兵夺回1905年被日本攻占的城市，升起旗帜。海军基地将由苏联和中国共同管理。(《纽约时报》原文插图)

的登陆任务。按照第8军人事主管、来自堪萨斯州利文沃斯的A. E. 萨卡斯上校的说法，目前已有9000士兵空降登陆，剩下士兵则经由水路，包括8月30日进入横须贺海军基地的登陆舰队。

今日，第11军团在陆军中将查尔斯·P. 霍尔的指挥下，在横滨登陆，同时112团接管了千叶半岛的立山及位于东京湾东侧的海军基地。

第11空降师和第1骑兵师已大部分完成转移。萨卡斯上校表示，最终美军将占领日本全境，尽管必要，也会在某个时间或某个地点表现得有点仓促。

等待麦克阿瑟命令

当然，最大的问题还是美军何时进入东京？ 萨卡斯上校称“当麦帅的司令部下达命令后”，一切就会水到渠成。这当然也取决于美军登陆日本的速度。

美国当局仍不愿让自己的军队过于分散，即便日本已经正式投降，对成千上万日本兵的遣散工作正在进行。

“我们头三天所做的只不过派了麦克阿瑟将军的警卫部队。”萨卡斯上校说，“我们的头是进来了，但屁股还没坐稳。”他说，随着进军本州的行动加速，美军将以更快的速度扩大占领。

截至本文撰写时，美军部队已占领东京市南面“疏散线”以下大约700平方英里的地区。美军占领部队中唯一经常越过这些界线的成员是已经进入东京的记者。

据第8军司令部称，到目前为止，尚未接到任何日本民众和美军发生冲突的

斯大林宣布，库页群岛❶和萨哈林岛南半部❷将加入苏联。在东京地区❸，美军部队正准备进驻日本首都，大规模占领九州南部❹定于明日开始。在菲律宾吕宋岛❺，绰号“马来之虎”的山下将军投降，并将于今日在碧瑶正式签署投降书。作为占领苏门答腊、马来亚和新加坡❻的准备，英国和印度的扫雷舰开始为横穿马六甲海峡扫清道路，日本的“珍珠港”——特鲁克岛❼已正式投降。(《纽约时报》原文插图)

报道。司令部表示，运输仍是最大“瓶颈”。日本方面同意提供500辆卡车，250辆小客车和250辆大巴车。但后来发现这些车辆中不少已不能使用，道路上成排地停放着废弃的车辆。

当第一批谢尔曼坦克、牵引车和美军重型设备驶过横滨街道时，就经过了大量这样的报废车辆。街上的日本民众眼含敬畏地注视着这些庞然大物隆隆驶过。

当前的主要任务是使美军部队尽可能多地进入战略要点，着手推进对日本武装力量的非军事化和工业化的进程。除此之外，麦克阿瑟将军必须在东京设立司令部，并与天皇政府建立密切联系，以能按照他的命令行事。

期待文官政府

麦克阿瑟将军的命令大多与如何实施非军事化有关，但越来越多的重点将放在文官政府治理上，譬如如何维护秩序和维持国家经济等。目前这类市政功能基本上仍由皇室发布诏令行事，但很快盟军最高指挥官就会发布命令将这类功能置于他的监管之下。

对日本正式宣布投降一事，总体感觉是大家都松了口气。这也给予麦克阿瑟将军直接授权，即按照盟国政府商定的《波茨坦公告》框架，以最快速度朝着他希望的方向行事。

此前，我们在真空状态下与日本打交道，日本虽然默认我们的权威，但办起事来还是讨价还价，常以“请求”作交换。现在，日本战败已是白纸黑字，下令与服从已不在话下。

麦克阿瑟将建立咨询委员会

周一，合众社日本横滨 9 月 3 日（星期一）电：今日获悉，麦克阿瑟将军计划成立一个由美国、英国、苏联和中国的代表组成的咨询委员会，帮助他治理日本，直到有一天日本能在它自己政府的领导下，回归由和平国家组成的世界大家庭。美方委员将由海军上将尼米兹担任。

美军对日本九州的占领，盟军奉命控制日本四个主要岛屿。原定于明日展开，由空降部队和斯普鲁恩斯上将麾下美国第五舰队的两栖部队执行，后者将在鹿屋市西南四英里处的高鹫登陆。至此，日本未被盟军占领的主岛只有北海道和四国了。

尼米兹上将的太平洋舰队司令部在当日一份致所有美国官兵的“指导”性命令中称，投降条款“必须坚决执行，海军监管必须公正，但日本不得忘记它已战败，并要为其侵略和背信弃义受到惩罚”。

评日本的投降

1945 年 9 月 3 日

6 年前的今天，随着英、法两国对德宣战，人类历史上最为波澜壮阔的战争在欧洲拉开序幕；然而，在远东战场，战争的种子 14 年以前就已在满洲种下。当第二次世界大战结束时，日本作为这场战争的始作俑者，在一个周日的清晨，在东京湾外美国的军舰上，签署了无条件投降书，这标志着作为世界的最后侵略者将放下武器，联合国取得了最终的胜利。而劳动节[①]的曙光将再次以和平的光芒照耀世界。

即使在世界范围内也不曾见证过这样的事情，当德国还在参战时，直到盟军的兵锋已经刺穿德国的心脏，甚至在胜利前最后一小时，德军还在战场上绝望地血战。而日本，在有着悠久狂热的武士道传统的土地上，在大部分军力保持完好并仍在作战时却宣布投降了，正在建造、积累、维护长达 90 年的军国主义大厦弹指之间灰飞烟灭。

事实上，对于日本的投降协议，不论古今都是独一无二的。日本在投降协议书上阐述了它的义务，即通过天皇、日本政府、日本军部向全日本一切职权部门通报，不仅无条件向战胜国缴械投降，并且真诚履行《波茨坦公告》，在基于民主的条件下建立新的秩序与政体。

为帮助日本履行民主义务，投降书这样规定："日本天皇和政府的统治权力受盟军驻日最高统帅节制。"麦克阿瑟将军通过这个条款将日本这个皇权帝国变成了联合国的傀儡政权；同时，作为履行投降协议书的第一项条款，麦克阿瑟将军为远东地区所有日军指挥官指定了受降人。在这样的条款下，具有特殊意义的是规定了中国战区内的所有日本军队只向蒋介石委员长投降。这标志着为防止中国内战所付出的努力，即通过条款尽可能阻止中共以缴械武器的目的收编在华日本武装力量；此举不仅意在阻止内战的发生，同时也为苏联违背联合国原则提出警戒。这是在远东地区赢得的又一座和平的堡垒。

以上的一切都使得今年的劳动节显得格外狂喜与感恩。但是，正如杜鲁门总统在胜利日发表的演说一样，胜利并不比战争减少了包袱和责任，这也使得这个劳动节竭诚为今后的每一天及更远的未来确保和平，并接受接踵而至的挑战。这些对和平的挑战曾经阻断了我们对人性的探究，不论敌我，但从今以后我们需认真地、以果敢和谦虚的姿态迎接新的挑战。然而，确保以上目标成功的第一步在于：确保不论德国还是日本都没有能力再次踏上征服与侵略的道路，将世界再次卷入战火。感谢盟国胜利完成了这项工作的第一步，对这些曾经的侵略者实施了裁军，将这些疯狂的爪牙拔出并深埋地下，直至数年也不能恢复。但是，我们再次审视不断变化的历史后会发现，仅仅军事制裁是永远不够的。更为重要和难以完成的，正是伯恩斯局长所呼吁的：我们应该尽可能地武装好我们人民的精神，在思想上使我们渴望和平、背弃战争。

我们完成了被赋予的使命，像解放德国一样解放了日本，通过反击那些压迫

---

① 美国政府规定每年 9 月第一个星期一为劳动节，放假一天。

人民的力量，领导日本人民走向民主、走向自治。我们希望看到一个像新德国一样的新日本，一个由全日本各行各业中走出的精英群体所领导的政体，爱好并倡导和平，尊重其他所有国家的权利。我们希望我们的同盟能够并且督导新的日本为世界安全与和平做出努力。这项对我们的新使命已经签发，纵然我们已经迫使德国和日本的好战分子们投降签字，我们仍然要坚持，我们的努力将建立我们可以与之携手合作实现和平的德国和日本。

日本战犯名单正在拟议中

1945 年 9 月 9 日

题记：日本反军国主义人士认为近卫文麿、东条英机、重光葵、梅津美治郎等应被公审。

东京 9 月 7 日电：两名声称曾反对军国主义的知识分子独立地准备了一份日本战犯名单，其中包括珍珠港受袭时担任日本首相的东条英机。

一位接近政府的消息灵通人士提出，“盟国应立即公布战犯名单，如此一来，日本民众能够考虑这个问题，而且或许会在名单内添加一些人。”

这两位东久迩宫稔彦王首相的支持者认为，现任副首相近卫文麿和参与东京湾受降仪式的外相重光葵也应加入名单里。此外，他们还列举了其他一些军政要员，认为这些人也应被包括在战犯名单之内。

他们宣称，近卫文麿在任首相期间默许日军在华暴行，导致中日 1937 年爆发冲突，日本军国主义化进程也随之加速，近卫文麿对此负有不可推卸之责。他在其后的政治活动中一直纵容军国主义泛滥，最后把日本人民推向了太平洋战争。

这些消息来源人士坚持认为，重光葵是一再阻挠日本与中国达成和平解决方案的幕后黑手。他们同时认为，重光葵也直接引导了日本与美、英等国对抗，最后走向正面冲突。

他们同时认为，在受降仪式上的第二签字人——陆军大将兼副总参谋长梅津美治郎，无可抵赖地应归入战犯名单，他是日本关东军最有影响力的核心成员，也是最卖力推动军国主义的重要人物，其责任是不可推卸的。

公审日本战犯取得进展

美联社伦敦9月8日电：联合国战争犯罪委员会今晚披露，将日本战犯送交审判取得重要进展。

早在一年以前，美国就向联合国战争犯罪委员会递交了第一份战犯名单，几乎全是日本军人。

自1944年春，联合国战争犯罪委员会就已着手研究如何依法惩办日本战犯，并因此成立了远东和太平洋委员会，将其作为附属机构。

此会从去年11月开始在王宠惠博士的领导下开展工作。王宠惠先生曾为国际法院的法官。

拟议审判裕仁天皇

华盛顿9月8日电：报道称，日本裕仁天皇也许很快发现自己可能面临“失业”。

在日本这个神道与政治紧密相连的国家，这位戴着眼镜、身材矮小的人物一旦终结了皇统象征的神圣地位，就可能面临被认定为战犯而公开审判的前景。

此时此刻，就华盛顿官员的推测而言，这有很大的可能性。一些外国的外交人士也确信这一点。当然，最后的决定要由麦克阿瑟将军做出。

京沪铁路见闻

窦奠安

1945年9月10日

上海9月7日电：京沪铁路充满危险和不确定因素，但是，也许是因为多年前的游击战让公路非常不安全，现在上面常年长满了蔓生的野草，几乎不能用了，所以人们宁可冒着被土匪抢劫的风险也选择搭乘火车。

上个星期，部分铁轨在定时检查时发现被破坏了，及时得到处理才得以避免脱轨翻车。要搭上南京至上海的火车，你必须要有聪明的头脑和敏捷的身体，并且要做好面对任何可能性的准备。

两位美国记者和中国政府新闻部的王盖瑞先生淹没在月台上汹涌的人潮

中。那里挤满了全副武装的日本官兵，好几个排的日本军人和不计其数的中国老百姓拥挤在一起。中国人有的穿得比较得体，但大多数老百姓都裹着破烂的衣服。他们的背篓里装着鸡、鸭和水果，可悲的是还背着一捆一捆的个人行李卷儿。

残破的列车激烈地撞击着铁轨，火车终于进站了。眼尖的盖瑞看见了一等车厢，便与周围的人潮一起拥过去，甚至在火车停稳前挤了上去。他成功地抢占到了一个小隔间。面对着激烈竞争的人潮，他凭着一个重庆最高统帅部先遣队的军徽震慑了人群，最终才没让这个小隔间被别人抢走，并一直坚持到我们拎着行李上车。

只能死守着包间

跟随着一个紧贴着我们身体的上海煤贩子，我们终于挤了进去。整个火车已经被塞满了，没能挤上来的人有的爬上了火车顶，有的死死握住栏杆和百叶窗。

那个煤炭商人说，你永远不知道一等车厢是在火车的后面、前面还是中间。因为它总是被日本高级军官占着，在抗战胜利前一直是狙击手和掷弹手的目标，所以日本人就经常改变一等车厢在火车上的位置。

到上海一路八个小时，倒是没什么波澜。途中很多地方都看得到激烈游击战

日本裕仁天皇和他的御前侍卫们。（《纽约时报》原文插图）

留下的痕迹。在过去的八年里，战火纷飞，京沪铁路两旁的小山坡上布满了碉堡和炮台，村庄就像小小的防守堡垒，周围布满了堑壕和机关枪塔垒。

日军和伪军部队向重庆保证将继续驻扎在铁路周围，确保铁路畅通。从经停站上的很多迹象来看，在中国陪都与黄海之间辽阔的大地上，战火依然没有停歇。据报道，中国共产党新四军的游击队控制了江苏大部分农村地区，并在继续扩大他们的根据地。一方是日军和伪军，另一方是新四军，他们几乎每天都会在铁道周围交火。

“日本的投降带来了和平，但这份和平并不属于中国。”那个煤炭商苦涩地说。他指着龙潭上贫瘠的山丘问道：“你们可知那竟是南京东边最大的一个乡镇。”

新四军控制着龙潭煤矿

“那儿有很多煤矿。”他说，“但是我一点也得不到。那里现在被新四军控制着。”

窗外，一队长长的日军部队从江苏省会镇江旁的一个村庄里走了出来，他们有的牵着牛羊，有的徒步，轻手轻脚地走在乡村的道路上。从他们手里所持的步枪、迫击炮和机关枪可以看出，这是一次军事讨伐行动。

南京周围的游击战有最明显的迹象。很多村庄都被战火烧成了残垣断壁，在很大的范围内，不仅是电话，连电话线都被剪断了，甚至电杆也被砍倒了。

目睹这番景象，就不难理解为什么日军在中国被迫驻扎了100多万部队，以及这样一支庞大的军事力量是怎样被一个不稳定的后方持续袭扰并耗尽力气的。

偶尔，我们的客车会与载有日本军人、卡车与供给品的军列擦肩而过。沿线各地的人们都穿得十分破烂，并且光着脚，每个村庄或城市的人们看起来都饥肠辘辘。客车停站时，小贩们拥挤在车厢周围，叫卖着煮鸡蛋、花生、饼干、蛋糕、水果和整洁的日式午餐，纸一样薄的纤维盒里面，包着碎肉和米饭。

即使在南京，那些离首都最近的铁路沿线的老百姓看起来也是垂头丧气、备受压迫。看来，抗战的胜利对老百姓的生活还没有任何改变。

让人没有想到的是，客车越靠近上海，越能感受到日本兵败的喜悦气氛。在常州，我们发现无数中国国旗在空中迎风飘扬，墙上喷上了新口号，为盟国的胜利欢呼，并欢迎凯旋的国军部队。上海更像是一支凯歌，声音洪亮，鞭炮齐鸣，墙上写满庆祝的口号，喜悦的人潮充满欢庆的色彩。

南京举行受降仪式

1945年9月10日

题记：中国在日本签署投降协议之后，首要行动就是引渡傀儡政权分子。

南京9月9日电：今天何应钦将军在将日军在华百万大军队投降的正式文本转交蒋介石委员长的同时，要求战败国把他建立的伪政权的行政院长陈公博交出来。

何应钦将军是中国战区中国陆军总司令，他是在日本驻华派遣军司令冈村宁次面色凝重地签署日本投降书文件之后提出这一要求的。

何将军要求冈村宁次交出陈公博和被控犯有叛国罪的其他七名傀儡政权领导人，他们均藏身在日本。日本同盟通讯社曾报道称陈公博在8月28日自杀，但据中国当局称，陈和7名同伙正是在那一天逃往日本。

同时，何应钦宣布废除日本人和傀儡政权在占领期间颁布的所有法律和政令。他要求警察坚守岗位维持治安。

何将军宣布的第三条命令是废除此间的全部税赋，直到另行通知为止。蒋委员长这样做可缓解南京民众的困难处境。

欢乐的节日气氛笼罩在刚获解放的中国首都，大批人群冒着周末的酷暑庆祝日本的投降。

集市上挤满了人，好奇的民众欢快地围观着美国士兵。成千上万的中国国旗飘扬在南京上空，商业区的街道上置有多处用松柏搭建的牌楼，上面写着“胜利与和平”的标语。

何应钦将军发表广播讲话

投降式结束后，何将军通过无线电广播向中国人民发表讲话，他说，“在今天，我们得到了建设新国家的契机，在蒋委员长的领导下，我们每个人都要努力这样做。我希望今天也可为建立国际永久和平奠定基石，它将铺就通往建立真正的、普世的兄弟情谊的大道。”

何应钦将军在南京举行的日本投降仪式上代表中国在日本投降文件上签字。（《纽约时报》原文插图）

日本对中国的不宣而战，始于1931年9月18日在沈阳制造的“九一八事变”，并随后对满洲入侵。

1937年7月7日晚上，一队日军要求进入北平附近的卢沟桥南端的宛平城，遭到拒绝，日军遂向中国守军开火。“卢沟桥事变”标志着中日爆发全面战争。

商业与农业发达的华东地区，主要城市全都被日军占领。直到中国抗战与由“珍珠港事件”引发的第二次世界大战融为一体，战局才获得扭转。

受降仪式

南京9月9日电：在明媚阳光之中，在华日军投降式在中央军校大礼堂举行。这里一周前还是驻华日军总部，现已转为中国军队的最前方司令部。

何应钦将军在陈绍宽海军上将、萧毅肃中将（何应钦将军的参谋长）、空军上校张廷孟和第3战区司令长官顾祝同上将等三军长官的陪同下首先到达礼堂。

陪同日军总司令冈村宁次出席投降式的有日军第38军参谋长三泽昌雄大佐、在台日军参谋长谏山春树中将、在华海军舰队司令福田良三海军中将 、冈村宁次的参谋长小林浅三郎中将、日本帝国司令部参谋小笠原清中将。

出席日军投降仪式的美军代表是中国作战司令罗伯特·麦克鲁少将和他的副手陆军准将柏德勒，以及美国在华高级军官米尔顿·E. 迈尔斯海军少将以及他的参谋长欧文·F. 贝尔利海军上校。

出席日军投降式的英军代表是埃里克·海斯少将，澳大利亚代表是驻华公使亨利·斯托克斯，法国代表是索尔上校和阿尔伯特上尉，荷兰代表是埃弗拉德少校。苏联和加拿大的代表没有到场。

在预定时间上午9点，以身材瘦小、戴眼镜、微微弯腰的冈村宁次将军为首的日军代表一行在一位中国军官引领下依次走进礼堂。每个日本代表在入座之前，均向中国人鞠躬致意并获对方简短回答，随后小林中将将日军指挥官的全权证书交给何应钦将军。

何应钦将军的参谋长将日军投降书文本放在冈村宁次将军面前。在准备好印章并在长长的黑色砚台为毛笔蘸满墨汁后，冈村宁次盖上了自己的印章并署上了个人名字。随后投降书文本回到何应钦将军手里，他也盖上了自己的印章并署上名字。

日军投降条款基于远东盟军最高司令麦克阿瑟将军的命令，即在中国、中国台湾和北纬16度以北印度支那地区的全部日军必须停止敌对行为并暂留原地待命，直到蒋委员长下达指令遣散。

关于释放在押人员的条款

在日本投降文件中包括蒋委员长的一道命令，即严格保护所有联合国家战俘和遭受拘留的平民人士的安全和福祉。日本方面负有管理战俘和遭受监禁人士并向他们提供足够食物、住所、衣服和医疗保健服务的职责，直到蒋委员长或其授权代表能够履行这些职责为止。

蒋委员长还要求日本方面将联合国家战俘及遭受拘禁人士护送至安全地点。

日本方面被勒令提供在中国大陆、台湾、印度支那的所有盟国战俘和遭受拘留人士的名单。

日本方面承诺，将包括武器、弹药、设备、物资、档案、情报在内的原属日本军队的全部资产收集、维护完好并移交给蒋介石委员长指定的军队。

除在扬子江上的军舰将在宜昌集结外，所有日本飞机、舰艇和商船都要完好无损地停留原地。也就是说日本的扬子江上的航运能力将被用来协助将中国人口和政府机关从中国西部迁回东部沿海地区，这个运输的规模很大。

同时，日本方面还被勒令提供日占区所有日本平民的姓名和住址，并收缴他们手中的武器。日本平民可在他们现居地附近继续居住，并随时通知中国当局他们的去处。

日本策划自杀性空中攻击

劳伦斯

1945 年 9 月 11 日

题记：日本将军称高达 6000 至 9000 架日机企图攻击盟军舰船，并希望有四分之一的飞机会击中目标减轻守军压力。

美联社日本横滨 9 月 10 日电：日本人曾计划倾其所有，将 6000 至 9000 架飞机自杀性攻击美军运兵船和军舰，竭力在美军入侵日本主岛的头两天将其粉碎或瘫痪。

日本预计此举会令他们的空军全军覆没。他们估计将有四分之一的飞机突破我方防线并撞击我方军舰，造成飞行员和载满炸弹的飞机同归于尽。日方战略专家希望按波次连续发动进攻，达到每小时 500 架的数量。

他们并不认为能够阻止美军空袭，但他们寄望于重创美军舰队并使美军登陆部队减员，这样日本守军可以更容易地对付美军突击部队。

以上是日军舰空队司令——川边昭三将军、参谋长田添将军、副参谋长美奈杰将军今天讲述的日本防卫计划的若干重点。

接受美国将军们的讯问

美国陆军战略空军代理指挥基尔斯中将、第 13 航空军司令官史密斯少将、冲绳空军司令部指挥官伯纳德少将和远东空军参谋长哈奇逊准将听取了日军将领的供述。

这些日本空军将领不愿承认当天皇裕仁下诏投降时，日本已输掉了战争，但他们都认可并且尊重天皇的旨意，愿把他们当初制订的抵抗美军入侵的计划和盘托出。

该计划旨在抵抗美军两起入侵，第一个预定时间是 10 月底或 11 月初在南九州，第二个预定时间是来年的春天，针对东京附近的关东平原。为此，日本将战机雪藏起来，拒绝出动飞机迎战美军的第三舰队、攻击美军超级堡垒轰炸机以及在战争最后六周猛烈轰炸九州岛目标的美国远东空军。

但是正当日本伺机而动时，川边昭三将军懊恼地承认，美国的空中打击发展到极具毁灭性，甚至动用了原子弹，这迫使天皇决定按《波茨坦公告》要求投降。

日本是否有足够航油使 9000 架战机升空是个问题。远东空军将领断言，日本没有能力让 500 架飞机同一时间升空。

美国军机不间断的巡逻，包括以冲绳为基地的战斗机和轰炸机、海军的快速运输机以及以马里亚纳和冲绳为基地的超级堡垒轰炸机，实际上已经完全掌握了日本本土的制空权。

纽约华人冒雨游行庆祝胜利

1945 年 9 月 19 日

题记：第五大道上的胜利大游行有 1.2 万人参加，由 15 辆彩虹花车、7 组舞狮队和高跷、锣鼓组成的游行队伍吸引了 4 万人观看。

任凭暴雨打在脸上，大风撕裂横幅，纽约 1.2 万名华人昨天冒雨上演了一场精彩壮观的胜利大游行。

从查塔姆广场到中央公园，从拉法叶大街到第五大道，行进了三个多小时的

花车满载着节日盛装的姑娘，行驶在第五大道上。（《纽约时报》原文插图）

男女老少，他们每个人的衣服都湿得能拧出水来。午后不久，欢快的庆祝活动就从华埠的勿街开始了。据称，此次旨在纪念日本入侵满洲 14 周年的活动很早前就筹备好了，不可能因天气原因而推迟。

“我国人民在各种天气下坚持斗争 14 年了，这点儿小雨怎么能挫败我们纽约华人的斗志呢？”中华公所主席、此次游行的发起人赵鼎荣这样说。

雨伞构成的长廊

手持雨伞沿线观看的民众，表现出了与游行者一样的坚韧。据助理警督康威说，在第五大道从华盛顿广场到 60 街这一段，就有 4 万人观看了游行，还有另外几千人在下城的自家窗口和门廊观看了游行。

观众看到了 15 辆描述中国历史上多个故事的彩虹花车，他们为 7 个舞狮队和高跷杂技表演喝彩欢呼，有 30 多个乐队演奏着东西方不同的音乐曲目。由于下雨，鼓声显得有些沉闷，但东方的铜锣却敲打得异常响亮。

在 42 街公共图书馆的台阶上早已搭起一座观礼台。虽然用来装饰的红白蓝彩旗被雨打湿了，显得有些无精打采，但观礼的达官名流仍向游行者表达了最诚挚热情的敬意。

在勿街和贝雅街上的游行队伍。（《纽约时报》原文插图）

站在观礼台上的有陈纳德少将，他是飞虎队的创建者、美国前驻中国第 14 航空队的司令；中国驻美大使馆的参赞陈博士；中国前驻美大使胡适博士；前重庆政府外交部次长李博士；作家林语堂以及大法官埃德加·布隆伯格。拉瓜迪市长原计划出席，但因另有公务而无法参加。

超过 100 个华人社团参加了游行，一些团体派出了身着传统服装的代表团，其他则打造了反映多种爱国主题的花车。

领头的是一辆装饰着橙、绿、黄三种颜色彩布的大型卡车。

上面安装了一个巨大的旋转圆盘，写着“上帝保佑美国”，背面是一副蒋介石委员长的巨幅肖像。

一辆花车上载有一个镀金的自由女神像，还有一座由明亮蓝色和棕色彩绘的中国宝塔。

身着戎装的美籍华人

游行队伍里有一支身着美国陆军军服的美籍华人分队。美籍华人退伍军人、美国妇女志愿服务队华埠分部也派出了自己的游行队伍。

游行队伍中的孩子们最令人感动。为了这个欢庆的日子，特意留在家里没有上学的男孩和女孩们，抬头挺胸地走在湿滑的街道上。许多孩子打着伞，小女孩用手遮挡着头上的雨丝，每个人都面带笑容。

作为友好的象征，游行队伍里还包括了一队爱尔兰风笛乐手。一个天主教青年会的团体也参加了游行。

“九一八事变”纪念日

美联社重庆9月18日电：点燃中日战争的奉天事变今天迎来了14周年纪念日。这里举行了升旗仪式，蒋介石发表广播讲话，提到满洲是把中国变成共和国的革命目标点。

1931年9月18日夜，沈阳的日本守备队在多日蠢蠢欲动之后，借口“抵御”中国军队攻占其管辖的南满铁路，突然夺取了该城各个要害建筑。

蒋介石的讲话强调满洲的解放对中国的极端重要性，并敦促满洲人民高度重视中俄友谊。

898名美军飞行员获得营救

亨利·利伯曼

1945年9月29日

重庆9月28日电：从1943年5月起至战争结束，由于跳伞或坠毁在日本人占领的亚洲大陆上的898名美国陆军和海军飞行员最终得到了救援并脱离了危险，占所有坠机飞行员的近 90%。

今天，在亚利桑那州威尔科特斯营地，空军特勤大队司令官韦切瑞奇中校讲述了他的这个特工组织在战争中创下的辉煌业绩。韦切瑞奇中校战前曾为美国农业部做出很多贡献。他由于在这次战争中的卓越表现，昨天被授予功勋勋章。

除了解救盟军飞行员，空军特勤大队还与身居敌营中的俘虏和其他被拘留者一同合作，向美国陆军部报告敌营里的情况。他们同时搜集了敌军动向和敌军炸弹击毁目标的相关情报。

空军特勤大队的核心是 85 名陆军、海军和海军陆战队的官兵，但空军特勤大队的特工被广布分散在从蒙古沙漠到中南半岛区域。很多友好的中国人被通知如何辨认被击落的美国飞行员，并对他们进行治疗。

这些飞行员都配备了语言参考手册，并在大衣内侧缝绣上了含有中文的美国旗帜。在大部分中国地区，人们没有见过美国人，所以这一举措是非常必要的。

中国的农民们都根据中文指示照做了。从太平洋上攻击中国沦陷区日军目标的陆军和海军飞行员都必须在衣服上缝上中国、缅甸和印度国旗，因为这些中国人不认识别的国家国旗。有一个飞行员就在他从大衣外套里抽出他带的旗帜前不幸被殴打了。

飞行员假扮成农民

被击落的飞行员被护送到没有中国人的地方，从一个驻地到另一个驻地，这过程不禁让人想起美国内战时候的地下组织。通过狭窄的路径逃跑时，他们有的乘坐轿子被抬过去。这些飞行员都剃了头，扔掉了自己的鞋换上了中国的凉鞋，全部伪装成了农民。

威切瑞奇中校组织里的弟兄们甚至尝试从日本人手里救出飞行员。在空军特勤大队在中南半岛建立起来之前，美国飞行员都被自动移交到日本人那里。不过，去年春天，当一名 B-25 驾驶员赫斯勒中尉和另一个战斗机飞行员被日军俘获时，空军特勤大队就已经有办法营救他们了。

当时，赫斯勒中尉正躺在河内一家医院的手术台上，他发现医生对他做出很多奇怪的手势，最后才意识到原来他是空军特勤大队的战友。这位医生用了一张伪造的 X 光片对日本人说，赫斯勒中尉背部骨折，已完全不能移动。

同时，另一名战斗机飞行员则受到一个为日本人工作的德国女护士的折磨。她伪装成这个飞行员的姑姑并告诉他："你家里非常贫困，家也被烧光了，你的兄弟们都被杀害了。"

一天深夜，这两名飞行员被安排潜逃。他们被悄悄带到了海防市，但空军特勤大队的其他特工散布假消息说他们逃到了中国边境。在日本人搜寻中国边境的时候，这两个飞行员在海防躲藏了一个月。等到日本人放弃搜索时，他们终于被送了出来。

根据韦切瑞奇中校的描述，日本人为了得到情报不仅殴打飞行员，有些飞行员甚至被枪毙了。日本人甚至四处散播火烧活人和为了削弱士气砍下人头这些残暴的故事。

报复中国人

他说，日本人对帮助美国人逃跑的中国人没有丝毫的仁慈。有一架B–25轰炸机在鄱阳湖坠毁，当地中国人潜藏了五名美军飞行员，于是日本人就开始放火烧毁这些村子。为了避免更多的不幸，空军特勤大队只好在重庆广播电台发布信息，说这些飞行员已从这个区域撤离。

空军特勤大队发现，通过敌后游击队来驱逐伪军和营救飞行员是非常必要的。他们同时安排了舢板帮助飞行员从台湾、海南、中南半岛和中国本土离开。

今年初，两名空军特勤大队的战士跳伞去营救五名海军飞行员时，正巧遇上转移的日军在驱赶伪军去抓捕村里的农民。危急时刻，海军出动巡逻轰炸机赶到现场，并解救了这些农民。

空军特勤大队参与的最戏剧化的一次战役也许是一次海战。8月20日，载有一名陆军上校、两名海军中尉、一名海军陆战队上尉、一名海军和35名中国士兵的两艘船与一个125吨位的日本汽艇在距海南岛南75英里的海域交火。那位美军陆军上校是来自纽约皇后区杰克逊高地的奥斯汀·科克斯。

空军特勤大队始建于1942年9月，当时匹兹堡的斯切耶上校收到了蒋介石委员长立即建立特工组织的指令。虽然空军特勤大队的首要任务是救援飞行员，但是，他们在联络身陷中国内地的盟军战俘方面也发挥了重要作用。

附　录

“《纽约时报》中国抗战观察记”编译倡议书

未央歌（郑珂雪执笔）

2015年是中国人民抗日战争和世界反法西斯战争胜利70周年。人生在世，草木一秋。“一去紫台连朔漠，独留青冢向黄昏”。70多年前同我们一样的热血青年，如今不是枯叶凋零，即是万里云外的丛丛青冢。亲历过那场战争的幸存者多已辞世，那段历史也随之淡去。此时，重翻历史，还原真相，便成了我们不可推卸的责任。

出国这许多年里，每每回想起课本上对这段历史的记述，我记得的总是那几个单调的年月日或是一腔复仇的热血。可是，对于那场战争，除了“勿忘国耻”，我们是否还该“勿忘国荣”？我们应该在缅怀先烈的同时，记得我们民族的荣光华人的尊严。

常言道“当局者迷，旁观者清”，《纽约时报》当时的对华报道如今便成了不可多得的珍贵史料。继《帝国的回忆——〈纽约时报〉晚清观察记》《共和十年——〈纽约时报〉民初观察记》后，我们将推出《浴火重生——〈纽约时报〉中国抗战观察记》。此书将由当代中国出版社出版，作为纪念抗战胜利70周年的献礼。该书所有策划、编纂、翻译、译审人员和历史顾问都将以义工的方式参加此书的工作。这将是国内出版界第一本以零报酬、全志愿形式编辑的图书。

我们这群由80后、90后甚至00后组成的翻译团队，作为第一梯队，将用翻阅文电的双眼和敲打键盘的指尖去触摸这段历史。而选文、译审、校对的工作则交由50后、60后、70后的前辈们负责。

最后用抗战时期一句著名的话作结：“地无分南北，年无分老幼，无论何人，皆有守土抗战之责任，皆应抱定牺牲一切之决心。”先烈们用生命捍卫下了我们的国家、我们的民族，此时的我们才得以生活在和平的阳光下，但我们仍然肩负重任。斗胆放言，“地无分南北，年无分老幼”，无论何人，皆有振兴中华之责任，皆应抱定牺牲一切之决心！

忘却该忘却的，纪念该纪念的。

我们期待你的加入！

2014 年 10 月 12 日

青年的理想

糖醋（袁旭君）

和雪哥（郑珂雪）认识很偶然，是在从巨石阵返回伦敦的火车上，确切说是在火车上的厕所门前。

在不到一个小时的车程内，我们守着一个冲水器坏掉的厕所，一边从大数据聊到传媒、从微信聊到出版，一边提醒来上厕所的人们“此门勿进”。火车到达滑铁卢站时，我们彼此留下联系方式，各自走回座位。此时我脑海里只回荡着范伟配音版的“缘分呐……”，也完全想象不到之后会有那么多有趣的事情发生。

在雪哥拉我加入“《纽约时报》中国抗战观察记”众筹翻译团队的一个月后，我终于断断续续地翻译完了一篇文电。当我看到《纽约时报》的记者在 1943 年发表的一篇关于微笑的中国人的文章时，自己不禁笑了起来，大概这笑中包含很多我也不太清楚的含义。

“明日”即是“光明日”（Where ‘Tomorrow’ is ‘Bright Day’），从题目看得出记者已经深切领会了汉语的双关之美。该文的题记是“中国人民饱受战争摧残五年半后依然微笑，他们失去了所有的一切，除了必胜信心。”

并不想单纯地传递什么正能量，谁知道是不是外国记者误会了处于水深火热的人们心酸无奈的笑容呢（尽管报纸上的照片看起来完全不是这样）。记者大概在重庆经常被笑着围观，所以才特意花一些篇幅描写国人如何毫不掩饰地仔细观察美国人的奢侈生活，又大概吃足了战时物资匮乏、南方无供暖的湿冷之苦，才顺势惊叹中国人都这会儿了还能在街上笑得如此欣然。

“对于过惯了舒适生活的美国人来说，这一切听起来可能令人沮丧。许多美国人也确实有这种感觉的。但是，对于一个新来的美国人，还不太在乎生活中的这些小麻烦，因为这些远没有中国人的抵抗精神来得重要。中国人告诉他，去年

5月防线崩溃时，他们经历过艰难的低谷。英和美联合对抗日本的效果看起来还不如中国独自抗日更有效。但是，即使印缅公路被切断，中国抗战的意志也没有按照外人猜想的逻辑而低落下去。中国人竭尽全力，充分利用一切资源，从不怀疑自己的忍耐能力。他们是那样勤奋，那样乐观，和他们在一起，我们也变得充满活力。”

如果觉得有更好的翻译方式，请你毫不犹豫地告诉我。读原文的时候，偶尔会喜欢一些非常简短有力的句子，比如这最后一句。看到这句话时有一瞬间很感动。

曾经很阴谋论地想，为什么美国记者要这样夸我们的人民，是不是与各国之间的政治立场有关，或者背后还隐藏着一些我没有了解的史实？但是，当我看到文章配发的那些真实的照片之后，我开始觉得，或许，作为一个只身到异国感受到很多文化碰撞的个体，和我们每一个留学生一样，记者只是希望记录下那个年代走在大街上的普通人的生活状态。

在历史的洪流中我们总是看到宏大的叙事、国家与政党、军队与统帅。好在有这样一群人，可以带我们回到当年的重庆街头，想象一个被吉普车烫人的尾气伤到腿的黄包车夫激烈刺耳的怒骂，和那些用手指给出胜利手势喊着“顶好”的中国少年们。

所以，我还庆幸可以读到这些历史缝隙里生动的人和事，尽管我并不知道它们对现实有什么确切的意义，就像我还不知道自己的理想究竟是什么，和理想国究竟应该如何一样。只是看着老报纸上模糊不清的照片，我开始觉得，青年的迷茫，或一个国家的不理想，在此刻都变得不那么可怕。重要的是我们读到了什么、想到了什么、做到了什么。

笑一笑，然后加入我们吧。

2014年11月2日于伦敦

编译感怀

宋智恒

当得知郑曦原老师和郑珂雪正在筹备将20世纪30年代美国《纽约时报》有关中国抗日战争的报道编译成册时，我就在心里默默地给他们点了一百个赞。有关抗战的资料很多，郑兄所做的事是与众不同的，年代久远，资料繁多，其中的工作量可想而知，但其中蕴含的历史价值不言而喻。

本人有幸得郑兄授命，组织我的朋友和学生们参与了其中的部分编译。印象最深的是邢晓明老师，邢老师已经退休数年，依然能说一口流利的英语，他深知此次编译的意义深远，不辞辛苦，高效、高质量地翻译出了多篇新闻稿，其英文专业水平和中文功底可见一斑。同时，重庆工商大学的志愿者们也展现出扎实的英语和历史功底，在此书编译中功不可没。

编译的新闻材料涉及诸多视角，从国际形势，到民众生活；在那个年代一切如此残酷，晴空万里就意味着空袭；中国的物价体系在金融战下难以维系；面对残酷而又狡猾的侵略者在国际上的混淆视听，我们需要却没有强大的国际宣传能力；面对盟友谈判，我们需要却没有强大的国力支持；但百姓冬耕，政府削减开支，各方军民协同顽强反击……；这些故事，一点一滴地雕刻出七十多年前那风雨飘摇的岁月里，我们的先辈们是如何让一个贫弱了半个世纪的中国，再一次顽强地站了起来。

把这些并不为广大中国人民所知的报道翻译成中文，可以使更多的人从这些报道中回忆起当时中国人民如何在八年的漫漫长夜里、遥遥征程上奋起抗击侵略者。特别是这些报道多由美国人用他国相对中立的视角撰写并发表在《纽约时报》上，让我们对当年的历史有了更深层次的了解，也对自己今后的人生有了新的感触。

今年恰值中国抗日战争暨世界反法西斯战争胜利 70 周年。中国人民抗日战争和世界人民反法西斯战争，是正义和邪恶、光明和黑暗、进步和反动的大决战。经历了战争的我们，更加懂得和平不易，幸福不易，历史无言，精神不朽。希望我们都能铭记历史，不忘过去，珍惜现在，开创未来。

2015 年 10 月 18 日于北京海淀